U0517860

教育部人文社会科学重点研究基地
中国人民大学中国经济改革与发展研究院文集系列

中国经济改革与发展文集
（第 1 辑）

新常态下的经济增长与发展

林 岗　王一鸣　马晓河　高德步　等著

中国财经出版传媒集团
经济科学出版社
Economic Science Press

图书在版编目（CIP）数据

新常态下的经济增长与发展/林岗等著 . —北京：经济科学
出版社，2017.6
ISBN 978 - 7 - 5141 - 8090 - 9

Ⅰ. ①新… Ⅱ. ①林… Ⅲ. ①经济增长 - 研究 - 中国
②经济发展 - 研究 - 中国 Ⅳ. ①F124.1

中国版本图书馆 CIP 数据核字（2017）第 129666 号

责任编辑：于海汛
责任校对：杨晓莹
责任印制：潘泽新

新常态下的经济增长与发展

林 岗 王一鸣 马晓河 高德步 等著
经济科学出版社出版、发行 新华书店经销
社址：北京市海淀区阜成路甲 28 号 邮编：100142
总编部电话：010 - 88191217 发行部电话：010 - 88191522
网址：www. esp. com. cn
电子邮件：esp@ esp. com. cn
天猫网店：经济科学出版社旗舰店
网址：http：//jjkxcbs. tmall. com
北京汉德鼎印刷有限公司印刷
三河市华玉装订厂装订
787 × 1092 16 开 34 印张 620000 字
2017 年 6 月第 1 版 2017 年 6 月第 1 次印刷
ISBN 978 - 7 - 5141 - 8090 - 9 定价：96.00 元
（图书出现印装问题，本社负责调换。电话：010 - 88191510）
（版权所有 侵权必究 举报电话：010 - 88191586
电子邮箱：dbts@ esp. com. cn）

前　言

于激流中奋楫，于险峻处登攀。

过去的 2016 年是"十三五"的开局之年，也是供给侧改革的攻坚之年：新常态下的中国经济将往何处去？全面深化改革将如何推行？"一带一路"战略将如何实施？改革开放的成果如何惠及最广大群众？这一系列的问题都摆在了学者面前。这些问题中既有"新问题"，也有"老问题"，既有"国计"，也有"民生"，只有认清其关系、理顺其逻辑，才能予以把握，继而展开以经济学为工具的宏观分析。

对于中国人民大学经济改革与发展研究院来说，回答这些问题则既是其崇高的使命，也是其优势之所在。

中国人民大学经济改革与发展研究院成立于 1996 年 1 月，1999 年 5 月重组成为中国人民大学与国家发改委宏观经济研究院联合共建的经济研究机构，并于同年 12 月被批准为"教育部人文社会科学百所重点研究基地"，一直以来都以研究中国经济改革与发展、宏观经济政策、国有企业、资本市场等问题见长。自成立以来，研究院以国家发改委宏观经济研究院和中国人民大学经济、管理类学院为依托，为国家宏观经济和社会发展提供了大量决策服务，承接了国家和省部级多项重大科研课题，为各行业、各级地方政府及国内外企事业单位提供了大量政策研究及决策咨询服务，始终以知识服务社会。在中国经济波澜壮阔的改革浪潮中，研究院发挥着积极的"思想库"作用，并于 2009 年被新华社《瞭望》周刊评选为 43 个国内外极具影响力的"智库"之一，研究水平和科研成果都得到了社会的一致认可。

本书收录了中国人民大学经济改革与发展研究院 14 位学者共计 41 篇论文，其中大部分都发表于国内一流报纸及期刊。这些论文按照所涉及问题的不同被分为了"新常态下的增长与发展""供给侧结构性改革""深化经济体制改革""收入分配与反贫困战略"，以及"对外开放与'一带一路'战略"等五个部分，其涵盖了当前中国宏观经济的诸多方面，并针对特定问题提出了方向性的指引和建设性的意见。可以说,这些论文不仅仅代表了作者个人对于中国经济形势的理解,同时也代表着怀有"经世济民"理想的中国学界对于民族命运和国家前途的深刻反思。

最后,还要感谢经济科学出版社及其编辑团队对于本书出版所做的工作。

编者

2017 年 4 月 18 日

目 录
Contents

1

第一部分
新常态下的增长与发展

关于我国未来经济增长基本条件的三个问题

林　岗　王裕雄　吴崇宇　杨　巨*

我国经济增长近年来持续放缓，经济增长率从 2010 年第二季度起开始下降，2012 年第一季度跌破 8%，2015 年第三季度跌破 7%。随之而来的是对我国经济告别高速增长的各种原因的解读，其中不乏真知灼见，但某些影响不小的观点也有与事实不符或以偏概全之嫌，有必要加以澄清。

一、人口增长率下降是否必然会使经济增长率下降

中国过去 30 年的增长得益于充足的劳动力供应，但由于近些年来人口增长率，特别是劳动人口增长率出现下降趋势，学界出现"人口红利消失"的说法。持此说法者认为，过去二三十年，我国人口的年龄结构是"两头小中间大"的纺锤形，因而经济剩余和储蓄率较高，形成了所谓的"人口红利"，经济得以高速增长，而目前我国人口增长率下降和老龄化造成"人口红利"的消失，将会使中国经济的持续增长快速增长失去一个重要的保障。这种貌似合理的说法，在许多报纸和媒体上已经讲了很多年，似乎已经形成关于我国经济增长率下降原因的一种"共识"。但是，这种观点是经不起推敲的。

我国过去的经济增长，并不仅靠劳动力投入的不断增加，实际上更重要的是依靠劳动效率的提升。从 1991 年至 2010 年，我国劳动生产率的年增长率始终高于 7%。特别是自 2001 年代以来的大多数年份，其年增长速度都在 8% 以上，最高甚至达到了 14%（详见图 1）。为了明确劳动生产率高速增长对经济高速增长的决定性作用，我们可以比较一下劳动生产率提高和劳动力数量增加对过去 20 年我国经济增长的贡献。根据我们的计算，1991~2010 年的经济增长过程中，劳

---

* 林岗，中国人民大学经济学院教授，博士生导师；王裕雄，中央财经大学体育经济与管理学院副教授，硕士生导师；吴崇宇，北京大学新结构经济学研究中心研究员；杨巨，湘潭大学商学院讲师。

动生产率的贡献远高于劳动力。特别是自 2006 年以来，劳动力增长对中国经济
增长的贡献低于 4%。这使我们想到尼古拉斯·卡尔多和西蒙·库兹涅兹这两位
对经济增长理论做出了重大贡献的经济学家。他们在各自总结出的现代经济增长
的典型化或特征性的事实中，都将"人均产出"即劳动生产率的持续提高列在首
位。卡尔多对这个事实的表述是："人均产出持续增长，且并不趋于下降"
（Nicholas Kaldor，1963）。库兹涅兹的说法是"人均产出和人口增长率都高，且
人均产出增长率更高"（Simon Kuznets，1973）。这当然不是巧合，而是现代经济
增长的普遍规律的反映。我国过去 30 多年的经济增长中劳动生产率快速提高所
起的巨大贡献，是对卡尔多和库兹涅兹所揭示的这个规律的证明。

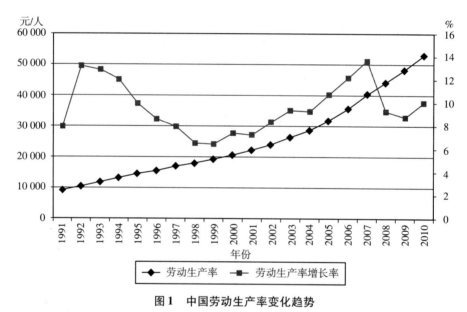

图 1 中国劳动生产率变化趋势

注：图中劳动生产率数据系由以 2010 年为基期的不变价 GDP 除以劳动力数量得到。

从以上分析也可以看出，将过去我国经济快速增长的主要原因归结为所谓
"人口红利"，如果不说是错误，也是非常片面的看法。事实上，过去二三十年我
国的经济增长，固然与人口的快速增长有关，但主要是在农业劳动生产率提高的
基础上，大量农业劳动者转移到高人均产值即高生产率的工业部门的结果。换言
之，这种增长的基础和主要动力，都主要是劳动生产率的提高。如果农业劳动者
的生产率保持在十分低下的状态，其产出除了养活劳动者本人而所余非常有限，
就不会有足够的储蓄用于现代工业部门的投资，劳动人口也就不可能大量转入高

生产率的现代工业部门。在这种情况下，为提高总产量而向传统农业领域不断增大劳动力投入，结果只能是边际产量和平均产量的持续下降。与这种下降相伴随的，是经济的缓慢增长以致最终陷入停滞，而不可能是经济的快速持续的增长。可见，所谓的"人口红利"其实是"劳动生产率红利"。

显然，只要劳动生产率仍然保持较高的提升速度，我国未来的经济增长就能够以较高的速度持续下去（见图2）。假定从2010年到2030年我国GDP翻两番，用2020和2030两年的目标GDP除以当年就业人口，即可得出这两个时间点上的劳动生产率（劳均GDP）。根据翻两番的假定，2020年和2030年的GDP按2010年价格计算将分别达到803 025.6亿元和1 606 051.2亿元，到这两个年份劳动生产率应该达到106 444.2元/人和231 840.1元/人[①]，与2010年的52 757.7元/人相比，2020年和2030年需分别提高1.02倍、3.39倍。[②] 由此可知，如果未来20年的劳动生产率的年增长率不低于1991~2010年的平均水平，即在8%以上，劳动年龄人口减少不会使我国经济增速低于7%。

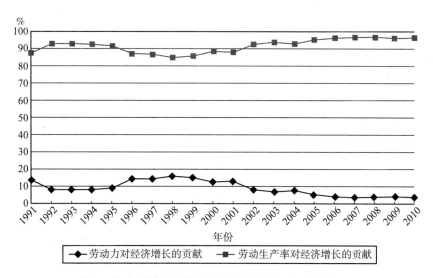

图2 劳动力增长和劳动生产率提高对经济增长的贡献

资料来源：图中劳动生产率数据系以2010年为基期的不变价GDP除以劳动力数量得到，劳动力数据来自历年《中国劳动统计年鉴》。

---

① 2020年和2030年就业人数并不等于劳动年龄人口数量，我们假设这两个年份的劳动参与率与2010年一样，这样就可以求出这两个年份的就业人数，分别为75 440.94万人和69 274.05万人。

② 需要注意的是劳动力数量和劳动年龄人口并不完全相等，还涉及劳动参与率，我们在预测时，假设劳动参与率保持过去10年的平均水平。

二、我国的投资率是否应当大幅度降低

近些年，学界和舆论界不少人把我国当前的经济困难归结为投资率过高，一时间要求投资率降低甚至是大幅度降低的呼声很高。那么，我们的投资率是不是应该大幅下降？应当降到多少才算合理？

回答这个问题，首先要看我们的资金供给情况怎么样，能不能为我们的投资提供充足的资金来源。就国内储蓄而言，根据对构成国内总储蓄的住户（居民）、政府和企业三个部门未来储蓄变化情况的分析和测算，我们估计 2020 年总储蓄率为 47%，较 2010 年的最高值下降 4.8 个百分点，2030 年总储蓄率将进一步下降到 42%（林岗、王裕雄、吴崇宇、杨巨，2015）。不过尽管未来总储蓄率会下降，但仍在世界各国中处于领先地位。不仅比目前美、德、日等老牌发达国家高出约 20 多个百分点，而且比韩国这样的新兴发达国家高出十几个百分点。与阿根廷这样的陷入所谓"中等收入陷阱"的国家相比，则要高出 1 倍。较高的储蓄率，过去是我们实现经济起飞的重要条件，今后仍然是我们跨越"中等收入陷阱"，跻身发达国家之列的重要保证。

当然，长期维持 2008 年后作为反危机举措的高投资率（48% 左右）肯定是不可行的，但是否就应该像一些有影响力的国外和国内研究机构所说的那样，我国的投资率应该在短期内下降到 40% 以下呢？[①] 我们的看法是否定的，因为显然没有理由将储蓄率压低到预期的储蓄率之下。应该看到，过高的投资率固然不可取，但低投资率也会导致经济停滞的灾难。世界上经济业绩较差的国家，无论是陷入"贫困陷阱"还是"中等收入陷阱"，普遍具有低投资率的特征。相反，经济长期持续增长的经济体，尤其是一些发达国家，都是以投资率在一定历史时期内保持持续上升势头，然后稳定在适当水平为特征的。

对于投资率与经济增长之间具有的动态相关性，"钱纳里模型"（Chennery and Strout，1966）做了一个经典的刻画：在各国工业化过程中以及与工业化相伴随的城市化进程中，投资率都会呈现一个从低到高、再从高到低并趋于稳定的"马鞍形"变化轨迹。"钱纳里模型"依据 20 个国家长达 20 年的数据（主要为 20 世纪六七十年代的数据）得出不同发展阶段的最优投资率（Chenery，Rob-

---

[①] 例如，研究报告《2030 年的中国》认为，我国的投资率 2016～2020 年应下降到 38%，2021～2025 年继续下降到 36%，2026～2030 年进一步下降到 34%（世界银行和国务院研究中心联合课题组，中国财政经济出版社 2013 年版）。

inson and Syrquin，1986）。我们利用世界银行 WDI 数据库，将时间跨度扩展到 42 年（1960～2011 年），对 91 个国家不同发展阶段的投资率的实际值进行了测算，绘制出随人均 GDP（按 1964 年美元价计算）变化的"马鞍形曲线"，进一步验证了钱纳里的理论。在此基础上我们挑出 17 个已步入后工业化阶段的发达经济体，寻找出它们的投资率随着经济发展阶段变化由上升转为下降的转折点。我们发现尽管各国情况差异较大，但在这 17 个国家中，有 12 个国家的投资率转折发生在高于按 91 个国家平均计算的 2 400 美元的人均 GDP 水平上，其中美国的投资率转折点更是高达 4 940 美元（见表 1）。如果我国从 2010～2030 年实际 GDP 年均增长 7.2%，顺利实现翻番目标（2030 年 GDP 约为 2010 年的 4 倍），那么，按 1964 年美元不变价计算，2020 年我国人均 GDP 约为 1 242.1 美元，2030 年约为 2 425.3 美元。对照上述发达经济体的经验，2030 年之前，我国投资率到达由升转降转折点的可能性不大。

表 1　　　　　　　　典型国家工业化过程中投资率变化的转折点

国家	转折点投资率（%）	转折点人均 GDP（1964 年美元价）
澳大利亚	33.01	2 522.44
奥地利	30.47	2 878.71
加拿大	26.39	2 876.98
丹麦	26.31	4 163.40
芬兰	34.39	3 287.89
法国	26.57	3 306.74
德国	30.06	2 133.50
希腊	39.05	1 665.42
冰岛	32.75	3 660.70
以色列	27.87	2 337.50
意大利	26.03	3 065.74
日本	37.89	2 743.35
韩国	38.70	1 623.51
新西兰	26.59	2 984.86
挪威	34.98	4 812.76
新加坡	46.86	2 146.28
美国	20.81	4 940.17

资料来源：世界银行 WDI 数据库。

根据前面的分析，按照 2030 年之前我国的人均 GDP 水平，目前我国的投资率变动还处在"马鞍形"曲线的上升段。如果在短期内将投资率强行压到 40% 以下，将导致投资需求严重不足，使我国经济增速大幅下降，对经济造成巨大冲击。合理的做法是剔除受全球经济危机冲击的时期即 2009~2013 年（这 4 年投资率在 48% 左右），将之前的 2003~2007 年正常发展状态下的投资率，看作确定我国未来中长期投资率变动趋势的参照。据此，可以假设，在 42% 这个正常投资率基础上，到 2020 年，投资率再增加一个百分点，达到 43%。如果我国的投资率转折点在按上述 91 个国家计算的 2 400 美元人均 GDP 平均水平上发生，转折点的时间是 2030 年，那么投资率较 2020 年还要增加一个百分点，为 44%。

主张我国投资率应该大幅下降的一个理由是指责我国的投资率过高，浪费严重，投资效率极低。这种说法的正确性是需要商榷的。国民经济的宏观投资效率，即固定资本的增加对 GDP 增长的贡献，可以用资本边际生产率（ICOR）来衡量。[①] 根据定义，ICOR 越高，单位 GDP 增加量所需固定资本越多，即投资效益越低。在用 ICOR 来衡量宏观投资效率时，应当注意产业结构的影响。施图德蒙德（A. H. Studenmund, 1968）指出，资本密集产业比重较高的国家，ICOR 普遍较高。拉德莱特和萨克斯（Radelet and Sachs, 1998）也指出，如果一个国家正处在快速资本深化时期或处于产业结构升级、基础设施大量投入的时期，很容易出现 ICOR 指标提高的情况，但这并不表明投资因不经济的利用而效率下降。我们计算了 1980~2013 年我国的 ICOR 指标，绘出图 3。从该图可以看出，从 1990 年以来，我国的投资效率在 1998 年亚洲金融危机和 2008 年全球经济危机之后，都大幅下滑，这显然是反危机强刺激措施的结果。如果剔除与两次危机对应的 ICOR 峰值，在 1990~1997 年的正常发展时期，ICOR 数值 8 年低于 3，而且多数年份低于 2；在亚洲金融危机与全球经济危机之间的另一个正常发展时期，即 2001~2008 年，ICOR 数值 9 年都低于 4，其中从投资率跨过 40% 的 2003 年到全球经济危机开始的 2008 年，ICOR 数值 6 年持续低于 3。在这两个正常发展时期，随着投资率的提高，ICOR 数值有所上升，但幅度不大，并未造成什么严重

---

① 其定义是：ICOR = I/ΔGDP，其中，I 为当期固定资本形成额，ΔGDP 是当期 GDP 的增量。固定资产投资利润率也常常被用来衡量投资效率。这是从投资人所获收益的角度得出的指标，并不能全面地反映投资为社会带来的全部收益，因为投资不仅为投资人带来利润，也为在投资所造成的就业岗位上劳动者带来工资。此外，投资利润还会受到收入分配变化的影响，即由劳资关系变化决定的利润在净收益（增加值）中所占比重变化的影响；在净收益不变的情况下，投资利润率也会由于利润占比的变化而变化。因此，固定资产投资利润率不是衡量投资的宏观效率即投资与全部国民财富的增长的关系的恰当指标。

不利后果。相反，这两个时期都是以较低通胀条件下的高速经济增长为特征的。这两个正常发展时期，也正是我国的产业结构快速升级、资本密集行业在国民经济中的比重明显上升、基础设施建设大规模推进的时期。这两个时期之间 ICOR 数值的有限上升，是经济发展过程中良性结构变化的结果，而不能用投资因不经济的利用而效率下降来解释。

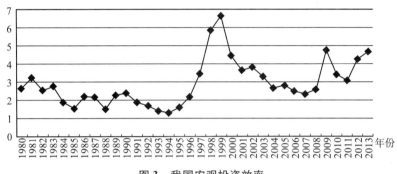

图3 我国宏观投资效率

如果将我国的 ICOR 指标与世界上其他国家进行比较（详见表2），可以发现，我国宏观投资效率处于较高水平（ICOR 指标较低）。较大的投资规模加上投资的较高效率，是推动我国过去20年经济高速增长的重要力量，也是今后我国经济快速增长的重要保障。我国某些部门和行业目前存在的产能过剩，确实存在去产能的问题。但是，对于目前的产能过剩形成的原因，应当有全面的认识。与这些过剩产能相关的过去的投资决策，是根据当时国内和国际市场的需求状况做出的，就当时的情况而言是合理和必要的，是市场机制发挥决定性作用的结果。也就是说，所谓产能过剩，是相对于现在发生的国内经济结构升级和国际经济的萧条状态而言的过剩，并不是生来就过剩。在市场经济条件下，尤其是在全球化的市场经济中，商业周期是不可避免的，经济发展经过一段繁荣之后，总是会有产能过剩的问题出现，总会发生范围或大或小的"去产能"过程，出现过去投资形成的某些固定资产的"湮灭"。但是，这并不意味着投资应当大幅度减少。相反，要尽快实现转型升级（这意味着开辟许多新的投资领域），帮助一些仍然具有国际竞争力的企业渡过难关，避免"去产能"导致失业过度增加和资本的不必要的毁灭，遏制经济的持续下滑，投资就必须保持足够的力度。

表2 宏观投资效率（ICOR 指标）国际比较

国家	均值	1961～1970 年	1971～1980 年	1981～1990 年	1991～2000 年	2001～2010 年	2011～2013 年
中国	2.40	N/A	N/A	2.25	3.05	3.19	4.02
阿根廷	4.34	4.55	6.43	6.03	2.67	2.82	4.14
澳大利亚	7.44	6.33	18.11	7.55	6.27	8.01	10.41
巴西	6.30	2.34	3.41	10.5	6.05	6.13	10.84
加拿大	7.24	4.54	6.97	6.87	6.10	10.30	11.97
智利	5.17	4.84	3.51	3.36	4.14	5.46	4.93
捷克	8.50	N/A	N/A	N/A	9.26	7.52	13.51
德国	11.57	N/A	8.03	9.07	12.21	12.39	23.82
法国	9.62	4.28	6.33	10.55	10.06	12.29	N/A
英国	7.23	7.69	6.99	8.42	5.62	6.47	10.78
印度尼西亚	4.45	N/A	3.03	4.10	4.16	4.97	5.53
印度	4.52	3.06	5.86	4.30	4.29	4.62	5.92
意大利	8.15	5.11	7.00	7.67	11.35	11.54	N/A
日本	7.76	3.06	7.41	7.08	12.88	11.53	14.81
韩国	4.53	2.75	2.89	3.30	4.69	7.32	10.66
墨西哥	5.42	3.10	3.68	7.02	4.55	8.57	5.73
马来西亚	4.24	2.85	3.19	6.50	4.50	4.01	5.13
菲律宾	5.26	4.20	4.29	6.94	6.20	5.71	3.81
波兰	6.36	N/A	N/A	N/A	4.46	7.29	8.97
俄罗斯	4.53	N/A	N/A	N/A	5.83	3.43	9.43
新加坡	4.46	2.11	4.67	4.51	4.75	5.33	7.48
泰国	4.98	2.82	4.22	4.50	5.32	6.21	9.70
越南	4.49	N/A	N/A	1.92	3.88	5.11	4.67
南非	6.80	4.09	9.27	6.49	9.53	4.71	7.89
美国	6.33	4.92	5.26	6.71	5.91	8.85	8.47

资料来源：世界银行 WDI 数据库。

三、我国经济的国际竞争力是不是变弱了

影响国外需求的一个重要因素是出口产品的价格，而这又在很大程度上取决于劳动力成本。过去较长时期内，廉价的劳动力是支撑我国对外贸易迅速增长的主要支柱。进入 21 世纪以来，我国劳动年龄人口的增长速度逐渐减缓，劳动力成本呈现上升趋势。一些国外学者据此认为，中国作为世界制造业中心的地位即将被印度和越南等劳动力成本较低的国家取代（Alix Partners，2009）。这种判断

如果成立，中国产品的外部市场必将日益缩小，经济增长的需求条件将恶化。但是，这种看法事实上是不成立的。

1978~2012年，中国城镇单位就业人员平均实际工资一直处于上涨态势，尤其是1998年之后，中国城镇单位就业人员平均实际工资呈现接近和超过两位数的增长（2012年除外）。但这并不能成为我国国际竞争力变弱的证据，因为考察国际竞争力不仅要看一国工资的绝对水平，还要看一国工资在国际上的相对水平，也就是要进行工资水平的国际比较。我们收集了近20年出口额加起来一直占世界出口总额60%~70%的27个OECD国家2000年之后的平均工资数据，与中国城镇单位就业人员实际平均工资水平进行比较。2000~2011年的12年，中国城镇单位就业人员平均实际工资增长了346%，显著高于27个OECD主要国家的增幅（实际平均工资的增幅位于7%~189%）。但是，截至2011年，中国城镇单位就业人员实际平均工资水平仍显著低于27个OECD主要国家，仅为美国的12%、日本的10%、韩国的25%（见表3）。也就是说，虽然近年来中国城镇单位就业人员平均实际工资快速上涨，但与世界主要出口国家比较，我国的廉价劳动力成本优势仍然非常明显，而且这种优势在相当长的时期内还会保持下去。

在作为我国潜在竞争对手的部分非OECD国家中，南非、墨西哥等发展中国家目前实际平均工资明显高于我国，但增长速度较慢；俄罗斯、乌克兰等国家目前实际平均工资水平略低于我国，但增长速度较快。至于亚洲国家，除了马来西亚外，印度、印度尼西亚、菲律宾、泰国、越南的实际平均工资均明显低于我国，其中印度、印度尼西亚、越南的工资水平尤其低。如果仅就实际工资水平而言，这些国家对我国来说是有一定竞争优势的。

但是，在比较劳动力成本优势时，不仅要看劳动报酬水平，还要考虑劳动生产率。根据国际劳工组织（ILO）的观点，单位劳动成本（ULC）即平均劳动报酬对劳动生产率的比值，是能够更为精确地反映一个产业或国家的成本优势的指标。2000~2011年的12年，我国的单位劳动成本由0.243增至0.436，年均增长6.7%，增速与27个OECD主要国家相比属于较低水平，而且就2011年的数据来看，中国单位劳动成本仅仅高于爱沙尼亚，略低于波兰和斯洛伐克两国，较其他发达国家仍有明显差距，仅为美国的58%，日本的40%，韩国的72%（见表5）。

表3 OECD主要国家与我国的实际平均工资统计

单位：美元

年份 国家	2000	2001	2002	2003	2004	2005	2006	2007	2008	2009	2010	2011
中国	1 131.98	1 304.15	1 502.37	1 677.92	1 843.19	2 096.56	2 427.35	2 882.72	3 494.03	4 006.67	4 441.29	5 047.17
澳大利亚	27 187.61	24 137.09	25 475.56	30 488.36	35 381.21	37 174.48	36 994.72	42 726.14	42 410.46	39 354.24	46 837.99	53 593.73
奥地利	25 961.86	24 932.85	27 036.20	32 547.47	35 666.46	35 890.04	37 016.11	40 745.71	43 777.68	42 186.18	40 170.67	41 831.97
比利时	28 677.91	28 004.77	29 851.62	35 950.66	39 416.29	39 202.73	40 234.88	44 276.85	46 909.70	44 720.59	42 184.86	44 221.10
加拿大	27 535.33	26 298.93	25 578.69	28 353.09	31 280.68	34 843.08	38 085.14	41 791.60	43 440.06	40 752.56	43 641.77	44 492.27
捷克	4 449.15	4 686.64	5 743.99	7 176.74	8 306.16	9 095.19	9 959.87	11 425.02	13 402.79	11 879.53	12 021.79	12 865.13
丹麦	33 737.68	32 977.50	35 359.00	43 021.90	48 716.73	49 381.61	50 676.04	55 918.58	60 018.50	58 606.16	55 697.95	57 879.60
爱沙尼亚	3 909.67	3 934.87	4 336.82	5 742.78	6 852.78	7 317.69	8 082.59	10 287.33	10 854.61	9 944.11	9 330.37	9 463.10
芬兰	23 904.55	23 720.41	25 143.12	30 944.43	35 227.23	36 268.93	37 217.98	41 153.54	43 884.10	42 976.72	41 928.70	44 081.74
法国	23 412.57	22 957.75	24 534.07	29 513.82	32 992.98	33 495.57	34 326.50	37 883.18	40 400.03	38 932.29	37 503.18	39 445.90
德国	25 716.79	25 073.25	26 484.70	31 953.24	34 977.60	35 014.56	35 244.66	38 197.48	40 794.20	38 455.30	36 974.55	39 427.14
希腊	12 900.79	12 314.09	13 918.99	17 181.06	19 218.20	19 454.35	19 564.86	21 683.87	23 184.48	23 095.61	20 194.28	19 863.91
匈牙利	4 451.81	4 698.98	5 676.05	6 967.63	8 020.82	8 399.42	8 104.53	9 127.85	9 857.00	8 073.48	7 516.33	7 846.44
爱尔兰	29 244.52	28 934.51	30 532.97	37 594.73	42 647.12	44 329.00	44 745.31	48 649.84	52 111.51	52 037.57	48 759.58	51 030.54
意大利	19 935.51	19 425.48	20 248.14	24 144.22	27 173.03	27 532.53	27 971.29	30 673.37	32 779.86	30 861.08	29 635.13	30 673.98
日本	41 773.32	36 837.38	34 905.87	37 438.52	39 908.12	39 713.39	37 072.53	36 044.26	40 766.12	43 926.47	47 297.07	52 986.92
韩国	16 403.40	14 781.79	15 735.46	17 098.07	18 123.49	20 703.74	22 392.41	23 296.23	19 535.37	16 828.48	18 734.04	20 382.80
卢森堡	35 663.35	34 932.13	36 976.01	44 290.74	49 189.00	50 047.07	50 501.14	56 094.96	59 283.50	57 214.89	54 824.37	56 578.20

续表

年份 国家	2000	2001	2002	2003	2004	2005	2006	2007	2008	2009	2010	2011
荷兰	28 027.46	27 425.93	28 856.87	34 958.93	38 975.82	39 078.51	39 886.95	44 453.89	47 854.42	45 970.47	43 781.74	45 552.35
挪威	31 083.05	30 931.18	36 194.95	42 228.09	46 114.02	49 362.38	51 218.66	58 715.36	61 963.70	56 221.06	59 267.37	65 840.33
波兰	5 920.29	6 573.86	6 642.08	7 052.66	7 400.50	8 304.73	8 716.95	9 967.45	11 940.43	9 122.81	9 726.36	10 029.63
葡萄牙	11 300.90	10 932.73	11 452.82	13 748.42	15 102.35	15 234.49	15 132.64	16 817.34	18 151.68	18 235.84	17 406.29	17 034.6
斯洛伐克	3 535.14	3 310.77	3 710.53	4 591.28	5 307.84	5 879.19	6 390.79	8 148.32	9 389.59	9 540.99	9 437.36	9 753.35
西班牙	17 131.01	16 536.52	17 372.05	20 770.87	22 662.45	22 792.86	22 926.60	25 422.27	27 805.03	27 769.31	26 611.84	27 622.38
瑞典	27 366.12	24 368.73	25 903.50	31 461.40	35 785.53	36 086.43	37 316.77	41 711.48	43 105.42	38 408.10	40 957.87	45 477.88
瑞士	41 055.99	42 752.48	46 411.39	53 801.46	57 334.42	58 131.64	58 343.55	62 194.30	69 102.98	69 973.34	72 416.00	85 141.28
英国	33 788.70	33 354.63	35 236.45	39 229.14	44 782.18	44 481.67	45 901.25	51 212.51	46 342.54	39 335.71	38 805.48	39 136.78
美国	39 047.00	39 017.51	39 256.14	39 608.96	40 287.28	40 147.97	40 612.81	41 365.50	40 868.20	41 392.78	41 747.55	41 688.79

注：本文将各国平均名义工资水平以 2000 年为基期进行价格平减，得到平均实际工资，并以当年汇率均值为标准将其折算为美元。
资料来源：OECD 数据库。

表4 部分非 OECD 国家与我国的实际平均工资统计

单位：美元

年份 国家	2000	2001	2002	2003	2004	2005	2006	2007	2008	2009	2010	2011
中国	1 131.98	1 304.15	1 502.37	1 677.92	1 843.19	2 096.56	2 427.35	2 882.72	3 494.03	4 006.67	4 441.29	5 047.1
印度	931.9068	955.8118	947.4109	1 034.38	1 104.919	1 155.729	1 164.921	1 359.262	1 430.78	1 406.924	1 646.271	—
印度尼西亚	554.4912	617.7266	845.7886	1 010.128	1 130.515	1 130.324	1 272.442	1 337.709	1 356.609	1 332.886	1 708.796	—
马来西亚	4 590.572	4 739.649	4 975.91	5 173.93	5 353.166	5 887.946	6 297.114	7 071.84	7 433.503	7 079.371	8 190.864	9 248.443
菲律宾	—	1 364.432	1 373.161	1 328.774	1 307.497	1 394.197	1 597.45	1 808.514	1 969.619	1 908.486	2 126.817	2 293.992
泰国	—	1 799.586	1 846.656	1 954.996	2 063.074	2 204.699	2 486.872	2 810.744	3 210.502	3 042.97	3 507.776	3 909.897
越南	—	—	504.2711	—	599.9143	—	767.8514	—	1 050.54	—	—	—
南非	—	—	—	—	—	—	13 565.04	14 104.59	13 414.12	14 497.49	19 201.3	20 873.6
俄罗斯	948.3395	1 332.944	1 668.98	2 150.005	2 806.994	3 629.557	4 693.031	6 376.49	8 348.33	7 046.423	8 279.264	9 676.424
巴西	—	—	—	3 357.753	3 694.926	4 777.131	5 732.886	6 875.706	8 025.121	7 981.432	9 902.646	11 391.96
墨西哥	4 279.319	4 882.276	5 106.556	4 868.709	4 955.171	5 438.649	5 727.189	6 025.41	6 231.804	5 347.938	5 905.174	6 261.404

注：本文将各国平均名义工资以 2000 年为基期进行了价格平减，得到平均实际工资，并以当年汇率将标准平均实际工资折算为美元。

资料来源：国际劳工组织工资数据库。

表 5　　OECD 主要国家与我国的单位劳动成本统计

国家 \ 年份	2000	2001	2002	2003	2004	2005	2006	2007	2008	2009	2010	2011
中国	0.243	0.258	0.264	0.260	0.272	0.286	0.300	0.329	0.386	0.404	0.421	0.463
澳大利亚	0.598	0.547	0.587	0.710	0.834	0.900	0.930	1.078	1.101	1.034	1.266	1.492
奥地利	0.574	0.565	0.612	0.746	0.818	0.832	0.854	0.943	1.052	1.050	1.004	1.064
比利时	0.552	0.556	0.593	0.719	0.788	0.803	0.826	0.914	1.021	0.999	0.949	1.020
加拿大	0.583	0.568	0.562	0.644	0.713	0.798	0.881	0.989	1.063	1.012	1.084	1.130
捷克	0.226	0.241	0.296	0.354	0.400	0.427	0.454	0.519	0.642	0.596	0.585	0.632
丹麦	0.764	0.762	0.833	1.020	1.135	1.155	1.193	1.354	1.545	1.560	1.458	1.535
爱沙尼亚	0.128	0.130	0.141	0.178	0.205	0.214	0.236	0.300	0.364	0.350	0.315	0.329
芬兰	0.532	0.536	0.573	0.697	0.767	0.782	0.796	0.875	0.986	1.016	0.954	1.016
法国	0.477	0.473	0.513	0.626	0.697	0.712	0.732	0.813	0.897	0.879	0.848	0.902
德国	0.644	0.632	0.673	0.816	0.901	0.908	0.900	0.983	1.079	1.076	1.013	1.085
希腊	0.429	0.407	0.471	0.575	0.649	0.685	0.686	0.772	0.868	0.902	0.840	0.851
匈牙利	0.275	0.304	0.370	0.458	0.529	0.551	0.535	0.648	0.725	0.645	0.624	0.675
爱尔兰	0.617	0.630	0.667	0.832	0.954	1.011	1.051	1.181	1.343	1.265	1.130	1.177
意大利	0.422	0.424	0.458	0.570	0.648	0.669	0.694	0.773	0.867	0.854	0.815	0.865
日本	1.050	0.908	0.837	0.878	0.917	0.901	0.832	0.796	0.919	1.018	1.032	1.156
韩国	0.494	0.454	0.477	0.521	0.557	0.637	0.678	0.697	0.602	0.530	0.579	0.642
卢森堡	0.653	0.676	0.724	0.887	0.986	1.004	1.026	1.142	1.298	1.341	1.303	1.408

续表

国家 \ 年份	2000	2001	2002	2003	2004	2005	2006	2007	2008	2009	2010	2011
荷兰	0.645	0.659	0.719	0.882	0.965	0.969	0.985	1.100	1.210	1.211	1.145	1.194
挪威	0.640	0.645	0.756	0.885	0.939	1.006	1.081	1.264	1.419	1.333	1.433	1.582
波兰	0.304	0.344	0.339	0.344	0.359	0.406	0.420	0.481	0.592	0.464	0.491	0.512
葡萄牙	0.396	0.399	0.432	0.537	0.595	0.607	0.616	0.685	0.762	0.759	0.714	0.730
斯洛伐克	0.162	0.158	0.175	0.227	0.268	0.290	0.310	0.376	0.440	0.466	0.440	0.467
西班牙	0.441	0.439	0.474	0.584	0.659	0.689	0.717	0.813	0.916	0.885	0.841	0.886
瑞典	0.632	0.581	0.616	0.741	0.806	0.794	0.812	0.918	0.996	0.913	0.943	1.060
瑞士	1.035	1.093	1.197	1.394	1.465	1.473	1.474	1.566	1.783	1.843	1.878	2.216
英国	0.767	0.754	0.796	0.882	1.002	1.004	1.041	1.164	1.100	0.988	0.995	1.051
美国	0.666	0.678	0.679	0.689	0.703	0.715	0.740	0.770	0.789	0.794	0.785	0.799

注：单位劳动成本的定义是平均劳动报酬对劳动生产率的比值；平均劳动报酬用以美元计价的实际平均工资表示，劳动生产率用以美元计价的平均劳动生产率表示（见表3）（在岗职工人均GDP）。

资料来源：OECD数据库。

与南非、墨西哥、俄罗斯、巴西4国相比，我国劳动力成本仅高于墨西哥一个国家，与其他3个国家存在明显差距，仅相当于南非的30.2%，俄罗斯的91.3%，巴西的55.6%。与工资水平相对低廉的前述亚洲6国相比，我国单位劳动力成本仅略高于马来西亚，而明显低于其他5个国家（见表6）。当然，从长远看，与这些国家相比，我国可能会失去单位劳动成本的优势。不过，由于这些国家中的多数在基础设施、劳动生产率、资本存量、劳动者受教育年限、科技创新能力、企业管理水平和其他社会条件等方面，与我国的较大差距很难在较短时间消除，同时，考虑到我国劳动生产率持续增长的前景，它们提高劳动生产率从而在单位劳动成本方面形成对我国的优势，虽然可以说是一种不能排除的可能性，但无疑是一个需要很长时间的过程。2014年5月25日英国《经济学家》杂志发表了一篇题为《中国将保持制造业霸主地位》的文章，得出了与我们的结论类似的看法："所谓劳动密集型生产商将离开中国寻找廉价目的地的说法，是夸大其词。通过对众多新兴经济体2013~2018年劳动生产率同工资上升的对比预测，我们发现，鲜有（投资）目的地会比中国更具成本竞争力，且没有任何经济体的劳动生产率增幅会超过中国"。事实上，近2年外商对华直接投资的实际情况也验证了这种的判断，2014中国全年实际利用外商直接投资额达1 195.6亿美元，创下历年新高。2015前11个月中国利用外资直接投资总额已达1 140.4亿美元，同比增长7.9%。

此外，还应看到，近20年来我国出口贸易结构已经发生了深刻变化，附加值较低的劳动密集型低端制造业产品出口在全部出口中所占的比重下降，而附加值较高的资本密集型高端制造业产品的比重正在逐步提高（见表7）。1995年我国5类典型劳动密集型产品出口比重达到了37.95%，而典型资本、技术密集型产品比重仅为24.51%。2003年（亚洲金融危机后），5类典型的劳动密集型产品出口比重达到了25.68%，而同期典型资本、技术密集型产品比重上升至45.89%，此时我国的国际贸易已告别了"卖数亿件衬衣买一架飞机"的时代。2013年，贸易结构的变化进一步加深，5类典型的劳动密集型产品出口比重降至18.80%，而同期典型资本、技术密集型产品比重进一步上升至51.00%。可见，目前我国出口贸易中，典型资本、技术密集型产品成为主要支撑。虽然劳动密集型产品对于我国出口贸易仍然重要，但其比重却大幅下滑，比1995年下降了19.15个百分点。今后，劳动密集型产品在我国出口中所占比重还会下降。因此，从出口结构来看，劳动力成本上升对于我国出口的冲击是比较有限的。这也提醒我们，在国际贸易中，低收入国家与我国并不在同一个竞争层次，一些低端的劳动密集型的产业向低收入国家转移也是正常的，并不会挤占我国出口在世界总出口中所占份额。

表6　部分非 OECD 国家与我国的单位劳动成本统计

年份 国家	2000	2001	2002	2003	2004	2005	2006	2007	2008	2009	2010	2011
中国	0.243	0.258	0.264	0.260	0.272	0.286	0.300	0.329	0.386	0.404	0.421	0.463
印度	0.184	0.183	0.179	0.185	0.188	0.184	0.173	0.190	0.190	0.176	0.194	—
印度尼西亚	0.073	0.079	0.105	0.121	0.130	0.124	0.134	0.139	0.136	0.131	0.163	—
马来西亚	0.238	0.247	0.251	0.255	0.250	0.263	0.272	0.294	0.298	0.295	0.325	0.356
菲律宾	—	0.203	0.203	0.191	0.182	0.190	0.210	0.227	0.241	0.238	0.253	0.267
泰国	—	0.143	0.143	0.145	0.148	0.153	0.167	0.182	0.207	0.205	0.221	0.240
越南	—	—	0.122	—	0.132	—	0.152	—	0.190	—	—	—
南非	—	—	—	—	—	—	1.062	1.071	1.019	1.131	1.460	1.534
俄罗斯	0.079	0.107	0.129	0.155	0.190	0.233	0.280	0.355	0.444	0.400	0.453	0.507
巴西	—	—	—	0.280	0.307	0.395	0.466	0.534	0.613	0.615	0.734	0.832
墨西哥	0.224	0.256	0.272	0.257	0.260	0.278	0.288	0.298	0.311	0.280	0.297	0.317

注：单位劳动成本的定义是平均劳动报酬对劳动生产率的比值；平均劳动报酬用以美元计价的实际平均工资（见表4）表示，劳动生产率用以美元计价的平均劳动生产率表示（在岗职工人均 GDP）。

资料来源：国际劳工组织数据库。

表7 我国出口贸易结构

产品分类	HS 框架下统计分类	占出口总额比重（%）			
		1995 年	2003 年	2008 年	2012 年
劳动密集型产品	第四类：食品；饮料、酒及醋；烟草、烟草及烟草代用品的制品	3.11	1.75	1.27	1.27
	第八类：生皮、皮革、毛皮及其制品；鞍具及挽具；旅行用品、手提包及类似容器；动物肠线（蚕胶丝除外）制品	3.79	2.64	1.27	1.57
	第九类：木及木制品；木炭；软木及软木制品；稻草、秸秆、针茅或其他编结材料制品；篮筐及柳条编结品	1.44	0.99	0.80	0.65
	第十一类：纺织原料及纺织制品	24.12	16.73	12.55	12.40
	第十二类：鞋、帽、伞、杖、鞭及其零件；已加工的羽毛及其制品；人造花；人发制品	5.48	3.57	2.51	2.90
资本、技术密集型产品	第十六类：机器、机械器具、电气设备及其零件；录音机及放声机、电视图像、声音的录制和重放设备及其零件、附件	18.60	39.34	42.75	42.75
	第十七类：车辆、航空器、船舶及有关运输设备	2.76	3.56	4.95	4.55
	第十八类：光学、照相、电影、计量、检验、医疗或外科用仪器及设备、精密仪器及设备；钟表；乐器；上述物品的零件、附件	3.16	2.99	3.33	3.71

注：本文采用海关合作理事会（又名世界海关组织）主持制定的《商品名称及编码协调制定》（*The Harmonized Commodity Description and Coding system*，简称协调制度或 HS）对我国 1995 ~ 2013 年的出口产品结构的统计。考虑到 HS 编码框架并没有对劳动密集型产品和资本、技术密集型产品进行详细分类，我们参照俞升（2007）等人的研究，区分了典型的劳动密集型产品和资本、技术密集型产品。

资料来源：海关信息网。

由以上分析可见，我国的国际竞争力当前没有下降，而且今后相当长的时期内也不会下降。近年来我国出口形势不好，原因并不是我们的竞争力出了问题，而主要是 2008 年世界经济危机引发的全球需求疲软所致。虽然 2015 年我国出口首次出现年度下降，但仍然好于全球平均水平。2015 年 1 ~ 11 月，全球出口下降 11.5%，而我国为 2.8%。同时，我国在发达经济体中所占市场份额保持稳定，在美国、欧元区、英国和日本分别为 18%、6%、9% 和 23%。在新兴国家市场中，我国的市场份额则是上升的。在韩国的份额由 2014 年的 20% 上升到 23%，在印度由 13% 上升到 16%，在泰国从 17% 上升到 20%，在巴西从 15% 上升到 17%。在非洲最大的经济体尼日利亚，我国的市场份额也从 31% 上升至 34%。这些数据表明，"中国制造"的竞争力仍然强劲。

参考文献：

林岗、王裕雄、吴崇宇、杨巨：《2010～2030 年中国经济增长基本条件研究》，经济科学出版社 2015 年版。

俞升：《中国与东盟 5 国对美国出口劳动密集型产品的竞争分析》，载于《国际贸易问题》2007 年第 8 期。

Kaldor, N. 1963, Capital Accumulation and Economic Growth, in Proceedings of a Conference Held by the International Economic Association. London: Macmillan.

Kuznets, S. 1973, Modern Economic Growth: Findings and Reflection, American Economic Review, 63, 3 (June).

Chenery, H. B. and Strout, A. (1966), Foreign Assistance and Economic Development, American Economic Review, 56: pp. 679 – 733.

Chenery. Robinson. Syrquin, Industrialization and Growth: A Comparative Study, Oxford University Press, 1986.

Partners, A. 2009, Alix Partners Introduces New Outsourcing Tool That Determines "Best – Cost Countries", http://www. marketwire. com/press-release/Alixpartners – 991044. Html.

Radelet, S. and Sachs, J. The East Asian Financial Crisis: Diagnosis, Remedies, Prospects. Brookings Papers on Economic Activity 1 (1998): pp. 1 – 90.

Studenmund, A. H. and Vanek J. Toward a Better Understanding of the Incremental Capital – Output Ratio. Quarterly Journal of Economics. 82. 3 (1968): pp. 452 – 464.

（原载于《政治经济评论》2016 年第 7 期）

"十三五"时期如何适应把握引领新常态

王一鸣[*]

"十三五"规划是我国经济发展进入新常态后的第一个五年规划，因此，"十三五"规划的制定必须回答这样一个问题："十三五"时期，我国应该如何适应、把握、引领新常态。回答这一问题，首先需要充分认识新常态会带来哪些新的变化，进而在清晰地把握好未来五年甚至更长一个时期宏观环境和发展背景的基础上，有针对性地加大结构调整和动力转换力度，积极培育经济发展新动力。

一、充分认识新常态带来的新变化

我国的经济发展进入新常态，最直观的变化就是经济增速进入换挡期，即由过去的高速增长转到当前的中高速增长。一个时期以来，中国经济经历了一个较长时期的下行周期，经济增速在波动中放缓，2015 年第三季度已经回落至 6.9%。这是周期性因素和结构性因素相互叠加、共同作用的结果，其中，结构性因素占据主导地位。经济增速放缓，表面上是需求不足，实际上是供给结构不适应市场需求的变化：一方面，已有的供给因为供大于求出现了过剩；另一方面，部分需求缺乏相应的供给难以被满足。进入新常态，一系列重大的、阶段性的变化集中显现，这既表现在需求侧，也表现在供给侧。

从需求侧来看，2013 年我国城镇户均达到 1 套房，2014 年每千人拥有汽车超过 100 辆。按照国际经验，进入这样一个阶段之后，房地产和汽车市场的需求都将发生明显变化。从我国的具体情况看，房地产投资在 2000～2013 年年均增长 24%，2015 年前三个季度已下降到 2.6%；汽车产量过去 10 年年均增长

---

* 王一鸣：国务院发展研究中心副主任、中国社会科学院博士生导师、中国人民大学兼职教授。

17.9%，2015年前三个季度却下降到0.9%。不仅如此，随着房地产需求和汽车市场需求的下降，钢铁、水泥、玻璃、轮胎、电子、家电、家装等关联行业的市场需求也在下降。

从供给侧来看，2012年以后，我国16~59岁劳动年龄人口减少了820万人，随着劳动力成本快速上升、资源供需形势发生变化、生态环境硬约束不断强化，以往那种依靠生产要素大规模、高强度投入实现经济增长的条件已经不复存在。与此同时，过去一个时期制造业迅猛扩张而形成的巨大产能，在国内外市场需求发生变化的情况下，当前面临较为严重的过剩局面，特别是钢铁、煤炭、石化、有色、建材等传统行业，产能过剩更为严重，利润水平大幅回落，有的行业甚至出现全行业亏损。

由此可见，新常态更具本质的变化特征还是结构调整和动力转换。在需求侧已发生明显变化的情况下，如果仍然一味地扩大投资和产出规模，虽然短期内对经济增长也能起到一定的作用，但随着投资的边际效用逐步递减，其结果，不仅会使产能过剩的矛盾进一步加剧，对经济增长的拉动作用也会明显减弱，进而还会错失结构调整的机会。因此，新常态下，面对经济下行暴露出来的矛盾和问题，必须加大供给侧的结构调整力度，加快化解过剩产能和资产重组，增强市场配置资源的功能，激发市场主体的内生活力和动力。需要强调的是，在市场需求已发生明显变化的情况下，不主动调整也会被动调整，而被动调整付出的成本会更大。

二、加大结构调整和动力转换力度

"十三五"时期是我国结构调整和动力转换的重要窗口期。过去一个时期的经济下行压力，固然带来了一系列严峻挑战，但也是结构调整和动力转换的重要机遇。因此，"十三五"时期要充分用好经济下行形成的倒逼机制，把握好窗口期的宝贵机会，下决心推进结构调整和动力转换。

结构调整的重要环节是有效出清过剩产能。过剩产能特别是"僵尸企业"造成资源沉淀，影响要素流动和资源再配置，还会延误结构调整的时机，使潜在风险不断积累。可以说，近一个时期规模以上工业企业盈利状况持续恶化、工业品出厂价持续回落，与产能过剩是分不开的。2015年前三季度，规模以上工业企业利润总额同比下降1.7%，到2015年9月份工业品出厂价连续43个月负增长，表明产能过剩已经到了相当严重的程度。只有下决心出清过剩产能，促进资源优化再配置，结构调整才能有效推进。因此，"十三五"时期要下决心推进供给侧结构调整，更加注重运用市场机制、经济手段、法治办法化解产能过剩，完善企业退出机制，推进结构调整取得实质性进展。

动力转换要把握好新旧动力的相互关系。新旧动力并存是今后一个时期的基本特征。旧的动力如钢铁、煤炭、石化、有色、建材等产业板块体量较大，虽然高速扩张期已经过去，但在相当长时期内对经济增长仍具有重要支撑作用，短期内也难以找到体量相当、带动力相近的新兴产业板块来替代。今后要通过技术改造和产业重组，让旧动力焕发青春。与此同时，要着力培育新的动力，培育一批战略性产业，逐步替代传统动力。

无论是结构调整，还是动力转换，都要着力提高要素生产率。在生产要素供需形势发生趋势性变化、企业综合生产成本普遍提高的情况下，迫切要求从提高要素生产率中挖掘新动力。只有提高劳动生产率，提高投资回报率，提高全要素生产率，才能有效对冲要素供需形势的变化，降低企业生产成本。要营造良好的市场环境，激发企业家和全社会创新潜能和活力，发挥创新在结构调整和动力转换中的积极作用，真正使创新成为引领发展的第一动力。

三、积极培育经济发展新动力

"十三五"时期，培育经济发展新动力，需要从多个方面展开。

第一，增强创新驱动发展动力。创新是提高要素生产率，提升产业价值链和产品附加值的关键。一是要推动"大众创业、万众创新"。当前和今后一个时期，我国处在产业转型升级、经济提质增效的关键时期，"大众创业、万众创新"是培育和催生未来产业、激发全社会创新潜能和活力的根本途径。二是实施一批国家重大科技项目。以2030年为时间节点，在航空发动机、量子通信、智能制造和机器人、深空深海探测、重点新材料、脑科学、健康保障等领域再部署一批体现国家战略意图的重大科技项目。在重大创新领域组建一批国家实验室。三是强化企业创新主体地位。形成一批有国际竞争力的创新型领军企业。鼓励企业开展基础性前沿性创新研究，重视颠覆性技术创新。支持科技型中小企业健康发展。四是激发企业家精神。创新的主体是企业家，企业家最核心的功能是创新，政府的主要职责是建设科研基础设施，加强知识产权保护，制定产业标准和商业规则，维护市场秩序，减轻企业家创新风险。五是构建有利于创新发展的体制。营造激励创新的公平竞争环境，实行严格的知识产权保护制度，强化金融支持创新的功能，完善成果转化激励机制，创新用好培养和吸引人才的机制。

第二，推进产业迈向中高端水平。过去一个时期，产业发展的基本模式是"铺摊子"，主要是扩大产能和规模。随着市场需求变化和产能过剩压力增大，产业发展需要从"铺摊子"为主转向"上台阶"为主，核心是提升产业价值链、产品附加值。一是加快建设制造强国。引导制造业朝着分工细化、协作紧密方向发展，促进信息技术向市场、设计、生产等环节渗透，推动生产方式向柔性、智能、精细转变。二是实施工业强基工程。支持企业瞄准国际同行业标杆推进技术改造，全面提高产品技术、工艺装备、能效环保等水平。三是支持新兴产业发展。更好发挥国家产业投资引导基金作用，培育一批战略性产业。四是实施智能制造工程。构建新型制造体系，促进新一代信息通信技术、高档数控机床和机器人、航空航天装备、海洋工程装备及高技术船舶、先进轨道交通装备、节能与新能源汽车、电力装备、农机装备、新材料、生物医药及高性能医疗器械等产业进入国际前沿水平。五是推动生产性服务业向专业化和价值链高端延伸，推动制造业由生产型向生产服务型转变。

第三，推进以人为核心的城镇化。城镇化是最大内需所在。2014年，我国按常住人口计算的城镇化率仅为54.77%，相比较于发达国家还有很大空间，特别是已经进城的2.5亿农业转移人口，如果能够实现市民化，消费倾向和消费结构将发生深刻变化，购买能力和对工业品的需求将大幅提升，就会释放出巨大的消费需求。城镇化发展还将创造高铁、地铁、机场、地下管网、污水处理等基础设施，以及市政设施和住宅等巨大的投资需求。"十三五"时期推进以人为核心的城镇化，一是要提高户籍人口城镇化率。深化户籍制度改革，促进有能力在城镇稳定就业和生活的农业转移人口举家进城落户，并与城镇居民有同等权利和义务，加快落实中央确定的使1亿左右农民工和其他常住人口在城镇定居落户的目标。二是创造良好的制度环境。继续推进户籍制度、土地制度等改革，全面实行身份证制度，改革征地制度，健全农村土地确权、登记、颁证制度，建立农村土地交易市场，严格农村土地用途管制，建立城乡统一的建设用地市场。三要深化住房制度改革。更多采取"补人头"方式，有效消化现有的存量房地产。

第四，推进企业"走出去"构建全球化生产运营体系。支持企业扩大对外投资，推动装备、技术、标准、服务"走出去"，深度融入全球产业链、价值链、物流链。一方面要推进"一带一路"建设，推进同有关国家和地区多领域互利共赢的务实合作，打造陆海内外联动、东西双向开放的全面开放新格局；另一方面要推进国际产能和装备制造合作，支持钢铁、有色、石化、建材等原材料生产企业到海外建立生产基地，逐步将直接进口资源转变为进口原材料。拓展高铁、核电、特高压电网、通信、航空等大型成套设备的国际市场空间。

综上所述，创新是走向未来引领发展的第一动力，要以创新推进产业迈向中高端水平，推进以人为核心的城镇化，推进企业"走出去"构建全球化生产运营体系。要通过创新引领结构调整和动力转换，赢得主动，赢得优势，赢得未来。

参考文献：

林岗、王一鸣、马晓河等：《中国经济改革与发展研究报告 2015："十三五"时期的中国经济（中国人民大学研究报告系列)》，中国人民大学出版社 2015年版。

成思危：《把握六个平衡寻找中国经济发展新动力》，载于《经济导刊》2011 年第 8 期。

王一鸣：《培育中国经济增长新动力》，载于《新金融》2014 年第 9 期。

（原载于《光明日报》2015 年 12 月 19 日第一版）

高投资发展模式如何转变为适度投资发展模式

陈彦斌　郭豫媚[*]

一、高投资发展模式的基本情况

改革开放以来，中国投资之高为世所罕见，其主要表现在投资增速和投资率两个方面。从投资增速来看，中国投资总额持续快速增长，尤其在邓小平南方讲话之后中国经济开始实质意义上腾飞的 1992～2012 年期间，全社会固定资产投资的平均增速达到了 22.3%，远高于同时期发达国家和同样依靠投资驱动的东亚奇迹国家的投资增速。[①][②] 并且，中国的投资率（投资占 GDP 比重）也非常高：2003 年的中国投资率就已经高达 41%，2011 年更是攀升至 48.3%。相比之下，全世界投资率仅为 20% 左右，即便与各国投资率峰值相比，中国也处于明显的领先位置。[③]

在高投资的推动下，中国经济高速增长，至 2010 年中国已成为全球第二大经济体。1978～2012 年，中国经济平均增速高达 9.92%，相较于同期世界的平均水平（2.8%）高出了 7.1 个百分点，与同期也处于经济腾飞阶段的东亚奇迹

---

　　* 陈彦斌，中国人民大学经济学院教授，博士生导师，副院长；郭豫媚，中国人民大学经济学院博士。
　　① 同时期的发达国家（地区）投资增速比中国低得多，比如，美国的投资平均增速为 5.3%，英国为 5.48%，德国仅为 2.36%。在日本 20 世纪五六十年代与"亚洲四小龙"六七十年代经济腾飞期间，韩国的年均投资增速最高，达到了 21.34%；中国台湾地区投资增速达到了 20.11%；日本、中国香港地区与新加坡的平均投资增速在 15% 左右。
　　② 如未特别说明，本文所用国内数据均引自中国国家统计局、财政部等相关部门，或者根据上述数据计算得到；国际数据引自世界银行数据库，或者根据上述数据计算得到。
　　③ OECD 国家投资率最高仅为 25.8%（1974 年），美国最高为 29.7%（1950 年）；日本、韩国和新加坡投资率的峰值分别为 38.8%（1970 年）、39.7%（1991 年）和 46.9%（1984 年）；巴西、墨西哥、印度和南非这四个新兴经济体的投资率峰值则分别为 26.9%（1989 年）、27.4%（1981 年）、38%（2007 年）和 33.4%（1981 年）。上文中美国数据引自孙文凯等（2010）。

国家相比，中国的平均增速也处于领先水平。[①] 在推动经济增长的各个因素中，资本积累对中国经济增长的平均贡献度高达57.6%，表明高投资是支撑中国经济增长的重要因素。在高投资与高增长的带动下，中国 GDP 占世界 GDP 的比重由1980 年的1.9%稳步升至2011 年的10.5%，中国 GDP 的世界排名由1978 年的第10 位跃居至当前的第2 位。

　　高投资发展模式的核心是依靠物质资本的大规模投入来推动经济快速增长，要素价格管制、地方政府的投资激励和"出口—投资"联动机制是高投资发展模式的三大动力源泉。首先，要素价格管制通过直接压低投资的成本影响投资的收益率，是激励高投资的核心机制。中国政府对要素价格的管制主要体现在以下四个方面。一是，实施利率管制政策，压低贷款利率，降低资金成本。二是，通过实施低工资政策大幅压低投资所需的劳动力成本。三是，政府向企业提供廉价的工业用地，直接降低企业的生产经营成本，从而刺激企业的投资。四是，压低企业所应承担的资源和环境成本，刺激企业投资的大规模扩张。其次，地方官员考核机制和财权事权倒挂的财税体制为高投资提供了强烈的政治激励与财政激励。改革开放之后，地方政府官员考核标准的核心由政治表现转化为经济绩效，从而促使地方政府官员加大投资规模以带动经济增长。此外，1994 年分税制改革之后的地方政府事权财权倒挂，为满足经济社会发展和民生支出的需要，地方政府因而产生通过扩大投资、推动经济增长以增加财政收入的强烈意愿。最后，出口导向发展方式与"出口—投资"联动机制保证了高投资发展模式得以延续。由于国内消费需求不足，出口导向型发展方式是支撑中国高投资必不可少的条件。同时，"出口—投资"联动机制并不单纯只是高投资形成的过剩产能引致出口的被动增加，而是出口增加过程中出口收益也在提高，进而激励投资进一步扩张（中国人民大学经济研究所，2009），持续推动经济的快速增长。

　　然而，在取得骄人成就的同时，必须客观地认识到高投资发展模式带来的一系列严峻的问题，如资源过度消耗与生态环境破坏、贫富差距悬殊与社会不稳定、政府债务高企等。并且，当前中国的总量 GDP 和人均 GDP 都已与30 年前不可同日而语。处在新的历史阶段，是不是仍然需要坚持原有的高投资发展模式是一个重大的理论与现实问题，本文余下部分将系统地对这一问题进行分析与回答。

---

　　① 1978～2012 年，中国台湾地区、中国香港地区和韩国、新加坡平均经济增长速度分别为5.6%、5.3%、6.1%和7.0%。

二、高投资发展模式的历史大背景是中国对于民族伟大复兴的无限渴望

近代以来，中国经济水平在全世界的地位迅速下滑。从 1840 年第一次鸦片战争开始，到 1945 年抗日战争结束，中国遭受了英、俄、日、法、德、美等十余个国家发动的多次战争侵略，天朝上国颜面尽失。随后的解放战争以及新中国成立后路线与政策的失误，又进一步拉大了中国在国家经济实力、人民生活水平等方面与西方发达国家之间的差距。GDP 增速方面，1820～1978 年间，中国 GDP 平均增长率仅为 0.9%，而全世界 GDP 增速平均为 2.12%，美国则达到了 2.45%。人均 GDP 方面，1820～1978 年间，全世界人均 GDP 增长率接近 1.21%，中国人均 GDP 平均增速只有 0.3%。1978 年，中国人均 GDP 只有 155 美元，仅达到了世界平均水平的 7.9%，尚且不足美国和日本人均 GDP 的 2%。[①] 在世界银行公布的 137 个国家和地区中排名倒数第 4，中国人均 GDP 仅高于几内亚比绍、尼泊尔和索马里三个极其贫穷落后的国家。

在这一历史背景下，广大人民群众迫切要求提高生活水平、改变国家贫穷落后的面貌，政府部门领导人在走出国门之后也被中国经济与发达国家之间的巨大差距所震惊，实现经济腾飞和国家崛起成为一种强烈的民族愿望（陈彦斌等，2013b）。

由此，中国走上了"以经济建设为中心"的增长主义发展道路，并选择了高投资发展模式以实现经济高速增长。采用高投资而非高消费来拉动经济增长的原因在于：第一，从国际经验和中国自身的历史经验来看，消费需求无法支撑高增长。长期以来，发达国家的居民部门消费率一直维持在高位，但经济增长速度却并不高。1970～2011 年，加拿大、法国和德国等发达国家居民部门消费率都在 55% 以上，美国和英国更是达到了 65% 左右，但是各国的 GDP 增长率仅为 2%～3%。中国在改革开放之前的消费率也维持在 60% 以上，[②] 但经济并未得到快速发展，进一步表明单纯依靠消费需求很难支撑经济高速增长。第二，1978 年中

---

① 资料来源于麦迪森（2003）。其中，1978 年人均 GDP 引自世界银行 WDI 数据库；1978 年中国 GDP 所占比重根据世界银行 WDI 数据库的数据计算得到。

② 中国"一五"时期的投资率和消费率分别为 24.7% 和 75.6%，"大跃进"时期分别为 38.1% 和 61.5%，"二五"经济调整时期分别为 21.9% 和 77.2%，"三五"时期分别为 28.3% 和 71.4%，"四五"时期分别为 34.1% 和 65.6%，"五五"时期分别为 35.5% 和 64.6%。资料来源：《"十五"期间投资率和消费率的运行特征及其变动趋势》，载于《中国经济时报》2005 年 12 月 12 日。

国物资十分匮乏，依靠消费拉动经济发展是不现实的。第三，中国历来有"重积累、轻消费"的传统，1979～2012 年间中国的平均储蓄率高达 41%，较高的储蓄率为政府进行高投资提供了可能。

三、着眼未来，高投资发展模式必须终结

改革开放 30 多年以来，高投资带动了中国经济的高速增长。有学者认为未来 20 年中国仍能维持高速增长，年均增速可以达到 8% 以上。[①] 这一愿景是十分美好的，但却是不现实的。在充分认识到高投资发展模式带来的资源环境恶化、贫富差距拉大和政府债务高企等一系列问题，考虑到当前中国经济所处的历史新阶段与国际环境，本文认为高投资带动高增长的发展模式必须终结。

（一）当前中国 GDP 总量和人均 GDP 已经进入历史新阶段，发展目标需要转变，因而高投资发展模式也需要调整

高投资在带动经济高速增长的同时挤压了居民消费，导致社会福利损失，国民幸福感难以提升。虽然对幸福的理解是广泛，但体现在经济宏观变量上就是消费，而非投资与出口。根据学者的测算，中国合理投资率区间大约在 30%～40% 之间[②]，表明当前中国 48% 的投资率已明显过高。投资规模的不断扩张严重抑制了消费需求，1979～2011 年中国居民部门平均消费率为 44.2%，比同期世界平均水平低了 16.2 个百分点，不仅低于日本（56%）、英国（62.8%）和美国（67.5%）等发达国家，而且低于巴西（63.1%）、印度（64.3%）和墨西哥（66.5%）等发展中国家。投资率与消费率的失衡导致了中国社会福利的损失。根据李稻葵等（2012）的测算，1990～2008 年相对于福利最大化的投资路径，中国实际路径总福利损失约为 5.9%。

站在经济发展的新阶段，继续通过高投资拉动高增长的客观必要性不大，提升国民幸福感才是未来发展的关键。十八大报告提出了"实现国内生产总值和城乡居民人均收入比 2010 年翻一番"的新目标。由于 2011～2013 年 GDP 增速已分别达到 9.2%、7.7% 和 7.7%，未来 7 年的 GDP 年均增速只需达到 6.74% 就能够完成所制定的 GDP 目标，意味着通过持续大规模的投资拉动经济增长的必要性不大。此外，与中国成为全球第二大经济体形成明显反差的是，"全球最幸

---

① 林毅夫：《中国 8% 经济增长率还可持续 20 年》，新华网。
② 相关研究可参见孙焱林（2000）和贺铿（2006）等。

福的国家和地区"排名中，中国仅位列第 125 位。[①] 因此，中国经济的发展已不应该再是简单追求经济总量的快速增长，而是更应重视居民生活水平的提高，注重对民生的保障，提升全体国民的幸福感。这就需要对高投资的发展模式进行调整。

（二）高投资带来的高代价将使高投资发展模式本身难以持续

高投资付出了资源过度消耗和环境严重破坏的巨大代价，已几近极限。一方面，中国高投资发展模式是建立在资源的过度透支之上的，这已导致当前中国能源资源供需缺口呈逐年扩大的趋势，对外依存度不断上升。另一方面，高耗能、高污染产业产能的持续扩张导致中国生态环境迅速恶化，水、空气和土壤的污染与破坏严重影响着居民的身心健康。如果继续忽视环境问题，推动高投资发展模式，20 年后中国部分地区是否仍适宜居住将成为疑问，从而严重影响居民的正常生活，极大地降低社会福利。

高投资发展模式还导致贫富差距日益扩大，使得各种形式的社会矛盾和冲突日益凸显，社会稳定面临严峻的挑战。在高投资发展模式下，通货膨胀频发和利率管制使得中国实际存款利率长期被压低，从而导致贫富差距扩大。1978～2013年期间，中国有 18 年的 CPI 涨幅超过 3% 的警戒线水平，有 5 年的 CPI 涨幅甚至超过 10%；特别是 2003 年以来，中国大部分年份都处在通胀危险之中，通货膨胀表现出常态化的趋势。频繁的通货膨胀使得高投资发展模式下原本就因管制而被压低的实际存款利率进一步降低。由于中国低收入以及中低收入人群的存款边际倾向远高于富人，过低的实际利率使贫富差距进一步拉大。[②] 陈彦斌等（2013a）研究发现，若通货膨胀率从 0 上升到 5%，城镇穷人家庭的净财产减持的比例将达到富人家庭的 30 倍以上，农村家庭将遭受到较城镇家庭更高的福利损失，总体财产不平等程度将更会加剧。贫富差距的持续扩大会滋生社会的不满情绪，引发社会心理失衡和不稳定，并导致政府维稳支出大幅增加。

此外，政府债务水平的陡升将导致未来继续推动以政府为主导的高投资发展模式的空间趋于缩小。中国的高投资中有很大一部分是依靠政府的大规模基础设施建设来推动的。而随着政府主导的投资持续增长，当前中国政府债务水平已居

---

① 《全球最幸福国家排名，丹麦居首中国第 125 位》，载于《文汇报》2010 年 7 月 16 日。
② 中国家庭金融资产结构中，银行存款和现金等无风险资产占比高达 77%（资料来源：西南财经大学中国家庭金融调查与研究中心，《中国家庭金融调查报告》2012 年 5 月 13 日），而中国高净值人群（流动资产达 600 万元）所持无风险资产仅占其全部财产的比例为 23%（资料来源：中国银行、胡润研究院，《2011 中国私人财富管理白皮书》）。

于历史高位。尤其在金融危机之后，与一系列经济刺激计划相伴的是地方政府债务总额规模的迅速扩张。根据国家审计署的统计，截至2013年6月底，中国各级政府债务余额高达30.28万亿元，其中地方政府债务高达17.89万亿元。更为严重的是，根据马俊（2012）的测算，若考虑隐性和或有债务，中国政府债务占GDP比重在2012～2050年间将持续保持上升态势，并将在2050年升至107.7%，年均上升幅度达2.35个百分点。中国政府债务问题的不断恶化将导致未来政府运用积极财政政策的自由度大不如前，难以继续维持大规模的投资。

（三） 支撑高投资发展模式的国际环境已经发生了巨大变化

出口需求是消化中国高投资所形成的高产能的重要条件。然而金融危机后，中国出口增速整体呈下滑态势，2012年出口增速仅为5.0%，远低于过去35年间22.9%的平均增速。预计未来，出口增速的低迷态势仍将持续，因此继续依靠"出口—投资"联动机制支撑高投资是无法实现的。

外部环境方面，由于全球技术进步速度减缓、新兴经济体增速放缓，以及发达国家深陷债务困境，未来出口需求难以改善。首先，全球技术进步速度减缓从根本上降低了全球潜在经济增速，抑制了中国外部需求的扩大。据戈登（Gordon，2012）测算，第三次科技革命对劳动生产率的推动作用于2004年开始逐步衰退，2004～2012年间，劳动生产率平均增速仅为1.33%，相比1996～2004年的平均水平低了1.13个百分点。其次，新兴经济体增速的放缓导致出口增长的空间有限。2008～2012年，中国出口增量的43%来自以金砖国家与东盟为代表的新兴经济体和发展中国家，[①] 其经济增速的放缓势必限制中国出口增长的空间。第三，发达国家深陷债务困境，使得居民消费增速大幅下滑，对中国商品和劳务的需求增速也将趋于降低。据IMF估计，发达国家政府总债务占GDP比重在2011～2017年都将处于历史高位，这将加剧发达国家甚至全球经济衰退风险，持续抑制中国出口增长。

此外，中国突出的大国经济特征决定了出口规模难以继续高速扩张。2011年，中国GDP占世界GDP的比重达到10.5%，成为世界第二大经济体。[②] 同时，作为出口导向型国家，2011年中国出口占世界市场的份额达到了10.4%，成为

---

① 《商务部：贸易摩擦形势依然严峻，外贸风险依然较多》，中新网，http://finance.chinanews.com/cj/2013/11-07/5472518.shtml。

② 世界银行发布的《购买力平价与实际经济规模——2011年国际比较项目结果摘要报告》更是指出，以购买力平价法计算，2011年中国GDP已相当于美国的87%，中国有望在2014年超过美国成为全球头号经济体。

世界第一出口大国。根据（Guo & N'Diaye，2009）的计算，如果中国未来的实际出口增速保持在15%的水平，那么至2020年中国的出口占世界市场的份额就将达到15%左右的水平。然而，对于日本等经历过高速出口导向型经济增长的国家，其在各自的历史发展轨迹中占世界市场份额的峰值也仅在10%左右的水平。可见，当前中国已经形成庞大的出口规模，未来出口规模的进一步快速增长将可能接近世界市场吸收能力的上限，是外部需求所难以消化的，而且国际贸易市场中竞争的显著加剧和贸易摩擦的大幅增多等诸多限制因素也将会随之出现进而影响出口。因此，中国出口导向型战略难以持续，出口规模难以继续高速扩张。

（四）未来高投资发展模式难以找到产业支撑点

制造业、房地产以及基础设施建设是中国高投资发展模式的三大产业支撑。2012年，这三大产业的投资规模占全社会固定投资规模比重高达70.3%。但未来，这三大产业难以继续对高投资形成有效的支撑。同时，目前新兴产业如物联网、节能环保以及文化产业等都无法提供高投资发展模式所需的投资规模，因此未来投资增速将有所放缓。

首先，制造业投资大规模过快的扩张已导致产能过剩问题不断加剧，制约了制造业投资增长的空间。国家统计局调查数据显示，2013年二季度末中国工业产能利用率平均只有78.6%，处于2008年国际金融危机以来的较低水平。工业和信息化部公布的2013年首批淘汰落后产能企业名单中指出的产能严重过剩的行业已高达19个，不仅包括钢铁、电解铝、水泥、造船等传统行业，而且包括风电设备、多晶硅、光伏等新兴产业。

其次，随着家庭需求的推动力渐弱，房地产继续快速发展的可能性不大。家庭的住房需求是房地产行业在中长期内扩张的主导力量。整体而言，当前住房的供需紧张关系已经大幅缓解。陈小亮和陈彦斌（2014）计算发现，2014～2018年间城镇化和家庭规模小型化等因素平均每年催生的新增住房需求约在8亿平方米左右，但凭借房地产商现有的供应能力以及"十二五"期间的保障房供给，未来5年城镇新增住房供给将保持在10亿平方米以上，远超过新增住房需求。另外，值得注意的是，根据中国指数研究院的调查，2010～2012年，被调查的61个三、四线城市中有60个城市的房地产供销比大于1。这表明，三、四线城市供过于求态势将会逐渐显著。因此，过往的全国房地产开发投资的热潮将会逐渐退去，继续依靠房地产开发拉动投资的发展模式的可能性不大。

第三，政府主导的基础设施建设也将难以在未来长期支撑高投资发展模式。

由于制造业与房地产业的投资空间有限，地方政府以"城镇化"为契机大多将"铁公基"等基础设施建设作为突破口，保证投资的持续增长。但当前基础设施超前建设，使得未来投资空间变窄。以地铁为例，2010 年中国有 33 个城市正规划建设地铁，已有 28 个城市获得批复，2010～2015 年地铁建设投资规划额将达11 568 亿元。相比而言，美国只有 7 个城市有地铁，还是建于 20 世纪初甚至是19 世纪。[①] 此外，缺乏产业支撑的城镇化难以形成人口的聚集效应，再加上地方政府债务水平的高企，部分地区的基础设施建设难以持续。

四、高投资发展模式的调整思路

考虑到中国产业政策具有项目审批的行政特色，只是简单地降低投资难以提高消费，并导致经济出现明显下降，因此如何调整投资至合理水平是一项兼具重要性和挑战性的工作。中国的宏观经济政策之所以强有力，最主要的原因并不在于货币政策和财政政策，而是以项目审批为核心的产业政策较为有效。基于此，简单的通过严控项目审批来减少投资规模会使现有资产折旧加快，产值迅速下降，从而在初次分配中更多地挤占居民的收入，进而导致消费水平下跌。近年来，中国消费增速与固定资产投资增速并未表现出明显相反的走势，很多时候出现了同向下滑的趋势。2012 年中国资本形成总额增速较 2011 年的 9.2% 下降至7.5%，与此同时，最终消费支出增速也出现了明显下降，由 2011 年的 10.9% 下降至 8.6%。由此可以看出，由投资驱动转为消费拉动需要一个过程。

1. 转向适度投资发展模式的根本之道在于深化要素市场改革和减少要素市场扭曲来恢复投资的真实成本和将投资率调整至适度水平。

由于要素价格管制是高投资发展模式的核心机制，所以通过市场的手段还原真实的要素价格，恢复投资的真实成本，是对高投资发展模式从根本上的制约。一是，推进利率市场化，提高投资的资金使用成本，从而控制投资规模至合理水平并提高经济资源配置效率。国际经验表明，虽然为加快投资建设，美国、德国、日本、法国等国家都曾进行过利率管制，但随着经济的稳定增长都逐步放开管制并实现了利率市场化，投资增速都随之出现了不同程度的放缓。因此，利率市场化是约束高投资的关键一步。二是，完善劳动力市场，打破城乡二元户籍管理制度，提高劳动收入份额以增加投资的劳动力成本，从而控制投资规模。在东

---

① 《不大方便的美国公共交通》，http://news.163.com/11/0302/08/6U4JJTO200014JB5_2.html。

亚经济高速发展的阶段，虽然也是依靠投资驱动，但随着经济的快速增长，日本、韩国等也注重劳动份额提高的重要性。三是，加快土地制度改革，打破政府对于土地一级市场的垄断，防止政府继续为大规模投资而廉价圈地。钱忠好和牟燕（2012）通过测算的各省土地市场指数以及固定资产投资占 GDP 比重的关系发现，随着土地市场化的程度提高，固定资产投资所占比重会相应的有所下降。因此，应继续推进土地市场化，由市场微观主体依据稀缺程度配置土地资源。这样，土地价格会随着使用效率的提升而提高，同时也意味着政府直接推进大规模投资的成本相应增加，从而起到控制投资规模的作用。四是，实现资源品价格市场化，提高资源品成本，控制"高耗能、高投入"的产业投资规模。由于水电油气等资源品价格被长期压制，钢铁、有色、水泥等行业规模扩张迅速，成为拉动投资的主要行业。然而，研究发现高端制造业对于要素价格等显性成本不具有敏感性（蔡翼飞等，2010）。因此，推进资源品价格的市场化在控制"高耗能、高投入"行业规模的同时，也能相对地提升高端制造业所占比重，改变中国以往粗放增长的特征。

2. 更为重要的是，只要转向适度投资的方式和步骤恰当，不见得会引起经济崩溃。

以要素市场化为基础的改革途径可以提高投资效率，在抑制部分低效率投资的同时也会提升部分高效率投资，因而并不会导致投资的大规模萎缩。要素市场的市场化将使私有企业效率提高，国有企业低效率得到改善。过往以政府主导的高投资发展模式，使国有企业与民营企业面临着不同的预算约束。由于预算软约束的存在，国有企业不仅本身存在效率损失，还拖累了民营企业的发展进度，从而对整个经济体构成"增长拖累"（刘瑞明和石磊，2010）。市场化的推进将使企业在投资时更多考虑成本因素，从而变得更为谨慎、更有效率。樊纲等（2011）经过测算发现，1997～2007 年间，市场化对经济增长的贡献达到年均1.45 个百分点，对全要素生产率的贡献率达到 39.2%。因此，推进要素市场化改革，是效率对于规模的取代。要素市场化将在抑制部分低效投资的同时增加高效率投资的规模，总体上不会导致投资的大规模萎缩，对于中国经济增长不会产生大的影响。

要素市场化在控制投资规模的同时也有助于提高居民收入，进而增加消费，投资和消费的"一降一升"将实现向适度投资发展模式的平稳过渡。长期以来，中国居民收入的绝大部分都来源于要素性收入。国家统计局数据显示，截至 2012年，城镇居民的要素收入占比达 76.4%，农村居民要素收入占比更是高达

92.4%。因此，随着要素市场化的推进，要素价格上升至市场化水平将显著提高居民收入。利率市场化将提高当前过低的存款利率，增加居民的财产性收入。当前中国居民储蓄达到近40万亿元，若利率提高一个百分点，那么居民总收入将提高4 000亿元左右。劳动力市场改革对提高居民收入的影响较为直接。一方面，劳动收入份额的提高将显著增加居民劳动收入；另一方面，城乡二元户籍制度的改革可以让2.63亿农民工共享发展与改革的成果，极大地提高农民工收入。此外，土地制度改革还将提高农民的财产性收入。当前中国农民土地产权的不完整使得他们没有获得应当享有的土地增值收益。土地要素的市场化改革与建立城乡统一的、明晰的土地产权制度，将赋予农民实际意义上的土地产权，进而实现农地产权的商品化、货币化，促进土地流转，以增加农民的财产性收入。

依靠收入分配改革和降低预防性储蓄措施的配合，可以增加消费以弥补投资下降所带来的经济部分下滑，进一步避免经济出现较大波动。除了高投资，贫富差距问题以及社会保障、医疗、教育等公共领域保障不足也是抑制中国消费需求的重要因素。因此，增加消费仍需收入分配改革和降低预防性储蓄措施的配合。一方面，进一步推进收入分配制度改革。当前贫富差距逐渐扩大，导致广大普通居民的购买力不强，总体消费水平难以有效提升。纵观发达国家的经验，美国、日本等发达国家平衡居民收入的途径，都在于完善工资集体谈判机制，强化工会的作用，提高劳动者的地位；依据市场价格合理制定最低工资水平，最大限度地保证劳动者的权益；将劳动者工资与企业利润挂钩，实现利润的分享。这也是中国未来应去完善的方向。另一方面，积极推进社会改革，加强社会建设以降低居民预防性储蓄。与世界主要国家相比，中国政府在社会保障、教育、医疗和住房等方面的公共支出严重不足，使居民产生了较强的预防性储蓄动机，抑制了消费。未来，政府应进一步完善社会保障制度，加大对教育、医疗和住房等民生领域的支出，从而有效释放居民的消费潜力。

五、结语

高投资在中国经济发展的过程中发挥了重要的作用，具有历史必要性。但必须认识到当前中国所处的新的发展阶段，正视继续坚持高投资发展模式的巨大代价，如资源过度消耗与环境破坏、贫富悬殊与社会不稳定，以及政府债务高企等。此外，还必须看到出口快速增长从而带动投资高速扩张的时代已经结束，中国体量太大的事实表明出口导向的高投资发展模式无法将中国从中等收入国家拉到高收入国家。因此，高投资发展模式必须终结。中国应转向适度投资发展模式，其核心不是发挥中国特色的项目审批简单地抑制投资，而是在于深化要素市场改革和减少要素市场扭曲来逐步恢复投资真实成本和将投资率调整至适度水平。只要转向适度投资的方式和步骤恰当，不会导致中国经济崩溃。

参考文献：

蔡翼飞、魏后凯、吴利学：《我国城市高端制造业综合成本测算及敏感度分析》，载于《中国工业经济》2010 年第 1 期。

陈小亮、陈彦斌：《房产持有不平等的形成原因与调整思路》，2014 年工作论文。

陈彦斌、陈伟泽、陈军、邱哲圣：《中国通货膨胀对财富不平等的研究》，载于《经济研究》2013 年第 8 期。

陈彦斌、姚一旻、陈小亮：《中国经济增长困境的形成机理与应对策略》，载于《中国人民大学学报》2013 年第 4 期。

樊纲、王小鲁、马光荣：《中国市场化进程对经济增长的贡献》，载于《经济研究》2011 年第 9 期。

贺铿：《中国投资，消费比例与经济发展政策》，载于《数量经济技术经济研究》2006 年第 5 期。

李稻葵、徐欣、江红平：《中国经济国民投资率的福利经济学分析》，载于《经济研究》2012 年第 9 期。

刘瑞明、石磊：《国有企业的双重效率损失与经济增长》，载于《经济研究》2010 年第 1 期。

马骏：《化解国家资产负债中长期风险》，载于《财经》2012 年第 15 期。

麦迪森：《世界经济千年史》，北京大学出版社 2003 年版。

钱忠好、牟燕：《中国土地市场化水平：测度及分析》，载于《管理世界》2012 年第 7 期。

孙文凯、肖耿、杨秀科：《资本回报率对投资率的影响：中美日对比研究》，载于《世界经济》2010 年第 6 期。

孙焱林：《合理投资率的实证分析》，载于《统计研究》2000 年第 8 期。

中国人民大学经济研究所：《中国宏观分析与预测报告（2008～2009）——深度下滑中的中国宏观经济》，中国人民大学出版社 2009 年版。

Gordon, R. J., 2012, "Is US Economic Growth Over? Faltering Innovation Confronts the Six Headwinds", NBER Working Paper No. w18315.

Guo, K. and P. N'Diaye, 2009, "Is China's Export – Oriented Growth Sustainable?", IMF Working Paper WP/09/172.

（本文原载于《学习与探索》2014 年第 8 期）

从两对变量变化看中国经济结构调整的难度

马晓河[*]

众所周知，十八大报告指出要推进经济结构战略性调整，其中改善需求结构、优化产业结构是两个重要方面。20 世纪 90 年代以来，我国在宏观层面上强调经济结构调整从来没有放松过，但在经济运行中我国的经济结构调整异常缓慢，甚至还出现了与我们的战略目标相背离的现象。为什么经济结构调整如此艰难，我们费了那么大的力气见效还是不明显？这还要从经济结构变化中两对变量特点来分析。

一、在经济增长中投资是快变量，消费是慢变量

第一对变量是需求结构中的投资和消费的关系。同消费相比，投资大多是在政府和企业控制下完成的，这种特点就赋予投资是少数人决策，集中投放，短期见效快。因此，投资对经济增长往往表现为快变量。每当遇到经济危机时，政府常常利用投资手段刺激经济增长。但是，消费变量不同。在经济运行中，消费大多是在老百姓手中完成的（当然还有部分是政府消费），这就决定了消费是人人决策，分散支付，渐进式见效。而且，另一个特点是消费能力是由收入水平决定的，居民收入水平高低、增长快慢等，都决定了消费不可能在短期内出现同投资一样的大幅度增长。因此，消费对经济增长往往表现为慢变量。面对快和慢两个变量，只要投资还有空间，只要政府和企业的筹资能力不受限制，投资快速增长仍将继续改变需求结构的方向。

在现阶段，扩大内需要把消费作为战略重点，我们还面临着宏观和微观两方面的诸多难题。在宏观上，我国的国民收入分配结构有利于快变量——投资的增长，而不利于慢变量——消费的增长。根据我们的测算，1992 年以来，无论在

---

* 马晓河，国家发展和改革委员会宏观经济研究院副院长，中国人民大学中国经济改革与发展研究院常务副院长，中国人民大学兼职教授、博士生导师。

国民收入初次分配还是再分配过程中，政府、企业两大主体收入占国民收入的比重不断上升，而居民收入所占比重下降。1992 年到 2010 年，在经过调整的国民收入分配格局中，政府、企业两大主体收入占国民收入比重由 33.69% 提高到 46.66%，而居民收入比重由 66.31% 下降到 53.35%。一般而言，在经济运行中，投资主体是政府和企业，消费主体是居民，国民收入分配向政府和企业倾斜显然有利于投资的扩张，居民收入比重下降必然不利于消费。

在微观上，我国居民阶层收入分配结构向高收入群体倾斜，有利于高收入群体将越来越多的钱存起来，导致储蓄增加，投资动力增强，而广大的中低收入群体由于收入不足，缺乏消费动力。根据统计资料，按照五等份分组考察城乡居民收入结构变化情况。结果发现，无论是城镇居民还是农村居民，2000 年以来凡是收入等级越高的家庭，居民人均收入增长速度就越快。2000 年到 2011 年，城镇和乡村 20% 的低收入家庭人均收入分别增长了 1.81 倍和 1.5 倍，而 20% 的高收入家庭人均收入分别增长了 3.16 倍和 2.23 倍，由此城乡内部低收入家庭与高收入家庭人均收入绝对差距分别由 2000 年的 1:3.6 和 1:2.8 扩大到 1:5.4 和 1:8.4。由于高收入家庭收入增长越来越快于低收入家庭，导致了城乡阶层收入结构发生了明显变化。以城镇居民调查为例，如果城镇调查家庭总收入为 100，从 2000 年到 2011 年，城镇 40% 的低收入家庭收入占调查户收入比重由 26.58% 下降到 22.7%，而 20% 高收入家庭收入比重由 31.86% 上升到 37.6%。而在 2011 年，40% 低收入家庭人口占调查家庭人口比重为 43.7%，20% 高收入家庭人口占 17.7%。这就是说，目前城镇 40% 的低收入家庭收入只占城镇当年可支配收入总额的 20%，而 20% 的高收入家庭占有了收入的 40%。阶层收入结构向高收入家庭倾斜，明显有利于储蓄的增加，不利于消费的增长。因为，在经济生活中，中低收入户居民的消费倾向高，高收入户居民储蓄倾向高。这意味着，当不同群体的居民增加收入后，中低收入人群将更多的收入份额用于消费，而高收入群体将拿出比中低收入人群更多的收入份额用于储蓄。显然，这种阶层收入分配结构变化，推动了社会将越来越多的资金用于储蓄进而带动了投资的高增长，最终投资的高增长又形成了庞大的产能过剩，而广大的中低收入人群由于收入增长相对缓慢，消费增长受到极大的抑制，最终使社会整体消费能力偏低。

显而易见，当前要调整需求结构，扩大内需并把消费作为战略重点，就必须在宏观和微观上彻底改变有利于投资而不利于消费的体制和政策安排。但是，我国有利于投资而不利于消费的体制和政策安排是历史形成的，具有系统性障碍和长期路径依赖，要在很短时间内迅速改变它还有相当大的难度。因为，这涉及财税体制改革，社会保障制度完善，国民收入分配结构调整，干部考核机制的再设计，以及中央政府与地方政府、政府与市场、政府企业与居民等关系的重新构建等问题。显然，如果不彻底对我国的体制进行改革，这些制约消费增长的障碍因素就不可能完全破除，最终我国调整需求结构的目标也难以很快实现。

二、在产业结构转型中劳动密集型产业被替代是快变量，新兴产业成长是慢变量

再从产业结构调整方面分析，它属于供给管理范畴。按人均国内生产总值衡量，我国经济发展已经达到中上等收入国家水平，但是从产业结构分析，我国还处在中下等收入国家水平，第二产业比重过高，第三产业比重过低，劳动密集型产业、资源型产业和重化工产业占主导地位，无论从工艺路线还是产业链看低端特征都很明显，产业生产长期超过国内需求，产业结构严重偏向制造业，服务业发展十分缓慢。下一步，中国要想向迈入高收入国家行列，就必须调整产业结构，在三次产业结构层次上，应不断降低第二产业的比重，持续提高第三产业比重，最终使我国产业结构转变成为以第三产业为主导的结构。在第二产业中，不断降低以劳动密集型、资源型为代表的低端产业发展比重，大力发展和提高以高加工度、技术密集型为代表的中高端产业比重，最终使我国制造业转变成为以高加工度、技术密集型产业为主导的结构。

当前，中国调整产业结构面临问题是，一方面，国际市场上发达国家对中国的制造业产品需求在不断下降，而一些发展中国家又在不断发展同我国一样的劳动密集型和资源型产业，并将这些产品大量出口到发达国家，由此对中国形成了明显的供给替代效应。另一方面，国内劳动成本上升、人民币升值和土地、能源、原材料等价格上涨，都导致低端产业的成本迅速增加，盈利空间快速收缩。在此情况下，我国的劳动密集型产业和资源密集型产业出现了不断向东南亚、拉丁美洲甚至非洲转移。毫无疑问，低端产业需求下降和被替代是快变量，如何填补由低端产业快速变化留下来的空间？显然，答案非常明确，大力发展服务业，积极发展高加工度、技术密集型制造业。但是，受我国既有体制和产业特性决定，这些产业成长可能是慢变量，在短期内难以很快发展起来，去填补由低端产业快速转移或淘汰留下来的空间。

首先，从产业结构的第一层面看，扩大服务业发展规模，提高服务业比重，由于受到两方面的制约导致上升缓慢。一是我国服务业总量规模增长慢，受城乡

二元户籍及其社会公共服务制度的阻碍，农业转移人口难以在城镇实现有效集聚。根据城镇化发展的一般规律，服务业的发展都是以人口的有效集聚为前提的。人口有效集聚使农业转移人口变为市民，在就业、就学、就医、养老、住房等方面享受一样的待遇后，他们就有与城镇居民一样的消费。于是随着农业转移人口市民化，城镇消费规模便迅速扩张，也就带动了服务业的发展。但是，在我国现有城乡二元制度条件下，数以亿计的农业转移人口进城后，既难以改变身份，也难以享受同城镇居民相同的公共服务，他们只是进城"打工仔"，对生产供给效用大，对城镇消费需求几乎没有多大带动作用。因此，只有彻底改革城乡二元制度，打破阻碍人口自由迁徙的羁绊，我国服务业才能实现正常发展。但是，有60多年积淀的城乡二元制度，在短期内不可能完全被打破，特大城市不敢在短期内对外来人口敞开大门，其他大中小城市也不愿在短期内打开城门支持农业转移人口市民化。因为在既有体制安排下，各级城市政府在经济社会发展中利用的农业转移人口成本最低、收益最大，如果要将这些转移人口实现市民化，会突然增加城市政府的公共服务成本负担，这对任何城市政府来说都是难以接受的。显然，在农业转移人口市民化成本分担机制建立之前，城乡二元制度难改革，农业转移人口市民化进程也不会很快，服务业发展依然会受到传统体制的制约。二是我国生产性服务业发展缓慢，关键是受到我国制造业结构的影响。我国制造业在国际产业分工中被锁定在加工组装环节，所谓"两头在外"。对研发、设计、标准制定、知识产权和品牌服务、零部件供应、营销、售后服务等环节的需求大都延伸到国外。这种结构特征决定了，我国制造业发展主要拉动的是国外的生产性服务业，与国内生产性服务业关联度不大。显然，要想让国内生产性服务业加快发展，就必须将我国的制造业对服务业的需求调整为两头在内。显然，这种结构性矛盾也不是很快能化解的。

其次，从产业结构的第二层面看，制造业由以发展劳动密集型、资源密集型产业为主向以发展高加工、技术密集型产业为主转换，也是一种渐变过程。因为，以高加工、技术密集为代表的高端产业发展，需要技术创新，需要研发设计，需要工艺路线更新和产品结构调整，显然这种变化是革命性和渐进性的，所经历的时间周期要比发展劳动密集型产业长得多、难得多。一种自主研发的产品，从研发、中试到示范、推广，要经历一个漫长的过程。而发展劳动密集型产品或引进一条生产线所花费的时间是很少的。道理很清楚，高加工、高技术产业发展背后是研发创新在支撑，而研发创新背后又是科技人才即人力资本在支撑，但人力资本形成是渐进积累起来的。当前，在原始创新、集成创新和再创新中，我国集成创新和再创新做得比较好，而原始的自主创新十分薄弱。因为前两种创新相对容易，只需要在学习和引进的基础上就能完成。这就导致了我国产业发展总是跟在世界发达国家后面不断地学习和引进，不断地模仿和复制。因此，我国产业结构转型升级的关键在于要建立以原始创新为主的自主创新体系。这种创新体系的建立是系统性的，它需要有鼓励创新的体制、政策，需要有创新的社会主体，需要有搭配合理的人才结构，既包括培育领军人才、工程师、技术人员，也包括培训技能工人和操作员。因此，相对于劳动密集型、资源密集型产业而言，高加工、技术密集型产业发展需要的条件复杂，系统性强，其成长是一种慢变量。作为慢变量，如果其发育成长的速度赶不上劳动及资源密集型产业被替代、淘汰的过程，我国将有可能出现产业空心化。一旦出现产业空心化，我国社会就业矛盾、底层群体的基本生存和生活问题都将暴露无遗。届时，经济结构问题将进一步转化成社会结构问题，甚至是政治结构性问题。

三、结论和建议

本文的结论和建议是，必须加快体制改革，从财税体制、社会保障制度、国民收入分配制度、干部考核机制上进行整体设计，科学调整中央政府与地方政府的关系、政府与市场的关系、政府企业与居民的关系，不断消除制约消费增长的障碍因素，促进消费回归常规增长。加快改革城乡二元制度，破除阻碍农业转移人口市民化的体制羁绊，创建农业转移人口市民化的成本分担机制，推进以人为本的新型城镇化，用新型城镇化带动消费增长和服务业发展。进一步改进我国的创新体制与政策，建立一个以原始自主创新为主的创新体系，营造创新至上的社会环境，减少种种抑制创新的审批和管制，支持不同所有制企业间公平竞争，精心设计新的激励机制，鼓励研发创新和成果推广应用。用创新推动中国在整个价值链上实现产业全面升级。

参考文献：

马晓河：《积极推进城镇化释放内需潜力》，载于《前线》2013 年第 1 期。
王一鸣：《中国经济增长的中期趋势和经济转型》，载于《宏观经济研究》2013 年第 11 期。
张维迎：《理性思考中国改革》，载于《新金融》2013 年第 8 期。

（本文原载于《中国发展观察》2013 年第 5 期）

中国经济究竟会不会出现"断崖式"下跌

宋　立*

一个时期以来，伴随我国经济发展进入新阶段、新常态。描述经济增长趋势的词汇也在不断变幻。先是"减速"出现，宣告两位数增长的时代过去了。继而是"断崖式"登场，被用来刻画中国经济增长前景。再加上标题党的修饰与渲染，似乎中国经济已经与"断崖式"脱不了干系。到底会不会出现"断崖式"下跌，需要深入分析研究。

一、短暂断崖还是导致长期减速的断崖

自然界的断崖，许多人可能都见过甚至爬过攀过。但经济领域的断崖，许多人可能只听过这个概念，未必切身经历过。经济现实中，"断崖式"下跌也并非一个全然凭空臆造的词汇，而是确实在不少经济体曾经出现过现象。进一步来看，即便是断崖，此断崖与彼断崖也未必相同。有些"断崖式"下跌仅仅是短期的剧烈波动，急剧下跌之后还将反弹，虽然不一定能够回升至原有水平。有些"断崖式"下跌则可能导致长期趋势性减速，急剧下跌之后将较长时间保持在低位。两种"断崖式"下跌的实质差别不在于短期会不会发生急剧减速，而是看减速后是否反弹回升。

短暂的"断崖式"下跌实际上经常在世界各国发生，许多国家经济增长过程中可能因为各种原因出现急剧下降，如我国 1967 年的急剧下跌、日本 1970 年的急剧下跌、中国台湾 1974 年的急剧下跌等。各国普遍性地发生短暂的"断崖式"下跌的情况也曾经出现过，比如 1973～1975 年两次石油危机冲击下一些西方国家出现的急剧增长速度下跌，2008 年美国次贷危机引发的国际金融危机之后全

---
　* 宋立，国家发展和改革委员会经济研究所副所长、研究员，中国社会科学院研究生院投资系教授、硕士研究生导师，中国人民大学中国改革和发展研究院兼职教授、博士生导师。

球许多国家在 2009 年出现的急剧下跌等。短暂的"断崖式"下跌,一般会在采取宏观调控或发展改革措施之后反弹。

造成长期减速的"断崖式"下跌虽然没有短暂的"断崖式"下跌那么常见,但在现实经济中也曾多次出现。从全球范围来看,包括日本、德国、法国、意大利、比利时、卢森堡、荷兰以及我国台湾等经济体,在高增长之后出现了"断崖式"下跌即"台阶式"减速。这些经济体在经历了"断崖式"下跌之后,原来的高速经济增长就一去不复返了。因此,真正需要关注的不是短暂的"断崖式"下跌,而是导致长期减速的"断崖式"下跌。

二、什么因素引发了导致长期减速的"断崖式"下跌

德法意等西欧国家出现的导致长期减速的"断崖式"下跌基本上是在两次石油危机冲击后出现的。其中,大部分只经历了一次"断崖式"下跌,如法国、意大利、比利时、卢森堡、荷兰等在 1973 ~ 1975 年的两次石油危机冲击下出现的"断崖式"下跌。这次集体性的"断崖式"下跌,基本上是外部冲击与各国内部因素叠加的结果。德国经历了两次"断崖式"下跌,其中一次是在石油危机冲击下出现的,一次是在两德合并后出现的。前者与其他西欧经济体别无二致,后者在一定意义上是两德合并的代价,或者两德合并导致统计数据不连续所致。总体而言,欧洲国家的"断崖式"下跌基本上是外部冲击或内部剧变带来的结果。

真正值得关注的是发生在东亚地区的"断崖式"下跌——邻国日本和我国台湾。日本也经历了两次"断崖式"下跌,第一次先于石油危机冲击发生在 20 世纪 60 年代末期,在日本"国民收入倍增"时期的高速增长之后。1967 年日本出现了史无前例的 12.7% 的增长率,由于通货膨胀、环境污染、交通拥挤等随之而来,于是日本出现了反增长的强烈呼声——"让 GDP 去见鬼吧"。正如我们前几年的"GDP 万恶之源说"等去 GDP 言论一样。而当时也正好是日本的劳动力供求关系变化的关键时期——刘易斯拐点,劳动力成本上升,劳动密集型产业逐渐被韩国和我国台湾所替代。需要说明的是,当日本经济在 1970 年出现接近 14 个百分点的"断崖式"下跌之后,"让 GDP 见鬼去"的声音便从此销声匿迹了,重新实现经济增长的主张得到广泛拥护。实际上,当环境污染等问题真正引起重视、反对经济增长的声音出现之时,高速增长已经接近尾声了。日本第二次"断崖式"下跌发生在 90 年代广场协议、日元急剧升值之后。为了阻止短期出口下滑,日本采取了极为宽松的货币政策,催生了严重的泡沫经济,导致了 1991 ~

1992 年的第二次"台阶式"下跌。可以说，日本两次"断崖式"下跌，并非西欧式的外部冲击，而是国内重大政策失误所致。

我国台湾的"断崖式"下跌更加特别。台湾导致长期减速的"断崖式"下跌发生在 1988 年，对应的是台湾开放党禁报禁、领导人更替、推行急剧民主化的历史背景。发生于 1988 年 5 月 20 日的"1988 年台湾农民运动"（又称"520事件"）是一次大规模的农民社会群众运动，也是台湾解严后首次爆发激烈警民冲突的社会群众运动，从此标志着台湾社会动荡的开始。这时候许多台湾人关心的不是搞建设而是"闹革命"。1988 年台湾出现了高达 12 个百分点的"断崖式"下跌，从此台湾的高增长时期彻底结束。从这个意义上来说，急剧民主化导致了台湾的"断崖式"下跌。也正因为如此，在某种意义上可以说"台独"势力在诞生之时就已经没有了经济基础。

可见，导致长期减速的"断崖式"下跌，要么源自巨大外部冲击，要么来自内部急剧变化或动荡，要么源自重大政策失误。这也意味着，如果不搞急剧民主化，没有发生内乱，没有重大政策失误，以及重大外部冲击，一般不会发生"断崖式"下跌。

三、中国会不会出现导致长期减速的"断崖式"下跌

正如"断崖式"下跌存在两种情形一样，关于中国出现"断崖式"下跌的讨论实际上也存在两种含义。有些学者说中国并不排除或有可能陷入"断崖式"下跌，更多的是指短期内的急剧下跌。另外一些学者说中国不会陷入"断崖式"下跌，更多是说长期的"断崖式"下跌，是就中国经济增长的长期趋势而言，虽然减速不可避免，但一般不会呈现"台阶式"减速。

我们认为，正如 1989 年政治风波和 2008 年国际金融危机曾经导致我国出现两次比较温和的短暂"断崖式"下跌一样，如果再发生比较大的内部结构变化或外部冲击，我国仍然有可能出现短暂的"断崖式"下跌。对此我们一定要努力避免，但如果不幸发生，也不必惊慌失措。只要及时采取强有力的危机管理或调控措施，经济增长率随后一般都会反弹。真正需要关注的是造成长期减速的"断崖式"下跌。

我们的研究表明，发生长期减速的"断崖式"下跌即台阶式减速的经济体，大部分是工业比重较高、出口比重较高和对能源净进口依赖较高的"三高"型国家。由于对外依存度比较高，就容易受到外部冲击的影响。如在石油危机的冲击

下，德国、法国、意大利等国发生了明显的台阶式减速。这也意味着，如果工业比例不高、出口率不高，对外部能源的净依存度不高，那么陷入"断崖式"下跌可能性就不大。

从我国情况来看，虽然能源净依存度比较高，但工业比例和出口率相对稳定、且并不算高。我国工业比例长期变化趋势与东亚主要国家基本一致，与马来西亚、印度尼西亚比较接近。我国工业比例在1980年和2006年两次出现峰值（48%和47.9%），与德国（48.1%，1970）、智利（49.3%，1974）、阿根廷（50.9%，1976）、波兰（50.1%，1990）、马来西亚（49.7%，2005）等比较接近。虽然属于世界较高水平，但我国仍然处于各国工业比例峰值正常区间范围之内，接近上限但并未超过上限成为奇异值，可以说虽然较高但还得不出明显偏高的结论。

我国出口率虽然在2004~2008年之间曾经短暂上升，但在此前此后的大部分时间里，长期低于世界总体和各国平均水平，低于东亚太平洋发展中国家组5百分点，属于世界上较低的二分之一国家。即使创纪录的2006年，我国出口率也与韩国（39.7%）相当，明显低于马来西亚（116.6%）、泰国（73.7%）、越南（73.6%）、蒙古国（59.4%）、菲律宾（46.6%）等东亚国家，比利时（80.8%）、爱尔兰（78.9%）、匈牙利（77.7%）、荷兰（72.8%）、保加利亚（61.2%）、奥地利（56.4%）、瑞士（52.5%）、丹麦（52.1%）、德国（45.5%）等欧洲国家，以及智利和以色列等，更不用说土库曼斯坦、阿联酋、沙特阿拉伯等中东中亚产油国。从统计数据角度来看，得不到我国出口比例较高的结论。

可见，我国虽然能源净进口对外依赖度较高，工业比重较高但并不明显过高、而出口比重并非较高而是较低。因此，我国出现导致长期减速的"断崖式"下跌可能性并不大。

从另一视角来看，由于我国存在传统的城乡和新兴的东部沿海与中西部内陆"双重二元结构"，理论上经济增长具有"多速非同步"特征，经济增长动力有可能呈彼伏此起的接力状态，从而使我国在高增长之后的减速过程更有可能像英国、美国、韩国的"波浪式"减速，而非日本、德国、法国和我国台湾等经历的"台阶式"减速。通俗点说，就是由于我国幅员辽阔（不像日本和我国台湾那样没有战略纵深，没有回旋余地），区域发展不平衡，差距比较大，中西部地区在拖后腿——经济上升时拖住不让上得太快，经济下行时拖住不让下得太快，虽然在大干快上的年头经常被埋怨，发生"波浪式"而非"台阶式"减速的可能性更大些。

由此可见，虽然我国发生短暂"断崖式"下跌的可能性不能排除，但发生导致长期减速的"断崖式"下跌即台阶式减速的可能性并不大。当然无论哪种断崖式下跌，都有可能造成比较大的不利影响甚至破坏，需要我们努力加以避免。这也正是当前高度重视经济下行压力，坚定不移稳增长的意义所在。

参考文献：

王一鸣：《全面认识中国经济新常态》，载于《政策瞭望》2014 年第 12 期。

厉以宁：《中国经济双重转型之路》，载于《博鳌观察》2014 年第 1 期。

（本文原载于《中国经济时报》2015 年 5 月 19 日）

新时期我国经济发展的目标、道路和动力

黄泰岩*

明确我国新时期发展的目标、道路和动力，有助于全面揭示我国经济发展的运行规律，实现我国经济持续稳定健康发展。

一、新时期经济发展的宏伟目标

（一）我国新时期经济发展目标的形成

我国新时期经济发展的宏伟目标，是在中国特色社会主义现代化建设中提出并逐步明晰的。新中国成立后，以毛泽东为代表第一代领导集体逐步形成了"四个现代化"的发展目标，即把我国建设成为一个具有现代农业、现代工业、现代国防和现代科学技术的社会主义强国。改革开放后，邓小平同志根据我国的具体国情，将"四个现代化"的发展目标进一步细化为"三步走"的发展目标，即第一步是在1990年实现国民生产总值比1980年翻一番，解决人民温饱问题；第二步是到2000年，使国民生产总值再翻一番，人民生活达到小康水平；第三步是到21世纪中叶使国民生产总值再翻两番，达到中等发达国家水平，基本实现现代化。随着我国在20世纪末提前基本实现小康社会后，我国提出了21世纪的"三步走"发展目标：第一个十年实现国民生产总值比2000年翻一番，使人民的小康生活更加宽裕，形成比较完善的社会主义市场经济体制；再经过十年的努力，到建党一百年时，使国民经济更加发展，各项制度更加完善；到世纪中叶建国一百年时，基本实现现代化，建成富强民主文明的社会主义国家。在21世纪第一个十年的发展目标顺利完成后，我国新时期的发展目标进一步明确界定为

---

* 黄泰岩：中央民族大学校长，中国人民大学中国经济改革与发展研究院教授、博士生导师。

"两个一百年"的发展目标。习近平同志提出中华民族伟大复兴的"中国梦"之后,"两个一百年"的发展目标就与中华民族伟大复兴的"中国梦"统一起来。这是因为,中国梦的本质,就是国家富强、民族振兴和人民幸福。"两个一百年"的发展目标,就是实现"中国梦"的两个不同发展阶段。

我们把"两个一百年"的发展目标之所以看作是中华民族的伟大复兴,就是因为中国经济在 200 多年间经历了一个由强变弱又由弱变强的"V"字型变迁。从各方面估算的数据来看,在 1800 年左右,中国 GDP 占世界 GDP 总量的比重超过 30%,是名副其实的世界第一经济大国。肯尼迪估算了 1750～1900 年世界工业生产的相对份额,中国在 1800 年所占比重高达 33.3%,超过整个欧洲,到 1830 年还为 29.8%,远高于英国的 9.5%、美国的 2.4%、日本的 2.8% 和法国的 5.2%。① 麦迪森按照 1990 年的美元价值计算,1820 年,中国 GDP 占世界总量的 28.7%,高居世界首位,而同年,英国、日本和美国的 GDP 分别占世界 GDP 总量的 5.2%、3.1% 和 1.8%。② 但 1840 年鸦片战争的爆发,使中国进入了百年屈辱,中国经济也随之进入下降通道。1820～1870 年的 50 年间年均下降 0.37%,1913～1949 年的 36 年间年均下降 0.02%,中国 GDP 占世界 GDP 的总量到 1949 年也迅速下降到 5% 左右。新中国成立后,特别是改革开放以来,我国实现了 30 多年年均近 10% 的高速增长,到 2010 年 GDP 总量超过日本,成为世界第二大经济体。2014 年 GDP 总量进入 10 万美元俱乐部,是日本的 2 倍。在世界经济发展史上,没有一个国家能够做到在如此之长的时间中实现如此之快的发展速度,从而创造了"中国奇迹"。这充分证明了社会主义经济制度和社会主义市场经济体制能够创造出比其他制度和体制更高的生产力和发展速度,中国特色社会主义道路、理论和制度具有巨大的优越性和对世界其他发展中国家具有借鉴意义。

(二) 新时期"两个一百年"发展目标的内涵

1. 在中国共产党成立一百年时全面建成小康社会发展目标的具体指标主要有:

实现国内生产总值和城乡居民人均收入比 2010 年翻一番。这一指标不仅包括了经济总量的指标,而且还包括了民生的指标,从而把经济增长与改善民生有机统一起来。这就要求我国的经济增长不能单纯以 GDP 论英雄,要把实现社会

---

① 肯尼迪:《大国的兴衰》,中国经济出版社 1989 年版,第 186 页。
② 麦迪森:《世界经济二百年回顾》,改革出版社 1997 年版,第 11 页。

主义生产目的摆到更加突出的位置。

转变经济发展方式取得重大进展，经济结构明显优化。转变经济发展方式，就是追求有质量、有效益、可持续的发展。转变经济发展方式的关键，就是推进经济结构的优化升级，主要包括产业结构、城乡结构、区域结构、所有制结构、分配结构、内需与外需的结构、投资与消费的结构等。

科技进步对经济增长的贡献率大幅上升，进入创新型国家行列。创新是一个民族的灵魂，是经济发展的第一推动力。这就要求强力实施科教兴国战略，创新驱动经济发展。

基本公共服务均等化总体实现，就业更加充分，收入分配差距缩小，社会保障全民覆盖。全面小康社会是惠及13亿多全体人民的小康社会，发展成果要全体人民共享，体现公平公正。在我国目前城乡存在明显差别的情况下，全面小康社会的一个重要评价指标就是，小康不小康，关键看老乡。

资源节约型、环境友好型社会建设取得重大进展。我们既要绿水青山，也要金山银山。全面小康社会建设一定要与生态文明建设统一起来，把生态文明建设融入经济建设的全过程，建设美丽中国。

对外开放水平进一步提高，国际竞争力明显增强。全面小康社会建设必须充分利用两个市场、两种资源，必须在全球化的市场竞争中形成独特的竞争优势，从世界大国走向世界强国。

2. 在新中国成立一百年时建成富强民主文明和谐社会主义现代化国家的具体指标主要有：

人均GDP达到中等发达国家的水平。一国实现现代化通常都成为发达国家，但在新中国成立一百年时我国是基本实现现代化，因而以达到当时中等发达国家的水平为发展目标。在这个基础上，再经过若干年的努力，全面实现现代化，追赶和超越美国等发达国家。由于我国人口众多，人均GDP达到中等发达国家水平，意味着我国的经济实力和综合国力、国际地位和国际影响力将得到大大提升。

产业结构高级化。传统农业向现代农业转变，基本实现农业现代化；工业化与信息化高度融合，实现新型工业化；新兴战略产业和高新技术产业成为支柱和主导产业，产业技术和竞争力达到世界先进水平；服务业在三次产业中所占比重达到60%以上，服务业部门中的现代服务业在国际上更具有竞争优势。

人民生活更加富裕幸福。居民收入达到中等发达国家的水平，居民收入差距大幅缩小，共同富裕目标基本实现；教育、卫生保健、文化、体育、娱乐、生活服务、社会治安得到快速发展，人民生活质量显著提高。

资源节约型、环境友好型社会基本成型。新能源和清洁能源产业快速发展，能源结构转向环境友好型；资源节约型、环境友好型技术达到世界先进水平，资源消耗和碳排放大幅下降。

中国的现代化涉及政治、社会、文化、生态等各个方面，但中国的现代化需要以经济现代化作为先导，为政治、社会、文化、生态等各个方面的现代化提供强大的物质基础，从而使我国的现代化进程从经济向政治、社会、文化、生态等多方面扩展，最终实现全面的现代化。

3. 我国有能力、有条件实现新时期"两个一百年"发展目标。

习近平同志在 2014 年 4 月 1 日会见欧盟主席范龙佩时明确讲到，中国是世界上最大的发展中国家，至少还有 10～20 年快速发展机遇期。这个快速发展期，就是经济新常态所要求的 7% 以上的中高速增长。据测算，我国要实现到 2020 年 GDP 比 2010 年翻一番的第一个百年发展目标，只需要每年平均保持 7% 以上的经济增长，这完全符合经济增长新常态的要求。从近三年的经济发展来看，虽然我国受到世界金融危机和经济转型的严重影响，但 GDP 总量仍然从 2010 年的 40.2 万亿元增加到 2014 年的 63.6 万亿元，年平均增加 5.85 万亿元。按此推算，我国到 2020 年 GDP 总量将达到 100 万亿元左右，远远超出翻一番的发展目标。2014 年我国 GDP 总量相当于美国 GDP 总量的 59.8%，在建党一百年时，GDP 总量按美元汇率计算就会接近美国的水平。如果按近四年的 GDP 总量增加速度，我国将在 2027 年左右超越美国成为世界第一大经济体。美国信息服务社（IHS）2014 年 9 月 5 日发布预测认为，到 2024 年，按美元汇率计算，我国 GDP 总量为 28.25 万亿美元，超过美国的 27.31 万亿美元，成为世界第一大经济体。从人均 GDP 来看，我国 2013 年就已达到 6 700 美元左右，按世界银行 2013 年 7 月 1 日的国家发展水平分类标准，我国已进入上中等收入国家行列。如果依据近几年我国人均 GDP 的增加速度，到建党一百年时，我国将突破 10 000 美元大关。再按此推算，并考虑世界银行每年调整国家发展水平分类标准的提高程度，我国大约会在 2027 年人均 GDP 进入高收入国家的行列。

可见，中华民族几代人孜孜以求为之奋斗的伟大复兴从来没有像现在这样近在尺咫，指日可待。所以，习近平同志在参观《复兴之路》展览时讲到：我坚信，到中国共产党成立 100 年时全面建成小康社会的目标一定能实现，到新中国成立 100 年时建成富强民主文明和谐的社会主义现代化国家的目标一定能实现，中华民族伟大复兴的梦想一定能实现。

二、新时期我国发展目标的实现道路

实现"两个一百年"的奋斗目标，跨越"中等收入陷阱"，需要我国保持较长时期的 7% 以上的中高速增长。为此，就需要做到：

(一) 坚持以经济建设为中心

虽然经过 35 年的快速发展，我国已成为世界第二大经济体，但我国仍处于并将长期处于社会主义初级阶段的基本国情没有变，我国是世界最大发展中国家的国际地位没有变。在社会主义初级阶段，党的基本路线就是坚持以经济建设为中心，这是由社会主义初级阶段的性质决定的。表现在：一是解决社会主义初期阶段的主要矛盾必须靠以经济建设为中心。我们党早在八大报告中就明确指出，我国国内的主要矛盾，已经是人民对于经济文化迅速发展的需要同当前经济文化不能满足人民需要的状况之间的矛盾。党和全国人民当前的主要任务，就是集中力量解决这个矛盾。只是可惜在八大之后不久，我国的工作重心就偏离了这个主要任务，直到十一届三中全会才转向以经济建设为中心。今天，虽然经过 35 年的快速发展，我国已成为世界第二大经济体，但人民日益增长的物质文化需要同落后的社会生产之间的矛盾这一社会主要矛盾没有变。二是体现社会主义制度的优越性也必须靠以经济建设为中心。坚持社会主义制度不动摇，就是因为社会主义能够创造出比资本主义更高的生产力，能够使全体人民过上更加幸福美好的生活，从而具有资本主义不可比拟的制度优越性。邓小平同志明确讲到："讲社会主义，首先就是要使生产力发展，这是主要的。"[①] 贫穷不是社会主义。总之，发展仍是解决我国所有问题的关键，以经济建设为中心是兴国之要。

(二) 坚持以加快转变经济发展方式为主线

加快转变经济发展方式，是我国在新时期适应国内外经济形势新变化提出的实现国民经济稳定持续快速发展的理性选择。其核心在于：一是把发展的立足点从过去追求数量扩张转到追求质量和效益提高上来，实现更有效率、更加公平、更可持续的发展；二是把发展的动力从过去主要依靠要素投入转到主要依靠创新驱动，实现资源节约型、环境友好型发展；三是把发展的需求拉动从过去主要依

---

① 《邓小平文选》第 2 卷，人民出版社 1994 年版，第 314 页。

靠投资和外需拉动转到主要依靠内需特别是消费需求拉动，实现投资、消费、出口的协调拉动发展。

转变经济发展方式，是我国跨越"中等收入陷阱"，实现"两个百年目标"的必然选择。从跨越和陷入"中等收入陷阱"国家的经验来看，是否依靠创新驱动经济发展是造成不同发展结果的根本原因。日本 1956～1961 年间从美国、西欧等国大规模引进技术，并通过消化吸收实现再创新，迅速缩短了与世界先进技术水平的差距，到 20 世纪 70 年代初，日本在生产技术上达到了世界一流水平。这期间恰恰是日本高速经济增长时代，直到 1973 年结束。韩国的研发经费占 GDP 的比重从 1960 年的 0.25% 提高到 1990 年的 1.87%。相反，陷入"中等收入陷阱"的国家 1996 年如阿根廷仅为 0.4%，墨西哥为 0.3%，马来西亚为 0.2%，而且从 1996～2009 年的 10 多年间，阿根廷徘徊在 0.4%～0.6% 之间，墨西哥徘徊在 0.3%～0.4% 之间，马来西亚徘徊在 0.2%～0.7% 之间，没有发生质的飞跃。

（三）坚持以经济结构的战略性调整为主攻方向

经济结构战略性调整的主要任务：一是推动产业结构的优化升级，用高新技术改造传统产业，发展新兴战略产业和高新技术产业，大力发展服务业，特别是现代服务业和生产性服务业，从而构建现代产业发展新体系，更多依靠现代服务业和战略性新兴产业带动发展；二是推动城乡一体化统筹协调发展，通过农民市民化、农业产业化、农村城镇化，更多依靠城乡协调互动带动发展；三是推动区域协调发展，通过优先推进西部大开发，全面振兴东北地区等老工业基地，大力促进中西部地区崛起，积极支持东部地区率先发展，以及实施"一路一带"战略，为经济发展提供新亮点、新空间。

产业结构升级的差异，是导致跨越和陷入"中等收入陷阱"两种不同结果的重要原因。韩国在跨越"中等收入陷阱"进程中不断推进产业结构的升级，从 20 世纪 60 年代的劳动密集型产业转向 70 年代的重化工业等资本密集型产业、80 年代的机械工业深化和高级化、90 年代的研究开发和知识产业发展并推行以技术开发和提高效率为核心的"产业合理化"。产业结构的不断升级，为经济高速增长提供了强大动力。相反，马来西亚长期过度依赖低劳动成本优势，发展中低端产品的出口加工业、天然资源贸易等产业，忽略发展高科技工业、专业服务等高附加值产业，科研人才不足也阻碍了马来西亚产业结构的转型升级。[1]

经济结构的调整也为我国经济发展创造了巨大的发展空间。从我国服务业的增长速度来看，2008～2013年的5年中，我国服务业增加值从13.1万亿元增长到26.2万亿元，实现了规模上的倍增。据迟福林的测算，服务业每增长1个百分点，可以带动GDP增长约0.4个百分点。如果到2020年的服务业增加值年均增长10%，可以带动经济增长4个百分点左右，为我国实现中高速增长奠定重要基础。[2] 从城镇化来看，从2013～2030年，我国城市化率还将以年均近1个百分点的速度提高，这将对城市的基础设施建设和房地产建设提出了巨大需求。有人估计，城镇化未来10年将拉动40万亿元的投资。[3] 从东中西三大区域差距来看，中西部的发展潜力巨大。中部和东北相当于东部的3/4，西部不到东部的2/3；从全面小康指标的实现程度来看，西部仅相当于东部的70%，晚7年左右。加快中西部和东北地区的发展，即使达到目前东部发达地区的水平，也将支撑我国10年左右的快速发展。从省份之间的绝对差距来看，2013年天津的人均GDP达到16 000多美元，与贵州3 700美元相比，相差4.3倍以上。

（四）坚持工业化、信息化、城镇化、农业现代化同步发展

我国在还没有实现工业化的情况下，世界经济却已进入了信息化的新时代，中国绝不能等实现工业化后再去推进信息化，否则就会重蹈1840年鸦片战争的悲剧。这就要求我国必须走工业化和信息化深度融合的新型工业化道路，运用现代信息技术全面改造传统产业，发展新兴战略产业。新型城镇化道路，就是推动工业化和城镇化的良性互动，通过工业化发展创造更多的就业岗位和为城镇发展奠定物质基础，城镇化的发展则为工业化提供源源不断的人力资源和创造良好的空间和环境条件。新型农业现代化道路，就是推动城镇化和农业现代化的相互协调，通过城市反哺农村、城乡一体化，工业反哺农业，工业改造农业，促进农业现代化，农业现代化又为国民经济的发展观奠定坚实的基础。

坚持工业化、信息化、城镇化、农业现代化同步发展，最根本的是要依靠技术创新。据诺贝尔奖得主麦克·斯宾塞领导的增长委员会的研究，第二次世界大战以后，有13个经济体充分利用后发优势实现技术创新和产业升级，推动了7%

---

[1] 胡光耀、林昊：《马来西亚：人才匮乏导致产业升级缓慢》，载于《新华网》2013年3月6日。
[2] 迟福林：《"十三五"：走向服务业大国的转型与改革》，载于《经济参考报》2014年12月22日
[3] 孙春芳：《城镇化10年拉动40万亿投资资金来源已有透支》，21世纪经济报道，2013年1月8日。

以上的经济增长达 25 年之久。① 我国虽然经过 30 多年的技术引进、学习和消化吸收，缩小了与世界先进技术水平的差距，但据韩国发布的《2012 年度技术水平评价》报告显示，2012 年韩中两国之间的国家战略技术水平差距为 1.9 年，而韩国与美国的差距为 4.7 年，这意味着我国与美国的差距长达近 7 年，该报告认为中国技术水平仅为美国的 67%。在技术进步日新月异的知识经济时代，我国与发达国家之间的技术差距，使我国至少还有 10 年以上的时间利用模仿、引进、集成推进技术创新，促进经济增长。同时，根据国家统计局 2014 年 10 月发布的《2013 年全国科技经费投入公报》数据显示，2013 年，全国投入的研发（R&D）经费占 GDP 的比重首次超过 2%，达到 2.08%。这意味着我国进入自主创新的新时代，对转入创新驱动经济增长轨道具有标志性意义。

（五）坚持全体人民共同富裕

促进共同富裕，让发展的成果更多更公平惠及全体人民，是完善和发展中国特色社会主义制度的基本要求，也是实现"两个一百年"奋斗目标的制度和体制保障。从跨越和陷入"中等收入陷阱"国家和地区收入分配状况的比较来看，跨越"中等收入陷阱"的国家和地区收入分配比较公平，基尼系数较低，如韩国的基尼系数在发展过程中一直没有超过 0.4；日本长期稳定在 0.30 ~ 0.37 之间；我国台湾地区 20 世纪 60 年代以来始终保持在 0.35 以下。相反，陷入"中等收入陷阱"的国家收入分配差距较大，基尼系数较高，如马来西亚为 0.492（1997年），墨西哥为 0.531（1998 年），智利为 0.571（2000 年），巴西为 0.553（2001 年）。因此，在实现"两个一百年"奋斗目标的进程中，就需要坚持全体人民共同富裕的发展方向，以促进社会公平正义、增进人民福祉为出发点和落脚点。这就需要做到：一是深化收入分配体制改革，努力实现劳动报酬增长和劳动生产率提高同步，提高劳动报酬在初次分配中的比重；健全资本、知识、技术、管理等由要素市场决定的报酬机制；规范收入分配秩序，完善收入分配调控体制机制和政策体系，缩小居民收入分配差距。二是深化社会体制改革，促进社会公平正义，推动基本公共服务均等化。

（六）坚持中国特色社会主义基本经济制度。

中国特色社会主义制度，体现了中国特色社会主义的优势，是我国经济社会

---

① 林毅夫：《中国的增长奇迹是否可持续?》，载于《经济参考》2014 年 12 月 12 日。

发展的根本保障。中国特色社会主义制度的重要支柱，就是以公有制为主体、多种所有制经济共同发展的基本经济制度。这一制度既不是传统的纯而又纯的单一公有制，又不是完全的私有化，而是独创的适合社会主义初级阶段基本国情的基本经济制度。更重要的是，这一制度还创新性地提出了公有制的多种实现形式，从而为深化国有企业改革，特别是发展混合所有制经济，开辟了巨大的发展空间。我国在准确界定不同国有企业功能的前提下，积极推动国有经济的战略性调整，国有资本主要服务于国家战略目标，更多投向关系国家安全、国民经济命脉的重要行业和关键领域，重点提供公共服务、发展重要前瞻性战略性产业、保护生态环境、支持科技进步、保障国家安全，使国有经济的整体实力和效率得到大幅提升，2014 年已有 80 家国有企业进入世界 500 强，具有了一定的国际竞争力，保证了其在国民经济中的影响力、控制力和引导力。同时，35 年来民营经济获得了爆发性的成长，60% 以上的 GDP 总量、70% 以上的对外贸易、80% 以上的新增就业岗位都是由民营经济创造的，民营经济已经成为我国经济稳定持续快速发展的重要力量。

三、新时期我国发展目标的实现动力

改革开放是决定当代中国命运的关键一招，也是决定实现"两个一百年"奋斗目标、实现中华民族伟大复兴的关键一招。这主要体现在：

（一）改革是经济发展的强大动力

从 30 多年我国深化改革的历程来看，中共中央先后推出了四个关于经济体制改革的决定，分别是 1984 年的《中共中央关于经济体制改革的决定》、1993年的《中共中央关于建立社会主义市场经济体制若干问题的决定》、2003 年的《中共中央关于完善社会主义市场经济体制若干问题的决定》，以及 2013 年的《中共中央关于全面深化改革若干重大问题的决定》。审视 30 多年来我国深化改革与经济发展之间的互动关系就可以发现，二者之间表现出如下基本运动规律：

1. 改革存在着周期运动。当改革启动时，经济增长迅速进入快车道，但每一轮改革在带来 5 年左右的快速增长后，新体制的活力和动力逐渐衰减，经济增长进入调整直至跌入谷底，新一轮改革的诉求又开始酝酿形成，这一变动周期大约为 9~10 年。这表明：一是我国改革是分阶段推进的。我国渐进式的改革总是依据不同发展阶段的诉求设计不同阶段的改革目标和任务，但每次有限改革目标和任务的完成，由于促进了生产力的发展和人民生活水平的提高，得到了人民广泛的支持，为下一轮改革提供了新的动力，从而形成改革的良性循环和周期运动。二是必须始终坚持深化改革。这一方面是因为每次有限的改革，都只是逼近总目标，但完善的社会主义市场经济体制还没有建立起来；另一方面，更重要的是，每一轮有限的改革对生产力和人民生活水平的提高都是有限的，当既有体制不能再促进生产力发展时，新一轮的改革就要开始了。改革的这一周期运动也证明了生产力决定生产关系，生产关系反作用于生产力这一基本经济规律的存在并发挥作用。

2. 改革周期和经济周期高度吻合。自改革开放 30 多年来，我国经济经历了三个大的周期波动：从 1981 年的谷底到 1984 年的顶峰，再到 1990 年的谷底，形成了第一个经济周期；从 1992 年的顶峰又到 1999 年的谷底，形成了第二个经济周期；从 2003 年的高速增长，持续到 2007 年的顶峰，然后又掉入 2009 年的谷底，形成了第三个经济周期。这三个经济周期经历的时间基本上是 9～10 年，符合经济周期的变动规律。[①] 当我们把这三个经济周期与前三个中共中央关于经济体制改革决定的酝酿和出台联系起来考察时就会发现，每一轮改革的启动都是发生在经济进入调整和谷底阶段，如 1981 年经济跌入低谷，1982 年 1 月 1 日，中共中央批转《全国农村工作会议纪要》肯定农村实行的各种责任制是社会主义集体经济的生产责任制；1983 年中央进一步肯定联产承包制是在党的领导下我国农民的伟大创造；1984 年出台第一个中共中央关于经济体制改革的决定，同年经济增长达到这一经济周期的顶峰，形成新一轮的快速发展，从而构成一个完整的经济周期。从这个意义上说，我国的改革并非主动的，而是被逼的，是发展和民生的倒逼结果。这是因为，改革是利益关系的重新调整，并不是所有的人都希望改革。但当不改革就无法发展，不发展各种社会矛盾就会凸显，甚至激化时，改革就容易达成共识，并向前推进。所以，经济周期孕育了改革周期，改革周期促成了经济周期，二者互为因果。

2013 年，《中共中央关于全面深化改革若干重大问题的决定》的出台，意味着新一轮改革周期的开始，依据以往改革与发展相互关系的规律，新一轮"改革红利"即将到来，事实上已经到来。据统计，2014 年，新登记注册市场主体达到 1 293 万户，其中新登记注册企业增长 45.9%，形成新的创业热潮。从历史经

---

① 1860 年法国经济学家朱格拉就提出了 9～10 年的经济周期。经济学家熊彼特 1936 年提出经济周期分为长周期、中周期和短周期，每一个长周期包括 6 个中周期，每一个中周期包括三个短周期。短周期约为 40 个月，中周期为 9～10 年，长周期为 48～60 年。

验来看，1992 年和 2002 年私营企业开户数都在中共中央关于经济体制改革决定出台前后出现一个高峰期，随后是 5 年的经济繁荣。

（二）新时期全面深化经济体制改革的核心

新一轮全面深化经济体制改革的核心是处理好政府和市场的关系，使市场在资源配置中起决定性作用和更好发挥政府作用。改革的主要方向就是要大幅度减少政府对资源的直接配置，推动资源配置依据市场规则、市场价格、市场竞争实现效益最大化和效率最优化。政府的职责和作用主要是保持宏观经济稳定，加强和优化公共服务，保障公平竞争，加强市场监管，维护市场秩序，推动可持续发展，促进共同富裕，弥补市场失灵。改革的主要任务就是全面清理审批事项，构建负面清单管理模式，切实为市场主体松绑。为此，就需要政府制定权利清单、责任清单和负面清单。因此，这一轮改革的突出特色是加快政府体制改革和政府职能转变。所以，从政府自身改起，把加快转变职能、简政放权作为本届政府开门的第一件大事来抓。

但是，以往我国经济体制改革的突出特征是政府主导型或政府推动型的。政府推动的经济体制改革走到今天，也积累了一个尖锐的矛盾：即政府推动的微观经济体制改革的深化与政府自身改革的相对滞后的矛盾，而且后者的滞后已严重制约了前者的深化。可是，政府推动政府自身的改革，将需要巨大的改革勇气和敢于做出巨大的权力和利益牺牲。毕竟自己革自己的命是相当困难的，这也是我国经济体制改革进入深水区，骨头越来越难啃的一个重要原因。从这个意义上说，不推进政府职能的转变，就不能有效地推进经济体制改革。显然，这就需要寻求新时期深化改革的新动力。但这个新动力必须是完善的社会主义市场经济体制内生的，因为单纯依靠外在的力量是不可能推动改革成功的。因此，这个新动力应包括：

1. 政府的自觉推动力。转变政府职能的目的不是取消政府，而是解决政府的"越位"和"缺位"，从而形成一个强有力的有效率的法制型政府、服务型政府，实现国家治理体系和治理能力的现代化。因此，政府职能转变必须在政府的有效领导下依靠政府的自觉革命才能有效推进。这就是《2014 年政府工作报告》提出要以"壮士断腕"的决心推进改革的原因所在。

2. 人民民主的推动力。人民是改革的主体，要充分发挥人民群众参与改革的积极性、主动性、创造性。我国社会主义市场经济体制已经初步确立，这就意味着经济的民主体制已经形成。随着各个不同经济利益群体的形成，他们为了维护自己的特殊利益，就会自然产生政治参与的积极性。这就为扩大社会主义民主，从各个层次、各个领域扩大公民有序政治参与，奠定了经济基础。更加广泛、更加充分、更加健全的人民民主的形成，就会形成推进改革的民主力量，在与政府推动力的合作博弈中产生巨大的正能量。因此，改革只有实行顶层设计和摸着石头过河相结合，才能确保这一轮改革取得成功。

（三）改革与发展的平衡点

处理好改革与发展的关系，特别是取得改革与发展的平衡是确保改革能否成功，能否有效促进发展，实现发展目标的关键问题。因此，就改革与发展两者的内在逻辑来看，应该包括以下两方面的内容：

1. 改革的目的是为了发展、解放生产力。这是我们党实行改革开放一贯坚持的基本原则。这就意味着我国的改革不是为改革而改革，而是为发展而改革，改革只是实现发展这一目的的手段。所以，生产力的发展是判断改革成败得失的基本标准。

2. 改革的依据是服从于发展的需要，即在发展的总体要求中推进改革。这实际上是把发展不仅作为改革的目的，而且又作为改革的起点，从而对如何实施改革做出了明确的要求。这一要求具体来说包括两个方面的内容：一是要依据现阶段推动经济发展的具体要求来安排相应的经济体制改革，既不能滞后于也不能超前于经济发展的要求，从而对改革的优先次序作出科学的安排。二是要依据现阶段经济发展的具体承受能力来安排相应的经济体制改革，既不能不顾承受能力盲目加快改革，也不能惧怕困难使改革裹足不前，从而对改革的力度大小作出科学的选择。因此，2013 年推出的《中共中央关于全面深化改革若干重大问题的决定》明确指出："全面深化改革，必须立足于我国长期处于社会主义初级阶段这个最大实际，坚持发展仍是解决我国所有问题的关键这个重大战略判断，以经济建设为中心"。

参考文献：

迟福林：《"十三五"：走向服务业大国的转型与改革》，载于《经济参考报》2014 年 12 月 22 日。

《邓小平文选》第 2 卷，人民出版社 1994 年版。

胡光耀、林昊：《马来西亚：人才匮乏导致产业升级缓慢》，载于《新华网》2013 年 3 月 6 日。

肯尼迪:《大国的兴衰》,中国经济出版社 1989 年版。

林毅夫:《中国的增长奇迹是否可持续?》,载于《经济参考》2014 年 12 月 12 日。

麦迪森:《世界经济二百年回顾》,改革出版社 1997 年版。

孙春芳:《城镇化 10 年拉动 40 万亿投资资金来源已有透支》,21 世纪经济报道,2013 年 1 月 8 日。

（本文原载于《经济学家》2015 年第 5 期）

补短板的政治经济学

黄泰岩[*]

在决胜全面小康社会的开局之年，要顺利完成"补短板"的艰巨任务，就需要从政治经济学的理论视角解决什么是补短板、为什么补短板、怎样补短板等根本问题，为补短板实践提供理论基础和政策依据。

一、补短板的经济性质

补短板，从理论上讲，通常直接想到的基本原理就是木桶定律或短板效应，即木桶盛水量的多少，是由桶壁上最短的那块木板决定。按此原理，补短板改变的是水的数量，并不改变水的性质。显然，这一基本原理直接应用到我国经济发展新常态下的补短板是不够的。这是因为，我国的补短板不仅要增加经济总量，而且还要经济的更高质量、更有效率、更加公平、更可持续。这意味着补短板是我国经济从量到质的全面提升，是经济社会质的根本性变化。这突出体现在：

第一，从实现全面小康社会来看，我国要实现的全面小康是惠及全体人民的小康，是不让一个人掉队的小康，是共同走向富裕的小康，但 2015 年我国居民收入基尼系数仍高达 0.462，城乡居民收入差距为 2.73 倍，东部人均 GDP 是中西部人均 GDP 的 1.7～1.8 倍，按我国现行标准至 2014 年底还有 7 000 多万贫困人口。因此，补低收入群体的短板，补农民收入的短板，特别是补贫困人口脱贫的短板，确保到 2020 年全体人民，特别是所有贫困地区和贫困人口一起迈入全面小康社会，不仅是低收入群体和贫困人口收入的增加，而且更重要的是将决定着我国经济社会完成了向全面小康社会的根本转型。

第二，从跨越"中等收入陷阱"来看，"二战"以来，全世界先后有 101 个

---

[*] 黄泰岩：中央民族大学校长，中国人民大学中国经济改革与发展研究院教授、博士生导师。

经济体进入中等收入阶段，但到 2008 年为止，只有 13 个经济体成功进入高收入经济体行列。根据跨越和陷入"中等收入陷阱"典型经济体的发展经验，要实现成功跨越，必须使经济增长从要素驱动转向创新驱动，产业结构从低端迈上中高端。因此，补技术创新的短板，补农业现代化的短板，补高新技术产业和新兴战略产业的短板，补服务业的短板，不仅是技术的进步和产业结构的升级，而且更重要的是将决定着我国从中高收入经济体向高收入经济体的根本转型。

第三，从全面深化改革来看，到 2020 年我国的经济体制改革要在重点领域和关键环节取得决定性成果，形成系统完备、科学规范、运行有效的制度体系，使各方面制度更加成熟更加定型。经过 30 多年的改革开放，容易改的都已经改完了，剩下的都是难啃的硬骨头。因此，补重点领域改革的短板，补关键环节改革的短板，不仅是深化重点领域和关键环节的改革，而且更重要的是将决定着我国经济体制完成了向社会主义市场经济新体制新机制的根本转型。

因此，我国经济发展新常态下的补短板，表现出两大基本特征：一是通过补短板推进我国的经济转型和体制转型，实现从中等收入国家向高收入国家的历史跨越，顺利完成第一个百年目标，并为完成第二个百年目标奠定坚实的基础。因此，必须把补短板提高到中华民族伟大复兴的高度来认识。二是补短板是补经济转型和体制转型的短板。因此，对什么是我国经济要补的短板，必须置于国家宏观经济的层面，甚至全球经济的层面加以认识和认定。否则，从各省市各地区各自局部层面认定的短板，可能不是真正的短板，各省市各地区各补各自的短板，就会出现新的重复投资和重复建设，形成新的产能过剩，从而与我国推进的"去库存、去产能"背道而驰。

可见，用木桶定律和短板效应解释我国目前的补短板，是远远不够的。同样，依此来引领我国补短板，无疑将会误导实践。

二、补短板的理论逻辑

要理解我国为什么在经济发展进入新常态后要补短板，就需要弄清补短板背后的政治经济学原理。

公平与效率的关系，是政治经济学研究的永恒主题。依据政治经济学的基本原理，在经济发展的不同阶段，公平与效率的关系组合会依据不同阶段的具体情况而有所不同。改革开放以来，我国在公平与效率的制度安排上经历了让一部分人先富起来以提高效率、"效率优先，兼顾公平"、"初次分配注重效率、再分配注重公平"，以及初次分配和再分配都要处理好效率和公平的关系，再分配更加注重公平的阶段性演进。

纵观公平与效率关系组合的变化，大致可分为两个方向不同的变化阶段：一是从改革开放到 20 世纪末，主要变化方向是强调通过拉开收入差距，提高效率，促进经济快速发展；二是进入 21 世纪后，由于收入差距的不断扩大，我国开始转向逐步强调更加注重公平，一直到党的十八大明确提出共同富裕是中国特色社会主义的根本原则，要着力解决收入分配差距较大问题，使发展成果更多更公平惠及全体人民，朝共同富裕方向稳步前进。近几年，随着我国强调更加注重公平，居民收入差距逐年缩小，基尼系数虽然到 2015 年下降到 0.462，但仍是世界上偏高的国家。这不仅会阻碍我国实现全面小康社会和推进全面深化改革，而且还不利于跨越"中等收入陷阱"。陷入"中等收入陷阱"的典型国家都表现出了收入差距的扩大，如马来西亚为 0.492（1997 年），墨西哥为 0.531（1998 年），智利为 0.571（2000 年），巴西为 0.553（2001 年）。因此，今天我国强调补短板，就是要在以人民为中心的发展理念下更加注重公平，重构公平与效率的关系组合。

经济发展进入新常态后，解决我国经济社会发展的诸多难题，将主要依靠增进公平激发全体人民的创新精神和活力，以形成新的经济增长强大不竭动力。这主要体现在：一是创新成为经济发展的第一动力，而创新的主体是人民，这就需要增进机会公平与分配公平，形成"大众创业、万众创新"的发展格局；二是发展根本上要靠改革开放，而改革开放的强大动力来自人民的支持和参与，这就需要增进公平，使全体人民分享改革开放的发展成果；三是经济发展从主要依靠投资和出口拉动转向主要依靠消费拉动，而消费的增长来自于全体人民收入的增长，以及对未来的良好预期和安全感的获得，这就需要增进公平，不断扩大中等收入阶层的比重和实现公共服务的均等化。因此，在新旧动力转换的经济发展新阶段，补短板的核心或关键是补公平的短板。

三、补短板的体制设计

体制设计的核心问题是处理好政府与市场的关系。就社会主义市场经济体制的总体而言，必须使市场对资源配置起决定性作用和更好发挥政府作用。在坚持社会主义市场经济体制的这一基本原则下，对具体领域的市场与政府组合关系，则要依据具体领域的具体情况进行具体配置。

要设计补短板领域的市场与政府的组合关系，首先需要弄清楚短板形成的原因。我国的经济体制改革是从传统计划经济转向社会主义市场经济，因而改革的推进就是使市场在资源配置中的作用不断扩大和强化过程，虽然目前我国在重点领域和关键环节还需要继续深化改革以增强市场的作用，但就经济体制的整体而言，市场已经对资源配置发挥着决定性的作用，甚至在个别领域还出现了过度市场化的问题。因此，经过30多年经济快速增长而出现的经济短板，就其基本性质而言，应该属于市场做不了或者市场做不好的领域。例如，根据政治经济学的一般原理，宏观经济的总量和结构平衡需要政府的宏观调控；社会公共服务由于具有很强的外部性和非排他性，通常主要由政府提供；市场机制的自发调节会导致居民之间、城乡之间、区域之间收入差距的扩大，不可能自动解决收入差距和贫困问题。此外，对发展中国家而言，要实现赶超型发展，产业结构升级就需要政府的扶持和引导；技术创新，虽然要让企业成为创新主体，但离开了政府推动的重大理论创新和工程创新，创新也不可能发生质的飞越。因此，补短板的体制设计就总体而言，需要在市场对资源配置起决定性作用的基础上，更加注重更好地发挥政府的作用。

在补短板中更好地发挥政府的作用，重点就是解决政府的缺位和不到位问题。解决政府作用的缺位，一是要补提供公共服务的位，如我国财政教育经费占GDP的比重不仅远低于发达国家，而且还低于印度等发展中国家，同时不仅要增加公共服务供给的量，而且还要推进公共服务的均等化；二是要补提供社会保障的位，织密织牢社会安全网，如在财政收入增长放缓的情况下，2016年中央财政扶贫资金增长43.4%，而且要求地方政府也要积极跟上。解决政府作用不到位，一是要强化经济社会发展指标的约束性，如在"十三五"经济社会发展主要指标中，凡是约束性的指标都是需要补短板的指标，有劳动年龄人口平均受教育年限、农村贫困人口脱贫、城镇棚户区住房改造和资源环境的各项指标；二是要强化政府政策的执行力度，如为按时保质保量完成扶贫脱贫任务，各级政府都立下了军令状，不惜用行政手段强化执行。解决好政府的缺位和不到位问题，根本上还要靠深化政府管理体制改革，推进国家治理的现代化。

四、补短板的思路转换

无论按照斯密的绝对优势理论还是李嘉图的比较优势理论，在经济发展过程中，各国为了提高经济效率，通常应发挥各自的比较优势，通过国际贸易分工或构建分工协作网络规避各自比较劣势，推进一国经济的发展。在经济全球化和国内区域经济一体化快速发展的今天，我国理应遵循比较优势原理扬长避短，但为什么却不"避短"而要"补短"呢？

在开放经济条件下，依据资源的流动性和获取性可以将短板分为两类：可置换的短板和不可置换的短板。对这两类不同的短板，补的途径和方式也随之不同。

可置换的短板，就是可以通过发挥比较优势取别人之长补自己之短。通常情况下这类短板在经济发展过程中可以自动解决，无须专门强调补短板。这表现在：一是通过兼并收购的方式用别人的长板置换自己的短板，如我国通过收购世界矿山资源补我国的资源短板，通过进口粮食补我国的土地和水资源短板等；二是通过分工协作用别人的长板补自己的短板，如推进区域经济一体化、发展城市群、打造产业群等解决区域经济发展、城市发展和企业发展的短板；三是通过合资合作形成强强联合，如组建之外合资公司引进资金、技术和管理等短板。

不可置换的短板，就是无论如何不管采取什么方式都不可能取别人之长补自己之短，也就是说，对于补这类短板，比较优势理论是失效的，只能依靠自力更生，因而在政策上必须突出强调补短板。

改革开放以来，我国充分发挥比较优势，整合国内国际两个市场两种资源，弥补了我国经济发展面临的资金、管理、技术、资源、市场等一系列短板，实现了 30 多年近 10% 的快速增长，创造了经济发展的"中国奇迹"。但是，随着我国经济总量稳居世界第二位，成为全球第一货物贸易大国和主要对外投资大国，一方面我国整合国内国际两个市场两种资源的规模越来越大，要求越来越高，难度越来越大，如对外贸易受到世界各国贸易保护主义的遏制，经济发展不得不主要依靠内需；另一方面我国进一步发展所要实现的全面小康、经济转型和体制转型必须依靠自己来解决，如贫困人口必须依靠本国的力量脱贫；经济转型升级所需要的核心技术和关键技术是学不来、引不来的；社会主义市场经济体制也是前无古人的创举。因此，经济发展新常态下的短板，主要是不可置换的短板，因而补短板的思路需要适时地从以往发挥比较优势取别人之长补自己之短转向主要依靠自力更生补短板。

依据新的思路补短板，就需要：一是创新宏观调控的体制机制，从大水漫灌转向定向调控、精准调控，切实补低收入群体的短板，补农民收入的短板，特别是补贫困人口脱贫的短板，确保到 2020 年实现全面小康；二是创新技术进步的路径，一方面走以我为主，通过"引进来"和"走出去"整合全球资源实现自主创新；另一方面发挥社会主义可以集中力量办大事的优越性，整合产官学研用等各方力量进行协同自主创新，提高技术对经济增长和产业结构升级的贡献，助推跨越"中等收入陷阱"；三是创新经济体制改革方式，通过加强顶层设计，在政治体制改革、社会体制改革、生态体制改革、文化体制改革和加强党的制度建设的全面深化改革中构建成型的社会主义市场经济体制。

参考文献：

大卫·李嘉图：《政治经济学及赋税原理》，华夏出版社 2013 年版。

黄泰岩：《中国经济的第三次动力转型》，载于《经济学动态》2014 年第 2 期。

黄泰岩：《新发展理念催生新发展理论》，载于《人民日报》2016 年 4 月 18 日。

（本文原载于《光明日报》2016 年 4 月 27 日）

我国经济增长处于下行通道的原因及应对策略

马晓河[*]

当前，我国经济增长区间仍处在下行通道，传统增长动力不断消退，新增长动力还在孕育之中。稳增长要有新办法，单靠大幅度投资刺激经济增长的方式已经遇到困境，最佳途径是在扩大国内需求特别是消费需求的同时，加快供给创新。

一、当前中国经济增长区间还处在下行通道

我国经济增长已经连续 23 个季度从高位下行，目前经济增长好转信号并不明确，一些指标虽然企稳，但是大多指标表现偏弱。比如，投资增长继续下滑，消费平缓增长，出口由负转正呈现低增长，工业增长连续 69 个月减速落到 5.9%，PMI 连续下行回落到 2016 年 1 月 49.4%；货币增长有所松动，但是价格指标继续回落，12 月份 CPI1.6%，PPI 和工业生产者购进价分别连续 46 个月和 45 个月负增长且维持在较大区间，通缩风险压力仍不减。种种迹象表明，当前中国经济增长区间仍处在下行通道。

（一）总量变化：非典型的 M 型曲线走势

2003 年 2 季度以来，我国 GDP 增长在图像上表现为一种非典型的 M 型曲线，先是经过 14 个季度上升，于 2007 年第二季度达到 14.9%，尔后经过 7 个季度的下行降到 2009 年第一季度的 6.2%，2009 年第一季度之后经过 4 个季度的上升，经济增长率又跃升到 12.2%，此后经过漫长的 23 个季度缓慢下行，经济增长率落到 2015 年第四季度的 6.8%。经过两上两下，我国经济增长在过去 12

---

* 马晓河，国家发展和改革委员会宏观经济研究院副院长，中国人民大学中国经济改革与发展研究院常务副院长，中国人民大学兼职教授、博士生导师。

年里就构成了一个完整的 M 型曲线图。从曲线走势看,当前经济增长区间处在下行通道上。经济增长率同样是 7%,所处通道不同,经济学意义是不一样的,下行通道增长点位和上行通道点位,对宏观政策传达的信息是截然相反的。

（二）工业发展：结构性通货紧缩风险加剧

从 2010 年 1 月开始到 2015 年 12 月,工业增加值增长率从 20.7% 下降到 5.9%；PMI 也在下降,今年 1 月降到 49.4%,已连续 6 个月处在荣枯线以下；价格指标连续 50 多个月在下行通道波动,12 月,CPI 为 1.6%,PPI 为 -5.9%,工业生产者购进价 -6.8%,PPI 和工业生产者购进价长期滞留在负增长区间。按照发达国家的经验,一个经济体消费品价格如果在 2% 及以下,经济增长就不存在通货膨胀。如果工业品出厂价、工业生产者购进价还持续负值 40 个月以上,对制造业来说就是典型的通货紧缩。

当前我国经济增长处在下行通道,既有长周期变动下需求不足与供给过剩的内部因素,又有国际需求不足和供给替代的外部因素。

二、长周期变动下需求不足与供给过剩是增长下滑的内部因素

从国内看,当前和今后有三大因素正在影响中国经济增长。

（一）经济增长将呈现长周期下行态势

经济增长周期有三个类型,按照熊彼特周期理论划分,长周期 48～60 年,中周期 9～10 年,短周期是 3～4 年。过去 30 多年我国经济增长处于长周期的上行通道,目前我国经济增长恰处在长周期下行通道,经济增长率将由高增长向中位增长转换,今后还将进一步向低位增长转变。从国际经验看,过去 50 多年时间里,全球有 88 个国家由低收入水平相继进入到中等收入国家行列,但只有 13 个国家进入到发达国家行列,而 13 个国家经济增长无一例外地都出现了下行趋势。今后,中国要向发达的高收入国家迈进,经济增长率必然从上到下,这是一个规律。

一方面,国民经济总量已经十分庞大,再每获得一个百分点的增长难度将越来越大。按照世界银行的数据,中国 2010 年就进入到中上等收入国家,总量已经位居世界第二,2015 年国内生产总值已经达到 67.67 万亿元人民币,合 10.5 万亿美元。现阶段,增长一个百分点所消耗的资源和产出要比低收入阶段大得

多。比如，2015 年经济增长 6.9%，经济总量就增加 40 569 万亿，相当于 2000 年国内生产总值的 40.66%。

另一方面，结构成熟意味着经济增长率将不断下降。根据国际经验，从低收入阶段发展到中上收入阶段，经济增长都是投资率持续上升，消费率持续下降；到了中上等收入阶段后，经济增长继续向高收入阶段迈进时，投资率将不断下降，消费率将持续上升。我国也不例外，进入中上收入阶段后，投资空间已经明显变小。在投资率上升阶段，由于投资是少数人决策、短期见效快，我们可利用体制优势集中资源大搞投资扩张，用投资拉动经济增长；而进入消费率上升阶段就不同了，消费是人人决策，分散消费，渐进式见效，既有体制优势难以发挥作用。所以，一旦需求结构转向消费率持续增长阶段，经济增长率必然下降。我国经济增长率在长周期下行阶段还刚刚开始，现在是中高速，下一阶段还将向中低速通道迈进。

（二）消费增长率跟随投资增长率下降也影响经济增长

理论上讲，在进入中上收入阶段后，我国消费增长应该适当加快，经济增长率不至于下降得太快。但是，自 2010 年以来，我国固定资产投资增长率从 23.8% 持续下滑到 2015 年的 10.0%，同期社会消费增长率也从 18.3% 下降到 10.7%。可见，投资增长率下降后，消费增长率也跟随下降，在出口增长全年为负值情况下，经济增长率下降就不足为怪了。为什么我国消费不能按经济结构变动规律适度加快增长，而是增长率连续多年下降？除了短期因素诸如居民收入增长率这几年有所下降之外，主要是由我国体制和政策安排不合理造成的。

先看一组数据，2015 年第四季度央行对全国 50 城市 2 万储户居民进行问卷调查结果显示，当前城镇居民消费倾向很低。在调查居民储户中，有 79.2% 的居民更愿意多投资、多储蓄，只有 20.8% 的居民倾向更多消费，如此低的居民消费意愿，要让消费快速增长是比较困难的，相反储蓄却实现了快速增长。

从发展阶段和国际环境变化看，当前我国最需要消费加快增长，因为消费在 GDP 中是居民福利的直接体现，可以消化产能，替代一部分出口，支持经济持续稳定增长，而储蓄从长期看是要转化为投资，进而转化为产能。为什么储蓄快于消费？在现有体制下，国民收入分配制度不合理，社会保障制度水平低下，造成了城乡居民一方面没钱消费，另一方面有钱不敢消费。

首先从居民没钱消费分析。当前我国国民收入这块"大蛋糕"，在宏观上是由三大团体进行初次分配，政府切一块除了用于维护正常运行之外，主要用于搞公共投资，一些地方政府还把公共资金用于产业园区开发，而用于转移支付消费方面的比例一直不高；企业切一块主要用于生产运营和再生产投资；居民切一块主要用于短期和长期消费。经过研究发现，在过去 20 多年里，我国各级政府和企业在国民收入中切"蛋糕"速度越来越快，比例越来越高；居民切"蛋糕"的速度远远低于前两者，比例也越来越低。从 1992～2014 年，政府和企业在国民收入初次分配中获得的比例已经由 34.1% 扩大到 54%，居民则由 65.9% 下降到 46%。显然，这有利于政府和企业更多地搞公共投资和产业投资，不利于城乡居民扩大消费。还有一组数据可以佐证，以名义增长率比较，从 2000～2014 年，全国各级政府财政收入增长了 9.48 倍，规模以上工业企业利润增长了 14.5 倍，而城乡居民人均收入只分别增长了 3.68 倍和 3.39 倍，也就是说，过去 14 年政府财政收入增长比居民收入增长了快 6 倍，企业利润增长比居民收入增长了快 11 倍。由此可见，国民收入在宏观分配上一开始就有利于投资方。

居民所拿到的这一块国民收入还要在各阶层之间进行分配。从城乡视角看，这几年城乡居民收入差距在缩小，但是城乡内部的阶层收入差距在扩大。比如占城镇人口 20% 的最低收入户同 20% 的高收入户的收入差距，由 2000 年的 3.6 倍扩大到 2014 年的 5.49 倍，农村居民 20% 的高收入户与 20% 的低收入户收入差距由 6.47 倍扩大到 8.65 倍，2015 年占全国居民 20% 高收入组年人均可支配收入 54 544 元，20% 低收入组人均可支配收入 5 221 元，高收入组与低收入组收入差距是 9.45 倍。众所周知，收入每增加 100 元，穷人和富人消费和储蓄行为是不一样的，穷人的边际消费倾向高达 90% 以上，富人的边际储蓄倾向为 50% 以上。所以，高收入人群收入越高，用于储蓄的比例就越高，数量也越多，社会总储蓄必然就快于消费，但低收入人群想消费却收入不足。

其次，目前我国社会保障制度还不足以让老百姓敢消费。老百姓增加消费需要有保障，没有后顾之忧他们才能放心消费。因为买房子、就学、就医、养老都需要花钱，尽管我国社会保障实现了体制性全覆盖，但是保障水平太低，不足以让居民消除心中隐忧，所以城乡居民还是不敢增加即期消费，仍要为未来储蓄，因此预防性储蓄是目前总储蓄增长的一大动力。

有人说，这几年我国消费增长并不慢，消费按照时间序列比确实比较快。但是不能这么比，正确的方法是跟储蓄比。因为如同一个家庭一样，一个国家的财富同样也是储蓄与消费的加总。从 2000～2015 年，我国社会消费品零售总额增长了 6.7 倍，而储蓄却增长了近 10 倍。过去 15 年储蓄积累快于消费 3.3 倍。这就意味着，我国搞投资有强大的储蓄支撑，而扩大消费缺乏持续增长的动能。

（三）从供给环节看，制造业和房地产发展不景气拖累经济增长

在制造业中，高物耗、高能耗、高排放的行业正在被淘汰，低端、低附加值传统制造业正在被转移，但高加工度、高技术含量的高端制造业正在孕育还没有成长起来，所以中国制造业处在一个产业增长空心区。在这个空心区里，经济增长率必然下降。当前，制造业订单减少、成本增加、利润大幅下降，使得投资缺乏前景预期。2014 年全国社会固定资产投资增长 15.7%，而工业为 13%，2015年固定资产投资增长 10.0%，而工业投资降到 8.0%。往年，制造业投资占社会固定资产投资总额的 33%，制造业投资持续下降并低于投资平均增长率，必然拉低总投资进而影响经济增长。

房地产在需求不足、库存增加压力下，投资继续走低。2014 年房地产开发投资增长 10.5%，2015 年房地产开发投资增长 1.0%，住宅投资增长只有 0.4%。土地交易在负值区域下降也没有停止。一般而言，房地产投资占全社会投资的 25%，房地产投资增长率下降，势必给总投资乃至经济增长带来下行压力。

三、国际需求不足和供给替代是增速下滑的主要外部因素

（一）主要经济体宏观经济政策不利于我国出口市场扩容

美国是发达经济体中经济表现最好的：企业投资增长、消费增加、收入增高、失业率下降（9 月份降为 5.1%）。基于此，美国从 2014 年年末就开始采取收缩政策，于 11 月份完全退出 QE，从原来每月向市场投放货币 850 亿美元，到 11 月份完全取消。2015 年 12 月，美元提息的窗口正式开启。从目前看，美国采取收缩政策，给世界带来的影响，已远远超过其他发达国家采取的宽松政策给世界带来的影响。

欧元区 2015 年经济增长要比上年稍好点，但面临债务恶化没有明显好转、通缩压力还在加大的问题。为刺激经济增长，欧洲央行推出欧版 QE，从 2015 年 3 月起每月购买 600 亿欧元资产，到今年 9 月，增发货币 1.1 万亿欧元。同时，欧元区还实施了 210 亿欧元的"容克投资计划"，预计带动 3 150 亿欧元投资规模，搞基础设施建设和开发，创造就业。日本也在继续实施超宽松的量化货币政策，2015 年提出增发 80 万亿日元的基础货币，结果使日元大幅贬值，从 2014 年 7 月 1 日到 2015 年 8 月 10 日，日元兑人民币贬值 19%，意味着中国对日出口成

本提高了 19% 。欧元区的货币扩张也是如此，从 2014 年 7 月 1 日到 2015 年 8 月 10 日，欧元兑人民币贬值 20%，说明中国对欧出口成本也明显提高了。加拿大、澳大利亚、英国等国也都在采取宽松货币政策，降低利息，增发货币。在发达经济体里，除了美国，其他国家都在搞实质上的货币贬值。新兴经济体除中国外，阿根廷、巴西、委内瑞拉、俄罗斯、乌克兰、土耳其、泰国等国家货币贬值、资本外流、经济低迷，市场需求增速放缓，也一定程度上抑制了我国出口增长。

以上分析表明，2015 年以来，无论发达经济体（美国除外）还是新兴经济体，为了应对低迷的经济形势，都在搞竞争性货币贬值。在此过程中，人民币相对美元虽有一定贬值，但对其他货币则是大幅升值，一定程度上降低了我国商品的国际市场竞争力。面对这种汇率变动结构，近期中国进口大宗商品价格在降低，石油、铁矿石、黄金、玉米、大豆、棉花等进口成本明显降低了，似乎对中国有利。但从中长期看，由于美元升值，世界大宗商品价格降低，加剧了世界通缩风险，导致各大经济体购买能力下降，造成中国出口日益困难。在过去一年里，中国出口增长呈现连续负值，对美国、欧洲、日本出口负增长，对东盟出口低增长。

（二）我国目前对外贸易遇到两个实质性问题

一是发达经济体的政府和私人购买能力减弱，中国对这些国家的出口速度降低了。各国政府压缩公共开支，减少购买，失业率偏高，家庭收入不足，降低私人消费，最终导致中国的产品出不去。因为我国出口总额中有近一半是出口发达国家，发达国家经济不景气，必然从供求两方面给我国带来影响。

二是比中国经济发展程度还要低的中低收入国家，目前正在利用自身优势，大力发展劳动密集型产业，在中低端制造业市场上对中国形成供给替代。像印度、越南、印度尼西亚、菲律宾、泰国、巴基斯坦、缅甸、孟加拉、埃塞俄比亚等，都纷纷采取优惠刺激政策，大办园区、招商引资，大力发展劳动密集型产业，大量生产服装、鞋帽、玩具、电子零部件、家具家电甚至汽车和机械零部件等中低端劳动密集型制成品，生产出来国内又消费不了，就向发达国家出口。由于这些国家劳动力成本低，土地和其他自然资源价格便宜，政策更加优惠，生产跟中国同样产品成本要低得多，于是，在劳动密集型产品市场上，有一批国家正在替代中国。十几年来，由于我国制造业的劳动工资和能源、土地、水、环境资源成本等不断快速上升，导致外资在中国所建的一批劳动密集型产业基地开始向外转移，比如大金、优衣库、耐克、富士康等都在或计划撤离中国。甚至一些中资企业也将产能准备向外转移。需求下降、供给替代必然引起我国出口增长下降，如果我国不尽快改变出口结构，这种趋势还将延续下去。

总之，当前我国经济面临的困境是：公共投资增长加快弥补不了制造业、房地产投资增长率的下降；消费增长短期内微弱加快弥补不了全社会投资增长率的持续下滑；新兴产业增长难以填补传统产业被淘汰、转移留下的空间。我国经济仍处于下行通道，经济增长率惯性下行压力依然没有缓解迹象。

对今后经济走势判断有三种可能：一种是掉头向上呈"V"字型，一种呈"L"型，另一种继续下行。笔者认为呈现"L"型的概率较大，但也存在着经济增长率惯性下滑的风险。在今后一段时间里，中国经济增长仍然是总供给与总需求失衡，供大于求的态势不会改变，需求回升不会太快。2016年，在政府公共投资拉动情况下，基础设施投资会有所回升，但固定资产投资增长率可能还将继续下降，因为制造业和房地产投资增长在"去产能"、"去库存"压力下不会有太大起色；消费增长会呈平缓增长趋势，国内通缩风险压力仍将持续，出口会由负转正呈现低增长。全年经济增长率将低于2015年。

四、2016年的主要任务是防止经济深度下滑

当前，我国经济发展遇到的矛盾是传统经济增长动力在不断衰退，新的增长动力还在孕育成长，新增长动力并不能及时填补由传统动力衰退腾出的空间。显然，当前和今后宏观政策的主基调是稳增长。要力争第一种可能性，保证第二种可能性，防止第三种可能性发生。

稳定经济增长要有新办法。单靠大幅度投资去刺激经济增长的方式已经遇到困境：一是投资效果明显下降，每单位投资所形成的国内生产总值大幅度减少；二是大量投资结果只能是继续增加未来产能，将进一步加剧供给过剩矛盾。最佳途径是在供给侧，加快结构性改革，破除影响新增长动力形成的一切制度性障碍，充分发挥市场和政府"两只手"的各自优势，既要搞好"去产能、去库存、去杠杆"，更要加快传统产业改造升级步伐，特别要加紧新兴产业的培育成长，支持产业迈向中高端，改变我国产业在国际分工中的不利地位，提高市场竞争力。在需求侧，加强需求管理，调整投资结构，提高社会保障水平，营造良好宏微观环境，支持老百姓特别是中低收入人群有能力消费、敢于消费、愿意消费，最终让消费在经济增长中发挥更大作用。为此，今年宏观政策的建议是：

（一）加强供给侧创新

供给与需求是经济发展中的两个方面，供给以需求为目标，需求依赖有效供给，只有供给与需求相交经济发展才能达到均衡状态。因此，供给侧改革的目的就是要在扩大需求特别是消费需求的同时，提高供给结构的适应性和灵活性。

一是积极推进产业结构调整升级，在稳步实施淘汰落后产能的同时，把重点放到转和改上，加快传统产业改造方面，支持企业走中高端化、细分化、低碳化发展路线。

二是要紧紧抓住本轮世界产业技术革命的机遇，加快新兴产业发展，为经济增长培育新动力。要抓紧落实对企业放权让利、降税减费的改革，消除行业垄断，为新兴产业成长提供更加宽松的环境，大力支持健康产业、文化产业、节能环保产业、新一代信息产业、高端装备产业、旅游业、绿色农业等产业的发展，同时还要在新材料、互联网金融、教育培训、物流等领域培育增长点。

三是重构市场秩序，彻底清除地方、部门保护和封锁。健全市场监管体系，增强公共服务供给，严厉打击市场垄断和假冒伪劣产品进入市场，降低居民消费成本和企业的市场交易成本。构建新时期的市场信用体系，建立授信激励和失信惩戒机制，维护生产者和消费者的正当权益。

四是加大体制机制改革力度。打破教育、文化、医疗、旅游、通讯等领域的垄断，推动对内对外开放。同时还要加快城乡二元体制、国民收入分配制度、国企体制、财税金融制度、行政审批制度等方面改革，为消费需求扩大、有效供给增加创造制度条件。

（二）强化需求侧结构性管理

要高度重视需求侧管理在短期稳增长中的作用，当"去产能"、"去库存"后，需求增长特别是消费需求增加对防止经济惯性下滑有着积极意义。

一是调整投资结构特别是公共投资结构，要围绕扩大居民消费需求开展投资，而不是为了增加 GDP 进行低效率投资。公共投资要向消费领域延伸，向中小城镇延伸，向边远落后地区、农村地区延伸，主要解决城乡居民教育文化、看病就医、养老服务、住房保障、饮水安全、交通通讯、用电上网困难等基本公共服务设施方面；同时，公共投资还要为城乡居民消费转型升级服务，在人力资本提升、信息消费、绿色消费、健康消费、时尚消费和市场设施配套等方面进行公共投资。

二是在消费需求方面，要像重视公共投资那样重视消费增长。重点解决中低收入人群和贫困人口的收入和基本消费需求问题。这里既要做好加法，又要做好减法。

加法是：帮助中低收入人群创业就业以增加收入，较大幅度提高基本医疗保险财政补助标准、基础养老金补助标准和贫困救助标准，增加贫困户子女就学补助金，免除高中阶段学杂费，为贫困大学生贴息或提供补助金。比如将城乡居民基本医疗保险补助标准提高到年人均 500 元，基础养老金补助标准提高到每人每月 200 元，将农村贫困标准线提高到 4 400 元（目前世界银行贫困标准是每人每天 1.9 美元，按现人民币汇率折算为年收入 4 400 元以下为贫困人口），对达不到标准的人群实行贫困救助。还有，两方面的加法还可刺激消费，一方面是对城乡居民购买家用电器再次实行补贴和以旧换新政策；另一方面是对农村居民实行住房建设改造补贴政策，今后凡是在农村居住的农民，只要在符合规划建设新房或改建旧房的都给予财政补贴。

减法是：为广大居民的收入所得实行减税政策，居民个人收入所得税起征点建议由每月 3 500 元提高到 5 000 元；对城镇居民购买首套房实行个人所得税税前抵扣政策；进一步降低日用消费品进口关税税率，吸引海外消费回流；继续对企业实施减税降费政策，我国企业税费负担还比较重，特别是一些隐性负担太多太重，在当前企业订单下降、销售困难、成本上升、利润下滑情况下，对企业再免除一批行政事业性收费项目，企业所得税、增值税税率也应适当下调。对于凡是有研发活动的企业，所发生的所有研发支出都可以实行税前抵扣政策。此外，要严禁银行在贷款利息之外附加收取各种名目的费用。

（三）坚决把新型城镇化政策落到实处

城镇化能带来巨量需求特别消费需求，是促进产业升级的重要抓手。今后城镇化的关键是一亿农业转移人口落户城镇。但是，在现有政策条件下，到 2020 年完成一亿人口户籍城镇化任务十分困难。建议调整城镇化政策，除了继续保留严格控制特大城市人口规模政策之外，其他城镇都应调整落户政策。大城市要降低落户条件，中等城市要全面放开落户条件，小城镇和建制镇要创造条件以此增强外来人口吸引力。

另外，结合"去库存"，可利用发地方债形式，政府将城镇部分存量商品房购买回来，以低价卖给进城落户新居民，或者以低价租给新落户者，解决一亿农业转移人口市民化落户的居住问题。

最后，为了稳增长，防止经济惯性下滑，2016 年的财政政策可以再积极一些，适当扩大财政支出规模，赤字规模可再增加得多一些；稳健的货币政策可再向偏松方向转一些，在基准利率空间变小情况下，应继续降低准备金率，利用金融创新工具扩大供给，降低企业融资成本，支持实体经济发展。

参考文献：

贾康：《"十三五"时期的供给侧改革》，载于《国家行政学院学报》2015 年第 6 期。

刘伟：《经济新常态下供给侧管理具有重大意义——兼论供给侧改革与发展新理念》，载于《人民论坛》2015 年第 24 期。

（本文原载于《求是（内参）》2016 年第 12 期）

稳增长、调结构需要澄清的五大认识问题

宋　立[*]

国际金融危机以来，伴随世界经济调整和我国经济减速，国内外开始对我国经济发展模式进行重新认识和反思。一些观点认为我国产业结构和需求结构极不合理，投资率太高因而新增投资都是无效投资，工业比例太高导致产能过剩严重，出口太多致使对外依赖度太高，主张"去投资"、"去工业"、"去出口"。有人进一步将 GDP 视为万恶之源，认为新常态就是"去速度"、"去 GDP"。有些人认为"四万亿"是产能过剩根源乃至万恶之源，以此否定宏观调控。有人甚至认为新常态下继续进行宏观调控就是"对改革的不信任"，新常态就要"去宏观调控"。从理论上搞清楚新常态是否意味着"去投资"、"去工业"、"去出口"、"去速度、去 GDP"以及"去宏观调控"，不仅关系认识、适应和引领新常态，也直接关乎当前稳增长、调结构等短期目标，需要加以澄清。

一、新常态是不是不要经济增长速度、"去 GDP"

潜在经济增长速度"减速"的确是新阶段、新常态的一个甚至首个特点。我们的研究表明，90%以上的高增长经济体在高速增长之后普遍出现了减速现象。因为伴随劳动力从农村、农业到城镇或工业领域的转移即劳动力再配置结束和吸引外资等技术引进效应的减弱，一国生产率必然呈现下降趋势，导致潜在增长率进而现实经济增长速度逐渐放慢。这一点，我国经济恐怕也不会例外。

进一步来看，即便是客观上的经济减速，也一定不是直线式甚至宿命性的。就长期趋势而言，一国经济发展到一定阶段减速是必然的，不可避免的。但就某些具体阶段而言，由于技术创新和体制创新的作用，潜在增长率减速并不一定是

* 宋立，国家发展和改革委员会经济研究所副所长、研究员，中国社会科学院研究生院投资系教授、硕士研究生导师、中国人民大学中国改革和发展研究院兼职教授、博士生导师。

直线式下降，而很可能是"波浪式"。即在每次比较大的技术创新或体制创新浪潮之后，必然激发出新的增长活力，生产率或潜在产出水平将可能在一定时期呈现一定幅度的上升或回升，从而呈现出"波浪式"下降轨迹。意味着实际增长率下降不一定是"台阶式"或"断崖式"下跌，一定水平的增长速度也并非一去不复返了。我们的研究同时表明，由于我国存在传统的城乡和新兴的东部沿海与中西部内陆"双重二元结构"，理论上经济增长具有"多速非同步"特征，经济增长动力有可能呈现彼伏此起的接力状态，从而使得我国在高增长之后的经济减速趋势，更有可能像英国、美国、韩国的"波浪式"减速，而非日本、德国和我国台湾等经历的"台阶式"减速。

新常态论断对经济增长速度的表述，原本是对未来增长客观趋势的预测，意味着经济增长速度"将"从高速增长转向中高速增长。但一些人将客观上的减速理解或解释成为主观上或政策导向上的减速，把"将"从高速增长转为中高速增长，理解或解释成为"要"从高速增长转为中高速增长。有些人甚至将 GDP 视为万恶之源，从而演绎成为"去速度、去 GDP"，显然是对新常态的不当理解和过度解读。

即便是"去速度"，也不能理解成为一味地"去速度"自己，而是去片面的速度；不是简单地"去 GDP"，而是"去唯 GDP"。此方面我们要谨记日本"让GDP 去见鬼吧"的教训。1967 年日本出现了史无前例的 12.7% 的增长率，由于通货膨胀、环境污染、交通拥挤等随之而来，于是出现了反增长的强烈呼声——"让 GDP 去见鬼吧"。当时也正好是日本的劳动力供求关系变化的关键时期——刘易斯拐点，劳动力成本上升，劳动密集型产业逐渐被韩国和我国台湾所替代。实际上，在环境污染等问题真正引起重视、反对经济增长的声音出现之时，日本的高速增长已经接近尾声了。当 1970 年日本经济出现接近 14 个百分点的"断崖式"下跌之后，"让 GDP 见鬼去"的声音便开始销声匿迹，重新实现经济增长的主张得到广泛拥护。

二、现阶段投资是不是都是无效投资，新常态是否要"去投资"，稳增长是不是不能扩大投资

一个时期以来，我国投资率被认为明显不合理，"四万亿"则被视为无效投资典型和产能过剩的根源。虽然中央经济工作会议关于新常态的表述中明确了投资在稳增长进而经济发展中的关键作用，但社会舆论对投资稳增长的质疑依然存

在，一些人仍在主张"去投资"。

从投资率来看，我国投资率峰值为45%，的确高于主要国家25%～35%的，比一般国家上限水平高10个百分点，并创大国历史记录。有人据此认为我国存在严重的过度投资（超额投资率10%）。我国投资率偏高属实，重复建设、铺张浪费等无效投资也确实存在，但就此认定"超额投资"全为无效投资尚缺乏可靠依据。从影响因素来看，投资率随储蓄率、适龄劳动人口比例、非农就业人口比例及工业比例上升而上升，随城市化率提高而下降。我国投资率较高是我国储蓄率较高、城镇化率偏低、适龄劳动人口比例较高、非农就业人口比例快速上升等发展阶段与经济结构特征的综合反映，具有一定客观必然性。

从国际比较来看，与其他国家所不同的是，我国工业化、城镇化恰逢第三次全球化高峰，参与国际产业分工、大量引进外资，必然使得我国投资率高于其他国家。同时，我国的基础设施建设并非按照其他国家在相同发展阶段的历史水平来复制，而是按照参与国际分工的要求，"超前性"地建设世界一流基础设施，由此导致投资率必然高于相同发展阶段的其他国家或其他国家在相同发展阶段的水平。从这个意义上来说，我国一个时期以来出现的高投资率并非完全是问题，而是以劳动力要素参与全球化生产的必然特征，也是基础设施与国际接轨、参与国际分工的必然结果。我国工业化、城镇化相伴生的"阶段性"投资，与全球化带来的"转移投资"，以及现代化基础设施"先行"投资相叠加，使得我国投资率较高具有一定的特殊合理性。

一些人以无效投资存在为由反对扩大投资，甚至认为新常态就是只要扩大消费而不要扩大投资，在指出无效投资问题的同时，否定了我国顺应全球化趋势参与国际产业分工的客观需要。去无效投资是必须的，但不能以偏概全、因噎废食，既不能因此去掉工业化和城镇化所必须的必要投资，也不能在我国比较优势依然存在的情况下简单去掉全球化带来的转移投资，更不能在基础设施建设尚未完成情况下去掉基础设施建设的先行投资。

在否定投资的言论中，有人将"四万亿"视为过度投资、无效投资的典型甚至产能过剩的根源，并据此反对扩大投资。从"四万亿"实施前后投资增长率实际变化情况来看，"四万亿"明显拉动的只有交通运输和水利环境投资，对电力投资有一定的带动作用，对制造业投资拉动作用相对有限。对房地产投资的作用主要在于止跌促升，熨平国际金融危机带来的波动，而不是加剧房地产市场过剩，虽然也带来了一定程度的过快增长。

进一步从滤波分析来看，交通运输等投资在2009年向上波动高达28个百分点，水利等投资 2009 年向上波动高达 20 个百分点，属于比较典型的"四万亿"拉动。电力投资向上波动 12 个百分点，属于比较温和的"四万亿"拉动。房地产投资 2009 年向下波动 5 个百分点，2010 年和 2011 年分别向上波动 9 个和 7 个百分点，属于更加温和的"四万亿"拉动。制造业投资 2009～2010 年波动非常小，2011 年出现 7 个百分点温和的向上波动，2012 年又归于平稳。制造业产能过剩或许与十大产业调整振兴计划存在某些关联，归结于"四万亿"显然缺乏经得住检验的数据支撑。所以，不能因此对投资进行污名化，更不能否定投资对稳增长与经济发展的重要作用。

三、我国工业比例是不是严重偏高，需要"去工业"

国际金融危机以来，一些言论认为我国二产比例明显过高、产能过剩严重，需要以减法形式来进行产业结构调整、化解过剩产能。一些人将"去产能"扩大化为"去工业"，一些人将产业结构调整理解为"去工业"，一些人甚至进一步将发展服务业化理解为"去工业"。我国产能过剩问题确实比较突出，严重过剩行业"去产能"十分必要，但"去产能"的同时是否也要"去工业"，则要看工业比重是否合理。

从工业比重的影响因素来看，世界范围内工业比重与人均 GDP、石油出口比例及顺差率等存在较显著的相关关系。其中，工业比重与人均 GDP 存在"先正后负"倒"U"型或"抛物线"型的复杂关系。我国正处于人均收入 1 000～1 万美元之间，工业比重总体仍处于随人均收入提高而提高过程中。进一步来看，工业比重与顺差率呈正相关关系，在中下等收入、高增长国家以及转轨国家尤其明显。我国顺差率虽然总体不算高，但长期持续存在一定比例的顺差，故工业比重比较高。高增长和转轨国家组的工业比重与投资率呈现正相关关系，我国投资率比较高，工业比重比较高具有一定的必然性。同时，中下等收入、转轨和高增长国家的工业比重与经济增长率呈正相关关系，我国经济增长率比较高，工业比重比较高同样具有一定的必然性。

从系统性的国际比较来看，当前我国三次产业比例关系基本符合世界各国发展趋势，与东亚发展中国家组和同等收入国家组比较接近。从各国面板数据模型分析来看，我国第一产比例虽仍略高于理论预期值，第二、第三次产业比例略低于理论预期值，但第二产比例严重过高问题并不存在，第三产比例长期偏低问题正在改变。在一段意义上可以说我国产业结构调整的阶段性目标已基本实现。因此，下一步要将产业结构调整重点从第三次产业比例关系调整转变到第三次产业内部结构优化上来，构建全球产能过剩背景下的竞争新优势。要加减法并举、乘除法并用，该发展的积极发展，该淘汰的坚决淘汰。在世界经济复苏缓慢、我国产能过剩明显情况下，"去产能"虽然十分必要，但不能将"去产能"简单化、扩大化为"去工业"。

对于"去产能"要把握好"加减乘除"的合理运用。在封闭条件下，解决产能过剩问题，无论是采取政府方式还是市场方式，都只能做减法。但在开放条件下，减法并非唯一的选择，也不一定是最优的选择。既可以是减法，也可以做乘法和除法。即便是减法，也可以是砸掉，也可以是转移。只要世界范围没有出现绝对产能过剩，就可以通过国际市场来消化。即便出现绝对产能过剩，只要我们的产能不是最落后的产能，或者我们仍然具有成本等竞争优势，仍然可以通过国际市场来消化——或者转移产能，或者出口产品。即便我们属于最落后产能，或者没有成本或其他优势，但只要通过设备更新改造和技术创新可以提高竞争力的，就可以通过乘法或除法来解决。

四、我国经济是否严重对外依赖，新常态是不是要"去出口"

相当一段时间以来，国外不少言论认为我国严重依赖出口，一些国家甚至将此作为我国的"原罪"，要求我们控制出口、减少外需依赖。国内一些人也不假思索地随声附和，认为我国出口率太高、严重对外依赖，需要"去出口、去顺差"。同样，是否"去出口、去顺差"，也要看我国的出口和顺差率是否严重不合理。

系统的国际比较表明，我国出口率和外贸依存度在大部分时间里低于世界总体和各国平均水平，分别低于东亚太平洋发展中国家组 5 个和 15 个百分点，属于世界上较低的 1/2 和 1/3 国家。从统计数据来看我国不属于出口率和外贸依存度偏高的国家，计量分析也得不出我国出口和对外依存度过高以及过度依赖外需的结论。我国虽然持续存在贸易顺差，但即便是全球化高峰期和我国顺差率最高时期，也与阿根廷、德国、捷克、埃及、巴西、波兰、俄罗斯和泰国等相当，明显低于许多中亚转轨国家、拉美国家及东亚国家。

从顺差率的影响或相关因素来看，跨国数据统计分析表明，世界（尤其中下等收入、转轨以及高增长国家组）工业比例与顺差率存在较显著的正相关关系；世界、转轨、高增长和东亚等国家组的青年待业人口与顺差率之间存在较显著正相关关系。说明随着一国工业比例、劳动年龄人口比例等指标的上升，顺差率呈现上升趋势。我国此前青年待业人口比例也比较高、且一直以来工业比例比较高，出现一定的顺差率具有一定的必然性，符合我国现阶段的比较优势。基于各国实际数据建立的模型分析表明，我国实际顺差率与比较优势等决定的理论顺差率基本吻合，与东亚和太平洋发展中国家组顺差水平及变化趋势基本一致，与世界各国相比更接近基本均衡而不是明显失衡。为此，我们需要实事求是地看待外需，理直气壮地稳定出口，坚定不移地发挥出口对稳增长的支撑作用。

如果进一步把投资、工业比重和出口等联系起来看，则可以说我国高投资率、较高工业比重和高顺差率现象，是劳动力过剩经济体参与全球化的基本特征，是我国经济发展"成功的标志而非问题的表现"。第三次全球化的实质是生产跨国化，各国将封闭时期各自过剩的生产要素拿出来在全球范围参与分工进行生产。由于资本和资源是完全流动的，技术是不完全流动的，而劳动力几乎是完全不能流动的，因此，全球化生产必然也只能在过剩劳动力拥有国进行。我国作为主要以劳动力要素参与全球化的经济体，由于外资大量流入为全球消费者生产可贸易产品，投资率进而二产比重和净出口率必然被抬高，相应消费率和三产比重被"跷跷板"效应算术性压低。实际上，不仅是我国，其他一些具有同样优势的东亚经济体也都一定程度地具有高投资率、较高二产比重和较高净出口率的"三高"特点。当然，伴随我国劳动力优势的逐渐减弱，我国的"三高"特点也将如同一些东亚先发经济体一样逐渐弱化甚至消失。如果我们无视全球化时代的新特征，在劳动力优势仍然存在的情况下，简单"去出口、去工业、去投资"，相当于提早自废武功，自我牺牲。

五、宏观调控是不是对改革的不信任、新常态是不是要"去宏观调控"

虽然中央一再强调加强和改进宏观调控，科学进行宏观调控。但在关于新常态的讨论中，仍出现了一些否定宏观调控的声音。有些人将宏观调控等同于刺激，认为宏观调控都是刺激，而所有的刺激不论必要与不必要都是坏的。有些人甚至将宏观调控和改革对立起来，甚至认为在新常态下再搞宏观调控就是对改革的不信任。

《中共中央关于全面深化改革的决定》指出，科学的宏观调控，有效的政府治理，是发挥社会主义市场经济体制优势的内在要求，为此要健全宏观调控体系。《中央经济工作会议》指出，必须全面把握总供求关系新变化，科学进行宏观调控。宏观调控从来都是多种工具、多种政策的协调配合使用。有些政策措施具有刺激性质，有些措施并没有刺激性质，并不是所有宏观调控措施都是刺激措施。比如，降低存款准备金率实际上只是在对冲由于贸易顺差减少、基础货币自动投放自动减缩而采取的"松刹车"动作，本身并不是刺激措施。只有诸如扩大赤字和财政支出规模等"踩油门"的政策措施才具有刺激性质。即便是刺激，也不是所有的刺激都是坏刺激。在经济下行通货紧缩的情况下，适当踩油门就是好刺激。只有在经济稳定的情况下，仍然踩油门才是坏刺激。当前我国经济下行压力进一步加大，稳增长面临严峻挑战，提高赤字率，加大支出规模无疑是正确选择，必须坚定不移。

进一步来看，深化改革、宏观调控、微观监管等都是政府管理经济等方法，都是促进发展的工具。发展是目的，其他都是手段。各种手段之间在很大程度是是互补的，而不是相互替代的。如果可以相互替代，也许别的概念和工具就不需要，也就不会被发明出来了。实际上，我国宏观调控不同于发达国家宏观管理的地方，正在于我们在传统宏观管理的基础上，增加了微观管制、结构调整和深化改革等辅助或配套手段，发挥三者的协同和合力作用，以应对总量矛盾之外的结构性问题。这既是我国宏观调控的特点，也是我国宏观调控的成功经验。把改革和宏观调控对立起来，以改革来否定和替代宏观调控，表面上是高度重视改革，实际上赋予了改革不可胜任的职责。

参考文献：

刘伟、苏剑：《"新常态"下的中国宏观调控》，载于《经济科学》2014 年第 4 期。

李克强：《在改革开放进程中深入实施扩大内需战略》，载于《求是》2012 年第 4 期。

（本文原载于《中国经济时报》2015 年 7 月 14 日）

经济持续高速增长时限的理论假说及其验证[*]

张培丽^{**}

一、引言

中国经济能否将过去 30 年的高速增长再延续 20 年，是决定中华民族能否实现伟大复兴的关键。对此，国内外的怀疑之声不绝于耳。特别是 2008 年以来中国经济一直震荡徘徊，2012 年是 13 年来首次破 8，在这种情势下，中国经济能否持续高速增长，持续时间有多长？中国经济由高速经济增长转向中低速经济增长的拐点究竟在哪里？国内外学者进行了广泛的解读和争论，概括起来主要有：

1. 崩溃说。认为中国经济的高速增长时代已经结束，而且由于经历了 30 多年的高速增长，积累的一些深层矛盾已经显现和爆发，中国经济即将硬着陆，并很快走向崩溃，特别是近两年经济增长速度呈下行之势，这种观点更加盛行。诺贝尔经济学奖获得者保罗·克鲁格曼 2011 年底就预测指出，中国有可能成为欧债危机之后的下一个经济危机发生地。^① 米歇尔·司谷曼（Michael Schuman）也认为，中国的危机将出现在 2014~2015 年左右。^② 著名的对冲基金经理吉姆·查诺斯（Jim Chanos）则更是直言中国的硬着陆已经开始。以 2001 年中国入世时出版《中国即将崩溃》而闻名的美籍华人章家敦更是坚定地认为中国经济必然崩溃，只是时间问题。最近，他将 2014 年确定为中国经济崩溃的时间点。^③ 很多研

* 本成果受到国家社科基金青年项目——保障国民经济可持续发展的水利投资最优规模研究（12CJL065）和教育部人文社科青年基金项目——迈过"中等收入陷阱"的水资源支撑问题研究（11YJC790276）支持。

** 张培丽，中国人民大学中国经济改革与发展研究院副教授。

① Paul Krugman, 2011, Will China Break? The New York Times, Dec. 18, 2011.
② Michael Schuman, 2012, Why China will have an Economic Crisis, Time, Feb. 27.
③ 2011 年底，他在《外交政策》发文，明确指出 2012 年中国经济将崩溃。2013 年底，他在福布斯网站发文，第 13 次预测中国经济将崩溃，并认为时间是在 2014 年。

究机构也纷纷在研究中显示了他们对中国经济的担心。比如，鲁比尼全球经济咨询公司就认为，中国经济将在2013年后硬着陆；野村国际经济研究部也指出，中国经济增长速度有可能跌至4%以下。诺顿教授认为，从历史上看，日本、韩国、新加坡以及中国台湾地区的发展模式类似，都经历了超高速增长，但这种超速发展阶段基本都在25～30年内终结了。并据此得出了中国高速经济增长阶段即将结束的结论。① 香港学者郎咸平多次在演讲中提到，中国经济已陷入全面崩溃。与此同时，国内也有学者表示了同样的担心。李佐军和牛刀也都明确提出，中国经济将在2013年崩溃。崩溃说的最主要依据在于对房地产泡沫、地方债务和宽松货币政策的担忧。2013年6月国内出现的"钱荒"，更是坚定了一些人对中国经济即将崩溃的认识。2013年7月，保罗·克鲁格曼再次指出，中国经济碰壁，遇上了大麻烦。② 夏斌则直言，中国已经存在事实上的金融危机现象③。

2. 中低速说。主要是根据我国人口红利将逐步减弱和消失、人口结构变化导致储蓄率下降、全球化红利衰减、资源环境约束加大、全要素生产率难有大幅度提高等因素，通过对中国经济潜在增长率的测算认为，我国经济已经开始由高速增长向中速增长的阶段性转换，或者说中国经济进入"换挡期"。孙学工等指出，如果按照原有的经济增长模式，2011～2020年经济增长率将比2000～2010年下降2.9个百分点。④ 蔡昉预测，中国"十二五"和"十三五"时期GDP的年平均潜在增长率将分别降至7.2%和6.1%。⑤ 祁京梅指出，未来一个时期我国将会维持6%～8%的中速增长。⑥ 余斌也认为，我国经济高速增长已经接近尾声，未来中长期潜在增长率在下降，"十二五"期间GDP增长将保持在7%～8%。⑦

3. 5年说。刘世锦指出，人均GDP在达到11 000国际元之后，会遇到"高收入之墙"，增速下降。中国的潜在增长率很有可能在2013～2017年下台阶，增速下降30%左右，由10%降低到7%左右，如果应对得当可以持续10～20年。⑧ 王一鸣等也测算指出，2011～2015年我国经济的潜在增长率在8%～9%之间，

① 张军：《邓小平是对的：理解中国经济发展的新阶段》，载于《复旦学报（社会科学版）》2013年第1期。
② Paul Krugman, 2013, Hitting China's Wall? The New York Times, Jan. 18, 2013.
③ 夏斌：《当前中国已经存在金融危机现象》，载于《京华时报》2013年7月15日。
④ 孙学工、刘雪燕：《中国经济潜在增长率分析》，载于《经济日报》2011年12月12日。
⑤ 《专家：2013年中国人口红利或将消失 第二次人口红利可能再来》，人民网，2012年8月24日。
⑥ 祁京梅：《中国经济发展新趋势》，载于《中国金融》2013年第15期。
⑦ 《中国潜在经济增长率开始下降——访国务院发展研究中心宏观经济研究部部长余斌》，载于《中国经济时报》2011年11月29日。
⑧ 刘世锦、张军扩、侯永志、刘培林：《陷阱还是高墙：中国经济面临的真实挑战与战略选择》，载于《比较》2011年第3期。

2015～2020 年将下降到 7%～8% 之间。中国经济增长具有消费市场加速、人力资本提升空间大、科技创新能力增强、城市化推进、区域回旋余地大等很多有利条件，从而确保中期经济增长高速度。①

4. 10 年说。认为到 2020 年我国经济增长将转入中低速增长阶段。中国社科院的《春季经济蓝皮书》认为，中国经济的潜在增长率会从目前的 8%～9% 下降到 2020 年的 6%～7% 左右，未来可能进一步降为 5%。②

5. 20 年说。这种乐观的声音在近几年中并不多见，仅有林毅夫、黄泰岩等少数学者坚持了这种看法。林毅夫认为，中国目前的经济发展状况仅相当于 1951 年的日本，1977 年的韩国和 1975 年的中国台湾地区。在随后 20 年中，这三个经济体保持了 9.2%、7.6% 和 8.3% 的增速。据此，中国未来 20 年也完全有可能还将持续 8% 的经济增长速度。③ 刘伟在考虑了工业化以后也指出，日本及 "亚洲四小龙" 完成经济高速增长时基本都完成了工业化，我们离工业化还有二十几年的距离，所以中国经济还有保持 20 多年高速持续增长的潜在机会。④ 黄泰岩认为，日本、韩国、新加坡等国家和中国台湾地区经济高速发展都是在进入发达经济体前后结束高速增长的，我国目前工业化仍处在中后期，城镇化刚刚跨过 50% 的门槛，仅达到世界的平均水平，而且区域发展存在严重不平衡，这都为未来 20 年经济持续高速增长提供了巨大空间。⑤

6. 不确定说。这主要是因为，实际经济增长会受到众多可计量和不可计量的非确定性因素的影响，如体制改革、技术进步、管理改善、人力资本积累、国际环境等，⑥ 其中，重点领域改革被认为是决定未来经济走势的最重要的影响因素。张军指出，在当前经济因为外部冲击而出现减速的关键时刻，启动新一轮结构改革并顺势推进人口的城市化，将是未来 10 年 TFP 得以维持年均 3% 的增长趋势的重要机会，未来 10 年 GDP 的潜在增长率落在大约 7%～8% 范围内就可以期待了。⑦ 彭文生则区分了基准情形和改革情形两种情况，认为在基准情形下，"十二五" 期间潜在增长率均值为 8.0% 左右，"十三五" 为 6.0% 左右，2020 年下降到 5.5%；在改革情形下，"十二五" 期间均值为 9.0% 左右，"十三五" 为

① 《中国经济告别两位数增长了吗?》，载于《人民日报》2011 年 11 月 21 日。
② 《中国社科院春季经济蓝皮书：中国潜在增长率下降》，载于《21 世纪经济报道》2012 年 4 月 25 日。
③ 林毅夫：《中国经济增长的潜力》，FT 中文网，2013 年 8 月 28 日。
④ 杨静：《中国经济增长能持续多少年——访北京大学经济学院刘伟》，载于《国际融资》2008 年第 1 期。
⑤ 黄泰岩：《中国经济还能保持 20 年的快速增长吗?》，载于《中国能源报》2012 年 12 月 10 日。
⑥ 孙学工、刘雪燕：《中国经济潜在增长率分析》，载于《经济日报》2011 年 12 月 12 日。
⑦ 张军：《中国经济的潜在增长率》，载于《金融时报》中文网，2013 年 10 月 28 日。

8.0% 左右，2020 年下降到 7.5%。① 因此，十八届三中全会对改革框架明晰之后，国内外对中国未来经济形势的判断出现明显向乐观转向的迹象。比如波士顿咨询集团（the Boston Consulting Group）的米歇尔·希尔弗斯坦（Michael J. Silverstein）基于 2013 年底我国公布的《中共中央关于全面深化改革若干重大问题的决定》所描绘的改革情形，对中国未来经济增长做出了积极乐观的预测②。

中国经济的未来走势之所以引起国内外的广泛热议，就是因为中国经济的前景如何，不仅决定着我国的命运，而且还关乎世界的未来。就我国而言，从理论上说，我国如能再来 10~20 年的高速增长，打破韩国等经济体的 30 年高速增长大限，无疑将证明"中国模式"的生命力，进一步增强我们的理论自信、道路自信和制度自信；从实践上说，要达到十八大提出的到 2020 年实现国内生产总值和城乡居民人均收入比 2010 年翻一番的目标，就需要保持年均 7% 以上的经济增长率，这是经济发展不能滑出的"下限"，这关乎到"中国梦"能否实现。就世界而言，如果中国经济发展成功，就将结束美国 100 多年的世界第一大经济体的霸主地位，彻底改变世界的经济格局；如果中国经济崩溃，不仅会拖累世界经济，更重要的是拥有 13 多亿人口的大国的经济和社会动荡，必将会对全球的经济和社会构成巨大的冲击。这就意味着：探讨中国经济的发展态势，绝不是学者们在书斋里的自娱自乐，而是关乎世界命运的大课题。

对于这样一个关乎世界命运的大问题，为什么会产生如此之大的分歧和争论？甚至大家都基于同样的问题和事实，却得出了完全不同的结论。究其原因，就是因为迄今理论界还没有一个相对比较科学完整的判断高速经济增长拐点的理论依据或分析框架，大家只是依据各自建立的评判依据做出结论，这就难免会出现"瞎子摸象"的图景。因此，为了对中国经济的未来走势做出科学的研判，就需要首先建立起一个较为科学的理论分析框架。

本文从日本、韩国、中国台湾等经济体的经验总结提升和验证视角，构建出一个包含工业化、城镇化和现代化三位一体的判断经济高速增长拐点的理论假说，解析经济高速增长的密码，从而为回答中国经济是否还能高速增长，如有，还有多长时间等问题提供理论分析框架。当然，本理论分析框架仅用于解释像中国这样的已实现高速增长的国家是否能继续保持高速增长，以及保持多长时间的

---

① 彭文生：《国经济改革驱动下的长周期潜在增长率已放缓》，载于《21 世纪经济报道》2012 年 2 月 27 日。

② Michael J. Silverstein, Ten Predictions for China's Economy in 2014, Harvard Business Review Blog Network, Nov. 21, 2013.

高速增长。

二、经济持续高速增长时限的理论假说

依据刘易斯的二元经济发展理论，发展中国家普遍存在着二元经济，即现代工业经济和传统农业经济的并存。经济发展就是现代工业经济部门的不断扩大，以及用现代工业化的生产方式改造传统农业，使农业不断工业化、现代化，"如果资本主义扩展速度足够快的话，那么，它迟早会包容整个经济"[①]，最终使整个经济从二元经济走向一元经济，即实现工业化。但是，刘易斯二元经济理论相对于其他经济发展理论的又一个重要贡献在于：他还揭示了发展中国家在推进工业化过程中一个不可或缺、并具有巨大优势的支撑要素，即可以无限供给的低成本农村剩余劳动力。他认为，由于存在农村剩余劳动力的无限供给，工人的工资就不由劳动市场的供求关系决定，而是由工人的生存决定，即生存工资，因而可以假定工人工资不变。"工人在扩大中所得到的全部好处只是他们之中有更多的人按高于维持生计部门收入的工资水平得到就业"[②]。但由于工业部门的效率高于传统农业，即使是生存工资，也高于农业收入。这样，随着工业部门的不断发展、扩张，农村剩余劳动力不断向工业部门转移，成为城市市民。因此，工业化的过程，也就是城市化的过程。也就是说，工业化和城市化是刘易斯二元经济发展理论的两个驱动力。反过来说，随着发展中国家工业化、城市化的实现，经济发展的动力也就没有了，当然经济发展的任务也就完成了。因此，他认为，当农业部门剩余劳动力被吸干以后，劳动力市场会发生改变，劳动力的供给低于需求，工资不变假定改变，这时工业利润下降，投资减弱，经济扩张停滞或者发生萎缩，经济进入比较稳定的正常发展阶段，工业化这时候基本结束。

从刘易斯二元经济理论中我们可以总结出发展中国家实现高速增长时限的理论假说，即工业化和城市化的推进可以实现经济的高速增长，而工业化和城市化的结束也意味着经济高速增长基本结束，经济进入稳定的正常发展阶段。这具体包括以下内容：

第一，工业化是经济高速增长的第一推动力。只有推进工业化，现代产业在城市的集聚，农村剩余劳动力才能源源不断地流入城市，形成人口在城市的集聚；人口的集聚，又会对产业的发展产生需求，进一步推动产业的集聚，形成人

---

① 刘易斯：《二元经济论》，北京经济学院出版社1989年版，第68页。
② 刘易斯：《二元经济论》，北京经济学院出版社1989年版，第18页。

口集聚与产业集聚的良性互动；产业和人口的双集聚，就会推动城市的发展，形成产业集聚、人口集聚和城市发展的良性循环。没有工业化，农村人口进入城市，就会出现过度城市化，这不仅不会促进经济增长，反而会阻碍经济增长，这也是拉美陷入"中等收入陷阱"的重要原因之一；没有产业和人口在城市的集聚，城市就会发展为"空城"，出现房地产泡沫，毁掉经济增长。因此，对实现经济的高速增长，工业化是第一位的。只要工业化还没有完成，城市化就将继续，经济的高速增长就不会结束，特别是在知识经济发展的新阶段，工业化不仅包括完成传统工业化，而且还要实现新型工业化。这就意味着，仅仅以人口红利是否消失断定经济高速增长是否结束，依据是不充分的，甚至可以说丢掉了经济高速增长的核心要素或者灵魂。

第二，城市化是经济高速增长的重要推动力。在刘易斯二元经济理论中，农村剩余劳动力是否枯竭被看作为经济是否能够保持高速增长的分水岭，这也是许多学者判断经济高速增长是否结束的依据。实际上，这是陷入了刘易斯理论的误区。在刘易斯的理论中，存在着几个错误的或者被忽略了的重要假定。一是刘易斯忽略了农业的发展，这是费景汉和拉尼斯对刘易斯理论的修正，认为只有当农业劳动生产率提高的时候，劳动力无限供给才会持续。也就是说，随着农业现代化的发展，农村剩余劳动力是不断增加的。二是刘易斯忽略了城市需要就业人口的存在，托达罗对这一理论缺陷提出了修正，这在一定程度上又会增加过剩人口。因此，不能简单用农村剩余劳动力的多少判断剩余劳动力的多少。三是刘易斯的工业化是假定数量的扩张，而没有技术的变化。实际上，在工业化进程中始终伴随着技术的进步，特别是在进入工业化中后期阶段，更需要对产业结构进行升级和实施自主技术创新。技术进步一方面通过资本密集和知识密集，会减少对过剩劳动力的吸纳，相对增加过剩劳动力；另一方面会对劳动力的质量提出要求，因而人口红利不一定继续表现在简单劳动力身上，而会表现在受到一定训练的劳动力身上，也就是人口红利的替代。四是刘易斯将工人工资的上升仅仅与农村剩余劳动力被吸干联系起来，但他忽略了还有许多因素都会引起工人工资的上升，比如生活成本的上升，所以，不能看到工人工资上升就认为是农村剩余劳动力被吸干了。将以上这些因素纳入刘易斯的理论框架，用扩展的刘易斯理论就不会轻易仅仅根据农村剩余劳动力的静态多少，甚至仅仅根据工资上升就得出高速增长已经结束了。

第三，实现工业化和城市化，也就是实现了现代化，进入发达经济体。一国通过推进经济的高速增长，最终就是要实现现代化，立于世界强国之林。因此，理应把是否进入发达经济体也列入判断一国是否还能保持高速增长的一个重要指标。但是，不能简单用是否进入发达经济体这个单一指标来判断经济高速增长是否结束，因为一国进入发达经济体可以有多种原因，那种脱离开工业化和城市化而进入发达经济体的国家地位是不稳固的，如利比亚就是一个人均 GDP 过万美元而出现社会动荡的国家。这就是说，必须以工业化、城市化和现代化三位一体来判断一国经济高速增长的时限。

三、经济持续高速增长时限的国际经验验证

日本、韩国、中国台湾等经济体在推进工业化、城市化、进入发达经济体进程中，都经历了长达近 20～30 年的高速经济增长，年均增长率均达到 9% 及以上，但在高速增长之后，他们的经济增长速度都出现了下降，大约跌至高速经济增长时期的一半左右。这被称为经济持续高速增长的"30 年大限"。

日本从 1956～1973 年年均增长率超过 9.2%，其中有 7 个年份实现了两位数的增长。1967 年日本国民生产总值超过英国和法国，1968 年超过联邦德国，成为在总量上仅次于美国的世界第二大经济体。日本的人均 GDP 也迅速攀升，从 1956 年的 1 558 美元上升到 1973 年的 7 785 美元。但到 1974～1990 年，日本年均增长率降为 3.8%。1990 年后的 21 年间，年均增长率跌至 0.99%，被称为"失去的二十年"。韩国从 1963～1991 年年均经济增长率达到 9.6%，如果剔除因为国内政治动荡导致经济受到严重影响的 1980 年[①]，年均增长率高达 10.4%。1991 年韩国名义 GDP 达到 3 150 亿美元，是 1963 年的 116.7 倍，人均 GDP 达到 7 288 美元，是 1963 年的 72.9 倍。1992 年后的 20 年间，韩国经济增长速度有所下降，年均增速降为 5.2%。我国台湾地区从 1961～1989 年年均经济增长率达到 9%，实际国内生产总值从 17.69 亿美元增长到 1 527.4 亿美元，增长超过 85 倍。1990 年以来的 20 年间，年均经济增长率降为 5.2%。新加坡从 1965～1994 年年均经济增长率达到 9.2%。其中从 1965～1973 年，年均增长率超过 12%，名义 GDP 从 9.742 亿美元增长到 42.275 亿美元，增长幅度达到 334%。1995 年至今，新加坡经济增长速度有所下降，年均增速为 5.9%。

从日本、韩国和中国台湾等经济体高速增长的时限来看，最长没有超过 30 年，似乎"30 年大限"是成立的。但是，当我们把日本、韩国和中国台湾等经

---

① 1980 年，由于韩国爆发"光州事件"，经济受到严重影响，当年经济增长率为 -1.9%。

济体高速增长的时限，与它们的工业化、城市化和现代化进程联系起来考察时则会发现，它们的高速经济发展时期在时间上与它们的工业化和城市化进程加速推进是完全吻合的，也就是说，它们经过 20~30 年的高速经济增长，都在高速增长结束前后基本完成了工业化、城市化，迈入了发达经济体的行列。

从工业化来看，我们以工业增加值占 GDP 的比重这一数据来表示，韩国 1965 年为 21.3%，处在工业化启动阶段；到 1975 年提高到 29.3%，进入加速工业化阶段；1985 年达到 39.1%，进入工业化的中后期阶段；1991 年达到高点的 42.6%，韩国的高速增长也恰好在这一年结束，与工业化的完成非常吻合。[①] 日本的工业增加值 1955 年为 33%，处于工业化启动阶段；到 1960 年提高到 40%，进入加速工业化阶段，并一直维持在 40% 左右，到 1970 年达到最高值 44%，1971~1973 年均保持在 43%，然后持续下降。1973 年日本高速增长结束，也与工业化的完成非常一致。[②] 中国台湾的工业增加值 1963 年达到 28.1%，首次超过农业，工业化进入起飞阶段[③]；1975 年达到 39.4%，工业化加速；1980 年和 1981 年达到最高值，均为 45.3%，此后几年一直维持在 41%~44% 的高位，直到 1989 年，才首次下降至 40% 以下，而也恰恰是在这一年中国台湾地区经济高速增长结束，同样表现出与工业化完成的高度吻合。[④]

从城市化来看，日本城市化率从 1947 的 33.1% 提高到 1965 的 68.1%，年均提高 1.94 个百分点，到 1970 年，进一步提高到 72.2%。韩国的城市化快速发展期是 1961~1987 年，与韩国的高速增长阶段完全重合，1985 年的城市化率达到 77.3%。到 1990 年高速经济增长阶段结束时，城市化率提高到 82.7%。中国台湾地区城市化水平从 20 世纪 50 年代的 24.07% 上升到 1978 年的 63.8%，1980 年达到 70% 的水平。如果以城市化率 70% 为城市化完成的标志，那么日本、韩国和中国台湾等经济体在高速经济增长阶段结束前均完成了城市化。亚瑟·刘易斯（Arthur Lewis）通过跨国实证也反证了以上日本、韩国和中国台湾的经验。他的研究表明，在城市化率达到 60% 之前，很少有国家人均 GDP 能达到 1 万美元。

从现代化来看，日本 1978 年人均 GDP 超过 1 万美元，1973 年高速增长结束；韩国 1995 年人均 GDP 超过 1 万美元，1991 年高速增长结束；中国台湾地区 1992 年人均 GDP 超过 1 万美元，1989 年高速增长结束；新加坡 1989 年人均 GDP

① 根据世界银行数据库整理。
② 根据日本统计局数据整理。
③ 楼勇、阎桂兰：《台湾现代农业的发展道路》，载于《海峡科技与产业》2013 年第 8 期。
④ 彭百崇：《台湾经济转型与就业 M 型化问题》，载于《台湾劳工》1997 年第 13 期。

超过 1 万美元，1994 年高速增长结束。高速经济增长结束的时间与他们进入发达经济体的时间基本一致，日本、韩国、新加坡和中国台湾等都是在进入发达经济体前约 3～5 年左右结束高速增长的。

由此，我们可以得出以下结论：日本、韩国等经济体的高速增长不是因为到了 30 年结束的，而是因为他们经过近 20～30 年的高速增长最终完成了工业化和城市化，实现了现代化，经济增长的空间缩小了。从而验证了"经济持续高速增长时限的理论假说"。由此看来，"30 年大限"的假说就成为似是而非的结论了。

此外，我们从日本、韩国和中国台湾等经济体高速增长阶段结束后的经济增长表现还可以发现以下两个特征：（1）即使在他们结束经济高速增长后，经济增长速度仍然高于同期的其他经济体。日本经济高速增长结束后的 10 年间，年均增长速度虽然仅有 3.6%，但大大高于同期美国的 1.8%、西德的 1.6%、法国的 2.3% 和英国的 1.0%。（2）韩国等新兴工业化国家和地区在高速增长阶段结束后都进入了一个较高速经济增长阶段，而且与先期的日本相比，这个阶段持续的时间更长，经济增长速度更高。日本在该阶段共持续了 17 年，年均经济增长速度为 3.8%；韩国、中国台湾和新加坡分别超过 19 年、21 年和 17 年，年均经济增长速度分别达到 5.2%、5.2% 和 5.9%。

四、经济持续高速增长时限假说的内在机理

日本、韩国和中国台湾等经济体高速增长阶段与其工业化城市化进程的高度吻合，说明工业化城市化对经济高速增长具有巨大的推动作用，其机理就在于工业化城市化为投资和消费提供了巨大的发展空间，同时城市化为工业化提供了大规模的源源不断的低成本劳动力。

（一）工业化推动经济高速增长的内在机理

在日本、韩国和中国台湾等经济体推进工业化的高速增长阶段，投资都是重要的拉动力。日本经济高速增长时期就表现出明显的投资主导特征。日本在 1956～1964 年围绕重化工业化进行了大规模的设备投资和设备更新，相继出现了"神武景气"（1956～1957 年）和"岩户景气"（1959～1961 年）两次经济发展高峰。1956 年，日本的私人设备投资比 1955 年猛增 54.6%，其中投资的 70% 集中在钢铁、机械、电力、化学等行业，使日本很快形成了较为完整的重化工业体系，体现了产业结构升级和工业化对投资的巨大推动作用。同时，这一阶段也正

是日本耐用消费品逐渐普及的时期，为满足消费者需求，日本大量投资于电机、电子、汽车、合成纤维、合成树脂、石油化学等新兴工业部门，而这些工业的快速发展反过来又带动了为其提供机器设备和原料的机械、钢铁等基础工业部门的投资。日本固定资产投资占 GDP 的比重，在高速增长时期趋于不断提高，1961年超过 30%，到 1973 年高速增长结束时，达到历史最高，为 36.4%，之后开始逐年下降，呈现出与高速增长阶段的同步性。韩国在高速经济增长时期，也是通过大规模投资带动经济增长。尤其是从 20 世纪 70 年代开始，以"三五"（1972～1976 年）、"四五"（1977～1981 年）两个五年计划为中心，韩国开始实施"重化工业发展计划"，加大造船、钢铁、汽车、电子、石化等资本和技术密集型重化工业的投资，这对当时韩国经济高速增长起到了重要的促进作用。中国台湾也从 20 世纪 70 年代开始，推行了以重化工业和基础设施为标志的十个重大项目建设，为经济高速增长提供巨大动力。

日本、韩国和中国台湾在高速增长阶段将投资方向主要集中于重化工业表明，重化工业的发展，需要更大规模的投资，从而能够带动更快的经济增长。韩国从 20 世纪 70 年代提出发展重化工业，到高速增长阶段结束，大约有 20 年的高速增长期。日本从 1963 年开始重化工业化，到 1973 年高速增长阶段结束，也有 10 年的发展期，占日本高速增长阶段的一半时间。投资重化工业之所以能够带来较快的经济增长，是因为重化工业具有产业链长、附加值多、技术含量高、消费升级周期长等产业特点。实际上，英国、法国、美国、德国等发达国家在其重化工业化发展阶段，其经济增长速度也都高于轻工业发展阶段。根据霍夫曼、张培刚、盐谷佑一、钱纳里和泰勒等实证分析先行工业化国家的历史经验所得出的产业演进的一般规律，重化工业比重不断上升的阶段，就是工业化的中后期阶段。这就意味着：一国完成了重化工业化，也就实现了工业化，从而也标志着高速增长阶段的结束。

（二）城市化推动经济高速增长的内在机理

城市化推动日本、韩国等经济体实现高速增长的机理在于：农村剩余劳动力向城市的大规模转移，一是为工业发展提供了源源不断的低成本劳动力；二是劳动力的低廉又提高了企业利润，为吸引大规模投资提供了条件。

韩国农业人口的比重 1963 年高达 63.1%，1970 年开始实施新村运动，到1975 年下降到 37.1%，到 1985 年下降到 20.1%，向城市转移了大量农村剩余劳动力，同时，这段时期韩国的失业率也大幅降低。20 世纪 60～70 年代中期，韩国劳动力年均增长速度为3.2%，但失业率却从1962年的8.2%峰值逐步下降到了1975年的4.1%。[①] 大量农村剩余劳动力向城市的转移，为经济增长带来了巨大的"人口红利"。

与其他国家相比，这一期间韩国工人的工资水平保持在较低水平。据统计，1964~1970年，韩国的工业日工资水平，最低时为0.48美元，最高时也只有1.24美元。这一水平不仅远远低于西方发达国家，而且也低于其他发展中国家。以半导体工业为例，1970年美国工资是韩国的10.2倍，同为发展中国家的墨西哥其工资水平也要高出韩国1.2倍。[②]

（三）工业化与城市化互动推动经济高速增长的内在机理

城市化的进程，就是产业集聚和人口集聚的过程，产业的集聚会带来产业效率的提高，从而促进产业投资和进一步的产业集聚。产业的集聚就会带来人口的集聚，产业和人口的双集聚就会带来城市数量的增加和不同等级城市规模的扩大，从而带动城市基础设施和房地产投资。这都有力地促进了经济增长。日本在20世纪五六十年代城市化初期，三大城市圈集中了全国45%的人口和55%的工业生产，目前进一步提高到约2/3的全国人口，对全国GDP的贡献达到了70%。韩国仅有人口4 800万元，但却发展出277座城市，其中7座人口超过100万元。首尔1960年城市化加速初期人口仅200万元，1970年达到400万元，1980年超过800万元，到1990年高速经济增长阶段结束时，人口已超过1 000万元。目前首尔地区的人口占全国总人口的50%以上，对全国GDP的贡献率高达24%。

五、经济持续高速增长时限假说的中国价值

从以上日本、韩国和中国台湾等经济体经济持续高速增长的经验，我们可以对中国经济未来增长的图景做出以下描绘：

（一）中国的高速经济增长期还应持续20年左右，再创世界经济发展"奇迹"

既然经济高速增长的持续时间与工业化、城市化和现代化的完成时间高度相

[①] 徐建平：《韩国的劳务市场》，载于《国际经济合作》1999年第3期。
[②] 张玉柯、马文秀：《比较优势原理与发展中国家的经济发展》，载于《太平洋学报》2001年第1期。

关，那么按照世界银行 2011 年的国家发展水平分类标准，我国 2011 年人均 GDP 为 5 400 美元，处在中高收入国家行列，与进入高收入国家的门槛 12 276 美元以上还有近 7 000 美元的差距。按照世界银行在 2012 年出版的题为《2030 年的中国》的预测：中国有潜力到 2030 年成为现代、和谐、有创造力的高收入社会。按此预计，我国完成工业化城市化进入高收入社会大约还需要 20 年的时间。从我国工业化的发展程度来看，我国目前处于工业化的中后期阶段，也就是重化工业化发展阶段，根据有关测算，我国的工业化大约完成 60% 以上。按照发展规划，我国到 2020 年才基本实现工业化。从我国城市化的发展程度来看，城市化率 2011 年为 51.27%，这是按城镇常住人口的统计，如果剔除在城镇居住和工作但没有城镇户口的农民工，我国的城市化率还不到 40%，我国处在城市化快速发展的阶段。按照发展规划，我国到 2030 年城市化率达到 70%，即使按此计算，我国这时仍有 4 亿人口在农村。根据我国工业化与城市化的相对发展进程来看，两者相差约 10 个百分点，城市化严重滞后于工业化，可以说，城市化滞后也严重制约了工业化和现代化的进程。所以，未来 10～20 年，城市化将是我国快速经济增长的最重要的引擎。从以上三位一体的判断依据来看，我国还应有潜力再来近 20 的快速增长。也就是说，我国实现了 30 年的高速增长，创造了一个人口大国的发展"奇迹"。如果再来 20 年的快速增长，我国就可以创造出无论是在高速增长持续时间上还是在国家类型上全面的世界经济发展的"奇迹"。

而且，根据日本、韩国等经济体经济发展的经验，在结束经济高速增长阶段后，经济还将进入一个次高经济增长阶段。所谓次高经济增长阶段是相对于日本、韩国等经济体自身之前的高速增长阶段而言的，如果相对于同时期的其他经济体而言，仍然是世界经济增长中最高的经济增长速度，而且这个次高经济增长阶段还要经历大约 20 年的时间。这就意味着：在一个经济体完成高速增长阶段后，在不发生大的政治、军事等突发事件的情况下，该经济体的经济突然减速甚至陷入崩溃是不现实的。依据这一历史经验，对我国未来经济增长的趋势就可以做出如下基本判断：在保证社会政治稳定和不发生与他国大规模军事冲突的情况下，中国经济还将快速发展，不可能崩溃！中国应有这种理论自信、道路自信和制度自信。

（二）城市化将继续创造"人口红利"，为中国经济增长提供动力和活力

加快推进城市化，提高城市化水平和质量将对我国的经济增长继续贡献"人

口红利"。根据国家统计局 2012 年统计公报显示：我国 15～59 岁劳动年龄人口绝对数量首次下降，但仅减少了 345 万人，占总劳动人口 93 727 万人很低的比例，而且这种下降趋势到 2030 年前都是逐步的，这意味着我国人口红利即使出现减少，也是一个缓慢的过程，完全可以保证再来 20 年的高速增长。同时，更应看到的是：随着我国产业结构的升级，对受过一定教育的劳动力将会有越来越大的需求。我国现在每年有近 700 多万名大学生毕业，2013 年内地大学生毕业人数将达到 699 万人的历史最高水平，在学研究生 172 万人。进入 21 世纪以来，我国的人力资本红利开始出现增长，而且未来增长得更快。人力资本红利的增长，将为我国的经济转型，从而通过转型促进经济持续快速发展提供动力和活力。我国高端劳动力的工资水平与发达国家，甚至与其他发展中国家相比，都存在很大差距。以 2005 年计算机程序员平均月工资[1]为例，美国为 4 141 美元，日本为 1 995 美元，韩国为 2 245 美元，新加坡为 1 516 美元，中国台湾地区为 1 215 美元，巴西为 1 240 美元，墨西哥为 886 美元，泰国为 382 美元，而中国为 252 美元，远远低于其他经济体的水平。[2] 韩国在经济转型期，也是通过培养大批有素质的劳动力保持了经济的高速增长。韩国小学入学率自 1970 年以来一直为 100%，初中入学率 1990 年达到 99.8%，1994 年完成高等教育的比例超过了 25%，在 OECD 国家中，仅次于美国（37%）、挪威（31%）、加拿大和荷兰，位居第五位。[3]

（三）城市化将带动投资和消费快速增长，为中国经济增长提供空间

基本实现城市化，我国至少将有 3 亿～4 亿人口进入城市，这将对城市住房和城市基础设施产生巨大的需求。同时城市化也会因收入增长和商品化率提高而带来居民消费的增长。根据马晓河教授的测算，假定到 2020 年城市化率达到 60%，将会增加对基础设施建设和公共服务投资约 20 万亿元，增加消费 5.3 万亿元。[4] 25.3 万亿元的投资和消费将保持中国经济的快速增长。有的报告甚至认为，城镇化将在未来 10 年拉动 40 万亿元的投资。[5]

---

① 净工资收入均按照美国 2005 年不变价格计算。
② International Average Salary Income Database.
③ Barry McGaw：《经济合作与发展组织视野中的韩国教育》，载于《教育发展研究》2005 年第 19 期。
④ 参见马晓河：《积极推进城镇化释放内需潜力》，引自《中国经济改革发展报告（2012）》（讨论稿）。
⑤ 参见《21 世纪经济报道》2013 年 2 月 19 日。

（四）人口的集聚将带动第三产业的快速发展，并推动中国经济转型

我国作为一个近14亿人口的大国，到2008年拥有地级及以上城市为287座，但其中人口超过200万人的城市仅有41座，人口集聚程度较低。因此，中国未来的城市化，将主要不表现为城市数量的增多，而是既有城市规模的扩大。据预测：2025年，99座新城市有望跻身全世界最大600座城市行列，其中72座来自中国。[①] 另据麦肯锡的预测：到2030年，中国经济结构改变最明显的证明将是城市的繁荣，尤其目前人口少于150万人的中小城市，它们将为到2030年间中国城市的GDP贡献40%。人口的集聚，不仅会促进中国向资源节约型和环境友好型社会转变，而且将有力地促进第三产业的发展。根据马晓河教授建立计量模型的研究发现：第三产业就业比率对城镇化率的弹性为1.13，这意味着随着城市化率的提高，第三产业就业比率以递增的速度增加。[②]

（五）人口的集聚要求产业的集聚，而产业的集聚将提高经济的效率

与人口的集聚度不高相对应，我国的产业集聚度也较低，目前在全国的GDP总量中，珠三角、长三角和京津冀三大经济圈的贡献还不到40%，与日本三大经济圈的70%和美国的三大经济圈68%的水平有巨大差距。按照工业化和城市化相互促进的基本规律，我国的城市化必须以工业化为基础和前提，因而人口的集聚必须要求产业的集聚。根据麦肯锡的预测，中国城市GDP占全国GDP的比例将由目前的75%增加到2025年的95%。这意味着产业越来越向城市集聚。同时，产业在向城市集聚的过程中又表现出两个特点：一是向以大城市为中心的城市群集聚。我国改革开放30多年的快速发展，就形成了三大经济圈。有人考察了美国1900～1990年城市的变化，发现在此期间出现的新城市，如果邻近其他城市，则发展较快，而且与相邻城市的增长率紧密相互依存。二是产业的集聚有助于提高经济效率。世界银行出版的《1984年世界发展报告》认为，城镇只有达到15万人的规模才会出现集聚效益。法国经济学家维德马耳利用瑞士的资料得出结论：100万人口的城镇经济效益比2万人口的城镇高2.2倍，比20万人口

---

① 《环球时报》2012年8月25日。

② 参见马晓河：《积极推进城镇化释放内需潜力》，引自《中国经济改革发展报告（2012）》（讨论稿）。

的城镇高 40%，比 40 万人口的城镇高 19%。著名城市经济学家弗农·亨德森认为，如果中国一些地级城市的规模扩大一倍，可以使其单位劳动力的实际产出增长 20%～35%。所以，十八大报告在讲到调整空间结构时提出，要促进生产空间集约高效。这就要求产业将向几大经济圈集聚，并随着产业的集聚，人口也将随之集聚，形成工业化与城市化的互动，最终打造出若干个经济增长极，推动中国经济持续快速发展。

参考文献：

阿瑟·刘易斯：《二元经济论》，北京经济学院出版社 1989 年版。

艾丽丝·H·阿姆斯登、荣莹曾：《亚洲的下一个巨人：南朝鲜和后起工业化》，载于《经济社会体制比较》1992 年第 3 期。

陈汉林：《对韩国经济发展模式的重审与反思》，载于《经济纵横》2003 年第 1 期。

陈乐一：《日本经济的增长与波动：1951～2002》，载于《财经问题研究》2005 年第 10 期。

陈乐一：《日本经济的增长与波动》，载于《现代日本经济》2005 年第 6 期。

程晓燕、何西雷：《美国援助与韩国经济起飞：一项历史的考察》，载于《世界经济与政治论坛》2008 年第 1 期。

崔彬：《日本的经济困难日益加深》，载于《世界知识》1965 年第 14 期。

胡少东、李非：《台湾经济结构突变、周期波动和经济增长》，载于《世界经济研究》2010 年第 3 期。

黄益平、沈明高：《告别廉价劳动力时代》，载于《21 世纪经济报道》2006 年 3 月 5 日。

金继红：《韩国经济结构变化的因素分析》，载于《南开经济研究》2006 年第 6 期。

李晓娣：《新加坡经济振兴与衰退的原因及启示》，载于《当代财经》2004 年第 9 期。

舒萍：《影响台湾经济走势的内外部因素分析》，载于《南开经济研究》2003 年第 6 期。

王允贵：《"广场协议"对日本经济的影响及启示》，载于《国际经济评论》2004 年第 1～2 期。

顾朝林：《半城市化的中国，要走新型城市化道路》，载于《南方都市报》

2012 年 5 月 6 日。

王小鲁：《中国城市化路径与城市规模的经济学分析》，中国宏观经济信息网，2011 年 4 月 14 日。

（本文原载于《中国人民大学学报》2014 年第 4 期）

我国水资源能够支撑中高速增长吗

张培丽　王晓霞　连映雪[*]

我国经过 30 多年的高速增长，资源环境面临巨大压力。高速增长对世界资源的大量需求不断引发世界"谁来养活中国"的担忧，甚至美国放言必须遏制中国的发展。虽然我国主动调整进入中高速增长新常态，对资源环境的压力有所减轻，但我国仍需要解决实现中高速增长的资源环境问题。本文试图运用新的预测方法探讨我国水资源对中高速增长的支撑强度。

一、文献综述

近年来，国内外许多学者对我国经济增长的水资源支撑是否存在缺口表示出了极大的关注，根据各自的研究和预测，得出了完全相反的结论：

1. 存在巨大的水资源缺口。诺贝尔经济学奖获得者罗伯特·福格尔认为，中国完全有潜力再实现 20～30 年的快速经济增长，但必须解决水资源短缺的制约（Robert Fogel，2010）。BWCHINES 中文网（2011）也发文指出，水资源匮乏成为制约中国发展的头号问题。量子基金创始人吉姆·罗杰斯 2012 年在谈到中国发展面临的困难时，也将水资源问题列为唯一令人感到忧虑问题。[①] Consonery（2010）也认为，中国目前已经面临严重的水资源短缺，工业化和城市化将使这一问题雪上加霜。美国水资源集团预测，到 2030 年，仅中国的工业用水需求就将超过 3 000 亿立方米，缺口达 2 000 亿立方米（埃里克·迈耶，2014）。针对我国《全国水资源综合规划》设定的到 2030 年用水量控制在 7 000 亿立方米的目标，许多机构和学者认为规划设定的用水目标与实际需求存在较大用水缺口。比

---

* 张培丽，中国人民大学中国经济改革与发展研究院副教授；王晓霞，中国人民大学环境学院讲师；
连映雪，国家进出口银行。

① 参见 http：//money. 163. com/special/rogers/。

如，刘昌明等（2001）认为，到2030年我国水资源需求总量为6 880亿~7 573亿立方米。沈福新等（2005）认为，到2030年我国用水总量合计为7 277亿立方米。中国工程院（2000）预测指出，到2030年用水峰值，我国用水总量为7 000亿~8 000亿立方米，全国实际可能利用的水资源量约为8 000亿~9 500亿立方米，需水量接近可能利用水量的极限。麦肯锡（2009）预测，我国2030年水资源需求量将达到8 180亿立方米；姚建文等（1999）基于宏观经济指标预测指出，到2030年我国用水总量为7 800亿~8 200亿立方米；陈家琦（1994）分别预测了农业、工业和生活用水量，三者加总得出，到2030年全国需水总量可能达到10 148亿立方米。张培丽（2011）则按照7%的经济增长速度，根据《全国水资源综合规划》中确立的万元GDP用水量目标测算认为，2030年全国水资源需求总量将达到10 780亿立方米。

2. 不存在水资源缺口。一些国内学者认为，我国到2030年的用水量完全可以控制在7 000亿立方米的目标内。这包括两种看法：一是我国未来用水量远远低于该总量目标。何希吾等（2011）指出，我国需水量最大值将达到6 300亿立方米左右。二是我国未来用水量基本相当于设定目标。柯礼丹（2004）指出，用水量在经历经济发展初期的高增长后，增长率将逐渐接近于人口增长率，所以可以用人均综合用水加趋势微调方法进行预测。21世纪中叶，我国人口达到高峰时，总用水量也将达到顶峰，为7 000亿立方米。

学者们之所以在用水缺口上存在巨大分歧，主要原因在于他们使用的水资源需求预测方法存在缺陷。目前学者们对水资源需求的预测方法，主要是依据对未来经济增长和用水定额变化趋势的判断。其中，对经济增长的预测依据我国经济发展的中长期目标，相对容易估计。但是，用水定额变动趋势判断则需要满足两个条件：一是足够长时间的数据资料；二是在足够长的时间内包含了工业化、城市化和产业结构的升级。这是因为，经济增长与用水量之间不是一个线性变化的过程，而是呈现出倒"U"型的变化趋势。对此，学者们的实证研究已经给予了证明。芭比（Barbie，2004）将水资源约束引入巴罗的经济增长模型，实证得出经济增长同水资源有效利用率之间存在倒"U"型关系。科尔（Cole，2006）利用面板数据也验证了人均用水量与人均收入之间的倒"U"型关系。张亮（2013）发现，先行国家用水量都经历了"快速增长—缓慢增长—稳定期—缓慢下降"的库兹涅茨变化过程，而库兹涅茨拐点一般出现在人均GDP位于15 000~20 000国际元的区间。李周等（2009）利用美国、瑞典、日本、荷兰四个发达国家的时间序列数据和世界52个国家20世纪90年代末的横截面数据，也证实了水资源库兹涅茨曲线的存在。

我国总体而言用水量与经济规模尚未呈现倒"U"型特征，但已经出现增长速度减缓的趋势。如汪奎等（2011）发现，我国1998～2008年的用水量与经济增长呈现弱脱钩状态，具体表现为在经济发展的初期阶段，用水量随着GDP的增长而同步增长，当经济发展到一定程度之后，用水量随经济增长而增长的趋势减慢，即经济的快速增长和用水量的缓慢增加同时出现。随着我国加快转变经济发展方式、技术进步和产业结构升级的推进，我国用水量的变化一定会呈现出符合一般变化规律的倒"U"型特征。实际上，我国在某些方面已经出现了倒"U"型特征，如刘渝（2008）发现，我国人均农业用水与经济增长之间呈现出库兹涅茨曲线特征，只是刚刚走过拐点，下降速度比较缓慢。孙振宇等（2005）对北京市工业用水量随经济发展水平变化而变化的趋势进行检验也发现了明显的库兹涅茨曲线特征。

在用水量呈现库兹涅茨曲线变化的情况下，预测我国的用水量变化，就不能简单地用我国已有的用水量数据，因为我国用水量仍处在库兹涅茨倒"U"型变化的上升阶段，至多处在缓慢上升阶段。在此数据基础上对未来用水量进行预测，必然会得出偏高的预测数据。但是，如果用发达国家处在倒"U"型变化下降阶段的数据，则用水量的预测数据会偏低。

为了解决水资源需求预测方法存在的以上缺陷，科学判断我国的用水定额变化，为中高速增长奠定稳固的水资源基础，就必须寻求更为科学的水资源需求预测方法，关键是找到与我国目前推进工业化、城市化和现代化发展阶段基本相似的构建科学预测方法的完整的库兹涅茨倒"U"型变化数据。

二、用水数据的选取及其依据

我们改善我国水资源需求预测方法缺陷的基本思路是，选用日本和韩国实现工业化、城市化和现代化进程中的用水数据，通过构建用水系数，即用水量增长率与实际GDP增长率的比值，表示出在经济发展的每一个时间点上实际GDP增长1个百分点用水量增长的百分比，勾勒出实现工业化、城市化和现代化进程中用水系数的变化规律。然后运用不同发展阶段用水系数的规律变化，描绘我国实现工业化、城市化和现代化进程中用水量的变化规律。最终根据我国新常态下经济发展速度的要求，测算出支撑我国中长期经济增长的水资源需求。

这里的关键是，为什么选取日本和韩国实现工业化、城市化和现代化进程中的用水数据作为预测我国未来用水量变化的依据。对此，我们主要基于以下考虑：

1. 日本和韩国都是后发国家。作为后发国家都有一个加快发展，追赶发达国家的历史任务，从而在经济运行上表现出不同于先发国家的特征和规律，而且日本和韩国在现代化的追赶过程中都跨越了"中等收入陷阱"，先后实现了现代化。我国虽然现在还是发展中国家，但根据"两个一百年"的奋斗目标，到2050年左右将基本实现现代化，成为中等发达国家。我国与日本、韩国的跨越"中等收入陷阱"，实现现代化的追赶进程具有相似性。

2. 日本和韩国都经历了20～30年的高速增长。日本从1956年到1973年的18年间，年均增长率超过9.2%，其中有7个年份实现了两位数的增长。1967年日本国民生产总值超过英国和法国，1968年超过西德，成为在总量上仅次于美国的世界第二大经济体。但到1974～1990年，日本年均增长率降为3.8%。1990年后的21年间，年均增长率跌至0.99%。韩国从1963年到1991年近30年间，年均经济增长率达到9.6%，如果剔除因为国内政治动荡导致经济受到严重影响的1980年①，年均增长率高达10.4%。1992年后的20年间，韩国经济增长速度有所下降，年均增速降为5.2%。我国也已经历了30多年的高速增长，现正处于7%左右中高速增长的新常态阶段。相同的高速增长经历对用水量的需求具有相似性。

3. 日本和韩国在经济发展过程中都经历了经济转型的过程，并实现了经济转型的成功。进入中等收入发展阶段的国家，要跨越"中等收入陷阱"，都需要完成经济转型升级，或者说，是否完成经济转型升级，是跨越还是陷入"中等收入陷阱"的分水岭。我国正处在跨越"中等收入陷阱"的发展阶段，正在加快经济转型升级，主要依靠创新驱动经济增长。目前各种转型升级的趋向表明，我国无疑将跨越"中等收入陷阱"。我国完成经济转型升级的发展历程就与日本和韩国的发展具有相似性。

4. 日本和韩国都是亚洲国家，具有文化上的相似性。文化作为非正式制度安排，对一国的经济发展和生活方式具有约束性，形成独有的特征。我国与日本和韩国同属儒家文化，具有文化上的同一性，从而也就决定了经济发展和社会生活具有很大的相似性。

在数据的选取上，我们使用了日本总务省统计局1963～2002年经济和用水数据测算其用水系数变化，使用了韩国国土交通部国家水资源管理综合信息系统

---

① 1980年，由于韩国爆发"光州事件"，经济受到严重影响，当年经济增长率为－1.9%。

1965～2010 年水资源数据和韩国银行经济增长数据测算其用水系数变化，该时间
段涵盖了日本和韩国工业化和后工业化的部分时期。该时间段可以清晰刻画日本
和韩国用水量在不同经济发展阶段的变化情况，揭示用水系数的变动规律。

我们构建用水系数的目的，在于找到在不同的发展阶段上，GDP 每增长 1 个
百分点，用水量增长的百分比。这样就可以剔除经济增长速度高低变化对用水总
量的影响，找到用水量变化的最基本单位。然后，以此为单位，就可以更加准确
地预测我国在不同发展阶段上 GDP 增长对用水的需求量。由于在经济发展的不
同阶段上，用水系数是不同的，这样我们根据不同的用水系数，可以对用水量进
行分段计量，最后加总出我国基本实现现代化所需要的用水量，这样就可以避免
对用水总量进行简单的线性预测。

三、用水需求的变化规律

根据以上研究思路，我们分别对日本和韩国的用水变化做出归纳总结，然后
从中提升出用水需求的变化规律。

（一）日本用水的变化

1. 用水增长率。

1963 年以来，日本的用水总量先是快速上升，然后增速有所放缓，1994 年
后基本保持不变（见图1）。然而，日本用水增长率却表现为逐步下降，尤其自

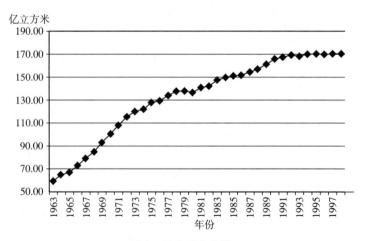

图1　日本用水总量

资料来源：日本总务省统计局（http：//www. stat. go. jp/）。

1973 年开始，用水增长率出现大幅跳水，从之前的 6%～10% 区间下降至 2%～4% 区间，1974～1983 年的 10 年间，日本用水增长率频繁波动，1984 年后下降至 2% 以下，1994 年后进入零增长阶段（见图 2）。

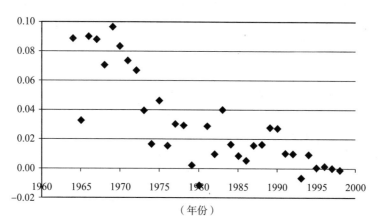

图 2　日本用水量增长率

资料来源：根据日本总务省统计局（http：//www. stat. go. jp/）计算。

2. 用水系数。

当我们将日本经济增长与用水量进行关联测算用水系数时发现，日本用水系数表现出明显的规律性变化（见图 3）。

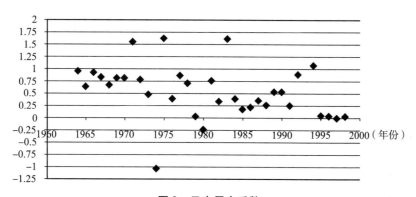

图 3　日本用水系数

资料来源：根据日本总务省统计局（http：//www. stat. go. jp/）计算。

（1）从 1964 年到 1973 年，日本用水系数基本稳定在 0.5 到 1 的区间内，平均值为 0.85，即实际 GDP 每增长 1 个百分点，用水总量增加 0.85 个百分点，这是 20 世纪 60 年代以来用水系数较高的时期。而该时期恰恰正是日本快速工业化和城市化，实现经济高速增长的时期，1973 年是日本经济高速增长结束的时间点。

（2）从 1974 年到 1983 年，日本用水系数呈现不规律的较大幅度波动，平均值为 0.61，是 1964～1973 年的 72%。该段时期是日本工业化结束，并开始向后工业化社会过渡的时期，经济增长由高速下降至中速，10 年间年均经济增长速度约为 3.4%。

（3）从 1984 年到 1994 年，日本用水系数相对比较平稳，基本维持在 0～0.5 的区间内，平均值为 0.43，仅为 1964～1973 年的 51% 左右。

（4）1994 年以来，日本需水量基本保持零增长，需水系数为 0，进入用水零增长阶段。

（二）韩国用水的变化

1. 用水增长率。

韩国用水总量①以 1996 年为界，之前表现为明显的上升趋势，之后保持稳定或有所下降（见图 4）。然而，与日本相比，由于韩国用水量基数要远远高于日本②，因此，韩国用水增长率整体上要低于日本。

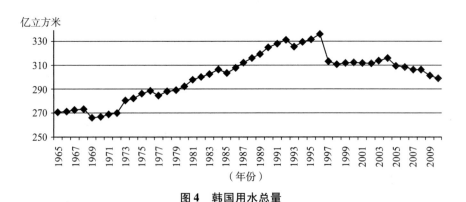

图 4 韩国用水总量

资料来源：韩国国土交通部国家水资源管理综合信息系统（WAMIS）。

韩国用水增长率先是在波动中不断加速，该趋势一直持续到 1990 年，增长

---

① 由于韩国农业用水量统计中包含有效降雨量，因此每年农业用水数据差异巨大，为保持数据可比，农业用水量以邻近 5 年平均水平处理使用。
② 日本 1963 年用水总量为 59 亿立方米，而韩国 1965 年则已经达到 271 亿立方米。

率从1966年的0.28%上升到1990年的1.74%，1990年之后韩国用水增长率转为波动中不断下降，2001年开始，大部分年份表现为负增长（见图5）。

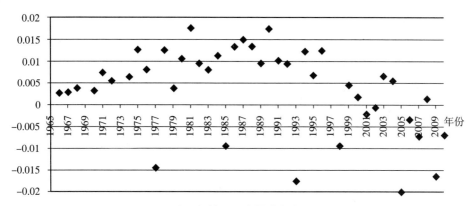

图5　韩国用水量增长率

资料来源：根据韩国国土交通部国家水资源管理综合信息系统（WAMIS）资料计算。

2. 用水系数。

将用水与经济增长关联测算韩国的用水系数发现，与日本相比，韩国用水系数较日本更低，即每单位GDP增长所需水资源增长幅度更小，约为日本用水系数的1/10[①]，但也表现出了与日本相同的变化特征（见图6）。

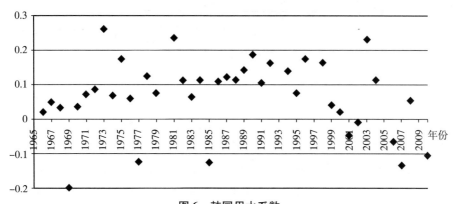

图6　韩国用水系数

资料来源：根据韩国国土交通部国家水资源管理综合信息系统（WAMIS）资料计算。

[①]　韩国需水系数普遍低于日本的原因，很可能在于韩国早期用水粗放，用水量相对较高，水资源增长空间相对较小造成的。由于这并非本文重点，另文进一步考察具体原因。

（1）从1966～1972年，除个别年份外，用水系数基本稳定在0.02～0.085的区间内，剔除1969年负增长的异常值外，平均值为0.05，即实际GDP每增长一个百分点，用水量增长约0.05个百分点。这是韩国加速工业化和经济高速增长时期，该时段韩国年均经济增长高达9.8%。

（2）从1973～1981年，韩国用水系数表现出较大的波动，但基本延续了上升势头，而且部分年份出现突变性高用水系数，剔除1977年和1980年两个负增长的异常值外，平均用水系数为0.125，明显高于前一个阶段。这段时期，韩国以"三五"（1972～1976年）和"四五"（1977～1981年）两个五年计划为中心，开始实施"重化工业发展计划"，耗水较多的钢铁、石化等重化工业取得快速发展。

（3）从1982～1990年，韩国用水系数仍然保持了上升态势，维持在0.11～0.19，剔除1985年负增长的异常值外，平均用水系数为0.121，经济增长所需水资源增长率仍然处于较高水平。这段时期韩国仍然处于重化工业化阶段，也是其经济平均增速最快的阶段，年均经济增长达到10%。

（4）1991年韩国工业化和城市化基本结束，从此开始韩国的用水系数开始转为下降，但下降幅度较小，1991～1998年大部分年份用水系数仍然处于与上一时段相当的区间之内，到1999年才开始大幅下降，进入2001年之后，大部分年份用水系数为负值。

（三）后发国家用水变化的一般规律

通过以上对日本和韩国经济增长与用水变化的实证分析发现，两国用水增长率和用水系数变化均与工业化、城市化和现代化进程高度相关，表现出如下规律性的变化：在工业化和城市化加速期，用水系数持续明显上升，特别是在重化工业化阶段，用水系数达到最高水平；在工业化和城市化结束、进入高收入经济体之后，用水增长率和用水系数转为下降（见表1）；在完成工业化和城市化后大约20年，用水增长率和用水系数进入零增长或负增长阶段。

日本、韩国经济增长与用水增长率和用水系数变化的规律，也进一步验证了库兹涅茨倒"U"型曲线的存在，同时也表明日本和韩国的用水变动，虽然在具体发展阶段上表现出不同的特征，但就总的趋势而言是符合世界各国共同的用水变动特征的，因而我们就将日本、韩国经济增长与用水增长率和用水系数变化的规律，称为后发国家用水变化的一般规律。这一规律对其他类似后发国家的用水变化也具有指导性。

表 1   日本、韩国用水变化与发展阶段的对应

日本			韩国		
时间	需水系数	发展阶段	时间	需水系数	发展阶段
1964 ~ 1973 年	0.5 ~ 1	加速工业化时期	1966 ~ 1972 年	0.02 ~ 0.09	加速工业化阶段
1974 ~ 1983 年	较高位波动，均值为 0.61	工业化和城市化完成，现代化实现①向后工业社会过渡	1973 ~ 1981 年	高位波动，均值为 0.125	重化工业大发展
1984 ~ 1994 年	0 ~ 0.5	后工业化	1982 ~ 1990 年	0.11 ~ 0.19	加速工业化阶段
1994 年以来	0	后工业化	1991 年以后	波动下降	工业化、城市化完成，现代化实现②
—	—	—	1999 年以后	下降至较低区间或零增长	后工业化

四、用水系数变动的内在机理

用水系数之所以会表现出以上一般规律性的变化，主要是由以下原因引起的。

(一) 产业结构演进

用水主要由四部分构成，农业用水、工业用水、生活用水和生态环境用水，在一国经济体中，一般来说，农业和工业是水资源密集型产业，在用水结构中占比最大。以我国 2012 年为例，总用水量为 6 131 亿立方米，其中农业用水占63.65%，工业用水占 22.52%，生活用水占 12.06%，生态环境用水占 1.77%，农业用水占比远远高于其他各类用水总和。很显然，农业和工业在经济中所占比重变化将会引起用水量的较大变动。

一国产业结构的升级，表现为两个前后不同的发展阶段：在工业化推进过程中，工业比重不断提高，农业比重趋于下降，三次产业表现出二、三、一的结构；工业化完成后，服务业比重不断提高，三次产业表现出三、二、一的结构。工业作为水资源密集型产业，其在三次产业结构中所占比重的不断提高，必然带动用水量的不断增长；工业化完成后，随着其所占比重下降，用水量也随之下

---

① 根据世界银行标准，一般认为人均国民收入超过 1 万美元即实现了现代化。日本于 1978 年人均国民收入超过 1 万美元。

② 韩国于 1995 年人均国民收入超过 1 万美元。

降。日本和韩国的用水量变化，都表现出明显的产业结构变化关联特征。战后日本工业占比不断提升，到 1970 年上升至 43.5% 的最高水平，并一直持续到 1973 年，这期间用水量不断上升；1973 年工业化完成，工业占比逐步下降，用水量也随之大幅下降。韩国自 20 世纪 60 年代中期开始，工业占比不断提高，到 1991 年达到 42.6% 的峰值，这期间用水量不断上升；1991 年工业化完成后，工业占比微幅下降，但仍然保持在 40% 以上水平，这期间用水量在高位波动；到 1999 年工业占比明显下降，用水量也随之下降。

杰弗里·爱德华兹（Jeffrey Edwards et al., 2005）运用 1980～1999 年世界银行数据，从另外一个视角对以上关系作出了进一步的验证。他们根据 Falkenmark 指数区分不同水资源短缺程度，考察水资源短缺与经济增长的关系发现了一个看似令人困惑的结论，即越是水资源短缺的国家，其经济增长、投资和人均 GDP 反而具有较高的水平。究其原因，他们发现，缺水国家表现出明显的劳动力从水资源密集型产业——农业部门转向非水资源密集型产业——服务部门的趋势，而水资源丰富的国家则往往服务业增长缓慢。中国投入产出学会课题组曾经通过分析用水投入产出表对我国国民经济 37 个部门水资源消耗及用水系数进行测算也验证了以上关系。从各部门完全用水系数看，农业用水系数远远高于其他所有行业，总用水系数达到 0.1659，除此以外，用水系数较高的部门大部分集中在工业部门，高用水系数前 10 的部门中，工业就占了 8 个，服务业中只有住宿餐饮业用水系数在前 10。[①]

（二）城市化率的提高

城市化的过程就是农民市民化的过程，随着城市化率的不断提高，居民生活用水也随之增长，这主要是因为农村居民和城市居民的用水量存在较大差异。例如，我国 2004～2012 年，每年城镇人均日用水量与农村人均日用水量的差距均在 110 升以上（见表 2）。

表 2 城镇和农村人均用水量

年份	城镇人均用水量（L/d）	农村人均用水量（L/d）	城镇人均用水量—农村人均用水量（L/d）
2004	212	68	144
2005	211	68	143

---

① 国家统计局国民经济核算司：《2006～2009 年中国宏观经济运行轨迹》，中国统计出版社 2010 年版，第 357～366 页。

续表

年份	城镇人均用水量（L/d）	农村人均用水量（L/d）	城镇人均用水量—农村人均用水量（L/d）
2006	212	69	143
2007	211	71	140
2008	212	72	140
2009	212	73	139
2010	193	83	110
2011	198	82	116
2012	216	79	137

资料来源：根据历年水资源公报整理。

根据城市化发展规律，一般认为城市化率超过 70% 意味着城市化进程基本结束。按此标准，日本于 1969 年达到 70.43%，韩国于 1988 年达到 70.24%，分别于工业化结束之前 3~5 年基本完成城市化[①]，之后城市化速度有所减缓，城市化推进对居民生活用水影响逐步减小，当绝大部分农民转入城市，城市化率基本稳定时，生活用水也趋于稳定。

（三）现代化的生活方式

随着经济发展和人均收入的增长，必然带来人们生活方式的改变，并影响着居民生活用水的变化。以日本与用水相关度较高的洗衣机为例，随着人均收入提高，洗衣机等耐用消费品普及率逐渐上升。1964 年，日本家庭洗衣机的普及率为 61.4%，随后该数据不断提升，到 1973 年已经达到 97.5%，到 1979 年达到 99%，基本实现全覆盖。这个时点基本与日本实现现代化的时间点吻合。

五、我国中长期水资源需求预测

（一）我国用水变化所处的发展阶段

1. 用水总量和增长率。

1979 年前我国用水量增长较快，从 1949 年的 1 031 亿立方米快速增长到 1979 年的 4 767 亿立方米，30 年增加了 3 736 亿立方米，翻了两番，年平均增长

---

① 资料来源于《1999 年世界银行发展指数》。

速度为 5. 24%。用水量的快速攀升与我国以农业为主的产业结构密切相关。到
1979 年，我国农业产值在三次产业中的比重高达 30% 左右，农业用水量占总用
水量的 88%，工业用水占 11%，生活用水仅占 1%。1980 年以后，随着农业比
重逐步下降，用水量增长幅度明显下降。从 1980 年的 4 437 亿立方米增加到
2012 年的 6 142 亿立方米，年均增长仅为 1.2%。同时，用水增长率也呈现逐步
下降态势。1980～1993 年，用水量从 4 437 亿立方米增加到 5 198 亿立方米，年
均增长 1. 23%；1998～2011 年，用水量从 5 435 亿立方米增加到 6 107 亿立方
米，年平均增长速度为 0.9%（见图 7）。这期间农业用水量所占比重不断下降，
从 83. 4% 下降到 61. 3%，下降了 20 多个百分点，工业用水比例不断上升，从
10. 3% 上升到 23. 9%，上涨了一倍多，生活用水量从 1% 上升到了 12. 9%，大规
模增加。

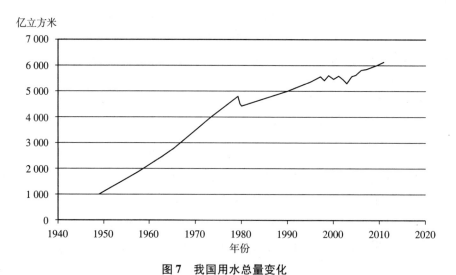

图 7　我国用水总量变化

注：1949～1996 年数据来源于中国工程院 "中国可持续发展水资源战略研究" 课题综合报告之二：
《水资源现状评价和发展趋势分析》，中国水利水电出版社 2001 年版；1997～2012 年数据来源于中国水利
部历年《中国水资源公报》。

2. 用水系数。

我国 1997 年水利部开始发布《水资源公报》，进行用水量的统计，用水数据
时间相对较短。但是，由于我国长期处于农业社会，早年用水量与农业用水具有
很强的相关性，而 1997 年以后我国已经完全进入工业化时期，运用这段时间用
水数据，与其他国家具有可比性。

从我国用水系数变化来看，1997～2004 年很不稳定；从 2005 年开始，用水

系数基本稳定在 0～0.2 的区间内，2005～2012 年用水系数的平均值为 0.12（见图 8）。我国这个时期的用水系数相当于韩国 1973～1990 年重化工业化发展阶段的水平。

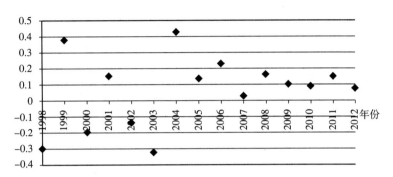

图 8　我国用水系数变化

资料来源：根据历年《水资源公报》数据和国家统计局数据计算。

根据用水变化的一般规律，在我国工业化、城市化和现代化还远没有完成的情况下，用水量还将进一步增加，用水系数在重化工业化之后会处在高位稳定状态。但是，从 2013 年开始，在我国的三次产业结构中，服务业首次超过第二产业，达到 46.9%，这是我国产业结构优化具有里程碑意义的变化。这意味着我国用水量增长率将趋于下降，不过由于第二产业所占比重仍高达 40% 以上，这个下降幅度会小而缓慢。

（二）我国中长期水资源需求预测

根据我国"两个一百年"的奋斗目标，在中国共产党成立 100 年时（2020 年左右）实现国内生产总值和城乡居民人均收入比 2010 年翻一番，全面建成小康社会；在新中国成立 100 年时（2050 年左右）人均 GDP 达到中等发达国家水平，建成富强民主文明和谐的社会主义现代化国家。如果从工业化、城市化和现代化的时间点来看，2020 年基本实现工业化；2030 年城市化率达到 70%，基本实现城市化；2050 年基本实现现代化。

根据我国实现工业化、城市化和现代化的时间节点，运用后发经济体工业化、城市化和现代化进程中用水的一般变化规律，对我国中长期水资源需求可做出如下预测：

在 2030 年前，我国经济将处在年均 7% 左右的中高速增长阶段，虽然在

2020 年已基本实现工业化，服务业比重不断提高，工业比重趋于下降，但还没有完全实现工业化和基本实现城市化，用水量既有增加的因素，也有减缓的趋势，特别是考虑到产业结构的快速升级和技术进步，以及我国早期用水粗放的现实，中长期用水系数将会保持基本稳定，即年均用水系数 0.12 左右。假定到 2030 年，我国年均经济增长率为 7.5%，2012 年用水量为 6 131 亿立方米，递推计算，用水量将每年增加 0.9%，到 2020 年需水量约为 6 598 亿立方米，2030 年将进一步达到 7 217 亿立方米。2030 年以后，随着工业化和城镇化的全面实现，用水系数将趋于下降，用水增长也逐渐下降，按照日本和韩国的经验，工业化和城市化实现大约 20 年后，用水量开始进入零增长或负增长阶段，这意味着我国将在 2050 年左右达到用水高峰。此后，用水量将转入库茨涅茨倒 "U" 曲线的下降拐点。

从我国这几年经济发展的实际情况来看，我国 2013 年人均 GDP 就已达到 6 700 美元左右，如果依据近几年我国人均 GDP 的增加速度，到建党 100 年时（2020 年左右），我国人均 GDP 将突破 10 000 美元大关。再按此推算，并考虑世界银行每年调整国家发展水平分类标准的提高程度，我国大约会在 2030 年前人均 GDP 进入高收入国家的行列。依照这样的发展速度，我国的工业化、城市化和现代化可能会提前实现，从而使得我国的用水高峰在 2050 年前就可能到来。

六、我国中长期水资源的供需缺口及应对

（一）中高速增长的水资源供需缺口

2010 年国务院批复的《全国水资源综合规划》指出，到 2020 年，全国用水总量力争控制在 6 700 亿立方米以内，2030 年全国用水总量控制在 7 000 亿立方米以内。这也成为 2012 年国务院发布的《关于实行最严格水资源管理制度的意见》中用水总量红线控制目标。对比上述根据用水系数得出的预测结果，到 2020 年，我国用水总量能够支撑经济增长，到 2030 年，用水总量将存在 217 亿立方米的缺口。这一测算结果，虽然与其他一些机构和学者的预测相比，显得有些乐观，但我们认为这可能更符合我国的实际，特别是考虑了我国加快经济转型的实际。那些比较悲观的预测，主要问题就是没有考虑到我国政策的重大转变和产业结构的历史性变化。例如，麦肯锡和水资源集团的研究认为，如果政策没有重大调整，到 2030 年，中国的用水需求与实际供给之间将出现 25% 的缺口

（Nicholas Consonery，2010）。这一预测结果就是以没有重大政策调整为前提，从而把加快转型升级的重大政策和产业结构的升级忽略了。

当然，用水总量缺口不大，并不意味着我国水资源支撑中高速经济增长可以无忧了。实际上，我国水资源对中高速经济增长的支撑还面临着另外两个缺口的挑战和压力：

一是结构缺口。我国是一个水资源分布严重不均的国家，南方水资源相对丰富，北方水资源相对匮乏，相当多地区水危机非常严重。我国 600 多座城市中，400 多座城市缺水，130 多座城市严重缺水。以北京为例，北京年均水资源量仅为 21 亿立方米，但是年均水资源需求却高达 36 亿立方米，年均水资源缺口达到 15 亿立方米。为满足经济和社会发展用水，北京不得不超采地下水和依靠跨区域调水。北京水源结构中，57.7% 来自地下水及应急水源地，9.6% 来自河北调水，22% 来自再生水，仅有 10.7% 来自地表水（程建兰，2014）。为此，世界银行驻北京的水资源专家蒋礼平指出："严重缺水已成为妨碍中国北方社会和经济发展的一大问题。"（何丽，2013）

二是水污染缺口。水污染成为加剧我国水危机的另一大重要原因，尤其是加剧了丰水地区的水危机。以湖泊为例，2012 年水利部对全国开发利用程度较高和面积较大的 112 个主要湖泊进行了水质评价，结果显示，全年总体水质为 Ⅰ ~ Ⅲ类的湖泊数量占比为 28.6%，Ⅳ ~ Ⅴ类的占 49.1%，劣 Ⅴ类水质占 22.3%。[①] 中国科学院水资源研究中心主任夏军对英国《金融时报》表示，"即便在那些不缺水的地区，污染也非常严重，可能使那里的水不可用。"中国主要江河 39% 的水体毒性过大，不适合与人体有任何接触（何丽，2013）。麦肯锡（2009）也指出，我国的工业化和水污染会使得 21% 的地表水资源无法运用于农业和生活，考虑水源质量，供需缺口更为严重（The 2030 Water Resources Group，2009）。如果放任对水资源的污染，水体污染持续恶化，很有可能出现即使有水，也无水可用的局面。

（二）解决水资源供需缺口的政策选择

根据以上预测结果，并结合我国水资源供需的实际，在我国实现工业化、城市化和现代化的进程中，只要我国坚持稳增长、调结构、惠民生的政策思路不动摇，加快经济发展方式转变、促进产业结构优化升级、创新驱动经济增长，我国

---

① 参见水利部：《2012 年水资源综合公报》。

水资源总量对经济发展的支撑就不是主要问题。因此，我国解决水资源供需缺口的主攻方向就应是解决结构缺口和水污染缺口。

1. 加大区域间水资源的合理配置。

经济增长的水资源总量缺口不大，就为加大区域间调水工程建设提供了可能和现实性，同时也为区域间调水工程建设，是否会造成目前水资源丰裕地区缺水的担忧提供了新的解释，也进一步证明了目前我国正在进行的大规模南水北调工程建设，在解决水资源供需结构缺口方向上的正确性和及时性。这也意味着，以解决结构缺口为主要目的的区域间调水工程建设投资将会是我国水利工程投资的重要方向。2008 年以来，在建水资源配置投资占全部在建项目投资的比重不断上升，从 2008 年的 13.02% 上升到 2013 年的 21.53%。

在加大区域间调水工程建设投资的同时，还需要加快建立和完善区域间调水工程运行的体制和机制问题，如调水过程中水质的保护、调出地区和调入地区利益协调、工程运营管理、水价形成、成本分担等问题，用良好的体制和机制保证区域间调水工程发挥最大的效益。

2. 提高用水效率和充分利用雨水。

由于区域间调水成本高、周期长，对生态环境存在许多未知的不确定性影响，因此解决水资源的结构缺口，不能单纯依靠区域间调水工程建设，还要依靠严重缺水区域通过提高用水效率和充分利用雨水进行自救。

提高用水效率，我国具有巨大的发展空间，尤其是农业用水。据统计，目前我国农业灌溉用水有效利用系数为 0.523，黄河流域部分地区可达 0.6，而发达国家农业灌溉用水有效利用系数达到 0.7~0.8。如果我国农业灌溉用水有效利用系数达到 0.7 的发达国家水平，一年就可以节约 991 亿立方米的水资源，相当于南水北调工程调水量的 2 倍。同时，我国生活用水浪费现象也非常普遍，水资源浪费惊人。以自来水为例，我国平均漏失率为 15.7%，有些地方甚至高达 30%以上，而发达国家最高水平是 6%~8%。管道漏失导致我国每年流失自来水 70多亿立方米，相当于一年"漏"掉一个太湖，足够 1 亿城市人口使用（陆娅楠，2013）。

提高用水效率，就需要做到：一是加大节水技术的引进、消化、吸收和再创新，以及节水技术的联合创新和自主创新，依靠创新驱动用水效率的提高。二是加快水资源的价格改革和管理体制改革，通过价格杠杆调节水资源的节约利用；通过管理体制改革，特别是在水资源管理中引入有效竞争机制，不断提高水资源的管理水平，从管理中要效益。三是加大城市水资源管网基础设施的维护和建设投资，由于这一投资具有巨大的外部性和公益性，需要加大政府的投资力度，不能单纯由市场调节。四是加强居民的节水教育，增强居民的节约意识和形成节约光荣的社会氛围和风尚。

充分利用雨水，也是解决水资源结构缺口的重要有效途径。在发达国家，德国、日本、澳大利亚等很多国家都采取了大量雨水回收利用的措施，甚至采取法律手段强制进行雨水回收，雨水资源得到较好利用。比如，德国通过对雨水的收集利用，为家庭节水50%。而我国目前大部分雨水都随污水排走，没有被很好回收利用，从而导致雨水对水资源的补充作用非常有限，造成极大浪费。充分利用雨水，这就需要做到：一是要转换观念，提高意识，充分认识雨水作为重要水资源的地位；二是在城市基础设施规划建设中，增加雨水回收基础设施建设和改造，使其成为城市基础设施的一个必不可少的组成部分；三是加快雨水回收利用技术研发创新，提高雨水利用率；四是出台相关规定和办法，鼓励修建和运用雨水收集利用设施。

3. 严控水资源污染。

严控水资源污染，就需要做到：一是坚持既要金山银山，也要绿水青山的发展思路不动摇，把经济发展与建设资源节约型和环境友好型社会统一起来。二是加快污染产业的调整。对污染产业进行分类治理和调整，对处于严重产能过剩行业的污染企业，要依据化解过剩产能的要求，强制关闭；对那些产品符合市场需要的污染企业，要加大技术改造和污染治理的力度；对那些低碳高效的企业，要给予政策优惠，鼓励其兼并改造落后产能。三是实施最严格水资源管理。世界上很多国家，即使是部分水资源丰富的国家都很早就开始了严格的水资源管理，但我国水资源管理起步较晚，水资源管理制度不够完善，水资源管理水平相对较低。2011年中央1号文件提出实行最严格水资源管理制度，2012年1月国务院发布《关于实行最严格水资源管理制度的意见》（以下简称《意见》），才真正开启了我国的水资源管理之路。这就要求我们提高水资源管理意识，加快推进水资源管理制度和体系建设，严格执行《意见》提出的水功能区限制纳污红线，将控制污染的指标分解落实到各地区，完善水资源污染排放和治理相关法律法规，加大污染排放管理和惩治力度。四是认真贯彻执行《水污染防治行动计划》。为加大水污染防治力度，保障水资源安全，2015年4月初，国务院印发《水污染防治行动计划》（以下简称《计划》），针对流域和区域、水质达标和污染控制分别提出指标要求，细化了水污染防治目标，为水污染防治工作指明了方向；将具体防治工作落实到各部门和地方政府，明确了部门分工和管理责任，为部门间相互推诿和逃避责任堵住了后路；在税费改革和投资机制方面，提出既发挥政府调控作用，又要发挥市场机制在资源配置中的决定性作用，为水污染防治中理顺政府和市场关系提供了思路；强调企业和公众参与，构建了政府、企业和居民三位一体的水污染防治格局，形成了全方位参与的水污染防治行动纲领。这就要求我们落实责任，强化执行，完善考核和监督，督促各有关部门分头分步骤脚踏实地地落实《计划》提出的各项规定和要求，实现环境效益、经济效益和社会效益多赢。

参考文献：

埃里克·迈耶：《中国宏伟的水计划》，美国《福布斯》双周刊网站，2014年10月28日。

陈佳贵、黄群慧、吕铁、李晓华：《工业化蓝皮书：中国工业化进程报告（1995～2010）》，社会科学文献出版社2012年版。

陈家琦：《在变化环境中的中国水资源问题及21世纪初期供需展望》，载于《水利规划》1994年第4期。

陈素景、孙根年、韩亚芬、李琦：《中国省际经济发展与水资源利用效率分析》，载于《统计与决策》2007第22期。

程建兰：《南水北调了，北京还缺水吗？》，中国新闻网，2014年7月18日。

陆娅楠：《管网漏损自来水一年"漏"掉一个太湖》，载于《人民日报》2014年10月20日。

国家统计局国民经济核算司：《2006～2009年中国宏观经济运行轨迹》，中国统计出版社2010年版。

何丽：《中国梦：缺水而枯》，载于《金融时报（中文网）》2013年5月22日。

何希吾、顾定法、唐青蔚：《我国需水总量零增长问题研究》，载于《自然资源学报》2011年第6期。

侯培强、任玗、赵乃妮、王朝旭、寇永纲：《上海市用水量与经济发展的关系研究》，载于《环境科学与管理》2008年第2期。

贾绍凤、张士锋、杨红、夏军：《工业用水与经济发展的关系——用水库兹涅茨曲线》，载于《自然资源学报》2004年第3期。

贾绍凤、张士锋：《中国的用水何时达到顶峰》，载于《水科学进展》2000年第4期。

贾绍凤：《经济结构调整的节水效应》，载于《水利学报》2004年第3期。

柯礼丹:《人均综合用水量方法预测需水量——观察未来社会用水的有效途径》,载于《地下水》2004 年第 1 期。

西蒙·库兹涅茨:《现代经济增长》,北京经济学院出版社 1989 年版。

李周、包晓斌:《资源库兹涅茨曲线的探索:以水资源为例》,引自《中国农村发展报告 No. 6》,社科文献出版社 2008 年版。

刘昌明、陈志恺:《中国水资源现状评价和供需发展趋势分析》,中国水利水电出版社 2011 年版。

刘渝:《中国农业用水与经济增长的 Kuznets 假说及验证》,载于《长江流域资源与环境》2008 年第 4 期。

沈福新、耿雷华、曹霞莉、王建生、钟华平、徐澎波:《中国水资源长期需求展望》,载于《水科学进展》2005 年第 4 期。

孙振宇、李华友:《北京市工业用水影响机制研究》,载于《环境科学动态》2005 年第 4 期。

汪奎、邵东国、顾文权、岑栋浩、谭学智、杨丰顺:《中国用水量与经济增长的脱钩分析》,载于《灌溉排水学报》2011 年第 6 期。

姚建文、徐子恺、王建生:《21 世纪中叶中国需水展望》,载于《水科学进展》1999 年第 2 期。

张亮:《未来十年中国水资源需求展望》,中国经济新闻网,2013 年 7 月 24 日,http://www.cet.com.cn/wzsy/gysd/919560.shtml。

张培丽:《我国经济持续稳定增长下的水资源安全》,载于《经济理论与经济管理》2011 年第 9 期。

张培丽:《经济持续高速增长时限的理论假说及其验证》,载于《中国人民大学学报》2014 年第 4 期。

中国工程院"21 世纪中国可持续发展水资源战略研究"项目组:《中国可持续发展水资源战略研究综合报告》,载于《中国工程科学》2000 年第 8 期。

中国社会科学院经济学部课题组:《我国进入工业化中期后半阶段》,载于《中国社会科学院院报》2007 年 9 月 27 日第 002 版。

《水资源匮乏制约着中国的发展》,2011 年,BWCHINESE 中文网,http://www.bwchinese.com/article/1020123.html。

Barbier, E. B. , 2004, Water and Economic Growth, *Economic Record*, 80 (248), pp. 1 –16.

Cole, M. A. , 2006, Economic Growth and Water Use, *Applied Economics Letters*,

11 (1), pp. 1 −4.

Consonery, N., 2010, A $123 Trillion China? Not Likely, http：//www. foreignpolicy. com/articles/2010/01/07/a_123trillion_china_not_likely.

Edwards, J, B. Yang, R. B. Al − Hmoud, 2005, Water Availability and Economic Development：Signs of the Invisible Hand? An Empirical Look at the Falkenmark Index and Macroeconomic Development, *Natural Resources Journal*, 45 (4), pp. 953 −978.

Fogel, R., 2010, $123 000 000 000 000：China's Estimated Economy by the Year 2040：Be Warned, http：//foreignpolicy. com/2010/01/04/123000000000000/.

The 2030 Water Resources Group, 2009, *Charting Our Water Future*, *Report from McKinsey & Company*.

（本文原载于《经济学动态》2015 年第 5 期）

中国城镇化进程中经济增长方式评价

邓忠奇　陈甫军*

一、问题提出

中国过去三十几年经济高速增长主要源自资本拉动已是不争的事实，据经合组织（OECD，2013）测算，1996～2011年资本对中国经济增长的贡献率超过60%，董敏杰和梁泳梅（2013）测算出的中国资本贡献率高达85.4%；尽管数值有所不同，但都显示资本对中国经济增长的贡献在50%以上（王小鲁，2000；G. Chow and A. Lin，2002）。然而资本拉动的经济增长并不可持续（西蒙·库兹涅茨，2005），资本来源于投资，投资势必挤占消费，进而有损民众福利,① 即便是鼓励投资的凯恩斯[6]也在《通论》中强调避免过度投资，因此随着中国步入后工业化阶段（依据钱纳里标准），转变经济增长方式②已是必由之路。明确经济增长方式，直接关乎经济增长的可持续性、有效性和稳健性，现实意义不言而喻。然而，尽管索洛（Solow）[9]早在1957年就已经提出理论公式，截至目前，却仍然没有一种比较权威的测算经济增长方式和要素贡献率的实证方法。所以如此，既是因为在控制其他要素使用量和技术水平的条件下要素的边际产出（边际

＊ 邓忠奇，中国人民大学商学院博士；陈甫军，中国人民大学商学院教授，中国人民大学中国经济改革与发展研究院副院长。本文得到"中央在京高校重大成果转化项目（京津冀协同一体化发展研究）"、教育部人文社会科学基金项目（15YJA790049）的资助。感谢匿名评审人提出的修改建议，笔者已做了相应修改，本文文责自负。

① 2012年中国居民消费占GDP的比重为36%，美国为68.57%，世界平均水平为57.5%，尽管中国经济总量已是世界第二，但被居民消费掉的仅有36%，远低于世界平均水平；数据来自"EIU CountryData"数据库（https://eiu.bvdep.com/frame.html）。如果说投资是为了使未来年份消费更多，则长远来看并不会减少消费，然而纵观中国经济，这点并不成立，中国大量投资没有换回国内需同等程度的扩大，这主要是因为，大部分投资是在公用基础设施和房地产行业（居民购房支出在国家统计年鉴中记为投资而非消费）。

② 经济增长方式，是指推动经济增长的各种生产要素投入及其组合的方式，其实质是依赖什么要素，借助什么手段，通过什么途径，怎样实现经济增长。[7,8]

报酬）难以计算[10]，也是因为在测算全要素生产率（TFP）上面临的诸多困难[11]。

早在1987年中国政府就明确提出"从粗放经营为主逐步转上集约经营为主的轨道"，此后对"转方式"的要求未曾中止。2015年中央经济工作会议也指出主动适应经济发展新常态，保持经济运行在合理区间，把转方式、调结构放在更加重要的位置。但是，从表1可粗略看出，中国"转方式"的成效并不显著，"六五"计划期间实际GDP增长66.27%，投入的实际资本存量增长70.75%，资本拉动系数为0.94，到"十一五"计划期间降为0.77。与此同时，"六五"计划期间年均能耗增长27.22%，"十五"计划期间变为62.16%。在经济增长方式粗放，经济增长动力不足的新时期，中国政府提出新型城镇化发展方向，那么这就需要回答，城镇化与转方式能否兼顾？历史时期二者是否做到了兼顾？以及如何兼顾？从经济学理论看，城镇化的确有助于效率提升，有助于扩大内需①，但也有文献指出，与经济增长方式一样，中国目前的城镇化较为粗放，依靠"砸资本"、"土地城镇化"和"摊大饼"等不可持续的、不利于经济效率提升的模式，不但无助于经济增长方式的转变和产业结构的优化升级，反而助长了房地产、信托等行业的泡沫和城市的环境污染、资源配置扭曲，以及征地矛盾、失地农民就业难等社会问题。

表1　　　　　　　　不同时期经济总量、要素投入与城镇化率的变动　　　　　单位：%

指标 ＼ 时期	"六五" 1981~1985年	"七五" 1986~1990年	"八五" 1991~1995年	"九五" 1996~2000年	"十五" 2001~2005年	"十一五" 2006~2010年	"十二五"前半段 2011~2012年
实际GDP	66.27	46.05	78.30	51.30	59.27	70.11	17.66
资本存量	70.75	77.87	93.15	89.77	90.75	91.54	30.30
年均劳动力	17.73	29.83	5.12	5.91	5.19	0.37	0.79
年均能耗量	27.22	28.72	32.90	10.94	62.16	37.69	11.32
城镇化率	4.32	2.70	2.63	7.18	6.77	6.96	2.62

说明：资本存量数据来自单豪杰[23]的估算。城镇化率变动是以期末值减期初值，其余指标的变动是指变动率。

资料来源：中华人民共和国统计局编：《中国统计年鉴（2013）》，中国统计出版社2013年版；中华人民共和国统计局编：《新中国六十年统计资料汇编》，中国统计出版社2010年版。

---

① 2014年《政府工作报告》再次明确要着重解决"三个1亿人"问题，这不仅为推进新型城镇化指出了清晰的路线图，也为扩大内需找到了一个有效抓手。如果2.4亿进城务工人员中2/3的消费达到城市居民的平均水平，那么我国居民消费将提高11.8%，消费占GDP的比重将上升4.2个百分点[15]；城镇化率每提升1个百分点，可吸纳1300多万农村人口进城，对日用品、住房、汽车、城镇公共服务和基础设施都会形成巨大需求[16]。

尽管如此，城镇化对中国经济增长的贡献是非常显著的，也是中国经济发展过程中不可避免的一环，可以说中国 30 多年经济增长的奇迹就是工业化和城镇化相互促进和发展的过程。城镇化通过要素在空间上的再配置，促进了实物资本和人力资本的快速积累，进而引致市场需求，形成经济增长的巨大动力。要素合理的再配置将有助于要素实现自身的比较优势，促进全要素生产率提升，进而带动经济增长方式转变；反之，不合理的、违背经济规律的要素流动将阻碍经济增长方式转变。那么，城镇化与中国经济增长方式有本质关系吗？如果有，势不可当的城镇化浪潮是促进还是阻碍了中国经济增长方式向集约型转变？给定城镇化和经济增长方式转变的重要性，这一问题的探索就非常有意义，如果城镇化阻碍了经济增长方式转变，则表明城镇化本就是粗放式经济增长的一种手段，要转变粗放的经济增长方式，首先需要转变粗放的城镇化模式。

二、经济增长的非参数分解

全要素生产率（TFP）的估算方法大致可归纳为三类：增长会计法、经济计量法和数据包络分析法。郭庆旺和贾俊雪（2005）又将增长会计法和经济计量法分为四类：代数指数法、索洛残差法、隐性变量法和潜在产出法，然而这四种方法都有不足①。相对而言，数据包络分析（DEA）法更为合理。不过，DEA 尽管可以客观地测算出 TFP 及其增长率（如曼奎斯特和伦伯格指数），但却难以直接测算出 TFP 对经济增长的贡献率，而正如董敏杰和梁泳梅（2013）指出的，"TFP 增长"和"TFP 贡献"并不等同。为此，本文在数据包络分析法和索洛残差法的基础上，给出 TFP 的测算方法，并测算 TFP 变动对经济增长的贡献率，同时也给出要素边际产出（MP）的计算方法。②

不失一般性，假设总量生产函数的一般形式为式（1）③。在投入要素中，除

---

① 代数指数法暗含资本、劳动之间完全可替代，且边际生产率恒定，缺乏合理性[30]；索洛残差法建立在新古典假设（完全竞争、规模收益不变、技术进步希克斯中性等）之上，前提条件太严格；隐性变量法也是基于生产函数的特殊假定，并容易低估 TFP 变动程度；潜在产出法建立在产出缺口估算的基础上，无论采用何种方法估算产出缺口，都存在误差[29]。归结起来，这些方法存在几个问题：首先，不同地区不同时期的产出弹性并非固定不变，在边际产出递减的规律下，往往是不断变化的；其次，众多文献以资本产出弹性（　）为资本的总收入份额，以劳动产出弹性（　）为劳动总收入份额，并给出，即郑玉歆[10]所谓的收入份额法，这并不准确；此外，索洛残差估计出的并非全要素生产率本身，而是其增长。

② 参数计量方法也可以得出自变量（投入要素）与因变量（产出）的偏相关系数，但是依据的是均值回归，不能完全区分个体和时间的差异，不能得出生产函数线（外包络线）上的边际产出。

③ 此公式来自于 1957 年提出的索洛模型，在国际国内得到广泛应用，纳德里（Nadiri）[31] 对此公式的基本条件和假设进行了论证。

了传统的资本和劳动外①，本文还引入能源消费，以突出我国经济增长的高能耗性。

$$Y = F(K, L, E, t) \tag{1}$$

式中，Y 为国民经济总产出（或者地区总产出）；K，L 和 E 分别为资本总投入、劳动投入和能源投入；t 表示时间，之所以有时间变量，是因为不同时期技术水平（A）不同，见式（2）。关于技术水平，大多数文献都给出了相同的假定，即技术进步的希克斯中性说，但希克斯中性的要求比较严格（这也是新古典经济增长理论被批判的众多原因之一），实际中，技术进步往往是物化在资本或劳动等要素中，例如，员工培训方法的进步使得劳动生产率更高，但并不影响资本生产率，可见希克斯中性难以满足。为此，本文不给出技术进步为希克斯中性的要求，也不要求生产函数满足规模报酬不变（CRS），甚至不给出任何限定。

$$Y_t = F(K_t, L_t, E_t, A_t) \tag{2}$$

根据求偏导数的链式法则，在式（2）左右两边同时对时间 t 求偏导数，则得到式（3），对式（3）进一步变形可得式（4）。

$$\frac{\partial Y_t}{\partial t} = F_K \frac{\partial K_t}{\partial t} + F_L \frac{\partial L_t}{\partial t} + F_E \frac{\partial E_t}{\partial t} + F_A \frac{\partial A_t}{\partial t} \tag{3}$$

$$\frac{\dot{Y}_t}{Y_t} = F_K \frac{K_t}{Y_t} \frac{\dot{K}_t}{K_t} + F_L \frac{L_t}{Y_t} \frac{\dot{L}_t}{L_t} + F_E \frac{E_t}{Y_t} \frac{\dot{E}_t}{E_t} + r_t = \alpha_K \frac{\dot{K}_t}{K_t} + \alpha_L \frac{\dot{L}_t}{L_t} + \alpha_E \frac{\dot{E}_t}{E_t} + r_t \tag{4}$$

在式（3）和式（4）中，表示在劳动、能耗和技术水平不变的条件下，资本变动对总产出的边际影响；F_L，F_E 和 F_A 的含义类似。在式（4）中，分别为资本、劳动和能耗的产出弹性，为索洛残值，也就是通常所谓的全要素生产率增长率，常常被解释成对技术进步贡献的度量和经济增长方式的衡量标准。

为了按照式（4）对经济增长率进行分解，首先需要计算各要素的偏导数。但是在不知道生产函数具体形式的情况下，这些偏导数难以估计得到，且不同地区、不同时间，这些偏导数各不相同。为此，本文引入函数 D(·)，令其满足式（5）。

$$A_t = D(K_t, L_t, E_t; Y_t) \tag{5}$$

函数 D(·) 即是全要素生产率的计算公式，根据前文对增长会计法和经济计量法不足的分析，本文采用非参数方法中的序列 SBM（S - SBM）模型，基于的原因是：①传统 CCR 和 BCC 模型，以及方向距离函数（DDF）都是径向模型，

---

① 就整个经济范围内的研究而言，所有基本的投入都可以划分为资本和劳动两大类[32]。

不能度量非射线上的冗余，于是可能高估技术（效率）水平；②SBM 模型与方向内生的 DDF 模型等价，因此可以排除方向设定形式带来的误差，相比其余模型而言更加合理和科学；③加入序列概念可以防止技术退化。具体而言，序列 SBM(S‑SBM) 模型的表达式为式（6）[①]。

$$\vec{D}^{t}(x,\ y;\ g^{x},\ g^{y}) = \max_{s^{x},s^{y}} \left\{ \frac{\left(\frac{1}{N}\sum_{n=1}^{N}\frac{s_{n}^{x}}{g_{n}^{x,t}} + \frac{1}{M}\sum_{m=1}^{M}\frac{s_{m}^{y}}{g_{m}^{y,t}} \right)}{2} : (x-s^{x},\ y+s^{y}) \in T \right\}$$

$$T = \left\{ \begin{array}{l} (x,y): \sum_{\tau=1}^{t}\sum_{i=1}^{I} z_{i}^{\tau} x_{in}^{\tau} + s_{n}^{x} = x_{n},\ \forall n \in N; \\[2mm] \sum_{\tau=1}^{t}\sum_{i=1}^{I} z_{i}^{\tau} y_{im}^{\tau} - s_{m}^{y} = y_{m},\ \forall m \in M; \\[2mm] \sum_{\tau=1}^{t}\sum_{i=1}^{I} z_{i}^{\tau} = 1;\ z_{i}^{\tau} \geq 0,\ \forall i \in I,\ \forall \tau;\ s_{n}^{x} \geq 0,\ \forall n;\ s_{m}^{y} \geq 0,\ \forall m \end{array} \right\}$$

$$(6)$$

在式（6）中，包含 N 种投入要素，M 种产出和 I 个决策单元（DMUs，本文为各省市），$(g_{n}^{x},\ g_{m}^{y}) = (x_{n},\ y_{m})$ 为方向向量，$\vec{D}^{t}$ 为 S‑SBM 方向距离函数值（无效率程度的度量），s 表示冗余，约束条件表示规模报酬可变，集合 T 为生产可行域。由于 S‑SBM 模型值是无效率的度量，所以可以令全要素生产率为：$\vec{D}^{t}$，见庞瑞芝和邓忠奇，将之带入式（5）得：

$$A_{t} = D(K_{t},\ L_{t},\ E_{t};\ Y_{t}) = 1 - \vec{D}^{t}(K,\ L,\ E,\ Y) \tag{7}$$

给定全要素生产率（技术）水平为，那么，根据的定义以及隐函数求导公式，于是有：

$$F_{K} = -\frac{\dfrac{\partial \vec{D}^{t}(K,\ \bar{L},\ \bar{E};\ \bar{Y})}{\partial K}}{\dfrac{\partial \vec{D}^{t}(\bar{K},\ \bar{L},\ \bar{E};\ Y)}{\partial Y}},\ F_{L} = -\frac{\dfrac{\partial \vec{D}^{t}(\bar{K},\ L,\ \bar{E};\ \bar{Y})}{\partial L}}{\dfrac{\partial \vec{D}^{t}(\bar{K},\ \bar{L},\ \bar{E};\ Y)}{\partial Y}},$$

$$F_{E} = -\frac{\dfrac{\partial \vec{D}^{t}(\bar{K},\ \bar{L},\ E;\ \bar{Y})}{\partial E}}{\dfrac{\partial \vec{D}^{t}(\bar{K},\ \bar{L},\ \bar{E};\ Y)}{\partial Y}} \tag{8}$$

在给定投入产出数据的条件下，式（8）中要素的偏导数（要素的边际产

[①] 式（6）的全称为"序列的并基于冗余的方向距离函数"，属于广义 DEA 的范畴，是广泛运用的一种非参数方法（常常被用来计算全要素生产率，如庞瑞芝和邓忠奇[38]），其求解过程需要用到数学优化软件。需要说明的是，式（6）的计算结果为无效率值，因此才有后文式（7）的变换。

出）可以计算得到①，记为，将之带入式（4）中，可得式（9）。

$$\frac{\dot{Y}_t}{Y_t} = \bar{F}_K \frac{K_t}{Y_t} \frac{\dot{K}_t}{K_t} + \bar{F}_L \frac{L_t}{Y_t} \frac{\dot{L}_t}{L_t} + \bar{F}_E \frac{E_t}{Y_t} \frac{\dot{E}_t}{E_t} + r_t \tag{9}$$

式（9）中，$\dfrac{\dot{Y}_t}{Y_t}$ 表示经济增长率，$\bar{F}_K \cdot \left(\dfrac{K}{Y}\right) \cdot \left(\dfrac{\dot{K}}{K}\right)$ 表示资本变动对经济增长

的贡献，$\bar{F}_L \cdot \left(\dfrac{L}{Y}\right) \cdot \left(\dfrac{\dot{L}}{L}\right)$ 表示劳动力变动对经济增长的贡献，$\bar{F}_E \cdot \left(\dfrac{E}{Y}\right) \cdot$

$\left(\dfrac{\dot{E}}{E}\right)$ 表示能耗变动对经济增长的贡献，r_t 表示 TFP 变动对经济增长的贡献。所以

式（9）是对经济增长率的分解，当经济增长主要依靠技术进步（较大）时，经

济增长方式是集约型；当经济增长主要依靠要素投入，尤其是能源投入（较大）

时，经济增长方式是粗放型。由于统计年鉴中数据都是离散的，所以不得不将式

（9）变换为离散形式，即式（10）：

$$\frac{Y_{t+1} - Y_t}{Y_t} = \tilde{F}_K \frac{K_t}{Y_t} \frac{K_{t+1} - K_t}{K_t} + \tilde{F}_L \frac{L_t}{Y_t} \frac{L_{t+1} - L_t}{L_t} + \tilde{F}_E \frac{E_t}{Y_t} \frac{E_{t+1} - E_t}{E_t} + r_t \tag{10}$$

在式（10）中，$\tilde{F}_K$ 表示从第 t 期到第 t + 1 期，在劳动（L）、能耗（E）和

技术（$1 - \tilde{D}_t$）不变的条件下，资本由 K_t 变到 K_{t+1} 所带来的产出变动;② $\tilde{F}_L$ 和 $\tilde{F}_E$

的含义类似。通过式（10）反解得到。为方便后文分析，将式（10）改写为式

（11）。G_K，G_L，G_E 和 r_t 分别为各种要素对经济增长的贡献；$\dfrac{G_K}{G_Y}$，$\dfrac{G_L}{G_Y}$ 和 $\dfrac{G_E}{G_Y}$ 分别

为资本贡献率、劳动贡献率和能源贡献率。

$$G_Y = G_K + G_L + G_E + r_t, \quad 1 = \frac{G_K}{G_Y} + \frac{G_L}{G_Y} + \frac{G_E}{G_Y} + \frac{r_t}{G_Y} \tag{11}$$

由于不同的加权方式会导致全国层面的要素贡献率出现差异，本文以各地区

实际 GDP 变动占全国整体 GDP 变动的比重为权重进行空间加权，原因如下：以

资本贡献率的加权为例，各省市资本变动对经济增长的贡献率为，全国整体资本

---

① 由式（8）可知，在现有技术水平下，要素的边际产出为两个偏导数之比；由影子价格的含义可
知，该偏导数即为式（6）最优时对应要素的影子价格，所以边际产出为影子价格之比。又因为，在求解
式（6）的优化问题时，影子价格可同时被求得，所以式（8）的计算过程比较简单。以资本的边际产出
（F_K）为例，先求出式（6）中资本（K）和产出（Y）的影子价格，将二者做比取负号即得 F_K。关于式
（6）中的影子价格，也可参见邓忠奇和徐佳宾[41]的碳价计算方法。

② 虽然广义上 S – SBM 模型也是一种函数，确切地说，是分段函数（不同的投入、产出数据对应不
同的最优基），所以把式（8）转化为离散形式后需要修正。具体而言，首先通过式（8）计算得到连续情
况下的边际产出，例如 $\bar{F}_K$，再通过数学软件进行调整（精确到小数点后三位）以得到 $\tilde{F}_K$；$\tilde{F}_L$，$\tilde{F}_E$ 也要进
行类似修正。

变动对全国整体经济增长的贡献率为，那么有：

$$\frac{G_K}{G_Y} = \frac{\sum_i \left[\tilde{F}_{K,i}(K_{t+1,i} - K_{t,i}) \right]}{Y_{t+1} - Y_t} = \sum_i \left[\frac{Y_{t+1,i} - Y_{t,i}}{Y_{t+1} - Y_t} \frac{\tilde{F}_{K,i} \cdot (K_{t+1,i} - K_{t,i})}{Y_{t+1,i} - Y_{t,i}} \right]$$

$$= \sum_i \left(\frac{Y_{t+1,i} - Y_{t,i}}{Y_{t+1} - Y_t} \frac{G_{K,i}}{G_{Y,i}} \right),$$

所以权重为 $\frac{Y_{t+1,i} - Y_{t,i}}{Y_{t+1} - Y_t}$。由以上分析可以看出，本文对经济增长进行分解时给定的前提假设较少，[①] 跳出了新古典增长理论的束缚，也借助非参数方法弥补了参数方法的不足，相对于代数指数法、新古典索洛残差法、隐性变量法和潜在产出法而言更加客观和准确。

三、经济增长方式测算结果

(一) 数据来源

本部分将用到我国 30 个省市[②] 1985～2012 年的面板数据，包括每一年 30 个省市的资本存量、从业人数、能耗和地区实际增加值，前三者为投入要素，地区实际增加值为产出。资本存量的估算方法为永续盘存法，由于永续盘存法估算资本存量时基年选择越早越好，故本文的资本存量从 1952 年开始估算，并以 1952 年价格为不变价格。实际 GDP 也以 1952 年为不变价格（S – SBM 模型满足单位不变性）。2008 年以前各省市的地区总产值指数、固定资产投资价格指数、名义固定资产投资额数据来自《新中国六十年统计资料汇编》，2008～2012 年的数据来自相应年份的《中国统计年鉴》。由于部分地区对 2008 年之前的数据有调整，如云南、江苏等地，所以当《新中国六十年统计资料汇编》中的数据与各省市2008 年之后公布的历史数据有冲突时，本文以后者为准。对于重庆和四川的资本存量，大部分文献合并在一起，本文将其分开，重庆和四川的基期（1952 年）资本存量的估算采用霍尔（Hall）和琼斯（Jones）的方法。海南 1978 年以前缺失了总产值指数，以广东的数据代替。劳动力投入以各地区就业人数度量，2008年以前数据来自《新中国六十年统计资料汇编》，2008～2012 年数据来自《中国

---

① 本文的前提假设只有一个，即生产函数由样本数据包络得出，相比其他外生给定生产函数形式的做法，这更符合实际。

② 西藏和港澳台地区由于数据不全而不在样本之列。

人口和就业统计年鉴》，部分省市缺失数据由 1986～2005 年地方统计年鉴获得。能源消费量来自《新中国六十年统计资料汇编》和《中国统计年鉴》，上海、山东和湖南缺失数据较多，查阅其 1985～2005 年地方统计年鉴获得。

（二）全要素生产率及其变动

根据前文对研究方法的介绍，将投入和产出变量带入规划方程（6）中，可以计算得到各省市在不同年份下的无效率值，按照式（7）将无效率值转化为效率值，即得到全要素生产率（TFP）。由于 S－SBM 模型与 DEA 的经典模型一样，测算的效率（无效率）是相对值（不同时期的参照不同），为了将不同年份的 TFP 进行纵向比较，此处将所有时期的前沿设定为一样，即以 30 个省市 28 年的投入产出数据来构造前沿面。具体而言，即将规划方程（6）中的 t 设为 28。各年份的全要素生产率及其变动情况如图 1 和图 2 所示。

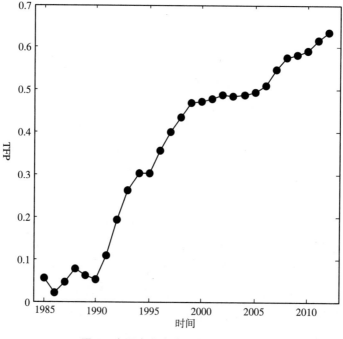

图 1   全要素生产率（1985～2012）

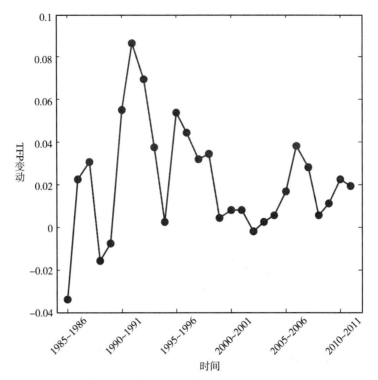

图 2　全要素生产率变动（1985～2012）

说明：全国的 TFP 以各省市 TFP 加权得到，权重为各省市的实际 GDP 占比；TFP 变动值是本年末 TFP 值减去上年末 TFP 值，与伦伯格（Luenberger）指数近似①，TFP 变动值小于 0 表明 TFP 降低，大于 0 表明 TFP 上升。

资料来源：将各省市投入产出数据代入式（6）进行计算，再将计算结果加总。

从图 1 可以看出，TFP 整体呈上升趋势，由 1985 年的 0.0556 上升到 2012 年的 0.6353，翻了 14 倍，年均增长 9%。1990 年以前 TFP 较低（位于 0.1 以下），呈震荡形态。20 世纪 90 年代是 TFP 快速上升的阶段，由 1990 年的 0.0521 上升到 2000 年的 0.4719，年均增长 25%。2000～2005 年，TFP 呈缓慢上升趋势，5 年仅增加了 0.0221，年均增长 1%。2006 年开始，TFP 又快速上升，年均增长 4%，这与该时段内政府的强刺激政策和宽松的财政、货币政策不无关系。尽管图 1 显示我国 TFP 变动的良好趋势，但是同世界其他国家相比，我国的全要素生产率水平仍然较低，如庞瑞芝（Pang）等利用 87 个样本国家进行测算，结果表明中国的 TFP 排第 79 位。

---

① 伦伯格指数以第 t 期和第 t + 1 期数据分别构造前沿面，然后对 TFP 变动进行算术平均；此处，本文以所有时期构造前沿面，与伦伯格指数比较接近（绝对数值有所差异，但相对大小和正负情况几乎一样）。

稳健性分析。由式（3）可知，要测算 TFP 变动对经济增长的贡献，TFP 自身变动（Λ/t）的测算极为关键，TFP 增长（$\Lambda/t>0$）是 TFP 贡献为正值的必要条件。为此，本文比较了 1985～2004 年索洛残差法、潜在变量法和非参数方法下的 TFP 变动情况，如图 3 所示。

从图 3 可以看出，尽管样本数据存在差异①，但本文测算出的 TFP 变动与郭庆旺和贾俊雪[29]利用索洛残差法和潜在变量法测算出的 TFP 变动值非常接近，尤其是在 1985～1995 年，可见本文对 TFP 及其变动值的测算方法较为稳健。但图 3 与联合国工业发展组织（UNIDO）和经合组织（OECD）对中国全要素生产率变动趋势的测算结果并不一致，这主要是因为 UNIDO 和 OECD 基于的是传统的索洛残差法和科布—道格拉斯型生产函数，而研究方法部分已经论述了此种方法的不足。由于 TFP 增长与其对经济增长的贡献不完全一致，而由要素驱动向技术驱动的转变才是转方式的内核，所以测算并解读 TFP 贡献率才是评价经济增长方式的关键，为此，本文利用前文的非参数方法对经济增长进行分解。

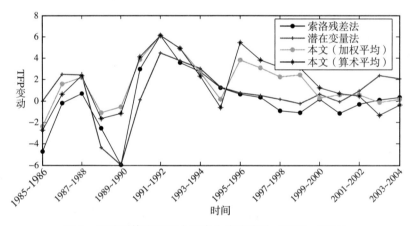

图3　四种测算方法下全要素生产率变动（1985～2004）

资料来源：索洛残差法和潜在变量法的数据来自郭庆旺和贾俊雪的表 1；本文测算出的省际 TFP 通过两种方式得到全国整体的 TFP，即加权平均和简单算术平均。

（三）要素贡献率测算结果

在前文的基础上，为测算要素投入对经济增长的贡献率，将各省市 1985～

---

① 一方面，本文的投入要素中包括能源投入，而郭庆旺和贾俊雪的投入要素仅仅是资本和劳动；另一方面，统计误差、加权方式、资本估算方法等因素也会造成数据本身的差异。

2012 年的投入产出数据带入式（6）～式（11）进行求解，得到各省市的要素贡献率，如表 2 所示。

表 2   1985～2012 年各省区市经济增长的要素贡献率

	对经济增长的贡献率			
	资本	劳动	能源	TFP
北京	0.3188	0.0670	0.0852	0.5290
天津	0.7312	0.0715	0.1429	0.0544
河北	0.5468	0.0166	0.1348	0.3019
山西	0.4256	0.0879	0.1113	0.3751
内蒙古	0.6638	0.0491	0.1201	0.1670
辽宁	0.7455	0.0297	0.1681	0.0567
吉林	0.5427	0.0141	0.2395	0.2038
黑龙江	0.4047	0.0295	0.2792	0.2866
上海	0.2622	0.0573	0.1725	0.5081
江苏	0.9351	0.0097	0.1920	− 0.1368
浙江	0.5915	0.0230	0.2002	0.1852
安徽	0.4312	0.0096	0.3911	0.1681
福建	0.6584	0.0430	0.4008	− 0.1022
江西	0.4472	0.0073	0.2625	0.2829
山东	1.4650	0.0296	0.3283	− 0.8228
河南	0.4511	0.0086	0.1271	0.4131
湖北	0.4150	0.0076	0.3101	0.2673
湖南	0.3653	0.0069	0.3879	0.2399
广东	0.3841	0.0172	0.1435	0.4553
广西	0.5733	0.0055	0.4313	− 0.0101
海南	0.5945	0.0654	0.3679	− 0.0278
重庆	0.7554	0.0043	0.3823	− 0.1420
四川	0.3281	0.0027	0.2954	0.3738
贵州	0.3323	0.0083	0.4380	0.2215
云南	1.1303	0.0216	0.2801	− 0.4320
陕西	0.5266	0.0071	0.3163	0.1499
甘肃	0.4734	0.0038	0.2689	0.2539
青海	0.6332	0.1410	0.1390	0.0869
宁夏	0.8950	0.1862	0.1250	− 0.2062
新疆	0.4843	0.1221	0.1452	0.2484
全国	0.6415	0.0326	0.2175	0.1084

资料来源：将各省区市 1985～2012 年的投入产出数据代入式（8），计算得到各省市各年的要素边际产出，再将调整后的边际产出代入式（10）和式（11），则得到各省市各年份的要素贡献率；对各年份的要素贡献率求加权平均得到本表数据。因篇幅所限，未将各省市各年的数据列出，如有需要请联系作者。

从表2可以看出，北京、上海和广东的经济增长由 TFP 增长拉动的份额较高，分别为 52.9%、50.8% 和 45.5%；而江苏、福建、山东、广西、海南、重庆、云南和宁夏的 TFP 贡献率较低，且为负值，这主要是由于这些地区的资本贡献率过高，江苏为 93.5%、福建为 65.8%、山东为 146.5%、广西为 57.3%、海南为 59.5%、重庆为 75.5%、云南为 113%、宁夏为 89.5%，资本投入虽然能增加经济总产出（因为资本的边际产出非负），但随着资本总量的不断增加，单位资本所创造的产出下降，而这种偏要素生产率的下降会被计入全要素生产率的变动中。从全国整体水平看，1985 ~ 2012 年实际 GDP 翻了 14.46 倍，其中由资本拉动的占 64.15%，由劳动力拉动的占 3.26%，由能源消耗拉动的占 21.75%，由全要素生产率（技术）拉动的占 10.84%，所以中国经济过去 30 年的增长主要源自资本拉动。这与文献 [1]、文献 [3] 和文献 [4] 的测算结果比较吻合，但与董敏杰和梁泳梅（2013）的测算结果有差异。事实上，董敏杰和梁泳梅的研究方法仅仅是基于指数的分解，并没有对要素进行控制，即没有暗含要素边际产出的概念，因此不够准确。山东和云南的资本贡献率大于1，表明资本可以创造出比实际产出更多的产出，而实际产出之所以没有被最大限度地创造，是因为资本冗余。因此，随着投入要素的不断增加，为了提升或保持现有的生产率，不得不提升技术水平，以减少要素冗余程度。

表2给出的是各地区的要素贡献率，为分析全国层面的整体情况，以各地区实际 GDP 变动占全国整体 GDP 变动的比重为权数对各省市的要素贡献率加权求和，可以得到全国层面的要素贡献率随时间的变动趋势，如图4所示。

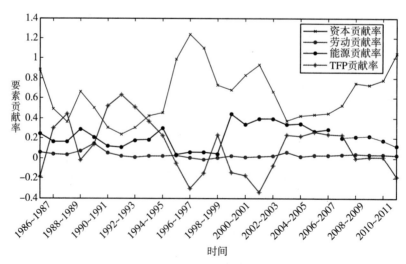

图4　要素对经济增长的贡献率（1985 ~ 2012）

从图 4 可以看出，我国经济增长主要来自资本拉动，尤其是 1995 年以后，资本对经济增长的贡献率基本维持在 50% 以上。其间，1998 年因亚洲金融危机的影响，资本贡献率大幅下降（由 1996～1997 年的 1.1 下降到 1997～1998 年的 0.73），近年来开始回升，2011～2012 年，资本的贡献率为 1.04，劳动和能源的贡献率分别为 0.028 和 0.12，而 TFP 的贡献率为 -0.19，表明整体上 2011～2012 年全要素生产率存在退步。2008～2009 年资本贡献率大幅提升（由 0.529 增加到 0.750），这可能与 2008 年政府出台的"四万亿"投资计划有关系，虽然大部分资金被投在了基础设施上，但基础设施建设的回收期较长，经济产出较低，且冗余建设、以新换旧等非生产性浪费增加，造成 TFP 下降。将图 4 数据与钱纳里等人[32]测算的发达国家历史数据相比，中国的 TFP 贡献率还非常低。

从 1999 年开始，能源贡献率一直呈下降趋势，1999～2000 年能源的贡献率为 0.440，2011～2012 年能源的贡献率为 0.120，下降了 72.8%。由此可见，21 世纪以来，我国政府生态环境建设的成效比较明显。1985～2012 年的整个区间内，劳动对经济增长的贡献率都较低，最高一年（1989～1990 年）也仅有 14.8%；除此以外，基本都在 5% 以下。劳动贡献率是在劳动生产力不变的前提下计算得出，仅仅是劳动力数量增长对经济增长的贡献，而一个国家或地区劳动力数量的增长是极为有限的，即便是通过城镇化手段，也不可能像资本和能源一样大幅度地追加投入；不过城镇化可以促进劳动力转移以便人尽其用、进而提升劳动生产力。总之，样本期间的数据显示，我国经济增长方式依旧粗放，主要依靠要素拉动尤其是资本拉动，并且未见扭转趋势。

四、城镇化与经济增长方式

（一）数据来源与描述性统计

在经济增长分解（见表 2）的基础上，本部分探讨城镇化对经济增长方式的影响。计算城镇化率所需数据来自各省市统计年鉴和《新中国六十年统计资料汇编》，因 1999 年统计口径调整，并且 2005 年后调整为常住人口，本文以城镇人口或非农人口占比计算城镇化率。① 工业化率以各地区工业增加值②占 GDP 的比

---

① 统计口径调整前，各地的城镇化率非常高，以重庆为例，1995 年城镇化率就已经达到 94.1%（来自《重庆统计年鉴（1996）》），调整统计口径后的城镇化率与调整统计口径前的非农人口占比较为接近。
② 统计年鉴中，将第二产业区分为工业和建筑业，本文仅取工业，而非第二产业。

重度量，服务业占比以服务业增加值占 GDP 的比重度量，数据来自《新中国六十年统计资料汇编》和《中国统计年鉴》。城镇化（工业化）速度以本年末城镇化率（工业化率）减上年末城镇化率（工业化率）度量。描述性统计如表3所示，从表3可以看出样本期间城镇化率平均水平为37%，工业化率平均水平为38%，服务业占比平均水平为36%。此外，回归分析还将用到一些控制变量，有关数据来源将在后文给出。

表3   主要变量描述性统计（1985~2012）   单位：%

变量名	平均值	标准差	最小值	最大值	变量名	平均值	标准差	最小值	最大值
城镇化率	0.3706	0.1720	0.1140	0.8930	工业化速度	0.0014	0.0181	-0.0746	0.0635
城镇化速度	0.0098	0.0312	-0.1189	0.1746	服务业占比	0.3609	0.0772	0.1789	0.7607
工业化率	0.3790	0.0870	0.1134	0.6666	服务业化速度	0.0059	0.0174	-0.0544	0.1215

（二）城镇化与全要素生产率

提高全要素生产率是中国经济持续又好又快发展的根本问题，是转方式的关键。一般而言，城镇化有助于提升产业规模效应、集聚效应和协同效应等，进而提升整体经济的效率水平（全要素生产率）。如卢卡斯所说，城市是增长的发动机，创新孵化、精湛技能的培育，无不在城市进行。只有在城市当中，通过人和人之间的面对面的交流与冲击，才能产生新的思想、新的概念和新的产业，因此，城镇化进程促进 TFP 增长具有理论基础。不光如此，生产率的提升也能促使城市规模扩大，进而与城镇化形成良性循环。从图5可以看出，城镇化水平与 TFP 之间的确存在正相关性（皮尔森相关系数为0.372，且在0.1%的显著性水平下显著），然而城镇化速度与 TFP 和 TFP 变动并没有显著正相关性。

从图5可以看出，城镇化水平对 TFP 有一定程度的促进作用，但对 TFP 变动的作用不明显，城镇化速度对 TFP 和 TFP 变动的影响都不甚明显。由此可以粗略看出，中国过去30年的数据表明城镇化促进了全要素生产率提升，而快速城镇化并没有促进全要素生产率加速提升。原则上，如果城镇化水平能促进 TFP 增长，则加快城镇化进程也将促进 TFP 增长加快。然而我国城镇化方式的粗放性使得资本和能源投入在城镇化进程中大幅增加，以至于投入产出效率的增幅日渐平缓,进而 TFP 增长率下降,这也是党的十八大以来着重强调走新型城镇化道路、着力提高城镇化质量的主要原因。此外,科恩等人(Koen et al.,)的分析还显示中国的城市规模与城市 TFP 之间的相关性也不明显,因此中国城镇化对生产率的带动作用还存在很大的改善和提升空间,那么在新型城镇化建设中,就应当充分带动产业协同和技术创新,形成创新驱动,将城镇化对效率的促进作用最大限度地发挥出来。

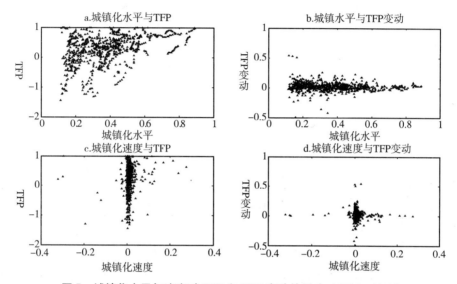

图 5　城镇化水平与速度对 TFP 和 TFP 变动的影响(1986~2012)

资料来源:将 1985~2012 年各省市投入产出数据代入式(6),计算得到各省市的 TFP 值,TFP 的一阶差分即为 TFP 变动(差分后损失掉 1985 年的数据)。这里以 28 年的数据构造前沿,所以 TFP 及其变动值可以进行跨期比较[43]。

(三)城镇化与 TFP 贡献率

城镇化带动经济增长已被学界广泛认同,但城镇化是否带动了中国经济增长方式转变却尚未解答。经济增长方式的核心是 TFP 贡献率的高低,为了明确城镇化与 TFP 和 TFP 贡献率之间的关系,应当有严谨的计量分析(图 5 仅是简单的相关性分析)。为此,以下部分以计量方法分析城镇化对 TFP 和经济增长方式的影响,以明确城镇化水平和速度能否促进我国经济增长方式转变,回归结果如表4 所示。根据钱纳里发展模型,工业化水平和城镇化(城市化)水平密切相关,因此表 4 中以工业化率、工业化速度、服务业占比和服务业占比的增长速度为控制变量,详见简新华和黄锟的研究。

表4 TFP 和 TFP 贡献率的影响因素分析

变量	全要素生产率（TFP）				TFP 对经济增长的贡献率			
	随机效应	GLS1	GLS2	PCSE	随机效应	GLS1	GLS2	PCSE
城镇化水平	− 0.007	0.175 ***	0.059	0.253	− 1.053 *	− 1.243 ***	− 0.764 ***	− 1.263 *
城镇化速度	0.029	0.117 ***	0.017	0.129	− 1.914	− 1.622 ***	− 0.918 *	− 1.639
工业化水平	1.886 ***	0.802 ***	1.663 ***	1.328 ***	0.286	1.188 ***	0.922 *	1.142
工业化速度	0.976	0.101 ***	0.663 ***	0.466 *	3.787	3.715 ***	1.280	3.695 *
服务业化水平	2.902 ***	1.396 ***	2.334 ***	2.222 ***	1.557 *	1.721 ***	1.953 ***	1.767 *
服务业化速度	1.449 *	0.308 ***	0.957 ***	0.867 ***	4.061	2.575 ***	2.118 *	2.522
截距项	− 1.519 ***	− 0.145 ***	− 1.232 ***	− 1.197 ***	− 0.147	− 0.465 ***	− 0.585 **	− 0.457

注：*** 代表显著性水平 < 0.01， ** 代表显著性水平 < 0.05， * 代表显著性水平 < 0.1。

说明：随机效应一列是利用随机效应模型估计得到；GLS1 一列是利用广义最小二乘法估计得到，并且同时考虑了异方差和自相关；GLS2 一列也是利用广义最小二乘法估计得到，但只考虑了异方差；PCSE 一列是利用面板修正的标准误差估计得到。

资料来源：将 1985～2012 年各省市投入产出数据代入式（6），计算得到各省市的 TFP 值，TFP 的一阶差分即为 TFP 变动。自变量来源见"数据来源与描述性统计"部分。

通过豪斯曼检验识别随机效应模型和固定效应模型，统计量为 0.49，P 值为 0.998，故以随机效应模型更为恰当；通过 F 检验识别随机效应模型和混合效应模型，统计量为 5 890.5，P 值小于 0.001，故以随机效应模型更为恰当。又根据图 5，可以明显看出数据的异方差现象，而且样本是 27 年的省际面板数据，所以也极有可能存在自相关。为处理异方差和自相关的影响，表 4 给出了两种方法：一种是广义最小二乘法（GLS）；另一种是面板修正的标准误差（Panel - Corrected Standard Error，PCSE）模型。从表 4 看出，除随机效应模型外，城镇化水平和速度的确在一定程度上促进了全要素生产率。在 GLS1 下，城镇化水平每提升 1 个单位，TFP 提升 0.175 个单位；城镇化速度每提升 1 个单位，TFP 提升 0.117 个单位。然而，不管是城镇化水平还是城镇化速度均在一定程度上阻碍了 TFP 贡献率（在四种方法下系数估计值均为负值），这存在两个原因：其一，城镇化对经济增长的贡献也存在边际报酬递减的规律，在城镇化水平较低时，通过城镇化能较大程度地提升产业规模效应，促进资本和人力的有效利用，进而促进

TFP 快速提升，但当城镇化水平达到一定程度后，再提升城镇化率，则会造成资源的冗余、浪费，反而对 TFP 的促进力度有限。其二，我国城镇化进程的粗放性，尤其是高能耗和资本拉动型经济增长，从表 2 中 1985～2012 年要素对经济增长的贡献率看，资本贡献率占到 64%，能耗贡献率占到 22%，劳动和 TFP 增长的贡献率只占到 3% 和 11%，可见城镇化在促进经济增长的同时，也大幅度地促进了投入要素的增加，相互叠加的结果是城镇化速度的加快反而不利于 TFP 增长。

表 4 通过四种方法分析了城镇化、工业化和服务业化对全要素生产率和全要素生产率贡献率的影响，除随机效应模型外，其余三种模型的估计结果在系数符号和系数相对大小上一致，尤其是 GLS1 和 PCSE 的估计结果比较接近。以下以 GLS1（同时考虑异方差和自相关的 GLS）对 TFP、TFP 变动、资本贡献率、劳动贡献率、能耗贡献率和 TFP 贡献率的影响因素进行分析，结果如表 5 所示。考虑到可能遗漏了相关变量而导致估计系数有偏①，本文也加入新的控制变量进行稳健性分析，结果如表 6 所示。表 6 中新引入的控制变量包括以下几类：①地区实际增加值和人均地区实际增加值，这两项主要衡量地方的经济发展水平，因为经济发展水平直接制约了城镇化进程所处的阶段②。此外，地区实际增加值和人均地区实际增加值的引入也可以缓解结构断裂出现的可能性；本文以 1992 年为假象断点进行结构检验，斜率项未见显著的结构断裂。②全要素生产率，主要衡量地区的技术水平，技术水平作为重要的内生变量，可以部分缓解内生性带来的偏误。③泰尔指数，主要衡量各地区城乡收入差距，其计算公式详见王少平和欧阳志刚的研究，考虑到中国城乡二元经济特点，农村物价水平与城市大不相同，因而单纯采用收入水平的差异来度量收入公平性并不合理，故而本文在计算泰尔指数时采用的城乡收入均为实际收入（即分别以城乡消费者价格指数对收入进行调整）。④人均工资，主要衡量地区工资水平。⑤地方财政支出占地区增加值的比重、建筑施工面积，这两项主要衡量地方的财政扩张和土地扩建程度，类似的研究详见中国经济增长前沿课题组。⑥东、西部地区的虚拟变量（中部地区为参照组），考虑到空间异质性，不同区域也可能出现固定效应，因此加以控制。以上

① 本文以"城镇化水平"和"城镇化速度"为"兴趣变量"，当遗漏的控制变量与城镇化水平（或速度）相关时会存在内生性问题，进而导致兴趣变量的估计系数有偏。因此，本文寻找控制变量的原则是：既是 TFP 贡献率的影响因素，又与城镇化水平（或速度）相关。

② 发达地区如北京、上海、广州等已进入城镇化的第二阶段（分散阶段），并且一些城市也出现了绅士阶层置换城市中心人口（第三阶段）的现象，而绝大多数中西部地区尚处在第一阶段（集中阶段）。由此可见，中国城镇化在同一时期呈现出多种发展阶段并存的特点，而发展阶段主要与经济发展水平相关。

控制变量的数据来自《中国统计年鉴》《中国人口和就业统计年鉴》以及《新中国六十年统计资料汇编》。

表5   城镇化对 TFP 和要素贡献率的影响

变量	全要素生产率	TFP 变动	资本贡献率	劳动贡献率	能耗贡献率	TFP 贡献率
城镇化水平	0.175 ***	− 0.131 ***	0.920 ***	0.179 ***	0.250 ***	− 1.243 ***
城镇化速度	0.117 ***	− 0.124 ***	0.655 ***	0.078 ***	0.940 ***	− 1.622 ***
工业化水平	0.802 ***	0.161 ***	0.107 **	− 0.485 ***	− 1.157 ***	1.188 ***
工业化速度	0.101 ***	0.095 ***	− 1.336 ***	− 1.067 ***	− 0.864 ***	3.715 **
服务业占比	1.396 ***	0.153 ***	− 1.206 ***	− 0.546 **	− 0.343 ***	1.721 ***
服务业化速度	0.308 ***	− 0.082 ***	− 0.967 ***	0.517 ***	− 2.360 ***	2.575 ***
截距项	− 0.145 ***	− 0.046 ***	0.658 ***	0.384 ***	0.722 ***	− 0.465 ***

注：*** 代表显著性水平 < 0.01，** 代表显著性水平 < 0.05，* 代表显著性水平 < 0.1。
说明：本表估计方法为 GLS，且同时考虑了异方差和自相关问题。

从表5可以看出，工业化和服务业化更大程度地促进了全要素生产率对经济增长的贡献率，而城镇化更大程度地促进了资本和能耗对经济增长的贡献率。从对全要素生产率的促进作用看，服务业占比对 TFP 的促进作用最为明显（系数为 1.396），其次是工业化水平（系数为 0.802），促进作用最小的是工业化速度（系数为 0.101）。从对经济转型的促进（阻碍）作用看，工业化水平（1.188）、工业化速度（3.715）、服务业占比（1.721）和服务业化速度（2.575）有助于经济增长方式转变，但城镇化水平（− 1.243）和城镇化速度（− 1.622）阻碍了经济增长方式转型。总体而言，我国工业化和服务业化进程相对集约，而城镇化进程相对粗放，因而在城镇化进程中提升资源利用效率，避免资本和能耗的大量投入十分迫切。不转变城镇化的粗放模式，而期望以城镇化手段促进经济增长方式转变不仅不可持续，也不实际。当然，转方式会经历一个"短痛"的过程（由表2可知，转方式可能抑制山东、云南等地的经济增长速度），因而许多省市流露出"转得慢"、"转得难"现象也就不足为奇。不过转变城镇化模式则是一条捷径，只要能使城镇化建设集约、协调、稳健和可持续，则转方式、调结构和保增长就能够水到渠成。

表6　　　　　　　　　　城镇化对 TFP 贡献率的影响

变量	模型 1	模型 2	模型 3	模型 4	模型 5	模型 6	模型 7
城镇化水平	-1.240 **	-1.214 **	-1.143 **	-1.706 **	-1.364 **	-1.489 **	-1.428 ***
城镇化速度	-1.639 *	-1.557	-1.562	-1.796 *	-1.736 *	-1.670 *	-1.627 ***
工业化水平	1.116	1.530	1.497	1.753 *	1.354	1.485	1.405 ***
工业化速度	3.684 **	3.663 **	3.627 **	2.981 *	2.864	2.637	2.406 ***
服务业占比	1.796 **	2.054 ***	2.201 ***	3.290 ***	3.237 ***	3.295 ***	3.152 ***
服务业化速度	2.557	2.609	2.852	1.640	1.713	1.735	1.670 **
地区实际增加值		-0.000	-0.000	-0.000			
人均实际增加值		0.082	0.082	0.005	-0.105	-0.083	-0.061 *
全要素生产率			-0.100	-0.131	-0.154 *	-0.051	-0.040
泰尔指数				-3.441 ***	-3.045 **	-3.676 ***	-3.540 ***
地区平均工资				0.000	0.000	0.000	0.000 **
地方财政支出占比					-1.010	-1.851 *	-1.613 ***
建筑施工面积						0.000	-0.000 ***
东部地区						-0.301 ***	-0.296 ***
西部地区						-0.019	-0.026 *
截距项	-0.467 *	-0.673	-0.711 *	-0.666	-0.502	-0.266	-0.237 ***

注：*** 代表显著性水平 <0.01，** 代表显著性水平 <0.05，* 代表显著性水平 <0.1。
说明：模型 1~7 的自变量均为 TFP 贡献率，模型 1 为参照模型，模型 7 以 GLS 估计，模型 1~6 以 PCSE 估计，两种方法的估计结果类似（因篇幅有限具体结果没有给出）。

从表6可以看出，城镇化水平和城镇化速度的估计系数均为负值（城镇化速度对应系数的估计值更低），且基本显著，表明样本期间城镇化阻碍了 TFP 贡献率的提升，不利于经济增长方式转变，这印证了表5的结论，因此不管如何引入控制变量本文的主要结论相对稳健。表6中工业化水平（速度）和服务业化水平（速度）的估计系数均为正值，表明工业化和服务业化相对集约，这也与表5的结论一致。此外，模型 4~7 中泰尔指数的估计系数为负值且高度显著（位于 -3~-4 之间），表明城乡收入差距过大不利于经济增长方式转变，这与经验判断和已有文献的研究结论一致。地方财政支出占比的估计系数为负值（且在模型6和模型7中显著，分别为 -1.851 和 -1.613），表明财政扩张也不利于经济增长方式转变，这是因为城镇化伴随的财政扩张主要是土地财政[20]，将进一步导致资本和能源贡献率的提升，而不利于经济集约发展。表6中东、西部地区对应虚拟变量的估计系数为负值，表明中部地区的经济增长方式相对集约。综合表4、表5和表6的结论，可以得出样本期间中国城镇化模式较为粗放的结论。

五、本文结论

经济新常态下，转方式、调结构和保增长成为经济发展的着眼点，然而我国提了近30年的转变经济增长方式却收效甚微，为探索其背后的深层次原因，本文借助方法创新对1985~2012年中国经济增长方式进行客观测算，并对经济增长方式的影响因素进行了计量分析。方法创新主要体现在三个方面：第一，摒弃了新古典经济增长理论的诸多假设，不要求生产函数满足规模报酬不变，不施加技术进步的希克斯中性。第二，借助非参数方法跳出了参数回归的局限性（即均值回归），因此可以处理个体样本的异质性。第三，给出了要素边际产出（产出弹性）的非参数计算公式，该公式也可直接运用到微观样本，在新实证产业组织领域具有实际意见。

从全国整体水平看，在1985~2012年实际GDP翻了14.46倍，其中由资本拉动的占64.15%，由劳动力拉动的占3.26%，由能源消耗拉动的占21.75%，而由全要素生产率拉动的仅占10.84%。可见，"增长奇迹"的背后资本和能源投入是极大的。从各省市看，北京、上海和广东的经济增长方式相对集约，经济增长由全要素生产率增长的贡献较高，分别占到52.9%、50.8%和45.5%；而江苏、福建、山东、广西、海南、重庆、云南和宁夏的TFP贡献率较低，这主要是由于这些地区的资本贡献率过高。从计量分析结果看，相比工业化和服务业化而言，城镇化更大程度地促进了资本和能源投入的大幅度增加，因此以往的城镇化没有起到促进经济增长方式转变的作用。那么，在经济新常态的当下，转变经济增长方式重在转变城镇化模式，因为城镇化是抓手，城镇化的集约有助于扩大内需和调整需求结构，进而"倒逼"转方式。

转方式是经济新常态下的关键，而以新型城镇化模式引导资源优化配置又是转方式的关键，因而转变城镇化模式，将新型城镇化的"新型"二字落到实处是关键之关键。这就需要做到：首先，新型城镇化与工业化、信息化和农业现代化协调互动，避免粗放的"摊大饼"模式，以新型城镇化带动三次产业的优化，带动效率水平的提升。只有效率水平不断提升，经济才可能实现集约发展。其次，城镇化需要结合产业结构的优化升级，充分引导失地农民向产业工人转变，避免单纯为了增加城镇化率而进行的土地城镇化。有无产业支撑是农民变为市民以后能否适应社会，以及城镇能否繁荣的关键；城镇化可以促进人口的集中，应当充分利用这一优势促进经济的繁荣和产城融合，而不应盲目建设所谓的"鬼城"、"卧城"。再次，根据新型城镇化的总体要求节约、集约利用资源，避免要素尤其是资本和能源的大量投入和粗放使用。这不仅仅是转方式的内在要求，也是人与自然协调发展和建设美丽中国的内在要求。最后，正如诺贝尔奖得主库兹涅茨（Kuznets，2005）所说"农村比城市存在较高的人口自然增长率和较低的就业机会增长率之间的冲突，进而导致了国内移民[1]，此国内移民是由经济生产的结构变化所引起的并与之相适应的结果"，因此城镇化需要不断调整模式以适应经济发展的需要，而非调整经济结构来适应城镇化。

参考文献：

OECD. Economic Surveys：China 2013 ［R］. OECD publishing，2013.

董敏杰，梁泳梅：《1978～2010 年的中国经济增长来源：一个非参数分解框架》，载于《经济研究》2013 年第 5 期。

王小鲁：《中国经济增长的可持续性与制度变革》，载于《经济研究》2000年第 7 期。

G. Chow，A. Lin. Accounting for Economic Growth in Taiwan and Mainland China：A Comparative Analysis ［J］. *Journal of Comparative Economics*，2002，30 （3）.

西蒙·库兹涅茨：《各国的经济增长》，商务印书馆出版 2005 年版。

R. M. Solow. A Contribution to the Theory of Economic Growth ［J］. *Quarterly Journal of Economics*，1956，70 （1）.

郑玉歆：《全要素生产率的测算及其增长的规律——由东亚增长模式的争论谈起》，载于《数量经济技术经济研究》1998 年第 10 期。

M. F. Quaas，S. Smulders. Brown Growth，Green Growth，and the Efficiency of Urbanization ［J］. *CESifo Working Paper*，2012.

辜胜、李华、易善策；《城镇化是扩大内需实现经济可持续发展的引擎》，载于《中国人口科学》2010 年第 3 期。

---

[1] 西蒙·库兹涅茨所谓的国内移民即城镇化。

M. Abramvitz. Resource and Output Trends in the United States since 1870 [J]. *American Economic Review*, 1956, 46.

G. S. Olley, A. Pakes. The Dynamics of Productivity in the Telecommunications Equipment Industry [J]. *Econometrica*, 1996, 64 (6).

郭庆旺、贾俊雪:《中国全要素生产率的估算: 1979~2004》, 载于《经济研究》2005 年 6 月。

D. W. Caves, L. R. Christensen, W. E. Diewart. The Economic Theory of Index Numbers and Measurement of Input, Output and Productivity [J]. *Econometrica*, 1982, 50.

M. I. Nadiri. Some Approaches to the Theory of Measurement of Total Factor Productivity: A Survey [J]. *Journal of Economic Literature*, 1970, 8 (12).

郑京海、胡鞍钢、Arne Bigsten:《中国的经济增长能否持续?——一个生产率视角》, 载于《经济学(季刊)》2008 年第 3 期。

H. Fukuyama, W. L. Weber. A Directional Slacks-based Measure of Technical Inefficiency [J]. *Socio – Economic Planning Sciences*, 2009, 43.

R. Färe, S. Grosskopf, G. Whittaker. Directional Output Distance Functions: Endogenous Directions Based on Exogenous Normalization Constraints [J]. *Journal of Productivity Analysis*, 2013, 40 (3).

V. Shestalova. Sequential Malmquist Indices of Productivity Growth: An Application to OECD Industrial Activities [J]. *Journal of Productivity Analysis*, 2003, 19.

R. D. Banker, A. Charnes, W. W. Cooper. Some Models for Estimating Technical and Scale Inefficiencies in Data Envelopment Analysis [J]. *Management Science*, 1984, 30.

R. Hall, C. Jones. Why Do Some Countries Produce So Much More Output per Worker than Others? [J]. *Quarterly Journal of Economics*, 1999, 114 (1).

R. Pang, Z. Deng, J. Hu. Clean Energy Use and Total-factor Efficiencies: An International Comparison [J]. *Renewable and Sustainable Energy Reviews*, 2015, 52.

郑玉歆:《全要素生产率的测度及经济增长方式的 "阶段性" 规律——由东亚经济增长方式的争论谈起》, 载于《经济研究》1999 年第 5 期。

UNIDO. Productivity Performance in Developing Countries: Country Case Studies, People's Republic of China [R]. Austria: UNIDO publishing, 2005.

OECD. Economic Surveys: China 2005 [R]. China: OECD publishing, 2005.

K. Desmet，E. Rossi – Hansberg. Urban Accounting and Welfare ［J］. *American Economic Review*，2013，103（6）.

V. Koen. Policies for Inclusive Urbanization in China ［R］. OECD Economics Department Working Papers，No. 1090，2013.

（本文原载于《经济理论与经济管理》2015 年第 12 期）

劳动力与消费者"分离式"城镇化

——劳动过剩经济体的全球化现象还是中国特色问题

宋 立[*]

城镇化水平偏低，城镇化明显落后于工业化被认为是我国城镇化存在的主要问题，也是我国经济发展不平衡、不协调的重要表现之一。有些学者甚至认为，我国的城镇化是伪城镇化。不可否认，我国的确存在城镇化落后于工业化的情况。但客观来看，人口城镇化明显滞后于劳动力工业化是一个世界性的普遍现象。我国城镇化真正存在的问题，不是城镇化落后于工业化，而是人口城镇化或者说消费者城镇化落后于劳动力城镇化。正确认识我国作为劳动过剩经济体在全球化背景下实现城镇化的新特点，无论是对于认识评价我国的城镇化进程、方向，并规划今后的发展前景均具有十分重要的意义。

一、人口城镇化落后于劳动力工业化是世界性普遍现象而非中国问题

从城镇化动力角度来看，可以说现代意义上的城镇化是工业化的结果，包括劳动力和非劳动人口在内的人口城镇化在很大程度上是劳动力工业化的结果——劳动力城镇化是劳动力工业化的直接结果，非劳动人口城镇化则是劳动力工业化的间接或伴生结果。从理论上来说，与传统手工业等分散分布不同，制造业等现代非农产业具有向城镇和园区集中等集聚化发展特点，因此，劳动力工业化必然伴随相当程度的劳动力自身的城镇化以及作为其家属的非劳动人口的城镇化，两个虽然不完全同步、但存在明显连带和因果关系的互动过程。由于农村非农产业广泛存在，劳动力的城镇化与劳动力的工业化并不必然一致，而是存在一定的缺

---

　　* 宋立，国家发展和改革委员会经济研究所副所长、研究员，中国社会科学院研究生院投资系教授、硕士研究生导师，中国人民大学中国改革和发展研究院兼职教授、博士生导师。

口，城镇化往往相对滞后于工业化进程。以非农产业就业比例来衡量的劳动力工业化水平[1]，高于以城镇人口比例来衡量的劳动力城镇化水平，以及包含劳动力和非劳动人口在内的人口城镇化水平具有一定的必然性和普遍性。

（一）我国存在明显的人口城镇化落后于劳动力工业化现象

改革开放以来，随着农村进而城市改革的逐步深入，我国出现越来越明显的劳动力再配置现象，劳动力工业化步伐逐步加快，劳动力城镇化以及由此带动的人口城镇化进程也随之加快。1980～2011 年，我国劳动力非农产业就业比重从31.3%提高到了65.2%，平均每年提高1.13 个百分点[2]。同期我国城镇人口比例从19.4%提高到了50.5%，平均每年提高1.04 个百分点。从这个意义上可以说，我国人口城镇化落后于劳动力工业化14.7 个百分点，每年平均近0.1 个百分点。[3] 从近年的变化趋势来看，非农产业就业比重与城镇人口比重的差距有所缩小。如果单从我国情况孤立地看，也许可以说人口城镇化落后于劳动力工业化是我国城镇化发展过慢的标志，是我国城镇化进程面临的一个明显问题。但如果从更大的范围来看，则可能会发现一些共同现象，很难将其归结为中国的特殊问题。

（二）各国非农产业就业比例高于城镇人口比例具有普遍性

从世界范围来看，一方面人口城镇化比例与劳动力工业化（非农产业就业）比例呈现比较明显的同步变化趋势（参见图1）；另一方面农村非农产业的存在使得劳动力的工业化程度往往高于劳动力的城镇化程度。无论作为发展中经济体的东亚与太平洋地区国家组，还是作为发达经济体的北美、欧盟、欧元区高收入国家及经济组合组织国家组，非农产业就业比例均高于城镇人口比例，存在明显的城镇化—工业化缺口。欧洲地区国家组的非农产业就业比例与城镇人口比例之差平均在20%以上[4]，北美、经济组合组织和高收入国家组基本上在15%～17%。

---

① 衡量城镇化与工业化的缺口，存在城镇化率与非农产业产值比例之差和城镇化率与非农产业就业比例之差两种办法，实际上城镇化率属于人口指标，非农产业产值比例或工业产值比例属于产值指标，因为不同产业的资本与劳动配比关系不同，即对劳动力吸纳程度不同，直接将两个不同类型的指标进行比较并不科学，因此，本文采用以城镇化率与非农产业就业比例之差作为城镇化与工业化缺口指标。

② 除非特别说明，本文讨论中国问题时所用的中国经济数据均来源于 CEIC 数据库。

③ 2012 年我国城镇化率为52.57%，按照所谓城市化"S"发展轨迹，我国1994 年开始进入城镇化加速阶段。即便是按照户籍人口城镇化指标来衡量，我国在2004 年进入城镇化加速阶段，二者相差10 年时间。

④ 除非特别说明，本文在进行国际比较时所应用数据均出自世界银行数据库。受种种客观因素限制，有些国家的数据并未更新到2012 年最新数据，我们进行比较时将各国家组数据截至比较齐全的2009 年。

只有中高等收入国家组比较低，保持在 10% 左右。从变化趋势来看，不同统计口径的欧洲国家组均在"稳定略升"中呈现趋同趋势，经济合作组织和高收入国家组呈现平稳下降趋势，包括亚洲在内的其他国家组在波动中趋于上升。可以说非农产业就业比例高于城镇人口比例、人口城镇化落后于劳动力工业化具有一定的普遍性和必然性，是工业化、城镇化过程中的一个世界性现象，而不单纯是中国经济社会发展"不协调"的特殊问题。

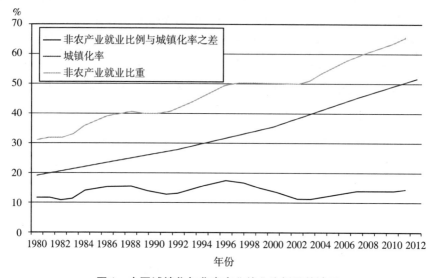

图1　中国城镇化与非农产业就业比例及其缺口

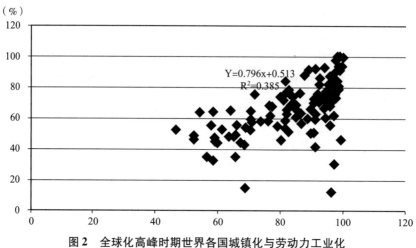

图2　全球化高峰时期世界各国城镇化与劳动力工业化

（三）我国城镇化与工业化缺口与东亚国家组平均值基本相当

我国城镇化与工业化缺口，即非农产业就业比例与城镇人口比例之差，目前处于波动中趋升状态，尚未达到稳定或趋降状态。从国际比较来看，我国城镇化

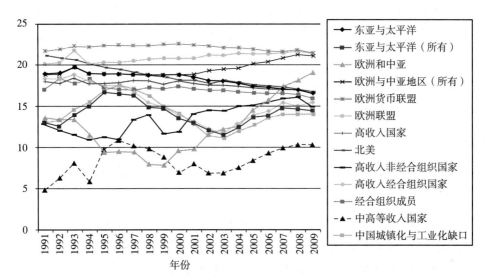

图3　世界各国家组城镇化与非农产业就业比重化缺口变化趋势

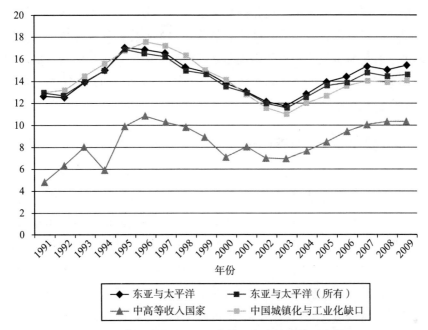

图4　我国城镇化—工业化缺口与东亚国家组比较

与工业化缺口虽然高于世界最低的中高等收入国家组平均水平，但明显低于北美、欧洲和高收入等发达国家组，与东亚国家组（包括东亚所有国家和东亚发展中国家两个组别）走势基本一致、水平大致相当。从变化趋势来看，我国城镇化与工业化缺口与中高等收入国家组基本一致。从这个意义上来说，我国的城镇化基本符合东亚国家城镇化的一般规律。当然，我国的人口城镇化与其他国家的人口城镇化存在一定的制度性差异，我国城镇化与工业化缺口具有与其他国家不同的含义。

二、劳动力城镇化与人口城镇化分离或为全球化现象更是中国问题

从经济学角度来看，城镇化过程包括劳动力的城镇化和消费者的城镇化两个方面。完整的人口城镇化，既包括农村转移人口作为劳动力的城镇化（伴随劳动力工业化）过程，也包括转移人口作为消费者的城镇化（劳动力的市民化）过程；既包括转移人口本人的城镇化，同时也包含人口家属（非劳动人口）的城镇化过程。从世界各国工业化与城镇化的历史趋势来看，虽然说现代意义上的城镇化是工业化发展的必然结果，但劳动力工业化进程与人口城镇化进程并不完全等同或同步，而往往存在或多或少的分离。劳动力工业化是工业化应有之意，劳动力城镇化在一定意义上也是工业化的直接结果，但劳动力家属的城镇化则不必然是工业化的直接结果，在很大程度上只是劳动力工业化的伴生现象。在一定条件下，作为工业化与城镇化分离的表现形式，劳动力的城镇化与消费者的城镇化可能出现一定程度的分离——既包含劳动力本身作为劳动力和作为消费者的城镇化的相对分离，也包括转移劳动力自身城镇化与其家属城镇化的持续分离。

（一）封闭条件下城镇化具有劳动力工业化与消费者市民化基本合一特征

从理论分析和现实情况来看，在城乡二元结构条件下，城镇与农村由于生产率、收入水平和消费水平的差异，客观上存在一定程度的消费者城镇化门槛——经济性门槛。在封闭条件下，没有大规模持续性进出口贸易，工业化进程具有明显的内生性，生产和消费需要在本国实现。如果不存在大量过剩劳动力，劳动供求关系基本正常，则转移到城镇的农村剩余劳动力可以获得正常报酬，一方面转移人口可以跨越城镇化的经济性门槛，可以在实现劳动力城镇化的同时比较顺利地实现消费者城镇化；另一方面生产和消费可以在本国之内实现平衡，工业化、

城镇化进程得以持续推进。虽然工业化、城镇化适度相对比较慢，但农村转移人口作为劳动力的工业化、城镇化，与作为消费者的城镇化可以同步实现。即农村转移人口在作为劳动力实现工业化、城镇化的同时，作为消费者也一并实现了城镇化（市民化），在其本人实现城镇化的同时，其家属也可能同步或稍微滞后实现城镇化。如果属于劳动无限供给经济，即存在大量农村剩余劳动力，则劳动者的报酬可能被后备劳动力大军的过度竞争所压低，劳动报酬明显低于边际劳动生产率。在此情况下，一方面农村转移人口较难跨越城镇化的经济性门槛，劳动力城镇化与消费者城镇化出现一定程度的分离可能性，农村转移人口不一定能够在实现劳动力工业化、城镇化的同时实现自身作为消费者的城镇化，更不用说非劳动人口家属作为消费者的城镇化；另一方面，本国的生产和消费不一定能够实现内部均衡，导致工业化、城镇化进程延缓。

表1　　　　　不同条件下劳动力城镇化与消费者城镇化的基本特征

		封闭经济	开放经济
劳动有限供给情景	生产消费关系	生产与消费需要、且能够实现内部均衡	生产与消费不一定要求国内均衡出现国际贸易
	劳动工资	劳动者获得公平报酬，可以跨越城镇消费门槛	劳动者获得公平报酬，可以跨越城镇消费门槛
	城镇化速度	工业化、城镇化速度比较慢	工业化、城镇化速度加快
	城镇化步骤	劳动力城镇化与消费者城镇化同步	劳动力城镇化与消费者城镇化基本同步
劳动无限供给情景	生产消费关系	生产与消费需要、但不一定能够实现内部均衡	生产与消费不一定必须国内均衡以突出比较优势参与国际分工
	劳动工资	劳动者收入被压低难以跨越城镇消费门槛	劳动者报酬被一定程度压低较难跨越城镇消费门槛
	城镇化速度	工业化速度比较慢城镇化速度更慢	工业化速度明显加快城镇化速度相对较慢
	城镇化步骤	劳动力城镇化与消费者城镇化不完全同步	劳动力城镇化与消费者城镇化持续分离

（二）开放条件为劳动无限供给经济体的劳动力城镇化与消费者城镇化分离创造了比较大的可能性

在开放条件下，由于外部市场及净出口的存在，国内生产的商品不一定需要在本国消费，可以通过国际贸易实现内外均衡，使得国内生产与消费理论上可以相对分离，从而为劳动无限供给经济体的转移人口作为劳动力的城镇化（工业化）与其作为消费者的城镇化（市民化）相对分离，以及转移人口本身的城镇化与其家属的城镇化的持续分离提供了更大的可能性。对一般经济而言，由于不存在劳动供求关系明显失衡，劳动者报酬与生产率基本一致，劳动力城镇化与消费者城镇化基本同步，即农村转移人口在作为劳动力实现工业化、城镇化的同时，作为消费者也可以实现城镇化，其非劳动年龄家属作为消费者也可能基本同步实现城镇化，且劳动力工业化、城镇化速度比封闭条件下有所加快。如果属于劳动无限供给经济体，则劳动者报酬被过度竞争压低，在劳动力实现工业化、城镇化的过程中，难以有效跨越消费者城镇化的经济性门槛；同时，在外需等拉动的工业化过程中，经济发展需要大量劳动力，但不一定同步需要大量消费者，从而导致农村转移进城人口作为劳动力的工业化、城镇化与其作为消费者的城镇化（市民化）的分离得以持续存在，而并不影响工业化、城镇化进程。过剩人口从农村转移出来主要进入城镇和工业园区及其工厂的宿舍，而不是必然进入城镇居民区。劳动力实现了工业化和城镇化，但并没有同步实现作为消费者的城镇化和市民化。农村转移人口不仅与其家属在空间上产生了分离，转移人口自身的劳动力身份与其消费者身份也在时间上发生了分离。农村转移人口的城镇化过程被分解成为劳动力城镇化、消费者城镇化等两个阶段，以及作为劳动力的城镇化（工业化）、作为消费者的城镇化（市民化）以及其家属作为消费者的城镇化（市民化）等三种形态。由于劳动力比较优势突出，劳动力无限供给经济体可以比一般经济体更容易加入全球化分工体系，从而劳动无限供给经济的工业化、城镇化进程以此而明显加快，同时劳动力城镇化与消费者城镇化的分离特征也更加明显和持续。

（三）户籍分割、高成本住房制度等是城镇化"分离"的现实原因

从理论上来说，国际贸易尤其是外向型经济的发展，为劳动无限供给经济体的农村转移人口作为劳动力与其作为消费者的城镇化分离提供了条件。经济全球化尤其是国际产业分工体系的形成，则使得劳动力城镇化与消费者城镇化分离的可能性达到了极致，可以说劳动力城镇化与消费者城镇化分离，是劳动过剩经济体在全球化时代的特殊现象。但严格来讲，全球化只是劳动无限供给经济体城镇化呈现"分离式"新特点的必要条件，而不是充分条件。劳动无限供给经济体劳动力城镇化与消费者城镇化的分离，虽然可以说是全球化时代的现象，但可能只是"或有"现象，而不是必然现象。因为如果只有对外开放和外需市场的存在以及劳动力报酬与收入水平被相对压低，并不必然导致劳动力与消费者两个城镇化

的现实分离，以及由此决定的人口城镇化的"分步走"特征。实际上，户籍制度、住房制度等构成了城镇化的新的制度性门槛，并进一步加大了城镇生活成本，抬高了消费者城镇化门槛的总水平，是导致人口城镇化分离与"分步走"特征的不容忽视、甚至更加重要和根本的原因。如果没有户口制度限制，消费者城镇化只有一道经济性门槛，相对比较容易跨越，劳动力的城镇化及其作为消费者的市民化不大可能出现严重的分离。同样，如果住房制度比较宽松，允许低成本住房制度存在，消费者城镇化的制度门槛相对比较低，劳动力的城镇化及其作为消费者的市民化，以及家属的市民化等也不大可能呈现持续并明显的分离。可见，全球化虽然为劳动力城镇化与消费者城镇化分离创造了理论上的可能性，但如果没有户籍、住房等制度的限制，劳动力城镇化与其作为消费者的城镇化不太可能出现明显且持续的现实分离，因此说全球化与户籍制度及住房制度等共同决定了城镇化的分离式与分步走特征。

（四）我国现阶段的城镇化实际上主要是劳动力城镇化

由于劳动力城镇化与其作为消费者及其家属的城镇化出现了前所未有的分离，我国现阶段的城镇化主要是劳动力的城镇化，而不是完全意义上的人口城镇化。我国的非农产业就业比重与城镇人口比例之差，不像其他国家那样反映的是人口城镇化与劳动力工业化的缺口，而是劳动力城镇化与劳动力工业化的缺口。虽然全球化为劳动力城镇化与消费者城镇化分离创造了一定的可能性，但户籍分割、高成本住房等城乡二元制度分割的存在，才最终使得劳动力城镇化与消费者的城镇化的分离成为现实。因此，劳动力城镇化与消费者城镇化分离，而不是劳动力工业化与城镇化缺口，才是我国现阶段城镇化存在的真正问题。从这个意义上讲，一些研究者将我国现阶段的城镇化称之为"半城镇化"是比较合理，也极有见地的，符合我国城镇化的客观事实。而另外一些评论者将我国的城镇化称之为"伪城镇化"，虽然比较客观地指出了我国城镇化存在的问题，但同时无视劳动力城镇化的客观存在及取得的成绩，显得简单和情绪化。

三、客观认识我国已有城镇化进程的"新型城镇化"特征

作为全球化背景下快速发展的劳动无限供给型新兴市场经济体，我国的劳动力工业化与城镇化出现了一定程度的分离，但这种分离实际上与其他国家并没有实质性的差别。我国城镇化真正与其他国家所不同的，不是劳动力工业化与城镇

化的分离、城镇化滞后于工业化，而是农村转移人口作为劳动力的城镇化与本人及家属作为消费者的城镇化的分离达到了前所未有的程度。因此，我国现阶段的城镇化过程本身就是与发达国家和新兴工业化国家等传统城镇化模式略有不同的新型城镇化。目前提倡的"新型城镇化"，在一定意义上则是向相对传统和常规的城镇化道路的回归和靠拢。

（一）我国城镇化呈现出与其他国家略有不同的"分步走"特征

如果说，其他国家的城镇化尤其是全球化之前的城镇化更多表现出"合一式"或"一步走"特征的话，那么我国的城镇化过程则表现出最为明显的劳动力与消费者"分离式"与"分步走"特征——人口作为劳动力的城镇化（及工业化）与作为消费者的城镇化（市民化）分离以及劳动力与其家属的城镇化的分离，从而出现了"两个阶段"和"三种形态"的城镇化模式。如果农村转移人口以举家外出方式转移，则可以在就业地作为消费者实现就地城镇化（市民化），则人口城镇化过程依次表现为：农村人口作为劳动力的城镇化、作为消费者及其家属的就地城镇化等两个阶段和两个步骤。如果以个人外出方式转移，则既可能是在就业地的就地市民化，但更大可能是率先实现家属在原籍的市民化，从而使人口城镇化过程表现为：农村人口个人作为劳动力的城镇化、其家属在原籍的城镇化（市民化）以及最后转移人口自己作为消费者在就业地或原籍的城镇化（市民化）等两个阶段和三个步骤。

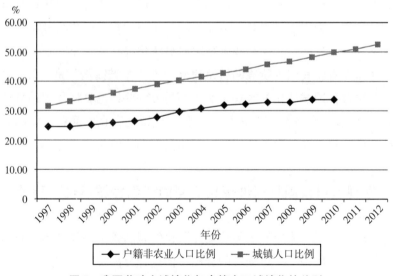

图5　我国劳动力城镇化与户籍人口城镇化的差别

(二) 我国存在三种不同含义的城镇化水平

与此相对应,我国出现多个不同水平的城镇化率也在情理之中。工业化从根本上来说是生产方式的变革,城镇化既包含了生产方式的变革,也包含了生活方式的变革。我国目前公布的城镇化指标,之所以面临不少批评和质疑①,因为农村转移进城人员虽然实现了生产方式的变革,但并没有实现生活方式的变革,其实质仍然是劳动力的工业化。但考虑到作为劳动力在生产方式、就业方式方面已经工业化,并实现了城镇就业,虽然不是完全意义的城镇化,但基本实现了劳动力的城镇化,因此,以常住人口数量来衡量的城镇化率 (2012 年为 52.57%),实际上反映了我国劳动力的城镇化水平,可以认为是劳动力城镇化率的合理指标。以户籍人口来衡量的城镇化率 (2012 年约为 35.2%),虽然被一些学者视为真实的城镇化率水平,但由于其并没有包含已经从就业方式和生活方式上城镇化的举家转移人口,因此,户籍人口城镇化率只是公共服务意义上的城镇化率指标,并不能作为真正的城镇化率指标。当然,举家转移人口虽然稳定地实现了劳动力的城镇化,并在城镇拥有相对固定的职业和居住条件,但由于其并没有被城镇公共服务所覆盖或完全覆盖,还不是完全意义上的城镇居民,即没有完全市民化。以户籍人口为基础,加上已经从就业方式和生活方式上城镇化的举家转移常驻人口来衡量的城镇化率,可以称之为生活方式城镇化指标,估计现阶段生活方式城镇化率水平大致在 38.68% ~ 39.94%②。可见,我国现阶段实际上存在三种不同含义的城镇化指标,统计公布的以常住人口衡量的城镇化率实质是劳动力城镇化率指标,一些学者推崇的户籍人口城镇化率实质是公共服务意义上的城镇化率指标,我们定义的以户籍人口加举家转移常驻人口来衡量的城镇化率可以称之为生活方式城镇化指标。

(三) 我国的城镇化是与先发国家略有不同的新型城镇化

从这个意义上来说,我国现阶段的城镇化,本身就是与发达国家和新兴工业化国家等传统城镇化略有不同的新型城镇化,是最具开放条件和全球化时代特征

---

① 一些研究者倾向性的看法是将常住人口口径的城镇化率视为"伪城镇化",而将学者推算的以户籍人口作为城镇人口的城镇化率视为真正的城镇化率。但不难看出,其实两种城镇化率都有其合理性,但同时也均存在一定的局限性。因此,构建第三种意义上的、也是真正和真实的城镇化率指标十分重要和必要。

② CEIC 数据库数据显示,截至 2012 年 12 月,我国举家外出农民工 3 375 万人。分别按照独生子女或两个孩子计算家属,则转移人口约在 5 062.5 万 ~ 6 750 万人。

的城镇化。一个时期以来流行的以国际平均水平或一般情景作为标准，来评判中国模式包括城镇化模式的做法，实际上并没有深入理解我国城镇化的本质特征。如果以国外一般经验来衡量，在一定意义上可以说我国城镇化过程中存在诸多问题和挑战。但如果从全球化条件下劳动无限供给国家的特殊规律来看，则可以说我国现阶段城镇化过程中的一些问题并非真正的问题，而是全球化反映在劳动过剩经济体城镇化进程的新特征。我国的城镇化一些特点也不一定是违反发展规律和科学发展观的"胡来"，而有可能是全球化背景下劳动过剩经济体城镇化发展模式与推进方式的积极探索。讨论我国的城镇化问题，不能简单地以发达国家的城镇化做标准来要求我们与其靠拢，而需要放在全球化的背景下来实事求是地进行讨论。正如同在全球化条件下各国出口率普遍提高的背景下，我国出口率有所提高一样。我国城镇化所面临的一些问题，在一定意义上体现了劳动过剩经济体在全球化时代的一些特征，而不一定是真正的"中国问题"。以一定发展阶段或收入水平的不同国家城镇化平均水平作为城镇化标准的做法，就像平均身高不能作为标准身高来要求每个人身高向其靠拢一样，并不一定科学。虽然说现代意义上的城镇化是工业化和经济发展的结果，但工业化和经济发展并非城镇化的唯一决定因素。根据收入水平确定的所谓标准城镇化实际上只是经济发展拉动的城镇化，而非全部的城镇化。即便是经济发展拉动的城镇化，由于各国经济发展的不同动力与路径，不同国家的经济发展以及城镇化动力和特点也不完全一样。因此，真正的城镇化"标准"实际上并不存在，而所谓的标准城镇化只是"平均"意义上的城镇化，不能以此作为标准来对一些国家进行"剪裁"。目前以国际"标准"讨论中国城镇化的研究，基本上没有进行国际间的横向比较，没有看其他国家是不是也不"标准"，是不是也存在过度城镇化或城镇化不足问题，而只盯住中国的所谓"问题"。其中暗含一个假定——似乎其他国家都是符合"标准"的，而只有中国是例外。实际上，具体国家不是低于就是高于平均水平，刚刚与标准一致的国家往往是比较孤立的个案。遗憾的是，以所谓国际平均水平做标准来批评或剪裁中国现实的做法已经成为一个时期以来的时髦并仍然在延续甚至扩大。

（四）新型城镇化在某种意义上是向传统"合一式"城镇化回归

现阶段所讨论的新型城镇化，在一定意义上可以说是向相对传统和常规的劳动力与消费者合一式城镇化道路的回归和靠拢，即将我国以往城镇化过程中出现的劳动力城镇化与其作为消费者的城镇化及其家属的城镇化的分离重新合一起来。实质是迈向全球化背景下城镇化的第二阶段，实现劳动力及其家属等非劳动人口作为消费者的城镇化。推动城镇化从分离式向合一式、分步走向合步走的转变和回归，不仅符合劳动力转移的主观愿望，也符合全球化进入新时期之后的新趋势以及我国经济发展新阶段的新要求。当然，新型城镇化的含义并不只是这些，集约节约用地、节约资源、保护环境，不走发达国家先污染后治理的老路，以及不搞大城市病，等等，也是新型城镇化的必然内容。

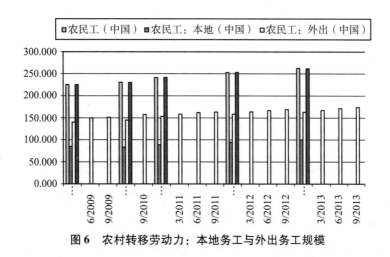

图6 农村转移劳动力：本地务工与外出务工规模

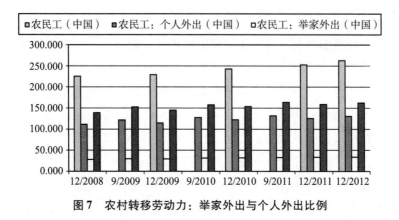

图7 农村转移劳动力：举家外出与个人外出比例

四、把握经济发展新阶段我国城镇化的新趋势与新特点

回望过去，可以说我国城镇化走出了一条与封闭时期城镇化有所不同的全球化背景下城镇化的新路子，具有明显的"中国特色"。当然所谓中国特色实际上

是劳动过剩经济、全球化特征、东亚特征甚至转轨特征等的叠加，并不一定完全是中国独有的特征，只不过在中国现阶段呈现了最大限度的表现和展示。展望未来，我国经济发展将进入新阶段，城镇化也将随之进入新的发展阶段，伴随我国经济结构调整、消费升级和经济减速阶段的到来，我国城镇化将呈现新的发展特征。

（一）城镇化重心从以劳动力城镇化为主向以消费者城镇化为主转变

从城镇化发展趋势来看，未来一段时间，伴随我国劳动力供求关系变化，劳动密集型产品成本上升，外需市场竞争力减弱，以及国内消费升级等，我国城镇化将逐渐进入新的发展阶段，实现从过去的劳动力城镇化向消费者城镇化的加速转变，推动劳动力自身以及家属作为消费者的城镇化。由于全球化等逐渐分离的转移人口作为劳动力的城镇化和作为消费者的城镇化，以及劳动力自身的城镇化与其家属的城镇化进程将进入重新合一阶段。我国未来的城镇化将表现出越来越明显的传统城镇化特征，而不是新型城镇化特征。我国未来的城镇化将越来越像其他国家的城镇化，而不是像过去那样越来越具有中国特色。

（二）城镇化动力从产业发展驱动的城镇化向产业与消费"双速"驱动城镇化转变

从城镇化发展动机制来看，我国现阶段城镇化的基本动力来自包括产业发展和消费升级两个主要方面，相应形成了两种城镇化发展动力模式。迄今为止的城镇化主要是工业化和产业发展推动的劳动力城镇化，这是现阶段我国城镇化的主要渠道，主体是劳动力的城镇化，即劳动力从农村和农业向城镇和工业、服务业的转移。正在进入加速阶段的是以消费升级推动的非劳动力人口城镇化，这是伴随人均收入提高、消费升级必然呈现的城镇化新趋势。一方面，伴随我国劳动供求关系变化和传统比较优势弱化，产业发展推动的劳动力城镇化将进入深度发展阶段，加速由量的城镇化向质的城镇化转变；另一方面，伴随人均收入水平提高，消费升级推动的劳动力市民化及其家属的城镇化将进入加速阶段。我国城镇化进程将逐渐进入产业发展和消费升级共同推动的"双速驱动"阶段。

（三）城镇分布格局将从非均衡发展向相对均衡发展转变

从城镇化发展格局来看，我国城镇化将可能进入再次调整阶段，从非均衡发展走向相对均衡发展。我国的城镇化迄今共经历了三次发展浪潮，形成了沿海地区城镇化的快速发展态势和全国城镇化的非均衡发展格局。改革开放前的第一次城镇化浪潮是行政推动的城镇化。改革开放之初伴随乡镇企业发展和新兴城镇形成而出现的以劳动力本地城镇化为主的第二次城镇化浪潮，伴随沿海对外开放、外向型经济发展而出现的以劳动力异地城镇化为主的第三次城镇化浪潮，基本上属于市场驱动的城镇化。虽然市场驱动的城镇化对计划经济时期形成的以去沿海化为特征的嵌入式城镇化格局进行了一定程度的调整，但这几次城镇化浪潮基本上是产业发展尤其是外向型经济发展驱动的城镇化，具有沿海和临港布局特点，形成并强化了城镇化以及区域经济发展的非均衡发展格局。伴随消费升级，我国必将出现以劳动力作为消费者的市民化和非劳动人口市民化为主的第四次城镇化浪潮。我国城镇化将进入新的发展与调整阶段，从非均衡发展走向相对均衡发展。人口密集地区、科技中心和有潜力的老工业基地等将迎来"复兴"发展新机遇。从这个意义上来说，正在形成的消费升级带动的消费者城镇化属于均衡性质的城镇化，在某种程度上将对过度沿海化的城镇化格局进行新的矫正。

表2　　　　　　　　　我国城镇化发展历程与阶段特征

城镇化阶段	城镇化特征	代表性地区	人口转移特点	城镇化格局
改革开放前	计划经济/行政型	省会城市工业基地	部队进城、农民招工	去沿海化或内陆化
70年代末~90年代中期	乡镇企业发展驱动	长江三角洲	本地劳动力工业化、城镇化	沿海化
90年代中期至新世纪初	劳动密集型产业驱动	东南沿海地区	异地劳动力工业化、城镇化	沿海化非均衡发展
全球化高峰以来	消费升级驱动	大中小城市人口中心	劳动力市民化非劳动人口城镇化	内陆化均衡发展

（四）我国新型城镇化发展逐渐进入"前定格"阶段

从城镇化发展周期来看，理论研究表明，城镇化与积极发展之间存在明显的正向关系。初期阶段工业化相对快于城镇化，而到达一定阶段后工业化趋于减速，而城镇化相对加速发展（钱纳里等，1988）。东亚、中等及中高等收入国家组的经验也表明，城镇化率提升速度相对滞后于经济增速峰值，存在一定滞后期，城镇化伴随经济快速发展而加速发展，伴随经济发展减速而逐渐进入稳定期。从我国的比较优势变化来看，未来一段时间伴随全球化进入低潮阶段，以及我国进入中高速增长阶段，我国新型城镇化进程包括城市建设将逐步进入"前定格"阶段，即最终定格之前的倒计时阶段。伴随以产业发展为主带动的城镇化让位于以消费升级为主带动的城镇化，不仅一个城市在国家和区域的地位等将逐渐确定下来，而且城市内部的发展格局，包括建成区面积、主干道格局以及标志性建筑等也将逐步基本确定下来。因此，这个阶段城市发展将从以往的拉开城市骨架的粗放阶段转入填充内容的阶段，推倒重来的能力急剧减弱，城市建设由此进入美化或"抛光"阶段。

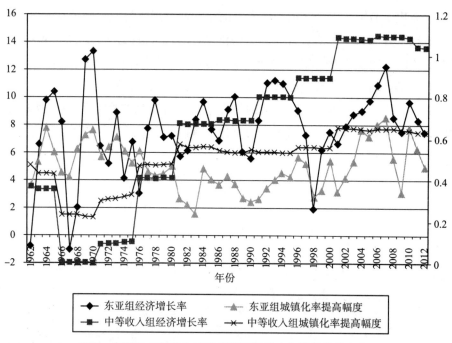

图8 东亚及中等收入国家组经济增长率与城镇化率变化

五、推动我国城镇化进程迈向消费者城镇化新阶段

劳动力城镇化与消费者城镇化的分离与分步走，既是我国城镇化的"缺点"，也是我国城镇化的"优点"。缺点是造成了劳动力的不公平待遇以及劳动力与家属的分离，优点是加速了工业化、城镇化的快速发展。如果没有劳动力城镇化与消费者城镇化的相对分离，我国的城镇化发展速度、工业化进程将不会这么快，我国的人均收入水平提高和脱贫速度也不会这么快。伴随我国经济发展阶段的深化，参与全球化的比较优势发生变化，尤其是劳动力供求关系变化，单纯的劳动

力城镇化阶段已接近尾声，实现从劳动力城镇化向消费者城镇化转变的条件趋于成熟，推动消费者城镇化正在也应该成为现阶段新型城镇化的主要任务。要把握有利时机，顺势推动劳动力及其家属作为消费者的城镇化（市民化），将"分步走"城镇化推向新的发展阶段。

（一）着力解决户籍、公共服务全覆盖和低成本住房三个关键问题

既然劳动力城镇化与消费者城镇化的分离是全球化以及户籍制度、高成本住房制度等多种因素共同作用的结果，推动从劳动力城镇化向消费者城镇化的转换，必须推出一揽子解决方案。从全球化的影响来看，伴随我国劳动供求关系变化劳动力城镇化与消费者城镇化分离趋势将趋于缓解，但要根本消除则需要着力解决户籍与以及公共服务全覆盖，以及高成本住房等问题。要配合户籍制度改革，着力推动基本公共服务对农村转移人口的全面覆盖。另一方面要探索建立低成本的住房制度。当前的住房制度及其背后的土地制度，虽然对城市基础设施建设融资发挥了重要支撑作用，也有利于劳动力城镇化，但对消费者城镇化构成了极大的障碍，必须对住房和土地在进行联动改革，探索建立适应农村转移人口的低成本住房制度。

（二）统筹推进举家转移、稳定就业和农村先富人口三个城镇化进程

由于户籍制度，基本公共服务覆盖以及低成本住房制度建立不可能一蹴而就，需要一个比较长的过程，因此，应该根据户籍制度和住房等制度改革进程，统筹推动消费者城镇化。

1. 率先推动举家转移人口就地市民化。举家外出劳动力的市民化是我国城镇化过程中最容易实现的消费者城镇化任务。举家外出转移人口由于工作和住房等问题已经基本解决，实际上已经实现了从生产方式到生活方式全面城镇化，但在供给服务供给方面仍然没有享受到完全的城镇化待遇，其城镇化进程主要取决于户籍制度以及基本公共服务改革。现阶段我国外出打工劳动力中，举家转移劳动力大约占省外转移劳动力的20%，在3 300万人左右，如果按照0.5系数计算家属，估计可以实现5 000万人口的市民化。要按照三中全会决定精神，在放开小城市户口，有序开放中等城市户口的条件下，积极推动举家外出农民工的市民化。

2. 积极推动稳定就业人口市民化及其家属原籍城镇化。稳定就业劳动力的

市民化是我国现阶段最具潜力的消费者城镇化任务。省内转移劳动力虽然不少具有比较稳定的工作和居住条件，在打工地实现市民化条件比较成熟，但由于距离老家比较近，在交通条件进一步改善的情况下，实现原籍市民化的可能性更大。虽然具有稳定工作的省外转移劳动力本人基本具备在打工地就地市民化的条件，但受制于家属等因素，实现打工地就地市民化的难度同样比较大。要创造条件推动部分有稳定工作的劳动力本人实现打工地就地市民化，并适当转移其家属，力争以此解决大约 5 000 万农村转移人口的城镇化。同时，要促进部分稳定就业、以及流动就业但收入相对稳定的劳动力家属原籍城镇化，力争由此解决 1 个亿左右的转移人口城镇化。

3. 稳步推动其他农村先富人口就近城镇化。农村先富人员的城镇化也是城镇化过程的一支重要新生力量，应该在着力推动农民工市民化及其家属城镇化的同时，稳步推动消费导向的农村先富人口城镇化。与举家外出人口市民化面临落户地政策阻力正好相反，农村先富人员的城镇化实际上受制于农村权益等因素，不愿意彻底放弃农村生活，可能的结果是实现农村和城镇的两栖生活。考虑到缺乏产业支撑的建制镇无法真正成为城镇化的支点，农村先富人口的城镇化应该以县城作为主要聚集地，并以此作为其他农村人口城镇化的努力方向。

六、小结

不可否认，我国的确存在城镇化落后于工业化的现象，但从国际比较来看，农村非农产业的广泛存在使得人口城镇化落后于劳动力工业化是一个世界性的普遍现象，而非我国的特殊问题，更不是我国城镇化面临的真正问题。我国城镇化需要特别关注的问题是人口作为劳动力的城镇化（工业化）与其作为消费者的城镇化（市民化）分离现象。由于全球化产业分工体系形成和全球消费市场同步发展，从而一国生产与消费相对分离，以及劳动无限供给导致劳动报酬被过度竞争压低等原因，我国出现了先发国家工业化、城镇化过程中所没有出现或不太明显的新问题——转移人口作为劳动力的城镇化（工业化）与其及家属作为消费者的城镇化（市民化）相对分离。虽然这种分离并非中国的特殊问题，而是劳动过剩经济体在全球化时代的或有现象，但在我国表现得尤为突出和明显。因此，我国现阶段的城镇化过程在一定意义上是与发达国家和新兴工业化国家等传统城镇化模式略有不同的新型城镇化。但就实质而论，现阶段的城镇化主要是劳动力的城镇化，而不是完全意义上的人口城镇化。21 世纪以来我国城镇化所呈现的问题可能是劳动过剩经济体全球化时代城镇化的新特征，而不一定是传统城镇化的扭曲或问题。当前我国城镇化真正需要解决的问题，既不是人口城镇化落后于劳动力工业化，也不是劳动力城镇化落后于消费者城镇化，而是户籍制度、住房制度等制度性障碍对从劳动力城镇化向消费者城镇化转变的阻碍和制约。目前提倡的新型城镇化，其实质不完全是要创建新的城镇化模式，而是从城镇化发展的第一阶段转入第二阶段。即从劳动力城镇化转向消费者城镇化，将全球化以来逐渐分离的劳动力城镇化与消费者城镇化重新统合起来，在一定意义上也是从劳动过剩经济体全球化时期的新型城镇化向传统城镇化的"回归"。

参考文献：

霍利斯·钱纳里等：《发展的型式：1950～1970》（中译本），经济科学出版社1988年版。

简新华、黄锟：《中国城镇化水平和速度的实证分析与前景预测》，载于《经济研究》2010年第3期。

王小鲁：《中国城市化路径与城市规模的经济学分析》，载于《经济研究》2010年第10期。

王志浩：《城市化：从英国的1890到中国的2011》，载于《华尔街日报（中文版）》2012年1月6日。

郑永年：《全球化与中国的城市化》，共识网，2013年3月19日。

丁任重、李标：《改革以来我国城镇化进程中的"缺口"与弥补》，载于《经济学动态》2013年第4期。

苏剑、贺明之：《对中国城镇化进程的一个定量解读》，载于《经济学动态》2013年第9期。

宋立：《把握新阶段城镇化发展路径与驱动模式的新趋势》，载于《中国经济时报》2013年5月16日。

（本文初稿原载于《中国经济时报》2014年4月15日，《新华文摘》全文转载；扩展稿载于《经济学动态》2014年第5期。）

"债务—通缩"理论的发展与启示

刘哲希　韩少华　陈彦斌[*]

一、引言

近年来中国经济的债务压力持续加剧，通缩迹象不断加重。李扬等（2015）测算表明，2014 年底中国债务率已高达 279%，比 2008 年上升了 94 个百分点，增幅仅次于日本和冰岛等债务最严重的国家。其中，约 70% 的新增债务源自非金融企业，表明生产与投资领域承受了更大的债务负担。[①] 通缩方面，2012 年起各项价格指数持续走低，GDP 平减指数由 9.1% 下滑至 2015 年的 −0.5%，同期 CPI 涨幅由 5.4% 下降至 1.4%，PPI 则由同比上涨 6% 转为同比下跌 5.2%。截至 2015 年底，PPI 已经连续 46 个月同比下降，持续时间为改革开放以来最长的一次，远远超过了亚洲金融危机时期的 31 个月和 2008 年金融危机时期的 12 个月。

高债务与通缩压力的叠加增加了"债务—通缩"风险爆发的可能性，即经济体会陷入价格水平螺旋式下降与实际债务负担不断攀升的恶性循环之中，由此将会对经济造成灾难性的打击。历史上最严重的一次经济衰退——1929 ~ 1933 年的美国大萧条就是"债务—通缩"危机的典型案例。在此期间，价格水平的持续下跌使得全社会的实际债务规模激增了 29%。家庭与企业为偿还债务不得不大幅削减消费和投资开支，导致 1933 年美国 GDP 规模比危机前缩减了近 1/3，投资支出规模更是下滑了 90%。[②]

正因如此，"债务—通缩"理论得到了社会各界的高度关注，也引发了对中

---

[*] 刘哲希，中国人民大学经济学院博士；韩少华，中国人民大学汉青经济与金融高级研究院博士；陈彦斌，中国人民大学经济学院教授，博士生导师。
① 本文采用的是包含金融部门的整体经济债务率，这与麦肯锡等其他机构对债务率计算方式是一致的。
② 本文大萧条时期的债务、GDP 等数据如若未作特殊说明，则来源于 Fisher[2] 的计算。日本大衰退时期与美国 2008 年金融危机时期数据如若未作特殊说明，均来源于 WDI 数据库和 Wind 金融数据库。

国是否会陷入"债务—通缩"困境及如何应对"债务—通缩"风险等问题的广泛讨论。中国人民银行《2015 年第三季度货币政策执行报告》也专门针对"债务—通缩"问题进行了深入分析，可见政府对这一问题的重视程度。然而，目前国内大多研究只是聚焦于费舍尔（Fisher，1932，1933）早期所提出的"债务—通缩"理论与美国大萧条。但实际上，"债务—通缩"理论经历了几十年的发展已形成了比较完善的理论体系，期间发生的日本 20 世纪 90 年代以来的大衰退和美国 2008 年金融危机等典型的"债务—通缩"危机案例也提供了更多可供借鉴的经验。因此，本文将系统地梳理"债务—通缩"理论的发展脉络与典型案例，以更好地剖析"债务—通缩"机制，并结合中国的实际情况，为当前经济形势的判断与政策制定提供更可靠的依据。

二、"债务—通缩"理论的提出与发展

（一）早期"债务—通缩"理论的提出与完善

"债务—通缩"理论最早由费舍尔（1932）在美国大萧条背景下提出。其通过分析美国经济大萧条时期前后各经济变量的变化，抓住了两个核心要素——过度负债与通缩，认为经济产出、企业利润等其他主要变量均在这两个关键要素的影响下发生变化。更进一步地，费舍尔（1932，1933）将"债务—通缩"过程总结为九个阶段。概括而言，当企业积累了过高的债务时，即使温和的外部冲击（如资产价格下跌）也会导致企业债务约束的收紧，致使其不得不廉价出售资产以应对债务清算。这一过程使得整体经济的货币流通速度降低并触发价格水平的下降，从而导致企业资产净值的缩水与真实债务水平的攀升。企业为应对高企的债务压力不得不减少生产与投资支出，这进一步加剧了价格水平的下跌幅度，进而形成了高债务与通缩的恶性循环。因此，费舍尔（1932，1933）认为通过货币政策刺激实现再通胀以打破"债务—通缩"循环是摆脱大萧条的有效手段。

然而，早期的"债务—通缩"理论并未得到经济学界广泛的关注与认可。一个重要的原因是大萧条之后的 40 多年中，凯恩斯主义一直占据主流地位，其认为经济萧条时期货币政策会陷入流动性陷阱（名义利率接近于零）而无法影响产出水平，因而政府只能依靠财政政策扩大总需求。因此，强调货币政策刺激的"债务—通缩"理论难以获得当时学界的认可。另一个原因则是早期"债务—通缩"理论在对作用机制以及理论适用性等方面的论述不够完善，由此引发了学界

较多的质疑。而这些质疑也恰成为后续研究对早期"债务—通缩"理论的完善方向。

在作用机制方面，费舍尔（1932，1933）提出的"债务—通缩"理论只强调了价格下跌对债务人财富造成的损失。然而，债务人的损失其实恰是债权人的收益，价格水平下跌反而会增加债权人的资产，即庇古（Pigou，1943）提出的庇古效应。因此，当时主流观点认为"债务—通缩"机制对经济总需求不会产生显著的影响。但随后托宾（Tobin，1975）和金（King，1994）等研究对这一质疑给予了很好的解释，他们指出由于债务人的边际消费倾向高于债权人，债务人财富的减少对总需求的影响更为明显，因而"债务—通缩"机制会导致总需求规模的显著减少。更进一步地，托宾（1993）指出如果债务人由于无法偿还债务而破产，那么也会使得债权人财富面临巨大损失，从而加剧了"债务—通缩"机制对总需求的抑制作用。除此以外，早期"债务—通缩"理论对企业过度负债的描述也较为模糊，并未明确过度负债与经济陷入"债务—通缩"的逻辑关系。明斯基（Minsky，1986）则将此过程进一步细化，指出企业融资分为现金流能覆盖本金与利息的对冲性融资，现金流仅能覆盖利息的投机性融资以及现金流无法覆盖利息的庞氏融资。庞氏融资比例的不断上升将加剧金融体系的脆弱性，从而使经济落入"债务—通缩"的危险范围之中。

在理论适用性方面，早期"债务—通缩"理论成立的关键条件是通缩，即商品与服务价格水平的下降在现实经济中并不常见。博里奥等（Borio et al.，2015）研究发现，在美国大萧条时期之后通缩现象更是很少出现。[①] 因此，"债务—通缩"理论的普遍适用性遭到了较为广泛地质疑。沃夫森（Wolfson，1996）的研究则对"债务—通缩"的成立条件进行了极为重要拓展，论证了资产价格的下跌与商品与服务价格水平下跌一样，均能导致经济陷入"债务—通缩"的恶性循环。无论是基于明斯基（Minsky，1986）和金德尔伯格（Kindleberger，1996）等提出的金融不稳定理论，还是根据现实经济的实际状况，资产价格的暴涨暴跌均不罕见。正因如此，"债务—通缩"理论逐步得到了更广泛的关注。博里奥等（2015）通过实证分析更是发现，高债务与资产价格下跌的相互作用对经济的冲击远比与商品和服务水平下跌相互作用更为严重。

---

① 博里奥等（2015）基于1870~2013年38个国家的数据发现，出现通缩的总年数为663年，而通货膨胀出现的总年数达到了3 024年。在20世纪大萧条之后至2013年，出现通缩的总年数仅为129年，通货膨胀出现的总年数达到了2 374年。

（二）基于信息不对称视角对"债务—通缩"理论的拓展

无论是早期费舍尔（1932，1933）提出的"债务—通缩"理论还是明斯基（Minsky，1986）和托宾（1975，1993）等对该理论的完善均是基于产品需求视角，即关注总需求、商品和服务价格以及资产价格之间的关系。20 世纪 70 年代以来，货币主义逐渐兴起，以弗里德曼和舒尔茨（Friedman and Schwartz，1963）为代表的诸多研究更多地聚焦于货币供应量对大萧条时期经济的影响，因而"债务—通缩"理论所描述的货币内生收缩机制重新得到了重视。在此基础上，伯南克（Bernanke，1983）进一步提出了"信贷中介成本"理论，认为大萧条时期经济的长期持久衰退不仅源于货币供应量的大幅下降，更是源于"债务—通缩"循环导致了金融市场的信息不对称问题加剧，使得信贷中介成本上升而信贷活动严重萎缩。

具体而言，盖特勒（Gertler，1988）等研究表明运转良好的金融市场能够有效地解决信息不对称问题，将稀缺资本配置于更具有生产效率的领域。然而，一旦"债务—通缩"循环产生，商品与服务价格或资产价格的下降会降低企业的资产净值并加重企业的实际债务负担。企业经营状况的恶化与不确定性的上升会在金融市场中产生严重的逆向选择与道德风险问题，增加金融中介对贷款人的识别与监督成本。受此影响，金融中介的放贷意愿会显著下降，即使放贷也会大幅增加风险溢价而推高利率，进而加剧企业资产负债表的脆弱性。伯南克和盖特勒（1989）指出实体经济与金融系统的这一正反馈机制，会导致经济愈发难以摆脱"债务—通缩"困境并陷入深度的衰退之中。伯南克等（Bernanke et al.，1999）将上述过程归纳为"金融加速器"效应，这已成为目前新凯恩斯经济周期理论的核心机制。

对比费舍尔（1932，1933）的早期"债务—通缩"理论可以发现，伯南克（1983，1999）以及盖特勒（1988）等研究更关注实体经济"债务—通缩"风险向金融体系的传播过程（Propagation Mechanism），以及"金融加速器"效应放大经济周期波动的机制。由此，伯南克（2013）认为，应对"债务—通缩"问题的关键在于避免金融体系的恐慌。央行需要在危机时期发挥"最后贷款人"作用以保持金融体系的正常运转，从而切断实体经济"债务—通缩"风险向金融体系的传导，使"债务—通缩"循环对经济的冲击大为减轻。①

（三）应对"债务—通缩"的争论：货币政策还是财政政策

尽管费舍尔（1932，1933）在提出"债务—通缩"理论时就明确指出，摆脱"债务—通缩"危机的最佳方法是依靠宽松货币政策实现再通胀，从而打破债务与通缩的恶性循环。但是，克鲁格曼等（Krugman et al.，1998）指出，在实践中货币政策应对"债务—通缩"问题往往会面临零下限约束并陷入"流动性陷阱"。这也是早期凯恩斯主义主张在经济萧条期间政府应使用扩张性财政政策，而认为货币政策无效的主要依据。不仅如此，古（Koo，2009）根据 20 世纪 90 年代以来日本大衰退时期的经济表现认为，高债务压力下企业的目标函数将由利润最大化向负债最小化转变，因而削减负债成为企业首要任务。在此背景下，即使货币政策能够提供充足流动性，企业也仍会缺乏对新增信贷的需求，从而使货币政策难以达到促进经济复苏的作用。因此，金（2009）指出实行积极的财政政策扩大总需求才是解决"债务—通缩"问题的正确途径。

不可否认，依靠扩张性财政政策刺激总需求能够较好地弥补私人部门为修复资产负债表而造成的有效需求不足，并可以协助私人部门加快修复资产负债表的进程。埃格斯坦和克鲁格曼（Eggertsson and Krugman，2012）等研究也论证了财政政策在"债务—通缩"时期的积极作用。然而，金（2009）对货币政策无法应对"债务—通缩"问题的判断则有失偏颇。根据 IS – LM 模型，若缺乏宽松货币政策的配合，扩张性财政政策会因提高经济体的利率水平而产生挤出效应，进而抑制私人部门的生产与投资需求，显然不利于经济的复苏。不仅如此，近十几年来货币政策理论的新进展为如何更有效地运用货币政策应对"债务—通缩"问题提供了理论依据。首先，虽然"债务—通缩"期间货币政策会难以避免地遇到零利率下限的问题，但克鲁格曼等（1998）和伍德福德（Woodford，2005）研究指出，央行可以通过实行通胀目标制、提高政策透明度等方式加强预期管理而提高个体的预期通胀率，使得实际利率水平进一步下降。除此之外，斯汪森和威廉姆斯（Swanson and Williams，2014）等一系列研究表明，央行可以在短期利率触及零下限后实行量化宽松政策压低长期实际利率，进而仍能有效地降低企业的投

---

① 雷恩哈特和罗格夫（Reinhart and Rogoff，2009）与霍尔达等（Jorda et al.，2011）实证研究也表明，危机期间若出现金融体系崩溃，将会对实体经济产生灾难性的影响，使其陷入长期且深度的衰退之中。

资和生产成本。① 其次，米什金（Mishkin，2012）指出银行贷款途径只是货币政策向实体经济的传导机制之一，货币政策还具有资产价格途径、资产负债表途径等多种传导渠道。因此，货币政策可以通过提高资产价格或改善企业现金流等方式有效缓解危机时期逆向选择与道德风险加剧问题，从而推动经济活动的扩张。这对于"债务—通缩"时期企业脆弱的资产负债表而言，恰是对症下药。第三，伯南克（2013）研究表明，央行在"债务—通缩"危机爆发时通过履行"最后贷款人"职责，即为金融机构提供充足的流动性以保证金融体系的正常运转，能够有效地降低"债务—通缩"对经济的破坏程度。因此，虽然在"债务—通缩"时期货币政策的空间会被压缩，但货币政策依然能够发挥重要作用。若辅以扩张性财政政策，则可以更为有效地应对"债务—通缩"问题。

三、"债务—通缩"危机的典型案例

除 1929～1933 年美国大萧条以外，日本 20 世纪 90 年代以来的大衰退与美国 2008 年爆发的金融危机均是"债务—通缩"的典型案例。美国大萧条与日本大衰退均对经济造成了长期的负面影响，而 2008 年美国金融危机则在政府的成功干预下对经济的影响程度相对较轻。因而比较三次"债务—通缩"典型案例之间的异同，有助于在理论梳理的基础上进一步加深对"债务—通缩"机制的理解。

（一）资产价格暴跌均成为三次"债务—通缩"危机的触发点

大萧条发生前，美国经济正经历 20 世纪初期的"咆哮二十年"，资产价格持续上涨，信贷规模不断膨胀。为抑制资本市场的过度投机，美联储决定提高利率以收紧流动性。但这一调控举措带来的严重后果却远远超出了美联储的预期。1929 年 10 月，道琼斯指数开始暴跌，到年底时已较最高点下跌了 40%；尼古拉斯和舍比娜（Nicholas and Scherbina，2013）的统计表明，美国房地产价格在 1930 年初开始大幅下滑，佛罗里达等地区房价在半年内的跌幅就超过了 50%。资产价格的暴跌使得家庭财富与企业资产净值严重缩水，债务负担显著增加。受此影响，家庭消费与企业投资支出大幅减少，造成了价格水平的显著下降。1930～1933 年美国经济持续处于"债务—通缩"状态，期间价格水平跌幅接近 30%，

---

① 事实上，金（2009）也认为央行购买风险资产能够有效地在资产负债表衰退期间刺激经济的复苏，但其以损害央行信誉和无法确定资产购买规模为理由否定了这一想法。

而整体债务率则由 224% 大幅攀升至 374%。

日本大衰退前同样经历了资产价格的暴跌。1985 年"广场协议"签署后，日本央行为缓解日元升值压力而大幅下调贴现率，由此释放了大量的流动性，再加上当时各界对日本经济的乐观预期，资产价格在此后四年中大幅上涨，同时信贷业务也急剧扩张。日本央行在 1989 年开始逐渐收紧流动性，意图为过热的资本市场适度降温，但却引发了股价、房价等资产价格的全面暴跌。日经 225 指数在两年内累计下跌了近 60%；日本地价则经历了长达十几年的持续下跌，最深跌幅更是达到了 70% 以上。资产泡沫的破裂导致家庭与企业的资产负债表陷入了严重的衰退，而总需求不足导致价格水平在螺旋式下跌循环中愈陷愈深。由此，日本经济滑入了"债务—通缩"陷阱。范从来和卞志村（2003）的测算表明，1990~2002 年，日本经济始终处于通缩状态。同期，日本债务规模占 GDP 比重则是由 254% 大幅上升至 312%。

美国 2008 年金融危机则是以房地产价格的暴跌为导火索。受益于金融创新以及美联储的低利率政策，美国房地产价格在 21 世纪初迅猛上涨，以房地产及相关衍生品作为抵押的融资活动也十分活跃。然而，随着居民购买力难以继续支撑房价的上涨以及美联储于 2004 年开启加息周期，房地产价格从 2007 年开始大幅下跌，两年内全美房地产价格指数下跌近 30%。这导致房地产抵押贷款业务违约率急剧上升，进而破坏了整个金融系统的稳定性。金融市场的冲击显著影响了实体经济活动，导致美国经济出现了"债务—通缩"危机。CPI 指数自 2008 年 7 月起一年间由同比上涨 5.5% 迅速下滑至下跌 2%。信贷市场未偿还债务规模占 GDP 比重也在 2009 年底达到了历史最高点的 246%。

（二）金融体系能否正常运转决定了"债务—通缩"危机的严重程度

美国大萧条时期整个金融体系陷入了瘫痪，1930~1933 年银行倒闭的比例分别高达 5.6%、10.5%、7.8% 和 12.9%。[①] 一方面，是因为"债务—通缩"循环导致贷款违约率不断上升，[②] 而大规模挤兑潮的爆发又进一步恶化了银行的资本金状况；另一方面，则归咎于美联储在大萧条时期未发挥"最后贷款人"作用，反而认为经济需要经历衰退以挤出过度发展产生的泡沫。金融体系的崩溃导致整

[①] 大萧条时期银行倒闭数量的数据来源于伯南克（2013）的统计。

[②] 克拉克（1933）的计算表明债务本息占国民收入的比重从 1929 年的 9% 上升至 1932~1933 年的 19.8%。1934 年 1 月 1 日的《城市住宅金融调查》显示，在被调查的 22 个城市中，自有房屋抵押贷款的违约比例均超过 21%，超过一半城市的这一数据超过 38%。

体经济的流动性显著收紧且风险溢价大幅提升。[①] 这不仅严重削弱了金融体系向具有生产性投资机会的企业提供贷款的能力，而且进一步加重了企业的债务负担，使得"债务—通缩"危机的严重程度进一步加剧。伯南克（2013）指出，直至 1934 年政府采取干预措施结束金融恐慌后，美国经济才逐渐有所好转。

日本政府在大衰退时期同样未对金融体系的运转不畅给予高度重视。由于资产价格泡沫破裂导致了日本家庭与企业资产负债表的严重受损，[②] 大规模的信贷资金难以收回，致使多家银行陷入资不抵债的困境。然而，日本政府不仅没有及时对不良贷款问题采取对应举措，更是允许资不抵债的银行继续经营并向无法还贷的问题企业提供资金，使这些企业能够"借新还旧"而人为掩饰银行的不良资产规模。由于政策的应对不当，日本银行业的不良贷款规模持续攀升，从 1995 年的 40 万亿～50 万亿日元扩张至 1998 年日本全国 46 家银行自查的 76.7 万亿日元，不良债权率约为 12%。截至 2011 年日本银行业的不良债权率依然高达 10%。米什金（2012）的一系列研究均认为，金融体系始终难以恢复正常运转是导致日本经济陷入长期大衰退的重要原因。

不同于美国大萧条与日本大衰退，美联储在 2008 年金融危机时期有效遏制了金融恐慌，保证了金融体系的正常运行，从而缓解了"债务—通缩"危机的严重程度。事实上，由于当时美国金融部门的高负债背景，资产价格下跌直接演化为金融体系的恐慌，由此引发的货币市场共同基金回购潮更是导致了货币基金和商业票据市场的崩溃。但是，美联储针对金融体系的混乱迅速做出反应，通过贴现窗口、TAF 及 TSLF 等多种手段向金融体系提供了充足的资金支持。[③] 在美联储有效的干预下，美国金融体系较快地恢复了正常运转，圣路易斯金融压力指数在 2009 年底就已恢复至平均水平。[④] 经济增速与价格水平在 2009 年下半年也逐步企稳，"债务—通缩"循环没有导致经济的继续恶化。

[①] 伯南克（2000）指出，随着 1930 年第一次银行业危机爆发，信贷进入了长期收缩阶段，净信贷下降幅度最高达到了个人收入的 31%，创下了历史记录。Baa 级公司债券与美国长期国债收益率之差由 1929～1930 年的 2.5% 上升至 1932 年的接近 8%。

[②] 据金（2009）测算，1990～2002 年仅地产与股票两类资产就造成了 1 500 万亿日元的财富损失，相当于日本个人金融资产的总和。

[③] 美联储 2007～2008 年总共为金融系统提供了 1.5 万亿美元，米什金和怀特（Mishkin and White，2014）总结了金融危机时期美联储对金融系统救助的具体情况。

[④] 圣路易斯金融压力指数用于监测金融市场的风险。金融压力指数的平均值被设计为 0，表示金融压力的平均水平，正/负值代表金融压力高/低于平均水平。

（三）宽松货币政策搭配扩张性财政政策有助于经济更快摆脱"债务—通缩"危机

美国大萧条时期美联储并未实施扩张性货币政策，政府也因坚持预算平衡制度而在财政收入下降的背景下收紧财政政策，[①] 由此导致了历史上最严重的一次经济衰退。罗斯福总统上任后对经济政策做出了显著调整。货币政策方面，美国放弃金本位制度后货币供应量明显上升，1934～1936 年 M1 存量增幅达到了54%。财政政策方面，美国政府开始加大财政刺激力度，1936 年的财政支出规模较 1933 年扩张了近 80%。相应地，1935 年美国经济增速就回升到了 11% 左右，批发价格指数等物价指标的涨幅也达到了 7% 左右。[②] 罗默（Romer，1992）和克里斯蒂亚诺（Christiano et al.，2003）研究也表明，宽松货币政策和扩张性财政政策的实施有效地帮助了美国经济摆脱"债务—通缩"困境。

日本大衰退时期虽然注重对货币政策与财政政策的使用，但因缺乏政策的连续性而导致经济复苏势头难以稳固。在"债务—通缩"危机爆发之初，日本实施了宽松货币政策与积极的财政政策。[③] 在政策的刺激下，日本经济在 1993 年出现了回升势头，1996 年时经济增速已达到了 2.6%。但随后日本没有继续注重货币与财政政策之间的搭配，或是在宽松货币政策下将财政政策收紧，或是在扩张财政政策下紧缩货币政策，导致了经济复苏势头消耗殆尽。比如，1997 年日本政府为推进财政整顿而率先收紧财政政策，导致了经济重新陷入衰退并触发了资产价格的第二次深度下跌。再如，在 1999 年零利率政策与扩张性财政政策配合取得较好效果后，日本央行就立刻提高了政策利率。伊托和米什金（Ito and Mishkin，2004）认为货币政策的这一突然收紧破坏了居民的通胀预期，使得日本经济难以摆脱通缩困境。

面对 2008 年金融危机爆发后经济增速与价格指数的迅速回落，美国既实施了超级宽松的货币政策，又辅以扩张性财政政策，二者的协调配合帮助经济摆脱了"债务—通缩"困境。货币政策方面，美联储在基准利率降至零附近后果断地推出了三轮量化宽松政策。通过购买长期国债与抵押贷款支持证券（MBS）向市

---

① 昌忠泽（2000）指出，虽然 1929～1932 年财政支出占 GDP 比重是在提高，但财政支出更多是被用于提供救济，而并非创造需求以促进就业。

② 美国财政支出数据来源于美国预算管理局（Office of Management Budget）；1935 年经济增速与价格水平数据来源于伯南克（2000）的统计。

③ 货币政策方面，日本央行将贴现率由 1991 年 7 月的 6% 降低至 1995 年 9 月的 0.5%。财政政策方面，政府在 90 年代期间先后 10 次出台了以扩大政府公共投资为中心的景气调节政策（杨茜（2004）计算发现日本政府债务占 GDP 比重从 1990 年的 61% 上升至 1999 年的 117%）。

场提供充足的流动性并由此推高了资产价格。布提莱恩等（Buttiglione et al.,
2014）研究表明，这一举措保证了家庭财富与企业净值的稳定，从而缓解了家庭
与企业的债务负担。① 同时，美联储更加注重预期管理手段，运用前瞻性指引方
式使公众通胀预期保持稳定，防止"债务—通缩"下通缩预期自我强化机制的形
成。财政政策方面，美国财政赤字率由 2008 年的 3.1% 迅速增加至 2009 年的
9.8%，并在此后两年也均保持在 8% 以上，从而弥补了"债务—通缩"危机下
有效需求的不足。在货币政策与财政政策的共同刺激下，美国经济自 2010 年起
恢复增长，价格水平也重新开始上涨。

四、对当前中国经济形势的启示

当前社会各界对"债务—通缩"问题的争论颇多，分歧也较大。中国经济会
不会陷入"债务—通缩"困境？又应如何应对"债务—通缩"风险？要客观回
答上述问题，既需要借鉴理论发展脉络与典型案例的经验，也需要结合当前中国
经济的实际情况。

（一）中国经济尚未陷入"债务—通缩"困境，但需高度提防当前衰退式泡沫的形成与破裂

在全社会尤其企业债务率持续上升的背景下，中国经济是否出现持续的价格
水平下跌，就成为判断其是否落入"债务—通缩"困境的关键点。有观点认为
2012 年以来 PPI 的持续下跌意味着中国经济已进入通缩的自我强化状态，但笔者
认为这一观点值得商榷。通缩是指价格水平的全面下跌，而 PPI 仅代表生产领域
的价格水平。目前反映消费领域价格水平的 CPI 并未由正转负，并且自 2015 年
三季度起涨幅逐步回升。居民对未来物价的预期指数也是由 2015 年一季度的 59
上升至四季度的 63.8。由此表明，中国经济尚未滑入通缩的自我强化陷阱之中。
同时应注意的是，PPI 是由生产资料价格和生活资料价格两部分组成，近年来持
续的下跌主要是煤炭、钢铁等生产资料价格的下跌所致，生活资料价格一直保持
相对稳定而未出现明显下跌。② 因此，目前中国只是在部分产能过剩较为严重的
行业中出现了"债务—通缩"效应，整体尚未陷入"债务—通缩"陷阱。

---

① 截至 2015 年底，美国 10 年期国债收益率由危机前的 4% 下降到 2% 左右的历史低位，美国标准普
尔 500 股指则已达到了危机前峰值的 132%，凯斯—席勒全美房价指数已恢复到危机前峰值的 88%。
② 比如，2015 年全年 PPI 同比下跌 5.2%，其中生产资料同比下跌 6.7%，生活资料仅同比下跌
0.3%。

同时，由于中国银行体系具有较强的稳定性，能有效地抑制部分行业"债务—通缩"风险的蔓延，因而局部行业"债务—通缩"效应不会迅速演化为整体经济的"债务—通缩"危机。基于理论脉络的梳理可知，"金融加速器"效应是"债务—通缩"风险传播及导致经济陷入严重衰退的主要机制。在典型案例中，无论是美国大萧条还是日本大衰退，金融体系的运转不畅均是"债务—通缩"危机不断发酵的主要原因。对于中国来讲，虽然2014年下半年以来商业银行的不良贷款率出现逐渐上升的趋势，但截至2015年底中国的不良贷款率（1.7%）仍低于全球（4.2%）和OECD国家（3.6%）的平均水平，表明目前中国金融系统的核心——银行体系的风险水平仍处于可控范围之内。信贷规模的平稳增长也进一步印证了当前金融体系运行的稳定性。2015年人民币贷款余额同比增长14.3%，比2014年提高0.6个百分点。不仅如此，中国银行体系还具有较强的风险抵御能力。商业银行的拨备覆盖率高达181.2%，满足《商业银行贷款损失准备管理办法》所规定不少于150%的要求；商业银行加权平均核心一级资本充足率也达到了10.9%，符合《巴塞尔协议Ⅲ》高于7%的规定。

然而，中国"债务—通缩"危机爆发的风险仍不容忽视，尤其要高度警惕当前衰退式泡沫的不断涌现与未来可能发生的破裂。进入新常态以来，中国经济正经历旧的增长模式难以延续而新增长点尚未确立的结构调整阵痛期，实体经济因缺乏对资金的吸引力而导致大量资金脱实向虚，从而使得近年来股价、房价等衰退式泡沫不断涌现。衰退式泡沫不仅具有资产泡沫的不稳定特性，而且因缺乏经济基本面支撑而更加脆弱，很可能会在某一无法预知的时点破裂。2015年的股灾就是衰退式泡沫风险爆发的典型表现，而在2016年初房地产价格泡沫化迹象愈发明显。房地产对中国经济的影响远超过股市。这不仅源于房地产是中国家庭财富最重要的组成部分（约占家庭财富的70%），更是因为房地产是被广泛运用的信贷抵押品。因此，房地产价格如果出现类似于美国与日本发生"债务—通缩"危机前的暴跌，将对中国家庭和企业的资产净值与债务负担能力产生严重的冲击，从而急剧增加中国经济陷入"债务—通缩"困境的可能性。

（二）中国需要加强货币政策与宏观审慎政策和财政政策的协调配合以应对潜在的"债务—通缩"风险

虽然根据理论与典型案例的启示，宽松货币政策是应对"债务—通缩"风险的必要手段，但这均是以资产泡沫破裂为前提条件。针对目前中国的衰退式泡沫丛生的实际情况，货币政策宽松带来的流动性将会进一步刺激资产泡沫的扩张，从而加大其未来破裂的风险，反而会增加中国陷入"债务—通缩"困境的可能性。与此同时，货币政策又不能因试图抑制资产泡沫而收紧。这是因为，货币政策的收紧不仅会提高企业融资成本，更可能会导致居民通缩预期的出现，从而进一步加剧当前的"债务—通缩"风险。因此，要妥善地处理当前的"债务—通缩"风险，本文认为需要做到以下几点。

第一，货币政策应盯住通胀率与经济增速，不应承担调控资产价格的职责。理论和现实经验均表明，货币政策难以发挥调控资产泡沫的作用。一方面，货币政策无法精准地对特定市场的资产泡沫产生影响；另一方面，米什金（2011）的研究认为，通过收紧货币政策抑制资产泡沫反而可能导致资产价格更严重的下跌。上述典型案例中，"债务—通缩"危机前的资产价格暴跌也均是由央行主动收紧流动性所致。因此，尽管中国目前面临衰退式泡沫丛生的局面，货币政策还是应保持适度宽松的定位，既要维持一定的通胀水平阻止"债务—通缩"循环恶化，也需要降低企业的融资成本从而促进企业投资与生产，以防止经济萧条迹象的进一步加重。

第二，在货币政策保持适度宽松的定位下，应尽快健全宏观审慎政策，由此既能保障金融体系的稳健性，也能发挥抑制资产泡沫过度扩张的作用。格勒尔等（Gerler et al.，2012）与比安奇和门多萨（Bianchi and Mendoza，2013）研究表明，健全的宏观审慎政策能够防止金融体系的过度风险承担，并增加危机时期金融体系的弹性与自我恢复能力。尤其是在流动性充裕的状况下，宏观审慎政策可以通过限制融资杠杆率、审查抵押品质量以及监管流动性状况等方式，抑制信贷驱动型资产泡沫的产生。[①] 事实上，2008 年金融危机后，欧美国家均大幅加快了构建宏观审慎政策框架的步伐，并将金融体系的稳定列为充分就业与物价稳定之后的第三大政策目标。目前，中国宏观审慎框架的构建尚处于起步阶段。虽然"十三五"规划建议中已着重强调了健全宏观审慎框架的重要性并且央行也推出了金融机构宏观审慎评估体系（MPA），但宏观审慎政策工具如何使用、宏观审慎框架与微观金融监管体制如何协调以及事前、事中监管与事后救助机制如何结合等均是亟待解决的问题。

第三，积极运用扩张性财政政策，为货币政策节省空间的同时，也能有效应对"债务—通缩"与衰退式泡沫风险并存的局面。货币政策化解"债务—通缩"

---

① 米什金（2011）指出，资产泡沫分为两类，非理性泡沫与信贷驱动型泡沫。霍尔达（2011）研究表明，非理性泡沫破裂对经济的影响不大，而信贷驱动型泡沫的破裂是经济陷入"债务—通缩"困境的主要原因。

风险的关键点在于实现再通货膨胀以打破高债务与通缩的恶性循环，而扩张财政支出或降低税负负担以刺激总需求同样有助于这一目标的实现。目前中国政府财政状况依旧较为良好，不仅政府负债率仅在 60% 左右，显著低于美、英、日等发达国家水平，[①] 而且拥有全球第一大规模的净资产，因而有足够的财力支撑财政政策的进一步扩张。不仅如此，中国国债的需求长期处于被抑制的状态，一级市场主要面向商业银行，二级市场中国债总量的 70% 也是被商业银行所持有。而美、日等国家则是鼓励个人购买国库券、中长期期国债以及多种储蓄国债等。因此，在政府良好信誉与财力的保障下，可大力发展国债市场，以弥补财政支出扩张产生的资金缺口。并且，卡巴莱罗和法里（Caballero and Farhi et al.，2014）的研究表明，国债等安全资产的供给增多也能够吸纳经济萧条时期过剩的流动资金，从而抑制衰退式泡沫的过度膨胀。

五、结语

近几十年来"债务—通缩"相关理论的发展与典型案例的经验，使我们对"债务—通缩"机制有了三点清晰与深刻的认识：一是资产价格下跌往往是引发"债务—通缩"危机的导火索；二是"债务—通缩"循环与金融体系的正反馈机制会显著加剧经济的衰退程度；三是宽松货币政策与扩张性财政政策的协调搭配能够有效地应对"债务—通缩"问题。因此，在"债务—通缩"迹象逐步加重的背景下，中国经济需要高度警惕当前衰退式泡沫的潜在破裂风险。在货币政策保持适度宽松的定位同时，要加强货币政策与宏观审慎政策和财政政策的协调配合，从而更稳妥地应对"债务—通缩"风险。

需要说明的是，以货币政策、财政政策以及宏观审慎政策为核心的总需求管理的目的在于防范"债务—通缩"风险，难以真正解决"债务—通缩"问题。中国经济高债务的根源在于粗放的信贷驱动经济增长模式，也在于隐性担保下僵尸企业难以退出而无效率的占有资金，通缩压力则与日益严重的产能过剩问题密切相关。因此，从根本上解决债务与通缩压力需要供给侧结构性改革与各项市场化改革的切实推进。

---

① 2014 年末美、英、法、日四国政府债务占 GDP 比重分别为 102.7%、88.2%、95.6% 和 211.5%。该数据分别引自美国国会预算办公室、欧盟统计局和日本大藏省，中国数据引自李扬等（2015）的计算。

参考文献:

李扬、张晓晶、常欣:《中国国家资产负债表》,中国社会科学出版社 2015 年版。

Fisher, I. *Booms and Depressions* [M]. New York: Adelphi Company, 1932.

Fisher, I. The Debt Deflation Theory of Great Depressions [J]. *Econometrica*, 1933, 1 (4): pp. 337 – 357.

Pigou, A. The Classical Stationary State [J]. *Economic Journal*, 1943, 53 (212): pp. 343 – 351.

Tobin, J. Keynesian Models of Recession and Depression [J]. *American Economic Review*, 1975, 65 (2): pp. 195 – 202.

King, M. Debt Deflation: Theory and Evidence [J]. *European Economic Review*, 1994, 38 (94): pp. 419 – 445.

Tobin, J. Price Flexibility and Output Stability: An old Keynesian View [J]. *The Journal of Economic Perspectives*, 1993, 7 (1): pp. 45 – 65.

Minsky, H. P. *Stabilizing an Unstable Economy* [M]. New Haven: Yale University Press, 1986.

Borio, E. V. , Erdem, M. , Filardo, A. J. , Hofmann, B. The Costs of Deflations: a Historical Perspective [R]. BIS Quarterly Review, 2015 – 03 – 18.

Wolfson, M. H. Irving Fisher's Debt – Deflation Theory: Its Relevance to Current Conditions [J]. *Cambridge Journal of Economics*, 1996, 20 (3): pp. 315 – 333.

Kindleberger, C. *Manias, Panics and Crashes: A History of Financial Crises* [M]. New York: John Wiley & Sons, 1996.

Friedman, M. , Schwartz, A. *A Monetary History of the United States*, 1867 – 1960 [M]. New Jersey: Princeton University Press, 1963.

Bernanke, B. S. Nonmonetary Effects of the Financial Crisis in Propagation of the Great Depression [J]. *American Economic Review*, 1983, 73 (3): pp. 257 – 276.

Gertler, M. Financial Structure and Aggregate Economic Activity: an Overview [J]. *Journal of Money, Credit and Banking*, 1988, 20 (3): pp. 559 – 588.

Bernanke, B. S. , Gertler, M. Agency Costs, Net Worth, and Business Fluctuations [J]. *American Economic Review*, 1989, 79 (1): pp. 14 – 31.

Bernanke, B. S. , Gertler, M. , Gilchrist S. The Financial Accelerator in a

Quantitative Business Cycle Framework［A］. Taylor, J. B. and M. Woodford, Handbook of Macroeconomics［C］. Armsterdam: North Holland, 1999: pp. 1231 – 1745.

Bernanke, B. S. *The Federal Reserve and the Financial Crisis*［M］. New Jersey: Princeton University Press, 2013.

Reinhart, C., Rogoff, K. *This Time is Different: Eight Centuries of Financial Folly*［M］. Princeton: Princeton University Press, 2009.

Jorda, O., Schularick, M., Taylor, A. M. Financial Crises, Credit Booms, and External Imbalances: 140 Years of Lessons［J］. *IMF Economic Review*, 2011, 59 (2): pp. 340 – 378.

Krugman, P., Dominquez, K. M., Rogoff, K. It's Baaack: Japan's Slump and the Return of the Liquidity Trap［J］. *Brookings Papers on Economic Activity*, 1998, 58 (2): pp. 137 – 206.

Koo. *The Holy Grail of Macroeconomics: Lessons from Japan's Great Recession*［M］. New York: Wiley, 2009.

Eggertsson, G. B., Krugman, P. Debt, Deleveraging and the Liquidity Trap: A Fisher – Minsky – Koo Approach［J］. *Quarterly Journal of Economics*, 2012, 127 (3): pp. 1469 – 1513.

Woodford, M., Central Bank Communication and Policy Effectiveness［R］. NBER Working Paper, 2005, No. 11898.

Swanson, E. T., Williams, J. C. Measuring the Effect of the Zero Lower Bound on Medium and Longer – Term Interest Rates［R］. NBER Working Paper, 2014, No. 20486.

Mishkin, F. S. *Economics of Money, Bank and Financial Markets*［M］. New York: Pearson Education, 2012.

Nicholas, T., Scherbina A. Real Estate Prices During the Roaring Twenties and the Great Depression［J］. *Real Estate Economics*, 2013, 41 (2): pp. 278 – 309.

范从来、卞志村:《日本通货紧缩问题研究》, 载于《世界经济》2003 年第 26 期。

Clark, E. *The Internal Debt of the United States*［M］. New York: Macmillan, Co., 1933.

Bernanke, B. S. *Essays on the Great Depression*［M］. New Jersey: Princeton University Press, 2000.

Mishkin, F. S. , White, E. N. Unprecedented Actions: the Federal Reserve's Response to the Global Financial Crisis in Historical Perspective [R]. NBER Working Paper, 2014, No. 20737.

昌忠泽:《对 30 年代大萧条的反思》, 载于《世界经济》2000 年第 23 期。

Romer, C. D. What Ended the Great Depression [J]. *Journal of Economic History*, 1992, 52 (4): pp. 757 – 784.

Christiano, L. , Motto, R. , Rostagno, M. The Great Depression and the Friedman – Schwartz Hypothesis [J]. *Journal of Money, Credit and Banking*, 2003, 35 (6): pp. 1119 – 1198.

杨茜:《20 世纪 90 年代以来日本财政政策的效果分析》, 载于《日本问题研究》2004 年第 4 期。

Ito, T. , Mishkin, F. S. Two Decades of Japanese Monetary Policy and the Deflation Problem [R]. NBER Working Paper, 2004, No. 10878.

Buttiglione L. , Lane P. , Reichlin L. , Reinhart V. Deleveraging? What Deleveraging? [R]. The 16th Geneva Report on the World Economy, 2014 – 09 – 29.

Mishkin, F. S. How Should Central Banks Respond to Asset – Price Bubbles? [R]. Rba Bulletin, 2011 – 06 – 15.

Gertler, M. , Kiyotaki, N. , Queralto, A. Financial Crises, Bank Risk Exposure and Government Financial Policy [J]. *Journal of Monetary Economics*, 2012, 59 (33): s17 – s34.

Bianchi, J. , Mendoza, E. G. Optimal Time – Consistent Macro Prudential Policy [R]. NBER Working Paper, 2013, No. 19704.

Caballero, J. , Farhi, E. The Safety Trap [R]. NBER Working Paper, 2014, No. 19927.

(本文原载于《财经问题研究》2016 年第 6 期)

第二部分
供给侧结构性改革

使创新成为发展驱动力

王一鸣[*]

我国经济发展进入新常态，一个重要的趋势性变化就是要素的规模驱动力减弱，经济增长将更多依靠人力资本质量提升和技术进步。当前，经济增长的传统动力减弱，必须加大结构性改革力度，加快实施创新驱动发展战略，改造传统引擎，打造新引擎。这就需要我们深刻认识我国经济发展动力转换的重大意义，有效应对发展动力转换面临的挑战，多措并举突出创新驱动，以主动适应和引领经济发展新常态。

一、创新驱动是经济发展进入新常态的内在要求

我国经济发展进入新常态，从表象上看是经济增长减速换挡，但从本质上说是发展动力的转换和重塑。

过去30多年我国经济高速发展，在很大程度上依靠资本、劳动力等生产要素大规模投入驱动，而充足的要素供给是维系要素驱动发展模式的重要前提。20世纪80年代初以来，我国劳动年龄人口增长明显快于被抚养人口，农村还有庞大的富余劳动力，劳动力供大于求，劳动力低成本优势十分明显，而人口抚养比不断下降又使储蓄水平稳定提高，为高速增长创造了条件，由此也形成了低成本生产要素驱动经济发展的模式。与此同时，长期存在的商品供给不足和短缺，为迅速扩大生产能力提供了市场支撑；能源资源和生态环境容量相对较大，为经济高速发展提供了足够空间。

随着生产要素供需形势的变化，依靠低成本生产要素驱动经济发展的动力逐步减弱。近年来，劳动年龄人口逐年减少，劳动力供大于求的形势发生变化，劳

　＊　王一鸣：国务院发展研究中心副主任，国家发展与改革委员会宏观经济研究院原常务副院长、中国社会科学院博士生导师、中国人民大学兼职教授、中国城市金融学会副会长。

动力成本特别是农民工实际工资大幅攀升。与此相应，人口老龄化加快，人口抚养比趋于提高，储蓄率开始向下调整，投资增长趋于放缓。同时，经过 30 多年的规模扩张，钢铁、水泥、建材、石化等传统制造业产能达到极限，出现严重过剩局面，环境承载能力已经达到或接近上限，能源资源和生态环境对经济发展的约束逐步强化。

经济发展进入新常态，迫切要求将经济发展动力从要素驱动切换到创新驱动上来。这里所说的创新驱动是广义和综合的，核心就是提高生产效率，包括提高劳动生产率、资本产出率和全要素生产率。实现经济发展动力的转换和重塑，就要从追求高速增长转向追求高效增长，将提高效率和效益作为经济发展的主旋律。从这个意义上讲，新常态是从高速增长阶段向高效增长阶段跃升的过程，也是我国经济实现由大到强的过程。

二、创新驱动发展面临挑战

当前，新一轮科技革命和产业变革风起云涌，物联网、大数据和云计算推动信息技术升级换代，新能源、生物、纳米、智能机器人等技术实现群体性突破，推动工业 4.0、智能交通、分布式能源、网购、互联网金融、慕客、远程医疗、网上研发平台等新兴制造业态和服务模式广泛兴起，引发生产生活方式深刻变革，改变了国际分工形态和竞争格局。这在为我国加快发展由要素驱动向创新驱动转换带来机遇的同时，也带来严峻挑战。

企业创新能力不足问题更加凸显。面对全球以制造业数字化、智能化为核心的产业变革新态势，我国企业研发能力不足问题逐步暴露出来，大多数规模以上工业企业没有研发活动，即便是有研发活动的企业，研发投入和研发水平也偏低。高度依赖低端加工组装、缺乏技术创新和品牌的产业体系越来越不适应竞争环境的变化，如不加快研发能力提升和产业技术进步，部分现有技术路线和生产能力将面临被淘汰的风险。

生产要素低成本优势趋于减弱。我国劳动力成本开始攀升，土地、矿产资源等供求关系发生变化，生产要素低成本优势减弱。而世界上其他新兴经济体和发展中国家利用相对更低的生产要素成本优势，加快发展劳动密集型和资源密集型产业，对我国低成本优势形成替代效应。这些情况表明，依靠生产要素大规模、高强度投入支撑经济发展已经越来越困难，必须更多依靠技术进步和人力资本质量提升，使创新和人力资本投资成为经济发展新动力。

能源资源和生态环境约束持续强化。我国煤炭、铁矿石、铝土矿等资源消费规模巨大，原油、铁矿石、铜精矿和铝土矿等对外依存度居高不下。不少地方雾霾天气频繁出现，波及范围不断扩大，一些地方水体和土壤污染累积性负面效应显现。随着能源资源约束趋于强化，以及人民群众对改善生态环境的要求越来越迫切，必须依靠创新驱动提高能源资源利用效率，推动形成绿色低碳循环发展新模式。

三、多措并举突出创新驱动

近年来，我国推动经济发展由要素驱动向创新驱动转变取得积极进展，科技投入大幅增长，自主创新能力不断提升，科技进步对经济发展的驱动作用增强。2013 年研发经费支出超过 1 万亿元，占 GDP 的比重首次突破2%；企业研发投入占比超过70%，专利申请数量和增长速度明显提升，新一代信息技术、生物医药、高端装备制造、新能源等新兴产业迅速崛起，在经济总量中的份额不断提高，新的增长动力正在孕育壮大。这些都为迎接新一轮科技革命和产业变革、加快向创新驱动转换奠定了良好基础。我们要完成发展动力转换，就必须坚定不移推进改革创新，积极营造创新生态、培植创新土壤、释放创新活力，使创新深度融合于经济发展之中，从而主动适应和引领经济发展新常态。

加快形成创新驱动发展的体制机制。实现创新驱动发展，最根本的是破除体制机制障碍，建立有利于创新资源高效配置和创新潜能充分释放的体制环境。要营造公平竞争的市场环境，矫正生产要素和资源性产品价格扭曲，增强企业创新发展动力。更加注重知识产权保护，深入实施知识产权战略行动计划，依法打击侵权行为，切实保护发明创造。以增量带动存量改革，在物联网、大数据、云计算、新能源汽车等新兴领域组建一批新型研发机构，取得一批原创性科研成果，推动科研院所分类改革。

推进市场导向的科技创新。创新需要市场充分竞争，需要千千万万市场主体在试错中找到方向，这就要求使市场在资源配置中起决定性作用，主要靠市场发现和培育新的增长点。引导资金、人才、技术等创新要素按市场导向优化配置，引导创新资源向企业集聚，完善科研院所和高校的技术成果向企业转移机制，加大对中小企业、微型企业创新的扶持力度，促使企业加快摆脱对能源资源消耗较多的加工制造环节的过度依赖，更多地依靠研发、设计、市场开发、品牌建设和无形资产投资，满足差异化和个性化需求，推进传统制造向以研发为基础的新型制造转型。

把科技创新与产业转型升级结合起来。创新是科技成果的产业化过程，必须落实到创造新的经济增长点上，推动产业结构迈向中高端。要把发展新兴产业与科技创新结合起来，着力突破研发、设计、标准、品牌、供应链管理等关键环节，力求掌握核心技术，增加高附加值环节的比重，提高产品的知识、技术和人力资本含量。依靠科技创新加快传统重化工业现代化改造，推动劳动密集型产业向劳动、知识、技能密集相结合的方向发展，推动高新技术产业由组装为主向自主研发制造为主转变。

强化科技创新的人才基础。创新的根本在人才。引进国外高质量人才和智力。更加注重加强教育和提升人力资本素质，深化教育体制改革，积极探索创新型人才培养和成长机制，造就高素质人才队伍。把发现、培养和用好人才放在优先位置，完善人才评价、流动和配置机制，形成尊重知识、尊重创新的浓厚氛围，使各类人才的创新智慧和潜能竞相迸发。

调动全社会创新创业的积极性。营造有利于全社会创新创业的政策制度环境，采取更有效的措施，加快政府职能转变，促进市场公平竞争，强化激励创新机制。加快科技成果使用处置和收益管理改革，扩大股权和分红激励政策实施范围，完善科技成果转化、职务发明法律制度，使创新人才分享成果收益。落实和完善企业研发费用加计扣除、高新技术企业扶持等普惠性政策，鼓励企业增加创新投入。

参考文献：

马晓河：《结构转型、困境摆脱与我国制造业的战略选择》，载于《改革》2014 年第 12 期。

林毅夫：《林毅夫：自主创新当遵循比较优势》，载于《经济研究信息》2007 年第 2 期。

（本文原载于《人民日报》理论版 2015 年 4 月 13 日）

供给侧结构性改革与总需求管理的关系探析

陈小亮　　陈彦斌[*]

自 2015 年 11 月以来，习近平总书记在中央财经领导小组会议和中央经济工作会议上多次提及推进"供给侧结构性改革"。供给侧结构性改革是在中国以往所依赖总需求管理政策的稳增长效果减弱的背景下提出的。2011 年以来中国经济一直处于下行通道，经济增速已经从 2011 年的 9.5% 降至 2015 年的 6.9%。为了应对经济增速下滑，中央曾经于 2012 年、2013 年和 2014 年出台了多轮"微刺激"政策，货币政策（降准、降息和定向降准等）和财政政策（铁路等基建投资、棚户区改造和给小微企业减税等）轮番上阵，但是却一直没有止住经济的下行态势，2015 年中国经济增速已经跌破 7%，降至 25 年来的最低水平。总需求管理政策不仅没有实现稳增长的目标，反而使得产能过剩和企业高债务等问题日趋严重、企业融资成本居高不下。面对严峻的经济形势，中央提出推进供给侧结构性改革，并将"去产能、去库存、去杠杆、降成本、补短板"定为供给侧结构性改革的五大目标。

肯定供给侧结构性改革必要性的同时，学者们也在思考推进供给侧结构性改革的过程中，总需求管理应该充当什么样的角色。有观点认为，近年来政策实践已经表明，总需求管理无法根治产能过剩和企业融资贵等问题，而且总需求管理的政策空间已经明显收窄，因此未来应该用供给侧改革取代总需求管理。还有观点认为，总需求管理应该与供给侧改革并重，共同成为中国宏观调控的主要手段。采取恰当的宏观调控政策有助于平抑波动，而采取不恰当的宏观调控政策则可能加剧波动，因此有必要深入研究供给侧改革与总需求管理的相互关系，以期为中央决策提供理论参考。

---

* 陈小亮，中国社会科学院经济研究所编辑；陈彦斌，中国人民大学经济学院教授，博士生导师。

一、供给侧结构性改革与总需求管理的概念界定

总需求管理是发达国家广泛使用的词汇，而中国通常称之为宏观调控，而且中国特色宏观调控的概念非常宽泛，与总需求管理并不等价。供给侧结构性改革是一个新的词汇，学者们普遍将其与供给学派联系到一起，但是很少有人深入分析二者之间的异同。基于此，在探讨供给侧结构性改革与总需求管理的关系之前，有必要对这两个概念及其内涵进行界定。

（一）总需求管理的概念和内涵

《新帕尔格雷夫经济学大辞典》指出，总需求管理思想源自于凯恩斯的《通论》，[①] 并将总需求管理定义为："需求不足可以通过增加政府支出或减税，或者由货币当局降低利率以增加投资而得到改善；与此相反，如果存在过度需求，财政和货币政策就可以起到紧缩需求的效果"。[②] 虽然学界普遍认同总需求管理包括财政政策和货币政策两大类政策手段，但是对二者相对重要性的认识却不是一成不变的。20 世纪三四十年代，凯恩斯主张的以积极财政政策为主的总需求管理政策帮助美欧国家摆脱了大萧条并实现了战后经济的快速恢复和发展，彼时财政政策被认为是总需求管理的主要手段。但是，持续不断的积极财政政策导致各国财政赤字越来越大、通货膨胀问题也日益严重，20 世纪 70 年代"滞胀"的爆发使得积极财政政策的地位被大大削弱。与之不同，伴随着货币主义的兴起，货币政策的地位开始逐步提高。尤其是通货膨胀目标制这一代表性的货币政策框架帮助美欧国家在 80 年代以后实现了大缓和，货币政策也因此而成为总需求管理的核心手段。

中国自 20 世纪 80 年代中期以来也使用总需求管理政策平抑经济波动，不过

[①] 厉以宁指出，在 1936 年凯恩斯的《通论》出版之前，美国的雅各布·怀纳、保罗·道格拉斯和阿瑟·盖尔等经济学家就主张运用财政手段调节经济，并且它们的部分政策建议被罗斯福"新政"采纳。但是，这些经济学家都没有用国民收入均衡的概念来解释经济波动的原因和消除经济波动的对策，因此他们缺少可以作为自己政策建议理论基础的有效需求假说。在经济学理论体系上，他们的学说仍然属于传统经济学的范畴。与之不同，凯恩斯摆脱了旧货币数量论，提出了国民收入均衡的宏观静态分析方法，建立了有效需求假说，由此使得凯恩斯经济学成为经济学中的"新正统"。也正因如此，《新帕尔格雷夫经济学大辞典》将总需求管理思想的起源界定于《通论》的出版。（参见厉以宁：《西方宏观经济学说史教程》，中国人民大学出版社 2015 年版，第 40～44 页、第 65 页）

[②] [英] 伊特韦尔：《新帕尔格雷夫经济学大辞典》，经济科学出版社 1996 年版，第 845 页。

中国通常称之为宏观调控。① 宏观调控是中国特色的词汇，刘树成主编的《现代经济辞典》将宏观调控定义为："为了防止市场经济条件下市场失效和保证国民经济总体的稳定运行"，"通过运用宏观经济政策工具来调节国民经济，以最终实现国家的宏观经济目标的一整套运作过程"②。"十二五"规划指出"加强财政、货币、投资、产业、土地等各项政策协调配合，提高宏观调控的科学性和预见性"，"十三五"规划建议强调"完善以财政政策、货币政策为主，产业、区域、投资、消费、价格政策协调配合的政策体系"。可见，中国特色宏观调控的内涵非常宽泛，除了货币政策和财政政策之外，还包括投资政策、产业政策、土地政策和区域政策等内容。为了与现代宏观经济理论保持一致，本文主要研究狭义的总需求管理政策，即货币政策和财政政策，不对产业、投资和土地等政策展开研究。

（二）供给侧结构性改革的概念和内涵

供给侧结构性改革是中国领导层提出的新词汇，③ 主流教科书中并未出现，不过回顾经济学发展的历史可以从供给学派找到供给侧改革的渊源。供给学派是20世纪70年代后期在美国逐渐形成的一个经济学流派，因为他们的政策主张被里根总统用来治理滞胀而广为人知。面对滞胀，总需求管理在西方国家经济政策中的主导地位受到了挑战，因为它无法同时实现稳增长（消除失业）和控通胀两个目标。供给学派则认为，只要遵循萨伊定律，失业和通胀并存的现象自然会消失：供给自行创造需求，只要国家不干预经济活动，产品就不会过剩，失业也就不会持续存在；政府人为刺激需求导致投资大于储蓄，从而引发了通胀，所以只要让市场规律充分发挥作用，利率的升降会使得储蓄全部转化为投资，也就不会产生通胀。为此，供给学派主张通过减税和减少政府干预等手段，激励工人和企

---

① 通过梳理关于宏观调控的重要文件可以发现：1984年10月中共十二届三中全会通过的《关于经济体制改革的决定》首次提出"宏观调节"的概念，1988年9月中共十三届三中全会正式使用了"宏观调控"的概念，1993年11月中共十四届三中全会首次提出"建立以间接手段为主的完善的宏观调控体系"。

② 刘树成主编：《现代经济辞典》，凤凰出版社、江苏人民出版社2005年版。该辞典中并没有直接用"宏观调控"这个术语，而是称之为"宏观经济调控"。

③ 在1998~2002年通缩时期（刘诗白，2000；刘地久，2001）以及2012年新常态以来（方福前，2014；贾康，2014；张晓晶，2015），国内学术界曾经提出过"供给管理"的概念。"供给管理"与"供给侧改革"的内涵比较一致，都强调结构调整和深化改革。参见刘诗白：《论增大有效供给》，载于《经济学家》2000年第1期；刘地久：《改善供给：扩大需求，促进增长的根本出路》，载于《管理世界》2001年第6期；方福前：《大改革视野下中国宏观调控体系的重构》，载于《经济理论与经济管理》2014年第5期；贾康：《新供给：经济学理论的中国创新》，载于《经济研究参考》2014年第1期；张晓晶：《试论中国宏观调控新常态》，载于《经济学动态》2015年第4期。

业家的积极性，提高生产率，从而实现稳定增长。

中国的"供给侧结构性改革"的关键是，"用改革的办法推进结构调整，减少无效和低端供给，扩大有效和中高端供给，增强供给结构对需求变化的适应性和灵活性，提高全要素生产率"①。将其与供给学派对比可以发现，它们有相似之处，都主张减少政府对市场的干预、通过深化改革提高生产效率。但更要注意到，二者存在两点显著差异。

第一，供给学派是对萨伊定律的复辟，根本而言是错误的；中国的供给侧结构性改革并非赞同萨伊定律，而是强调"调整供给以满足受抑制的需求"。萨伊定律的错误早已在经济学界达成共识，凯恩斯《通论》的一个重要贡献就是批判萨伊定律。中国提倡推进供给侧改革并不是笼统地让"供给创造需求"，而是"扩大有效和中高端供给，增强供给结构对需求变化的适应性和灵活性"。由于社会保障不完善、消费产品升级跟不上家庭消费偏好的转变速度，在教育、医疗和文化等服务领域以及高端消费品领域普遍存在需求受抑制的现象，供给侧改革的目标恰恰是通过调整供给结构释放这些受抑制的需求。

第二，供给学派旨在治理美国当时面临的滞胀困境，而中国目前所面临的是"债务—通缩"困境，因此不能照搬供给学派的药方来解决中国的问题。虽然供给学派试图复辟萨伊定律是错误的，但是供给学派所开的药方对治理美国当年的滞胀而言还是对症的。美国的滞胀缘起于超越发展阶段过度建设福利社会、石油供给冲击、资本主义条件下过度发展国有企业等政治经济社会方面的多重因素。而总需求管理无法同时实现稳增长和控通胀两个目标。供给学派提出的减税和放松管制等举措能够推动总供给曲线右移，同时实现稳增长和控通胀两个目标，帮助经济走出滞胀困境。与之不同，当前中国产出缺口和 GDP 平减指数均为负，笼统地通过增加生产要素投入和提高效率，虽然会推动供给曲线向右移动从而弥补产出缺口，但是却会加剧通缩压力。因此，中国不能照搬当年供给学派给美国开出的药方，而应该根据国情制定适合中国的供给侧改革方案。

① 《习近平在省部级主要领导干部学习贯彻十八届五中全会精神专题研讨班开班式上发表重要讲话强调聚焦发力贯彻五中全会精神确保如期全面建成小康社会》，载于《人民日报》2016 年 1 月 19 日。

二、为什么要推进供给侧结构性改革

(一) 供给侧结构性改革能够有效治理产能过剩等难题

从新中国成立到 20 世纪 90 年代初期，中国经济长期处于短缺状态，改革开放和市场化建设将中国经济送入增长快车道，1997 年下半年中国第一次出现了产能过剩问题，[①] 自此产能过剩不再是发达国家的专利。截至目前，中国已经发生了多轮大规模的产能过剩，比较有代表性的有三轮：第一轮发生在 1998～2002 年通缩和亚洲金融危机时期，第二轮发生在 2008 年全球金融危机时期，第三轮是"新常态"以来中国正在经历的产能过剩。

以往中国政府部门主要通过扩大总需求来消化吸收过剩产能。比如，为了应对 2008 年金融危机时期的产能过剩问题，中国出台了"四万亿"强刺激政策，通过上项目搞投资快速消化了部分过剩产能，产能利用率因此而显著回升。但是，过剩尤其是低效的产能并没有被淘汰掉，扩大总需求只是延缓了产能过剩爆发的时间，并没有根治产能过剩问题。也正因如此，中国的产能过剩问题呈现出"屡犯屡治，屡治屡犯"的特点。[②]

之所以总需求管理不能根治产能过剩问题，是因为中国的产能过剩有着深刻的体制性根源。一方面，以 GDP 为核心的官员考核机制和事权财权倒挂的财税体制使得地方政府热衷于追求高增长和高税收，钢材、水泥和汽车等具有高投入高产出特征的产业受到各个地方政府的青睐。地方政府之间的竞争很容易导致重复建设，从而引发产能过剩。为了鼓励企业加大投资，政府对资金、土地和劳动等要素价格进行管制，并且对企业排放污染物的约束较少、惩罚较轻，降低了企业本应承担的资源环境成本，刺激企业过度投资，加剧了产能过剩的程度。另一方面，当出现产能过剩时，地方政府又往往通过补贴等方式给部分本应被市场淘汰的企业"输血"[③]，使得产能过剩问题持续存在。

要想有效治理产能过剩问题，需要通过供给侧结构性改革消除目前存在的体制性障碍。供给侧结构性改革治理产能过剩的关键是厘清政府与市场的关系，减

---

① 余永定：《打破通货收缩的恶性循环——中国经济发展的新挑战》，载于《经济研究》1999 年第 7 期。

② 纪志宏：《我国产能过剩风险及治理》，载于《新金融评论》2015 年第 1 期。

③ 政府之所以给本应被市场淘汰的企业"输血"，除了保证 GDP 增速，还为了维持就业和社会稳定。

少政府的干预，让市场在资源配置中起决定性作用。一是，改革地方官员考核机制和财税体制，改变地方政府唯 GDP 崇拜的做法，降低政府干预企业投资活动的激励。二是，加快推进资金和能源等要素价格市场化改革，杜绝内部成本外部化的做法，让企业承担起本应承担的投资成本，约束其过度投资行为。三是，通过市场的优胜劣汰决定企业去留，从而为生产效率较高、能够生产出高品质产品的企业提供良好的生存环境。

（二）供给侧结构性改革能够增加有效供给，催生新的增长点

中国的产能过剩并非绝对意义上的产能过剩，因为在部分产品产能过剩的同时，不少产品的有效供给明显不足。投资品方面，钢铁行业虽然长期面临严重的产能过剩，但高端钢铁产品的供给十分不足，长期依赖进口。2004 ~ 2012 年，国内生产的冷轧薄板、镀层板和电工钢板这三类高端板材产量合计占国内钢铁总产量的平均比重为 22%，而中国进口钢铁总量中这三类板材的占比却高达 65%。[①]消费品方面，"代购"和"海淘"等新型消费模式快速发展，国外的服装、化妆品、数码电子产品、婴幼儿用品、食品、保健品和家用电器等高质量消费品受到国内消费者青睐。统计数据显示，2013 年中国海淘族规模已达 1 800 万人，海外购物开支高达 2 136 亿元，预计 2018 年中国海淘族规模将达到 3 560 万人，海外购物消费支出将达 1 万亿元。[②]

总需求管理无法应对目前中国面临的高品质投资品和消费品有效供给不足的问题。其一，积极财政政策和宽松货币政策等总需求管理政策主要通过增加补贴、减轻税负或降低融资成本等方式为产能过剩行业的"僵尸"企业减轻负担，使其得以持续经营，但是并不能改变这些企业生产的产品种类和品质。其二，教育和医疗等领域有效供给不足的一个重要原因是民间投资被管制，即使企业有投资意愿，只要相关的体制障碍仍然存在，就难以实现相关领域供给的增加。再加上市场优胜劣汰机制难以奏效，为数不多的产品和服务的质量也难以得到保障。总需求管理无法消除相关体制性障碍，因此也就不能增加高品质民生产品和服务的有效供给。

要想增加有效供给，应该将发力点转向供给侧，推进"供给侧结构性改革"。一方面，减少对于"僵尸"企业的无效输血，将节省下来的宝贵资源投向能够生

---

① 郭豫媚：《中国富豪的巨额财富积累来源于科技创新吗？》，"经济体制改革论坛（总第 5 期）"分报告，北京，2015 年。

② 凤凰网，http://tech.ifeng.com/a/20140917/40809485_0.shtml。

产高品质投资品和消费品的企业。① 另一方面，消除教育、医疗等领域的民营资本投资障碍，破解准入问题，让市场优胜劣汰机制发挥作用，为社会供给更多高品质的民生产品和服务。这样既能消除产能过剩问题又可以让供给增长更为有效，从而化解供给侧的结构性矛盾，并为中国经济催生出新的增长点。"供给侧结构性改革"概念提出后，国务院专门印发《关于积极发挥新消费引领作用加快培育形成新供给新动力的指导意见》，提出"以制度创新、技术创新、产品创新增加新供给，满足创造新消费，形成新动力"，"引导企业更加积极主动适应市场需求变化，实施企业技术改造提升行动计划，增加优质新型产品和生活服务等有效供给"。应该说《指导意见》是对症的，关键在于落实到位，而要想落实到位必须管住"政府之手"、让"市场之手"推进调结构的进程，② 通过创新加快产业结构升级，使供给结构与需求结构相匹配。

三、供给侧结构性改革的推进需要总需求管理相配合

供给侧结构性改革有助于提高经济潜在增速，推动实现长期经济增长。长期中，供给侧结构性改革不仅能够淘汰掉落后产能，使信贷资金等宝贵资源更加有效地配置给高生产率的企业，提高全社会的生产效率，而且能够促进产业结构升级，引导企业更加积极主动适应市场需求变化，从而催生出新的增长点。但是，短期内，供给侧改革过程中淘汰落后产能等举措会加剧经济下行压力，需要总需求管理予以缓冲。

（一）1998 ~ 2002 年通缩时期供给侧改革与总需求管理配合的经验

虽然"供给侧结构性改革"是 2015 年才提出的新概念，但是中国在 1998 ~ 2002 年通缩时期就已经进行过政策实践。邓小平南方讲话之后的新政策促成了投资热潮（1992 年和 1993 年投资增速高达 44.4% 和 61.8%③），地方政府之间的竞争和重复建设导致很多企业生产的产品出现过剩。亚洲金融危机进一步压缩了外部需求，导致产品价格下降、企业经营效益恶化。④ 但是，政府的干预和市

---

① 需要注意的是，从"僵尸"企业节省出来的资源应该让市场来决定其流向，而不是由政府通过补贴等形式加以配置。
② 陈彦斌、陈小亮：《中国经济"微刺激"效果及其趋势评估》，载于《改革》2014 年第 7 期。
③ 投资增速是根据《中国统计年鉴》相关数据计算得到的。
④ 余永定指出，沪、深股票市场上市公司的平均利润率由 1994 年的 13% 下降到了 1997 年的 9%。其中化纤业上市公司的主营业务利润率由 1994 年的 16% 骤降至 1997 年的 3%，机械业上市公司的主营业务利润率由 1994 年的 10% 下降到 1997 年的 5%。此外，未上市公司的经营状况比上市公司更糟糕。

场机制的不完善导致亏损的企业并没有及时退出，它们继续从事生产引发了大量"无效供给"。为了提高经济活力，中国进行了以国企改革为核心的供给侧改革，对国企的行业布局进行战略性调整，国企逐渐从一般加工制造业、批发零售和住宿餐饮等下游行业退出，并集聚到矿产、能源、电力、电信、金融、交通运输等上游行业。① 淘汰掉低效率国企并经过新陈代谢之后的中国经济轻装上阵，再加上外部条件改善等有利因素，中国潜在经济增速显著提高，实现了2002年以后的新一轮高速增长。

在推行国企改革的过程中，国企数量从1997年的7.4万家减少到2002年的4.1万家，② 由此导致大量工人下岗，仅1998年和1999年就有2 200多万职工下岗。期间，政府并没有放弃总需求管理政策，采取了多项财政政策与货币政策来解决下岗工人的生活和就业问题，从而维护社会稳定以确保供给侧改革顺利推行。一是，通过财政给予国有企业下岗职工基本生活保障，并出台优惠性税收和信贷政策鼓励非国企接收下岗职工。1998年6月23日国务院发布的《关于切实做好国有企业下岗职工基本生活保障和再就业工作的通知》指出："对下岗职工从事社区居民服务业的，3年内免征营业税、个人所得税以及行政性收费"，"把发展中小企业、劳动就业服务企业作为促进再就业的重要途径，各国有商业银行应设立小型企业信贷部，为其发展提供必要的贷款支持"。二是，通缩加重了企业实际融资成本，为此央行采取了降息和降准操作以降低融资成本。③ 1998～2002年间央行先后五次降息，一年期贷款基准利率从7.92%降至5.31%，降息幅度达到了2.61个百分点。央行还在1998年和1999年分别将存款准备金率大幅下调5个和2个百分点，存款准备金率从13%迅速下降到了6%，降幅之大实属罕见，降准操作大大增加了商业银行的可贷资金规模。

除了采取积极财政政策和宽松货币政策等常规手段扩大总需求，中国还采取了一系列非常规的手段扩大总需求。一是实施住房市场改革，释放住房需求，房

---

① 标志性事件有：1999年中共十五届四中全会指出，"从战略上调整国有经济布局"，"国有经济需要控制的行业主要包括涉及国家安全的行业、自然垄断的行业、提供重要公共产品和服务的行业，以及支柱产业和高新技术产业中的重要骨干企业"；2002年中共十六大报告指出，"关系国民经济命脉和国家安全的大型国有企业、基础设施和重要自然资源等，由中央政府代表国家履行出资人职责"；2003年国资委的成立进一步推动了国企的战略调整和重组。

② 易峘、梁红：《1998～2002年通缩期间宏观政策的回顾与启示》，中金公司中国宏观专题报告，2015年11月24日。

③ 戴根有：《关于我国货币政策的理论与实践问题》，载于《金融研究》2000年第9期。

地产行业一跃成为中国经济发展的支柱产业。① 二是实施西部大开发战略，通过发展西部经济提高西部地区居民的收入水平，从而扩大内需。② 三是加入 WTO 以开发庞大的国际市场，并逐渐形成了"出口—投资"联动机制，为中国经济创造出了又一增长源泉。

（二）"新常态"下供给侧结构性改革的推进仍然需要总需求管理相配合

分析完 1998～2002 年供给侧改革的经验之后，一个很自然的问题就是，"新常态"下中国推进供给侧结构性改革是否也会引发失业？有学者认为，"新常态"下就业问题已经不再是中国需要重点关注的问题。他们的主要依据有以下几点：一是，随着老龄化的加重，中国劳动年龄人口绝对数从 2012 年开始逐渐减少。③ 二是，服务业对经济增长的贡献已经超过工业部门，而理论和国际经验均表明服务业吸纳就业的能力要强于工业部门。三是，一些沿海城市频频出现"用工荒"，他们据此推测农民工的就业也已经不成问题。

本文则认为，"新常态"下推进供给侧改革过程中仍然要高度重视就业问题。第一，虽然劳动年龄人口绝对数量不断减少，但是农村转移人口和大学生就业压力仍然严峻。"十三五"期间，每年从农村转移到城镇的人口还将维持在 500 万人以上，每年新增大学毕业生也将达到 800 万人左右。④ 要想维护社会稳定，必须解决好这两大人群的就业问题。事实上，"新常态"以来中国的就业压力已经逐渐显现。国家统计局数据显示，截至 2016 年 1 月，制造业 PMI 就业指数已经连续 44 个月低于 50% 的枯荣线，非制造业 PMI 就业指数也已经连续 12 个月低于 50%（参见图 1）。第二，中国的产能过剩问题具有明显的区域性特点，山西省和东北三省等重化工业地区产能过剩尤为严重。不仅如此，这些产能严重过剩地区的经济增速也明显偏低，初步核算结果显示 2015 年山西和辽宁的 GDP 增长率分别只有 3.1% 和 3%，黑龙江和吉林的 GDP 增长率分别为 5.7% 和 6.5%，在全

① 陈彦斌和阎衍通过计算得出，2003～2013 年房地产行业平均能够拉动经济增长多达 3 个百分点，其中房地产投资能够直接拉动经济增长 1.3 个百分点，此外房地产还通过促进上游的钢铁、水泥、玻璃等行业以及下游的家电、家具、建筑装潢等行业发展而拉动经济增长 1.7 个百分点（参见陈彦斌、阎衍：《2014 下半年中国房地产走势预判》，载于《人民论坛》2014 年第 8 期）。
② 陈栋生：《对西部大开发的几点思考》，载于《中国工业经济》2000 年第 1 期。
③ 国家统计局数据显示，2012～2015 年中国劳动年龄人口连续四年减少，四年累计减少多达 1 447 万人。
④ 从农村转移到城镇的人口数据引自卢锋、杨业伟：《中国农业劳动力占比变动因素估测：1990～2030 年》，载于《中国人口科学》2012 年第 4 期；高校毕业生人数引自中国人力资源和社会保障部以及教育部网站。

国范围内也属于明显偏低水平。在此情形下，一旦落实去产能方案，很可能在山西省和东北三省等产能过剩重灾区出现地区性的较多失业人口。①

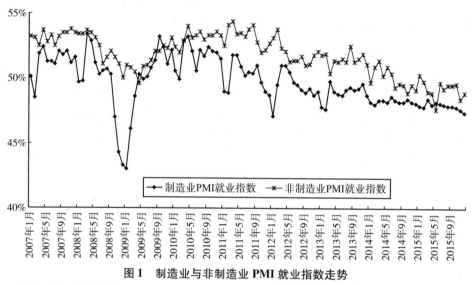

图1　制造业与非制造业 PMI 就业指数走势

资料来源：国家统计局。

基于此，"新常态"下中国推进供给侧结构性改革的过程中，同样需要辅以扩张性的总需求管理政策。中小企业作为吸纳就业的主体，面临着税负过重和融资难、融资贵等问题。因此有必要采取以减税为核心的积极财政政策来减轻企业税负，并通过适度宽松的货币政策缓解中小企业的融资困难，从而让中小企业更好地发展起来以承接去产能引发的失业问题。需要补充说明的是，中国中小企业融资难、融资贵问题的根源在于政府为追求高增长而造成的金融体制扭曲和经济体制扭曲。因此，货币政策无法根治融资贵难题，要想根治中小企业融资贵问题，必须通过深化改革纠正金融扭曲和经济扭曲。但是，这并不意味着货币政策在降低中小企业融资成本方面毫无效果。一方面，在通胀率持续走低并且工业领域持续通缩的背景下，降息可以引导市场利率下行。② 另一方面，央行可以继续采取定向降准等结构性货币政策，增加金融机构对中小企业的资金供给。马理等

---

① "十三五"规划建议将"十三五"期间宏观调控的目标确定为"更加注重扩大就业、稳定物价、调整结构、提高效益、防控风险、保护环境"。"扩大就业"第一次成为宏观调控的首要目标，这也能够反映出中国目前的确面临着一定的就业压力，而且中央已经开始高度重视就业问题。

② 2014 年 11 月至 2015 年 12 月央行六次降息，一年期贷款利率累计下降 1.65 个百分点。在央行降息的引导下，金融机构一般贷款加权平均利率从 2014 年第 4 季度的 6.92% 下降到 2015 年第 4 季度的 5.64%；温州民间融资综合利率指数从 2014 年 11 月的 20.05% 下降到 2015 年 12 月的 18.65%。

通过构建理论模型并进行数值模拟发现，可以借助放宽对中小企业贷款的抵押担保条件、加大对中小企业贷款的优惠力度和降低对中小企业贷款的资本约束要求等配套政策使定向降准落到实处。[①] 这为定向降准等结构性货币政策的实行提供了理论支撑。

最后要指出的是，与 1998～2002 年相比，目前国企改革难度更大，人口红利和全球化红利逐渐消失，房地产也难以再现过去十多年的黄金期，这要求中央更加坚定供给侧改革的决心。但是供给侧改革不能从一个极端走向另一个极端，要注意把握好改革的力度。为了缓冲高强度供给侧改革带来的经济下行压力和就业压力，在改革进程中可以考虑不搞"一刀切"，对不同类型的企业区别对待，分阶段、分批次推进改革。以去产能为例，鉴于目前存在一定的就业压力，可以考虑对劳动密集型的企业继续"输血"，对山西和东北三省地区的去产能更要慎重。与此同时，通过减税和破垄断等举措，给中小企业发展创造出好的环境，待中小企业吸纳就业能力提升之后，再逐步推进供给侧改革。

四、供给侧改革不应取代总需求管理成为宏观调控的主要手段

虽然供给侧改革能够有效治理产能过剩问题，而且可以使产品供给结构与需求结构更加匹配从而满足受抑制的需求，但它并不能因此而成为宏观调控的主要手段。美国和英国在 20 世纪 80 年代推行了供给方面的改革，但是并没有常态化，美国和英国宏观调控的主要手段仍然是总需求管理尤其是货币政策。中国在 1998～2002 年也曾实施了供给侧改革，但是过去十余年的政策实践表明，供给侧改革同样没有取代总需求管理在中国宏观调控体系中的地位。之所以如此，是因为供给侧改革不满足宏观调控的基本条件和三条标准。[②]

（一）供给侧改革不能进行逆周期调节

宏观调控手段首先要满足的条件是能够对经济进行逆周期调节。当经济过冷的时候，决策部门采取扩张性宏观调控政策刺激经济，使经济恢复活力；当经济过热的时候则要出台紧缩性宏观调控政策，避免企业等经济主体盲目扩大生产，

---

① 马理、娄甜甜、牛慕鸿：《定向降准与商业银行行为选择》，载于《金融研究》2015 年第 9 期。
② 梁小民等著的《经济学大辞典》以及郭庆旺和赵志耘（2005）等文献将供给管理（与供给侧改革含义相似，见本文概念界定部分的脚注）与总需求管理视为稳定化政策的两大核心内容，而本文并不赞同他们的观点。（参见梁小民、睢国余、刘伟、杨云龙：《经济学大辞典》，团结出版社 1994 年版，第 412 页；郭庆旺、赵志耘：《宏观经济稳定政策的理论依据》，载于《经济理论与经济管理》2005 年第 3 期）

帮助经济"软着陆"。总需求管理在主流教科书中又被称为"稳定化政策"（Stabilization Policy），① 是典型的逆周期调节手段。就货币政策而言，当经济过热时可以采取加息或者提高准备金率等手段以减少企业投资和居民消费，反之则降息或者降低准备金率以促进企业投资和居民消费，从而稳定经济增长。就财政政策而言，当经济过热时可以采取加税或者减少财政支出等手段为经济"降温"，反之则减税或者增加财政支出以刺激经济增长。

供给侧改革的工具主要包括减税、减少政府干预和深化改革等内容，除了减税之外，其他工具都难以用来对经济进行逆周期调节。比如，当一国经济增速放缓时，如果存在政府对经济体干预过度、市场经济运行机制不健全、市场化制度不完善等问题，通过供给侧改革减少政府干预、深化改革可以为经济体注入活力，提高潜在增速。但是，当一国经济过热时，却不能简单地反其道而行之。具体到中国，目前中国的政府部门仍然握有不少权力②，市场机制也尚不健全。比如产能过剩很大程度上就是源自政府对市场的干预，再比如行政垄断等障碍的存在限制了中小企业的发展空间，而金融市场扭曲则是中小企业融资难、融资贵的重要原因。因此，"新常态"下推进供给侧改革有助于为中国经济注入活力。但是，供给侧改革不能常态化，也不能在未来中国经济过热时进行逆周期操作，比如增加政府对经济的干预、把原本健全的市场机制和制度破坏掉来给经济"降温"。因此，供给侧改革不具备成为宏观调控主要手段的基本条件。

（二）供给侧改革不满足宏观调控手段的三条标准

米什金所著的《货币金融学》详细阐明了货币政策手段需要遵循的三条标准：可测量性、可控性、对目标有着可预计的影响。③ 根据这三条标准并结合政策实践，目前美联储将联邦基金利率作为货币政策的主要手段。联邦基金利率不仅易于测量而且可以迅速得到数据，因此满足可测量性标准；美联储可以通过采取公开市场操作来调整联邦基金利率水平的高低，因此它满足可控性；央行可以结合产出和通胀率等重要宏观变量的表现，根据泰勒规则等经验算式对联邦基金

---

① 虽然《新帕尔格雷夫经济学大词典》指出"在美国，需求管理从未完全代替稳定化政策这一术语"，但是通过对比词典对需求管理和稳定化政策两个术语的解释可以发现，二者的核心内容是一致的。

② 以行政审批权为例，本届政府在 2013 年成立时，国务院各部门所握有的行政审批数量为 1 700 余项，总理向社会承诺本届政府至少取消和下放其中的 1/3（567 项）。2013 年和 2014 年分别取消和下放了 416 项与 246 项行政审批权，2015 年 3 月再次取消和下放 90 项行政审批权，仅用了两年多时间就超额完成了目标。不过，根据以上数据估算，目前政府部门仍拥有约 950 项行政审批权。数据来源：2013 年和 2014 年数据分别引自《2014 年政府工作报告》和《2015 年政府工作报告》，2015 年数据源自国务院发布的《关于取消和调整一批行政审批项目等事项的决定》。

③ ［美］米什金：《货币金融学》，郑艳文、荆国勇译，中国人民大学出版社 2011 年版，第 384 页。

利率做出较为精准的调整，因此它对目标有着可预计的影响。需要强调的是，20世纪70年代美联储货币政策的手段并不是联邦基金利率，而是货币供应量。金融创新的涌现和利率管制的放松加大了货币定义和测度的难度，货币供应量与实体经济之间的稳定关系被打破，从而导致货币供应量的可测量性、可控性和对目标的影响都大幅减弱。在此情形下，美联开始寻找新的货币政策手段，并于1993年宣布将联邦基金利率作为货币政策手段。美联储货币政策手段的历史变迁充分说明了上述三条标准的重要性，中国目前货币政策由数量型向价格型的转变也是基于类似逻辑。

通过类比可以发现，税收和财政支出等财政政策手段同样需要满足上述三条标准。以财政支出为例，一国政府能够通过财政部等相关部门议案确定财政刺激力度大小，因此财政支出满足可测量性和可控性标准。近年来各国开始效仿货币政策规则（如泰勒规则）并结合本国财政政策的目标制定财政政策规则，[①] 因此财政支出亦对目标有着可预计的影响。

因此，本文认为，可以将可测量性、可控性、对目标有着可预计的影响视为宏观调控手段所需满足的三条标准。然而，供给侧改革并不满足这三条标准。供给侧改革虽有共识，但诸如减少政府对市场的干预和深化改革等工具的可测量性和可控性远不如利率、准备金率和财政支出等总需求管理政策工具。一国很难对政府干预市场的程度和改革进程进行量化，虽然有些研究通过构建市场化指数来量化市场化进程，但是这通常只能对以往的改革进行归纳，而一国的改革进程通常不是按照恒定节奏进行的，不同时间段改革的内容也是不同的，因此不能用类似的改革指数推测未来改革的进度，进而也就难以对两类工具进行精确控制。此外，改革只有在长期中才会产生改革红利，而短期内通常不会产生改革红利，甚至会导致负红利，因此不满足对目标有着可预计的影响这一标准。鉴于此，世界各国一般不会把供给侧改革当作宏观调控的主要手段。未来中国也不应该将供给侧改革常态化，更不应该将供给侧改革视为宏观调控的主要手段。

---

① Batini, N., P. Levine and J. Pearlman, "Monetary and Fiscal Rules in an Emerging Small Open Economy", IMF Working Paper No. 09/22, 2009; Kumhof, M., and D. Laxton, "Simple, Implementable Fiscal Policy Rules", IMF Working Paper No. 09/76, 2009; Davig, T., E. M. Leeper, and T. B. Walker, "Inflation and the Fiscal Limit", *European Economic Review*, 55, 2011；胡永刚、郭长林：《财政政策规则、预期与居民消费》，载于《经济研究》2013年第3期。

（三）精巧设计的新型总需求管理方案不仅能够有效应对需求冲击，而且可以较好地应对供给冲击，这强化了总需求管理在宏观调控体系中的主导地位

宏观经济理论与政策的最新进展表明，总需求管理对宏观经济的调控能力比早期教科书上所说的更加强大，精巧设计的新型总需求管理方案不仅可以有效应对需求冲击，还可以在一定程度上应对供给冲击。全世界颇为流行的曼昆版《宏观经济学》在讲解美国滞胀时并未提及用供给侧改革应对滞胀，而是强调使用货币政策等总需求管理手段加以应对。① 此外，货币政策最新实践表明，设计良好的通胀目标制可以较好地应对供给冲击，这超越了总需求管理应对供给冲击必须在产出与通胀之间权衡取舍的传统看法。

两方面的优化设计可以提高通胀目标制应对供给冲击的能力。其一，大多数国家设计的通胀目标至少排除了第一轮供给冲击的效应，如食品或能源价格上涨带来的第一轮影响。当供给冲击发生时，若仍坚持原有的通货膨胀目标，可能会引起更大的经济波动。例如，石油价格突然下降将刺激产出增加和物价下跌，如果维持目标通胀率，央行可能会采取行动推动通胀率上升，然而这将进一步刺激产出从而引起更大的产出波动。② 为了规避通胀目标制与供给冲击之间的矛盾，各国通常对通胀目标加以调整。例如，新西兰的通胀指标剔除了供给冲击的影响，后来又进一步剔除了贸易条件变动、能源与商品价格变化、政府收费与间接税的变化等因素引起的第一轮影响；加拿大的核心通胀率则剔除了能源与食品价格的影响。其二，免责条款允许中央银行调整通胀目标以应对不可预期的变化。例如，德国央行在应对 1979 年石油供给冲击时将通胀目标从 2% 提高到 4%，因为冲击带来了"不可避免的价格上涨"③。这避免了过度紧缩货币政策可能引发的产出大幅下滑。

正是因为总需求管理兼具应对需求冲击和供给冲击的强大调控能力，美英等发达国家一直将总需求管理作为宏观调控的主要手段。中国的市场化机制尚不健全，而且目前面临的产能过剩、房地产库存高企和融资成本过高等问题的根源在于供给端，因此有必要推进供给侧改革，尤其是进行结构性改革。但是基于上述

---

① ［美］曼昆：《宏观经济学》，卢远瞩译，中国人民大学出版社 2011 年版，第 243 页。
② 郭豫媚：《预期管理与中国货币政策有效性》，中国人民大学博士毕业论文，2016 年。
③ 关于新西兰、英国和德国通胀目标制的经验都是根据伯南克等整理得到的（参见伯南克、劳巴克、米什金、波森：《通货膨胀目标制：国际经验》，孙刚等译，东北财经大学出版社 2013 年版，第 36、86、117 页）。

理论分析和发达国家的国际经验可知，长远来看中国仍然应该将总需求管理政策视为宏观调控的主要手段。

五、结语

本文通过对经济理论、历史经验和国际经验的分析，从两个方面阐述了供给侧结构性改革与总需求管理的相互关系。一是，供给侧结构性改革的推进需要总需求管理相配合。总需求管理无法根治产能过剩以及供给结构与需求结构不匹配等深层次问题的根源在于供给侧，因此有必要推进供给侧结构性改革。但是，短期里供给侧结构性改革过程中，淘汰落后产能等举措会加剧经济下行压力和就业压力，要想顺利推进供给侧结构性改革需要总需求管理相配合。二是，供给侧改革不应替代总需求管理而成为宏观调控的主要手段。供给侧改革既不具备宏观调控所要求的逆周期调节能力，也不满足宏观调控手段所要求的可测量性、可控性、对目标有着可预计的影响这三条标准，因此不应该成为宏观调控的主要手段。

有鉴于此，新常态下中国要着力加强供给侧结构性改革，同时不能放弃总需求管理，而且应该着力提高总需求管理政策的有效性。就货币政策而言，目前中国正处于从数量型货币政策向价格型货币政策转型的过程中，数量型货币政策的有效性逐渐减弱而价格型货币政策尚未完全建立，因此中国亟需构建市场化的基准利率以提高价格型货币政策的有效性。在货币政策转型的过程中，中国还应该加强预期管理，平抑预期误差冲击所引发的产出、消费和投资的波动幅度，提高货币政策有效性。[①] 就财政政策而言，现行财税体制下地方政府事权与财权不匹配，地方政府为了落实积极财政政策而通过地方投融资平台等方式举债，高企的债务负担在很大程度上限制了地方政府进一步落实积极财政政策的能力。为了化解地方政府债务困境，十八届三中全会提出深化财税体制改革，"建立事权和支出责任相适应的制度"，《新预算法》也明确指出"可以在国务院确定的限额内，通过发行地方政府债券举借债务的方式筹措资金"。未来中国政府部门应该尽快落实相关财税体制改革方案，确保中央制定的积极财政政策能够落到实处。

[①] 郭豫媚、陈伟泽、陈彦斌：《中国货币政策有效性下降与预期管理研究》，载于《经济研究》2016年第1期。

参考文献：

Batini, N. , P. Levine and J. Pearlman, "Monetary and Fiscal Rules in an Emerging Small Open Economy", IMF Working Paper No. 09/22, 2009.

Kumhof, M. , and D. Laxton, "Simple, Implementable Fiscal Policy Rules", IMF Working Paper No. 09/76, 2009.

Davig, T. , E. M. Leeper, and T. B. Walker, "Inflation and the Fiscal Limit", *European Economic Review*, 55, 2011.

陈彦斌、陈小亮：《中国经济"微刺激"效果及其趋势评估》，载于《改革》2014 年第 7 期。

（本文原载于《中国高校社会科学》2016 年第 3 期）

产能过剩与企业多维创新能力

夏晓华　史宇鹏　尹志锋*

一、问题的提出

产能过剩（Overcapacity）① 是我国当前经济发展过程中存在的突出问题，其严重干扰着国民经济正常运行。国务院相关部门曾多次强调产能过剩治理工作的严峻性。我国企业的产能过剩具有一般性，同时也具有特殊性。一般性体现为产能过剩是基于正常的经济周期而产生。对于这种情况下的产能过剩，经典的经济理论能够予以解释。即产能过剩是企业的一种理性反映（干春晖等，2015）。一方面，企业的生产规模因经济繁荣而扩大，当需求下降时，其会在缩小规模与维持既有生产规模进行权衡。缩小规模会由于资产专用性等问题而导致调整成本，维持原有生产规模则需要付出保存成本，企业会在这两种成本之间进行权衡，进而决定是否调整规模；另一方面，生产规模是企业竞争的一种重要手段，为了抑制潜在竞争者，在位企业有动力保持一定程度的过剩产能，以应对潜在竞争。这种过剩产能的储备动机因市场的可竞争性不同而存在差异。

与此同时，我国企业的产能过剩，又具有鲜明的特殊性，并具体表现为：一是，产能过剩严重的都是竞争性行业，且构成一种长期现象②；二是，有的行业一方面产能极度过剩，另一方面行业的投资力度还在加大（赵向文，2013）；三

---

* 夏晓华，中国人民大学中国经济改革与发展研究院副教授；史宇鹏，中央财经大学副教授；尹志锋，中央财经大学经济学院讲师。

① 产能过剩是指企业在正常的生产条件下潜在的最大产出与实际产出的差额。在市场经济条件下，产能过剩表现为产品或服务的供给能力大于市场需求。产能过剩也可以用设备的利用程度来度量，其投入的生产设备高于市场所需水平，这些机器设备由于具有资产专用性特征无法或难以转为他用，以过剩的状态存在，成为"沉没成本"。

② 目前产能过剩的主要行业均为竞争性较强的行业，其包括诸如钢铁、水泥、平板玻璃、煤化工、造船、机床等传统行业，也包括以多晶硅、风电设备为代表的新兴行业。

是，产业政策的效果与初衷相背离，存在越审批产能越过剩的情况（于立，2014）；四是，产能过剩具有明显的结构性过剩特征，一些传统产品的生产存在过剩，但一些高技术含量的产品存在供应不足（刘莉，2013）①。这些特征性综合起来，使得西方经典的经济理论难以给出满意解释，但同时也为我国经济理论创新提供了历史机遇及丰富的研究素材。研究者们尝试扎根于中国经济元素，力图给出不同解释。本文将这些观点归纳如下。一些学者认为中国的产能过剩来源于基于中国产业追随战略中对有前景的产业的共同知识与判断，在投资上出现的"潮涌现象"（林毅夫，2007；2010）；一些学者则强调是政府的不当干预造成了产能过剩。其机理在于，辖区竞争导致地方官员在争夺投资的过程中，采取竞争性的补贴政策（银温泉和才婉茹，2001；周黎安，2004，2007；陆铭等，2004），通过压低某些重点产业中企业的投资成本，来吸引资本进入。其结果是导致资源价格出现严重扭曲，使得其重点支持的产业出现过度资本进入，进而形成全国范围的产能过剩（江飞涛等 2007；江飞涛和曹建海，2009；江飞涛等，2012；干春晖等，2015）。其核心观点在于，政府行政干预及辖区竞争所导致的要素价格扭曲，构成行政性重复建设和产能过剩的根源（皮建才，2008；江飞涛和曹建海，2009；时磊，2013）。

与上述探索形成互补，本研究旨在从创新能力不足或缺失这一视角来解释产能过剩，反过来说，本文要论证创新能够有效地消除过剩产能。与本文关联较为紧密的文献主要有两支。一是，一些学者从理论上讨论创新对于产能过剩的影响。张倩肖和董瀛飞（2014）通过构建涵盖技术创新、产能建设周期、企业兼并、进入和退出的"新熊彼特"模拟模型，发现长产能建设周期及渐进工艺创新的共同作用构成"潮涌现象"模式产能过剩产生的根本原因，进一步，地方政府对于进入、退出的干预加剧了"潮涌现象"和产能过剩。二是，一些研究主要以案例分析、新闻报道或政策报告形式出现，并聚焦于讨论创新与产能过剩的关联。例如，戈清平（2009）关于国内风电行业、包斯文（2010）关于"上海钢贸50强"的钢材流通企业、孔祥忠（2012）关于水泥行业的分析，均强调创新在消除过剩产能中的核心作用。本文认为，张倩肖和董瀛飞（2014）发现渐进性的工艺创新在长产能建设周期及政府干预条件下，对于产能过剩可能具有负面影响，具有一定的启示意义。该研究的可贵之处在于将研究聚焦于探讨渐进式的技术创新，并细致考察其影响产能过剩的作用机理，但是该文对于其他创新类型，

---

① 如国家发展和改革委员会主任张平所述，我国平板玻璃存在产能过剩，但电子用平板玻璃一直进口；风机风电设备产能过剩，但风机轴承、控制系统还要进口，等等。

如产品创新、营销创新、管理创新缺乏讨论；而基于案例的研究，由于探讨案例有限，其不能得到具有统计意义的实证结果。

本研究将从以下几个维度丰富既有文献。一是，基于世界银行的企业调查数据，从微观层面度量企业的生产过剩程度①，采用相对较大样本的实证分析，探讨创新与产能过剩的相关性，与既有的案例研究构成互补；二是，将创新细分为产品创新、工艺创新、管理创新及营销创新，对创新的去产能效果进行系统分解，这将极大拓展基于单维创新作用效果的分析；三是，通过探讨不同所有制企业在创新与产能过剩方面的差异，从创新维度来深入解析国有企业的产能过剩问题并从创新不足视角予以解释。本文余下部分安排如下：第二部分提出理论假说；第三部分介绍实证设定及数据；第四部分为实证结果，最后一部分进行总结。

二、创新与过剩产能：理论假说

熊彼特在其 1912 年的著作《经济发展理论》中系统地提出创新的定义及其内涵，并沿用至今。熊彼特将创新定义为建立一种新的生产函数，把一种新的、关于生产要素和生产条件的组合引入生产体系。这一定义可以具体归纳为引入新产品、采用新技术、实现企业组织（管理）创新及开拓新市场，并在之后演变成奥斯陆手册（Olso manual）所定义的产品创新、工艺创新、组织（管理）创新和营销创新四种标准形式。

创新预期将在消除过剩产能过程中发挥正向作用。创新是增强市场势力和增加市场份额进而减少过剩产能的重要手段（鲍莫尔，2004）。譬如，通过引入一种新产品与服务，将有利于增强产品的差异化及区分度，有利于增加产品需求，而需求的增加，会将过剩的产能激活，变成有效产能；通过进行工艺创新，将有利于生产出成本更低、质量更高的产品，亦将有利于增强既有产品的市场竞争力，释放过剩产能；通过进行组织、管理创新，将有利于进行产品生产、销售管理，增强生产与销售的匹配性，从而有利于灵活调配过剩产能，最终降低过剩产能；最后，通过营销创新，将有利于增强产品的可达性，减少供需双方的信息不对称性，有利于扩大销售，进而消化过剩产能。基于以上论述，本文提出假说1：有创新的企业面临的产能过剩问题不严重；创新越多的企业面临的产能过剩

---

① 由于从微观企业角度测量生产过剩程度还存在着较多的困难（周劲，2007），该方面的实证研究较为缺乏。

问题越不严重。

进行创新有利于减少过剩产能，但不同类型的创新在我国目前阶段消除过剩产能的作用效果存在大小、显著程度的差异。一则，产品和服务创新在消除过剩产能方面的效果，依产品服务革新程度不同而存在差异。依产品的创新程度，可以将其进一步分为对于企业新、在国内市场新及在国际市场新。我国目前大多数企业处于技术模仿、赶超阶段，达到国内市场新、国际市场新的比例较低①，因此，产品服务创新的去过剩产能效果即使存在，其显著程度预期较低；二则，进行工艺创新对于去产能具有两种不同性质的作用效果。一是进行工艺创新将有利于提高生产效率，进一步提高生产能力，带来基于技术进步的产能过剩（张倩肖和董瀛飞，2014）；二是进行工艺创新将提高产品或服务的品质与质量，从而增强产品的竞争力，有利于消化过剩产能。这两种不同力量使得工艺创新的去产能效果显著程度较低。三则，管理创新通过增强对生产能力、销售能力的监测，进而平衡供需，将有利于企业根据市场环境的变化及时调整生产能力，进而消化过剩产能。因此，本文预期管理创新会产生显著的去过剩产能效果；四则，进行营销创新，包括充分利用互联网技术进行营销，打造企业品牌，将有利于拓展产品销路，将过剩产能有效地调度起来。该类创新预期将在消除过剩产能方面起到立竿见影的作用效果。基于以上论述，本文提出假说2：目前阶段企业进行产品服务创新及工艺创新的去过剩产能效果有限，而组织创新与营销创新则具有显著功效。

目前阶段的产能过剩问题中，国有企业再次成为"重灾区"。相对于非国有企业，国有企业的过剩产能规模更大，出现产能过剩的比例更高。研究表明，政府对于国有企业的强控制力及地方政府竞争，使得国有企业成为地方政府扩大经济规模、提速经济增长的重要抓手（张维迎和马捷，1999），并由此导致产能过剩（干春晖等，2015）。国有企业的投资冲动及规模膨胀，在没有创新的情况下，将会导致严重的产能过剩问题。但如果国有企业在规模扩张的同时，能够进行相应的创新，则创新将有利于抵消规模扩张对于产能过剩的膨胀作用。比较遗憾的是，大量的实证研究表明，国有企业在创新方面亦不如非国有企业（吴延兵，2012），这两重因素相叠加，使得国有企业的产能过剩问题更为严重。基于此，本文提出研究推论：国有企业之所以面临更为严重的产能过剩问题，创新能力不

① 据《2014年全国企业创新调查统计资料》，2013~2014年我国实现产品创新的工业企业中，有100%的企业有本企业新的产品，有62.2%的企业有国内市场新的产品，仅有21.7%的企业有国际市场新的产品。这一比例在全部企业（包括实现产品创新与没有实现产品创新企业）、2010年及之前年份企业中预期会更低。

足是一大重要原因。

三、创新与过剩产能：模型及数据

1. 模型设定。

本文将构造如下模型来检验假说1及假说2。

$$\ln(p_i/(1-p_i)) = a_1 + a_2 \times innovation_i + A \times X + \varepsilon_i \qquad (1)$$

$$y_i = b_1 + b_2 \times innovation_i + B \times X + \varphi_i \qquad (2)$$

其中，$p_i = prob(Z_i = 1)$ 表示企业是否存在产能过剩的概率。y_i 表示企业产能过剩水平。过剩产能通常指企业实际使用的生产能力与全部生产能力的差额。基于数据的可获得性及既有文献的做法，本文采用这一定义。进一步，本文用两个变量来刻画产能过剩情况。一是，基于各类文献对于产能过剩的评判（钟伟，2013），采用20%作为是否存在过剩产能的临界点，将产能过剩程度高于20%的企业定义为存在过剩的企业，记为1，反之为零；二是，计算企业存在产能过剩的程度，用过剩的生产能力除以企业总的生产能力。

解释变量方面，innovation为反映创新程度的变量。首先，本文定义存在某一类创新的企业，即把存在产品服务创新、工艺创新、管理创新及营销创新的企业分别定义为产品服务创新企业、工艺创新企业、管理创新企业及营销创新企业，记为1，反之为0。其次，将存在产品服务创新、工艺创新、管理创新及营销创新中任意一项创新的企业定义为创新企业，记为1，反之为0；最后，根据企业实现创新类型的数量，定义企业实现的创新数，取值为0~4。X为一系列的控制变量。包括所有制、企业规模、产业虚拟变量及地区虚拟变量。产业虚拟变量用于控制产业层面的特征，如产业集中度、技术机会等因素的影响；地区虚拟变量用于控制地区特征，如经济发展水平、地方政府行为的影响。在控制变量中，本文将重点关注国有企业特征与产能过剩的相关性。

在模型2的基础上，即验证创新正向作用于化解过剩产能功效的基础上，本文将聚焦于讨论相对于非国有企业，国有企业在创新方面是否存在显著不足。如果得以证实，则表明国有企业更为严重的产能过剩的原因中，一个核心因素在于创新能力不足。本文将构造如下模型检验国有企业与非国有企业的创新差异。

$$\ln(q_i/(1-q_i)) = c_1 + c_2 \times ownership_i + C \times X + \theta_i \qquad (3)$$

其中，$q_i = prob(innovation_i = 1)$ 表示企业进行各项创新的概率；$ownership_i$ 表示企业的所有制特征。X与之前的定义相同，只是将所有制变量单独提出来。

考虑到创新数量变量为 0 ~ 4 的非负正数，本文采用泊松回归模型对比不同类型企业在创新数量上是否存在显著差异，具体模型设定如下：

$$\ln\mu_i = d_1 + d_2 \times ownership_i + D \times X + \varsigma \tag{4}$$

其中，μ_i 为第 i 个单位某事件发生数的观测值 y_i（即创新数量，取值为 0 ~ 4）所服从的泊松分布的均值（Cameron & Pravin，1998）。其他变量的定义同模型 3。

2. 数据与变量。

本文的数据来源于 2012 年世界银行组织的中国企业经营环境调查。该调查展开的时间段为 2011 年 12 月到 2013 年 2 月，共有 2 700 家私营企业（包括内资与外资私营企业）及 148 家国有企业受访。调查涉及的内容板块包括企业基本信息、基础设施及服务、销售与供应、竞争程度、产能利用情况、土地与审批、创新与技术、犯罪、金融、政府关系、劳动力、商业环境、经营绩效等方面[1]。

本文产能过剩变量的构造基于问卷的问题 f1 部分。问题 f1 问到企业在 2010 年财年实际用到的产能与其最大产能的比例。本文用 1 减去该比值即可得到未利用产能（或过剩产能）的数值。基于此，本文构造两个变量，一是以 20% 为临界值[2]，将过剩产能高于 20% 的企业定义为存在过剩产能的企业，记为 1，反之为 0；另一个变量直接采用产能过剩的比例。这一做法与既有文献关于产能过剩的定义、测度具有一致性：国际上一般都是采用"设备利用率"作为产能过剩的衡量指标（周黎，2015），与本文的测度指标一致；与此同时，一些研究（如时磊，2013；干春晖等，2015；张龙鹏，2016）也用类似的方法来测度产能过剩。

本文的核心解释变量来自问卷中的 CNO 部分。其中，问题"过去三年是否引入新的产品与服务""过去三年是否引入新的技术设备来改善产品及工艺""过去三年是否引新的管理及行政流程"，能够分别反映产品创新、工艺创新及组织（管理）创新情况，本文将答案为肯定的企业定义为在相应维度上的创新企业，记为 1，反之为 0。对于营销创新，本文基于如下问题的信息来进行界定："企业在销售与市场开发过程中，使用信息技术（计算机、软件及互联网）的频率"本文将回答"频繁使用"及"一直使用（没有间断）"的企业定义为营销创新强的企业，记为 1，反之为零。基于上述四类标准创新，本文进一步定义创新

---

[1]　更详细的数据说明详见官方说明文件"The People's Republic of China 2012 Enterprise Surveys Data Set"。

[2]　据美国的经验，产能利用率超过 95% 时代表产能使用程度接近饱和；产能利用率位于 81% ~ 90% 表明产能产能利用正常；低于 81% 则认为存在较严重的产能过剩（杨君，2013）。在稳健性检验中，将临界值设定为产能利用率低于 70% 时，主要结论依然成立。

型企业，即只要存在上述四种创新之一的企业，均为创新型企业，记为1，反之为零；并据此定义企业实现创新的种类数，取值为0~4。

其他控制变量方面，本文依企业最大股东的特征将企业区分为国有企业、外资企业及私营企业。如最大股东为政府（外资、国内私营者），将其定义为国有企业（外资企业、私营企业）；遵循问卷定义，本文将就业人数位于5~19人（含）之间的企业定义为小型企业，将就业人数位于20~99（含）及大于100（含）的企业分别定义为中型企业与大型企业。地区虚拟变量为包括无锡、佛山等在内的25个0~1变量；产业虚拟变量为包括塑料和橡胶、食品等在内的26个0~1变量①。

表1的数据显示，回归样本中企业平均的产能过剩水平为13.2%；图1进一步表明，产能过剩存在两个峰值，一个位于10%左右，另一个位于18%左右。如果以20%作为产能过剩的临界值，有25.7%的企业被划分产能过剩企业。被标识为创新企业的比重达到81.4%，表明调查企业表现出相当程度的创新性；其中，进行产品创新、工艺创新、管理创新的企业分别达到52.9%、62.6%及46.9%；频繁使用信息技术进行营销的企业占比达到55.6%。回归样本中，私营企业、外资企业及国有企业的占比分别为90.29%、4.29%及5.42%；小型企业、中型企业及大型企业的占比分别为25.31%、41.22%及33.47%，分布较为均匀。同时，样本的行业及地区分布也较为均匀。核心变量的取值均落在合理的区间范围。

表1 关键变量的描述统计

变量	含义	均值	标准差	最小值	最大值
dum surplus	产能过剩标识（1=是）	0.257	0.437	0	1
Surplus	产能过剩水平	0.132	0.108	0	1
Innovation	创新企业（1=是）	0.814	0.390	0	1
Product	产品创新（1=是）	0.529	0.499	0	1
Process	工艺创新（1=是）	0.626	0.484	0	1
Management	管理创新（1=是）	0.469	0.499	0	1
Promotion	营销创新（1=是）	0.556	0.497	0	1

注：依主回归方程中均没有缺失值的样本进行统计，样本数为1 679个。由于类型较多，企业规模、所有制、产业及地区虚拟变量没有在表中列出。

---

① 合肥及食品行业分别为地区及行业分类变量的基准组。

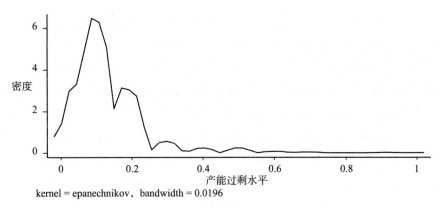

kernel = epanechnikov, bandwidth = 0.0196

图 1　产能过剩程度的企业分布

资料来源：笔者整理。

四、实证结果

1. 产能过剩基本情况分析。

在进行回归分析之前，本文首先从企业创新水平、所有制及企业规模视角，考察产能过剩的分布情况。表 2 的数据显示，创新企业平均的产能过剩比率为 12.78%，相对于没有创新的企业要低近 3 个百分点；创新企业中存在产能过剩的企业占比为 23.13%，要显著低于非创新企业（36.74%）。该结果在一定程度表明，企业创新与过剩产能具有负的相关性。表 2 的数据进一步显示，对于细分的创新类型，无论是产品创新、工艺创新、管理创新，还是营销创新，具有创新的企业均具有更低的过剩产能，且存在产能过剩的企业占比也明显更少。进一步验证了创新在消除过剩产能中的重要作用。

表 2　　　　　　　　　创新水平与企业产能过剩分布

	产能过剩率	产能过剩企业占比
企业创新		
否	15.17	36.74
是	12.78	23.13
产品创新		
否	13.84	29.03
是	12.53	22.05
工艺创新		
否	14.33	32.37

续表

	产能过剩率	产能过剩企业占比
是	12.47	21.19
管理创新		
否	14.36	30.54
是	11.81	19.57
营销创新		
否	14.51	28.94
是	12.18	22.61

资料来源：笔者整理。

表3的数据显示，国有企业具有相对更高的产能过剩率，平均过剩水平达到15.12%，高于私营企业（13.14%）及外资企业（12.61%）；且国有企业中产能过剩的企业占比达到35.56%，远高于外资（27.78%）及私营企业（24.74%）；规模方面，企业规模与产能过剩情况大体呈倒"U"型，中型企业的产能过剩率及产能过剩企业占比最高，分别达到14.13%及28.76%。

表3   **所有制、企业规模与企业产能过剩分布**

所有制	产能过剩率	产能过剩企业占比	规模	产能过剩率	产能过剩企业占比
私营企业	13.14	24.74	小型	13.24	22.82
外资企业	12.61	27.78	中型	14.13	28.76
国有企业	15.12	39.56	大型	12.09	24.02

从产业维度来看，记录媒介、木材、IT、食品及基本金属业企业的平均产能过剩率最高，分别为18.77%、16.67%、16%、14.34%及13.91%，明显高于排名较后的产业，如皮革（9.12%）、精炼石油（8.33%）、建设（6.67%）、交通（5%）及零售业（3%）；从地区维度来看，广州、东莞、烟台、北京、宁波五地企业的产能过剩率相对最高，分别为26.96%、19.99%、18.51%、18.43%及17.43%；要明显高于排名较靠后的洛阳（9.26%）、南通（8.89%）、郑州（8.86%）、南京（8.37%）及武汉（7.34%），其表明我国企业产能过剩呈现出明显的产业与地区差异。

2. 基本回归结果。

模型1的回归结果汇总于表2。

第一列考察是否创新与是否为产能过剩企业的相关性。回归结果表明，开展创新能够避免企业"沦为"产能过剩企业。其经济解释在于，创新能够创造新的需求，并有利于企业进行有效的供需管理，从而能够将产能控制在合理的范围。

第二列考察企业的创新数量对于产能过剩的影响。结果表明，企业开展创新的维度越多，其消除过剩产能的效果愈好。经济解释在于，从多个维度进行创新将有利于企业从产品的新颖性、生产效率、有效对接需求、精准营销等方面消化过剩产能，实现创新的规模经济。

第三列考察产品服务创新与过剩产能的相关性。产品服务创新变量的回归系数为负，但不显著。其经济解释在于，产品创新消除过剩产能的功效只有当产品创新达到一定的高度，如国内市场新甚至国际市场新时，才能够将彰显产品的差异性，增强市场需求，进而化解过剩产能；而我国目前阶段企业产品服务创新达到国内市场及国际市场新的比例整体不高，抑制了产品服务创新的作用效果；第四列考察工艺创新与过剩产能的相关性。工艺创新变量的系数为负，且在0.05的水平上显著，表明引入新的技术设备以改善产品及工艺，有利于增强产品品质，提升市场需求，进而有利于化解过剩产能。第五列考察管理创新与过剩产能的相关性。回归结果表明，展开管理创新将显著降低过剩产能。其机理在于，通过对供应链、产品、供需关系进行创新性管理，有利于根据市场需求合理地配置生产能力，从而将产能过剩控制在合理范围。

最后一列考察营销创新与过剩产能的相关性，回归结果表明，如果企业相对频繁地使用网络、通讯技术、软件等方式进行产品销售，将有利于拓展产品销路，增强市场需求，进而有利于化解产能过剩[①]。

表4的结果充分显示，创新有利于降低生产成本，提高产品品质，有利于拓展市场的广度与深度，进而化解过剩产能。

与此同时，表4的结果一致表明，相较于国内私营企业，国有企业在过剩产能方面更为严重。对此，一些研究者给出了多种解释，包括国有企业的软预算约束特征、要素价格扭曲及地方政府GDP竞争等因素会导致国有的产能竞争性上升，并最终导致产能过剩。本文则尝试提出另外一种解释，即国有企业创新能力相对不足将导致严重的产能过剩。

---

① 例如，包斯文（2010）对被评为"上海钢贸50强"的钢材流通企业展开案例分析，研究发现营销模式创新对于去产能具有显著的积极影响。这些钢材流通企业通过衔接功能、垫资功能、加工配送功能及资产合理配置功能等营销模式创新，有效地化解产能过剩。其中，资产合理配置功能主要通过现货贸易、库存、电子交易、期货交易等方式来实现，与本文所定义的营销创新模式最为接近。

表 4 创新与过剩产能：是否产能过剩

	（1）	（2）	（3）	（4）	（5）	（6）
企业创新	-0.313 *** (0.103)					
创新数量		-0.0932 *** (0.0294)				
产品创新			-0.108 (0.0822)			
工艺创新				-0.212 ** (0.0850)		
管理创新					-0.236 *** (0.0821)	
营销创新						-0.192 ** (0.0827)
外资企业	0.101 (0.184)	0.107 (0.185)	0.0907 (0.182)	0.0878 (0.184)	0.0990 (0.184)	0.0992 (0.183)
国有企业	0.545 *** (0.192)	0.579 *** (0.187)	0.605 *** (0.188)	0.589 *** (0.189)	0.595 *** (0.187)	0.624 *** (0.186)
中型企业	0.209 ** (0.0940)	0.219 ** (0.0941)	0.197 ** (0.0943)	0.207 ** (0.0941)	0.219 ** (0.0942)	0.203 ** (0.0944)
大型企业	0.0402 (0.100)	0.0582 (0.101)	0.0152 (0.101)	0.0394 (0.101)	0.0531 (0.101)	0.0169 (0.101)
行业固定效应	控制	控制	控制	控制	控制	控制
地区固定效应	控制	控制	控制	控制	控制	控制
常数项	-0.328 (0.222)	-0.419 ** (0.210)	-0.546 *** (0.208)	-0.488 ** (0.208)	-0.572 *** (0.205)	-0.464 ** (0.212)
拟 R 方	0.188	0.188	0.181	0.183	0.185	0.185
对数似然值	-772.8	-772.2	-766.7	-767.6	-765.6	-761.0
样本量	1 662	1 662	1 646	1 651	1 650	1 639

注：括号中为稳健标准误；$* p < 0.1$，$** p < 0.05$，$*** p < 0.01$ 表示显著水平。
资料来源：笔者整理。

模型 2 的回归结果汇总于表 5。结果表明，各类创新均有利于削减过剩产能。即使对于产品创新，其作用效果也在 0.1 的水平上显著。这与之前的结果存在一些差异。本文的解释是，创新程度较低的产品，虽然不能使企业由生产过剩企业一下跃升为非产能过剩企业，但其能够在边际上减少企业的过剩产能比率。类似地，在目前阶段，管理创新与营销创新是化解产能过剩相对稳定、持续的解决途

径。类似地，表5的结果一致表明，相较于国内私营企业，国有企业的产能过剩
更为严重，对国有企业进行功能性改造将从很大程度缓解全国范围的产能过剩
问题。

表5 创新与产能过剩：产能过剩比例

	（1）	（2）	（3）	（4）	（5）	（6）
企业创新	-0.0177** (0.00804)					
创新数量		-0.00754*** (0.00197)				
产品创新			-0.0100* (0.00580)			
工艺创新				-0.0107* (0.00580)		
组织创新					-0.0168*** (0.00548)	
营销创新						-0.0198*** (0.00539)
外资企业	-0.0121 (0.0111)	-0.0104 (0.0110)	-0.0123 (0.0110)	-0.0127 (0.0111)	-0.0112 (0.0109)	-0.0114 (0.0110)
国有企业	0.0299*** (0.0113)	0.0296*** (0.0107)	0.0330*** (0.0106)	0.0331*** (0.0107)	0.0325*** (0.0105)	0.0327*** (0.0106)
中型企业	0.00703 (0.00698)	0.00793 (0.00694)	0.00752 (0.00670)	0.00828 (0.00671)	0.00915 (0.00670)	0.00715 (0.00700)
大型企业	-0.0112 (0.00701)	-0.00903 (0.00694)	-0.0115* (0.00679)	-0.0106 (0.00675)	-0.00916 (0.00677)	-0.0115* (0.00694)
行业固定效应	控制	控制	控制	控制	控制	控制
地区固定效应	控制	控制	控制	控制	控制	控制
常数项	0.142*** (0.0157)	0.140*** (0.0152)	0.131*** (0.0151)	0.132*** (0.0150)	0.128*** (0.0152)	0.140*** (0.0155)
调整后R方	0.157	0.162	0.160	0.160	0.164	0.163
对数似然值	1 530.9	1 535.7	1 550.6	1 552.8	1 555.1	1 510.1
样本量	1 679	1 679	1 662	1 667	1 666	1 656

注：括号中为稳健标准误；* $p<0.1$，** $p<0.05$，*** $p<0.01$ 表示显著水平。
资料来源：笔者整理。

本文进一步探讨国有企业为何产能过剩更为严重，并主要从创新能力视角进

行解释。表6汇总了模型3、模型4的回归结果。结果一致表明，相较于国内私营企业，国有企业在整体创新及各个分维度的创新方面均显著弱于前者。结合表2、表3的回归结果，本文可以在一定程度上做出判断，弱的创新能力是导致国有企业产能过剩的重要原因。国有企业产能扩张只是为其产能过剩提供了现实基础，缺乏创新能力，使国有企业的规模扩张演化为产能过剩。

表6 国有企业与非国有企业创新活动对比

	创新企业	创新数量	产品创新	工艺创新	管理创新	营销创新
国有企业	-0.812 *** (0.141)	-0.586 *** (0.117)	-0.958 *** (0.197)	-0.856 *** (0.184)	-0.660 *** (0.208)	-0.444 *** (0.128)
外资企业	0.392 ** (0.170)	0.158 *** (0.0495)	0.269 (0.180)	0.198 (0.181)	0.393 ** (0.167)	0.314 ** (0.142)
中型	0.214 *** (0.0690)	0.173 *** (0.0378)	0.105 (0.0846)	0.207 ** (0.0867)	0.263 *** (0.0843)	0.145 ** (0.0650)
大型	0.456 *** (0.0765)	0.318 *** (0.0377)	0.339 *** (0.0896)	0.490 *** (0.0929)	0.552 *** (0.0903)	0.329 *** (0.0694)
行业固定效应	控制	控制	控制	控制	控制	控制
地区固定效应	控制	控制	控制	控制	控制	控制
常数项	1.200 *** (0.194)	0.605 *** (0.0767)	0.0952 (0.191)	-0.0172 (0.192)	-1.235 *** (0.206)	0.482 *** (0.166)
拟R方	0.182	0.163	0.165	0.195	0.146	0.128
对数似然值	-1369.4	-3924.9	-978.0	-902.8	-1001.7	-1654.8
样本量	2817	2817	1693	1694	1697	2774

注：第二列采用poisson回归，其他各列采用probit回归；括号中为稳健标准误；＊p<0.1，＊＊p<0.05，＊＊＊p<0.01表示显著水平。
资料来源：笔者整理。

3. 稳健性及拓展讨论。

（1）产能过剩与创新的双向因果关系。本研究发现创新能够有效地消化过剩产能，可能面临的质疑是，产能过剩也可能促使企业创新，即产能过剩与创新具有双向因果关系。幸运的是，本文的数据结构能够在一定程度上避免这种双向因果性：本文构造的创新变量所反映的是企业过去三年的平均情况，如"过去三年是否引入新的产品与服务"、"过去三年是否引入新的技术设备来改善产品及工艺"、"过去三年是否引新的管理及行政流程"，而产能过剩变量的构造信息来自于最新财年（2010）；因而能够在时间的先后顺序上避免双向因果关系。

（2）界定是否为产能过剩企业临界值的稳健性讨论。本文之前将企业是否存在产能过剩的临界值设定为 20%，其可能是一个过于严格的标准，会将一些实际上非产能过剩企业误划为产能过剩企业。作为稳健性检验，本文将临界值调整为 30%。根据既有文献，如果企业的产能过剩率超过 30%，可以比较确定地认为其为产能过剩企业。基于这一新的阈值，本文对模型 1 重新进行回归。

回归结果表明，企业是否进行创新、创新数量与产能过剩的相关性不再显著；重要的原因在于产品创新、工艺创新的去过剩产能效果变得不显著。其经济解释在于，要使得企业由严格意义上的产能过剩状态转变为非产能过剩企业，常规意见上的产品创新与工艺创新作用效果有限。相反，组织创新与营销创新则具有稳健的去过剩产能效果。

表7 创新的过剩产能效果：以 30% 作为阈值

	（1）	（2）	（3）	（4）	（5）	（6）
企业创新	−0.227 (0.149)					
创新数量		−0.0697 (0.0433)				
产品创新			0.0408 (0.128)			
工艺创新				0.0492 (0.126)		
组织创新					−0.215 * (0.130)	
营销创新						−0.432 *** (0.126)
规模与所有制	是	是	是	是	是	是
产业与地区	是	是	是	是	是	是
常数项	−1.148 *** (0.315)	−1.213 *** (0.302)	−1.385 *** (0.303)	−1.383 *** (0.295)	−1.319 *** (0.303)	−1.108 *** (0.317)
拟 R 方	0.220	0.221	0.215	0.217	0.221	0.233
对数似然值	−314.4	−314.2	−310.2	−313.2	−311.5	−307.7
样本数	1 182	1 182	1 167	1 172	1 171	1 163

注：括号中为稳健标准误；* $p<0.1$，** $p<0.05$，*** $p<0.01$ 表示显著水平。
资料来源：笔者整理。

（3）考虑产能过剩变量的截断性。考虑到产能过剩变量可能在零值上具有截取特征，本文采用 Tobit 模型对回归式 2 重新回归。回归结果与表 5 基本相同。

其一致地表明，相较于非创新企业，创新型企业的过剩产能越少；企业涉及的创新越全面、维度越广，越有利于削减过剩产能；从细分创新类型来看，产品创新与工艺创新对过剩产能水平具有负相关性，但仅在 0.1 的水平上显著；管理创新及营销创新对于过剩产能水平具有显著的负向影响，且在 0.01 的水平上显著，表现出强劲、稳定的去过剩产能效果。

表 8　　　　　　　　　　考虑产能过剩的截断性：Tobit 模型

	(1)	(2)	(3)	(4)	(5)	(6)
企业创新	-0.0171** (0.00736)					
创新数量		-0.00759*** (0.00198)				
产品创新			-0.0105* (0.00552)			
工艺创新				-0.0106* (0.00577)		
组织创新					-0.0165*** (0.00544)	
营销创新						-0.0202*** (0.00567)
规模与所有制	是	是	是	是	是	是
产业与地区	是	是	是	是	是	是
常数项	0.102*** (0.00183)	0.101*** (0.00183)	0.0996*** (0.00180)	0.0997*** (0.00180)	0.0995*** (0.00180)	0.102*** (0.00184)
对数似然值	1 270.4	1 275.0	1 291.3	1 295.9	1 297.7	1 258.9
样本数	1 679	1 679	1 662	1 667	1 666	1 656

注：括号中为稳健标准误；*p<0.1，**p<0.05，***p<0.01 表示显著水平。
资料来源：笔者整理。

（4）国有企业产能过剩的内部差异：完全控股与相对控股。之前本文对于国有企业的定义在于，如果政府在企业中占据最大股份，则将其定义为国有，反之为非国有企业。基于此定义，本文进一步将国有企业区分为政府占股 100% 及低于 100% 但政府仍占最大股两类。前者表征纯粹的国有企业形式，后者可以理解为经过混改、国家仍然控股的国有企业。本文预期这两类国有企业在产能过剩及创新方面存在较大差异。其原因在于：政府完全占股的国有企业通常较少受到市场因素的影响，相对更多地受到政策的规制，不大可能出现大规模的产能过剩；

与此同时，这些企业通常能够得到较多的政府资助，更有能力承担具有一定风险的创新投资，表现出相对更强的创新意愿。相反，非政府完全控制的国有企业具有更强的逐利属性，在缺乏足够市场信息时，更容易积聚过剩产能；与此同时，这些企业承担创新风险、进行创新的意愿也相对较弱。

表9的结果表明，对于非100%政府控股的国有企业，其相对于私营企业具有更为严重的产能过剩问题（表9的上半部分）；与此同时，这些企业在各类创新活动中均显著弱于私营企业（表9的下半部分）。这与总体样本回归结果高度一致，也进一步验证了创新是有效化解过剩产能的重要途径。表9的结果同时表明，相对于产品创新与工艺创新，管理创新与营销创新在现阶段的去产能过程中发挥着更为显著、稳定的作用效果。

表9　　　　　　　　　非完全控股国有企业产能过剩情况与创新表现

	（1）	（2）	（3）	（4）	（5）	（6）
企业创新	-0.0155^* （0.00824）					
创新数量		-0.00735^{***} （0.00201）				
产品创新			-0.00991^* （0.00587）			
工艺创新				-0.0101^* （0.00587）		
组织创新					-0.0171^{***} （0.00556）	
营销创新						-0.0191^{***} （0.00542）
国有企业	0.0369^{***} （0.0119）	0.0357^{***} （0.0111）	0.0400^{***} （0.0111）	0.0402^{***} （0.0112）	0.0393^{***} （0.0111）	0.0385^{***} （0.0112）
私营企业	-0.0130 （0.0111）	-0.0112 （0.0111）	-0.0130 （0.0110）	-0.0136 （0.0111）	-0.0119 （0.0110）	-0.0123 （0.0110）
常数项	0.140^{***} （0.0157）	0.140^{***} （0.0152）	0.131^{***} （0.0151）	0.131^{***} （0.0149）	0.127^{***} （0.0152）	0.139^{***} （0.0155）
调整R方	0.159	0.164	0.162	0.161	0.166	0.164
对数似然值	1 506.5	1 511.5	1 530.1	1 532.1	1 534.8	1 485.6
样本数	1 655	1 655	1 641	1 646	1 645	1 632

续表

	创新企业	创新数量	产品创新	工艺创新	管理创新	营销创新
国有企业	- 1.027 *** (0.160)	- 0.728 *** (0.160)	- 1.004 *** (0.206)	- 0.906 *** (0.189)	- 0.754 *** (0.224)	- 0.607 *** (0.150)
外资企业	0.407 ** (0.171)	0.159 *** (0.0494)	0.269 (0.180)	0.199 (0.181)	0.406 ** (0.165)	0.326 ** (0.141)
常数项	1.240 *** (0.196)	0.626 *** (0.0766)	0.0958 (0.191)	- 0.0162 (0.192)	- 1.234 *** (0.206)	0.497 *** (0.167)
拟 R 方	0.186	0.165	0.166	0.197	0.148	0.131
对数似然值	- 1 294.5	- 3 780.4	- 963.5	- 890.0	- 985.2	- 1 582.8
样本数	2 708	2 708	1 671	1 672	1 675	2 665

注：控制企业规模、产业、地区固定效应；括号中为稳健标准误差；＊$p < 0.1$，＊＊$p < 0.05$，＊＊＊$p < 0.01$ 表示显著水平。

资料来源：笔者整理。

表 10 的回归结果表明，对于 100% 政府控股的国有企业，其在过剩产能方面与私营企业并不存在显著差别（表 10 的上半部分）。与此同时，这些企业在各类创新方面亦与私营企业没有显著差异（表 10 的下半部分），进一步验证了创新与过剩产能之间的稳定关联。与此同时，表 10 的结果也支持管理创新与营销创新在去产能过程中作用更为稳定、显著这一结论。

表 10　　　　　　　　　　完全控股国有企业产能过剩情况与创新表现

	产能过剩水平					
	(1)	(2)	(3)	(4)	(5)	(6)
企业创新	- 0.0172 ** (0.00831)					
创新数量		- 0.00730 *** (0.00199)				
产品创新			- 0.00799 (0.00590)			
工艺创新				- 0.0104 * (0.00583)		
组织创新					- 0.0163 *** (0.00550)	
营销创新						- 0.0198 *** (0.00534)

续表

	产能过剩水平					
	（1）	（2）	（3）	（4）	（5）	（6）
国有企业	−0.0207 (0.0310)	−0.0207 (0.0307)	−0.0285 (0.0316)	−0.0279 (0.0314)	−0.0270 (0.0319)	−0.0151 (0.0297)
私营企业	−0.0121 (0.0111)	−0.0104 (0.0111)	−0.0124 (0.0110)	−0.0128 (0.0111)	−0.0113 (0.0110)	−0.0113 (0.0110)
常数项	0.141*** (0.0159)	0.140*** (0.0154)	0.130*** (0.0154)	0.132*** (0.0152)	0.127*** (0.0155)	0.140*** (0.0157)
调整 R 方	0.155	0.159	0.157	0.158	0.161	0.161
对数似然值	1 455.1	1 459.3	1 475.2	1 477.9	1 479.8	1 435.5
样本数	1 612	1 612	1 596	1 601	1 600	1 590
	企业创新水平					
	创新企业	创新数量	产品创新	工艺创新	管理创新	营销创新
国有企业	−0.0433 (0.268)	−0.190 (0.235)	−0.735 (0.704)	−0.454 (0.754)	0.0463 (0.663)	0.0799 (0.258)
私营企业	0.371** (0.174)	0.157*** (0.0487)	0.276 (0.180)	0.199 (0.181)	0.421** (0.164)	0.305** (0.142)
常数项	1.293*** (0.204)	0.608*** (0.0761)	0.0783 (0.192)	−0.0169 (0.193)	−1.259*** (0.208)	0.507*** (0.169)
拟 R 方	0.187	0.163	0.153	0.180	0.140	0.124
对数似然值	−1 290.4	−3 797.9	−949.8	−873.6	−970.4	−1 600.4
样本数	2 720	2 720	1 627	1 628	1 631	2 680

注：控制企业规模、产业、地区固定效应；括号中为稳健标准误；＊p<0.1，＊＊p<0.05，＊＊＊p<0.01 表示显著水平。

资料来源：笔者整理。

五、结论及政策启示

产能过剩问题是我国目前阶段面临的核心经济难题，它在我国经济发展过程中曾经多次出现，其严重程度也深刻地干扰着国民经济的正常运行。因此，无论是政府部门还是学术各界，均对产能过剩给予高度关注。从解决难题的角度出发，寻找产能过剩的内在根源是解决问题的关键。我国产能过剩问题较西方国家存在诸多差异，扎根于中国现实、立足于中国发展阶段、特征展开分析，将有利于解析其形成的基本原因、寻求本土药方。这种直面现实的理论探索已初见成效，并有望结出根植于中国土壤的经济研究思想果实。部分学者从政治经济学视角出发，基于地方政府辖区竞争、国有企业特征功能、要素价格扭曲等核心概念，探析这些概念元素间的内在关联及丰富互动，指出政府行政干预及辖区竞争所导致的要素价格扭曲，构成行政性重复建设和产能过剩的根源。

本研究尝试从一个新的视角考察产能过剩的内在原因，核心观点在于企业创新能力不足是导致产能过剩的重要原因。尽管创新驱动发展、消除产能过剩已经成为当前炙手可热的议题，但从理论与实证上探讨创新在消除过剩产能中的积极效果的研究还较为少见。目前的讨论要么集中于某一项特征的创新类型，要么集中于特定行业领域的案例分析。本研究基于 2012 年世界银行的中国企业调查数据，实证考察了创新在消除过剩产能中的作用效果。进一步，本文将创新细分为产品与服务创新、工艺创新、管理（组织）创新及营销创新，验证了三个研究假说。第一，企业开展创新活动、展开创新的维度越广，其面临的产能过剩问题越轻；第二，目前阶段进行管理创新与营销创新对于削减过剩产能具有更为显著、稳定的作用效果；第三，国有企业较非国有企业产能过剩相对更为严重，其可以在很大程度上由国有企业创新能力相对较弱来解释。上述结论在考虑产能过剩与创新的双向因果关系、是否为产能过剩企业临界值选取、考虑产能过剩变量的截断性后依然成立。第四，不同类型的国有企业在产能过剩及创新能力方面具有显著差异，非 100% 政府控股的国有企业同时面临着创新不足与产能过剩双重问题，而 100% 由政府控股的国有企业相较于国内私营企业在产能过剩及创新能力方面几乎没有显著差异。本研究无论从研究样本的扩展化，还是从研究问题的聚焦性、创新类型作用效果讨论的拓展性方面，均对既有文献有所丰富。

基于得到验证的三个实证假说，本文提出如下政策建议：

第一，企业创新能力增强是消除过剩产能的重要途径，激励企业创新是化解过剩产能的重要政策抓手。与消除过剩产能的其他理论与政策工具相比，如基于产业组织理论的兼并重组、基于国际贸易理论的"走出去"战略，基于创新理论的激励企业创新、增强企业创新能力战略不仅是短期内消除过剩的有效途径，而且是实现企业长期持续发展的重要工具。创新能力的提升更多地表现为一种内力凝聚，较少依赖于外部因素，且一旦形成则具有稳定性、拓展性特征，能够全面提升企业各方面的能力。

第二，各有侧重地发展不同类型的创新能力，产能过剩企业需要在管理与营销创新方面做足功课。本文的实证结果表明，就消除产能过剩而言，管理创新与营销创新的作用效果更为稳定且更为显著。管理创新通过优化管理流程，理顺供求关系，能够有效避免能过剩；营销创新则通过互联网技术与用户需求互联、定制生产等创新模式来有效对接市场需求，能够灵活地依据市场信息来调整生产能力。这类"柔性"创新是消除过剩产能的有效工具。与此同时，本文强调侧重发展管理创新与营销创新，并非意味着其他类型创新，尤其是产品服务创新不重要。从理论上看，产品服务创新在消除过剩产能中理应发挥更强大的作用。通过创新引入一种全新的产品与服务，如果其与市场需求相吻合，必然会带来巨大的市场收益，能够极大地消除产能过剩。本研究发现，产品服务创新的作用效果有限且不稳定，很大原因在于我国目前绝大部分的产品服务创新均为增量创新，而非有望带来全新体验的颠覆式创新产品服务。

第三，高度重视国有企业创新能力提升，以实现国有企业提质增效、消除过剩产能双重目标。

本文发现，国有企业较非国有企业具有产能过剩更严重、创新能力相对不足双重特征。基于创新在消除过剩产能过程中的核心作用，本文认为改善体制机制，促进国有企业创新具有改善国企创新运营效率、解决产能过剩双重功效。从理论上看，我国的国有企业在创新方面具有独特优势（程强等，2015；尹志锋，2015）。一是资源优势，并主要体现在以下三个方面：相较于其他所有制企业，国有企业在获取银行信贷、公共资金等方面具有明显优势；国有企业集中了包括国家重点实验室、工程技术研究中心等正式研究机构在内的大量的优质研究资源，在研究平台建设方面具有绝对优势；国有企业产业专注度高，在所处行业积累了丰富的生产经验，有利于捕捉市场所需的创新信息，进行有针对性的创新活动。这些优势有利于国有企业开展需要较大投入、持续期较长的、高质量水准，且与市场需求相一致的创新活动；二是"责任优势"。国有企业作为公共所有权的典型代表，在很大程度上应代表包括公共创新利益在内公共利益；经由"抓大放小"系列改革发展壮大的国有企业在产业发展过程中扮演骨干带头角色，理应在创新能力、产业技术方向上起引领作用。然而，本文的实证结果并没有发现国有企业在创新方面发挥了主导作用，并未成为攻克产业共性技术难题、促进产业共性技术发展的"先行军"。我国国有企业特有的创新功能被严重扭曲与压抑，且国有企业在很大程度上成为辖区竞争、地方经济规模增长的重要工具，成为产能过剩的一个推动因素。幸运的是，国有企业的创新职能日益受到关注，从《中央企业负责人经营业绩考核暂行办法》的历次（2003 年、2006 年、2009 年、2012 年）调整来看，我国政府愈加重视国有企业的创新功能，将国企的创新绩效赋予更高权重，并突出业绩考核在促进自主创新方面的导向作用。基于本文的实证结论，包括国有企业考核标准调整在内的旨在调动国有企业创新动能的政策，具有实现做强做优做大国有企业、消除产能过剩双重功效，值得期待。

参考文献：

Cameron，A. C. & Pravin，K. T.，1998，*Regression Analysis of Count Data*［M］. Cambridge University Press.

包斯文：《上海钢贸企业创新钢贸流通模式应对产能过剩挑战》，载于《中国冶金报》2010 年 5 月 11 日。

鲍莫尔：《资本主义的增长奇迹》，中信出版社 2004 年版。

程强、尹志锋、叶静怡：《国有企业与区域创新效率——基于外部性的分析视角》，载于《产业经济研究》2015 年第 4 期。

干春晖、邹俊、王健：《地方官员任期、企业资源获取与产能过剩》，载于《中国工业经济》2015 年第 3 期。

戈清平：《风电产能过剩亟待自主创新》，载于《中国高新技术产业导报》2009 年 9 月 21 日 D05 版。

江飞涛、曹建海：《市场失灵还是体制扭曲——重复建设形成机理研究中的争论、缺陷与新进展》，载于《中国工业经济》2009 年第 1 期。

江飞涛、陈伟刚、黄健柏：《投资规制政策的缺陷与不良效应——基于中国钢铁工业的考察》，载于《中国工业经济》2007 年第 9 期。

江飞涛、耿强、吕大国：《地区竞争、体制扭曲与产能过剩的形成机理》，载于《中国工业经济》2012 年第 6 期。

孔祥忠：《中国水泥行业的技术创新与产能过剩》，引自《中国建材产业转型升级创新发展研究论文集》，2013 年。

林毅夫、巫和懋、邢亦青：《"潮涌现象"与产能过剩的形成机制》，载于《经济研究》2010 年第 10 期。

林毅夫：《潮涌现象与发展中国家宏观经济理论的重新构建》，载于《经济研究》2007 年第 1 期。

刘莉：《破解产能过剩要靠企业创新》，载于《科技日报》2013 年 3 月 7 日第 003 版。

陆铭、陈钊、严冀：《收益递增、发展战略与区域经济的分割》，载于《经济研究》2004 年第 1 期。

皮建才：《中国地方重复建设的内在机制研究》，载于《经济理论与经济管理》2008 年第 4 期。

时磊：《资本市场扭曲与产能过剩：微观企业的证据》，载于《财贸研究》

2013 年第 5 期。

吴延兵：《中国哪种所有制类型企业最具创新性?》，载于《世界经济》，2012 年第 6 期。

熊彼特：《经济发展理论》，商务印书馆 2009 年版。

杨君：《破解产能过剩亟待制度创新》，载于《中国建材报》2013 年 8 月 27 日第 002 版。

银温泉、才婉茹：《我国地方市场分割的成因和治理》，载于《经济研究》2001 年第 6 期。

尹志锋：《国企：差异化创新中的先行军》，载于《中国社会科学报》2015 年 8 月 12 日 004 版。

于立、张杰：《中国产能过剩的根本成因与出路：非市场因素及其三步走战略》，载于《改革》2014 年第 2 期。

张龙鹏、周立群：《企业间关系是否缓解了中国制造业的产能过剩——基于不完全契约理论的实证研究》，载于《山西财经大学学报》2016 年第 1 期。

张倩肖、董瀛飞：《渐进工艺创新、产能建设周期与产能过剩——基于"新熊彼特"演化模型的模拟分析》，载于《经济学家》2014 年第 8 期。

张维迎、马捷：《恶性竞争的产权基础》，载于《经济研究》1999 年第 6 期。

赵向文：《产能过剩的政治经济学分析》，载于《四川行政学院学报》2013 年第 5 期。

钟伟：《当前产能过剩折射出创新不足》，载于《人民政协报》2013 年 11 月 12 日第 B01 版。

周劲：《产能过剩的概念、判断指标及其在部分行业测算中的应用》，载于《宏观经济研究》2007 年第 9 期。

周黎：《化解和防范产能过剩问题的对策研究》，载于《改革与战略》2015 年第 8 期。

周黎安：《晋升博弈中政府官员的激励与合作——兼论我国地方保护主义和重复建设问题长期存在的原因》，载于《经济研究》2004 年第 6 期。

周黎安：《中国地方官员的晋升锦标赛模式研究》，载于《经济研究》2007 年第 7 期。

（本文原载于《经济管理》2016 年第 10 期）

当前中国经济新动力形成机制、障碍与突破

——基于生产率形成的逻辑视角

张 杰[*]

一、当前中国已经出现了生产率增速过快过早弱化的典型现象

1. 现阶段中国已经出现了与经济发展阶段特征不相称的劳动生产率增长率过快衰弱现象。

首先，图 1 的数据显示，在 1991～2014 年间，中国的实际劳动生产率增长率由 1993 年的 19.26%，逐步波动式地、趋势性地下降到 2014 年的 0.34%，几

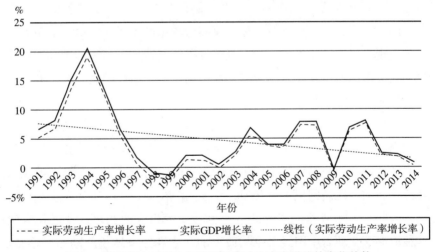

图 1　中国 1991～2014 年的实际劳动生产率增速的变化趋势

* 张杰，中国人民大学中国经济改革与发展研究院教授，博士生导师，中国人民大学国家发展与发展研究院研究员。

乎接近于零。特别是在全球金融危机发生之后的 2007～2014 年间，中国的实际劳动生产率增长率的趋势性下降态势更为明显，虽然经历了金融危机的负面冲击导致 2009 年的中国实际劳动生产率增长率为 -0.61%，由 2007 年的 7.27% 逐步下降到 2014 年的 0.34%。以上数据深刻表明，以要素粗放型扩张为主的原有增长动力，已经不能够再支撑中国的经济增长和高质量提升空间，导致了中国的实际劳动生产率增长率和实际 GDP 增长率双双呈现趋势性下降的态势。

其次，图 2 的数据显示，从与人均 GDP 水平处于同等水平的美、德、日、韩的真实劳动生产率增速对比来看，中国的实际劳动生产率增速明显低于这些发达国家。具体来看，与中国的人均 GDP 水平处于相同水平阶段的美国，在 1973 年、1975 年、1976 年和 1978 年这四年的真实劳动生产率增速平均值为 4.26%；与中国的人均 GDP 水平处于相同水平阶段的德国，在 1976 年、1977 年、1978 年和 1979 年这四年德国的真实劳动生产率增速平均值为 4.05%；与中国的人均 GDP 水平处于相同水平阶段的日本，在 1978 年、1979 年、1980 年和 1981 年这四年日本的真实劳动生产率增速平均值为 3.59%；与中国的人均 GDP 水平处于相同水平阶段的韩国，在 1990 年、1991 年、1992 年、1993 年和 1994 年这五年日本的真实劳动生产率增速平均值为 6.89%。而对于人均 GDP 水平处于同等水平的中国的劳动生产率增速来看，处于新常态阶段的中国在 2012 年、2013 年和 2014 年这三年的真实劳动生产率增速平均值只有 1.32%，要显著低于人均 GDP 水平处于同等水平的美、德、日、韩的真实劳动生产率增速。以上的重要事实说明，一方面现阶段中国已经发生了与经济发展阶段特征不相称的劳动生产率增长率过早过快衰退的典型现象，这可能是由中国原有的粗放型增长模式和低端的经济结构特征所决定的；另一方面，值得重点思考的是，当前中国实际劳动生产率增速过早过快下滑的事实，是否是中国的潜在增长率持续下降所决定的？ 显然，我们对此问题的理解和回答是，一国实际劳动生产率的增速的确是由现阶段该国的经济发展动力和经济结构特征所决定的，然而，随着一国经济结构的重大变化以及经济发展动力机制的根本性转换，该国的潜在增长率也应该发生相应的调整和变化，因此，实际劳动生产率的增速也会发生相应的变化以及增长空间的扩张。这种情形下，随着中国经济结构改革的深入和经济增长新动力的逐步形成，中国实际劳动生产率增速应该有着更大的增长空间和速度提升的可能性。而且，而于这些一味依靠出口导向发展战略的相对小规模而言，中国具有的独特的大国优势以及完全可以凭借内需驱动的发展模式基础，决定了中国在如此相对较低的人均真实 GDP 水平和劳动生产率水平，应该有着更高的劳动生产率增速，这就决定了中国仍然具有较高的 GDP 增速的基本事实。

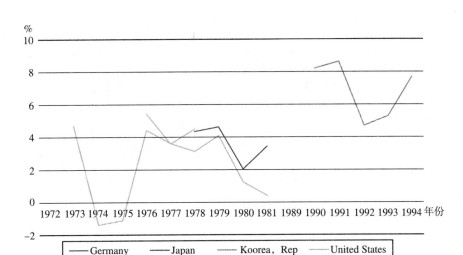

图 2　日、韩、德、美人均 GDP 大致等于中国当前人均 GDP 阶段的实际劳动生产率增长率

2. 中国已经出现了实际工资增长率和实际劳动生产率增长率不相兼容的重要现象。

对图 3 的数据进行观察，可以发现，自从 1997 年以来，中国出现了实际劳动生产率增长率明显低于实际工资增长率的显著事实。而在 1997 年之前，中国的实际劳动生产率增长率要明显高于实际工资增长率。具体来看，在 1997~2014年期间，中国的实际工资增长率的平均值高达 11.16%，而实际劳动生产率增长率的平均值为 2.54%。对比来看，在 1991~1996 年期间，中国的实际工资增长率的平均值为 5.90%，而实际劳动生产率增长率的平均值高达 10.52%。1997 年后中国实际工资增长率大幅度高于实际劳动生产率增长率的事实说明，一方面，1997 年之后实际工资的高增长率可能是对中国以前一直实施的低工资政策的补偿和反弹有关，而且也与中国劳动力供需关系逆转导致的真实工资上涨的事实相关；另一方面，如果中国发生了实际工资增长率长期大幅度高于实际劳动生产率增长率的典型现象，就会导致实际工资增长率和实际劳动生产率增长率出现不相兼容的现象，既会对造成实体经济部门中微观企业的生产成本上升幅度高于生产效率的提升程度，导致微观企业市场竞争力和出口优势的过早过快弱化，最终导致经济增长动力的弱化。

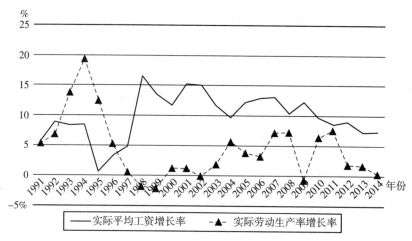

图3　中国实际平均工资增长率和实际劳动生产率增长率趋势的比较

3. 中国已经出现了财政收入增长率和实际劳动生产率增长率不相兼容的突出现象。

图4的数据表明，自从1996年之后，中国财政收入增长率就大幅度高于实际劳动生产率的增长率。具体来看，在1996～2014年期间，中国财政收入增长率的平均值高达16.03%，而同期中国实际劳动生产率增长率的平均值只有2.69%，相差的差距高达13.34个百分点。如此巨大的持久的差距说明，中国已经出现了财政收入增长率和实际劳动生产率增长率不相兼容的突出现象。如果这种差距长期存在的话，这必然会造成政府财政收入增长缺乏经济增长基础的支撑，政府财政收入增长不可持续。我们认为，造成这种现象的原因在于，一方面，为了满足和提升城乡居民的基础设施以及各种民生需求，中国各级政府在支持基础设施和公共服务需求方面的财政支出必然会急剧扩张，这必然导致政府财政收入的高增长以及刚性特征；另一方面，由于现阶段我们对政府和市场的功能边界定义的不清晰以及科学认识的不够彻底，政府对微观部门行使了过度的行政权力，这必然会导致随着中国经济规模的扩张以及经济社会风险的累积和扩大，催生了中国政府行政权力和政府监管机构的增多和扩张，这必然会造成中国政府规模的"越约束、越膨胀"的恶性循环式扩张以及财政供养人口的急剧扩张，从而造成政府财政收入的过度扩张以及难以克服的刚性特征。

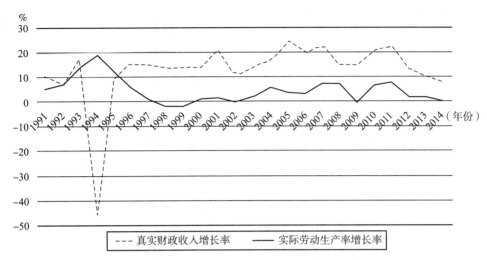

图4　中国实际平均工资增长率和实际劳动生产率增长率趋势的比较

4. 中国工业部门中劳动生产率增长率和工资增长率不兼容现象尤为突出。

图5的数据显示，在2004～2014年间，中国工业部门中出现了实际劳动生产率增长率远低于实际工资增长率的突出现象，而且二者的差距呈现出逐步扩大的典型现象。在此期间，中国工业部门实际劳动生产率增长率的平均值只有 -1.03%，而实际工资增长率平均值却高达10.44%，二者的差距高达11.47个百分点。此外，图6～图12的数据显示，农业部门的二者差距为3.4个百分点（实际工资增长率平均值为10.42%，实际劳动生产率增长率为7.02%），建筑业部门的二者差距为13.92个百分点（实际工资增长率平均值为10.05%，实际劳动生产率增长率为 -3.87%），批发和零售业部门的二者差距为9.04个百分点（实际工资增长率平均值为12.44%，实际劳动生产率增长率为3.40%），交通运输、仓储与邮政业部门的二者差距为10.36个百分点（实际工资增长率平均值为10.12%，实际劳动生产率增长率为 -0.24%），住宿和餐饮业部门的二者差距为10.81个百分点（实际工资增长率平均值为8.43%，实际劳动生产率增长率为 -2.38%），金融业部门的二者差距为7.53个百分点（实际工资增长率平均值为12.69%，实际劳动生产率增长率为5.16%），房地产业部门的二者差距为11.71个百分点（实际工资增长率平均值为8.19%，实际劳动生产率增长率为 -3.52%）。对比来看，中国工业部门中实际劳动生产率增长率低于实际工资增长率的程度，只低于建筑业和房地产业，要高于其他产业部门。

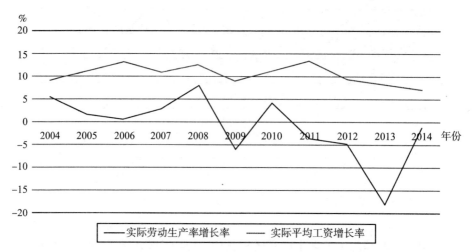

图 5 工业部门中国实际平均工资增长率和实际劳动生产率增长率趋势的比较

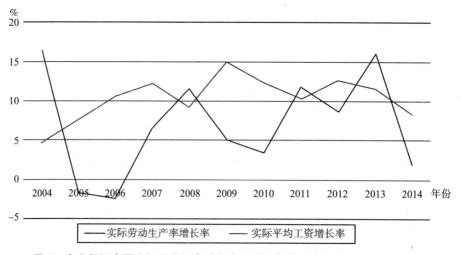

图 6 农业部门中国实际平均工资增长率和实际劳动生产率增长率趋势的比较

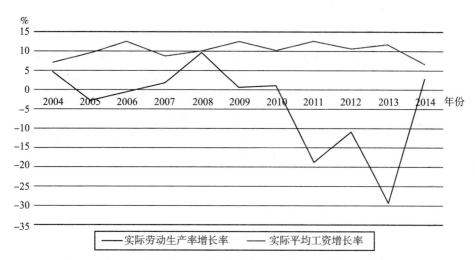

图7 建筑业部门中国实际平均工资增长率和实际劳动生产率增长率趋势的比较

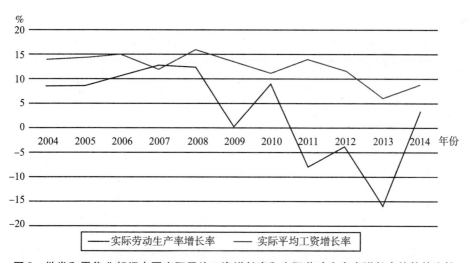

图8 批发和零售业部门中国实际平均工资增长率和实际劳动生产率增长率趋势的比较

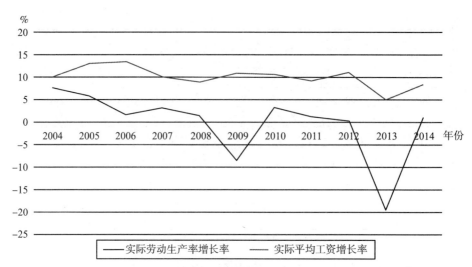

图 9　交通运输、仓储与邮政业部门中国实际平均工资增长率和实际劳动生产率
增长率趋势的比较

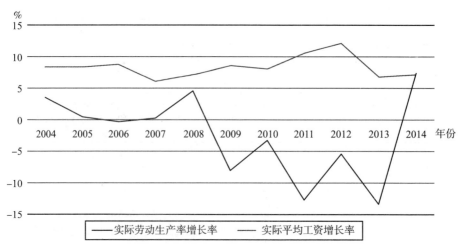

图 10　住宿和餐饮业部门中国实际平均工资增长率和实际劳动生产率增长率趋势的比较

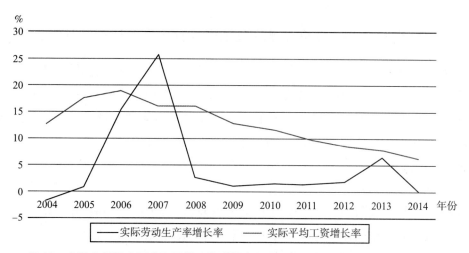

图11　金融业部门中国实际平均工资增长率和实际劳动生产率增长率趋势的比较

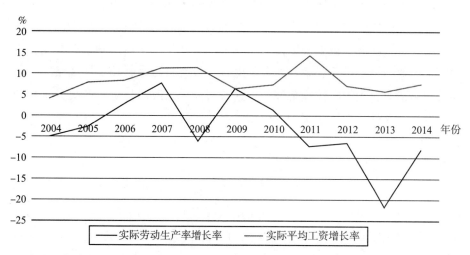

图12　房地产业部门中国实际平均工资增长率和实际劳动生产率增长率趋势的比较

二、对中国经济增长新动力来源的判断与机制分析

(一) 生产率是决定中国现阶段经济可持续增长的基础性因素

1. 生产率提升自身就是中国今后经济增长的主要动力机制，供给侧结构性改革的核心就是通过全面促进生产率的提升，塑造中国经济的新结构和新动能。无论是从劳动生产率，还是从全要素生产率以及资本体现型技术进步的角度来看，生产率的可持续提升实质上是决定一国能否实现 GDP 可持续增长的基础性因素。因此，对于当前处于经济下行持续压力和经济"新常态"双重背景下的中国，必须高度认识到的客观事实是，如果能够通过各项改革以及推行结构性改革促进中国经济增长新动力的形成，从而塑造刺激和维持生产率持续增长的微观基础，这就意味着中国必将能够实现在今后相当一段时期内维持经济中高速增长的既定目标，意味着中国就可以成功破除和跨越"中等收入陷阱"的困局。基于这样的认识，中央提出和部署的供给侧结构性改革，其核心就是通过全面的结构性改革，去除束缚和阻碍中国生产率提升特别是制造业为主的实体经济部门生产率提升的各种体制性因素，通过重塑中国经济的新结构，来唤醒维持中国今后经济可持续增长的新动能。倘如中国推进的各种改革并没有渗透到制造业部门，没有强化第三产业与第二产业和第一产业的融合，没有将国家驱动发展战略完全落实和渗透到制造业为主的实体经济部门，这就可能导致改革与生产率提升不相兼容现象的发生，这种情形下中国的改革就未必是有效的。

2. 生产率提升决定了中国今后的高质量投资来源，决定了中国新经济的新结构和新动能的源泉。从国内环境来看，中国当前经济发展过程中最为值得关注的一个亮点是，随着中国各个层次居民收入的普遍快速提升以及中等收入阶层的迅速壮大，中国的消费需求结构正发生由低端需求向中高端需求结构升级的显著变化，这对中国以制造业为主的实体经济门立足于生产效率提升为主的高质量投资活动，立足于自主创新能力提升，机器替代人的要素替代和生产模式转型活动、产品质量提升、产品设计多样化等具体形态的高质量投资活动，创造了极为重要的本土市场需求发展机会。然而，中国制造业在生产率提升方面，在自主创新能力提升、产品质量提高、产品个性化多样化设计能力培育、品牌构建维护以及系统精益制造能力建设等这些方面所体现的基本能力，却严重滞后于中国消费者需求结构的变化态势。这造成的直接后果是中国国内消费者将迅速增长的巨大

规模的高端需求，转移和外溢到对发达国家产品的需求方面，这就切断了中国情形下消费者需求结构和供给侧产业结构转型升级的内在传导机制，对中国经济可持续增长的新动力和新结构的形成造成了突出的阻碍效应。而从中国的现实状况来看，中国制造业不仅仅在自主创新能力、产品质量与主要发达国家相比存在巨大差距，而且在多数传统制造业的关键材料、核心零配件以及先进生产设备等方面的自主研发与精益制造能力严重不足。更为重要的是，2010~2014年期间中国制造业部门真实劳动生产率的均值，仅相当于美国的14.87%、日本的17.26%和德国的15.18%，从经济增长的追赶效应来看，仍然有着巨大的持续提升空间，这就是中国后续经济增长的核心基础。依据波士顿咨询集团的2015年最新报告，目前中国制造业的成本优势与美国的差距缩小为只有4%。这种情形之下，反过来思考，如果中国以制造业为主的实体经济部门，能够充分利用好中国国内消费者迅速增长且规模巨大的高端需求，通过高质量的多样化投资来促进生产效率提升、自主创新能力提升、产品质量提升、关键设备研发生产、综合成本降低，这显然才是驱动中国新经济、新结构、新动能全面形成的最为决定性的基础因素。

3. 供给侧结构性改革不仅决定了中国今后生产率提升的模式和空间，更决定了中国今后劳动者收入的提升空间以及收入不平等结构的缓解，决定了中国内需驱动发展模式和创新驱动发展模式的成败。与西方的供给学派理论有着根本性不同的是，当前中国实施的供给侧结构性改革，对生产率提升和经济增长的促进效应具有不可忽略的二重效应。其不仅是针对供给侧微观企业部门释放生产效率提升活力的核心途径，更是通过供给侧改革来解决需求侧所面临问题的根本途径。首先，供给侧结构性改革具有促进生产率提升的直接效应。正如我们前文分析一直所强调的，中国当前实施的供给侧结构性改革，本质上是以促进生产率提升和释放高质量投资为根本目标的重大改革战略举措，最终加快以重塑新结构、发展新动能为主的维持中国经济今后可持续增长的内生动力机制的形成；其次，依据我们的分析和思考，供给侧结构性改革还具有通过对需求侧的影响作用渠道来促进生产率提升的间接效应。我们将之归纳为如下的循环逻辑机制：供给结构性改革→生产部门生产率提升+高质量投资空间→提供更多高技能岗位+员工收入提升空间→需求结构的升级+高端需求的壮大→需求引致创新机制的形成+内需驱动发展模式的形成→促进供给部门生产率持续提升+高质量投资空间的持续扩张。对之的具体分析就是，供给侧结构性改革会激活中国微观部门生产率提升空间，释放中国高质量投资空间，从供给侧的直接作用渠道刺激中国经济增长。

然而，在中国的情形之下，供给侧结构性改革的影响作用将会进一步影响到需求侧，决定中国今后劳动者收入的提升空间以及收入不平等的缓解渠道。一方面，劳动者的收入增长水平必然最终受制于微观企业劳动生产率或全要素生产率增长水平的基本事实下，只有生产率的持续增长才能为中国今后劳动者工资水平的增长奠定基础，决定劳动者工资收入水平的增长幅度和空间；另一方面，以促进生产率提升为主的高质量投资活动，决定了中国的微观生产部门能够创造高技能和高收入水平工作岗位数量的基本能力，因此，迅速增加的高质量投资活动必然会为中国创造更多的高技能和高收入水平工作岗位。这两种作用机制的叠加效应，会进一步促使中国本土消费需求结构的升级以及中产阶层的扩张所带来的高端需求加速扩大，而这又会通过"需求引致投资"机制以及"需求引致创新"机制的作用渠道，加快中国内需驱动发展模式和创新驱动发展模式的形成。微观企业部门巨额前、中、后期的创新研发投入以及追求技术进步为主的高质量投资，由于能够通过本土需求市场的发展空间得到充分的利益补偿和收益回报，进而形成循环式的良性正向激励机制，从而导致微观部门生产率的可持续提升，最终成为维持中国经济可持续增长的内生动力机制。

（二）中国情景下经济动力和生产率提升的结合机制分析

1. 创新与实体经济生产率的结合机制。从一国的宏观层面来看，创新研发活动对一国 GDP 增长的作用效应具有不确定性，其促进效应的发挥受到各种内外环境条件因素的制约。首先，基础性创新和产业的结合与渗透程度会影响作用效应。基础性创新能力的提升自身需要巨额的资金投入和高端人才体系支持，由于多数基础性创新所具有的公共产品特性和外部性特征，从长期来看，基础创新能力强的国家经济可持续发展能力相对较强。然而，短期来看，基础性创新如果与本国的产业结构特征和产业基本需求不相匹配，或者基础性创新成果无法通过有效的产学研渠道渗透到以高新技术产业和战略新兴产业为主的实体经济部门，那么，基础性创新能力可能就取法有效地转化到对生产率的促进效应，无法形成对经济增长的支撑作用。甚至由于基础性创新部门占据了有限的资金和人力资本资源，成为阻碍经济增长的因素；其次，产业创新的外溢性和外溢范围会影响作用效应。如果产业创新只是局部范围发生，或者产业创新只是发生于那些产业关联效应小和具有垄断性质的产业，对整体产业生产率的拉动作用就必然有限，进而对一国经济增长的拉动作用就必然有限。从中国的现实来看，一方面，由于产学研之间传导机制长期性的制度性梗阻，以及高校和专业科研机构的基础研究和人才培养体系与实体经济部门的现实需求之间的长期脱节，导致中国的不少创新研发活动和成果并不能很好地渗透到以制造业为主的实体经济部门，造成创新研发活动可能无法有效形成对整体生产率提升的促进效应；另一方面，中国各级政府当前大量实施的以运用财政资金为主的创新补贴政策以及专利扶持政策，在监管机制普遍失效以及寻租腐败活动普遍存在的情形下，并没有促进有限的政府创新扶持补贴资金渗透到那些具有创新需求的产业或企业主体部门，相反，催生了创新泡沫和专利增长泡沫，扭曲了创新资源的市场资源配置效应，就必然会削弱和扭曲创新活动对生产率应有的促进效应。

2. 第三产业发展与生产率的结合机制。第三产业对一国生产率的作用效应具有复杂性和不确定性。首先，从生活性服务业自身的发展特征来看，由于多数生活性服务业具有典型的劳动密集型生产模式特点，其自身的劳动生产率相对就要低于第二产业乃至第一产业，而且增长空间相对有限。这种第三产业中的生活性服务业扩张，非但不能对一国的生产率提升形成有效的促进效应，相反，还可能造成显著的拖累效应。从生产性服务业自身的发展特征来看，如果一国的第三产业中高端生产性服务业的发展，是从第二产业中的制造业分离出来的，能够很好地满足和对接第二产业的现实需求，具体来说，就是第三产业的金融业以及科技服务业等生产性服务部门的生存发展，是与第二产业中的制造业的各种创新和投资需求密切融合的，那么，第三产业的这种发展模式就能对生产率的提升形成促进效应。相反，假如一国的第三产业中类似金融、房地产、教育体系这样的生产性服务业，发展成为与实体经济部门的现实需求相脱节的金融泡沫、房地产泡沫以及人才泡沫形态，那么，第三产业这种特色的发展模式不但不能对生产率提升形成有效的促进效应，反而会对生产率的提升形成不可忽略的阻碍效应乃至抑制效应。从中国的现实来看，第三产业的发展恰好就很大程度上出现了金融泡沫、房地产泡沫以及人才泡沫的典型特征，换而言之，中国现阶段类似金融、房地产、教育体系这样的生产性服务业的发展，已经脱离了制造业的产业结构特征与基本的现实需求，就会造成第三产业的扩张与发展并不会对生产率提升构成充足的支撑作用。

3. 城镇化与生产率的结合机制。按照一般的理论逻辑，城镇化过程由于自身所具有的集聚经济、范围经济以及分工经济，会对一国生产率的提升形成有效的促进效应。然而，这种理论逻辑是建立在市场机制决定资源配置效率的情形，如果一国的城镇化并不是按照市场机制的逻辑来展开的，相反，是由政府不合理的干预行为或者不合理的某些城乡二元分割制度（比如城乡户籍歧视制度），或者是出于政府官员对自身利益需求以及基于 GDP 至上主义的发展逻辑，就会导致城镇化规模的扩张以及房地产的发展，与人的基本需求相脱节，与产业支撑的基础功能相脱节，进而造成城镇化无法对一国的生产率提升形成持续的支撑作用。更为值得关注的是，如果一国的城镇化变异成为普遍的房地产泡沫，会通过需求结构的扭曲造成产业结构的扭曲，使得诸如钢材、水泥、玻璃、装饰材料等这些生产率提升空间有限、创新能力相对较低的低端产业的过度扩张，从"高端需求对于高端产业、低端需求对应低端产业"的传导渠道，对高技术密集度、高创新密集度等的产业以及战略新兴产业的发展空间造成了替代效应甚至挤出效应。从中国的现实状况来看，不少地方的城镇化发展，既发生了城镇化规模扩张以及房地产发展与人的基本需求相脱节，与产业支撑相脱节的突出现象，也出现了房地产泡沫和相关产业的产能过剩现象，这必然会导致中国当前的城镇化未必能够对生产率提升形成有效的支撑作用。

4. "互联网＋"与生产率的结合机制。当前，中国推进的"互联网＋"到底会对生产率提升以及经济增长产生何种性质的影响？依据我们的分析，其可能有正反两个方向的作用效应。首先，从可能的正面作用效应来看，如果"互联网＋"既能够降低消费者的搜寻成本，有效降低消费者和生产者之间的信息不对称和交易成本，又能够降低生产者和生产者之间以及处于产业链、产品链不同环节的生产商之间的信息不对称和交易成本，充分促发分工经济、规模经济和范围经济的发挥，同时，也能够切实有效降低创新创业成本，那么，"互联网＋"和实体经济部门的这种深度融合模式，就可以促进一国生产率的提升；从可能的负面作用效应来看，一方面"互联网＋"可能造成产业间的替代效应，最为突出的是造成物流产业对商贸服务业等实体经济部门的替代效应，而物流产业相对是劳动密集型的产业，其劳动生产率相对较低，因此，"互联网＋"兴起催生的物流产业规模的迅速粗放型扩张，这就可能会对一国的生产率造成负向的拉动效应；另一方面，中国的经验表明，"互联网＋"会催生互联网金融的迅速发展，在多数发展中国家，由于金融监管制度发展的滞后以及专业监管经验和人才的相对不足，很容易导致互联网金融迅速发展成为脱离和掠夺实体经济部门的金融泡沫现象，成为金融欺诈行为和庞氏骗局的策源地，诱使局部乃至系统性金融风险的爆发，最终对一国的生产率和经济增长造成负向冲击效应。中国的发展历程就充分说明了以上的正反两种逻辑事实，因此，"互联网＋"究竟能否促进中国生产率的提升以及经济增长，要看这种正反两种性质的作用力量的对比，其作用效应具有不确定性。

（三）对当前中国经济增长趋势的判断：L型或S型

在中国的经济新常态背景下，供给侧结构性改革究竟对中国今后的GDP增长造成是L型抑或S型？对之重大问题存在诸多的争论。依据以上的诸多机制分析，我们给出的判断是，中国今后的GDP增长是呈现L型抑或S型，与中国供给侧结构性改革推进的深度和落实的力度密切相关。首先，中国的GDP潜在增长率仍然具有超越7%的可能性，得出这种结论的原因是考虑到两个方面的基础性因素，一是不同于日韩之类的国家规模相对较小的发展逻辑，中国庞大的人口规模和资源要素禀赋条件，决定了中国的大国发展模式应该具有自身的发展逻辑；二是中国的人均真实GDP只有美国这样的发达国家的24%左右，仍然具有迅速提升的巨大空间，这个决定了中国的GDP潜在增长率仍然具有很大回旋余地和提升机会；三是中国2014年的名义劳动生产率（以名义汇率核算的名义人均美元GDP）也只有美国的13.89%、德国的15.89%、日本的20.97%以及韩国的27.14%（具体数据见图13），这就决定了中国存在利用自主创新能力提升、人力资本提升以及"机器替代人"形式的体现型技术进步为内核的生产率提升具有的巨大空间。在这些基础性因素的决定性综合作用下，中国是存在利用全面推进供给侧结构性改革，来获得GDP增长的S型发展机会。其次，面对中国供给侧结构性改革进程中可能遇到的诸多障碍和困局的复杂度和解决难度，这势必造

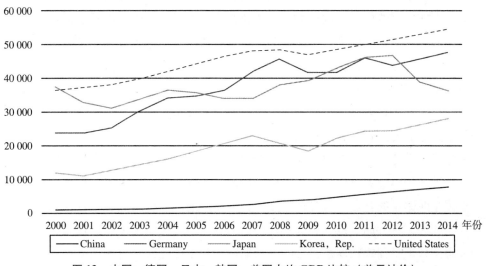

图13　中国、德国、日本、韩国、美国人均GDP比较（美元计价）

成中国当前积极推进的供给侧结构性改革必然会受到国内外诸多制约条件的限制，导致供给侧结构性改革的"摸着石头过河式"的稳步推进逻辑，甚至在很多利益集团干预以及社会风险激化的阶段可能出现停滞乃至倒退现象，这就会造成中国今后的 GDP 增长可能会在相当一段时期内呈现 L 型发展态势。

三、阻碍中国当前经济新动力形成的核心因素分析

1. 政府和市场功能边界的不清晰以及政府行政权力过度干预微观经济，是阻碍中国经济增长新动力形成和生产率提升的根本性因素。首先，长期以来，中国经济发展进程中最为突出的问题就是政府和市场功能边界不清晰，这必然会导致政府掌握着微观企业开展生产经营活动所需关键要素的获取权、获取价格以及企业市场进入的权力，由于中国当前的政府行政权力体制所具有政府权力使用体制的路径依赖和局部利益集团对改革阻力的双重特征，这就造成中国经济增长由旧动力向新动力转化的进程中必然会遇到各种阻力和体制性障碍，阻碍中国经济增长新动力的形成。其次，政府行政权力的过度膨胀，以及政府行政权力对微观经济部门市场化活动的过度干预与各种不合理管制，必然会对市场竞争机制的正常发挥形成突出的诸多制约效应和阻碍作用，从市场决定资源配置效率的功能造成扭曲效应，这必然会对中国整体的生产率提升能力造成了不可忽略的损害效应。最后，中国情景下政府和市场功能边界的界定不清晰以及对推进国有企业改革的相对滞后，造成了中国当前微观企业在市场交易活动中存在较高的制度性交易成本和高昂的垄断成本，这既推高了微观企业的生产成本，抑制了微观企业提升生产率的内在动力，也抑制了微观企业提升自主创新能力的内在能力。

2. 针对实体经济部门的金融抑制体制和金融市场自由化倾向的双重体制，是阻碍中国经济增长新动力形成的突出因素。从中国当前的发展现实来看，无论是传统产业的转型升级或者新兴战略产业发展壮大的角度来看，还是微观企业以资本替代劳动型为主或者通过加大创新研发投入和自主创新能力提升型的生产率提升活动，均蕴藏着巨额的高质量投资活动和外部融资资金需求，迫切需要来源于中国金融体系的全面融资支持。然而，中国当前的金融体系由于存在两个方面的突出问题，一方面，以具有垄断性质的国有大银行体系为主的间接融资渠道类型金融体系，存在银行体系自身的垄断地位和商业化经营运行模式以及过于谨慎的银行风险监管机制的内在矛盾，这就必然会导致银行机构的资金无法有效渗透和满足中国当前以制造业为主的实体经济部门的现实需求方面，造成中国银行体

系、影子银行体系以及各种非正式金融体系对实体经济部门的"掠夺之手"效应，催生金融资金脱离实体经济部门的金融脱媒以及金融虚拟化、泡沫化等现象的发生与蔓延；另一方面，以直接融资渠道为特征的金融市场发展，在金融监管制度严重滞后以及局部和系统性金融风险认识和控制能力严重滞后的双重制约之下，中国的金融市场和资本市场在发展层次化、多样化以及发展深度厚度远远不足的情形下，却出现了金融市场过度自由化发展的倾向，造成了金融发展与实体经济的不相兼容现象，导致金融市场化的发展无法对实体经济的转型升级和自主创新能力提升，形成有效的支撑作用，进而对中国经济增长新动力机制的形成和生产率的提升造成了突出的阻碍作用。

3. 房地产泡沫对中国经济增长新动力的形成和生产率提升，造成了不可忽略的负面影响效应。当前，在对中国经济增长新动力的形成和生产率提升造成负面效应的诸多因素中，一个不可被忽略的重要因素就是房地产泡沫问题。中国制造业生产率的提升形成突出的阻碍效应。

首先，房地产的快速膨胀以及房地产泡沫的形成，会对企业投资特别是长期投资形成显著的挤占效应，导致资源错配效应的发生，进而会对经济可持续发展能力造成损害。有学者利用理论模型分析了房地产泡沫对一国资源配置可能形成错配效应的渠道效应（Wang and Wen，2014）。他们发现，房地产投资的快速膨胀通过利率效应，对其他部门的投资特别是长期投资形成显著的挤占效应，导致了资源配置效应的发生。这是房地产泡沫对一国资源配置形成错配效应的主要机制。有学者基于理论模型的研究，再次验证了如此的房地产投资快速膨胀所形成的挤占效应和资源错配效应（Bleck and Liu，2014）。有学者利用美国房地产泡沫时期的银行数据，发现了银行体系对房地产行业的贷款增加挤占了其他行业商业贷款需求的现象（Chaney et al.，2014）。有学者利用中国 369 个城市数据，也发现了房地产价格的快速增长对投资效率造成了弱化效应，导致了对非房地产行业融资约束程度的加重，这显然会导致中国资源错配效应的发生（Chen et al.，2015）。

其次，房地产的快速膨胀以及房地产泡沫的形成，可能会对企业创新能力提升形成显著的抑制效应，进而对中国经济增长新动力的形成和生产率提升造成损害。房地产对创新活动的影响效应以及其中可能的作用机制，可从以下的多个方面来理解：（1）对于任何形式的创新活动来说，尤其需要企业自身内源融资渠道提供的长期投资来维持（Brown et al.，2012），因此，房地产投资的快速膨胀以及房地产泡沫的形成，显然会对企业创新研发活动所需的长期投资资金造成显著的挤占效应，进而对创新活动形成抑制效应。有学者通过理论模型对这其中可能的联系机制加以分析，发现企业受资产泡沫的吸引会使企业将有限的资金投入有泡沫的生产部门，其主业的创新投入因此受到抑制（Miao and Wang，2014）。如果存在泡沫的部门不具有很强的技术外溢效应，典型如房地产业，则投资的转移会通过资源错配效应对其他生产部门创新投入产生抑制效应，进而对经济增长造成消极影响。（2）在房地产泡沫发展的特定阶段，在那些以银行机构为主导的金融体制中，由于房地产投资的收益率要高于其他行业的投资收益率，这就会激励商业银行体系偏向于将有限的贷款资金优先提供给低风险、高收益的房地产部门，这就会对制造业部门的创新研发活动所需的长期投资资金，造成显著的挤占效应，进而对制造业部门创新活动以及转型升级活动造成显著的抑制效应。王文春和荣昭（2014）针对中国工业企业的经验发现在一定程度上就验证了这一种特定的影响机制。（3）在房地产泡沫发展的特定阶段，房地产价格的快速上升可能会扭曲一国的消费结构，其主要表现为导致家庭将储蓄的主要部分用于购买创新活动相对较低的房地产行业，这必然会导致偏向于拉动与房地产行业相关的水泥、钢材、装饰材料等高投资行业快速增长的发展模式。而且，房地产泡沫导致的高支出负担，会迫使家庭将收入中的较少部分用于购买那些蕴含更多创新活动的高新技术产品，导致"内需所引致的创新"机制的功能失效，造成房地产泡沫→需求结构的扭曲→"内需所引致的创新"机制的失效→产业结构扭曲的传导机制的发生，进而对该国的经济可持续发展能力造成不可低估的负面效应。（4）在一国特定的发展阶段，如果房地产部门的净利润率远大于制造业部门，就有可能会激励制造业部门的微观企业将自身用来进行创新研发活动的资金或积累利润，通过多元化投资策略或者是对房地产的投机行为，转移到高投资收益回报率的房地产部门，从而对制造业部门的创新活动造成突出的抑制效应。从中国的现实来看，房地产部门和工业部门的利润率恰恰存在巨大的落差。2014 年以前，中国房地产行业的平均净利润率均在 30% 以上，而同期，中国工业企业的平均净利润率不超过 7%，工业企业 500 强是 2.3%，规模以上工业企业主营活动平均净利润率为 6.04%。中国房地产部门和工业部门利润率的这种巨大落差，必然会导致中国工业部门的资金向房地产部门的大规模转移，从而对中国工业部门的创新活动造成不可低估的抑制效应（张杰等，2016）。

4. 实体经济部门的高负债高杠杆率成为制约中国经济增长新动力形成和生产率提升的突出因素。在中国一直以银行体系间接融资类型为主的金融体系而产生的金融抑制效应和以直接融资类型为主的金融市场发展相对滞后的双重格局下，中国以制造业为主的实体经济部门一直存在高负债率高杠杆率的典型现象。

统计数据显示，中国全部国有及规模以上非国有工业企业的资产负债率（总负债/总资产）只是由 1999 年的 61.83% 小幅度下降到 2014 年的 57.17%。图 14 的数据显示，在 1999 ~ 2014 年间，随着中国金融贷款规模的迅速扩张和金融机构数量的增多以及以构建银行现代企业治理机制为导向的金融改革的推进，工业企业的资产负债率并无明显的下降。以上事实深刻表明，中国当前推进的金融改革和金融发展，并没有对以制造业为主的实体经济部门，特别是中小微民营企业所遭受的以间接融资渠道主要特征的严重信贷歧视、融资约束程度以及高负债率高杠杆率水平，造成相应的缓解和化解。因此，以制造业为主的实体经济部门长期存在的如此高负债率高杠杆率现象，必然会对中国的实体经济部门的转型升级和自主创新能力提升，造成突出的抑制效应。这些抑制效应具体表现在两个方面，一方面，高负债率高杠杆率所导致了微观企业所创造的利润，被迫多数用来偿付金融机构的融资成本，从而推高企业的财务成本和生产成本，这种压力之下就必然会导致中国的制造业企业部门多数无法获得超额利润乃至合理的利润积累，降低企业的利润率，从而在中国劳动力成本快速上升的背景下，抑制企业"机器替代劳动"形态的高质量投资动力以及体现型技术进步能力，抑制制造业部门的生产率提升能力建设；另一方面，以制造业为主的实体经济部门长期存在的高负债率高杠杆率现象，势必会切断微观企业通过利润积累来获得产品质量和自主创新能力提升的渠道，在企业的创新研发活动由于成功概率的不确定和高风险特征，导致企业创新研发主要依靠自身利润积累的内源融资渠道的情形下，高负债率高

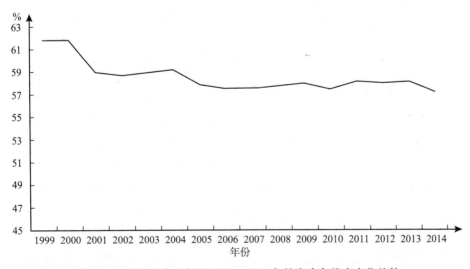

图 14　中国工业企业部门 1999 ~ 2014 年的资产负债率变化趋势

杠杆率所造成的制造业低利润现象，必然会严重抑制企业的创新研发投入动力，降低制造业为主的实体经济部门生产率提升能力的建设。

5. 过剩产能和"僵尸"企业成为制约中国经济增长新动力形成和生产率提升的重要因素。在中国当前的经济发展进程中，最为突出的发展困局和改革重点之一，就是针对中国当前不少特定产业中存在的严重的产能过剩和"僵尸"企业现象。这些特定产业中存在的产能过剩和"僵尸"企业现象，对中国经济增长新动力的形成以及以制造业为主的实体经济部门的生产率提升，造成了突出的阻碍作用和抑制效应。这具体表现在：首先，这些特定产业中存在的产能过剩和"僵尸"企业现象，造成了中国制造业部门已经持续相当时期的通货紧缩现象，扭曲了这些产业乃至相关产业的正常供需均衡关系，加大了市场配置效率的无谓损失。在这种压力之下，一方面，低效率的"僵尸"企业的要素资源无法向具有生产效率优势的企业进行转移和重新配置，对生产率的提升造成阻碍效应；另一方面，过剩产能行业中的国有企业导致的银行机构的金融风险和可能的局部失业带来的社会压力风险，会对新兴战略产业和高新技术产业的发展壮大，造成不可忽略的拖累效应和挤压效应，从而对中国经济增长新动力的形成以及生产率的整体提升，带来进一步的抑制效应。其次，特定产业中存在的产能过剩和"僵尸"企业现象，会造成这些行业中微观企业大规模的亏损现象，微观企业长期处于微利、不盈利乃至亏损的状态之下，会对这些微观企业以转型升级和自主创新能力提升为主要类型的高质量投资动力，产生强烈的抑制效应。很显然，这必然会对中国经济增长新动力的形成以及生产率的整体提升造成更为突出的抑制效应。

6. 知识产权保护制度的缺位、扭曲的政府专利扶持政策以及政府创新补贴政策，对国家创新驱动发展战略的落实实则上造成了负面效应，必将对中国经济增长新动力的形成以及生产率的整体提升产生抑制效应。

首先，知识产权执行机制的缺位以及专利制度的落后，极大地抑制了中国创新动力的提升，对中国经济增长新动力的形成以及生产率的整体提升产生抑制效应。具体来看，中国虽然已经制定了一系列知识产权保护法律法规，然而，在地方政府仍然存在地方保护主义、地方法院系统对知识产权保护执法的不重视以及执法能力的不到位、腐败活动对知识产权执法公平性的干扰等多重因素的叠加影响下，事实上造成了这些知识产权法律法规的执行机制的严重缺位。知识产权执行机制的普遍缺位，造成的是中国企业之间对创新的模仿和剽窃行为的盛行，造成创新企业的前期巨额研发投入根本无法获得正常的弥补和回报，这从根本上对中国企业的创新研发活动造成了严重的抑制效应，导致了中国企业"囚徒困境"

式的对创新模仿和剽窃依赖式的发展机制。而且，中国当前专利制度的设计和改革，已经滞后于国家对创新推动经济转型升级重要作用的现实需求。虽然，中国这几年发明专利以及三种类型专利的申请数量已经居于世界第一，但是，在中国各级政府的专利资助奖励政策以及创新补贴政策的双重扭曲效应的负向激励作用下，中国专利数量的快速增长中存在明显的专利"泡沫"或专利"创新假象"现象，集中表现为政府的专利资助奖励政策，造成了大量专利质量低下和不具有产业运用价值的专利的产生，导致专利数量的快速增长既无法对中国的经济增长形成有效的支撑作用，也不能对中国制造业为主的实体经济的转型升级形成有效的促进作用。

其次，当前，中国各级政府为了积极响应中央制定的创新驱动发展战略，广泛运用政府财政资金，以创新补贴、奖励或贷款优惠形式的优惠政策，来激励微观企业创新能力的提升。然而，在中国相应的监管机制缺位的情形下，这种简单地运用政府财政资金来补贴和激励企业创新研发活动的行为，既没有将有限的财政资金精确地运用到破除制约企业或行业创新能力提升的共性创新技术平台，弥补关键创新技术能力提升的短板等方面，相反，其却在很大程度上激发了掌握政府创新补贴奖励政策权力的官员和企业之间的合谋行为，导致了中国当前以政府创新补贴奖励为主要类型的产业政策的失效。依据我们实地调研所掌握的资料信息表明，产业政策的失效性表现在：一方面，大量的创新财政资金投入被运用到企业生产经营相关的活动中，而真正用于创新活动的不多；运用到购买硬件的较多，而用于创新人才培养以及创新技能培育方面的较少；运用于购买国外创新技术的较多，而致力于自主创新能力提升的较少；运用于国有企业的较多，而针对民营企业的较少；另一方面，我们的研究表明，政府的创新补贴资金对企业自身私人性质研发投入造成了显著的挤占效应，造成了企业的创新研发投入对政府财政资金的依赖症，削弱了企业运用自身资金进行创新研发投入的内生动力（张杰等，2015），进而对中国经济增长新动力的形成以及生产率的整体提升产生了负面效应。

7. 在现有的全球价值链体系和发达国家主导和控制的代工模式，出口已经成为阻碍中国经济增长新动力的形成以及生产率可持续提升的重要因素。自从中国于 2001 年底加入 WTO 后，中国的出口出现了快速增长的态势。在中国加入WTO 的初期阶段，中国本土企业利用"进口中学习"和"出口中学习"效应以及利用外资企业的技术外溢效应，可以获得生产率的增长空间。然而，在由发达国家的跨国公司和国际大买家所主导和推动的全球价值链形态的分工和贸易体系下，一旦中国的出口企业要进入全球价值链体系的高端环节，一方面，其自身的创新研发能力的提升就会收到"锁定"效应的控制，阻碍中国出口企业自主创新能力的提升；另一方面，"进口中学习"对中国加工贸易的创新研发活动造成了一定程度的替代效应，从长期来看会对中国出口部门的生产率提升造成负面效应（张杰等，2015），而"出口中学习"效应对中国本土企业生产率并未产生显著的促进效应（张杰等，2016）。在中国加入 WTO 的后期阶段，出口已经无法支持中国出口部门生产率的可持续提升，相反还造成了一定程度的阻碍效应乃至抑制效应。

四、突破障碍的途径与对策

1. 通过全面推进市场化改革来释放改革红利，降低制度性交易成本，是塑造中国经济新动力和维持经济可持续增长的根本性途径。要顺利推进中国经济增长由旧动力向新动力的转移，由要素粗放型扩张驱动型向创新和技术进步驱动型增长方式的转型，最为首要的突破途径是正确认清中国背景下政府和市场各自功能的边界以及各自在经济发展中的作用定位，进一步加快各级政府行政权力清单的改革，加快取消各级政府不合理的行政权力项目，同时，也要加大对各级地方政府在落实中央部署的政府行政权力清单改革的执行情况以及实际效果，防止某些地方政府对中央改革政策的执行不到位以及行政权力的反弹。长期来看，要牢牢依据"中性政府"以及"适度规模政府、大市场"的根本性基本理念，通过推进对政府行政体制的彻底改革，切实理顺和取消不合理的政府机构和政府机构层次，真正降低中国的财政供养人口规模和政府自身规模，从而避免中国的政府行政权力改革进入"清理和取消各级政府行政权力清单改革→各级政府行政权力再次膨胀→再次推进清理和取消各级政府行政权力清单改革"的恶性循环之中。其次，要通过限制、规范乃至取消政府行政权力，构建与中国的经济阶段性发展目标相匹配的市场化体系，通过取消各种市场进入行政壁垒来释放改革红利，全面降低整个经济社会中的制度性交易成本以及由于政府过度干预微观经济所带来的其他形式的高生产成本，扭转微观企业通过对官商勾结和腐败寻租活动获取关键要素以及依靠行政垄断地位获取利润的依赖型发展模式，激活微观企业部门依靠市场公平竞争渠道来提升自身创新能力和生产效率的激励机制，进而从微观企业层面充分激发经济增长的新动力机制。

2. 打通生产率提升和工资水平提升之间的传递机制，搭建供给侧和需求侧之间的互动机制，是塑造中国经济新动力和经济可持续增长的重点所在。当前，

可以通过全面推进供给侧结构性改革，来充分释放中国以制造业为主的实体经济
部门的高质量投资动力和活力，促进供给侧生产部门的劳动生产率和全要素生产
率的提升，进而重塑中国经济增长的新动力。然而，对于维持中国经济可持续增
长的新动力而言，更为关键的突破途径是，要打通供给侧生产部门的生产率提升
和工资水平提升之间的传递机制，全面搭建供给侧和需求侧之间的互动机制。具
体来说，这就是在中国供给侧结构性改革使得生产部门的生产率得到有效增长，
创造更多的高技术、高人力资本含量的就业岗位，与此同时，要有序地通过实施
和贯彻中国版的"收入倍增计划"，来促进各个层次工人真实工资水平的合理提
升，从而进一步驱动中国内需规模的可持续扩张和需求结构的转型升级，促使中
国的后续经济增长进入"供给侧结构性改革→生产率提升→工资水平增长＋高收
入就业岗位增加→内需扩张＋需求结构转型升级→需求引致创新机制的发挥＋产
业结构转型升级→经济增长新动力机制的加速形成→经济可持续增长"的良性循
环轨道之中。

3. 切实推进和实体经济可持续发展以及国家创新驱动发展战略相兼容的金
融体制改革。依据我们前文的分析，现阶段束缚中国以制造业为主的实体经济部
门的高质量投资活动的核心因素是，中国的金融压制体系和发展相对滞后以及有
效监管机制缺位的金融市场。因此，要构建与中国的实体经济部门的转型升级和
长期期限贷款的高质量投资相匹配的多样化金融体系，构建与微观企业部门的科
技创新活动以及国家创新驱动发展战略相匹配的多层次金融体系。基于如此现
实，我们认为，针对中国当前的金融体系应该改革的途径和方向是：第一，应当
根据变化了的中国经济发展环境和实体经济的优势条件，重新审视禁止商业银行
从事投资活动的规定。中国金融体系的改革，不要再仅仅局限于是否逐步放松利
率管制与利率市场化的表层次讨论，而是要彻底进入当前以垄断性国有大银行为
主的金融体系定位和发展思路的深层次改革的思考。加快银行体系的混业经营，
通过针对银行体系发展直接融资方式的创新举措，从根本上来解决银行体系的短
期资金和实体经济转型升级所需的长期发展资本之间的内在矛盾；第二，通过容
忍和鼓励中国资本市场的全面发展乃至适度的泡沫化，对创业板、新三板以及主
板市场适当容忍一定程度的泡沫性。来引导产业结构的转型升级，引导经济结构
的调整与升级，引导大众创业万众创新战略的实施，引导中国宏观经济供给和需
求侧面关系的有机平衡；第三，适当鼓励和加快创业板、新三板市场、股票市场
等直接融资金融市场规模的扩张，建议考虑在珠三角、长三角、京津冀等核心区
域板块设立区域性的新股票市场以及创业板和新三板市场，促进区域创新能力的

提升，增强区域经济发展的金融动力（张杰等，2016）。

4. 国有企业的混合所有制改革必须动真格和加快推进。我们认识到，国有企业部门虽然经历了多轮改革以及改革目标的制定和确立，但是由于利益集团的阻力以及政府行政体制改革相对滞后的制约，实际上国有企业的综合改革已经在相当程度上陷入了停滞的困局。当前，不要再停留在国有企业是否有必要改革以及如何改革的讨论层面，为了尽快消除国有企业部门对中国经济增长新动力形成机制可能造成的诸多障碍，激活国有企业部门对中国经济增长新动力形成机制所具有的正向促进效应，迫切需要针对国有企业部门真正落实和实施以混合所有制改革为导向的中央战略部署。我们认为，国有企业的改革方向应该是，不要仅局限于是否退出具有竞争性商业经营性质的部门领域，而是将国有企业的基本功能定位于公共产品的提供者、具有显著技术外溢性的高创新高技术进步部门以及对基础研究能力需求较高、创新失败风险大的关键共性技术创新平台这三个核心方面，通过民营企业部门无法进行运行和投资不足的这三个部门的大发展，以及通过混合所有制和股份制的引入，加快技术创新能力向全社会的转移和外溢，成为加快推动中国经济增长新动力机制形成的助力器和核心承担者，形成民营和国有部门在创新体系中有序分工、密切协同的新发展格局。

参考文献：

张杰、杨连星、新夫：《房地产阻碍了中国创新么？基于金融体系贷款期限结构的解释》，载于《管理世界》2016 年第 5 期。

张杰、陈志远、郑文平：《进口与企业生产率：中国的经验证据》，载于《经济学（季刊）》2015 年第 3 卷。

张杰、张帆、陈志远：《出口与企业生产率关系的新检验：中国经验》，载于《世界经济》2016 年第 6 期。

张杰：《进口对中国制造业专利活动的抑制效应研究》，载于《中国工业经济》2015 年第 7 期。

张杰、杨连星：《中国金融压制体制的形成、困境与改革逻辑》，载于《人文杂志》2015 年第 12 期。

张杰、杨连星：《资本错配、关联效应与实体经济发展取向》，载于《改革》2015 年第 10 期。

（本文为工作论文，未出版）

"高债务—高税负—通缩"三重叠加效应下中国实体经济的发展困局及破解对策

张　杰[*]

一、对中国实体经济部门"高债务—高税负—通缩"三重叠加效应的判断

当前，中国经济新常态下，导致经济下行最为突出的因素就是以制造业为主的实体经济部门可持续发展能力的弱化。一方面，中国制造业部门中传统产业出现了加速下滑的态势；另一方面，中国制造业部门中新兴产业的发展还处于孕育之中，并未对中国经济形成足够的支撑力量。这其中，我们发现，当前中国实体经济部门所面临的最为突出的发展问题，就是其正处于"高债务—高税负—通缩"三重因素的叠加效应所造成的发展困局之中，成为困扰和桎梏中国传统制造业转型升级以及新兴产业发展最难以解决的系统性障碍因素。

首先，中国实体经济部门已经处于高负债高杠杆率的特定阶段，而且负债率（杠杆率）还面临持续上升的空间。2014 年末中国实体部门债务规模为 138.33 万亿元，占 GDP 的比重由 2008 年的 157% 上升到 2014 年的 217.3%，6 年间急剧上升了 60.3 个百分点。其中，非金融企业部门的杠杆率从金融危机爆发的 2008 年的 98% 提高到 2014 年的 123.1%，6 年间大幅度上升了 51 个百分点[①]，即使不考虑地方融资平台的债务，中国非金融企业部门杠杆率在这 6 年间也上涨了 25 个百分点。进一步看，与主要发达国家以及新兴国家相比，最为突出的问题是，中国政府债务占 GDP 比为 57.8%，处于一个相对较低位置。总债务比为

---

　　[*] 张杰，中国人民大学中国经济改革与发展研究院教授，博士生导师，中国人民大学国家发展与发展研究院研究员。

　　[①] 李扬、张晓晶、常欣等著：《中国国家资产负债表 2015——杠杆调整与风险管理》，中国社会科学出版社 2015 年版。

217.3%，相比发达国家也并非处于最高位。然而，中国非金融企业杠杆率（债务占 GDP 比重）高达 123.1%，在主要发达国家以及新兴国家中最高。中国实体经济部门的高负债以及高杠杆率所造成的直接后果是，在中国当前阶段的市场均衡真实利率可能为负和中国银行贷款利率远超市场均衡真实利率的现实背景下，企业必须支付的高额债务利息已经侵占了企业获取正常利润的基本能力，极大地遏制了企业的投资动机以及转型升级与创新能力的提升。

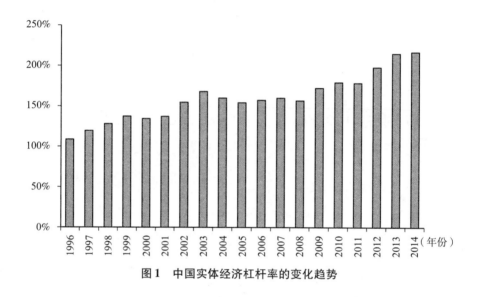

图 1   中国实体经济杠杆率的变化趋势

表 1   世界主要经济体实体经济债务结构比较（占 GDP 比重）   单位：%

主要经济体	政府债务占比	居民债务占比	非金融企业债务占比	总债务占比
日本	234	65	101	400
西班牙	132	73	108	313
法国	104	56	121	281
意大利	139	43	77	259
英国	92	86	74	252
美国	89	77	67	233
韩国	44	81	105	231
加拿大	70	92	60	221
中国	57.8	36.4	123.1	217.3
澳大利亚	31	113	69	213
德国	80	54	54	188

续表

主要经济体	政府债务占比	居民债务占比	非金融企业债务占比	总债务占比
巴西	65	25	38	128
印度	66	9	45	120
俄罗斯	9	16	40	65

资料来源：国家金融与发展实验室。

其次，与世界发达以及发展中国家相比，中国的实体经济部门已经明确存在高税负的重要事实。根据世界银行公布的各国总税率（企业减免掉法律允许部分之后必须缴纳的税额占商业利润的比例），2014 年中国的总税率为 64.6%，远高于发达国家美国的 43.8%、德国的 48.8%、日本的 51.3%，也高于同为发展中国家印度的 61.7%、墨西哥的 51.8%、越南的 40.8%（见表 2）。作为中国国家和地方总税负的核心来源以及税负转移的最终承担者，中国制造业必然首当其冲地成为中国高税负最为直接的影响者。其所承受的高税负水平，必然会逐步弱化中国制造业的低成本出口竞争优势，加快中国的低端乃至中端附加值产业向发达国家的回流以及发展中国家的转移。在以 TPP 为主要特征的区域自由贸易投资体系加快替代 WTO 的全球经济变化格局中，高税负对中国制造业部门的负面影响还将进一步凸显和加剧。

表2　　世界主要发达国家、新兴国家和东南亚国家 2014 年总税率的排名　　单位：%

国家	总税率	国家	总税率	国家	总税率
阿根廷	137.3	日本	51.3	马来西亚	39.2
巴西	69	俄罗斯	48.9	新西兰	34.4
法国	66.6	德国	48.8	英国	33.7
意大利	65.4	美国	43.8	韩国	32.4
中国	64.6	菲律宾	42.5	印度尼西亚	31.4
印度	61.7	越南	40.8	泰国	26.9
墨西哥	51.8	土耳其	40.1	新加坡	18.4

资料来源：国家金融与发展实验室。

最后，中国制造业部门已经全面处于通货紧缩的状态之中，而且有固化乃至逐步加剧的可能态势。截至 2015 年 11 月，中国的 PPI 发生了连续 45 个月同比下降的重大现象，而且，特别是 2015 年 6 月后中国的 PPI 进入了一个深度下跌阶段，这些现象深刻表明，不仅至少在中国制造业部门已经全面发生了通货紧缩的现象，而且中国制造业部门的通货紧缩可能正在发生进一步加剧的态势。通货紧缩不仅会对中国以制造业为主的实体经济部门的正常运转、自主创新能力提升以及转型升级，造成了不可低估的拖累效应乃至损害效应。而且，也会使得中国实体经济部门成为诱发中国宏观经济风险的重要来源。随着中国以制造业为主的实体经济部门通货紧缩的进一步加剧，其引发系统性金融风险和就业风险等宏观经济风险的概率在进一步加大。

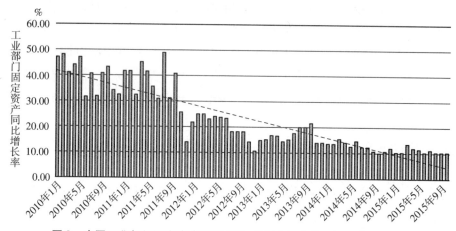

图 2　中国工业部门固定资产增速变化（2010 年 1 月~2015 年 10 月）

资料来源：相关各年《中国统计年鉴》。

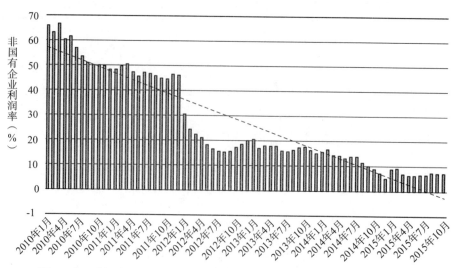

图 3　中国非国有工业企业利润率变化趋势（2010 年 1 月~2015 年 10 月）

资料来源：相关各年《中国统计年鉴》。

最为关键的是，当前以制造业为主的中国实体经济部门，实质上已经处于"高债务—高税负—通缩"这三种因素的叠加效应所造成的发展困局之中。叠加效应对中国制造业部门和工业部门所带来的发展困局，已经远超单个因素所带来的负面效应，造成了中国制造业部门传统产业出口竞争力的全面且持续弱化，造成了制造业部门投资收益率急剧下降以及转型升级的投资不足现象，对中国传统产业进行转型升级的内在动力造成了深刻的负面影响。而且，叠加效应对中国制造业部门和工业部门所带来的发展困局，对中国制造业部门新兴产业的兴起和扩张，也造成了不容忽略的阻碍效应和拖累效应，在很大程度上成为影响中国新兴产业发展的决定性因素。

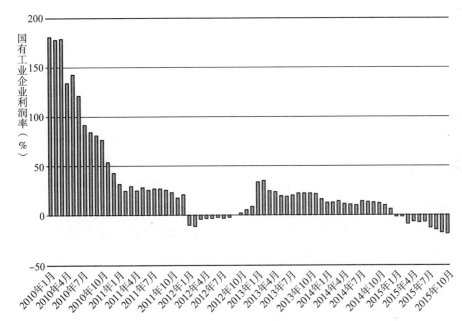

图4　中国国有工业企业利润率变化趋势（2010 年 1 月～2015 年 10 月）

资料来源：相关各年《中国统计年鉴》。

二、中国实体经济部门"高债务—高税负—通缩"的成因分析

要破解中国实体经济部门"高债务—高税负—通缩"三重叠加效应所造成的结构性和内生性发展困局，就要准确理解造成中国实体经济部门"高债务—高税负—通缩"三重叠加效应的内在动因以及可能的作用机理。依据我们的思考和观察，我们认为，导致以制造业为主的中国实体经济部门发生"高债务—高税负—

通缩"的原因和内在机理可能在于：

第一，造成中国实体经济部门高债务高杠杆率形成的逻辑机制是：垄断大大银行为主金融抑制体系＋4 万亿元的积极财政刺激计划→企业主要通过借债来筹措发展资金→高杠杆和高负债。我们认为，中国实体经济部门的高负债现象主要是由中国当前的金融抑制体制所造成的。首先，中国以大银行为主的金融结构以及金融抑制政策，对中国实体经济造成了显著的资本结构错配问题，这主要反映在实体企业的资产负债表中，其基本表现形式就是债务形式的负债率持续增高以及杠杆率的过高特征。由于中国的银行信用只能以贷款方式提供，而中国的实体企业特别是制造业企业只能以负债形式融资，必然会造成实体经济企业负债率过高的后果。其次，在银行体系垄断地位以及金融抑制政策的双重激励下，加大了实体经济的债务成本，挤压和侵占了实体经济的利润，抑制了实体经济发展的内在动力，成为中国实体经济杠杆率攀升以及经济泡沫频繁发生与资源配置扭曲的重要动因。仅以中国上市银行 2006～2014 年的净利润为例，16 家上市银行的利润总额每年均远超所有 2 000 多家制造业上市企业的利润总额。在中国经济面临持续下行压力的态势下，2014 年中国商业银行净利息收入高达 3.3 万亿元，净利润仍然高达 1.55 万亿元，同比增长 9.7%，比 2013 年还增加了 1 369 亿元。而且，中国商业银行平均资本利润率仍然高达 17.59%，而同期，中国工业企业的平均利润率不超过 7%，工业企业 500 强是 2.3%，规模以上工业企业主营活动平均利润率也只有 6.04%，二者利润率的对比与落差非常鲜明。

第二，造成中国实体经济部门高税负形成的逻辑机制是：特殊政治体制→政府规模扩张＋政府权力边界扩大→税负的高增长＋寻租活动导致的企业交易成本加大→企业真实税负水平高企。造成中国实体经济部门高税负水平的根本原因在于：在政府和市场功能边界定位没有完全科学界定的情形下，中国形成了政府权力扩张和财政供养人员队伍"越收越扩张、越紧越膨胀"的双重循环扩张怪圈。依据陈剑的研究成果，到 2014 年底，中国财政实际供养人数已经超过 6 400 万，财政供养比已高达 23∶1。中国当前如此规模巨大以及仍然在膨胀的财政供养人员队伍压力，必然最终会传导到企业的税负承担方面，不可避免地造成中国实体经济部门的高税负效应。而且，中国长期针对公务员队伍的相对低薪政策，必然会在一定程度上激励掌握政府权力的公务员的各种寻租腐败活动，导致企业在获得发展所需关键要素过程中必然会遇到各种额外的隐性交易成本，进一步推高中国实体经济部门的高税负效应。客观来看，只要在中国政府和市场功能边界尚未界定清楚的情形下，中国政府权力扩张和财政供养人员队伍扩张的怪圈就无法破解，中国实体经济部门面临的高税负以及各种隐性高交易成本，也就无法从根本上得以解决。

第三，导致中国实体经济部门通货紧缩发生的逻辑机制是：政府和市场的边界界定不合理→政府对微观经济活动的过度干预→（产能过剩＋政府优惠政策和补贴激励下的企业规模扩张）→实体经济部门的供需关系失衡＋全球危机复苏缓慢情形下的出口阻力→实体经济部门通缩紧缩的全面发生。造成中国制造业部门全面发生通货紧缩的原因比较复杂，既有国内也有国外因素。首先，从国内因素来看，中国各级政府在现有的政绩考核体制之下，积极利用各种土地、金融以及税收优惠招商引资政策以及制定各种不符合本地区实际情况的产业发展规划，来谋求本地区 GDP 的竞争式快速增长。各级政府完全不顾市场竞争资源最优配置逻辑和要素价格信号，竞相发展那些短期内能获得投资资金和产出的大项目和国有投资项目，以及短期内能够快速带来 GDP 规模增长的重化行业投资项目，造成了这些行业的产能过剩。而且，在强调本地区就业安全风险以及"稳增长、保增长"的行政思维逻辑下，对于那些产能过剩行业中落后产能的淘汰以及"僵尸"企业的集中破产倒闭，往往又显示出过于谨慎和保护的行为。这就激发了产能过剩行业的企业通过继续扩大产能来谋求"尾大不掉、国家兜底"的扭曲思维，进一步促使产能过剩沿着产业链前后方向的蔓延和加剧。最终导致中国制造业部门相比比例行业的供需关系的彻底失衡，导致通货紧缩的全面发生。其次，作为中国最主要的出口部门，中国制造业部门的产能扩张既与全球经济的周期性特征紧密相关，也与中国劳动密集型出口成本优势的变化紧密相关。在全球经济危机触发的全球贸易"大停滞"和中国各要素快速上升造成的双重挤压之下，中国的出口增长面临停滞乃至下滑的现象，在中国出口结构调整慢于低成本出口优势降低的情形下，这进一步造成中国制造业部门产能过剩的加剧和通货紧缩的全面恶化。

三、对中国实体经济及宏观经济的多重扭曲性影响

中国实体经济部门现阶段所遭受"高债务—高税负—通缩"三种叠加效应带来的冲击，既对实体企业的行为特征造成了显著的扭曲性影响，也引致了中国宏观经济的发展困局和宏观调控政策的失效，甚至会诱发一系列金融风险乃至经济风险的爆发，对中国新常态下的宏观经济稳定以及维持经济中高速增长的内在动力造成重大负面冲击。这具体表现为：

（一）对中国实体经济企业的行为特征造成了扭曲性影响

1. 固化了出口依赖＋低利润＋低端生产能力的脆弱型发展模式。

现阶段，中国实体经济部门遭受的"高债务—高税负—通缩"三种叠加效应所带来的复合冲击，首当其冲的是造成中国制造业企业出口依赖＋低利润＋低端生产能力的脆弱型发展模式的固化以及转型升级能力的缺失。客观来看，中国特定时期农村劳动力具有的勤劳忍耐品质和人口红利结合所构造的独特低成本出口优势条件下，在发达国家主导的以产品环节全球价值链分工体系和中国加入WTO的双重激励相容外部环境下，在中国各级政府利用对要素市场的控制和干预来创造的以 GDP 增长竞争为主要形式的招商引资发展优势以及中国对人民币汇率长期控制以及实施各种出口退税政策的多重激励相容内部环境下，中国制造业在全球价值链的低端生产与组装环节获得了巨大的低成本出口优势，使得中国经济在从低收入阶段向中等收入的经济起飞发展阶段中，依靠出口导向战略实现了要素粗放型的较低层次经济增长。当前，中国经济已经面临进入由中等收入向中高收入乃至高收入的跨越式发展阶段，中国制造业所依赖的以上多重低成本出口竞争优势已经在加快衰退乃至丧失，迫切需要中国通过的全面改革，特别是对中国政府行政行为模式的约束和改革，来重塑实体企业发展所需的新制度激励环境和新内生动力，摆脱中国实体经济部门对原有的出口依赖＋低利润＋低端生产能力的粗放型发展模式的依赖。然而，中国实体经济部门当前遭受的"高债务—高税负—通缩"三种叠加效应，正如我们以上的分析，本质上是中国各级政府对微观经济发展的过度和不合理干预模式以及特有的政府行政体制带来的必然后果，而政府的干预行为模式和行政体制往往具有路径依赖和利益集团固化的基本特征，这就会造成短期内中国实体经济部门遭受的"高债务—高税负—通缩"三重叠加效应的持续乃至进一步的恶化，放大扭曲中国实体企业的行为模式和决策动机，固化以制造业为主的中国实体经济部门的出口依赖＋低利润＋低端生产能力的脆弱型发展模式，形成相互锁定乃至自我强化性质的发展困境。

2. 固化了官商结合＋政府优惠政策依赖型的企业盈利和发展模式，弱化了中国实体经济企业自主创新能力的内生激励机制。

针对当前的中国发展模式而言，最为核心的问题是如何科学界定政府和市场的权力边界，客观来看，造成中国当前众多经济发展困局的根源，很大程度上均来自于中国情形下政府和市场权力边界的核心原则缺位以及在操作过程中定位和实施的混乱。事实上，在中国原有的政府行政体制和各级政府官员自身功能定位的既定模式下，必然会造成微观企业官商结合＋政府优惠政策依赖型盈利和发展模式的形成。一方面，中国的市场化改革存在的一个典型不对称现象，就是要素市场的市场化改革严重滞后于产品市场的市场化改革。这种市场化改革的不对称性本质上是中国现行政府行政体制定位变异以及政府和市场边界尚未科学界定的必然结果。这种不对称性的典型表现就是中国以垄断性大银行为主的金融抑制体制的形成以及国有企业在核心行业和特定产业链环节的"国大民小"、"国强民弱"、"国垄断民竞争"乃至 2008 年金融危机后出现的"国进民退"现象。金融抑制政策以及国有企业的存在，在某种程度上为中国实体企业依靠官商结合来谋求发展企业所需的关键资金要素，创造了实施空间和操作途径。另一方面，中国各级政府在制定本地区产业发展规划来谋求经济发展优势的过程中，路径依赖式地依靠出台各种显性和隐形的招商引资优惠政策以及实施各种形式的政府补贴奖励资金政策，而非创造普惠制的公平市场竞争环境和提供有效公共服务平台，来帮助本地区企业特别是大企业或国有企业获得竞争优势。中国各级政府官员对优惠政策以及运用财政资金实施各种政府补贴奖励政策，不仅是出于为了在短期内获得 GDP 规模增长的晋升锦标赛竞争优势，也是官员个人通过其掌控的权力资源获取寻租和腐败收益的重要途径，这二者在中国现有的政府行政体制和经济发展模式下形成了互为内嵌式的激励相容机制。这种特定的激励相容机制必然造成的结果是，中国微观企业对官商结合＋政府优惠政策依赖型的企业盈利和发展模式的依赖。由于中国当前"优胜劣汰"的市场竞争机制并未真正建立，即便中国实体经济部门遭受了"高债务—高税负—通缩"的三种叠加效应，由此造成的发展困局可能会激励微观企业进一步地对官商结合＋政府优惠政策依赖型的生存模式的依赖。最终在相当程度上导致中国实体经济企业通过提升自主创新能力，来获得生存和发展机会的内生激励机制的普遍缺失。

3. 造成了实体经济企业追求短期化、多元化和泡沫化的投资偏好特征，导致了微观企业转型升级的内生能力不足。

在中国政府为了应对 2008 年金融危机冲击而推进的 4 万亿投资刺激计划的负面激励效应下，特别是在 2008 年的金融危机之后，中国实体经济部门遭受的"高债务—高税负—通缩"三种叠加效应所形成的发展困局开始发酵、显现并逐步加剧，在此情形下，中国微观企业的投资决策行为发生了重要的变异现象，最为突出的变异行为就是体现出短期化、多元化和泡沫化的投资偏好特征。一方面，"高债务—高税负—通缩"三种叠加效应造成的最为重要后果是，中国制造业企业总体上无法获得较高的利润率，自从 2011 年开始，中国工业企业部门利润率的增长率就面临一个"断崖式"的下滑态势，中国规模以上工业企业的净利润率从 2012 年就进入逐步下滑通道之中，到了 2015 年已经处于 5%～6%。这种情形下，不少中国制造业企业为了保障自身投资的相对正常盈利性（相对银行的贷款利率），从 2008 年就开始大规模进行多元化的投资经营策略，偏离自身的主营业务将企业的留存资金乃至流动资金投入与主营业务和企业核心竞争力相关性较小的投资项目之中，而非投资到企业主营业务的质量、品牌、劳动生产率以及自主创新能力提升为核心的市场竞争力强化方面，以图投资收益的多元化和组合化；另一方面，鉴于中国特定发展阶段中股票、信托、房地产、民间金融甚至高利贷等行业存在较大的获利机会，特别是由于监管制度不完善、利益集团控制以及金融抑制体系造成这些行业中普遍存在泡沫形态的短期高风险高收益机会，这激发了大量本应用于企业创新研发活动、提升企业产品质量和劳动生产率投资的资金，从制造业部门流向这些投机泡沫行业，进一步抑制了中国制造业部门微观企业进行转型升级的内在动力。

4. 加速了传统产业竞争优势的衰退，抑制了中国新兴产业的兴起，阻碍了中国经济结构的调整。

在"高债务—高税负—通缩"三种叠加效应对中国实体经济部门特别是制造业部门所带来以上各种负面冲击的多重作用效应下，中国出现了经济发展动力转换的困境，一方面传统产业竞争优势在加速衰退，劳动密集型产品的出口优势在快速弱化，在全球经济复苏乏力的整体外部环境制约下，导致中国传统产品的出口规模在加快下滑，对中国经济增长的拉动力由正转负，负面效应进一步加剧；另一方面，由于中国实体经济部门的自主创新能力提升一级转型升级的内生动力，深受"高债务—高税负—通缩"三种叠加效应的拖累效应和桎梏效应，新兴产业并没有相应地跟随中国内需能力和要求的升级而同步升级，存在明显的滞后效应，导致中国的高端需求未能及时成为中国本土企业的内生拉动力量，中国国内的高端消费市场已经被国外高质量产品占据或转向国外高品质产品的消费，进而从需求层面进一步制约了中国经济结构的转型升级。

（二）引发宏观经济增长动力缺失、宏观传统调控政策失效以及宏观风险

首先，在"高债务—高税负—通缩"三种因素的叠加作用效应下，中国实体经济部门的发展困局不仅对宏观经济的供给侧面造成了短期内难以避免的负面冲击，而且，中国宏观经济供给侧面的持续疲软和恶化，会进一步扩散和传

递影响到中国宏观经济的需求侧面，导致宏观需求层面的进一步恶化，即形成制造业为主的实体经济部门发展能力弱化→宏观经济供给侧面发生问题→宏观经济需求侧面出现问题→宏观经济供侧面的持续恶化的负反馈循环机制。因此，中国宏观经济供给侧面的恶化局面如果进一步传递到需求侧面，在今后一段时期内，其可能会导致失业增加以及城乡居民收入增幅降低和停滞的现象，从而对维持中国当前经济增长最为关键的消费内需造成负面冲击。而不断升级转型的消费内需，是推动中国当前经济结构转型升级以及推动创新驱动发展战略实施最为核心的动力机制。中国宏观经济供给侧面的恶化导致需求侧面动力机制的弱化乃至恶化，会触及中国经济增长的安全底线，最终会导致中国无法摆脱"中等收入陷阱"。

其次，在"高债务—高税负—通缩"三重叠加效应所造成的中国实体经济部门的发展困局，造成当前中国传统货币政策的失效和财政政策的困境。一方面，在银行遵循商业操作规则而关注自身贷款风险的前提下，中国实体经济企业偿债能力的恶化风险，阻隔了银行体系资金对实体经济部门提高产品质量、提升自主创新能力以及打造转型升级能力的投资活动的传递性和渗透性，导致降息、降准政策以及其他中国特色的货币宽松政策，并不能将金融资金有效地渗透到迫切需要长期资金来实施转型升级活动的实体经济部门，相反，却一定程度上造成了银行体系对中国实体经济企业的高贷款利益要求、"惜贷"行为甚至"逆向抽贷"行为，极大地加剧了中国实体经济部门的发展困局。事实上，当前中国实体经济发展的核心困境是维持发展所需资本的长期化和实际获得资金的短期化之间的错配和扭曲，迫切需要货币政策的全面创新来彻底解决中国金融体系与实体经济无法相互衔接和支撑的困境。另一方面，制造业为主的中国实体经济部门作为中国地方和中央税收的主要来源，"高债务—高税负—通缩"三重叠加效应所造成的发展困局，必然会导致中国税收增速的整体快速下降，由于当前"稳增长、调结构、惠民生、防风险"的四大宏观经济目标，无论何种目标均会内在地倒逼中国各级政府运用财政资金来对之加以解决，运用积极财政政策的发力来引导和破局，这造成了中国财政支出高增速的刚性特征。而且，短期内缓解中国实体经济部门的"高债务—高税负—通缩"带来的发展困局，需要针对实体经济部门的全面减税政策的推进。再加上，在当前的经济下行周期中，货币政策边际效应减弱，经济托底和结构调整也需要财政政策的发力配合。因此，今后一段时期内中国财政收支的矛盾必将进一步凸显和扩大。当前的数据就深刻验证了这一问题，2015 年 1~10 月全国一般公共预算收入比 2014 年同期增长 7.7%，同期，全国一般公共预算支出比去年同期增长 18.1%，二者的不对称效应在今后相当一段时期内必将成为常态。

最后，"高债务—高税负—通缩"三重叠加效应对中国实体经济部门所造成的发展困局，可能会引发中国银行体系和影子银行体系的金融风险。在中国的实体经济部门主要仍然是依赖银行贷款以及影子银行体系贷款为主的间接融资渠道金融体系的约束条件下，实体经济部门蕴涵的各种发展风险会直接感染银行体系和影子银行体系，导致银行效益的不良贷款率急剧上升，进而诱发中国银行体系的系统性金融风险。而且，其可能会引发"僵尸"企业倒闭的集中爆发，进而引发中国的就业安全风险。事实上，"高债务—高税负—通缩"三重叠加效应所造成的中国实体经济部门的发展困局，已经造成大量"僵尸"企业的出现，导致制造业部门资金加速向泡沫行业转移的现象，一方面"僵尸"企业的倒闭破产在今后某一特定时期的集中爆发，可能会在短期内造成大规模的失业现象，冲击中国的就业安全底线；另一方面，考虑到中国实体经济部门的基础性地位，这会使得中国实体经济的发展困局所引发的金融风险和就业安全风险，成为诱发各种宏观经济金融风险爆发的来源以及关键连接点所在，加剧中国系统性金融风险的爆发。

四、解困思路与根本性改革取向

"高债务—高税负—通缩"三重叠加效应对中国实体经济部门所造成的发展困局，导致中国政府解决实体经济部门发展困局的政策组合工具的复杂性和政策工具本身的内在冲突性，造成中国传统思维逻辑的宏观调控政策工具的失效。事实上，当前中国实施的稳健乃至宽松货币政策，在中国当前以大银行为主的间接融资形式的金融体制之下，均无法使得金融资金有效地渗透到迫切需要资金的实体经济部门，相反，在银行遵循商业规则操作的情形下，其成为加剧中国实体经济发展困局的催发剂。而且，当前中国各地政府仍然还是采取已有各种产业扶持政策和优惠政策的传统逻辑思路，积极的财政政策在一定程度上只能扩大中国实体经济部门的产能过剩现象，进一步扭曲中国实体经济摆脱发展困局所需的最为重要的公平市场环境。基于以上分析，我们认为，要从根本上真正解决中国实体经济部门由于"高债务—高税负—通缩"这三种因素的叠加效应所造成的发展困局，仅仅依赖短期的降息降准、出口退税、出口贸易便利化以及结构性减税等政策，可能难以从根本上得以解决。当然，也不可否认这些短期政策的合理性，这些政策措施短期内是可以起到缓解中国实体经济部门发展困局的功效。按照我们的思考，从长期来看，根本性的改革措施应该着眼于：

首先，要解决中国实体经济部门的高负债难题，就有必要从切实全面推进金融体制的大改革入手。

一方面，加快银行体系的混业经营，通过针对银行体系发展直接融资方式的创新举措，来从根本上来解决银行体系的贷款资金短期化倾向和实体经济长期发展资本之间的内在矛盾，构建真正适宜于中国实体经济发展内在需求以及转型升级特征的金融体系。重新审视禁止商业银行从事投资活动的规定，中国金融体系的改革，已经不要再仅仅局限于是否逐步放松利率管制与利率市场化的表层次讨论，而是要彻底进入银行体系的定位和发展思路的全面深层次改革的思考和探索。我们认为，在当前中国金融体系仍然是以银行主导的金融格局的现实背景下，通过发展直接融资形式的资本市场，来解决中国实体经济长期发展资本的错配与扭曲困局，短时期内可能难以有效实现。而且也"远水解不了近渴"。而且，在全球对外开放的现实背景下，冒进式的或者快速推进型的直接融资形式的资本市场发展策略，可能会遭受国外金融危机冲击的风险，甚至在国家之间残酷发展竞争情形下遭受发达金融体系的干预与控制。这种背景下，通过对中国银行体系禁止发展直接融资方式的管制政策的逐步解除，鼓励银行业的混业经营以及直接投资业务的创新，可能是中国情景下解决实体经济部门高负债率的可行思路与破解途径。

另一方面，在中国经济"新常态"的特定背景下，通过鼓励中国资本市场的全面发展，容忍资本市场适度的泡沫化，特别要对创业板、新三板以及主板市场适当容忍一定程度的泡沫性。中国当前经济发展进程中的突出难题是，旧的发展优势已经逐步弱化，而新的竞争优势还未全面确立。而且，无论是实体经济还是地方政府，共同面临的困局是无法获得有效的长期发展资本，只能依靠短期借贷资金的长期错配化使用，造成了中国经济发展进程中典型的三大不匹配与风险，即地方政府债务风险和实体经济转型升级之间的不匹配和风险；金融体制利益集团和实体经济发展之间的不匹配和风险；产能过剩和实施大众创业万众创新战略之间的不匹配和风险。因此，在这种背景下，借助中国资本市场适度的泡沫化，通过引导社会资金、金融体系资金流向实体经济，积极促进大众创业万众创新战略的实施。而且，适度的资本市场泡沫可以增加投资者的投资信心，通过投资者的财富效应和收入增长激励效应，促进中国宏观经济供给和需求侧面关系的有机平衡，逐步解决中国当前经济发展进程中的长期有效需求升级动力缺失引起供给不足的内生发展困局。

其次，针对"高债务—高税负—通缩"这三种因素的叠加效应所造成的中国实体经济发展困局，从中国的基本现实来看，短期内可操作的政策组合是：一是增加支出，可以通过盘活存量（前期沉淀财政资金流向实体经济）＋借助金融资本加杠杆（专项债与下调固定资产资本金）＋社会资本加杠杆（加速推进 PPP 和政府股权投资基金）；二是实施推进针对实体经济的全面性的大幅度结构性减税政策。而且，在中国已经面临财政收入增速的不对称效应下，财政收入增速既定下滑的基本事实造成的财政预算的硬化和有限性，就决定了更加积极的财政政策只能依赖地方债务的置换、存量资金的盘活、杠杆比例的提升等方式来实现。

然而，我们认为，以上的一系列降低中国实体经济部门高负债高杠杆率的短期政策组合，很大程度上只能起到"治标不治本"的短期作用效应。要从根本上解决中国实体经济高税负和高交易成本的难题，减少政府非公共性的权力，减少政府层级，科学合理设置政府权力清单和机构设置，可能是最为持久，同时也是最为彻底的重大体制改革举措。事实上，早在 2005 年中央就首次明确提出了减少行政层级，"十一五"建议对深化体制改革提出了许多新的重要要求，其中就包括深化政府机构改革，优化组织机构，减少行政层级，理顺职责分工。实际上，政府权力改革和行政层级改革是相辅相成的，二者的改革推进缺一不可。中国现行的五个层级政府，即中央、省市区、地市、县市区、乡镇和街道。由于行政层级较多，必然会导致政府机构权力不可遏止的内在扩张和财政供养人口的内在膨胀动力的发生。依据我们的长期调研和思考，当前改革的突破口可以从大规模合并和取消镇级政府机构入手，一方面，中国多数镇级政府事实上已经沦为"吃饭财政"，提供公共服务的功能已经基本丧失，导致多数镇级基本公共服务严重缺位。可以将维持镇级政府运行的资金节省下来由上一级政府转移到提供本镇区的公共服务方面；另一方面，镇级政府财政供养人员由于薪水相对较低，监管机制难以渗透到位，必然激发大量腐败寻租行为的发生，激发政府和群众之间的矛盾。基于这些思考，从缩小镇级政府入手，依次倒逼和科学界定上一级政府的权力边界和财政供养人口规模，应该是合理且可行的改革逻辑。

最后，要彻底解决中国实体经济部门由于产能过剩导致的全面通货紧缩困局，要有"壮士断腕"的大勇气以及"举重若轻"的大智慧。不要再局限于过剩产能的淘汰以及"僵尸"企业的集中破产是否会造成短期大规模失业诱发社会安全风险的过度担忧，而是要积极通过构建失业保障安全网和打造社会安全托底机制，扎实推进"僵尸"企业倒闭破产以及落后产能全面淘汰的善后工作，来重塑中国实体经济可持续发展的公平市场环境。这才是中国破除产能过剩和实体经济部门通货紧缩现象的唯一的且根本性的改革道路。

参考文献：

张英杰、余璐、李诗、郭静静、谭畅：《防止"债务—通缩"循环》，载于《中国经济报告》2015年第11期。

刘伟、苏剑：《"新常态"下的中国宏观调控》，载于《经济科学》2014年第4期。

（本文原载于《江苏社会科学》2016年第1期）

中国制造业资源误置及福利损失测度

杨　振　陈甬军*

一、引言

　　资源的优化配置是经济学研究的基本问题。特定技术水平下，要素向高效率环节的流动可以导致产出增加，而要素的逆效率流动则会阻碍经济增长。新古典经济学关于完全竞争市场的假设，构造了一个资源配置的帕累托最优状态。但现实世界中，因垄断势力、要素流动限制、市场分割等诸多因素，市场运行常常偏离这个理想的最优状态。早期基于垄断竞争假设的经济理论，回答了为什么市场会偏离最优状态，从而提供了一个分析资源误置的理论框架。后随着实证经济学的发展，越来越多的学者开始计量和估算资源误置的经济效应，相关研究主要集中在以下两个方面。

　　第一个方面是针对资源误置是否显著影响全要素生产率（TFP）。估计资源误置带来的生产率损失，需要从分解全要素生产率开始，通常可以将其分解为技术效率、资源配置效率、规模经济几个部分（Baily et al., 1992；Griliches & Regev，1995；Olley & Pakes，1996；Petrin & Levinsohn，2005）。以中国制造业为研究对象，得到的研究结论并不一致。运用随机前沿生产模型，涂正革和肖耿（2005）的研究结果显示企业投入要素的配置效率对全要素生产率的增长几乎没有贡献。姚战琪（2009）通过对1985～2007年中国经济总体和工业部门的生产率增长和要素再配置效应的研究发现，要素再配置效应非常低。曾先峰等（2011）的研究也证实了资源配置不存在显著的"结构红利"效应。但更多的实证结果支持资源配置优化带来生产率增长的论断。盛誉（2005）依据"随机前

──────────

　　* 杨振，中国人民大学商学院博士；陈甬军，中国人民大学商学院教授，博士生导师，中国人民大学中国经济改革与发展研究院副院长。

沿分析法"对中国要素市场跨地区和跨行业的分布进行了测度，结果显示要素扭曲存在于各地区、各行业，矫正要素扭曲配置可以带来生产率的提高。袁堂军（2009）基于索罗余值法计算了上市公司的全要素生产率并进行分解，认为资源配置的低效率阻碍了生产率发展和企业竞争力的提升。利用中国制造业企业数据，聂辉华和贾瑞雪（2011）系统考察了资源误置对企业生产率的影响，发现资源误置是导致企业效率低下的重要原因，而国有企业又是造成资源误置的主要因素。但聂辉华和贾瑞雪（2009）用 TFP 的离散程度简单代表资源的误置程度，并没有计算各要素资源误置情况。同样，支持资源配置优化带来生产率（经济）增长的文献还有谢千里等（2008）、简泽（2011）、张军等（2009）、李平等（2012）。第二个方面是考察资源误置导致的效率损失程度有多大。赵自芳和史晋川（2006）运用 DEA 方法分析了要素市场扭曲带来的技术效率损失，发现如果消除产业组合的技术非效率可以使全国制造业总产出提高近 30 个百分点。但该文对总产出效率损失的计量并不是基于福利损失的方法，而是简单地定义了产业组合规模效率，并将其实际值与 100% 相比得到总产出的潜在损失。罗德明等（2012）通过计量要素扭曲导致的全要素生产率损失发现：去掉扭曲后，人均 GDP 将增长 115.61%、加总的全要素生产率将增长 9.15%。该文运用动态随机一般均衡模型，因而对 GDP 潜在增长的计算是基于宏观视角而不是微观基础。Hsieh & Klenow（2009）对中国制造业的经验结果表明，若中国资源配置矫正到美国现有水平，TFP 将增长 30%~50%。他们对于要素误置的衡量采用的是要素的边际产出，而没有考虑企业决策的另一重要变量：要素的使用成本，本文则试图将要素的使用成本纳入分析框架。

本文考察资源误置引致的福利损失，与上述文献存在着较大的差异：第一，本文直接测度资源误置带来的福利损失大小，国内目前还没有文献进行资源误置引致的福利测算；第二，对要素产出弹性的估计不同。与使用 Olley & Pakes（1996）方法（如余淼杰，2010；聂辉华和贾瑞雪，2011）及 Levinsohn & Petrin（2003）方法（如简泽，2011）相比，本文采用 Wooldridge（2009）更稳健的半参数广义矩估计方法来估计要素产出弹性，该方法同样建立在上述半参数估计方法之上，矫正了要素投入的内生性和联立性问题；[①] 第三，对资源误置引致的产出损失测度视角不同。本文运用 Petrin & Sivadasan（2011）的框架，基于微观企业数据，不需要对要素市场竞争状况做出任何假定，计算的是资源误置引致的福

---

① 鲁晓东和连玉君（2012）对生产函数的估计方法做了详细梳理，包括参数和半参数方法。但他们没有提及 Wooldridge（2009）针对 Olley & Pakes（1996）和 Levinsohn & Petrin（2003）做出的有效改进。

利损失实际大小，而不是从生产率的潜在损失进行推断，因此结论更可靠。

二、研究方法与模型

新古典经济学关于完全竞争市场的假设，为我们提供了一个福利最优的标准情形。通过将现实市场运行状态与假想的完全竞争市场参数对比，可求解福利损失的实际值。企业使用要素的原则是要素的"边际收益"等于要素的"边际成本"，现实市场运行的非完全竞争性，使得要素"边际收益"与"边际成本"出现分离，要素边际净收益不为零，这为测度要素误置引致的福利损失提供了基本思路。基于这个理念，Petrin & Sivadasan（2011）分解了总生产率增长（aggregate productivity growth，APG），提出了要素误置引致福利损失的计量框架。

（一）资源误置与总生产率增长

Petrin & Levinsohn（2005）提出了一个有别于全要素生产率增长的总生产率增长概念，将其定义为企业最终需求的增长率与要素使用成本增长率的差：

$$\text{APG}(t) \equiv \sum_{i=1}^{N(t)} P_i(t) dY_i(t) - \sum_{i=1}^{N(t)} \sum_k W_{ik}(t) dX_{ik}(t) \tag{1}$$

其中，i 为企业标识，t 代表时间，P_i 为 i 企业面临的最终产品价格，Y_i 为 i 企业面临的最终需求，[①] W_{ik} 为 i 企业使用的要素 k 的价格水平，X_{ik} 为 i 企业使用的要素 k 的数量。由于企业最终需求不可观测，最终需求的计算需要借助宏观理论的经济核算公式：最终需求等于产出增加值。

Petrin & Levinsohn（2005）将总生产率增长进一步分解为技术效率和资源配置效率：

$$\text{APG} = \sum_i P_i d\omega_i + \sum_i \sum_k \left(P_i \frac{\partial Q_i}{\partial X_k} - W_{ik} \right) dX_{ik} + \sum_i \sum_j \left(P_i \frac{\partial Q_i}{\partial M_j} - P_j \right) dM_{ij}$$

$$\tag{2}$$

其中，技术效率（TE）部分为 $\sum_i P_i d\omega_i$，ω_i 为企业层面技术水平；余下的部分为资源配置效率。在完全竞争条件下，企业 i 使用要素 X_k，其边际产品价值等于要素的边际成本：

---

① 企业最终需求 Y_i 与企业产出水平 Q_i 的关系是：$Y_i = Q_i - \sum j M_{ji}$，$M_{ji}$ 为 j 企业使用 i 企业产品作为中间投入品的数量。

$$VMP_{ik} = P_i \frac{\partial Q_i}{\partial X_k} = MC_{ik} \tag{3}$$

显然，资源配置效率部分的计算需要估算要素的边际产出。若要素的边际产品价值与要素的边际成本相同，资源配置已经达到最优状况，要素的任何调整都不可能带来帕累托改进。要素的边际产品价值与边际成本不一致，可以用来计算资源误置带来的福利损失。总生产率增长的分解及要素边际产出的估算是测度资源误置引致福利损失的前提。

（二）资源误置与产出增长缺口

以劳动要素为例，劳动要素总量一定，劳动力从企业 i 向企业 j 的流动带来的产值变动为：

$$\Delta output = P_i \frac{\partial Q_j}{\partial L} dL - P_i \frac{\partial Q_i}{\partial L} dL \tag{4}$$

Petrin & Sivadasan（2011）证明，在其他情况不变的情况下，调整单位劳动力的使用带来的平均总生产率增长在数值上等于劳动的边际产品价值与工资率的差额。于是 N 个企业中劳动力的流动带来的平均潜在产出缺口[①]可以定义为：

$$\Delta \overline{Q_{gap}} = \frac{1}{N} \sum_{i=1}^{N} \left| P_i \frac{\partial Q_i}{\partial L} - W_1 \right| dL \tag{5}$$

其中，W_1 为劳动的工资率。若劳动力从高效率企业向低效率企业流动，产出会降低，而这部分损失的产出也是福利的损失，因此式（5）采用了绝对值形式。本文将这个绝对产出缺口作为福利损失的衡量标准。该方法的主要优点在于，它不需要对要素市场进行完全竞争的假定，而这个假定是许多文献进行实证的基础。

（三）生产函数的估计：Wooldridge（2009）半参数矩估计方法

沿用文献传统的分析方法，本文从经典的科布道格拉斯（Cobb – Douglas）生产函数[②]开始：

$$Q_{it} = e^{\varepsilon_{it}} L_{it}^{\beta_l} K_{it}^{\beta_k} M_{it}^{\beta_m} V_{it}^{\beta_v} \tag{6}$$

其中，i 为企业标识，t 代表时间，L、K、M、V 分别代表劳动力、资本、中

---

① 本文定义产出缺口为实际产出与要素达到帕累托最优配置情形下产出之间的差额。
② 经典的科布道格拉斯（Cobb – Douglas）生产函数是实证产业组织领域常用的简单生产函数，本文采用该生产函数主要是因为建立在企业异质性生产率上的科布道格拉斯生产函数，更好地描绘了企业的生产决策过程，数据包络分析等其他参数或非参方法则掩盖了企业决策过程。本文又采用企业层面数据，因而测度的生产率更加精准。

间投入品和企业购买的中间服务，相应的 β 值为各要素的产出弹性，$e^{\varepsilon_{it}}$ 为技术水平。两边取自然对数可得：

$$q_{it} = \beta_1 l_{it} + \beta_k k_{it} + \beta_m m_{it} + \beta_v v_{it} + \varepsilon_{it} \tag{7}$$

其中，小写字母表示各变量的对数值。为了矫正不可观测的企业生产率带来的内生性和联立性问题，我们采用了基于 Olley & Pakes（1996）和 Levinsohn & Petrin（2003）方法的 Wooldridge（2009）修正范式，并用更可靠的广义矩估计法进行回归。[①]

企业具有异质性的生产率，残差部分可以分解为不可观测的企业生产率（ω_{it}）和独立同分布的残差序列（ξ_{it}）：$\varepsilon_{it} = \omega_{it} + \xi_{it}$。按照 Levinsohn & Petrin（2003），企业生产率 ω_{it} 可表示为资本投入与中间投入品的函数形式：$\omega_{it} = g(k_{it}, m_{it})$；企业的创新水平被定义为：$a_{it} = \omega_{it} - E(\omega_{it} | \omega_{it-1})$ 滞后状态变量 k_{it} 和滞后的代理变量 m_{it} 被认为与企业当期创新水平无关，所以：

$$E(\omega_{it} | k_{it}, l_{it-1}, v_{it-1}, m_{it-1}, \cdots, l_1, v_1, m_1)$$
$$= E(\omega_{it} | \omega_{it-1}) \equiv f[g(k_{it-1}, m_{it-1})] \tag{8}$$

于是，式（7）可以改写为：

$$q_{it} = \beta_1 l_{it} + \beta_k k_{it} + \beta_m m_{it} + \beta_v v_{it} + f[g(k_{it-1}, m_{it-1})] + u_{it} \tag{9}$$

其中，$u_{it} = a_{it} + \varepsilon_{it}$。按照 Wooldridge（2009），式（9）参数的估计由以下矩条件得到：

$$E(u_{it} | k_{it}, l_{it-1}, v_{it-1}, m_{it-1}, \cdots, l_1, v_1, m_1) = 0$$

本文采用二阶多项式近似估计 $f[g(k_{it-1}, m_{it-1})]$，并用劳动力（l_{it}）和企业购买的中间服务变量（v_{it}）的一阶、二阶滞后项，中间投入变量（m_{it}）的二阶滞后项作为工具变量，以获得要素产出弹性的稳健估计。

（四）要素边际产出计算及产出缺口的平减

要素边际产出可以通过生产函数对要素求偏导得到。以劳动要素为例，由式（6）可得：

$$\frac{\partial Q_{it}}{\partial L} = \beta_1 e^{\varepsilon_{it}} L_{it}^{\beta_1-1} K_{it}^{\beta_k} M_{it}^{\beta_m} V_{it}^{\beta_v} = \beta_1 \frac{Q_{it}}{L_{it}} \tag{10}$$

产品价格乘以要素的边际产出即为要素的边际产品价值，给定要素的价格水

[①] 目前，国内学者在采用 Olley & Pakes（1996）或 Levinsohn & Petrin（2003）方法估计生产率时，大都直接采用两种方法的估计程序，运用 Wooldridge（2009）方法的则较少，国外学者则逐渐开始采用更为稳健的 Wooldridge（2009）估计方法，如 Petrin et al.（2011）。

平，可以得到劳动要素的绝对产出缺口为：

$$Q_{gap}^{L} = \left| \frac{P_{it}\partial Q_{it}}{\partial L} - P_{L} \right| \tag{11}$$

其中，P_{it} 为产品价格，本文用工业品出厂价格指数代替；P_{L} 为劳动力价格，本文用总劳动力成本除以劳动力数量近似得到。同理，可以得到其他要素的产出缺口水平。

为了剔除物价水平的影响，我们用消费者价格指数（CPI）和国内生产总值平减指数分别对式（11）进行平减，最终得到劳动要素的绝对产出缺口真实值为：

$$Q_{real\_gap}^{L} = \frac{\left| \frac{P_{it}\partial Q_{it}}{\partial L} - P_{L} \right|}{(CPI \ or \ GDP\_deflator)} \tag{12}$$

三、数据与变量

（一）数据来源及样本处理

本文数据来源于国泰安中国非上市公司数据库，因 2007 年后该数据库没有提供关于中间投入、支付工人工资及福利数据，故本文选用样本区间为 1998 ~ 2007 年。该数据库涵盖 41 个工业行业的大型生产企业（销售额大于 500 万元）的基本情况。本文以中国制造业为研究对象，选取两位数代码为 13 ~ 43 的产业。[①]

数据缺失值的处理。第一，该数据库中没有提供 2004 年各企业的总产值数据，本文的处理方式是采用 2005 年和 2006 年的数据均值代替；第二，部分样本在 t－1 年份出现，t 年份消失，又在 t＋1 年份再次出现，本文采用缺失年份前一年与后一年的数据平均值代替缺失值。

对缺失值数据处理后，数据库中还存在一些不合理数据。本文剔除了一些缺失及不符合逻辑的观测值，标准如下：（1）剔除行业代码、年平均固定资产净值、工业中间投入缺失的观测值；（2）剔除关键指标不符合逻辑的观测值，如应付工资总额小于 0、工业中间投入小于 0、工业中间投入大于总产值、本年折旧大于累计折旧的样本；（3）剔除职工人数少于 8 个的微型企业样本。

---

① 其中，代码 39 没有对应的产业。

经过上述剔除程序、技术上补齐缺失数据后，最终得到近 104 万个有效观测值。

（二）变量设定与讨论

本文运用各类平减指标对相应数据进行真实值处理，基期年份为 1998 年，处理方式如下。

企业总产值数据（Q_{it}）用两位数代码制造业工业品出厂价格指数计算，数据来源于各年《中国统计年鉴》。劳动力人数（L_{it}）由"就业职工数量"表示，劳动力成本数据由"支付工人工资"及"支付工人福利"两部分计算，并采用"制造业平均实际工资指数"计算真实值，该指数来源于《中国劳动统计年鉴》。资本存量的计算采用永续盘存法：$K_{it} = K_{it-1} + I_{it} - D_{it}$。沿用赖俊平（2012）的处理思路，初始资本存量 K_{it} 按照企业首次出现在数据库中的平均固定资产净值确定；[①] 投资额 I_{it} 采用相邻年份企业固定资产原值的差额代替；D_{it} 为折旧，可以直接在数据库中获取。资本存量用固定资产价格指数平减，[②] 该指数来源于国际货币基金组织（IMF）。中间投入品数据（M_{it}）用"工业中间投入"代理，并使用原材料购进价格指数进行平减，该指数来源于《中国统计年鉴》。企业购买的中间服务（V_{it}）数据来自"营业费用"[③]，具体包括运费、装卸费、包装费、保险费、展览费和广告费等。此处用各年度国内生产总值平减指数（GDP Deflator）对其进行平减。

四、实证结果

本节采用中国制造业企业数据，估计了两位数代码行业的要素产出弹性，计算了各要素的边际产出，并对劳动要素配置扭曲带来的福利损失进行测度。[④]

---

① 本文采用的是一个非平衡面板企业级数据，企业进退市场行为较频繁，在基年并不是所有样本企业都存在。因此，按照企业首次出现在数据库中的平均固定资产净值确定企业的初始资本是一个合理的处理方式。

② 我们对固定资产价格指数按照基期年进行调整，从而得到按照基期年不变价格的固定资产净值，这种处理方式与李小平等（2007）的方法具有内在一致性，感谢匿名审稿人此处提出的宝贵意见。

③ 新会计准则下，营业费用科目变为销售费用，但指代内容不变，本文认为这一科目可以很好地代表制造业企业购买中间服务的支出。对制造业来说，核心业务为产品生产，视销售费用为要素投入之一是合理的。

④ 因数据限制无法获取企业层面的资本使用成本、中间投入品价格及购买的中间服务价格，此处只能估算劳动要素扭曲配置带来的福利损失。

（一）细分产业要素的产出弹性

本文采用了基于参数估计的面板固定效应方法和基于半参数估计的 Wool-dridge（2009）方法来估计要素产出弹性,[①] 同时也验证结果是否稳健。在面板固定效应方法下，控制了截面效应和时间效应后，制造业总体层面劳动产出弹性约为 0.085，资本产出弹性约为 0.095；中间投入品产出弹性较高，达到了0.729，中间服务的产出弹性为 0.057；Wooldridge（2009）方法下估计的劳动和资本产出弹性分别为 0.047 和 0.055，中间投入品与中间服务的产出弹性分别为0.747 和 0.052。本文中间投入品产出弹性的估计结果系统地高于余淼杰（2010）的结果，可能的原因在于两文所使用的数据库不同。本文使用的样本仅仅是非上市公司，加工型企业占比较高，因此得到较高的中间投入产出弹性不足为奇。同时，我们还发现，对制造业企业来说，购买的中间服务也是非常重要的要素之一，而这个要素在以制造业为研究对象的文献中却一直被忽略。

（二）细分产业要素的边际产出

企业的要素边际产出越高，表明要素被较少地配置到了该企业；相反，企业的要素边际产出越低，说明该要素可能过度配置。估计出要素的产出弹性后，根据式（10）可以计算各要素的边际产出。我们计算了面板固定效应方法下各细分产业、各要素的边际产出。[②] 实证结果表明，四种要素投入的边际产出均为正值，表明各要素投入还没有出现"过剩"状态。

表 1 报告了采用 Wooldridge（2009）方法估计的各要素边际产出。我们发现，矫正了企业不可观测的生产率带来的内生性和联立性问题后，得到的要素边际产出结果系统性降低，但这并未改变面板固定效应方法下得到的基本结论。要素的边际产出在产业间的差异略有降低，但仍非常明显。总体上看，劳动要素与中间服务要素可能配置过低，而资本与中间投入品要素则配置相对较多。企业要素使用结构的合理变动也将带来产出的增加。

---

① 限于篇幅，两种估计方法下细分两位数代码产业各要素投入的产出弹性系数具体值详见《经济研究》网站（www. erj. cn）工作论文：WP422。
② 限于篇幅，要素边际产出具体值详见《经济研究》网站（www. erj. cn）工作论文：WP422。

表 1　两位数代码产业要素边际产出估计结果：Wooldridge（2009）方法

产业代码	产业名称	$\frac{\partial Q}{\partial L}$	$\frac{\partial Q}{\partial K}$	$\frac{\partial Q}{\partial M}$	$\frac{\partial Q}{\partial V}$	观测值
—	制造业整体	17.227	0.272	5.906	22.080	898 774
13	农副食品加工业	26.735	0.204	5.243	10.496	64 380
14	食品制造业	10.823	0.153	4.311	12.007	25 349
15	饮料制造业	6.712	0.520	7.787	17.363	17 783
17	纺织业	11.301	0.335	4.025	31.198	85 409
18	纺织服装、鞋、帽制造业	28.249	0.557	3.741	29.256	51 007
19	皮革、毛皮、羽毛（绒）及其制品业	21.88	0.323	11.147	17.533	25 985
20	木材加工及木竹藤棕草制品业	15.119	0.137	4.446	19.455	24 310
21	家具制造业	17.495	0.296	3.017	17.932	13 654
23	印刷业和记录媒介的复制	10.154	0.147	4.371	23.239	17 184
24	文教体育用品制造业	25.669	0.554	1.894	18.521	14 107
25	石油加工、炼焦及核燃料加工业	21.807	3.636	3.366	11.437	7 800
26	化学原料及化学制品制造业	20.015	0.268	8.218	13.963	80 940
27	医药制造业	1.350	0.178	7.926	29.637	22 509
29	橡胶制品业	8.235	0.019	6.358	14.622	12 647
30	塑料制品业	23.473	0.189	3.271	18.048	50 387
31	非金属矿物制品业	2.000	0.041	5.901	18.474	88 923
33	有色金属冶炼及压延加工业	44.270	0.786	3.757	20.625	20 312
34	金属制品业	15.304	0.175	5.814	17.253	57 146
35	通用设备制造业	0.329	0.134	5.569	17.428	78 731
39	电气机械及器材制造业	13.453	0.251	8.803	17.765	50 057
40	通信设备、计算机及其他电子设备制造业	58.185	0.147	13.287	81.419	42 020
41	仪器仪表及文化、办公用机械制造业	25.172	0.188	5.515	27.373	18 971
42	工艺品及其他制造业	26.055	0.017	2.389	11.900	20 646
43	废弃资源和废旧材料回收加工业	3.729	0.853	0.955	10.422	8 517

注：本表中数据单位为 1998 基期年的 1 000 元。

从制造业整体来看，劳动力与中间服务的边际产出分别为 17.227 和 22.080，说明增加一单位劳动和中间服务投入，带来的年均产出将分别增长 17 227 元和 22 080 元，高于资本与中间投入品的边际产出值。与王德文等（2004）估计的

1999～2001 年间劳动的边际产出相比，本文的结果有普遍增大趋势，说明制造业中劳动力要素使用正在减少。我们分析了本文样本数据，发现制造业单个企业平均从业人数由 1998 年的 347 人逐年降至 2007 年的平均 220 人，印证了上述推论；资本和中间投入品的边际产出分别为 0.272 和 5.906。从细分行业来看，劳动要素与企业购买的中间服务要素对产出的贡献率也普遍大于资本与中间投入品的贡献率。要素的边际产出因行业而异，具有较明显的异质性。要素的边际产出在产业间的差异表明，要素在产业间的流动再配置可以带来产出水平的增加。

（三）福利损失：劳动要素的产出缺口

要素的边际产出可以在一定程度上反映资源的配置情况，但如果不考虑要素使用的边际成本，得到的结论可能不能反映利润最大化约束下的企业资源配置行为。比如，我们观测到要素在某行业的边际产出较高，得出该要素配置水平过低的结论。但如果该行业使用要素的边际成本也较高，企业使用该要素得到的边际净收益可能较低，甚至为零，从企业最优决策出发并不能得到该要素配置过低的结论。于是，需要进一步考察单位要素投入带来的边际净收益，即本文定义的产出缺口，可以看作福利损失的计量。

表 2 给出了基于式（12）并经过指数平减的绝对产出缺口真实值计算结果。对绝对产出缺口真实值的计算，除了运用两种不同的计量方法外，本文还选择了消费者价格指数（CPI）和 GDP 平减指数两个指标计算产出缺口的真实值。两种方法、两类指数下得到的结果具有一致性，表明估计结果十分稳健。

表 2　　　　劳动要素绝对产出缺口真实值估计结果

产业代码	产业名称	面板固定效应方法		Wooldridge（2009）方法	
		CPI 平减	GDP 平减	CPI 平减	GDP 平减
—	制造业整体	26.117	23.379	13.426	12.041
13	农副食品加工业	40.085	35.941	24.139	21.643
14	食品制造业	18.567	16.663	7.557	6.781
15	饮料制造业	24.636	22.169	4.586	4.123
16	烟草制品业	31.955	29.089	(n.a.)	(n.a.)
17	纺织业	23.702	21.159	8.438	7.531
18	纺织服装、鞋、帽制造业	20.974	18.929	22.104	19.947
19	皮革、毛皮、羽毛（绒）及其制品业	18.268	16.411	17.574	15.788
20	木材加工及木竹藤棕草制品业	20.436	18.234	11.693	10.432

续表

产业代码	产业名称	面板固定效应方法		Wooldridge（2009）方法	
		CPI 平减	GDP 平减	CPI 平减	GDP 平减
21	家具制造业	19.583	17.527	13.661	12.229
22	造纸及纸制品业	27.983	25.122	(n. a.)	(n. a.)
23	印刷业和记录媒介的复制	20.475	18.423	6.652	5.987
24	文教体育用品制造业	21.526	19.334	18.964	17.035
25	石油加工、炼焦及核燃料加工业	38.647	34.567	32.155	28.799
26	化学原料及化学制品制造业	34.849	31.157	18.101	16.178
27	医药制造业	23.684	21.287	1.352	1.219
28	化学纤维制造业	34.254	30.615	(n. a.)	(n. a.)
29	橡胶制品业	22.439	20.067	5.472	4.886
30	塑料制品业	29.684	26.596	19.809	17.751
31	非金属矿物制品业	18.913	16.901	1.477	1.327
32	黑色金属冶炼及压延加工业	44.760	39.912	(n. a.)	(n. a.)
33	有色金属冶炼及压延加工业	45.990	40.954	43.362	38.698
34	金属制品业	22.530	20.198	11.516	10.324
35	通用设备制造业	20.007	17.796	1.717	1.534
36	专用设备制造业	23.234	20.728	(n. a.)	(n. a.)
37	交通运输设备制造业	21.343	19.120	(n. a.)	(n. a.)
39	电气机械及器材制造业	30.723	27.113	9.659	8.514
40	通信设备、计算机及其他电子设备制造业	31.898	28.872	28.482	25.785
41	仪器仪表及文化、办公用机械制造业	24.415	22.287	17.347	15.829
42	工艺品及其他制造业	19.258	17.233	20.739	18.542
43	废弃资源和废旧材料回收加工业	16.787	15.434	3.057	2.790

注：本表中数据单位为1998基期年的1 000元。

以 Wooldridge（2009）方法的稳健估计结果为例。数据显示，对制造业整体来说，劳动力向"正确"的方向流动一单位，[①] 将给每个企业平均带来 12 041 元（GDP 平减结果）至 13 426 元（CPI 平减结果）的福利改善，大致相当于企业平

[①] 根据式（12），我们的结果为要素产出缺口的绝对值。事实上，存在要素边际产品价值低于劳动工资率的情形，此时产出缺口为负。对产出缺口为正的要素而言，要素"正确"流动方向指的是增加该要素的使用；对产出缺口为负的要素，"正确"流动方向是减少该要素的使用。

均产出增加值的0.06%；具体到各细分产业，劳动要素扭曲的福利损失存在较大差异。表2最后一列显示，医药制造业（产业代码：27）劳动要素配置扭曲程度最小，劳动力向"正确"方向流动一单位带来的福利仅有1 219元；有色金属冶炼及压延加工业（产业代码：33）的劳动要素配置扭曲程度最大，单位劳动力配置优化带来的福利高达38 698元。

以上结论总体上说明，各产业的劳动力资源配置还存在较大程度的扭曲，矫正劳动资源配置的扭曲可以带来较大的福利水平改善。而且，根据表2的结果，我们还可以大致判断劳动要素如何在产业间分配更有效率，劳动要素从产出缺口低的产业流向产出缺口高的产业会提升总体福利。

（四）产业内与产业间劳动要素误置状况的演变

上述分析证明了劳动要素扭曲配置的事实，但我们更感兴趣的是，近年来劳动要素误置状况是有所改善还是进一步恶化？我们观测到每个产业中企业的劳动要素产出缺口存在差异，如果这种差异越来越大，说明劳动要素在产业内的配置水平恶化；相反，如果这种差异越来越小，说明产业内劳动要素的配置得到优化。类似地，产业间劳动要素的误置同样可以用产业间劳动要素产出缺口的波动性来衡量。为此，我们计算了各细分行业、各年度产出真实缺口的标准差，跟踪产业内劳动要素误置的演变情况。表3报告了劳动要素绝对产出缺口真实值的波动情况。

表3 劳动要素绝对产出缺口真实值波动性

产业代码 \ 年份	各年度劳动产出缺口真实值的标准差									
	1998	1999	2000	2001	2002	2003	2004	2005	2006	2007
制造业整体	9.963	15.165	16.740	17.609	18.527	19.168	21.697	22.205	24.895	25.644
13	12.344	16.761	19.993	20.813	22.401	23.231	27.068	28.553	30.664	32.622
14	2.797	6.384	8.666	8.525	8.234	9.403	11.099	12.636	15.174	15.399
15	5.485	6.248	6.204	6.591	6.525	7.213	9.842	9.557	10.456	11.672
17	2.252	6.385	8.578	9.061	10.799	10.535	11.379	12.216	14.274	14.443
18	19.655	23.468	21.913	21.938	21.447	21.864	21.551	23.833	26.577	27.068
19	7.504	17.558	18.174	21.392	21.371	22.889	23.682	24.383	26.688	27.413
20	8.672	10.556	11.403	12.579	11.472	11.907	13.464	15.089	17.971	19.002
21	8.904	13.938	10.576	11.395	12.942	13.410	14.983	15.121	18.111	21.197

续表

年份 产业 代码	各年度劳动产出缺口真实值的标准差									
	1998	1999	2000	2001	2002	2003	2004	2005	2006	2007
23	3.039	5.420	6.810	8.392	8.728	9.096	7.159	9.872	12.343	12.584
24	6.476	18.696	17.970	17.902	17.993	19.664	22.384	21.763	24.3899	24.205
25	10.315	21.808	25.980	29.885	32.406	34.622	40.946	40.105	43.284	43.910
26	7.442	12.774	14.543	17.420	17.981	19.703	23.755	24.651	27.539	28.641
27	0.404	0.583	1.007	0.634	0.767	0.812	1.939	2.403	1.997	2.097
29	0.851	4.263	4.617	5.971	6.324	7.101	10.873	9.770	11.291	12.536
30	10.324	15.830	18.538	18.218	19.043	20.173	22.409	22.901	26.138	26.925
31	0.312	0.853	1.008	1.066	1.368	1.592	2.676	2.550	3.243	3.653
33	7.555	24.623	26.629	28.175	30.112	34.490	40.321	42.436	47.707	47.844
34	7.849	9.658	11.645	13.230	13.176	14.870	16.700	17.608	20.186	20.512
35	0.090	0.165	0.176	0.196	0.222	0.265	0.303	0.312	0.379	0.440
39	1.065	2.119	1.019	1.365	6.947	10.132	13.074	13.831	17.879	17.491
40	12.094	23.090	24.178	25.000	26.718	35.918	38.537	34.883	36.485	35.378
41	27.011	25.768	27.702	27.354	27.150	20.6792	20.565	21.156	23.935	24.093
42	15.446	26.102	25.384	26.539	29.428	23.326	22.656	25.101	27.549	29.809
43	0.708	2.178	3.477	3.262	3.184	27.872	24.598	24.093	23.803	21.762
产业间 标准差	6.515	8.683	9.015	9.453	9.739	10.189	10.994	10.824	11.611	11.631

注：该标准差的计算由 Wooldridge（2009）方法、并在 CPI 折算下得到的产出缺口真实值计算得出。

产业内劳动要素资源配置水平的变化可以从该产业的年度波动情况来考察。表 3 数据显示，无论从制造业整体还是各细分行业来看，考察期内，劳动产出缺口真实值的标准差都有系统性增大趋势。这证明，产业内的劳动要素资源误置情况不但没有得到改善，反而进一步恶化。从产业间产出真实缺口的标准差来看，其值从 1998 年的 6.515 逐年上升至 2007 年的 11.631，也呈增大趋势，表明考察期内制造业细分产业间的劳动要素配置水平也在下降。

标准差的波动从一定意义上只能反映产业内或产业间劳动要素产出缺口的发散性，如果劳动要素产出缺口真实值同时也在变大，则可以印证劳动资源配置水平降低这一论断。接下来，我们计算了各行业、各年度劳动产出缺口的真实值。表 4 详细报告了制造业整体与细分产业数据。从制造业整体来看，劳动产出缺口的真实值 1998 年平均为 4.382，即劳动要素向"正确"方向流动一单位，只能给每个企业平均带来 4382 元的福利；劳动产出缺口的真实值逐年增大，2007 年达到 16.648，表明每单位劳动要素向高效率企业流动带来的平均福利高达 16 648元。本文结论与王德文等（2004）的结论具有一致性，王德文等（2004）的结论显示 1999~2001 年，中国工业企业劳动的边际产值不等于工资率，而且两者之间还存在着扩大的趋势。

表 4　　　　　　　　劳动要素绝对产出缺口真实值的年度变化情况

产业代码 \ 年份	各年度劳动产出缺口真实值的标准差									
	1998	1999	2000	2001	2002	2003	2004	2005	2006	2007
制造业整体	4.382	7.838	9.211	10.031	10.031	10.863	13.108	13.477	15.515	16.648
13	8.103	11.939	14.805	16.650	16.650	18.537	25.519	25.464	28.083	31.135
14	1.834	3.458	4.403	4.839	4.839	5.534	7.462	7.878	9.576	10.484
15	2.273	2.416	2.666	2.980	2.980	3.168	5.052	4.894	5.915	6.709
17	1.412	3.899	5.110	5.698	5.698	6.589	7.712	8.326	9.793	10.775
18	17.506	19.990	19.929	19.723	19.723	19.264	20.393	21.432	24.082	25.576
19	7.171	12.644	13.697	15.082	15.082	15.464	16.155	16.752	19.287	20.711
20	5.032	7.212	7.653	8.147	8.147	8.551	11.063	11.551	13.182	14.881
21	8.180	10.265	9.480	10.063	10.063	10.945	13.172	12.688	15.145	17.122
23	1.900	3.602	4.480	5.002	5.002	5.603	5.948	6.712	7.861	8.552
24	6.194	13.685	15.086	14.924	14.924	15.452	18.547	18.909	21.361	22.605
25	10.115	13.458	18.219	20.486	20.486	22.256	36.482	32.542	38.285	43.335
26	4.225	7.640	9.328	11.282	11.282	12.371	18.742	19.112	22.113	24.145
27	0.697	0.814	0.913	0.954	0.954	1.086	1.332	1.456	1.626	1.638
29	0.744	2.846	3.104	3.528	3.528	3.679	5.220	5.255	6.484	7.532
30	7.029	11.942	14.254	14.722	14.722	15.400	19.693	19.777	22.666	24.248
31	0.705	0.802	0.884	0.983	0.983	1.114	1.352	1.517	1.827	2.001
33	7.478	18.784	21.237	24.980	24.980	25.820	41.025	43.819	54.856	57.122
34	3.670	6.693	7.555	8.474	8.474	8.683	10.852	11.572	13.580	14.581
35	0.927	0.998	1.102	1.214	1.214	1.394	1.618	1.741	1.914	2.005
39	0.855	1.011	0.804	1.071	4.107	6.851	8.503	8.575	10.831	11.152
40	9.000	18.652	21.002	22.901	25.044	30.400	33.837	29.871	32.445	31.885
41	14.479	16.208	18.341	18.029	18.301	13.324	14.364	16.068	18.0889	18.891
42	7.631	16.709	18.230	19.541	22.274	17.503	17.027	19.184	21.644	24.486
43	0.759	1.225	1.428	1.442	1.478	12.588	14.801	13.532	12.566	13.214

注：绝对产出真实缺口由 Wooldridge（2009）方法、采用 CPI 平减计算得出；单位为 1998 基期年的 1 000 元。

为什么随着制造业的增长，劳动要素产出缺口的标准差和均值水平非但没有收敛，反而增大了？一个可能的解释是，劳动力在产业内和产业间的流动性受阻，劳动力流动受阻的主要诱因在于：第一，当前户籍制度限制导致的劳动力流动障碍；第二，垄断性行业劳动力进入的门槛效应。本文结论显示，劳动力产出缺口值较大的行业多为进入门槛高的传统垄断行业，而产出缺口值较小的行业多为进入门槛低的通用制造业。[①] 另一个可能的解释是雇佣关系不利于劳动者。蔡昉（2007）指出，农村劳动力的剩余为工业化提供低廉的劳动力供给，但工资却保持低水平增长。劳动力市场买方垄断特征也使得劳动者被迫接受低工资率水平（王德文等，2004）。因此，劳动要素的边际产品价值增长快于劳动力工资水平增长。

五、稳健性检验

实证结果部分，我们已经采用了面板固定效应方法和 Wooldridge（2009）方法估计要素产出弹性，进而求解要素的边际产出和产出缺口，并同时使用消费者价格指数和国内生产总值平减指数计算劳动产出缺口真实值，得到了稳健、一致的结果。[②] 此处稳健性检验主要针对企业异质性生产率对要素边际产出及产出缺口的影响。

基于 Olley & Pakes（1996）和 Levinsohn & Petrin（2003）的 Wooldridge（2009）方法，其内在逻辑表明利润最大化的企业在选择可变要素投入（本文为劳动要素和购买的中间服务要素）时，是在观测到自身生产率 ω_{it} 之后进行的。[③] 因此，要素边际产出的及缺口的计算应建立在企业异质性生产率 ω_{it} 之上。给定 $E(\xi_{it} \mid \omega_{it}) = 0$，由式（7），企业的异质性生产率可由下式近似得到：

$$\hat{\omega}_{it} = \hat{q}_{it} - (\hat{\beta}_l l_{it} + \hat{\beta}_k k_{it} + \hat{\beta}_m m_{it} + \hat{\beta}_v v_{it})$$

式（10）可以调整为：

$$\frac{\partial Q_{it}}{\partial L} \mid \omega_{it} = \beta_1 e^{\varepsilon_{it}} L_{it}^{\beta_1 - 1} K_{it}^{\beta_k} M_{it}^{\beta_m} V_{it}^{\beta_v} \mid \omega_{it} = \beta_1 \frac{Q_{it} e^{\omega_{it}}}{L_{it} e^{\varepsilon_{it}}}$$

---

① 按照 Wooldridge（2009）的方法，用 CPI 平减的劳动力产出缺口真实值，最大的三个产业是：有色金属冶炼及压延加工业、石油加工、炼焦及核燃料加工业和通信设备、计算机及其他电子设备制造业；最小的三个产业是：医药制造业、非金属矿物制品业和通用设备制造业。

② 我们再次采用超越对数（trans-log）生产函数重估各要素产出弹性，并依此计算要素边际产出及产出缺口，结果没有表现出显著的差异。为节省篇幅，此处没有报告该稳健性检验结果。

③ 如 Olley & Pakes（1996）和 Levinsohn & Petrin（2003）指出的那样，企业异质性生产率 Pi 部分只有企业自己可以观测（意识）到，而计量经济学家是无法观测到的。

相应地，我们也在企业异质性生产率的基础上调整了劳动要素产出缺口真实值的算法，并重新计算了劳动要素的边际产出、绝对产出缺口真实值。表5报告了企业异质性生产率条件下的要素产出结果，与表1、表2相比，主要结论保持不变，证明我们的结果具有稳健性。

六、结论与启示

关于要素市场扭曲的研究，长久以来都是从生产率视角开展，因而难以窥视要素扭曲配置带来的产出和福利效应。对资源误置引致福利损失的测度是判定要素市场扭曲的直接证据。本文选取1998~2007年中国制造业微观企业数据，在Petrin & Sivadasan（2011）的分析框架下，对中国制造业的劳动要素扭曲配置状况及其福利损失进行了直接计量和测度。值得思考的是，本文发现制造业企业购买的中间服务也是非常重要的投入要素之一，而这个要素在以制造业为研究对象的文献中却一直被忽略。因遗漏变量问题导致生产函数的有偏估计问题应引起注意。

本文研究结果表明：（1）与帕累托最优配置状态相比，劳动要素在制造业两位数代码产业内、产业间均存在着不同程度的配置扭曲，矫正劳动资源配置的扭曲可以带来较大的福利水平改善；（2）从福利角度来衡量，制造业整体层面劳动要素向"正确"的方向流动一单位，将给每个企业平均带来12 041~13 426元的福利改善。各产业因要素调整带来的福利改善程度有较大差异性；（3）从劳动要素资源配置状况的演变来看，样本考察期间，劳动要素误置情况不但没有得到改善，反而进一步恶化，这表现在，劳动要素产出缺口真实值的标准差与均值逐年呈系统性增大趋势。

表5　劳动要素的边际产出、绝对产出缺口真实值：Wooldridge（2009）方法

产业代码	产业名称	$\frac{\partial Q_{it}}{\partial L}\mid\omega_{it}$	劳动要素绝对产出缺口真实值	
			CPI平减	GDP平减
—	制造业整体	16.120	12.748	11.523
13	农副食品加工业	25.547	22.907	20.654
14	食品制造业	10.106	7.000	6.356
15	饮料制造业	6.220	4.250	3.878
17	纺织业	10.829	8.028	7.226

续表

产业代码	产业名称	$\dfrac{\partial Q_{it}}{\partial L}\big\vert\omega_{it}$	劳动要素绝对产出缺口真实值	
			CPI 平减	GDP 平减
18	纺织服装、鞋、帽制造业	25.913	20.924	19.075
19	皮革、毛皮、羽毛（绒）及其制品业	20.386	16.553	14.994
20	木材加工及木竹藤棕草制品业	14.349	11.094	9.997
21	家具制造业	16.419	12.860	11.630
23	印刷业和记录媒介的复制	9.523	6.289	5.741
24	文教体育用品制造业	23.954	17.995	16.315
25	石油加工、炼焦及核燃料加工业	21.082	30.573	27.466
26	化学原料及化学制品制造业	19.201	17.178	15.443
27	医药制造业	1.220	1.361	1.224
29	橡胶制品业	7.807	5.108	4.606
30	塑料制品业	22.316	18.823	16.993
31	非金属矿物制品业	1.892	1.449	1.305
33	有色金属冶炼及压延加工业	42.487	41.434	37.141
34	金属制品业	14.637	10.906	9.858
35	通用设备制造业	0.317	1.729	1.543
39	电气机械及器材制造业	12.832	9.129	8.073
40	通信设备、计算机及其他电子设备制造业	51.141	27.227	24.993
41	仪器仪表及文化、办公用机械制造业	23.293	16.297	15.055
42	工艺品及其他制造业	24.228	19.505	17.549
43	废弃资源和废旧材料回收加工业	3.632	2.868	2.627

注：本表中数据单位为 1998 基期年的 1 000 元。

本文的研究对于产业内资源配置的优化与自由要素市场的构建具有重要的理论和现实意义。第一，本文估算了各产业中劳动要素向"正确"方向调整一单位带来的福利改善水平，为要素在产业间合理的流动方向提供了经验证据。第二，本文表明劳动要素配置水平逐年降低，因此需要重新审视和反思中国制造业中劳动力过剩与误置并存的矛盾。金融危机后，劳动力大量撤离制造业，外部表现为劳动力过剩，事实上劳动力可能因为在产业内和产业间的流动障碍而无法回流到制造业。因此，构建自由的要素市场对于中国制造业的发展意义重大，本文的结果提供了直接证据。

本文虽然尝试做了各种稳健措施以保证结果的可靠性，但难免存在一些局限。本文只估计了劳动要素扭曲配置问题，不能代表其他要素的扭曲配置情况。因数据可获性问题，无法计量资本、中间投入品及购买的中间服务等资源错配引致的福利问题，但我们的思路和框架同样适用于这些投入要素的分析，这将是我们未来研究的内容之一。

参考文献：

蔡昉：《中国劳动力市场发育与就业变化》，载于《经济研究》2007 年第 7 期。

简泽：《从国家垄断到竞争：中国工业的生产率增长与转轨特征》，载于《中国工业经济》2011 年第 11 期。

赖俊平：《市场竞争程度与中国工业生产率分布变化》，载于《产业经济研究》2012 年第 1 期。

李平、简泽、江飞涛：《进入退出、竞争与中国工业部门的生产率》，载于《数量经济技术经济研究》2012 年第 9 期。

李小平、卢现祥：《中国制造业的结构变动和生产率增长》，载于《世界经济》2007 年第 5 期。

鲁晓东、连玉君：《中国工业企业全要素生产率估计：1999～2007》，载于《经济学（季刊）》2012 年第 2 期。

罗德明、李晔、史晋川：《要素市场扭曲、资源错置与生产率》，载于《经济研究》2012 年第 3 期。

聂辉华、贾瑞雪：《中国制造业企业生产率与资源误置》，载于《世界经济》2011 年第 7 期。

盛誉：《贸易自由化与中国要素市场扭曲的测定》，载于《世界经济》2005 年第 6 期。

涂正革、肖耿：《中国的工业生产力革命——用随机前沿生产模型对中国大中型工业企业全要素生产率增长的分解及分析》，载于《经济研究》2005 年第 3 期。

王德文、王美艳、陈兰：《中国工业的结构调整、效率与劳动配置》，载于《经济研究》2004 年第 4 期。

谢千里、罗斯基、张轶凡：《中国工业生产率的增长与收敛》，载于《经济学（季刊）》2008 年第 3 期。

姚战琪：《生产率增长与要素再配置效应：中国的经验研究》，载于《经济研究》2009 年第 11 期。

余淼杰：《中国的贸易自由化与制造业企业生产率》，载于《经济研究》2010 年第 12 期。

袁堂军：《中国企业全要素生产率水平研究》，载于《经济研究》2009 年第

6 期。

曾先峰、李国平：《资源再配置与中国工业增长：1985～2007 年》，载于《数量经济技术经济研究》2011 年第 9 期。

张军、陈诗一、Jefferson, G. H., 2009：《结构改革与中国工业增长》，载于《经济研究》2009 年第 7 期。

赵自芳、史晋川：《中国要素市场扭曲的产业效率损失》，载于《中国工业经济》2006 年第 10 期。

Baily, M., Hulten, d D. Campbell, 1992, "Productivity Dynamics in Manufacturing Plants", Brookings Papers on *Economic Activity*: *Croeconomics*, 1992 (4): pp. 187 – 267.

Griliches, Z., and H. Regev, 1995, "Productivity and Firm Turnover in Israeli Industry: 979 – 1988", *Journal of Econometrics*, 65 (1): pp. 75 – 203.

Hsieh, C. T., and J. P. Klenow, 2009, "Misallocation and Manufacturing TFP in China and India", *Quarterly Journal of Economics*, 124 (4): pp. 403 – 1448.

Levinshohn, J., and A. Petrin, 2003, "Estimating Production Functions Using Inputs to Control for Unobservables", *Review of Economic Studies*, 70 (2): pp. 317 – 341.

Olley, S., and A. Pakes, 1996, "The Dynamics of Productivity in the Telecommunications Equipment Industry", *Econometrica*, 64 (6): pp. 1263 – 1297.

Petrin, A., and J. Levinsohn, 2005, "Measuring Aggregate Productivity Growth Using Plant – Level Data", NBER Working Paper, No: 1887.

Petrin, A., and J. Sivadasan, 2011, "Estimating Lost Output from Allocative Inefficiency, with an Application to Chile and Firing Costs", Working Paper, University of Minnesota.

Petrin, A., T. K. White, and J. P. Reiter, 2011, "The Impact of Plant Level Resource Reallocations and Technical Progress on U. S. Macroeconomic Growth", *Review of Economic Dynamics*, 14 (1).

Wooldridge, J., 2009, "On Estimating Firm-level Production Functions Using Proxy Variables to Control for Unobservables", *Economic Letters*, 104 (3): pp. 112 – 114.

（本文原载于《经济研究》2013 年第 3 期）

房地产市场结构、地方政府债务与区域经济增长

赵艳朋　夏晓华*

一、引言

我国地方政府负有偿还责任的举债历史可以追溯至 1979 年, 1998 年和 2008 年爆发的金融危机使得地方政府债务规模迅速增加。据国家审计署公布的数据, 1998 年地方政府性债务余额比上年增长 48.20%, 而 2009 年地方政府债务余额的增长率高达 61.92%, 截至 2013 年 6 月底, 全国各项地方政府性债务余额为 17.9 万亿元。[①]

地方政府债务规模的快速膨胀引起了社会各界对地方政府债务的重视与担忧。我国的政治体制决定了上级政府承担着为下级政府债务兜底的潜在义务（刘尚希, 2004）。如果地方政府债务问题不能妥善处理, 一旦出现问题, 最终都会转嫁到中央政府头上。因此, 地方政府债务规模的过快增长可能会给我国经济的持续健康发展带来隐患, 对社会稳定也可能产生不良影响。

如果要合理控制地方政府债务的规模, 首先需要确认哪些因素会对地方政府债务产生影响。此外, 地方政府债务与区域经济增长之间存在怎样的关系也是非常重要的问题。如果地方政府债务规模对区域经济增长有着简单的促进作用, 那么人们不需要对债务规模的快速增加给予特别关注。因此, 地方政府债务的成因及其与区域经济增长之间的关系是本文想要研究的关键问题。

特别地, 由于已有研究表明地方政府债务规模与政府财政收支状况密切相关

＊ 杨艳朋, 北京大学经济学院博士研究生; 夏晓华, 中国人民大学中国经济改革与发展研究院副教授。

① 中华人民共和国审计署 2010 年《全国地方政府性债务审计结果》及 2013 年《全国政府性债务审计结果》。

（Mikesell，2002；贾康，2013；吴俊培等，2013），而房地产业的发展对地方政府的财政状况有着重要的影响（王丽娟等，2003；张伦俊，2013；常春发等，2013），因此，在影响政府债务规模的诸多因素中，本文重点关注房地产业的影响。

二、中国地方政府债务现状与相关研究

（一）地方政府债务现状

1. 地方政府债务的定义。

地方政府债务是指中央政府以下的各级政府作为债务人承担的债务（刘尚希等，2012）。根据地方政府债务内涵的不同，国内学术界对其的定义有地方政府债务和地方政府性债务两种。关于两种定义的区别，不同学者有不同的观点。总体来说，比较一致的方面是根据不同的负债主体来区分，前者的负债主体仅包括地方政府机关和部门，后者还包括与政府职能履行紧密相关的公共企事业单位和投融资平台公司。分歧在于地方政府债务是否应该包含隐性债务和或有债务（赵全厚，2011；刘尚希等，2012）。

根据国家审计署公布的审计结果公告，地方政府性债务可以分为三种类型，分别是地方政府负有偿还责任的债务、地方政府负有担保责任的或有债务和地方政府可能承担一定救助责任的其他相关债务。[①] 为了表述简单起见，本文中的地方政府债务即审计署所指的地方政府性债务，发债主体包括政府部门和机构、融资平台公司、经费补助事业单位和公用事业单位。

2. 地方政府债务的规模及特征。

（1）地方政府债务规模。由于我国2015年以前法律法规的限制，地方政府举债本身就是违规行为，地方政府也不愿意公开其实际债务情况，因此我国地方政府债务规模具有很强的隐蔽性。国内有些研究机构和学者通过各种努力和尝试对我国地方政府的债务情况进行了估测，但是估计结果比较笼统，不同机构和个人的估测结果存在着很大的差异（喻桂华等，2005；财政部财政科学研究所课题组，2009；王志浩等，2013）。

目前，地方政府债务规模比较权威的官方数据是国家审计署公布的2010年

---

① 中华人民共和国审计署2010年《全国地方政府性债务审计结果》及2013年《全国政府性债务审计结果》。

《全国地方政府性债务审计结果》、2013 年《全国政府性债务审计结果》。根据国家审计署的审计结果，截至 2010 年底，包括政府负有偿还责任的债务、政府负有担保责任的或有债务和政府可能承担一定救助责任的其他相关债务在内的全国地方政府债务余额 107 174.91 亿元；截至 2013 年 6 月底，此数据为 178 908.66 亿元。[①] 每年的债务规模及其构成详如表 1 所示。

表1   各年地方政府债务规模及构成

时间	全国地方政府性债务余额	政府负有偿还责任的债务		政府负有担保责任的债务		政府可能承担一定救助责任的债务	
	金额（亿元）	金额（亿元）	比重	金额（亿元）	比重	金额（亿元）	比重
2010 年底	107 174.91	67 109.51	62.62%	23 369.74	21.81%	16 695.66	15.58%
2012 年底	158 858.32	96 281.87	60.61%	24 871.29	15.66%	37 705.16	23.74%
2013 年 6 月底	178 908.66	108 859.17	60.85%	26 655.77	14.90%	43 393.72	24.25%

资料来源：以上表格根据中华人民共和国审计署 2010 年《全国地方政府性债务审计结果》及 2013 年《全国政府性债务审计结果》公布数据计算整理。

根据以上数据，在地方政府债务余额中，政府负有偿还责任的债务占大部分，每年基本维持在 60% 左右，政府负有担保责任的债务余额有下降趋势，而政府可能承担一定救助责任的债务余额则从 2010 年的 15.58% 上升至 2013 年的 24.25%。

（2）地方政府债务增长速度。图 1 是我国地方政府债务增长率的变化趋势，从中可以看到，随着经济和社会的发展，债务规模也不断增加。我国地方政府债务的增长有两个峰值，分别是 1998 年的 48.20% 和 2009 年的 61.92%。可能的原因是：为了抵御 1998 年亚洲金融危机对经济的冲击，我国从 1998 年 8 月开始实施积极的财政政策，增加政府投资，扩大内需（贾康，2008）。这些扩张性的政策导致当年地方政府债务快速膨胀。类似地，2008 年全球金融危机爆发后，我国政府实施了 4 万亿投资刺激计划，中央出资 1.18 万亿元，要求地方政府及社会配套投资 2.82 万亿元，导致了地方投融资平台数量和地方政府债务规模的迅速增加。随着危机的影响逐渐消失，加上中央政府对地方投融资平台和地方政府债务的管理和整顿，2009 年之后，地方政府债务增长速度有所减缓，但仍保持

---

① 中华人民共和国审计署 2010 年《全国地方政府性债务审计结果》及 2013 年《全国政府性债务审计结果》。

在 20% 左右。

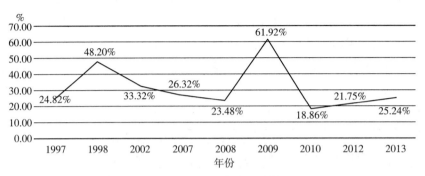

图1　地方政府债务余额增长率

资料来源: 1997~2010 年数据根据中华人民共和国审计署 2010 年《全国地方政府性债务审计结果》公布数据整理。根据公告内容, 2002 年增长率为 1998~2002 年年均增长率, 2007 年增长率为 2002~2007 年年均增长率。假设 2011 年和 2012 年债务增长率相同, 2013 年上半年和下半年债务增长率相同, 根据 2013 年《全国政府性债务审计结果》公布数据计算得到 2012 年和 2013 年债务余额的增长率。

（3）地方政府债务结构。图 2~图 5 是 2010 年和 2013 年地方政府债务各项结构。从债务在不同层级政府之间的分布看, 市级政府债务所占比重最大; 从举债主体看, 地方融资平台公司举借的债务比重最大, 在 40% 左右; 从债务来源看, 银行贷款占有较大比重, 2010 年已经超过 70%, 而发行债券所占比重都较小, 维持在 10% 左右; 从支出债务投向看, 绝大部分债务投向了基础设施建设和保障人民生活的民生工程项目。

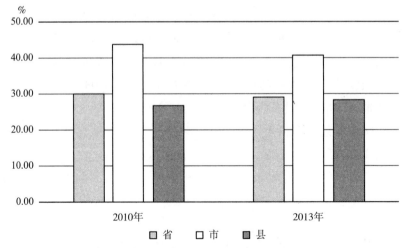

图2　2010 年和 2013 年地方政府债务层级构成

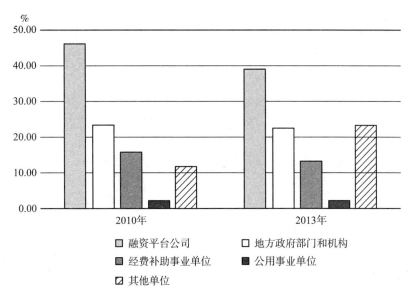

图 3　2010 年和 2013 年地方政府债务举债主体构成

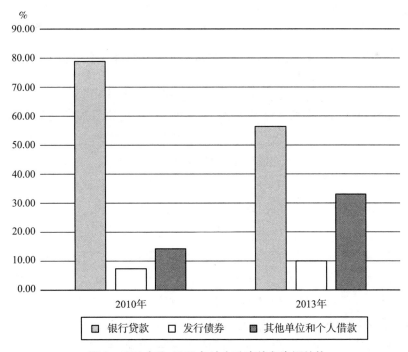

图 4　2010 年和 2013 年地方政府债务来源结构

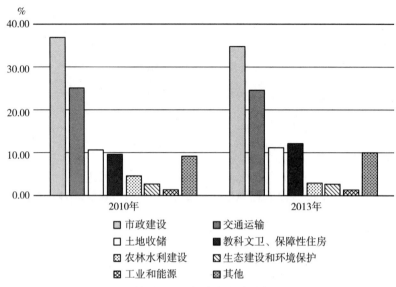

图5　2010 年和 2013 年地方政府债务投向结构

资料来源：以上图形根据中华人民共和国审计署 2010 年《全国地方政府性债务审计结果》及 2013 年《全国政府性债务审计结果》公布数据整理后绘制。

（二）房地产业与地方政府财政收入、经济增长的关系

随着我国工业化和城镇化进程的加快，房地产业在国民经济中的重要性也不断增强。2003 年，《国务院关于促进房地产市场持续健康发展的通知》中指出：房地产业关联度高，带动力强，已经成为国民经济的支柱产业。这是国务院首次充分肯定房地产业在国民经济发展中的政策地位（赵富林，2004）。2011 年，温家宝在省区市人民政府和国务院部门主要负责同志会议上再次指出：房地产业是国民经济的重要支柱产业，再次确认了房地产业的重要性。

根据国家统计局公布的数据，2014 年我国房地产业固定投资 123 690 亿元，比上年增长 11.1%，占固定投资（不含农户）的 24.64%。许宪春等（2015）用统计和国民经济核算的方法，将房地产经济分为房地产开发、房地产生产和房地产消费，研究发现，2004～2013 年房地产开发投资形成的固定资本形成总额占GDP 的比重平均为 6.8%，房地产开发投资对 GDP 增长的平均贡献率为 7.8%；按照可比价格计算，1978～2013 年，房地产业增加值增长了 39.6 倍，年均增长11.2%，其占 GDP 的比重由 1978 年的 2.2% 上升至 2013 年的 5.9%，2013 年房地产业对 GDP 增长的贡献率为 4.6%，加上房地产相关行业的贡献，总贡献率为29.4%；2009～2011 年，房地产消费对 GDP 增长的贡献率分别为 4.1%、2.6%

和 2.8%。

作为支柱产业，房地产业除了在促进经济增长和社会发展方面发挥着重要作用之外，对地方政府的财政收入也产生了很大的影响。《第一财经日报》2006 年 7 月 26 日刊发《房地产业"伤风"浙江财政"感冒"》的文章报道了浙江房地产税收下降对地方财政收入的影响。2009 年，湖南省财政厅发布题为《地方财政遭房地产业挟持》的调研报告，分析了房地产业对湖南省地方财政收入的重要性。

通过以上新闻，大概可以看出房地产业健康快速发展对地方财政收入的重要性。由于产业链条长，影响的行业多，与之相关的税收就有 10 种①，加上其与土地财政的紧密关系，房地产业逐渐成为影响各地政府财政收入的重要产业。2013 年，房地产"五税"② 总收入为 12 215 亿元，是 2001 年的 24 倍，占地方本级财政收入的 17.7%。"五税"再加上房地产营业税和房企所得税，总收入占地方财政收入的比重高达约 30%（刘卫卫，2014）。因此，房地产业类税收对地方税收的增加起着重要的作用。

房地产业除了可以通过增加税收影响地方财政收入外，还可以通过影响其产业链上下游产业的发展来影响经济和政府财政。房地产业的产业链长，横跨生产、流通和消费各个领域，和大多数产业都有关联，对其上游和下游产业有较强的拉动作用。有学者研究发现总体上我国房地产业每增加 1 单位产值对各产业的总带动效应为 1.416（王国军等，2004）。因此，房地产业通过自身的发展，可以带动相关产业的发展，进一步促进经济增长和政府财政收入的增加。

房地产业影响地方政府财政收入的第三条途径是土地财政。1994 分税制改革实施后，政府收入分享中地方政府所占比例迅速下降，因此一般公共预算外的土地出让金收入就成为地方政府非常重要的收入来源。根据财政部的数据，2014 年地方政府土地出让金收入 42 605.9 亿元，而同年地方一般公共预算本级收入 75 859.73 亿元③，土地出让金收入占一般公共预算收入的 56.16%。房地产业快速发展会增加对土地的需求，在土地供给一定的情况下，土地的价格就会上升，进而政府的财政收入也会增加。

由于房地产业在国民经济中的重要地位及其对地方政府财政的重要影响，我们选择房地产业作为代表，分析其产业结构与地方政府债务之间的关系。

---

① 包括房产税、土地增值税、企业所得税、城镇土地使用税、城市维护建设税、耕地占用税、营业税、契税、印花税、个人所得税。

② 包括房产税、土地增值税、城镇土地使用税、耕地占用税、契税。

③ 资料来源于财政部《关于 2014 年中央和地方预算执行情况与 2015 年中央和地方预算草案的报告》。

（三）地方政府债务与区域经济增长的内在逻辑分析

政府债务与经济增长之间的关系是一个古老的问题，但是由于政府债务可以通过哪些渠道对经济产生影响，每种渠道发挥的作用有多大，哪些因素可以影响作用的效果等问题在不同国家、不同地区甚至在同一地区不同时期可能都不一样，因此对这个问题很难形成一致的结论。

一般来说，政府举债是为了增加支出，无论是增加购买性支出还是转移性支出。购买性支出中的消费性支出相当于扩大了内需，会对经济增长产生直接的促进作用。生产性支出在对经济增长产生直接作用的同时，还会通过改善投资环境、促进创新和提高生产效率等途径促进经济长期增长。转移性支出也可以增加居民的消费，进而促进经济的发展。

根据审计署发布的审计公告，2010 年我国地方政府债务投向基础设施和能源建设部分占 61.86%，投向节能减排、生态建设和工业等领域的占 5%。这些资金的投入会改善各地的基础设施和投资环境，推动生态环境改善、产业结构调整和经济发展方式的转变，为经济的持续发展打下基础；投向保障性住房和农林水利建设等民生项目的债务占 14.31%，这些债务投资也对改善人们生活、增加人们消费和促进经济增长起到了重要作用。从这个角度看，为了克服分税制改革造成的中央和地方财权与事权不匹配的困难，我国地方政府通过借债增加支出对经济增长的影响应该是正面的。

地方政府债务规模过大也可能会给区域经济的发展带来负面的影响。资本市场上资本总量一定时，如果地方政府债务规模过大，它会占用大量的资金，留给市场上其他企业和部门的资金就会减少，增加了其他企业通过市场途径获得资金的难度，可能会对企业投资产生"挤出"效应。此外，如果地方政府借债的规模过大时，由于资本需求的大量增加，可能会提高资本市场上借贷的利率，同样也会对其他企业的投资产生"挤出"效应。这样地方政府债务可能会降低区域经济活力，随着债务规模的扩大，"挤出"效应也逐渐变大，政府债务对区域经济增长的负面作用也越来越大。

由于政府债务对经济增长同时存在正面的作用和负面的影响，因此两者之间的关系没有一致的结论。具体到我国地方政府来说，债务的正面和负面作用哪个更强，债务规模与区域经济发展之间是怎样的关系是需要我们用实证来研究的。

三、文献综述

（一）地方政府债务的决定因素研究

关于地方政府债务的形成原因，国内学者大概有以下几种观点：财政分权制度的实施使得地方政府财权较小而事权过大，导致地方政府借债增加支出；干部任命和考核机制使得地方政府官员为了升迁通过举债发展经济；财政预算软约束也导致地方政府债务规模的扩张。

1994 年的分税制改革中，中央将财政收入权力上移，同时将一些事权向地方政府下移，财权和事权的严重不匹配导致地方政府财政收支缺口加大，地方政府财政运行艰难，不得不借债度日（马海涛等，2004；财政部科研所，2009；安春明，2009；审计署审计科研所课题组，2010）。与以上观点有所不同的是，时红秀（2010）认为，如果财政体制是地方政府债务产生的原因，那么越贫困地区的债务应该越多，地方政府借债应该更多用于经常性支出，但是调查发现实际情况不是这样。马金华（2011）认为 2006 年之前，财政体制是地方政府债务形成的主要原因，2006 年之后，财政体制和经济增长方式共同对债务形成有推动作用。

干部任命和考核机制给予地方政府主动举债的行为做出解释。人们的行为受到其面临激励机制的制约，我国现在地方官员任期较短，为了在短时间内做出政绩，地方政府官员可以不顾财政偿还能力，大规模举债进行各种城市建设和开发区发展这类投资高、回收期长的项目，在享有借债带来的好处的同时把还债的压力留给下任（陈本凤，2006；王叙果等，2012）。我国地方政府官员考核唯 GDP 增长论的绩效考核体制使得地方政府官员处于晋升锦标赛中，对 GDP 增长指标非常重视（周黎安，2007）。周雪光（2005）认为目前的绩效考核激励使得地方政府官员非常关注自己任期的政绩工程，因此就有冲破预算约束，主动举债在短期内做出政绩的冲动。张文君（2011）通过动态最优化模型的证明，在地方政府债务扩张的过程中，地方官员政绩考核机制起着关键作用。

预算软约束原来是指企业出现亏损或资源短缺时，可以通过不断地向上级索取资源以弥补亏空的现象（周雪光，2005）。Wildasin（2004）和 Goodspeed（2002）等学者指出，预算软约束的存在使得政府有激励增加借债和财政支出。在中国现行的政治体制下，地方政府对本地资源拥有控制权，可以通过兴办项目引起本地投资增加，一旦项目投资失败而地方财政无力负担时，由于存在太多而不能倒的情况，中央政府会为其兜底。因此，地方政府预算存在软约束问题（陈建，2007）。预算软约束使得地方政府有举债的冲动，敢于不断增加债务量（陈建，2007；卫志民，2014）。马骏等（2005）从逆向软预算约束（逆向软预算约束是指地方政府通过自上而下地攫取计划外收入和资源的方式突破原来的预算约束（周雪光，2005））的角度对地方债务的成因进行了分析，他们认为逆向软预算约束是地方政府主动负债不断增加的原因。

除了以上主要观点外，也有学者从其他角度分析了中国地方政府债务的成因。时红秀（2007）认为中国地方政府的债务融资主要来自政府间对可支配资源的竞争。安春明（2009）和陈炳才等（2010）认为2008年中央政府4万亿投资刺激方案导致了地方政府债务规模扩大。也有学者认为工业化和城镇化是地方政府债务增加的重要原因（巴曙松等，2011；赵全厚，2011）。

（二）房地产业产业结构与政府财政收入、经济增长的关系

房地产业产业结构主要包括：规模结构、行业结构、区域结构、所有制结构和隶属结构等，本文重点关注所有制结构和隶属结构。目前，文献直接对房地产业产业结构与政府财政收入和经济增长关系进行分析的文章很少见，但是对一般企业所有制结构和隶属结构与政府财政收入和经济增长关系的分析较多。房地产业作为一般企业中的特例，可以借鉴其分析结果。

所有制结构对企业或者产业绩效的研究中，迪温特和马拉特斯塔（Dewenter and Malatesta，2001）通过实证的方法发现国有企业效率最低。奥列克和莫夫舒克（Oleksandr and Movshuk，2004）通过对中国钢铁行业的研究发现国有钢铁企业的效率低于民营企业。Xu and Wang（1999）认为由于国有企业除了关注企业绩效外，还要关注如就业率等其他社会目标，因此国家所有权与企业绩效之间是负相关关系。国内学者们使用不同行业或产业的数据，大部分研究发现合资企业和民营企业的绩效要优于国有企业（吴风来，2003；刘小玄，2004；孙敬水等，2010；孙早等，2011）。但是也有部分研究有不同的发现。方军雄（2009）使用我国工业企业的统计数据发现，国有企业的资金利润率低于非国有企业，但是销售利润率却相反。钱振等（2010）通过对上市公司非金融类企业绩效的研究发现，2003～2005年民营企业的绩效曾被国有企业超越。

隶属关系对企业绩效的影响也有一些学者在研究，结论也不一致。夏立军等（2005）研究发现较低层级政府控制的公司其公司价值更低。刘小玄等（2008）

发现在县级以上国有企业中，隶属等级和企业效率是正相关关系，县级以下国有企业的效率要高于更高隶属级别的企业，但是不同隶属企业效率的差异表现出缩小的趋势。张洪辉等（2010）发现县市级国有企业在增加当地政府税收方面起着显著的作用，而更高隶属级别的企业的作用不明显。

企业所有制结构和隶属结构会影响企业或产业的绩效，而地方政府的财政收入与当地企业的绩效密切相关。因此，产业的所有制和隶属结构会通过影响企业的绩效进而影响当地政府的财政收入。

所有制结构与经济增长的关系也是经济学中的一个热门话题，刘伟等（2001）认为经济中非国有制比重的上升会提高社会劳动和资本的生产效率。陈玉宇等（2006）研究发现改革开放以后，国有企业比重与地区经济增长是负相关关系。陈玉婵等（2011）在金融约束的假设下，理论分析了因租金分配的所有制偏好，国有企业挤占了非国有企业的资金，加上其自身效率低下，对经济发展形成了双重拖累。并通过实证说明国有经济比重越大的地区经济增长速度越慢。绝大部分研究发现国有比重与经济增长之间是负相关关系，但是也有个别学者发现不同的结论。陈刚等（2006）研究发现，国有化率对经济增长的影响总体上是负的，但分时段分析中发现，此影响在 1979～1994 年是负的，但在 1995～2003 年为正。路征（2008）发现改革开放后总体上国有比重与经济增长之间是负相关关系。但在分期回归中，发现只有"十五"期间有显著的负相关关系，其他时期不显著。

不同隶属关系的企业对促进当地经济增长的作用可能也有所不同。张洪辉等（2010）研究发现中央级的国有上市企业能促进当地就业；省级国有企业在促进当地就业方面作用不明显；市县级国有企业在促进就业方面有显著的作用。郝颖等（2014）发现地方国企固定资产投资对 GDP 的影响显著为正，并且效果高于中央企业。

（三）地方政府债务与区域经济增长的关系研究

从亚当·斯密开始就已经开始探讨政府债务对经济的影响，他认为政府举债大多是用于非生产支出，会减少生产性投资，阻碍经济增长。与之观点相反，凯恩斯主义认为举债可以扩大政府支出，通过乘数效应促进经济增长。李嘉图认为，在既定的政府支出下，政府赤字只不过是推迟征税，因此不会影响消费、储蓄和产出等实质经济变量。

基于以上基础理论，经济学家对公债和经济增长的关系进行了更深入的研究，但是没有得到一致性的结论。Siddiqui & Malik（2001）以南亚国家为样本，研究发现政府债务负担与经济增长之间存在显著的正相关关系。也有学者发现债务不利于经济增长。Cohen（1993）研究发现债务会挤出投资，债务负担上升1%会使投资率下降0.3%。Chowdhury（2001）研究发现债务与经济增长之间是显著的负相关关系。

除了或正或负的线性关系，还有研究发现政府债务与经济增长之间是非线性关系。Poirson，Ricci，Pattillo（2002）用93个发展中国家的数据研究发现外债余额与GDP的比例在35%~40%时，债务对经济的影响由正变为负。Tito Cordella，Ricci，and Ruiz – Arranz（2005）用发展中国家的数据研究发现，对那些制度和政策比较好的国家，当债务与GDP的比例在小于15%~30%时，债务与经济增长之间存在正相关关系，当此比例大于70%~80%时，债务对经济的增长没有影响，当比例在15%~30%和70%~80%之间时，债务会阻碍经济增长。

国内学者主要研究公债与经济增长之间的关系，发现政府债务对经济有促进作用（刘溶沧等，2006；邓晓兰等，2013；林江等，2014）。由于数据的缺失，学者对地方政府规模和经济增长之间关系的研究较少，一般都是用地方政府债务的代理变量或者调研收集的数据来分析，结论也不一致。有的研究发现地方政府债务与区域经济增长之间是正相关关系（缪小林等，2014；朱文蔚等，2014）。也有研究发现两者之间是非线性关系。如刘嘉琦（2014）发现地方政府债务规模与经济增长是倒"U"型关系；史朝阳（2012）发现地方政府债务规模与经济增长之间的关系在发达地区是倒"U"型的，在不发达地区是单调增加或者减少的；（2015）用D省的县级面板数据分析，发现债务负担率小于20%时，地方政府债务对经济增长有促进作用，超过20%没有明显的作用。

根据对以往文献的研究发现，房地产业产业结构对地方政府债务的影响还没有学者研究过，而地方政府债务与经济增长之间的关系也没有得到一致的结论。因此，本文第四部分用实证的方法来研究房地产产业结构、地方政府债务与区域经济增长之间的关系。

四、计量模型及实证结果

（一）房地产产业结构和地方政府债务规模的关系

1. 计量模型设定。

我们建立以下模型对房地产产业结构与地方政府债务的规模进行分析：

$$Debt_{it} = \alpha + \beta^* Z_{it} + \gamma^* X_{it} + \varepsilon_{it}$$

其中，i 代表省份，t 代表年份，表示第 t 年 i 省的地方政府债务，是房地产产业结构变量，是控制变量。

由于实际的地方政府债务数量不可得，目前大多数关于地方政府债务的实证研究都是采用代理变量或作者通过调研或估算得到的数据。为了保证研究结果的稳健，本文采用两个地方政府债务指标，指标 1 是参考其他学者的做法，用各省每年的财政赤字作为代理变量。潘志斌（2014）根据国家审计署公布的 2010 年全国地方政府债务余额和一些年份债务的增长率，加上自己搜集到的资料，估计了 1998~2013 年全国地方政府债务余额，并按照上年各省固定投资完成额占全国固定投资完成额的比例对其进行分摊，得到每年各省的债务余额。本文采用此数据作为地方政府债务的第二个指标。

房地产产业结构变量很多，根据上文的分析和数据的可得性，我们主要分析房地产业所有制结构和隶属关系结构对地方政府债务的影响。我们选择按登记注册类型分房地产企业数量中国有企业占比和集体企业占比作为所有制结构变量，选择央属企业占比和地方属企业占比作为隶属关系的变量。

关于控制变量，参照已有相关研究，我们选择一些与地方政府债务有关的变量，包括：人均 GDP，用来衡量经济发展水平对地方政府债务的影响；人均固定资产投资，根据审计署发布的数据，大部分地方政府债务投向了基础设施领域，预期固定资产投资的增加将会使债务规模增加；城镇化率，有学者提出城镇化进程的加快是地方政府债务规模膨胀的一个原因（巴曙松等，2011；赵全厚，2011）；第二（三）产业增加值占 GDP 的比重，以此来衡量产业结构对地方政府债务规模的影响。根据以往学者的研究（钟艾阳，2013；缪小林，2014），不同产业结构会影响地方政府的财政收入，进而可能会影响政府的债务水平；很多研究发现财政赤字的存在使得地方政府有强烈的发债动机，因此在指标 1 中还控制了人均财政赤字。

2. 数量来源及说明。

以上数据来自历年《中国财政年鉴》、《中国房地产统计年鉴》、中经网统计数据库和 CEIC 数据库，GDP 为以 1997 年为基期的 GDP 平减指数调整后的实际GDP。各变量的描述性统计如表 2 所示。

表 2   模型 1 各变量的描述性统计

变量名	含义	均值	标准差	最小值	最大值
Debt1	债务指标 1（亿）	299.12	143.33	51.62	546.62
Debt2	债务指标 2（亿）	1 624.87	2 597.16	1.33	15 234.17
Z1	国有企业占比	0.1228	0.1182	0.01	0.67
Z2	集体企业占比	0.0495	0.0489	0.01	0.27
Z3	央属企业占比	0.0187	0.0193	0.01	0.13
GDPP	人均实际 GDP（元）	7 147.29	3 974.77	2 070.94	22 881.58
INVP	人均固定资产投资（元）	1 199.31	1 132.47	83.36	6 201.73
Urban	城镇化率（%）	43.74	16.21	13.38	89.60
Secdind	第二产业增加值/GDP（%）	45.64	8.52	19.76	66.42
Thirdind	第三产业增加值/GDP（%）	39.24	7.39	27.41	76.85
DeficitP	人均财政赤字（元）	204.39	301.02	12.39	2 946.05

3. 实证结果及分析。

我们分别对债务指标 1 和债务指标 2 进行了 OLS、固定效应模型和随机效应模型回归，结果如表 3 所示。根据 F 检验和 Hausman 检验结果，对两个指标来说，均需选择固定效应模型。

表 3   模型 1 回归结果

变量	Debt1			Debt2		
	OLS	FE	RE	OLS	FE	RE
Z1	-968.0 *** (-4.74)	-18.11 *** (-6.83)	-18.12 *** (-6.49)	-11 958.8 *** (-3.21)	-11 643.8 ** (-2.47)	-11 617.5 ** (-2.55)
Z2	3 231.6 *** (5.05)	-27.34 *** (-3.62)	-27.67 *** (-3.49)	28 416.8 ** (2.45)	-33 220.8 ** (-2.66)	-45 777.2 *** (-3.86)
Z3	2 311.0 *** (4.05)	4.481 (0.77)	4.415 (0.72)	-44 576.8 *** (-4.31)	2 241.8 (0.24)	-15 221.9 (-1.50)
GDPP	-0.00851 (-1.41)	0.000118 (0.85)	0.000111 (0.77)	0.423 *** (3.87)	0.444 ** (2.02)	0.169 (1.09)
INVP	0.0136 (1.50)	0.00102 *** (8.92)	0.00103 *** (8.56)	2.476 *** (13.16)	1.030 *** (5.41)	1.980 *** (11.88)
Urban	-6.673 *** (-4.67)	0.241 *** (5.79)	0.238 *** (5.44)	-177.8 *** (-6.44)	283.6 *** (4.30)	-49.35 (-1.11)
Secdind	-2.673 (-1.45)	0.0493 ** (2.05)	0.0498 ** (1.96)	51.73 (1.55)	-76.34 * (-1.93)	29.21 (0.76)

续表

变量	Debt1			Debt2		
	OLS	FE	RE	OLS	FE	RE
Thirdind	1.809 (0.86)	0.132*** (4.67)	0.131*** (4.42)	43.38 (1.10)	-6.863 (-0.15)	10.39 (0.25)
DeficitP				-3.798*** (-8.58)	-2.825*** (-5.66)	-2.980*** (-6.29)
constant	718.2*** (4.80)	280.9*** (122.67)	281.9*** (13.53)	1625.1 (0.60)	-10747.4*** (-2.92)	929.4 (0.32)
F	2.0e+05***			19.51***		
Hausman		25.65***			66.14***	
N	247	247	247	247	247	247

注：***、**和*分别表示在1%、5%和10%的水平下显著；括号内的值是回归的t统计量。

由于指标1作为地方政府债务代理变量的应用更为广泛，以下我们对回归结果的解释主要依据指标1的结果，指标2的结果用来检验结果的稳健性。

根据回归的结果，不管采用哪个债务指标，房地产产业所有制结构中，国有企业比重和集体企业比重对地方政府债务的影响显著为负，而隶属关系对地方政府债务均没有显著的影响。因此，说明我们的实证结果是较为稳健的。这一结论表明，房地产市场中国有和集体企业与地方政府之间存在着较私人企业更强的政企联系；在地方财政收支平滑、地方预算支持等方面存在更多协调机制或空间。

在控制变量中，人均实际GDP对地方政府债务没有显著的影响。根据Wind数据库公布的2012年各省债务余额和根据统计数据计算得出的各省人均实际GDP的排名发现，虽然有些省份人均GDP排名靠前，债务余额排名也靠前，例如江苏和广东等。但是也有很多省份人均GDP排名靠后，但是债务余额排名靠前，或者存在相反的情况。如四川和湖南债务余额排名分别是第4位和第5位，但人均实际GDP排名分别是第25位和第20位；而新疆人均GDP排名第9位，债务余额排名第25位。因此，人均实际GDP与债务之间不存在显著的相关关系的结论与实际数据相吻合。

人均固定资产投资对地方政府债务有显著的正影响。这与国家审计署公布的地方政府债务投向中，大部分债务投资于基础设施建设的事实相吻合。2008年金融危机爆发后，各地政府加大铁路、公路等基础设施投资，固定投资显著增加，刺激了政府债务的快速膨胀。城镇化程度越高，第二、三产业增加值占GDP的比重越大，地方政府债务规模也越大，这与之前学者研究结果相一致。

（二）地方政府债务规模与区域经济增长的关系

1. 计量模型设定。

（1）线性模型。对于地方政府债务与经济增长之间关系，已有研究结果不一致，因此我们首先建立如下线性模型分析两者之间的关系：

$$Gr_{it} = \alpha + \beta^* Debtp_{it} + \gamma^* X_{it} + \varepsilon_{it}$$

其中，i 代表省份，t 代表年份，表示第 t 年 i 省的人均实际 GDP 增长率，表示人均地方政府债务，是一系列控制变量。

与模型 1 一样，人均实际 GDP 为名义 GDP 按照 1997 年为基期的 GDP 平减指数调整后的实际值。第 t 年人均实际 GDP 的增长率定义为 $Gr_{it} = (GDPP_{it} - GDPP_{it-1})/GDPP_{it-1}$。为了避免经济波动同时影响债务量和经济增长，进而引起内生性问题，根据我们的数据量，借鉴以往实证研究方法（程丹宇，2014；邱栎桦，2015），取近 3 年经济的平均增长率 $\overline{Gr}_{it}$ 代替当年的增长率进行稳健性检验，其中第 t 年经济的平均增长率为：$\overline{Gr}_{it} = \sum_{j=t-1}^{j=t+1} Gr_{ij}/3$。

关于控制变量 X_{it}，参照已有相关研究，我们选择一些与区域经济增长关系紧密的变量，包括：人均固定资产投资、城镇化率、人均财政赤字、人口增长率、通货膨胀率和老龄化程度（用老年人口抚养比表示），同时控制了房地产产业结构变量国有企业比重、集体企业比重和央属企业比重。

（2）非线性模型。为了检验我国地方政府债务与经济增长之间是否存在非线性效应，建立以下模型：

$$Gr_{it} = \alpha + \beta^* DebtP_{it} + \gamma^* DebtP_{it}^2 + \delta^* X_{it} + \varepsilon_{it}$$

与线性模型相比，仅仅加入了人均地方政府债务的二次项，其余变量定义与线性模型相同。

2. 数量来源及说明。

以上数据来自历年《中国财政年鉴》、《中国房地产统计年鉴》、中经网统计数据库和 CEIC 数据库。各变量的描述性统计如表 4 所示。

表4 模型 2 各变量的描述性统计

变量名	含义	均值	标准差	最小值	最大值
	人均 GDP 增长率（%）	1.848554	4.60061	−17.0008	32.57453
	人均 GDP 增长率均值（%）	2.331528	2.856913	−6.84606	12.19625

续表

变量名	含义	均值	标准差	最小值	最大值
DebtP	人均债务（千元）	3.935221	5.175931	0.026015	26.26943
Z11	国有企业占比	0.133263	0.13991	0	0.941562
Z22	集体企业占比	0.025344	0.032187	0	0.227861
Z33	央属企业占比	0.018764	0.021961	0	0.169378
INVP	人均固定资产投资（千元）	11.99305	11.32465	0.833634	62.01731
Urban	城镇化率（%）	43.74093	16.20515	13.38	89.6
DeficitP	人均财政赤字（千元）	0.204391	0.301019	0.0123918	2.946052
GrP	人口增长率	0.008674	0.016272	-0.0735	0.189821
Inf	通货膨胀率（%）	2.004617	2.420104	-3.6	10.09
Old	老年人口抚养比（%）	11.65269	2.529537	6.13	21.88

3. 实证结果及分析。

针对线性模型，我们分别对人均 GDP 增长率和近三年人均 GDP 增长率均值进行了 OLS、固定效应模型和随机效应模型回归，结果如表 5 所示。对非线性模型，回归结果如表 6 所示。

表5　　　　　　　　　　　　模型 2 线性模型回归结果

变量	OLS	FE	RE	OLS	FE	RE
DebtP	-0.708 *** (-4.29)	-0.595 *** (-3.10)	-0.698 *** (-4.19)	-0.539 *** (-4.87)	-0.514 *** (-4.53)	-0.527 *** (-4.90)
Z11	0.0438 (0.03)	0.811 (0.36)	0.207 (0.12)	-2.880 ** (-2.56)	-0.936 (-0.66)	-1.358 (-1.09)
Z22	-7.448 (-0.97)	-13.81 (-1.37)	-8.257 (-1.05)	-44.58 *** (-7.46)	-42.03 *** (-5.99)	-47.62 *** (-7.79)
Z33	-2.724 (-0.34)	3.576 (0.30)	-1.391 (-0.16)	-10.87 * (-1.82)	-10.85 (-1.39)	-11.87 * (-1.71)
INVP	0.238 *** (2.95)	0.177 * (1.86)	0.232 *** (2.82)	0.228 *** (4.24)	0.205 *** (3.65)	0.214 *** (4.01)
Urban	0.00557 (0.36)	-0.0162 (-0.69)	0.00364 (0.23)	-0.0181 * (-1.70)	0.0145 (1.00)	-0.00536 (-0.45)
DeficitP	-0.900 (-1.30)	-0.800 (-0.79)	-0.916 (-1.26)	0.0358 (0.08)	0.267 (0.44)	0.357 (0.69)
GrP	-89.27 *** (-8.11)	-100.1 *** (-7.78)	-90.97 *** (-8.10)	-46.75 *** (-6.31)	-41.05 *** (-5.25)	-43.29 *** (-5.83)
Inf	1.270 *** (15.17)	1.302 *** (15.06)	1.276 *** (15.32)	0.381 *** (6.76)	0.337 *** (6.57)	0.357 *** (7.00)

续表

变量	OLS	FE	RE	OLS	FE	RE
Old	− 0.182 ** (− 2.30)	− 0.134 (− 0.95)	− 0.175 ** (− 2.03)	0.0222 (0.41)	0.330 *** (3.86)	0.170 ** (2.47)
constant	2.315 * (1.93)	2.958 (1.38)	2.327 * (1.79)	3.168 *** (3.77)	− 2.005 (− 1.50)	0.833 (0.78)
F	1.26			4.64 ***		
Hausman		4.9			14.44 **	
N	386	386	386	360	360	360

注：***、** 和 * 分别表示在 1%、5% 和 10% 的水平下显著；括号内的值是回归的 t 统计量。

表 6   模型 2 非线性模型回归结果

变量	OLS	FE	RE	OLS	FE	RE
DebtP	− 0.688 *** (− 3.89)	− 0.566 *** (− 2.71)	− 0.679 *** (− 3.79)	− 0.451 *** (− 3.81)	− 0.431 *** (− 3.46)	− 0.443 *** (− 3.78)
	− 1.63e − 03 (− 0.31)	− 2.08e − 03 (− 0.36)	− 1.66e − 03 (− 0.31)	− 7.15e − 03 ** (− 2.03)	− 5.53e − 03 (− 1.61)	− 5.99e − 03 * (− 1.79)

注：***、** 和 * 分别表示在 1%、5% 和 10% 的水平下显著；括号内的值是回归的 t 统计量。

根据表 6 的结果，地方政府债务的二次项系数在两组回归中均不显著，表明我国地方政府债务与区域经济增长之间不存在非线性关系。非线性模型中其他变量的回归结果与线性模型近似，为了节省篇幅，表 6 只汇报了主要变量的结果。

在线性模型中，对 $\bar{G}_r$ 的回归，根据 F 检验和 Hausman 检验结果，需选择固定效应模型。对 G_r，F 检验和 Hausman 检验无法在 OLS 和随机效应模型中做出选择，但是两者回归结果很近似，因此在以下分析中主要依据随机效应模型的回归结果。

根据实证结果，不管被解释变量取当年人均 GDP 增长率，还是取近三年人均 GDP 增长率的均值，我国地方政府债与区域经济增长之间均存在显著的负相关关系。人均地方政府债务每增加 1 000 元，经济增长速度降低 0.53% ~ 0.71%。这说明尽管我国地方政府举债发展经济，在一定程度上缓解了地方财政压力和金融危机的冲击，但是由于资金使用效率较低，同时会对其他经济体产生挤出效应，对整体经济增长是不利的。而老龄化在短期和中期对地方经济增速的影响可能存在阶段性差异。

其他控制变量部分，房地产产业结构对经济增长的影响基本上不显著。固定资本投资对经济增长有非常显著的促进作用，人均固定资本投资每增加1 000元，经济增长速度增加0.2%左右。城镇化率、人均赤字对经济增长没有显著的影响，人口增长率对经济增长有显著的负面影响，这些结论与以往研究基本一致。关于城镇化水平与经济增长之间的关系似乎与人们认知不符合，一般认为城镇化可以推动地区经济增长。此种现象可能的一个原因是：有学者研究发现，在高投资率地区，城镇化对经济增长有促进作用，而在投资率较低的不发达地区，城镇化反而会抑制经济增长（缪小林，2014），我们的样本包括了全国的省（自治区和直辖市），因此出现了城镇化对经济没有显著带动作用的结果。关于通货膨胀率与经济增长之间的关系，国内学术界也存在不同的观点，本文的研究结论支持适度通货膨胀能促进经济增长的观点。

五、研究结论

本文以所有制结构和隶属关系为产业结构的代表，对我国房地产产业结构、地方政府债务和区域经济增长之间的关系进行了实证研究。发现国有企业比重和集体企业比重与对地方政府债务规模有显著的抑制作用，对区域经济增长没有显著的影响，而企业隶属关系对地方政府债务和区域经济增长均没有显著的影响。

同时研究也发现我国地方政府债务规模与区域经济增长之间是线性关系，并且人均地方政府债务增加1 000元，区域经济增长率下降0.53% ~0.71%。我国目前地方政府债务规模已经比较庞大，有些地方政府将借到的钱投资于一些面子工程，或者由于缺乏规划，导致一些基础设施重复建设或者频繁拆建，使得如此大规模的资金使用效率较低，不利于地区经济增长。

此外，由于地方政府债务大多是通过地方融资平台公司贷款或者发行城投债，而这些公司背后有政府兜底，不像一般公司特别关注借贷资金的成本与收益，常常出现贷款或者发债利率高于项目投资率的情况，导致资金利用效率较低。同时，由于金融市场上资本数量是有限的，目前中国的体制使得银行更愿意将资金贷给有政府背景的融资平台公司，导致其他企业资金需求无法得到满足，也会对经济长期增长产生不利的影响。因此，对地方政府债务的规模要加以控制，对债务投向也要给予更多的关注，尽量提高地方政府债务的使用效率，减少其对经济增长的负面影响。

参考文献：

安春明：《关于地方政府债务风险生成机理的探讨》，载于《社会科学战线》2009 年第 2 期。

巴曙松等：《从城镇化角度考察地方债务与融资模式》，载于《中国金融》2010 年第 19 期。

财政部财政科学研究所课题组：《我国地方政府债务态势及其国际借鉴：以财政风险为视角》，载于《改革》2009 年第 1 期。

常春华等：《房地产业对地方财政收入和支出影响的实证分析》，载于《会计之友》2013 年第 5 期。

陈本凤：《乡镇债务的制度成因及其化解》，载于《农村经济》2006 年第 1 期。

陈刚等：《中国的金融发展、分税制改革与经济增长》，载于《金融研究》2006 年第 6 期。

陈健：《财政联邦制、非正式财政与政府债务对中国转型经济的规范分析》，载于《财经研究》2007 年第 2 期。

陈玉婵等：《金融约束政策下的国有企业与经济增长——基于租金分配的所有制偏好分析》，载于《上海金融》2011 年第 8 期。

陈玉宇等：《中国地区增长不平衡与所有制改革》，载于《经济科学》2006 年第 1 期。

程丹宇等：《政府债务对经济增长的影响及作用渠道》，载于《数量经济技术经济研究》2014 年第 12 期。

邓晓兰等：《公共债务、财政可持续性与经济增长》，载于《财贸研究》2013 年第 4 期。

方军雄：《所有制、市场化进程与经营绩效——来自中国工业行业统计数据的发现》，载于《产业经济研究》2009 年第 2 期。

郝颖等：《地区差异、企投资与经济增长质量》，载于《经济研究》2014 年第 3 期。

贾康：《我国地方债务成因与化解对策研究》，载于《债券》2013 年第 9 期。

林江等：《财政赤字、公共债务与经济增长——来自中国的事实》，载于《公共经济与政策研究》2014 年第 2 期。

刘嘉琦：《基于政府债务视角的地方经济发展影响因素研究》，载于《财务与金融》2014 年第 3 期。

刘溶沧等：《赤字、国债与经济增长关系的实证分析——兼评积极财政政策是否有挤出效应》，载于《经济研究》2001年第2期。

刘尚希：《中国财政风险的制度特征"风险大锅饭"计》，载于《世界经济》2004年第5期。

刘尚希等：《"十二五"时期我国地方政府性债务压力测试研究》，载于《经济研究参考》2012年第8期。

刘伟等：《所有制变化与经济增长和要素效率提升》，载于《经济研究》2001年第1期。

刘卫卫：《房地产税收、土地财政与地方债务风险——基于2013年的数据分析》，载于《中国房地产》2014年第4期。

刘小玄：《民营化改制对中国产业效率的效果分析——2001年全国普查工业数据的分析》，载于《经济研究》2004年第8期。

刘小玄等：《制造业企业相对效率的度量和比较及其外生决定因素（2000—2004）》，载于《经济学季刊》2008年第4期。

路征：《所有制结构变迁与地区经济增长——基于地区面板数据的实证分析》，载于《珠江经济》2008年第8期。

马骏等：《中国地方政府财政风险研究：逆向软预算约束理论的视角》，载于《学术研究》2005年第11期。

马海涛等：《我国地方政府债务风险问题研究》，载于《财贸经济》2004年第2期。

缪小林等：《地方政府债务对县域经济增长的影响及其区域分化》，载于《经济与管理研究》2014年第4期。

潘志斌：《地方政府债务规模资产价值与债务风险》，载于《华东师范大学学报（哲学社会科学版）》2014年第3期。

钱振等：《上市公司绩效排行：所有制、规模和行业因素分析》，引自《第五届中国管理学年第会——金融分会场论文集》，2010年版。

邱栎桦等：《经济增长视角下的政府债务适度规模研究——基于中国西部D省的县级面板数据分析》，载于《南开经济研究》2015年第1期。

审计署审计科研所课题组：《我国地方政府债务问题、成因及对策研究》，载于《审计月刊》2010年第8期。

时红秀：《财政分权、政府竞争与中国地方政府的债务》，中国财政经济出版社2007年版。

时红秀：《地方债的成因是什么》，载于《经济时报》2010 年 7 月 7 日。

史朝阳：《经济增长视角下地方债务问题研究》，2012 年。

孙敬水等：《中国流通业所有制结构变迁绩效实证分析》，载于《经济学家》2010 年第 2 期。

孙早等：《产业所有制结构变化对产业绩效的影响——来自中国工业的经验证据》，载于《管理世界》2011 年第 8 期。

王国军等：《房地产业对相关产业的带动效应研究》，载于《经济研究》2004 年第 8 期。

王丽娟等：《房地产业发展与地方税收的实证研究——以无锡市为例》，载于《现代经济探讨》2013 年第 6 期。

王叙果等：《财政分权、晋升激励与预算软约束——地方政府过度负债的一个分析框架》，载于《财政研究》2012 年第 3 期。

王志浩等：《中国地方政府性债务规模估算》，载于《金融发展评论》2013 年第 12 期。

卫志民：《中国地方政府性债务：风险、成因与防范》，载于《河南大学学报（社会科学版）》2014 年第 9 期。

吴风来：《产权所有制性质与企业绩效实证研究》，载于《经济科学》2003 年第 3 期。

吴俊培等：《中国地方债务风险及防范研究》，载于《财政研究》，2013 年第 6 期。

夏立军等：《政府控制、治理环境与公司价值——来自中国证券市场的经验证据》，载于《经济研究》2005 年第 5 期。

许宪春：《房地产经济对中国国民经济增长的作用研究》，载于《中国社会科学》2015 年第 1 期。

喻桂华等：《我国地方政府直接显性债务规模估算》，载于《河南金融管理干部学院学报》2005 年第 2 期。

张洪辉等：《政府干预、政府目标与国有上市公司的过度投资》，载于《南开管理评论》2010 年第 3 期。

张伦俊：《房地产业对地方财政与地区经济的影响效应——基于多元分析方法》，载于《南京审计学院学报》2013 年第 4 期。

张文君：《晋升博弈、政绩考核与地方政府债务扩张》，载于《上海金融学院学报》2011 年第 5 期。

赵富林等：《国务院 2003 年第 18 号文件：房地产业历史性里程碑》，载于《中国房地信息》2004 年第 1 期。

赵全厚：《我国地方政府性债务问题研究》，载于《经济研究参考》2011 年第 57 期。

钟艾阳等：《产业结构对地方财政收入的影响分析——以湖北省为例》，载于《会计之友》2013 年第 9 期。

周黎安：《中国地方官员的晋升锦标赛模式研究》，载于《经济研究》2007 年第 7 期。

周雪光：《逆向软预算约束：一个政府行为的组织分析》，载于《中国社会科学》2005 年第 2 期。

朱文蔚等：《地方政府性债务与区域经济增长》，载于《财贸研究》2014 年第 8 期。

Chowdhury, Abdur R., W. I. F. D. Economics, and U. N. University, 2001, External Debt and Growth in Developing Countries: a Sensitivity and Causal Analysis, *WIDER Discussion Paper*.

Cohen, Daniel, 1993, Low Investment and Large LDC Debt in the 1980's, *American Economic Review*, 83 (3), pp. 437 – 49.

Cordella, Tito, L. A. Ricci, and M. Ruiz – Arranz, 2005, Debt Overhang or Debt Irrelevance? Revisiting the Debt – Growth Link, *IMF Working Papers*, 57 (1), pp. 1 – 24.

Dewenter K L, Malatesta P H., 2001, State – Owned and Privately Owned Firms: An Empirical Analysis of Profitability, Leverage, and Labor Intensity [J]. *American Economic Review*, 91 (1), pp. 320 – 334. 9 (4), pp. 409 – 421.

Goodspeed T J., 2002, Bailouts in a Federation [J]. *International Tax & Public Finance*, 9 (4), pp. 409 – 421.

Movshuk O., 2004, Restructuring, Productivity and Technical Efficiency in China's Iron and Steel Industry, 1988 – 2000 [J]. *Journal of Asian Economics*, 15 (1), pp. 135 – 151.

Poirson H, Ricci L A, Pattillo C A., 2002, External Debt and Growth [J]. *Imf Working Papers*, 2 (3).

Siddiqui, Rehana, and A. Malik, 2001, Debt and Economic Growth in South Asia, *Pakistan Development Review*, 40 (4), pp. 677 – 688.

Wildasin, David E. , 2004, The Institutions of Federalism: Toward an Analytical Framework, *National Tax Journal*, 57 (2), pp. 247 –272.

Xu, Xiaonian, and Y. Wang, 1999, Ownership structure and corporate governance in Chinese stock companies, *China Economic Review*, 10 (1), pp. 75 –98.

（本文为工作论文，未出版）

我国产能过剩的国际视野及政策效应分析

张燕生[*]

一、全球经济失衡是影响我国产能过剩的国际因素

全球经济失衡是形成我国产能严重过剩的外因。首先,1990 年以来的经济全球化和新科技革命,带来全球供应链管理和综合物流革命,形成全球产业转移和全球工序分工新格局。我国作为经济全球化的最大受益者之一,也形成了巨大的低端制造业产能。一旦全球产业转移趋势发生逆转时,这些巨大制造业产能过剩的形势将十分严峻。其次,1990 年以来的 IT 泡沫和金融、房地产泡沫带动了全球局部或总体经济非理性繁荣,由此带动了我国轻纺工业、重化和装备制造业、战略性新兴产业的快速增长。一旦泡沫相继破灭,就会出现相关行业程度不同的产能过剩或严重过剩。最后,对 1997 年东亚金融危机和 2008 年国际金融危机的应对之策也加剧了相关行业的产能过剩。

(一) 第一阶段:20 世纪 90 年代全球经济失衡

全球经济失衡的第一阶段是从 1990~2000 年,世界经历了一场以 IT 泡沫形成和破灭带动的全球实体经济失衡。其起因是 1990 年经济全球化进程明显提速,IT 革命带来的创新浪潮日益高涨,使世界经济进入了一个由美国引领的低通胀、高增长、创新驱动的“新经济繁荣周期”。在 20 世纪 90 年代前期,美联储基准利率大幅持续下降,为“新经济繁荣”制造了过于宽松的货币环境,助长了 IT 泡沫的形成和发展。美国经常项目逆差开始持续增加,制造业对外转移速度明显加快,全球经济局部失衡的矛盾开始积累,直到 2000 年底 2001 年初 IT 泡沫破

---

  * 张燕生,国家发展和改革委员会学术委员会秘书长。

灭，这场新经济周期才告结束。由于这个阶段经济全球化和世界科技革命尚处早期，矛盾主要局限在实体经济领域，所引发的各种失衡风险没有充分显现出来。

在这个阶段，我国经历了1997年的东亚金融危机和2000年IT泡沫破灭的外部冲击，1998年一季度到2002年一季度，工业产能利用率均低于75%（产能严重过剩）。产能过剩矛盾主要集中在轻纺工业。过剩产能调整的成功案例是纺织工业的限产压锭，压缩的940万锭产能主要是国有纺织企业，新增的3000多万锭产能主要是民营企业，完成了混合所有制指向的结构调整，明显增强了纺织行业的国际竞争能力，长期卡脖子的技术"瓶颈"环节和工序得到长足进步。值得反思的案例是1998年为实现东亚货币稳定所做出的人民币不贬值承诺一直延迟到2005年6月，不仅造成人民币汇率市场化改革事实上陷入停顿，而且带来贬值美元资产和升值人民币负债的持续倍增，形成了外贸、外资、外储等相关产能和资产规模的过度增长，加剧了资源环境的严重扭曲和错配。

（二）第二阶段：2001年至危机爆发的全球经济失衡

全球经济失衡的第二阶段是2001~2008年，世界经历了一场以金融和楼市泡沫形成和破灭引发虚拟经济与实体经济日益脱节的全球失衡。起因首先是美国等拒绝接受"新经济繁荣周期"结束必然带来的大衰退和大调整，而要独享全球化不平衡发展所带来的巨额红利。一方面，美联储通过又一轮的连续降息，再次创造了过于宽松的货币环境，美国家庭负债率和金融机构信贷增长率都出现了两位数的增长势头，促进了美国私人消费和投资的空前高涨。另一方面，美国金融机构资产证券化的创新浪潮造成房地产贷款井喷式上升，支撑了美国房价（Case-Schiller房价指数）的持续高涨。金融和房地产泡沫经济带动了一场全球经济非理性繁荣，带动了全球大宗商品价格井喷式上升（见图1），进而加速了美国过度消费和进口的持续增长。在这个阶段，美国经常项目逆差几乎是以一年增加1000亿美元的速度上升，到2006年突破了8000亿美元的历史纪录。

自1990年以来，美国制造业增加值的相对比重持续下降，金融和建筑、房地产业的相对比重持续上升。1998年以来，OECD成员高技术制造业的增加值比重也呈现出持续下降的走势。尤其是2000年以来，美国几乎所有技术领域的发明专利申请增长都呈现了20%以上的下跌，这反映了美国在金融和楼市泡沫时期，高技术制造业和技术创新活动被普遍忽视，从而加剧了美国经济和产业的空心化。对此，美国总统奥巴马2009年发言了《岩上之屋》（*The House Upon a Rock*）的演讲，阐述美国经济复兴战略，即美国"经济之屋"要建立在坚实的

"实体经济之岩"上。要重塑美国 21 世纪全球领导力的经济发展战略。然而，美国完成这个战略调整至少需要 10 年，谁来为美国经济走出困境埋单呢？

图1　1990 年以来全球油价和铁矿石价格波动情况

在全球经济非理性繁荣和我国消费升级两大因素叠加的影响下①，2002 年以来，我国钢铁、水泥、电解铝、玻璃、发电设备、工程机械设备、建材设备等重化行业和装备制造业的固定资产投资和新增产能进入井喷式增长阶段。应当承认，这个阶段我国要素价格市场化改革的严重滞后、中央地方财权事权改革的严重滞后（尤其是省以下财权事权改革滞后）、国民收入初次分配和再分配改革的严重滞后，也助推了全球经济泡沫和国内需求高涨叠加所形成的巨大的"租"，即非生产性利润。如在这个阶段，煤炭价格从 50 元 1 吨上升到 800 元 1 吨，就直接涉及这个巨大的资源能源财富分配归谁。如果 2002 年推动了要素价格市场化改革，这个巨大财富就会通过权利金、资源税、所得税等方式归全民，如果这项改革严重滞后，就会造成资源和财富分配的严重不公。最后必然导致权力、资本、关系等争先恐后地进入这些行业寻租，引致腐败、秩序紊乱、道德水准下降等经济社会问题。很遗憾，煤炭的税由从量税改为从价税是在煤炭价格泡沫破灭的 2014 年。这种情况严重发生在 2002 ~ 2011 年，所涉及的领域主要是劳动力（农民工）、资本、能源资源、土地、金融等要素领域。

在当时全球经济泡沫、国内需求高涨和疯狂寻租等因素的诱导下，相关重化和装备制造业的新增固定资产投资基本上是在很短时间内，甚至 2 ~ 3 年就能够回收，引致这些行业产能连年翻番的非理性增长。由此出现了 2002 年 2 季度到

---

① 2002 ~ 2011 年，我国消费升级从吃饱穿暖转向汽车、住宅、通讯，从而带动了重化工业和重大装备制造业的蓬勃发展，进入重化工业和重大装备制造业发展的黄金时期。

2008 年 3 季度，工业产能利用率从 76.3% 上升到 83.7%。然而，一旦全球经济泡沫破灭，这些行业产能严重过剩的风险就一定会裸露出来，并在一个相当长时期内都难以消化。

（三）第三阶段：危机爆发以来的全球经济失衡

全球经济失衡的第三阶段是从 2009 年至今。一方面，国际金融危机爆发大大收敛了全球经济失衡状况。同时，美日欧救市措施，如美联储基准利率保持在零或接近于零的水平将至少持续到 2015 年 6 月，却进一步推动了新一轮全球资产泡沫的兴起。发达国家在紧缩财政和放宽货币，制造全球通胀和泡沫经济，以避免陷入新一轮衰退。而新兴经济体在紧缩货币和放松财政，力图控制自身通胀和泡沫经济，以防止经济过热。很显然，新兴经济体应对全球泡沫经济抵御外来冲击的能力较脆弱，当美国等发达经济体走向复苏之时，也是新兴经济体泡沫经济破灭陷入困境之时。另一方面，这场金融危机正在改变大国博弈策略。如美国经济复苏，短期稳增长主要靠量化宽松和扩大出口的调整策略；中期调结构主要靠推动保护主义和本地化倾向的再工业化、再创新、再就业战略；长期转方式主要靠谋划并推动全球经贸规则变局。过去 6 年的全球再平衡模式，就是要求人民币持续升值、美元持续贬值；中国扩大进口和消费，美国扩大出口和投资；中国大力发展服务业、美国重振制造业；美国量化宽松和保护主义，全球资产泡沫盛行和以邻为壑，使我国产能调整始终面对着十分困难的外部环境。

一旦美国经济开始进入快速复苏通道，量化宽松退出并进入加息预期，美元升值正在引致全球资本大量流向美国，过去 6 年的全球泡沫复苏平衡被打破，大宗商品价格大幅下跌，形成全球经济新一轮调整冲击。美国再工业化战略与互联网革命的相互促进，不仅进一步引发美日欧企业回归本土的新一轮产业转移，而且形成新一轮产业革命带动新兴产业发展的新态势，正在改变 1990 年以来全球工序分工的旧格局，大数据、云计算、物联网、线上与线下全流通，拉动了轻资产行业发展并培育满足本地化、碎片化、个性化、小批量需求的新竞争能力。全球经贸规则变局，如 TPP、TTIP、BIT2012、TISA、ITA，正在改变 1990 年以来经济全球化开放的旧格局，开始形成美国主导的排他性、选择性、高标准的规则体系屏蔽竞争对手进入的新格局。

在这种国际经济环境下，我国传统轻纺工业面对着全球需求萎缩、成本上升、摩擦加剧、内需转型、消费升级、产能对外转移、新竞争对手威胁越来越大的调整困境。必须加快推动新一轮产能结构调整，实现从代工的模式、低端的结构、要素驱动的阶段转向自主的模式、中高端的结构和创新驱动、服务驱动、人才驱动的新阶段。我国传统重化工业也面对着产能严重过剩、不公平竞争和低碳发展限制等矛盾和问题，正处于构建现代产业体系，化解产能过剩的攻坚阶段，把握住一带一路"走出去"战略、结构多元化战略、新型城镇化战略、基础设施互联互通战略的重大机遇，从全球视野重新调整资源配置格局。林毅夫教授建议，当我国人力、土地、资源、环境、货币更贵时，就应转向面对未来20年的新要素禀赋结构作为新产业定位。

二、两次危机应对策略与产能过剩困境

从1998年以来，我国宏观经济和产业发展有三个重要时期值得深入探讨，一是1998年东亚金融危机时期。我国采取了积极财政政策进行逆周期的危机管理。由于刺激政策基本不涉及制造业和房地产（除后期有少数技改项目以外），危机应对没有带来产能过度扩张的后遗症。但由于当时承诺了人民币不贬值，直到2005年6月才得到调整，严重延误了汇率市场化改革，带来外贸、外资、外汇等部门资产规模的过快扩张。二是2008年国际金融危机时期。我国及时采取了4万亿经济刺激措施。虽然危机应对和管理取得了良好效果，但也加剧了相关行业产能严重过剩。三是2012年经济增长率下行"破八"。对这三个时期应对策略效应的分析，有助于认识危机应对措施对产能过剩的影响。

（一）1998年东亚金融危机的应对效应分析

1997年7月爆发的东亚金融危机，严重打击和损害了东亚乃至全球经济，也使我国经济经历了前所未有的、无法预见的外部冲击考验。这种负面影响在1997年底1998年初开始充分显露出来。对此，我国政府采取了对内启动内需，对外扩大出口的危机应对措施，较好地抵消了外部冲击可能带来的各种负面影响，积极财政政策是其中最重要并且最行之有效的政策手段之一。

1. 危机的影响。

东亚金融危机严重打击了作为世界三大生产网络之一的亚洲生产网络，使处于亚洲生产体系上中下游、高中低端、产供销不同工序和环节上的东亚各经济体都受到了程度不同的损害。然而，由于这场危机正处于美国拉动的世界性IT泡沫的上升周期，而深受危机打击的东亚经济体仍处于全球分工的中低端，从而导致东亚金融危机对欧美经济的影响只是局部性损害，对全球供应链的影响在一定

程度上被其他地区的供给所替代或被"新经济周期"的繁荣所抵消。

这场危机对东亚生产网络内部的影响也各不相同。东亚模式主要有两种类型，一是参与欧美产品内分工（即工序或环节分工）的生产模式。从中低端代工（OEM）一直做到高端代工，其中部分企业向贴牌（ODM）转化，再逐步向自有品牌（OBM）转化。如中国台湾地区电子行业就是承接欧美中高端代工的案例，我国东部沿海地区主要是从中低端代工或贴牌做起开始"边干边学"的转轨和起飞进程。二是以劳动力、资本、技术等要素禀赋优势构造自主生产体系，在开放中寻求竞争优势和差异化优势的动态转型升级模式。如韩国电子行业发展模式。在东亚金融危机中，韩国为代表的自主生产模式受到重创，而台湾为代表的代工模式却受影响较小。

东亚金融危机对我国的打击是多方面的。一是严重打击了我国对外贸易、利用外资和对外经济合作。尤其是当东亚地区发生信心危机并开始出现货币贬值竞争迹象时，我国政府承诺人民币不贬值，承担了逆周期调节的大国责任，整体经济受东亚金融危机的打击较大。二是严重打击了我国内需。由于当时国内经济刚刚摆脱资本短缺、外汇短缺、供给短缺的困境，综合国力和国际竞争力尚较薄弱，内需还不足于承担拉动整个经济增长发动机的作用，外部冲击严重影响了人们对未来预期。在这种情况下，通过国债投资来扩大内需就成为重要的宏观政策选择。由于支撑投资需求和消费需求增长的基础设施、市场组织和社会保障体系的发展长期滞后，使积极财政政策担负的反周期责任，既包括短期稳定增长的调节作用；也包括为内需立国，启动投资和消费增长提供更好支撑条件的公共和经济建设的支出，其中也包括社保、制度组织调整、市场化改革等方面的支出。

2. 应对危机的主要措施。

1998年上半年，国家实施了应对危机管理的积极的财政政策，主要包括：

一是发行长期建设性国债用于政府投资。从1998～2002年，中央财政在5年内共发行6 100亿元长期建设国债和500亿元支持西部开发的特种国债，用于基础设施投资。其中投向农林水利和生态建设1 435.8亿元；技术进步和产业升级398.9亿元；交通基础设施建设包括公路干线、铁路等建设1 140亿元；城市基础设施建设955亿元；环保基础设施建设160亿元；农村电网改造520.72亿元；教育基础设施119.5亿元。这主要是财政长期投入不足、欠账较多的领域。从而带动了地方、部门、企业投入配套资金和银行安排贷款共3.28万亿元，以前所未有的资本形成规模构筑了我国未来发展的基础设施体系。

二是提高中低收入居民收入水平和社会保障水平，扩大社会消费。（1）1999

年以来，连续三次提高机关事业单位职工基本工资标准，还实施了年终一次性奖金制度，建立了艰苦边远地区津贴制度，使机关事业单位月人均工资水平，实现了比1998年翻一番的目标。（2）增加社会保障支出。2002年，中央财政用于"两个确保"和城市"低保"的支出594亿元，是1998年的6.2倍。（3）增加教育、科技的投入，2002年财政安排的教育事业费支出和科技支出分别达到2 590亿元和671亿元，分别是1997年的1.3倍和1.1倍。（4）增加农业投入。2002年，仅中央财政安排的支援农村生产支出、农业综合开发支出和农林水等部门事业费支出379亿元，是1997年的3.9倍。

三是采取了鼓励增加投资、消费和扩大出口的税收政策。为鼓励投资，采取了减半并最终暂停征收固定资产投资方向调节税。对于符合国家产业政策的企业技术改造项目购置国产设备，准许按照40%抵免企业所得税。为鼓励房地产投资，对涉及房地产的营业税、契税和土地增值税等给予一定的减免。为鼓励软件和信息技术等高新技术产业的发展，大幅度调低其增值税实际征收率，鼓励企业进行科研开发。为促使居民增加消费，减少储蓄，国家恢复将利息所得纳入所得税的征收范围，促进了储蓄资金流向消费市场和证券市场。为增强出口产品的价格竞争力，鼓励扩大出口，先后多次调高了出口产品退税率，使出口商品综合退税率水平达到15%以上，提高了5.5个百分点。

3. 对应对危机措施效应的分析。

从总结经验的角度看，有几个问题值得探讨：

一是作为危机管理而实施的积极财政政策，其一些目标是非经济性质的，经济效率的考虑只占次要地位。如果这些应对危机管理的临时性措施没有退出机制和终止时限的明确规定，就很容易成为强化国家动员和配置资源的干预机制，从而导致旧体制回归。

二是当时我国尚有大量投资效益好的基础设施项目，又缺乏有实力的市场主体承接。这就为积极财政政策取得显著效益创造了条件。但也带来地方和部门利益、垄断、寻租、腐败等问题。如果不能深化改革并制定相关的利益制衡机制，就必须出现公共投资的综合效益下降、竞争环境和市场秩序退化的结果。

三是公共投资增加是"挤出"还是"挤入"民间投资和私人消费，当时存在广泛的争论。但1998年以来国民收入初次分配和再分配结构恶化、"国进民退"的现象证实了"挤出"效应是存在的。

四是国债投资中财政对农村（贫困地区、边远少数民族地区）基础教育投入不足；污水处理、垃圾处理等项目缺乏配套运营资金，建成后无法投入使用；一些盈利性较强的基础设施项目属准公共产品，国债投资存在与民争利的现象。

五是当时存在银行"慎贷惜贷"、民间投资启而不动、税制对内需的制约等问题。此外，当时我国政府做出人民币不贬值的承诺。一方面，当实现东亚地区货币稳定后仍未及时调整这项承诺，直到 2005 年 6 月才重启汇率改革，严重延误了汇率市场化改革进程。另一方面，人民币长期固定并定值过低，形成了对外贸、外资、外汇的过度激励，致使外汇储备资产从每年平均增加 300 亿美元到 1 000 亿美元，再到 4 000 亿~5 000 亿美元。贬值的美元资产和升值的人民币负债长期不合理积累，不仅造成我国实际经济资源长期净流出，严重恶化了我国的资源和环境；而且引致外贸、外资、外汇部门的过度扩张，形成严重过剩的对外金融和实物资产，造成消费者剩余和经济福利大量持续对外输出，加剧内外经济失衡。

总之，由于积极财政政策等危机管理措施的有效实施，很大程度上帮助我国成功抵御了亚洲金融危机的冲击，为长期经济和社会发展打下了坚实的物质和技术基础。据测算，1998~2002 年，国债投资对经济增长的贡献度分别为 1.5%、2%、1.7%、2% 和 1.8%[①]；出口增长率分别是 0.5%、6.1%、27.8%、6.8% 和 22.3%。1998~2001 年与 1992~1997 年比较，GDP 可比价年均增长率降低了 3.9 个百分点（从 11.5% 降低到 7.6%），而社会消费品零售总额可比价年均增长率仅降低了 0.2 个百分点（从 10.7% 降低到 10.5%），GDP 中的最终消费率仅降低了 0.8 个百分点（从 9% 降低到 8.2%）。

（二）2008 年国际金融危机应对效应分析

1. 危机影响和应对措施。

2008 年 4 季度，美国次贷危机演变为国际金融危机，这次危机对中国经济的影响是由两部分组成的。一是前期国内宏观调控措施的影响。尤其在 2007 年 5 月以后，调产能过剩、减外贸顺差、压"两高一资"、紧货币信贷、出台新劳动合同法等调控力度明显加大，导致 GDP 和出口增长率从 2007 年 3 季度显著下行。二是后期国际金融危机的冲击。可见，这次危机的影响是国内调整与外部冲击的叠加效应。

2008 年 11 月，国务院确定紧急增加中央投资 1 000 亿元，并启动了 2009~2010 两年大体需要 4 万亿投资的经济刺激方案。重点投向保障性安居工程、农村

---

① 参阅国家发展改革委外经所课题组：《积极的财政政策研究》，内部报告，2003 年 4 月。

民生工程和农村基础设施、医疗卫生和文化教育事业、生态环境、自主创新和产业结构调整、铁路等基础设施、灾后恢复重建等领域。这些措施使我国经济最早走出危机的影响。

2. 对危机应对措施效应的讨论。

即便如此，从总结和反思的角度分析，仍有几个问题值得探讨：

一是2003~2007年全球经济进入泡沫经济的非理性繁荣时期。据国际货币基金组织测算，1982~1991年全球实际GDP平均增速3.3%，1992~2001年全球实际GDP平均增速为3.5%，而2003~2007年的6年间，全球实际GDP增速为4.5%。从2003年开始，美国家庭负债率、资产证券化和房价开始快速持续上升，世界油价和铁矿石价格出现持续井喷式上涨。同期，我国钢铁、水泥、电解铝等原材料工业固定资产投资增速远超预期。当时察觉到国内宏观指标异动，但没有把国内形势与世界经济联系起来看，没有及时把工作重点从高增长转向调结构、转方式、促改革上来，虽然"十一五"经济年均增长率达到了11.2%，却错失了利用世界危机加快产业结构调整的机遇。

二是我国这次危机应对措施效应存在顺周期效果。2008年4季度，国际金融危机形势急剧恶化；2008年11月，国务院就确定了应对方案并抓紧落实；2009年2季度，我国经济就出现谷底回升的迹象。应当讲，我国危机应对措施是及时和果断的，效果是显著的。但是，按照以往经验，投资项目从确定、启动到实际动工，产生实际需求，在非常规的情况下至少也需要半年，即2009年6月以后才可能初见成效。这就带来一个问题，中央和地方财政、银行贷款和社会资金的大量投入，实际效果可能是顺周期的。即对以后的通胀、房地产泡沫、产能过剩、要素价格过快上升、环境和结构调整压力增大，起到了助推作用。其根源，第一是对这场危机性质的判断有偏差；第二是改革滞后导致的行为扭曲。

三是这场危机对我国经济的影响估计过大。其中一个重要原因，是外贸对经济增长贡献的测算存在高估。现有国际经济理论在计算外贸对经济增长的贡献时，往往估计净出口对GDP的贡献率。然而，在经济全球化时代，我国外向型经济形成了"大进大出"的开放模式，进出口值中包括了很高比重的国外增值（有学者估计本地增值率只有20%左右）。因此，虽然我国外贸顺差规模很大，但对经济的实质影响低于宏观预测值。这场危机冲击的影响主要集中在东部沿海的局部地区和外包为主的产业领域。另外，这次危机主要打击金融和房地产泡沫大、杠杆率高的欧美国家，连带影响为它们提供代工的经济体。对我国实体经济为主和内需支撑为主的大国经济而言，实际影响是有限的。

四是房地产和基础设施建设成为推动本轮经济增长的两大动力。但在缺少基本住房保障体系建设，物业税、遗产税、赠予税等措施配套；缺少中央与地方财权财力和事权改革、要素价格市场化改革、金融和国际收支体系改革等体制支撑；缺少以机会公平为基础的社会经济关系调整的条件下，房地产泡沫和大宗商品价格高涨必然带来重化工业过快扩张，利益集团大肆寻租，实体企业脱离主业、社会心态严重失衡的不良后果。

3. 两次危机应对效应的比较。

一是两次危机应对中地方政府的行为差异。1998～2002年，各级地方政府的行为普遍是审慎借债。而到2008～2012年，各地确实存在借危机应对为名大干快上的现象。1998～2002年，广义地方债务余额比1997年增加了1.76万亿元；而2009～2013.6广义地方债务余额比2008年增加了12.31万亿元。

二是两次危机应对中社会资本的行为差异。1998～2002年，社会资本始终处于启而不动的状况，如商业银行、企业和外资投资极其谨慎。2008～2012年，社会资本大量投入刺激政策所鼓励的重点领域和行业。1998年，在我所调研的一个省会城市，几乎所有商业银行的本地分行行长都表示要遵循商业规则，对积极财政政策重点投资的基建和民生项目采取非常审慎的态度。2009年，各大商业银行有大量资金进入了基建、房地产、重化工业和制造业。在2009年上半年，股市曾经出现了哪家银行保持理性和冷静，股市就抛售其股票，哪家银行积极投入，哪家银行的股票就大涨的非理性现象。

三是两次危机应对期间增长态势的差异。1998～2002年，我国经济年均增速7.6%，大大低于前五年的11.5%。然而，困境中带来了结构调整效应，如国企脱困、基建改善、生态恢复、产能调整、潜力修复。2008～2012年，我国经济年均增速约10%，高于保八的预期增长目标，然而，却出现产能过剩严重、房地产价格居高不下、影子银行过快扩张、地方债务高筑、资产负债状况恶化等问题。应对效应差异首先源于对危机性质的判断。1997年是东亚生产网络的危机，我国经济深受其害。而2008年本质上是金融和虚拟经济最发达的欧美生产网络的危机，我国仅受波及。其次，2008年危机影响实质上是内外因素叠加的结果。从2007年3季度到2008年3季度，我国经济和出口下行主要是国内经济和贸易政策主动调整的结果。再次，危机中各经济主体的行为扭曲反映的是利益驱动。大家更愿意享受泡沫繁荣所带来的利益，而不愿意承受调整所必须付出的代价。为此，我们今天就要付出经济下行、产能过剩、调整艰难的代价偿还欠账。

（三）经济下行压力正是加快产能调整的重要机遇期

2012 年我国 GDP 增速下行"破八"，引起了广泛讨论。

一是经济下行是周期性现象还是结构性现象。如果是周期性减速，那么企业应对策略将是短期的。很容易产生忽视转型"温水煮青蛙"的后果。从基本面看，我国经济长期潜在水平在下降。20 世纪 90 年代我国经济潜在增长率约 9%，2000 年以后上升到 10%，现在可能下降到 7% ~ 8%。当我国经济达到 10 万亿美元的规模后，进一步发展动力会发生根本性变化，需要经历一个脱胎换骨的"转型之痛"。这是对前 35 年旧模式实施"创造性毁灭"的痛苦过程，也是进入新 35 年必须付出的代价。

二是经济下行主因是内因还是外因。当前全球外需萎缩、成本上升、摩擦加剧、热点不断的状况还将持续下去。尤其当美国量宽退出进入加息周期，资本回流、美元升值、以邻为壑，使新兴经济体经济面对更大不确定性风险。但我国目前的经济下行主要是内因所致，包括有效内需不足、要素成本持续上升、企业效益显著下降、体制机制改革尚未到位等。因此，坚持"四个全面"，加快推进结构调整，是释放经济长期增长潜力之关键。

三是经济下行是否会导致大量失业和社会不稳定。长期以来，GDP 增速 8% 被看成是一个临界点，"破八"意味着失业增加和社会不稳定。然而，2012 ~ 2014 年，我国就业状况总体良好。中西部就业增加，服务业就业增加，新经济就业增加，带来劳动者收入同步增长，劳动者工作条件有所改善，职业教育和技能培训受到更多重视。这说明总量减速、结构优化、就业增加、民生改善、创新活力上升是好的趋势性变化。

四是经济下行是否会导致我国经济硬着陆。从 2011 年 8 月以来，国际上出现唱衰中国的现象，认为我国产能过剩的调整压力很大，实体经济转型举步维艰；房地产泡沫即将破灭，经济将出现硬着陆；民间融资、影子银行、商业银行不良债的风险都在显著上升；地方融资平台存在偿债风险等。事实上 2012 年以来，无论是国家统计局公布的 PMI 还是汇丰银行公布的 PMI，我国经济下行都多次击破 50% 大关，进入收缩区间，但经济的反作用力每次都很快回升到 50% 以上的合理区间，这说明我国经济韧性大的基本特征。其次，我国经济潜力足也是一个重要特征。2015 年的中国经济将是很难的一年，这是实现"四个全面"的攻坚阶段，也是我国结构调整的重要时期。我们将告别过去 35 年的旧模式，探索未来 35 年的新模式。产能调整不仅仅是数量和规模上的调整，更重要的是质量和效益上的调整。

五是产能调整急需出台供给管理政策。在 2002 ~ 2011 年高增长期间，我国房地产、矿业、金融、垄断部门的"租"（非生产性利润）远大于实体企业的合理利润，从而造成钢铁、水泥、电解铝、造船能力、发电能力、工程机械能力等行业的过剩产能远大于去杠杆化以后的实际有效需求。为此，制造业转型的难度远超过企业、地方、部门自身可承受能力。在这种情况下，应加快实施主体税种减税措施，让企业转型能够轻装上阵；减少政府过度管制或干预，让市场竞争压力迫使企业加快转型；鼓励创新，加强产学研合作，提高创新效率；重视职业教育和技能培训，加大人力资本投入，为培育国际合作竞争新优势打下坚实基础。

三、在全方位开放合作的基础上促进产能调整

（一）构建开放型经济新体制，为产能调整奠定坚实的体制基础

改革开放以来，我国通过不断的理论探索、体制创新和改革实践，逐步形成了以鼓励出口和招商引资为主的外向型经济体制。人民币汇率、利率、税率、价格、货币以及相关政策都是以激励出口和引资为导向的。过去的 35 年，我们解决了外汇短缺、资本短缺、供给短缺的瓶颈约束；引入了现代市场经济因素并实现了体制转型；启动了"干中学"并开了亿万人民现代化发展之"窍"，探索了一条中国特色社会主义发展道路。同时，也形成了外贸、外资、外汇领域的巨大过剩产能。要把这些过剩产能转变为优质产能，就必须探索开放型经济的大国模式，构建开放型经济新体制，这将事关新 35 年的改革大计。

改革开放初期，我国针对当时经济发展状况实施了不平衡发展战略。"先让少数人富起来"，然后实现"共同富裕"；先顾全东部沿海地区的发展大局，然后再顾全中西部地区发展的另一个大局；先把经济搞上去，然后再实现经济、社会和生态协调发展；"先"扩大对西方国家开放，"后"扩大对转型中、发展中国家开放等。这个战略在"先"的阶段取得了巨大成功，但同时也带来经济发展不平衡、不协调、不可持续的矛盾和问题。下一步从全球视野出发，统筹"三个方面开放"、"两个大局"、"对内对外开放"，在全球范围内有效配置资本、市场和产能，形成全方位开放新格局，这将事关新 35 年的开放大局。

改革开放以来，我国把握住经济全球化和世界新科技革命发展机遇，通过参与跨国公司工序分工体系，建立了低成本、大规模、简单模仿的国际竞争优势。

但随着我国要素禀赋结构变化，过去 35 年形成的代工、低端、模仿的旧优势已经难以为继。必须加快推动增长动力从要素驱动向创新驱动转变；增长方式从规模速度取胜向质量效益取胜转变；增长要素从低成本优势向创新、人才和服务优势转变，培育引领国际合作竞争新优势，这将事关新 35 年的发展大势。

（二）过剩产能行业的结构调整与转型升级

一是鼓励过剩产能逐步从过度集中在房地产、建筑、基础设施以及重化工业转向绿色低碳、创新创意、高增值领域。通过激励新生态、新能源、新通讯、新运输、新服务型行业发展，带动我国产业结构轻型化、网络化和低碳化发展。

二是鼓励过剩产能行业与现代服务业合作互动。引导为制造提供中间增值服务的生产性服务业、为消费转型升级服务的消费性服务业、为全社会提供非盈利公共服务的公益性服务业的发展，为传统产业转型提供研发、设计、品牌、创意服务，或商流、物流、信息流、人才流、资金流服务。

三是鼓励人力资本结构调整带动过剩产能行业的结构调整。人力资本的提升将促进物质资本的转型。当前，我国一些地区已经出现了正规教育与职业教育并重发展的新趋势；全国 1 200 所大学中的一半将回归职业教育体系；职业教育的人才需求正转向中专、大专、本科、硕士班、博士班多层次技能人才。

四是通过全方位国际合作促进科技创新正成为过剩产能部门调整的新趋势。一方面，有条件的企业通过"走出去"，在美、日、欧大三角地区设立研发中心、资讯中心、人才中心，获得创新的技术来源。另一方面，企业通过"引进来"加快科技创新的"干中学"过程。在引资、引智、引技的基础上，更加注重引制，即引入国际创新的最新概念、过程和实践。并通过"本地化"，加快国外创新理念和成果在国内的转化和应用，逐步形成自主创新能力。

五是帮助过剩产能企业转型解决"五缺"困境。首先是"缺技术"。企业迫切需要国家建立健全公共技术创新服务体系。其次是"缺人才"。尤其缺少能够帮助企业完成从游击队到正规军脱胎换骨转型的管理人才。再次是"缺订单"。企业迫切需要帮助解决品牌、质量控制、销售渠道、售后服务、维修体系建设等薄弱环节。第四是"缺融资"。企业希望能够得到政府的公共担保、社会征信、开发性金融支持，希望更便利进入多层次资本市场，获得直接和间接融资支持。最后是"缺转型经验和能力"。当前企业能够坚守实业是一件非常困难的事情。一方面，房地产热、金融热、矿业热会诱导企业偏离主业。另一方面，从低成本优势转换到高增值优势，企业必须承受脱胎换骨的转型之痛。

（三）实施"一带一路"战略，推动优质产能"走出去"

2000 年，我国首次提出实施"走出去"战略。"十五"期间，政策导向鼓励发展境外加工贸易和合作开发国内短缺资源；"十一五"期间，要更加重视促进原产地多元化和参与境外基础设施。"十二五"期间，鼓励创建国际化营销网络、品牌，重视当地民生和履行社会责任。预期"十三五"期间，建设"一带一路"和互联互通，用资本输出方式带来全方位国际合作，将是发展的重点之一。这对过剩产能转化为优质产能，是一个重大机遇。

我国目前有 6 万亿美元的巨额外汇资产，其中对外直接投资（ODI）的比重仅 10% 左右，外汇储备资产高达 3.84 万亿美元。如何把外汇储备资产合理多元化管理和运用，是一个重要课题。如以资源型产业和劳动密集型产业为重点（我国目前竞争优势行业），在沿线国家发展"三头在外"（资本在外、能源资源在外、市场在外）的产业，带动产品、设备和劳务输出。

推进"一带一路"建设，为产能过剩行业结构调整创造新的增长黄金期。一是通过推进贯穿欧亚大陆的"五通"建设，通过陆上丝路联通世界，通过海上丝路融入世界，形成中国经济与世界经济之间更紧密经贸联系。这将为产能过剩行业带来资源重新配置的战略机遇期。二是与沿线国家构建全方位合作体系，探索共享发展的南南合作新模式。沿线发展中国家最欢迎价廉物美、诚信可靠、能够带来更多消费者剩余和经济福利的中国商品和服务。这就需要建立第三方评估的质量保证体系和标准认证体系。三是与美日欧构建新型合作伙伴关系，对标高标准经贸规则推进高水平互利共赢。"一带一路"建设欢迎全方位国际合作，欢迎发达国家企业和个人积极参与，欢迎相互协调在同一地区的商业存在和利益分配。这将为产能过剩行业实施多元化发展战略，寻求多层次国际合作创造更加有利的条件。四是举全国之力，东中西合作推进"一带一路"建设。"一带一路"直接涉及我国西部地区的开发开放，涉及欧亚发展中国家之间的优势互补、合作互动，涉及基础设施、农业、投资贸易、金融、人文、生态环境保护等领域的合作。必须举全国之力，全国一盘棋，统筹协调推进。本着优则上、劣则下的原则，把我国综合优势和各地实力拧成一股绳，真正造福于沿线国家和人民。五是要重视境内、跨境、境外一体化的平台、通道、要素的能力建设；重视在岸与离岸全流通的网络建设；重视深植草根与民心相通的软实力建设，构建"和而不同"的合作新模式。

"走出去"培育参与和引领国际合作竞争新优势。一是要构建跨境供应链体系。通过提供资金援助、优惠贷款，BOT 承包、PPP 合作等多种方式，支持沿线国家航空、公路、铁路、港口、海运及物流仓储等综合运输基础设施能力建设。二是要充分利用互联网、物流网、大数据、云计算、线上线下全流通等现代技术和管理建设"一带一路"。对沿线穷国穷人穷地区最好的共享发展方式是全方位互联互通，最好的合作方式是增加当地就业、税收和经济发展，而不是掠夺其财富。三是大力发展互补性贸易增长。共同探索普惠式贸易、合作制贸易、包容式贸易方式，带动当地贫困地区和家庭有能力参与"一带一路"并分享发展成果。四是要按照国际规范推进金融合作。通过亚洲基础设施投资银行、亚洲开发银行，商业银行、多层次资本市场和丝路基金的合作，为"一带一路"建设提供长期融资服务和多层次金融服务。五是大力开展减贫、教育和人才资源开发、生态环境保护、医疗保健、人文交流等领域合作，帮助当地增强参与经济社会发展的能力。

习近平总书记提出，要逐步构筑起立足周边、辐射"一带一路"、面向全球的自由贸易区网络，积极同"一带一路"沿线国家和地区商建自由贸易区[①]。一是要逐步与中亚、南亚、西亚、非洲、中东欧等地区探索商签自由贸易协定，并形成开放、包容、多元的 FTA 网络。二是应与金砖国家一道，探索建立以发展为主题的多边合作机制。同时研究制定与发达国家高标准 FTA 之间的搭桥方案，逐步向更高标准 FTA 规则过渡。三是把 FTA 建设作为构建新型大国关系和新型全球合作伙伴关系的重要组成部分，包括研究并适时推进中美、中欧、中俄、中印、中日之间机制性合作安排。这些有利于开放的双边、多边、诸边合作的制度安排，为我国产能过剩行业的企业"走出去"，提供了更好的制度保障。

参考文献：

王中美：《全球贸易便利化的评估研究与趋势分析》，载于《世界经济研究》2013 年第 4 期。

于立、张杰：《中国产能过剩的根本成因与出路：非市场因素及其三步走战略》，载于《改革》2014 年第 2 期。

胡鞍钢、马伟、鄢一龙：《"丝绸之路经济带"：战略内涵、定位和实现路径》，载于《新疆师范大学学报》2014 年第 2 期。

（本文原载于《新金融评论》2015 年第 1 期）

---

① 习近平同志在中共政治局第十九次集体学习时谈自由贸易区，2014 年 12 月 5 日。

中国经济的第三次动力转型

黄泰岩*

实现经济转型，必须首先完成动力系统的转型。改革开放 30 多年的经验显示，我国先后完成的两次经济增长动力转型，保证了我国经济 30 多年平均近 10% 的高速增长，创造了经济发展的"中国奇迹"。目前我国经济运行的种种困难表明，驱动我国经济的动力已经衰竭，必须实施第三次动力转型。因此，探讨动力转型的理论和经验，以及第三次动力转型的基本思路与措施，就显得极为重要和紧迫。

一、第三次动力转型的理论假说

经济增长的动力源概括起来可以表述为两大系统，即需求拉动系统和供给推动系统，因而从动力系统角度划分经济增长，就可以将经济增长分为需求拉动型经济增长和供给推动型经济增长，与此相应，在宏观经济政策上，就分为需求管理和供给管理。

在经济增长动力源的两大系统中，可以再细分为六个具体的动力。从需求拉动系统来看，包括三个方面的拉动力，也就是通常所说的"三驾马车"，即消费拉动、投资拉动和出口拉动。从供给推动系统来看，也包括三个方面的推动力，即要素供给推动、结构供给推动和制度供给推动。要素供给是指各种生产要素的投入，包括资本、土地、劳动、管理、技术、知识等，以及它们的使用效率。结构供给是指经济结构的优化升级，包括产业结构、城乡结构、地区结构、收入分配结构、生态结构、开放型经济结构等。制度供给是指经济、政治、文化、社会、生态等制度或体制的演进和优化，包括正式制度供给和非正式制度供给。

---

* 黄泰岩，中央民族大学校长；中国人民大学中国经济改革与发展研究院教授、博士生导师；中国人民大学中国民营企业研究中心主任。

在经济增长的不同阶段，由于经济增长的约束条件不同，突破约束"瓶颈"的动力源就会有所不同。当需求不足成为经济增长的主要约束时，扩张需求就成为拉动经济增长的发动机；当供给不足成为经济增长的主要约束时，增加或改善供给就成为推动经济增长的发动机。因此，随着经济增长约束条件的改变，经济增长的动力系统就要随之更换。否则，经济增长一旦动力不足或者失去动力，就会降速或者发生衰退和危机。从这个意义上讲，经济转型最本质、最根本的要求和任务就是更换经济增长的发动机，以保证国民经济稳定可持续发展。

依据经济转型的这一本质要求，我们就可以对我国当前经济转型的性质做出如下基本判断：

1. 需求拉动系统的动力已明显不足，并呈不断衰减之势，单纯依靠需求拉动难以实现 2020 年的全面小康社会目标。这主要表现在：一是从净出口需求拉动来看，我国作为一个发展中的人口大国，决定了我国不可能走"亚洲四小龙"的出口导向型发展道路。一方面，我国如果走这条道路对世界市场的冲击是不可想象的，近些年来我国外贸的快速发展，已经导致世界各国对我国的反倾销案连年居世界最高，外贸摩擦不断加剧；另一方面，从我国经济安全的角度来考虑，我国也不可能长期依靠外贸出口拉动经济增长。因此，不过度依赖出口拉动经济增长，不仅仅是短期内受世界金融危机影响的被动选择，而且更是我国经济长期稳定发展的内在要求。二是从投资需求来看，投资需求是中间需求，投资所形成的生产能力及其所生产出来的最终产品和服务必须要有相应的消费能力将其消化。在目前我国消费严重不足的情况下，投资的扩大就会导致产能过剩，从而抑制经济增长。根据世界标准，产能利用率小于 75% 就是过剩。我国工业 39 个行业中，有 21 个行业已出现严重过剩。产能严重过剩实际上宣布了依靠投资拉动经济增长的不可持续。同时，我国的投资效率也在下降，据伍晓鹰估计，2001 ~ 2010 年，我国每增加一个单位资本，能增加 0.13 个单位产出，单位产出量低于 20 世纪 90 年代的 0.17 和 80 年代高点时的 0.24。[①] 三是从消费需求来看，经济转型的一个重要内容就是在扩大内需中逐步提高消费对经济增长的拉动力。但是，近几年来，虽然我国出台了一系列刺激消费的政策和措施，但消费的扩大总是难以达到预期的目标，反而在投资需求拉动减弱，从而经济增长速度下调的情况下，消费增长以更快的速度下降。如固定资产投资增长从 2012 年的 20.6% 下降到今年 1 ~ 10 月的 20.1%，仅下降 0.5 个百分点，但社会消费零售总额增长却

---

① Tom Orlik：《图解中国经济十年：2002 ~ 2012》，四月网，2012 年 11 月 23 日。

从 2012 年的 14.3% 下降到今年 1~10 月的 13%，下降了 1.3 个百分点。显然，在消费的框架中扩大消费之路已经越走越窄。四是从近些年来扩张需求拉动的政策效果来看，效应趋于递减，而且累积了新的经济风险。为应对世界金融危机，我国实行了积极的财政政策，同时信贷规模大幅扩张和债务率不断上升，累积了潜在的通货膨胀压力。在产能严重过剩、投资不足的情况下，如果继续扩张需求拉动，极有可能导致经济滞涨。以上种种事实表明：在经历了长达 10 多年以扩张需求拉动为特征的高速经济增长之后，需求拉动已经走到尽头，从而必须放弃主要依靠需求拉动的思维定式，寻求新的动力源。

2. 我国经济运行出现一系列困难的根本原因不再是需求约束而是供给约束。这突出表现在：一是随着我国成为世界第二大经济体，从经济大国向经济强国的转变迫在眉睫，而实现这一转变的关键是创新技术的供给；二是随着劳动力等生产要素价格的上升，我国经济的低成本要素供给已不可持续；三是随着产能过剩的不断加剧，我国低端产品供给的扩张空间，无论是国内还是国外，都已极其有限，且在国际市场上受到越南等国家的强力挤出；四是随着我国资源环境约束的不断趋紧，高消耗、高污染的粗放式供给方式已难以为继；五是随着居民消费对产品品牌、安全、高质要求的不断强化，我国的产品和服务供给越来越不适应居民消费的需要，出现了严重的市场供求错位，消费能力大量外流，如我国居民到海外大量抢购奶粉、电饭煲等日常用品；六是随着民营经济的快速发展和市场调节力量的不断增强和完善，现有的经济体制、政治体制、社会体制、文化体制和生态体制越来越不适应新型工业化发展的要求，制度供给的红利已经丧失。以上种种经济运行约束条件的改变，标志着我国经济运行发生困难的原因表面上看好像是需求不足，实际上是有效供给不足。因此，我国经济运行从需求约束向供给约束的根本性转变，就要求不仅是在需求拉动的框架中调整消费、投资和出口的贡献比重，而是从需求拉动向供给推动转变，实现动力系统的彻底置换。因此，十八大报告就未来经济发展的动力问题明确提出：要"着力激发各类市场主体发展新活力，着力增强创新驱动发展新动力，着力构建现代产业发展新体系，着力培育开放型经济发展新优势，使经济发展更多依靠内需特别是消费需求拉动，更多依靠现代服务业和战略性新兴产业带动，更多依靠科技进步、劳动者素质提高、管理创新驱动，更多依靠节约资源和循环经济推动，更多依靠城乡区域发展协调互动，不断增强长期发展后劲。"这四个"着力"和五个"更多依靠"，实质上就是要求国民经济运行从主要依靠需求拉动向主要依靠供给推动转变。

3. 我国经济运行的动力系统从需求拉动向供给推动的转变，绝不是偶然的、随意的,而是由我国经济发展阶段的转换决定的。我国经过改革开放以来 30 多年的高速增长,已进入中等收入国家行列,但从世界经济发展的历史经验来看,许多国家经过努力,都先后进入了中等收入国家之列,可是真正成为发达国家的只是少数。特别是第二次世界大战以后,进入发达国家和地区的只有韩国、新加坡以及我国的台湾和香港地区。其他大多数国家由于发展战略失误等各种原因,都一直徘徊在中等收入水平上,如南美的巴西、阿根廷、墨西哥、智利和亚洲的马来西亚等,陷入"中等收入陷阱"。通过对跨越"中等收入陷阱"与陷入"中等收入陷阱"两类国家和地区的经验进行比较研究发现:

(1) 两类国家和地区发展结果截然相反的原因不在于消费、投资和出口的比重。两类国家和地区发展过程中在需求结构上没有特别明显的差别(见表 1)。从消费所占的比重来看,1990 年韩国都低于阿根廷和马来西亚,但韩国 1995 年人均 GDP 超过了 1 万美元,进入发达经济体。这意味着以消费需求拉动为主的国家并不一定保证能够跨越"中等收入陷阱",或者说,以消费需求拉动为主,不是跨越"中等收入陷阱"的必要条件。

表 1　　　　　　　　　　需求结构的变化(1960~2007 年)

年份	1960	1970	1980	1990	2000	2007
消费						
阿根廷	76.5	74.7	76.2	80.3	84.5	71.5
韩国	98.1	84.8	76.1	63.6	68.6	69.1
马来西亚	74.3	75.7	70.2	65.5	58.2	57.8
投资						
阿根廷	23.5	24.4	25.3	14.0	16.2	24.2
韩国	11.4	25.4	31.8	37.5	30.6	29.4
马来西亚	13.8	20.2	27.4	32.4	26.9	21.9
货物和服务净出口						
阿根廷	0.0	0.9	-1.5	5.7	-0.7	4.3
韩国	-9.5	-10.2	-7.9	-1.1	0.9	1.5
马来西亚	11.9	4.1	2.4	2.1	15.0	20.3

资料来源:国际货币基金组织(IMF)数据库,转引自林岗等著:《迈过"中等收入陷阱"的战略选择》,经济科学出版社 2011 年版。

(2) 过度依靠刺激需求拉动经济增长是陷入"中等收入陷阱"的一个重要特征。刺激需求拉动经济增长,一是表现为扩大货币发行,增加信贷供给,通货膨胀压力不断加大;二是表现为发展中国家因自身财力有限不得不大规模举债,负债率不断提高。通货膨胀、债务高企就会对经济增长带来严重冲击，造成经济波动，甚至经济危机，如阿根廷在 1963～2008 年 45 年间出现了 16 年的负增长。从两类国家和地区发展经验看，跨越"中等收入陷阱"的国家负债率较低，经济增长持续稳定，如韩国从 1963～1991 年近 30 年间，年均经济增长率达到 9.6%，新加坡从 1965～1994 年的 30 年间，年均经济增长率达到 9.2%。相反，陷入"中等收入陷阱"的国家则债务率很高，特别是外债的债务率过高，如阿根廷和马来西亚的外商直接投资占国内生产总值的比重明显高于韩国，1990 年马来西亚高达 5.3%，阿根廷为 1.3%，韩国仅为 0.3%。

（3）两类国家和地区发展结果截然相反的主要原因在于供给推动的差异。这突出表现在：一是技术创新的差异。日本 1956～1961 年间从美国、西欧等国大规模引进技术，并通过消化吸收实现再创新，迅速缩短了与世界先进技术水平的差距，到 20 世纪 70 年代初，日本在生产技术上达到了世界一流水平。这期间恰恰是日本高速经济增长时代，直到 1973 年结束。韩国的研发经费占 GDP 的比重从 1960 年的 0.25% 提高到 1990 年的 1.87%。相反，陷入"中等收入陷阱"的国家 1996 年如阿根廷仅为 0.4%，墨西哥为 0.3%，马来西亚为 0.2%，而且从 1996～2009 年的 10 多年间，阿根廷徘徊在 0.4%～0.6% 之间，墨西哥徘徊在 0.3%～0.4% 之间，马来西亚徘徊在 0.2%～0.7% 之间，没有发生质的飞跃。二是劳动者素质的差异。韩国一直重视国民教育，通过长期的人力资源开发，劳动力的教育水平大幅提升，小学入学率自 1970 年以来一直为 100%，初中入学率 1990 年达到 99.8%，1994 年完成高等教育的比例超过了 25%，在 OECD 国家中，仅次于美国（37%）、挪威（31%）、加拿大和荷兰，位居第五位。[1] 相反，马来西亚 2007 年劳动力中具有大学以上教育程度的比重才达到 20.3%。马来西亚不仅人力资源投入不足，而且还出现了严重的人才流失，据世界银行报告显示，马来西亚有 20% 的受高等教育者流失到国外。[2] 三是产业结构升级的差异。韩国在跨越"中等收入陷阱"进程中不断推进产业结构的升级，从 20 世纪 60 年代的劳动密集型产业转向 70 年代的重化工业等资本密集型产业、80 年代的机械工业深化和高级化、90 年代的研究开发和知识产业发展并推行以技术开发和提高效率为核心的"产业合理化"。产业结构的不断升级，为经济高速增长提供了强大动力。相反，马来西亚长期过度依赖低劳动成本优势，发展中低端产品的出

---

[1] Barry McGaw：《经济合作与发展组织视野中的韩国教育》，载于《教育发展研究》2005 年第 19 期。
[2] World Bank, 2011, Malaysian Economic Monitor: Brain Drain, http://documents.worldbank.org/curated/en/282391468050059744/pdf/614830WP0malay10Box358348B01PUBLIC1.pdf.

口加工业、天然资源贸易等产业，忽略发展高科技工业、专业服务等高附加值产业，科研人才不足也阻碍了马来西亚产业结构的转型升级。[①] 四是制度供给的差异。以对经济社会影响巨大的收入分配制度为例，跨越"中等收入陷阱"的国家和地区收入分配比较公平，基尼系数较低，如韩国的基尼系数在发展过程中一直没有超过 0.4；日本长期稳定在 0.30 ~ 0.37；我国台湾地区 20 世纪 60 年代以来始终保持在 0.35 以下。相反，陷入"中等收入陷阱"的国家收入分配差距较大，基尼系数较高，如马来西亚为 0.492（1997），墨西哥为 0.531（1998），智利为 0.571（2000），巴西为 0.553（2001）。在马来西亚，有 60% 的移居国外者将"社会不公"列为他们离开的关键原因。

以上分析表明，随着我国经济发展阶段质的变化和约束条件的改变，就需要适时地推进经济增长动力系统的转换，为经济增长提供强大的新引擎。从这个意义上说，我国目前经济增长速度的减缓，可能并不是经济潜在增长率下降的结果，而是经济周期和经济增长动力不足的综合反映，这意味着，随着经济周期的转化和经济增长动力系统的更换，我国必然会迎来新一轮 8% 以上的持续快速经济增长。从日本、韩国、新加坡和我国台湾高速经济增长的经验来看，它们都是在完成工业化和城市化前后结束高速增长的。我国还远没有实现工业化和城市化，按照规划，我国要到 2020 年才基本实现工业化，到 2030 年城市化才达到 70%，这都表明，我国经济快速增长应该还没有到结束的拐点。因此，我国还应有 10 ~ 20 年的快速增长具有理论和经验上的支持。

此外，目前理论界有人把我国目前的经济转型期称之为"换挡期"，[②] 这种提法有些不妥。所谓"换挡"，只是经济增长高低档的转换，仍然局限于原有的动力系统，是在动力不足情况下的被动接受和不得已的转换。这显然不是经济转型的本意，因为经济转型是积极主动地转换经济系统，目的是更好、更稳定、更持续的经济增长。把经济转型理解为更换发动机，安装新引擎，就突破了原有经济增长的动力约束条件，构建了一个新的经济系统。在这个新的经济系统中，特别是在新引擎的驱动下，经济增长未必一定会从原来的高挡上换到中挡或低挡上。

二、两次动力转型促进经济持续增长的经验检验

改革开放以来我国先后完成的两次经济增长动力转型的成功经验证明：适时

---

① 胡光耀、林昊：《马来西亚：人才匮乏导致产业升级缓慢》，新华网，2013 年 3 月 6 日。

② 参见：《我国经济如何度过"换挡"期》，载于《经济日报》2013 年 8 月 2 日。

推进经济增长动力系统转型是保持经济长期持续增长的奥秘。因此，总结这两次动力转型的经验，既是对第三次动力转型理论假说的验证，也将对第三次动力转型的思路设计具有启示作用。

1. 第一次动力转型的经验检验（1978～1997 年）。在改革开放初期，我国经济运行的典型形态是短缺经济，市场需求是无限的，供给短缺是市场运行的主要矛盾，因而经济增长的强大动力就是供给推动，即如何动员更多的生产要素供给、如何调整经济结构、如何改革经济体制来促进经济增长。这时我国适时地把工作重心转向以经济建设为中心，通过扩张要素供给数量，以及强力推进经济体制改革提升要素供给效率增加供给，突出表现在：

（1）通过廉价生产要素的大规模投入，特别是低成本劳动力的无限供给实现我国经济的高速增长。这主要有：一是廉价的劳动力。据国家统计局的调查显示，2011 年我国的农民工总量已高达 2.5 亿人，农村能够转出的剩余劳动力至少还有 3 000 万人。长达 30 多年的大量农村剩余劳动力的无限供给，为经济扩张提供了充足的劳动力。不仅如此，到 2004 年珠三角出现"民工荒"以前，农民工的工资一直处于较低水平，从而保证了较高的企业利润以引致新的投资。二是廉价的土地。在 1997 年我国实行房地产市场化改革以前，我国的建设用地基本是无偿划拨的，而且可以说是无限供给的，特别是工业用地，直到现在许多地方政府经常会以"零地价"甚至"负地价"出让用以招商引资。据统计，在过去的 13 年里，商业用途平均地价增长了 2.7 倍，居住用途平均地价增长了 4.2 倍，工业用途平均地价只增长了 54%。① 三是廉价的能源资源。我国一直对水、电、煤、气、油等能源资源实行低价政策，由于各方面的原因，能源资源价格改革虽然提出多年，但至今仍没有取得突破性进展，如国内天然气出厂价格比中亚进口天然气到岸完税价格每立方米低 1.5 元。四是廉价的金融资本。2009 年我国储蓄率达到 51.4%，比 1978 年提高了 13.5 个百分点，平均每年上升 0.44 个百分点，而且 1978～2011 年，有 13 年的实际利率为负。五是廉价的环境。为了追求经济的快速增长，我国在政策上放松了环境管制，如清华大学吴璟、新加坡国立大学邓永恒等学者们分析了 283 个城市的市委书记和市长的业绩与升迁资料发现，如果一个市长、市委书记在任期内的 GDP 增长率比前任领导每增长一个标准差，市委书记升迁的可能性会提高 4.76%，市长升迁的可能性提高 10%。相反，环境设施投资每增加一个标准差，市委书记升迁的可能性下降 8.5%，市长升迁的

---

① 刘林：《工业用地模式亟需调整》，载于《证券市场周刊》2013 年第 39 期。

可能性下降 6.3%。①

（2）通过生产要素的结构优化配置，推动经济快速增长。这主要体现在：一是强力推进产业结构高级化。1979～2012 年，第一、二、三产业增加值年均实际分别增长 4.6%、11.3% 和 10.8%，第二产业的快速增长显示了我国处于工业化进程中。三次产业增加值在国内生产总值中所占的比例由 1978 年的 28.2∶47.9∶23.9 调整为 2012 年的 10.1∶45.3∶44.6，第三产业比重大幅上升 20.7 个百分点，表明第三产业对经济增长的贡献不断提高。二是鼓励生产要素在区域和城乡间的自由流动，提升了生产要素的配置效率，如生产要素向珠三角、长三角和京津冀三大经济圈的集聚，使其对全国 GDP 总量的贡献达到近 40%，为我国 30 多年的高速增长做出了重要贡献。我国城市数量在 1978～1996 年近 20 年的时间中迅速增加，由 193 个增加至 666 个，其中地级市由 98 个增加至 218 个，县级市由 92 个增加至 445 个。城镇人口占总人口的比重从 1978 年的 17.9% 上升到 1995 年的 29%，地级以上城市 GDP 占全国 GDP 的比重到 1995 年达到 67.78%，显示了人口和产业向城市的集聚，从而对我国经济增长的贡献。三是通过对外开放，充分利用国际资源，弥补国内资源的短缺，如我国利用外资规模不断扩大，1979～2012 年，实际使用外商直接投资 12 761 亿美元，1984～2012 年以年均 18.0% 的高速度增长。

（3）通过经济体制改革，释放经济发展活力。受传统计划经济的长期束缚，我国生产力的发展遭到了严重阻碍，改革开放前国民经济几乎走到了崩溃的边缘。十一届三中全会提出的改革开放，极大地促进了生产力的发展，经济增长从 1981 年 5.2% 的低点迅速上升到 1984 年的 15.2% 的改革开放 30 多年的最高点。但是，改革开放初期提出的有计划商品经济的改革红利到 1988 年基本释放完毕，从 1988 年出现严重通货膨胀后，我国经济发展进入了下行期和调整期，各种社会矛盾也随之凸显。1992 年小平同志南方讲话提出的以建立社会主义市场经济新体制为目标的改革，推动了 20 世纪 90 年代我国经济的大发展，经济增长从 1990 年 3.8% 这一改革开放 30 多年中的最低点上升到 1992 年的 14.2%，而且快速增长的势头一直持续到 1997 年。

由于改革开放前长期实行的传统计划经济体制严重束缚了生产力的发展，限制了生产要素的合理流动和有效配置，因而通过深化改革建立社会主义市场经济新体制以推动经济增长就成为这一时期经济发展的主题，或者说是经济体制改革

---

① 参见《商业周刊/中文版》2013 年 7 月 29 日。

居于统揽全局的地位。这是因为，在要素供给、结构优化和制度供给三大推动力中，制度供给居于核心或关键的地位。没有社会主义市场经济新体制的供给，就不可能突破传统体制的束缚，带来大规模的要素投入和结构优化。因此，这一时期的经济增长也可以称之为制度供给型经济增长。有经济学家测算，这一时期的经济增长60%是源于改革创造的新制度供给或称制度红利。与此相适应，这一时期的中国经济学就其研究的主要内容而言，通常被称之为改革经济学或者转轨经济学。

2. 第二次动力转型的经验检验（1998～2012年）。从1998年开始，我国告别了短缺经济进入相对过剩的经济发展新时期新阶段，特别是通货紧缩的出现，使我国的经济增长严重受制于需求不足，或者说扩张需求上升为市场运行的主要矛盾。为了保证经济的持续快速发展，我国及时转换了经济增长的主要动力源，即从供给推动转向主要依靠需求拉动。在1998年3月李鹏同志的《政府工作报告》中还没有明确提出扩张需求拉动，但在1999年3月朱镕基同志的《政府工作报告》中就明确指出："为了应对亚洲金融危机的影响，我们年初就采取了增加投资、扩大内需的对策"。1999年将继续扩大内需和实施积极的财政政策，"在扩大投资需求的同时，要采取有力措施引导和扩大消费需求，形成投资和消费对经济增长的双重拉动"。从此，扩大内需成为我国保持经济稳定持续增长的重要战略，扩张需求拉动增长就成为这一时期经济发展的主题，这一时期的经济增长可以称之为需求拉动型经济增长。主要表现在：

（1）扩张投资需求。在我国，扩张需求最直接、最有效、最简单的手段就是扩张投资需求。这是因为，一是我国的工业化和城市化还处在中期阶段，客观上存在着巨大的投资空间和投资需求；二是我国不仅蕴藏着强大的民间投资能力，而且还有政府投资的强有力杠杆作用，以及国有企业的投资冲动。因此，一旦打开闸门，投资就会像洪水般涌出，形成强大的投资拉动。1998年，投资增长和消费增长对GDP的贡献率分别为30%和66%，2003年就逆转为55%和45%，这种投资成为拉动经济增长主要动力的格局一直持续到现在。1998～2011年，我国资本形成占GDP的比重不断提高，特别是为了应对2008年世界金融危机的冲击，我国更是大规模启动投资稳增长（见表2），而且我国的这一比重远远高于其他国家，甚至比印度还高13个百分点，显示了投资在我国扩大需求拉动中的重要作用，即使在加快转变经济发展方式的新阶段，2013年《政府工作报告》仍然认为，"现阶段，投资在促进经济增长中的作用不可低估。"

表 2 1998～2011 我国与世界一些国家资本形成占 GDP 比重的比较

单位：%

年份\国家	1998	1999	2000	2001	2002	2003	2004	2005	2006	2007	2008	2009	2010	2011
阿根廷	19.9	18	16.2	14.2	12	15.1	19.2	21.5	23.4	24.2	23.3	20.9	22	22.6
巴西	17	16.4	18.2	18	16.2	15.8	17.1	16.2	16.8	18.3	20.7	17.8	20.2	19.7
中国	37.1	36.7	35.1	36.3	37.9	41.2	43.3	42.1	43	41.7	44	48.2	48.2	48.4
印度	23.5	27	24.2	25.7	25	26.2	32.5	34.3	35.9	38	35.5	36.3	37	35.4
日本	26.1	24.7	25.1	24.3	22.5	22.4	22.5	22.5	22.7	22.9	23	19.7	19.8	19.9
韩国	25	29.1	30.6	29.2	29.2	29.9	29.7	29.6	29.4	31.2	26.3	29.5	29.5	29.5
马来西亚	26.7	22.4	26.9	24.4	24.8	22.8	23	22.4	22.7	23.4	21.5	17.8	23.1	23.6
墨西哥	24.3	23.6	23.9	20.9	20.7	22.9	24.7	23.7	26.2	25.5	26.9	23.8	24	25.1
俄罗斯	15	14.8	18.7	21.9	20.1	20.9	20.9	20.1	21.2	24.2	25.5	18.9	22.8	25
美国	19.9	20.3	20.6	19	18.4	18.3	19.4	19.9	20.2	19.2	17.5	14.1	14.8	14.9

资料来源：根据世界银行数据库数据整理而成。

329

（2）扩张出口需求。20 世纪 90 年代的快速增长使我国出现严重的产能过剩，加之亚洲金融危机的叠加效应，我国经济增长率到 1999 年回落到 7.6% 的新低谷。在这种大背景下，扩张外需拉动我国经济增长就成为必然的选择。2001 年的入世，使我国经济迅速融入世界经济，外贸实现了大飞跃。我国货物进出口总额 2004 年就从 1997 年的 3 000 多亿美元迅速突破了 1 万亿美元大关，2012 年达到 38 671 亿美元，比 1978 年增长 186 倍，年均增长 16.6%；货物出口总额 20 487 亿美元，增长 209 倍，年均增长 17.0%，居世界第一位。外贸的快速发展，使净出口对我国经济增长的贡献不断提高（见表 3），而且我国净出口占 GDP 的比重也远高于其他一些国家，甚至像日本、韩国等出口导向型国家。

同时，以入世为标志的构建开放型经济新体系，使中国特色社会主义市场经济体制与世界一般市场经济运行规则的接轨，进一步释放了我国市场经济体制改革的红利，2000 ~ 2010 年，我国年均经济增长率达到了 10.36%。

（3）扩张消费需求。从 1999 年《政府工作报告》明确提出"要采取有力措施引导和扩大消费需求"以来，扩大消费需求一直是扩张需求拉动的重点，并出台了一系列的刺激消费的政策。在各项政策的推动下，我国居民消费得到了快速发展，2001 ~ 2012 年社会消费零售总额年均增长 15%，对经济增长做出了重要贡献。可是，由于扩大投资既有空间和能力，又简单易行，消费虽然实现了快速增长，但投资却以更快的速度增长，致使消费支出占 GDP 的比重在 1998 ~ 2011 年间出现逐步下降的趋势（见表 4）。而且不仅与发达国家相比，即使与金砖国家和其他发展中国家相比，我国消费支出占 GDP 的比重都是偏低的，这不能仅仅归结为我国的消费不足，而且还与我国投资增长过快有关。

在扩张需求拉动经济增长的三驾马车中，投资始终占据主要地位，从这个意义上说，这一时期的经济增长可以称之为以投资为主导的需求拉动型经济增长。

总结我国两次经济增长动力转型的成功经验，可以得出如下基本结论：

第一，经济的周期波动既有周期原因也有动力衰竭的原因。改革开放 30 多年来，我国经济经历了三个大的周期波动：从 1981 年的谷底到 1984 年的顶峰，再到 1990 年的谷底，形成了第一个周期；从 1992 年的顶峰又到 1999 年的谷底，形成了第二个周期；从 2003 年的高速增长，持续到 2007 年的顶峰，然后又掉入 2009 年的谷底，形成了第三个周期。这三个周期经历的时间基本上是 9 ~ 10 年，

表3   1998~2011 我国与世界一些国家净出口占 GDP 比重的比较

单位：%

年份 国家	1998	1999	2000	2001	2002	2003	2004	2005	2006	2007	2008	2009	2010	2011
阿根廷	-2.5	-1.7	-0.6	1.3	14.9	10.8	7.1	5.9	5.5	4.3	3.8	5.3	3.3	2.3
巴西	-2	-1.4	-1.8	-1.3	1.5	2.9	3.9	3.6	2.9	1.5	0.2	-0.2	-1	-0.7
中国	4.3	2.6	2.4	2.1	2.6	2.2	2.6	5.5	7.7	8.8	7.7	4.4	3.9	4.1
印度	-1.6	-1.9	-0.9	-0.9	-1	-0.7	-1.8	-2.7	-3.2	-4	-5.1	-5.4	-4.4	-6.4
日本	1.9	1.6	1.4	0.6	1.3	1.7	2	1.4	1.3	1.7	0.2	0.4	1.2	-0.9
韩国	12.9	6.7	2.9	2.3	1.5	2.3	4.2	2.7	1.4	1.5	-1.2	3.7	2.6	2
马来西亚	22	25.1	19.2	17.4	17.3	19.7	20.4	21.9	21.8	19.9	22.3	20.3	17.2	15.9
墨西哥	-2.1	-1.6	-2	-2.2	-1.8	-1.5	-1.8	-1.5	-1.2	-1.6	-2.2	-1.5	-1.2	-1.3
俄罗斯	6.7	17	20	12.7	10.8	11.4	12.3	13.7	12.7	8.6	9.2	7.4	8.3	8.8
美国	-1.9	-2.8	-3.9	-3.6	-4	-4.5	-5.2	-5.8	-5.8	-5.1	-5	-2.8	-3.5	-3.8

资料来源：根据世界银行数据库数据整理而成。

表4   1998～2011 年中国与世界一些国家消费支出占 GDP 比重的比较

单位：%

年份 国家	1998	1999	2000	2001	2002	2003	2004	2005	2006	2007	2008	2009	2010	2011
阿根廷	82.6	83.7	84.4	84.5	73.1	74.1	73.7	72.7	71.1	71.5	72.9	73.7	74.7	75.1
巴西	85	85	83.5	83.3	82.3	81.3	79	80.2	80.3	80.2	79.1	82.3	80.8	81
中国	58.6	60.6	62.6	61.6	59.6	56.6	54.2	52.4	49.3	49.5	48.2	47.3	47.9	47.5
印度	78.1	74.9	76.7	75.2	75.9	74.5	69.3	68.5	67.3	66	69.5	69.1	67.4	71
日本	72	73.7	73.4	75.1	76.2	75.9	75.5	76.1	76.1	75.4	76.8	80	79	81.1
韩国	62.1	64.2	66.6	68.6	69.3	67.8	65.9	67.6	69	69.1	70	70	67.9	68.5
马来西亚	51.3	52.6	53.9	58.2	58	57.5	56.6	55.7	55.5	56.7	56.2	61.9	59.7	60.5
墨西哥	77.8	78	78.1	81.4	81.2	78.6	77.1	77.7	75	76	75.3	77.6	77.2	76.2
俄罗斯	78.4	68.1	61.3	65.4	69.2	67.8	66.8	66.2	66.1	67.2	65.3	73.6	68.9	66.2
美国	82	82.5	83.3	84.6	85.7	86.2	85.9	85.8	85.6	85.9	87.5	88.7	88.7	88.9

资料来源：根据世界银行数据库数据整理而成。

符合经济周期的变动规律。① 当我们把这三个经济周期进行比较时就会发现如下两个特征：一是它们的共同点在于繁荣期都是 5 年，这是否意味着我国经济在经历了 5 年持续的繁荣后都要进行或大或小的周期调整，当然这还需要未来的经验加以验证；二是它们进入谷底前后的调整期长短存在较大差异，第一个谷底如从 1978 年提出改革开放开始经历了 4 年，第二个谷底为 3 年，第三个谷底持续了 5 年的通货紧缩。我们从三个经济周期的差异可以看出，第一个谷底和第三个谷底持续的时间较长，而这两个谷底恰恰是两次动力转型的时间；第二个谷底持续的时间较短，则没有发生增长动力的转型。由此我们就可以得出如下结论：我国经济周期的波动，既要用周期理论解释，也要分析是否需要动力系统的转型。

依据这一判断，我国经济自 2009 年进入谷底，虽然经过大规模的需求刺激，经济增长速度有所回升，但很快又回到谷底的原因，不能仅仅归结为经济周期和世界金融危机的冲击，还需要考虑动力系统转型才刚刚开始。或者说，没有动力系统的转型，这个调整期很难真正走出来。

第二，经济体制改革是我国经济增长的持久动力。从 30 多年的改革历程来看，中共中央先后推出了三次重大经济体制改革的决定，即 1984 年的《中共中央关于经济体制改革的决定》、1993 年的《中共中央关于建立社会主义市场经济体制若干问题的决定》和 2003 年《中共中央关于完善社会主义市场经济体制若干问题的决定》。审视这三次改革浪潮，可以清晰地看到我国改革与经济增长相互关系的如下基本运动规律：（1）改革存在着周期运动。当改革启动时，经济增长迅速进入"快车道"，但每一次改革浪潮在带来大约 5 年左右的快速增长后，新体制的活力和动力逐渐衰减，经济增长进入调整直至跌入谷底，新的改革诉求又开始酝酿形成，这一变动周期大约为 9～10 年。这表明：一是我国改革是分阶段推进的。我国渐进式的改革总是依据不同发展阶段的诉求设计不同阶段的改革目标和任务，但每次有限改革目标和任务的完成，由于促进了生产力的发展和人民生活水平的提高，得到了人民广泛的支持，为下一次改革提供了新的动力，从而形成改革的良性循环和周期运动。二是必须始终坚持深化改革。这一方面是因为每次有限的改革，都只是逼近总目标，但完善的社会主义市场经济体制还没有建立起来；另一方面，更重要的是，每次有限的改革对生产力和人民生活水平的提高都是有限的，当既有体制不能再促进生产力发展时，新一轮周期的改革就要

---

① 1860 年法国经济学家朱格拉就提出了 9～10 年的经济周期。经济学家熊彼特 1936 年提出经济周期分为长周期、中周期和短周期，每一个长周期包括 6 个中周期，每一个中周期包括三个短周期。短周期约为 40 个月，中周期约为 9～10 年，长周期为 48～60 年。

开始了。（2）改革周期和经济周期高度吻合。从我国改革开放30多年经历的3个经济周期和改革的周期变动来看，每次改革都是发生在经济进入调整和谷底阶段，然后通过改革带动经济进入新一轮的快速发展，形成一个完整的经济周期。从这个意义上说，我国的改革并非主动的，而是被逼的，是发展和民生的倒逼机制。因为改革是利益关系的重新调整，并不是所有的人都希望改革。但当不改革就无法发展，不发展各种社会矛盾就会凸显，甚至激化时，改革就容易达成共识，并向前推进。所以，经济周期孕育了改革周期，改革周期促成了经济周期，二者互为因果。

2013年，我国出台了《中共中央关于全面深化改革若干重大问题的决定》，这第四个改革决定距离2003年的改革决定正好10年，改革的周期性再次被验证。依据以往改革与发展相互关系的规律，这是否意味着新一轮的"改革红利"即将到来，或者说，《中共中央关于全面深化改革若干重大问题的决定》，为未来十年我国经济的成功转型和可持续发展安装了新的强劲的"发动机"。

三、第三次动力转型的思路与措施

我国目前推进的第三次动力系统转型，即主要依靠供给推动经济增长，与上一次主要依靠需求拉动经济增长的动力转型相比，最大的不同点在于：在需求拉动下，政府可以发挥直接作用，即发挥政府投资和消费的杠杆作用，带动民间投资和消费，迅速起到稳定经济进而拉动经济增长的作用；在供给推动下，政府将发挥间接作用，即为微观主体提供服务和创造环境，充分激活微观主体的活力和市场竞争力，全面提升供给质量和效率。因此，第三次动力转型的核心就是重新设计政府与市场的关系，关键是规范政府的职能和行为，推进国家治理体系和治理能力现代化，通过充分发挥市场配置资源的决定性作用，让一切劳动、知识、技术、管理、资本的活力竞相迸发，让一切创造社会财富的源泉充分涌流。为实现以上转型目标，第三次动力系统转型就应做到：

1. 在保持经济稳定较快发展的前提下推进第三次动力转型。确保十八大提出的到2020年实现国内生产总值和城乡居民人均收入比2010年翻一番的宏伟目标，就需要保持年均7%以上的经济增长率，这是经济发展不能滑出的"下限"。因此，第三次动力转型必须要以保持较高的经济增长速度为前提。这无疑在一定程度上会增加转型的难度，但如果失去了这个前提，转型将无从谈起。这是因为，一是我国的经济效益还是速度型效益，一旦经济增长速度下降，投资、就业、收入、消费等都会随之下降，甚至会以更快的速度下降，民生问题会更加凸显，这显然有悖于转型的初衷；二是我国存在着巨大的就业压力，速度下降会引起社会不稳，因而要必保就业水平不滑出"下限"。实际上，发展不仅是转型的前提，还是转型的目的，即通过转型实现持续健康的科学发展，实现"中国梦"。从这个意义上说，在推进转型进程中，是否能够保持较高的经济增长速度，是衡量转型成败得失的基本标准。因此，那种认为推进转型可以容忍7%以下，甚至更低增长速度的观点，显然是对发展与转型关系的误解。

为了实现转型与发展的协调平衡，推进转型的可行途径就是以增量带动存量调整。例如，构建现代产业发展新体系，就要：一是沿着三次产业演进的一般规律，由工业经济向服务经济和知识经济实施产业升级，发展现代服务业和新兴战略产业；二是沿着产业链的升级规律，由低端向高端、由低附加值向高附加值实施产业升级，发展现代农业、现代制造业，特别是高端装备制造业。随着这些高端产业和产业高端增量的扩大，产业结构也随之不断优化。但是，我国实施产业升级，发展现代产业，不能走西方发达国家经济转型升级的老路，即放弃传统产业，特别是放弃劳动密集型产业。这是因为，一是我国存在着巨大的就业压力，制造业作为吸纳劳动力就业的主要产业，应该在发展过程中不断创造出新的就业岗位，形成推进工业化与就业的良性循环。二是我国是发展中的大国，各地区之间发展不平衡，这就在客观上为制造业的多层次共同发展提供了可能，如东部地区随着劳动力、土地等资源价格上升，一些劳动密集型产业可以向中西部地区转移。这种产业结构的调整和产业技术的梯度扩散，有助于形成推进工业化与区域协调发展的良性循环。从这个意义上说，发展传统产业，特别是通过先进技术改造提升传统产业，也是经济转型升级的应有内容。因此，中国特色的经济转型升级道路，不仅要"中国创造"，而且还要"中国制造"；不仅要"世界工厂"，而且在一定程度上还要"世界加工厂"。

2. 在构建政府与市场新型关系中依靠新的制度供给推进动力转型。只有建立起一整套促进、引导和保障经济转型升级的制度、体制和机制，经济转型才能从外部强制转变成为强大的内生驱动，成为各个微观市场运行主体的自觉行动。我国全面深化改革所要构建的政府与市场新型关系的基本构架是：（1）市场在资源配置中起决定性作用。随着我国市场化改革的不断深化，市场已具备了优化配置资源的功能，因而我国必须遵循市场经济的一般规律，把资源配置的决定权交给市场，大幅度减少政府对资源的直接配置。为此，就需要健全市场体系，完善市场机制，规范市场秩序。（2）强化企业的市场主体地位。这主要包括：一是强化企业的投资主体地位；二是强化企业在技术创新中的主体地位；三是强化不同所有制企业依法平等参与市场竞争的地位。（3）政府的主要职能是加强发展战略、规划、政策、标准等制定和实施，加强市场活动监管，加强各类公共服务提供。可见，我国第四次改革浪潮的关键是改革政府体制和转换政府职能。

我国以往三次改革浪潮，就总体而言，都是由政府推动的制度创新，政府在改革过程中发挥着倡导者、组织者、管理者、推动者的作用，从而保证了改革有条不紊地向前推进，并取得了举世瞩目的伟大成就。因此，以往我国经济体制改革的动力是政府主导型或政府推动型的。但是，政府推动的经济体制改革走到今天，也积累了一个尖锐的矛盾：即政府推动的微观经济体制改革的突进与政府自身改革的相对滞后的矛盾，而且后者的滞后已严重制约了前者的深化。可是，政府推动政府自身的改革，将需要巨大的改革勇气和敢于做出巨大的权力和利益牺牲。毕竟自己革自己的命是相当困难的，这也是近些年来我国经济体制改革越来越艰难的一个重要原因。从这个意义上说，不推进政治体制改革，就不能有效地推进经济体制改革。显然，这就需要寻求新时期深化改革的新动力。但这个新动力必须是完善的社会主义市场经济体制内生的，因为单纯依靠外在的力量是不可能推动改革成功的。因此，这个新动力应包括：一是政府的自觉推动力。政治体制改革的目的不是取消政府，而是转换政府职能，解决政府的"越位"和"缺位"，从而形成一个强有力的有效率的法制型政府、服务型政府。因此，政治体制改革就必须在政府的有效领导下依靠政府的自觉革命才能有效推进。二是民主的推动力。人民是改革的主体，要充分发挥人民群众参与改革的积极性、主动性、创造性。我国社会主义市场经济体制已经初步确立，这就意味着经济的民主体制已经形成。随着各个不同经济利益群体的形成，他们为了维护自己的特殊利益，就会自然产生政治参与的积极性。这就为扩大社会主义民主，从各个层次、各个领域扩大公民有序政治参与，奠定了经济基础。更加广泛、更加充分、更加健全的人民民主的形成，就会形成推进改革的民主力量，在与政府推动力的合作博弈中产生巨大的能量。因此，改革必须是顶层设计和摸着石头过河相结合，确保这一轮改革的成功。

3. 在形成开放型经济新优势中创新技术要素供给推进动力转型。推动经济转型升级，必须紧紧依靠创新驱动。加快自主创新，一方面，在关键技术、核心技术等领域必须自力更生，自我创新，但另一方面，在我国总体技术水平和技术资源仍然与发达国家存在相当大差距的情况下，我国就不能仅仅依靠自己的力量，而是充分利用全球资源推进技术创新，走开放型、协同型的跨越式创新道路。这是因为：一是我国的自主创新不可能离开世界科学技术发展的文明大道，认真学习、引进、消化和吸收世界一切科学技术发展的文明成果，并在此基础上推进创新。二是利用世界科技成果和资源有助于加速我国这样一个科技资源不足的发展中国家追赶世界科技强国的进程。全世界绝大多数的发明专利都掌握在发达国家手中，绝大多数的新技术和新工艺的专利权，以及尖端技术开发和国际技术转移都被跨国公司所控制。三是通过开放型创新，可以把我国的自主创新置于国际竞争的环境中，通过国际市场竞争的压力和动力，加快广泛采用国外先进技术的速度，促进我国技术创新。然而在当前国际环境下，我国利用全球资源的技术创新，受到了以美国为首的西方发达国家的遏制。从这个意义上说，日本、韩国等经济体转型升级的成功经验，对我国就部分失去了借鉴价值，我国必须探索独特的自力更生与争取外援相结合的跨越式创新道路。

为了推进我国跨越式的自主创新，就需要构建以下实现机制：

第一，大胆地利用国际科技资源。这具体包括：（1）选择那些能够带来技术进步的外资项目大胆地引进。在技术进步快速发展的今天，中国落后美国 8 年的技术差距，仅靠自己的独立研发无论如何是不可能快速缩小的，唯一的选择就是借助后发优势，通过学习、合作实现技术赶超。从这个意义上说，大胆引进那些能带来技术进步的外资项目就具有了决定性的意义。事实上，我国在这方面已经创造出了许多成功的案例。"和谐号"高速动车组的技术引进就是典型的一例。它使我国以很少的经费、在很短的时间内成为完全自主生产高速列车动车组的国家之一。在引进学习地基础上，我国又研发出了完全拥有自主知识产权时速达到350 公里的动车组。（2）选择那些能够形成独立开发能力的外资项目大胆地引进。单纯依靠引进技术往往很难获得核心技术或关键技术，而且也不利于通过干中学培育创新能力和形成创新团队。"和谐号"高速动车组的技术引进虽然是通过"引进消化吸收再创新"的方式实现的，但国外机车厂商都保留了一定的关键技术。为了弥补这一不足，可以选择与外商的联合开发模式，在我国已具有一定开发基础的领域迅速形成自主创新能力。例如，华晨汽车公司与德国 FEV 发动机技术公司联合开发华晨 1.8T 发动机中，坚持"以我为主"全程参与了从设计、试制、试验、标定等所有过程，不仅拥有了全部知识产权，而且形成了自己的独立开发能力。（3）充分利用跨国公司在华研究机构进行技术合作。外资公司以各种形式在中国已经投资建立了近 1 000 家研发机构，充分利用这些研发机构的技术外溢对我国来说是难得的机会。（4）我国在海外有大量的留学人员，发挥他们的作用应该是我国自主创新不可忽略的重要资源。阿比谢克·潘迪（Abhishek Pandey et al.，2004）在谈到印度知识经济快速发展的原因时强调，在诸如美国和英国等发达国家的印度移民在推动印度增长和改善知识密集型产业（尤其是 IT 产业和其他高端产业）方面发挥了越来越重要的作用。他们认为，印度公司主要的竞争优势是成本和用英语交流的能力。印度大规模地移民发生在 19 世纪和 20 世纪，有超过 2 000 万的印度人居住在全球 70 个国家，从事的职业主要为医学、工程、管理以及自主经营公司。①

第二，推进企业的集群式创新。企业是技术创新的主体，但在我国单个企业技术创新能力和资源有限的情况下，就可以采取企业集群创新的形式突破单个企业的资源瓶颈，发挥分工协作的联合力量。这具体包括：一是大企业通过外包方式将某些模块的技术分给中小企业，发挥中小企业在特定产业环节精、专、强的优势，然后将中小企业在外包模块项目中的局部创新进行集合，实现技术创新。二是中小企业通过在某一区域或某一产业的集群发展，从而利用自身的集群优势进行技术创新。中小企业集群的优势就在于其组织结构内部协调容易、对外反应灵活。三是中小企业的集群发展还有利于技术在集群内的外溢和扩散，从而推进技术的创新。实践证明：在今天的知识经济条件下，中小企业与大企业在技术创新方面并不存在明显的劣势。

第三，推进协同式创新。企业自然是技术创新的主体，但在跨越式自主创新的条件下，单靠企业的创新力量是远远不够的，这就需要借助政府、大学、科研院所的力量协同创新。目前，我国对自主创新的研究主要集中在作为自主创新主体的企业层面和产业集群创新层面，就政府层面的研究主要是为创新提供良好的环境。在我国作为一个发展中国家努力实现技术赶超的发展背景下，就需要突破企业和产业层面的技术创新局限，把政府也作为一个重要的自主创新主体纳入到创新体系中，构建一个以企业自主创新为主体，政府、大学、科研院所等创新要素参与其中的协同式创新体系。其实，在美国高新技术产业的发展中，美国政府的军事订货发挥了重要的作用。

4. 在以调整经济结构为主攻方向中优化结构供给推进动力转型。这主要包括：（1）产业结构优化。这从两个方面推动经济增长：一是大力发展新兴战略产业，形成新的经济增长点和新的支柱产业。"十二五"规划确定的发展目标是：新兴产业占 GDP 的比重从 2011 年的 3% 提高到 2015 年的 8%，其中高端装备制造产业销售收入在装备制造业中的占比 2015 年提高到 15%，到 2020 年进一步提

---

① Abhishek Pandey, Alok Aggarwal, Richard Devane, Yevgeny Kuznetsov, 2004, India's Transformation to Knowledge-based Economy Evolving Role of the Indian Diaspora, *Evalueserve*.

高到 25%。要完成这一目标，新兴战略产业的发展速度要远远快于 GDP 的增长速度，从而成为经济增长的重要推动力。二是改造传统产业。目前我国制造业仍处在国际产业链的低端，因而我国制造业从卖体力，到卖产品，再到卖品牌，再到卖技术，最后到卖标准，还有若干个台阶要爬，产业升级的任务很重，增长的空间很大。（2）城乡结构优化。麦肯锡对我国城市的发展做出如下预测：到 2030 年，中国经济结构改变最明显的证明将是城市的繁荣，尤其目前人口少于 150 万的中小城市，它们将为到 2030 年间中国城市的 GDP 贡献 40%。依据麦肯锡全球研究院有关 2 650 多座城市的数据库，包括人口预测及人均 GDP 增长率等，确定了 2025 年全球最具活力的 75 座城市，其中 29 座在中国。2025 年，99 座新城市有望跻身全世界最大 600 座城市行列，其中 72 座来自中国。城市化对经济增长的促进作用在于：一是对城市的基础设施建设和房地产建设提出了巨大需求。人口和产业向城市集聚，城市就需要发展房地产业，需要解决交通、教育、医疗等公共服务，有人估计未来 10 年这将需要 40 万亿的投资。[1] 二是对居民消费的增长起到重要促进作用。根据中国社会科学院 2011 年的调查报告显示，我国城乡收入差距为 3.23∶1，如果再加上城乡公共服务供给的差距，城乡差距会更大。因此，农民的市民化将大幅提高他们的收入水平和消费水平，同时农民的市民化又使他们从过去的半商品化消费到完全商品化消费的转变，从而大大提升消费对经济增长的拉动作用。从这个意义上说，我国城乡差距在 8～10 年，只要让农民的消费水平达到目前城镇居民的消费水平，就能拉动中国经济 10 年左右的快速健康发展。（3）区域结构的优化。经过 30 多年的发展，我国区域间的经济发展水平形成了巨大差距。从各个省份的绝对差距来看，人均 GDP 最高的上海是最低的贵州的 5.5 倍；从东中西三大区域差距来看，中部和东北相当于东部的 3/4，西部不到东部的 2/3；从全面小康指标的实现程度来看，西部仅相当于东部的 70%，大约晚 7 年左右。加快中西部和东北地区的发展，即使达到目前东部发达地区的水平，也将支撑我国 10 年左右的快速发展。

5. 在激发各类市场主体发展新活力中提升企业竞争力推进动力转型。赢得中国企业的竞争优势，唯一的途径就是竞争，而竞争的前提则是放宽市场准入，即允许那些具备条件的企业，无论它们是什么所有制的企业，都可以自由地进出产业，从而在行业内形成激烈的市场竞争，通过优胜劣汰最终产生最具竞争力的企业。从我国改革的历史经验来看，在一个行业中，即使存在多个单一国有制的

---

[1] 孙春芳：《城镇化 10 年拉动 40 万亿投资 资金来源已有透支》，载于《21 世纪经济报道》2013 年 1 月 8 日。

企业，它们之间的竞争也是不充分的，通过优胜劣汰筛选出优势企业几乎也是不可能的，只有加入不同所有制企业之间的竞争，产业的发展才能突飞猛进。例如，中国汽车产业在"三大三小"的格局下进步缓慢，而在外资和民营企业进入的竞争下，产业面貌发生了根本的改观。试想如果没有吉利汽车的进入，中国人会如此之快地享受到物美价廉的汽车文明吗？从这个意义上说，《中共中央关于全面深化改革若干重大问题的决定》提出，坚持权利平等、机会平等、规则平等，废除对非公有制经济各种形式的不合理规定，消除各种隐性壁垒，制定非公有制企业进入特许经营领域具体办法等，就不仅仅是对非公有制经济与其他所有制企业一视同仁，实行同等待遇的问题，而且更重要的是在经济全球化的格局下赢得中国产业新竞争优势的明智之举。

但是，要赢得中国企业的新竞争优势，绝不是对个体私营等非公有制经济简单放宽市场准入就可以解决的，特别是我国需要进一步放宽市场准入的行业几乎都是一些重化工业、能源性、自然垄断性行业，在这些行业中，几乎都是大型国有企业。因此，这就会产生以下两种现象：第一，进入这些行业的资本、技术门槛都相当高，从而使得我国的个体私营等非公有制经济要以单独企业的身份与大型国有企业进行竞争几乎是相当困难的。第二，大型国有企业的改制和产权多元化，也需要相应的产业背景和技术背景，但我国个体私营等非公有制经济由于发展时间较短，积累的产业背景和技术背景还明显不足，这就使得它们即使在放宽市场准入的情况下也难以大规模参与大型国有企业的改制和产权多元化，这也是我国大型国有企业的改制和产权多元化，大多是由世界跨国公司参与的一个重要原因。

因此，在对个体私营等非公有制经济放宽市场准入的前提下，还要进一步加大对非公有制经济的财税金融支持、完善对非公有制经济的社会服务、维护非公有制企业和职工的合法权益、引导非公有制企业提高自身素质、改进政府对非公有制经济的监管和加强对发展非公有制经济的指导和政策协调，促使我国的个体私营等非公有制企业进一步做大做强。从这个意义上说，鼓励支持和引导个体私营等非公有制经济发展，就是深化国有企业改革，完善国有企业的治理结构，提高国有企业的经营效率。

参考文献：

黄泰岩：《探求市场之路》，黑龙江人民出版社 2003 年版。

林岗等著：《迈过"中等收入陷阱"的战略选择》，经济科学出版社 2011

年版。

World Bank, 2011, Malaysian Economic Monitor: Brain Drain, http://documents. worldbank. org/curated/en/282391468050059744/pdf/614830WP0malay10Box 358348B01PUBLIC1. pdf.

（本文原载于《经济学动态》2014 年第 2 期）

第三部分
深化经济体制改革

从"三个赛跑"看进一步改革开放的紧迫性

马晓河*

经过30多年的快速发展，中国已经成功地由低收入国家跨入中上等收入国家行列。下一个30年，中国将从中上等收入国家向高收入国家行列迈进。显然，用于向中等收入发展水平迈进的原有增长机制不可复制，用于促进经济社会发展的改革开放模式也不可照搬。

同过去30年相比，今后我国向高收入国家行列迈进，所实现的发展目标要比向中等收入国家行列迈进的目标高得多、难得多。从低收入水平发展到中等收入水平，主要目标是消除贫困，解决温饱，实现社会的全面小康；而从中等收入水平发展到高收入水平，主要目标是让人民生活富裕起来，最终实现强国富民。治穷解决温饱相对容易，致富强国的难度较大。

同改革开放初期相比，当前和今后，我国继续推进改革开放遇到的难度要大得多。改革开放初期，中国各个阶层都比较贫穷，工人、农民温饱都成问题，精英群体缺乏上升通道，大家都渴望改革开放，一旦推出改革举措，大都会积极响应，改革的阻力小、成本低。到了今天，一些团体甚至个人利用公共权力和公共资源改革机会，获得了比他人或其他团体更多的利益，既得利益集团的改革意愿下降。因此，在新的时期，我们如何破除阻力，甚至化阻力为动力，推进改革开放，是需要超凡智慧和高超技巧的。

同过去相比，今天的改革开放已进入深水区，进一步改革开放遇到的困难更多、风险更高、成本更大。在政治、经济、社会、文化等体制改革领域，容易改的都改过了，剩下的几乎都是不得不改而又难以改革的项目。有些改革项目涉及的利益关系错综复杂，只有通过调整现存利益结构，甚至牺牲既得利益集团，才能实现改革发展目标。因此，面对困难多、风险高、成本大的改革，改得好有利

---

* 马晓河，国家发展和改革委员会宏观经济研究院副院长，中国人民大学中国经济改革与发展研究院常务副院长，中国人民大学兼职教授、博士生导师。

于促进经济社会发展，改不好将危及社会稳定。

目前和今后一段时间内，我国的改革开放不但困难多、风险高、成本大，而且时间紧迫，至少在以下三个方面与时间赛跑。如果我们的改革开放能够跑过时间，我们将能获得发展的主动权，否则将错过重大历史机遇期。

一、改革城乡二元体制的时间在和改革赛跑

下一步，中国要想从中上等收入国家向高收入国家行列迈进，首先必须提高城镇化水平。目前，高收入国家的城市化率平均在 77% 以上，其中美国、英国、德国、日本等国家都在 80% 以上。中国要达到这样高的城镇化水平，还面临着难以突破的城乡二元体制障碍。按照国家统计局公布的数据，2011 年我国城镇化率已达到 51.3%，距高收入国家平均城市化率差 26 个多百分点。但仔细分析发现，我国实际城镇化率远没有达到 51.3%。统计数据显示，2011 年我国城镇人口已达 69 079 万人，但实际享受城镇化制度安排的人口要远远低于该数据。因为在现有城乡二元体制下，我国在 25 278 万个农民工中，有 15 863 万人在城镇打工，由于户籍和社会保障制度限制，他们既无法真正享受城市文明，又在"被城镇化"。如果扣掉进城务工农民人口数，我国的城镇化率将下降到 39.5%，与高收入国家的城市化水平几乎相差一半。

我国实际城镇化难以向前推进，关键在于体制和政策安排。当前和今后，我国继续利用城乡二元制度推进经济发展的矛盾越来越大。因为，在过去，农民进城数量还不太多，城乡二元结构通过户籍以及社会福利制度安排，将农民同城镇居民割裂在两个天地里，农民既享受不到也看不到城镇居民所享受的种种公共服务和社会保障福利。而现在以及未来，随着越来越多的农民进城，他们亲眼看到了城镇居民享受着比农民越来越多、越来越好的公共服务和社会保障福利。农民工进城规模越大、速度越快，突破城乡二元体制障碍的要求就越强烈，形势变化留给我们改革城乡二元体制的时间就越不足。因此，改革城乡二元体制的时间在和改革赛跑。然而，改革面临的难题是，大城市基础设施、公共服务条件优越，发展机遇多，但人满为患；中小城市（镇）基础设施、公共服务条件差，发展机遇少，缺乏吸引力。怎么改革城乡二元体制，促进农民工市民化，推进城镇化进程，我们既需要时间安排，又需要总体设计和细致的执行方案。

二、我国的社会阶层结构转变在和改革赛跑

中产阶层是稳定社会、拉动消费、推进文明创新的主要群体，是推进中国由中等收入国家向高收入国家迈进的关键力量。当前和今后一段时间，我国经济结构、社会结构以及政治结构将处于加快转型时期，这个时期结构转型的最大任务是，我国必须尽快培育一个以中产阶层为主的"橄榄型"社会结构。

多年来，我国经济高速增长并没有带来中产阶层的迅速成长，社会阶层依然是"上端小，底部大"的金字塔形结构：底部是占人口比重很高的低收入人群，他们收入不高，消费能力低；上端是占社会财富比重很大、占人口比重很小的高收入人群，他们收入极高，储蓄能力很强；中间则是占人口比重不大的中等收入人群，他们成熟理性，收入居中，消费能力强，但还没有成为社会的主流群体。我们以 2010 年基期，选取人均年可支配收入（农民为人均年纯收入）22 000 ~ 65 000 元作为中等收入人群，利用对数正态分布函数测算了 1995 ~ 2010 年我国中等收入者占总人口的比重情况，结果是到 2010 年我国中等收入者人群占全国总人口的比重只有 21.25%。显然，如此之低的中等收入人群比重是无法向橄榄型社会结构转变的。衡量中产阶层除了收入指标之外，还有教育、职业、资产、消费和主观认同等指标。用这些指标衡量，我国的中产阶层比重也不高。

阻碍我国中产阶层发育、成长的有以下几个方面原因：一是现行城乡、地区之间的户籍及其社会保障制度抑制了社会各阶层之间的流动和变迁，不利于社会底部阶层向上流动变为中产阶层。二是收入分配政策不合理，导致贫富差距拉大，不利于中等收入群体的扩大。三是教育、卫生、科技以及创业就业等社会公共资源配置不公平，优质公共资源向城市、向精英群体倾斜，不利于"草根"群体改变身份向中产阶层迈进。四是成功上升的机会不均等。高收入阶层、精英群体等既得利益集团利用各种社会资源占据有利地位，使得底部社会阶层上升之路变窄、变难。

目前，我国在建立以中产阶层为主的橄榄型社会方面面临两难抉择。一方面，越是推迟建立以中产阶层为主的橄榄型社会，中产阶层成长越缓慢，低收入群体人口太多，社会越不稳定，消费型社会越发难以形成，迈向高收入国家行列的目标也更加难以实现。另一方面，若加快培育中产阶层，建立橄榄型社会，一旦中产阶层壮大起来，由于他们有知识、有资产，民主意识、参政意识、维权意识都较强，在社会体制以及政治体制改革步伐慢于他们的需要时，他们对执政者

的信任度便会下降。因此，我国中产阶层成长的规模、速度在和改革赛跑。这就要求我们必须具有历史紧迫感，有高超的智慧和敢于担当的勇气，加快经济体制、社会体制和政治体制的协调改革。

三、国际经济政治关系格局变化在与改革赛跑

在对外开放领域，今后中国要想发展成为高收入国家，无疑需要创造更加和谐良好的国际环境。众所周知，30多年来，我国经济的快速发展和综合国力的不断增强，在很大程度上得益于既有的国际贸易体系和国际政治秩序。这期间，国际贸易环境和政治秩序变动基本上都是向有利于中国的方向变化。但是，近来国际经济政治关系演变对我国发展出现了不利的因素。从经济角度看，发达国家在经济危机冲击下，政府公共支出紧缩，居民消费信心不足，导致对中国的外需下降；同时，发展中国家正在利用比中国更加低廉的劳动力、土地、资金和资源要素大量生产劳动密集型产品，并向发达国家出口，从劳动密集型产品市场上对中国形成供给替代效应。另外，要素成本提高、人民币升值，正在不断挤压我国出口产业的利润空间，也给我国发展外向型经济带来严峻挑战。

从国际政治关系格局看，在国际关系重心从大西洋转向太平洋的大背景下，当前美国全球战略重点向亚太转移。从经济上美国主导建立跨太平洋战略经济伙伴协定（TPP），从军事上以日本和澳大利亚为支点，以西太平洋岛链为依托建立空海军作战体系，这些都对中国进一步崛起带来压力。在中国周边地区，中印、中菲、中越、中日、中韩因边界和岛屿争端，导致双边以及多边关系复杂化、矛盾显形化，这使得我们不可能像以往那样一心一意去发展经济，必须挤出一部分战略资源解决周边问题。面对国际经济政治关系格局新变化，如果我们不能在改革开放上及时创新，我国必将丧失新一轮战略机遇期。因此，国际经济政治关系格局变化的广度与深度正在和我国改革开放赛跑。作为正在崛起中的大国，在国际经济政治关系格局新变化中，必须选择新的开放战略，绘制新的改革开放路线图，积极参与国际游戏规则的制定，创造更加有利的国际经济政治环境，推进中国向高收入国家转变。

综上所述，我国又到了一个需要选择的新时期。在这个时期，走出困境，实现新的发展目标，仍然需要坚持改革开放的思想路线，凝聚改革开放共识，集聚改革开放力量，搞好顶层设计和总体规划，积极推进重点领域和关键环节的改革开放，促进中国经济社会向更高层次发展。

参考文献:

国务院发展研究中心农村部课题组、叶兴庆、徐小青:《从城乡二元到城乡一体——我国城乡二元体制的突出矛盾与未来走向》,载于《管理世界》2014 年第 9 期。

温家宝:《中国农业和农村的发展道路》,载于《求是》2012 年第 2 期。

苏京春:《中等收入阶段福利赶超与经济赶超:概念、逻辑及前车之鉴》,载于《财政研究》2011 年 11 期。

（本文原载于《前线》2012 年第 9 期;《中国改革年鉴
（2003~2012 专卷)》,2013 年 1 月版)

关于进一步推进国有经济改革发展的一些意见

林 岗 张 晨[*]

一、对国有企业改革和发展起干扰作用的某些错误观点

改革开放以来，我国的国有经济的改革与发展获得了巨大成就。通过制度创新，建立起了适应市场经济要求的新型国有资产管理制度和企业经营管理体制，使企业成为独立经营的市场主体，国有企业的竞争力和活力大大增强，效益明显改善。同时，通过调整布局，国有经济的重点放到了关系国民经济命脉的重要行业和关键领域以及大型企业集团，增强了国有经济的控制力和影响力。但是，社会上也流行着三个对坚持国有企业改革和发展的正确方向起干扰作用的错误观点。要在已经取得的成就的基础进一步深化国有企业改革，应当对这些错误看法造成的混乱认识加以澄清。

错误观点之一：国有企业效率必然低下，因而应私有化。

在传统的计划经济体制下，确实存在国有企业效率不高的情况。但通过多年的改革，情况已发生变化。特别是21世纪以来，国有企业的经营绩效明显提高。目前，我国的许多国有企业在生产规模、科技创新、全员工效、安全指标和发展速度等主要技术指标上不仅在国内一流，在国际上也处于领先地位。事实证明，国有经济效率低下的论断是站不住脚的。

首先，让我们看一看国有企业的技术效率的变化。根据表1，在竞争性行业中，纵向看，国有和全部工业企业的全要素生产率（TFP）近年来都有显著的增长，"三资"工业企业则增长较慢。从TFP的增速来看，国有工业企业不仅快于"三资"工业企业，而且快于全部工业企业总体水平，这说明国有工业企业的技术效率改善明显快于非国有工业企业。横向看，国有工业企业与"三资"工业企

---

* 林岗，中国人民大学经济学院教授，博士生导师；张晨，中国人民大学经济学院副教授。

业的差距逐年缩小。国有工业企业 TFP 与全部工业企业相比差距不大，且 2007
年和 2008 年国有工业企业已经高于全部工业企业的总体水平，这说明国有工业
企业的技术效率与私营工业企业的总体水平大致相当，甚至已经超过了许多私营
工业企业。另外，在科技投入方面，国有企业、国有联营公司以及国有独资公司
这三种注册类型的国有企业的人力物力投入都大大超过其他注册类型的企业（见
表 2）。这表明，国有企业在技术效率改进方面，比其他经济成分更具后劲。总
之，就技术效率而言，国有工业企业不仅增长快于非国有企业，而且绝对水平与
非国有工业企业的总体水平并不存在显著差异。

表 1   竞争性行业全要素生产率（TFP）

年份	国有工业企业	"三资"工业企业	全部工业企业
2003	0.63	1.15	0.72
2004	0.74	1.15	0.80
2005	0.88	1.19	0.89
2006	0.96	1.23	0.96
2007	1.13	1.32	1.07
2008	1.22	1.29	1.10

资料来源：使用 2003~2008 年《中国工业经济统计年鉴》中 34 个竞争性行业的数据作为估算 TFP 的
基础数据，计算得到竞争性工业行业中不同所有制形式企业的销售收入、从业人员数、固定资产净值的总
计值，以此为基础估计出竞争性行业总的生产函数形式，进而获得不同所有制形式企业的 TFP 指标。

表 2   不同注册类型企业的科技投入和科技产出

注册类型	科技投入			科技产出	
	科技活动人员占从业人员比重（%）	R&D 经费占主营业务收入比重（%）	科技活动经费占主营业务收入比重（%）	新产品产值占工业总产值比重（%）	新产品销售收入占主营业务收入比重（%）
内资企业	3.8	0.6	1.2	9.7	9.7
国有企业	5.0	0.6	1.2	7.9	7.8
国有大型企业	6.1	0.7	1.4	9.4	9.3
国有联营企业	7.7	1.2	2.3	20.6	24.1
国有独资公司	6.4	1.3	2.6	18.1	17.1
集体企业	1.0	0.5	0.8	8.2	8.2
私营企业	1.9	0.3	0.6	5.3	5.1
港澳台商投资企业	2.2	0.5	0.9	12.7	12.0
外商投资企业	3.2	0.6	1.1	16.9	17.0

资料来源：《中国科学技术年鉴（2009）》。

其次，再考察一下财务效率方面的状况。总资产贡献率综合地反映企业全部资产的获利能力，是评价企业财务绩效的常用指标。我们根据垄断性行业和竞争性行业的分组，将垄断性行业从全部工业行业数据中剔除，分别得到了国有工业企业和全部工业企业的总资产贡献率（见表3）。

表3 竞争性行业总资产贡献率 单位：%

年份	全部工业企业	国有工业企业
2003	9.56	8.00
2004	11.32	9.95
2005	10.58	8.54
2006	11.47	9.03
2007	13.38	11.07
2008	13.58	8.62
2009	14.01	11.24

资料来源：《中国工业经济统计年鉴（2010）》。

由表3可见，在竞争性行业中，国有工业企业的总资产贡献率始终低于全部工业企业的水平。但是，由于总资产贡献率是一个涉及利润、税负、利息、资金周转速度等因素的综合指标，不能简单地依此作出国有企业必然效率低下的一般结论，而有必要进一步分析影响国有工业企业的总资产贡献率各个具体因素。为此，我们将总资产贡献率的公式做如下变形处理：

总资产贡献率＝（利润总额＋税金总额＋利息支出）/平均资产总额

$$= \frac{利润总额}{平均资产总额} + \frac{税金总额}{平均资产总额} + \frac{利息支出}{平均资产总额}$$

$$= \frac{（利润总额/销售收入）}{（平均资产总额/销售收入）} + \frac{税金总额}{平均资产总额} + \frac{利息支出}{平均资产总额}$$

$$= 销售利润率 \times 总资产周转率 + \frac{税金总额}{平均资产总额} + \frac{利息支出}{平均资产总额}$$

由上式可以看出，总资产贡献率与销售利润率、总资产周转率、税负率以及资产负债率四个主要指标相关。我们分别计算了国有企业和全部工业企业的上述四个指标（见表4）。

表4   影响总资产贡献率的主要指标比较

年份	销售利润率		总资产周转率（次/年）		流动资产周转率（次/年）		资产负债率（%）		税负率①	
	国有工业企业	全部工业企业	国有工业企业	全部工业企业	国有工业企业	全部工业企业	国有工业企业	全部工业企业	国有工业企业	全部工业企业
2003	6.61%	5.82%	0.61	0.85	1.69	2	59.24	58.96	4.88%	4.46%
2004	7.63%	6.00%	0.65	0.92	1.86	2.16	59.35	59.17	4.96%	4.42%
2005	7.62%	5.96%	0.73	1.02	2.1	2.35	56.66	57.81	5.29%	4.71%
2006	8.37%	6.22%	0.75	1.08	2.28	2.5	56.24	57.46	5.58%	4.96%
2007	8.80%	6.79%	0.78	1.13	2.39	2.63	56.5	57.48	5.81%	5.22%
2008	6.14%	6.11%	0.78	1.16	2.34	2.67	58.99	57.71	5.64%	5.56%
2009	6.12%	6.37%	0.70	1.10	2.05	2.43	60.3	57.88	5.89%	5.36%
平均	7.33%	6.18%	0.71	1.04	2.10	2.39	58.18	58.07	5.44%	4.96%

资料来源：《中国工业经济统计年鉴（2010）》。

　　由表3可以看到，国有工业企业在销售利润率和税负率两项指标上均高于全部工业企业，资产负债率则与全部工业企业相当。因此，国有工业企业总资产贡献率低于全部工业企业的原因，只能是税负率高而总资产周转率较低。总资产周转率是流动资产周转率和固定资产周转率的加权平均和。根据上表，2003～2009年，国有工业企业的总资产周转率平均仅有0.71次/年，而全部工业企业的总资产周转率则平均达1.04次/年。流动资产周转率情况，国有工业企业与全部工业企业相差并不多，加之流动资产在总资产中的权重较小，故而可以断定国有工业企业总资产周转率低的主要原因是其固定资产周转率较低。② 国有工业企业固定资产周转率较低的原因是多方面的。一方面，这是因为国有企业多为投资规模和沉淀成本较大的机械制造、石化、冶金、电信等行业的企业，这些行业的固定资产使用年限较长、折旧较慢，故而资本周转速度较慢，所占用的平均资产较多。另一方面也是由于国有企业有一部分固定资产是其"社会功能的物质载体"而非生产性载体。有学者通过调研数据得出结论，认为国有企业的"社会性"固定资产占企业固定资产总额的比重远远高于其他所有制性质的企业。③ 事实上，虽然

---

　　① 税负率 = (应缴增值税总额 + 营业税及其附加)/资产总额。
　　② 根据2004年第三次经济普查数据，当年国有工业企业固定资产周转率为1.32次/年，而全部工业企业为2.16次/年，远高于国有工业企业水平。
　　③ "社会性"固定资产指某些由企业建设和购置的潜在福利性固定资产，包括企业办的大中专院校、中小学、商店、邮局、派出所等使用的固定资产。参见李培林、张翼：《国有企业社会成本分析》，载于《中国社会科学》1999年第5期。该文指出，集体企业、私有企业和三资企业的社会性固定资产都为0。

国有企业改革在一定程度上减轻了企业的社会负担，但并未完全将这种负担消除。总之，国有工业企业总资产贡献率较低并不能说明其国有企业的生产经营效率一定低于其他所有制形式的企业，而是由行业特点和部分社会保障功能由企业承担等旧体制的遗存造成的。

为了避免总资产利润率涉及的复杂的问题，我们可以再考察一下企业的另一项重要财务指标——成本费用利润率。成本费用利润率是企业一定期间的利润总额与成本、费用总额的比率。这一指标表明每付出一元成本费用可获得多少利润，体现了经营耗费所带来的财务成果。成本费用利润率的计算公式是：成本费用利润率＝利润总额/成本费用总额，因其分母是一定期间成本费用，故而能够避免以总资产贡献率衡量效率带来的偏差。

我们根据垄断性行业和竞争性行业的分组情况，将垄断性行业从全部工业行业数据中去除，分别得到了国有企业与全部企业的成本费用利润率（见表5）。

表5　　　　　　　　　　　　竞争性行业成本费用利润率　　　　　　　　　单位：%

年份	国有工业企业	全部工业企业
2003	4.73	5.15
2004	5.53	5.46
2005	4.23	4.94
2006	4.42	5.21
2007	6.21	6.28
2008	3.43	5.82
2009	5.84	6.68

在成本费用利润率这一指标上，国有工业企业的表现大大好于其总资产贡献率。国有工业企业的成本费用利润率在多数年份与全部工业企业相差很小，在2004年甚至高于全部工业企业。这说明，在我们仅考虑一定期间成本收益效率时，国有工业企业的表现并不逊于其他所有制形式的企业。这也印证了国有工业企业总资产贡献率低主要是由行业特点和部分社会保障功能由企业承担等旧体制的遗存所造成这个结论。

另外，还需要看到，国有企业利润率略低于其他企业，还与国有企业的工资性支出高于非公有企业有关。在许多私营企业，工资甚至不足以支付劳动力再生产所必要的费用，甚至低于生存工资水平。在这类企业，相当数量的劳动者维持生存还要部分地依靠社会性的补贴（如政府转移支付）和务农收入。李钟瑾等学

者利用四种方法估算了私营企业工资水平与生存工资水平之间的差距，并将其称
为"私营企业的社会欠账"，如表6所示。[①]

表6   2003～2009年私营企业社会欠账估算   单位：亿元

全部私营企业	方法1	方法2	方法3	方法4
2003	2 218	2 187	2 289	2 200
2004	2 944	2 838	2 972	2 862
2005	3 924	3 780	3 959	3 814
2006	4 645	4 367	4 605	4 413
2007	5 887	5 521	5 839	5 586
2008	8 173	7 920	8 329	8 002
2009	9 665	9 339	9 827	9 436
加总	37 456	35 952	37 820	36 314
规模以上私营工业企业	方法1	方法2	方法3	方法4
2005	1 899	1 894	2 003	1 951
2006	2 251	2 232	2 375	2 307
2007	2 804	2 774	2 962	2 872
2008	4 463	4 440	4 717	4 585
2009	5 028	4 994	5 308	5 159
加总	16 445	16 334	17 365	16 874

    资料来源：李钟瑾等根据《中国统计年鉴》、《中国工业经济年鉴》及国家统计局《农民工监测调查报告》计算。

    在表6中，方法1～4分别对应以下情况：（1）私企只支付了正常工作时间的工资，但没有支付加班费。这时社会欠账主要产生于少付的加班费。（2）私企支付了正常工作时间的工资，也按双倍支付了每周36小时加班时间的工资，但没有支付非法加班的工资。由于工资是对包括正常工作和合法加班在内的工作时间的报酬，所以单位小时工资比较低。这时社会欠账一部分产生于实际支付的工资与生存工资的差额，另一部分产生于对非法加班未支付的工资。（3）私企支付了正常工作时间的工资，并按照单倍工资支付了36小时加班时间的工资，但没有支付非法加班的工资。这种情况介于情况二和情况四之间。（4）私企支付了正常工作时间的工资，并按双倍支付了所有加班时间的工资。这时社会欠账主要产生于实际支付的工资与生存工资之间的差额。考虑到私营企业由于支付低于生存

---

    ① 李钟瑾等：《生存工资、超时劳动与中国经济的可持续发展》，载于《政治经济学评论》2012年第3期。

工资的工资，才具有较高的利润率水平，那么，在与国有企业进行比较时，应当将其利润中包含的"社会欠账"（正常工资与低于生存工资的私营企业实际工资间的差额）扣除。经调整的私营工业企业主营业务利润率仅为1%~2%，显著低于国有企业3%~4%的水平（见表7。2008年之前，所得税税率不同，故不列入比较）。

表7 主营业务利润率

年份	私营工业未调整的总资产收益率	方法1	方法2	方法3	方法4	国有工业利润率
2008	4.73	1.34	1.36	1.15	1.25	4.61
2009	4.63	1.42	1.45	1.25	1.34	4.59

资料来源：李钟瑾等根据历年《中国统计年鉴》计算。

还需要强调的是，评价国有企业的效率不能仅仅局限于企业的微观效率指标，还必须看到国有企业在保持社会稳定、保障宏观调控、维护国家安全、实现国家战略、推动自主创新以及实现科学发展和促进社会和谐等方面的重要作用，也就是说，国有企业具有重要的宏观经济意义，国有企业的效率还需要从宏观的视角加以考察。国有经济的这种宏观效率对于促进国民经济的持续稳定协调发展具有关键作用。

错误观点之二：国有经济造成垄断，不利于市场竞争，因而应私有化。

这种观点把反垄断与私有化混为了一谈。垄断作为一种市场结构，与所有制形式并没有直接的关系。在市场经济中，某些行业中的某些企业由于在规模经济和范围经济、长时期大规模的研发投入和知识产权、稀缺资源占有、网络效应等方面具有优越地位，从而在生产、交换和价格的形成上具有了一定程度的控制力，就会通过市场竞争形成垄断地位。这种情况无论是在公有经济还是私有经济中都存在。事实上，自从资本主义由自由竞争阶段进入垄断阶段后，垄断就日益成为资本主义经济的常态，并随着资本主义经济的发展而不断加强。在这些垄断性部门，由公有制企业经营比由私有制企业经营，能更好地体现社会的利益和国家发展战略。

对于处于垄断地位的企业，我们要通过反垄断法以及政府和社会的监督对其行为加以控制，防止其利用垄断地位对社会的利益造成损害。但是，不能把反垄断与私有化混为一谈，垄断与国有制，反垄断与私有化之间没有直接的关系。实际上，与主要发达市场经济国家相比，当前我国市场结构所面临的主要问题不是所谓的垄断，而是企业规模相对较小，产业组织结构松散，国际竞争力低下，不能适应国际竞争的需要。根据美国《财富》杂志最新公布的 2009 年世界 500 强企业排名，我国入围的企业与世界同行业领先企业的差距仍然较大：石油石化行业中，中国石化、中国石油、中国海油三家企业的年销售收入合计尚不及壳牌石油公司一家；电信行业中，中国移动的营业收入仅为美国电话电报公司的一半；航运业中，中国远洋的营业收入约为马士基的 40%；航空设备制造业中，中国航空工业集团的营业收入仅为美国波音公司的 1/3；矿业中，中国铝业的年营业收入仅为必和必拓的 30%；钢铁行业中，宝钢的营业收入不足安赛乐米塔尔公司的三成；汽车业中，"上汽"与"一汽"的营业收入总和还不到丰田汽车的 1/4。而在标志一国工业技术能力的装备制造业中，我国尚无企业入围世界 500 强，中央三大电气集团的营业额仅为美国通用电气的 2.5% 左右，约为德国西门子公司的 4.4%。因此，一些关键性行业集中度的提高和国有企业规模的扩大，是面对全球化的挑战和维护国家经济安全的必要选择。

在经济对外全面开放的条件下，判断一个企业是否处于垄断地位，不能只是在国内企业之间比较，还要考虑到国际竞争。从全球市场的角度看，我国国有企业没有一家能够说是处于垄断地位。以石油石化行业为例，2011 年，中国石油天然气公司的国内产原油为 10 754 万吨，国外产原油 8 938 万吨（其中 4 173 万吨为权益产量），海外业务营业收入已经占到其总营收的近 1/3；[①] 而在国内市场上，国有石油石化企业同样置身于全球化带来的竞争中。为兑现进入 WTO 的承诺，2004 年 12 月，我国正式开放中国石油零售市场，BP、壳牌、埃克森－美孚等国际大型石油公司开始进入成品油零售市场，虽然占有加油站份额小，但进入的却是中国经济最发达、中国成品油需求量最大、利润最高的广东、浙江、江苏、福建等省。2006 年 12 月商务部发布了《成品油市场管理办法》和《原油市场管理办法》，自 2007 年 1 月 1 日起施行，对外开放国内原油、成品油批发经营权，允许具备条件的企业从事原油、成品油批发经营，随着我国成品油市场的逐步开放，中国石油企业势必将面临外国石油公司主要是以埃克森—美孚、壳牌、BP 为首的国际大石油公司，和一些产油国大公司，如俄罗斯石油公司等的激烈竞争。

事实上，即便不考虑国际竞争，仅就国内经济而言，国有企业在垄断程度也被国内外某些人别有用心地夸大了。表 8 的数据说明，除了电网、石油石化、电

① 参见《中国石油天然气股份有限公司 2011 年年度报告》。

信基础运营、铁路交通运输、烟草以及一些社会服务业中的特殊的子行业（如自来水生产供应）有着较强的垄断性之外，包括煤炭、钢铁等在内的其他行业，如建筑、房地产、汽车、机械制造、信息产业、金融业、商业和社会服务业都具备了较强的竞争性。从国有企业的行业分布上看，分布于竞争性行业的国有企业占国有企业总数量的90%以上。[①] 这些数据表明，多数国有企业都是积极的市场竞争主体，并未损害市场的竞争性。换句话说，在我国的竞争性行业，竞争的强度并未因国有企业的存在而减弱。

表8 　　　　　　　　　　国有资产主要分布行业的市场结构

行业			CR_8^a	CR_8^*	$HHI^{b\,*}$	CR_4	HHI
石油石化							
	石油天然气开采		0.72	0.91	0.58		
		原油生产				0.99	0.41
	石油化工		0.36	0.48	0.04		
		成品油生产销售				0.97	0.43
电力生产及供应			0.23				
	发电					0.33	0.03
	火力			0.10	0.005		
	水力			0.17	0.006		
电信基础运营						0.98	0.29
钢铁			0.28			0.28	0.03
煤炭			0.21			0.18	0.01

注：a　集中率（concentration rate）。
　　b　霍芬达尔 – 赫希曼指数，（Herfindahl – Hirschman idex），用于衡量市场竞争的激烈程度。一般认为该指数高于0.3即存在一定程度的垄断。
　　资料来源：CR_8数据为2000年数据，来源于戚聿东主笔：《中国经济运行中的垄断与竞争》，人民出版社2004年版，第115～117页；CR_8^*和HHI^*数据来源于：刘小玄：《中国转轨市场过程中的产权和市场》，上海三联出版社2003年版。

　　CR_4与HHI数据根据各主要行业前六名企业情况及其相关行业数据计算得到，其中原油生产、成品油生产销售、发电、电信基础运营、钢铁、煤炭分别以原油产量、成品油产量、发电量、电信业营业收入、粗钢产量、煤炭行业销售收入为基础数据计算得到。

---

　　① 根据2007年全国国有企业户数、从业人数、国有资产总量行业分析表相关数据计算，其中，竞争型行业涵盖除石油石化、烟草、电网、市政公用、铁路运输、邮电通讯等之外的其他行业。

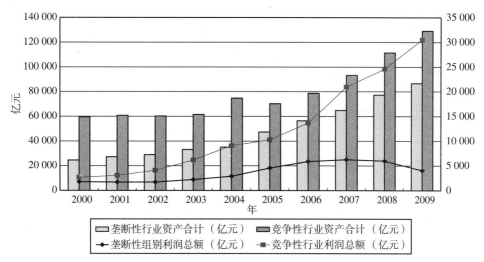

图1　2000 年以来垄断行业与竞争行业中国有企业的资产与利润情况对比

资料来源:《中国工业经济统计年鉴》。

那些主张肢解国有大企业的人，经常宣称国有企业的利润主要来自垄断。这在很大程度上也是一种想当然。垄断性行业中国有企业的利润总额波动较大，2005～2008 年，垄断性行业国有企业的利润总额较大，占全部工业国有企业的利润总额的比重也较大，其中 2005 年和 2006 年，这一比例都超过了 30%。这主要是受到经济周期和资源价格特别是石油价格的影响。但总的来说，从 2000～2009 年，国有工业企业的利润主要来自于竞争行业，这些行业的总资产利润率较高，利润总额的增速也更快。因此，认为国有企业利润主要来源于垄断的说法，只是看到了个别行业在个别年份的特殊情况，并不具有全面、客观的依据。

错误观点之三：国有企业的发展壮大会挤压私人企业的空间，导致所谓"国进民退"，不利于市场经济的发展。

这种观点把国有经济的发展与非国有经济的发展不恰当地对立起来了。党的十七大报告指出："坚持和完善公有制为主体、多种所有制经济共同发展的基本经济制度，毫不动摇地巩固和发展公有制经济，毫不动摇地鼓励、支持、引导非公有制经济发展，坚持平等保护物权，形成各种所有制经济平等竞争、相互促进新格局。"积极鼓励、引导和支持非公有制经济的发展，对于调动各方面的积极性，鼓励生产、鼓励创业、鼓励投资、鼓励就业、增强经济发展的活力具有重要的不可替代的作用。但是，促进非国有经济发展与发挥国有经济的主导作用是相辅相成的，而不是相互对立的。正是国有经济的存在和主导作用的发挥，使我们在当前应对危机的过程中，有条件实施大规模的政府投资、大力度的结构调整和大范围的社会保障；使我们保持了在资源、能源、交通、通讯、新技术、金融等关键行业和领域的控制力；使我们能够不断增强国家的经济实力、国防实力、民族凝聚力以及应付各种突发事件和重大风险的能力，保障国家的安全；也使我们能够建立比较和谐的劳动关系，保障社会的公平正义。国有经济的上述作用，为非国有经济的发展创造了良好的宏观环境。离开了国有经济的这种主导作用而单纯依靠非国有经济自身的努力，中国经济是不可能迅速走出危机的，非公有制经济的发展也会受到严重制约。

至于究竟是否存在"国进民退"的现象，那要看数据。1978年，我国国有企业资产总额占全部工业企业资产总额的92.0%，到2008年，国有及国有控股工业企业资产总额占全部工业企业资产总额的比重降至43.8%，30年间下降了一半还多。即使在近些年中，国有经济比重下降的趋势依然存在。2005~2008年，国有及国有控股企业在工业主要经济指标中的比重都有所降低，其中，资产总额比重由48.1%下降为43.8%，工业总产值的比重由33.3%下降为28.3%，利润总额的比重则由44.0%下降为26.7%。与此相应地，民营经济的比重则呈现不断提高的态势。2005~2008年，民营企业在工业主要经济指标中的比重都有显著提高，其中，资产总额比重由12.4%提高到17.6%，工业总产值的比重由19.0%提高到26.9%，利润总额的比重则由14.3%提高到27.2%。[1] 可见，从我国所有制结构变化总的情况来看，所谓的"国进民退"并不存在，那些基于个案而做出的所谓"国进民退"的判断是不符合实际的。此外，应当指出，不能认为国有经济只能是有退无进。事实上，党中央讲的是有退有进。在平等竞争的条件下，为什么社会主义的国有企业就不能发展和壮大自己？

错误观点之四：国有经济战略调整的目的，就是要使国有企业全面退出竞争性领域。

这种观点与我国国有企业改革的目的是背道而驰的。中共十五届四中全会通过的《中共中央关于国有企业改革和发展若干重大问题的决定》指出，国有经济需要控制的行业和领域主要包括：涉及国家安全的行业、自然垄断的行业、提供重要公共产品和服务的行业，以及支柱产业和高新技术产业中的重要骨干企业。其他行业和领域，可以通过资产重组和结构调整，集中力量，加强重点，提高国有经济的整体素质。2006年12月国务院办公厅转发的国资委《关于推进国有资本调整和国有企业重组的指导意见》提出，国有经济应对关系国家安全和国民经

---

① 参见《国家统计局：统计数据不支持国进民退观点》，载于《东方早报》2010年8月2日。

济命脉的重要行业和关键领域保持绝对控制力，包括军工、电网电力、石油石化、电信、煤炭、民航、航运等七大行业。在这些领域，应使国有资本总量增加、结构优化，一些重要骨干企业要发展成为世界一流企业。同时，国有经济对基础性和支柱产业领域的重要骨干企业要保持较强的控制力，包括装备制造、汽车、电子信息、建筑、钢铁、有色金属、化工、勘察设计、科技等行业。这些领域的国有资本比重虽然下降，但国有经济的影响力和带动力应增强。因此，我国的国有企业在不同产业领域的进与退并不是以垄断还是竞争为根据的，而是以发挥国有经济的主导作用的需要为依据的。我们建立和发展社会主义市场经济以及推动国有企业改革的根本目的，就是要把公有制与市场经济结合起来，使公有制企业特别是国有企业适应市场竞争的要求，在市场竞争中得到发展壮大。如果规定国有企业只能存在于非竞争领域，国有企业都退出竞争领域，发挥国有经济的控制力、影响力和带动力就成了一句空话，公有制与市场经济的结合也就根本无从谈起。

二、国有企业进一步改革发展的思路

1. 深化国有经济改革必须继续坚持和完善以公有制为主体、多种所有制经济的基本经济制度，充分发挥国有经济的主导作用，不断提高国有经济的控制力、影响力和带动力，努力做大做强国有企业，不断提高国有企业的竞争力，坚定反对私有化思潮的误导。改革开放以来，国有经济在国民经济中的比重持续下降，这种情况在改革开放的初期是合理和正常的，但是，当前，公有制经济的比重已经很低，公有制经济主导地位面临着丧失的危险。在这种情况下鼓吹"国退民进"，对社会主义基本经济制度来说无异于釜底抽薪。我们还应当清楚地认识到，国有经济不仅是社会主义制度的根基，还是推行国家发展战略的基本经济力量。我们在前面批评的那些有关国有经济的错误主张如果真的得到施行，将会严重地阻碍国家发展战略的实施，而有利于西方敌对势力遏制我国的发展势头的图谋的实现。

2. 对国有企业改革应采取分类指导的原则。从总体上看，可以把国有经济的分布领域分为两种情况：有控制的领域和一般性的领域。在涉及国民经济命脉和国家安全的关键部门，国有经济要保持控制力，国有企业的范围和管理方式的选择不仅要考虑市场化的短期目标，而且要考虑宏观调控的总体要求和约束。在其他一般性的领域，国有企业的范围和管理方式的选择则要以市场竞争为基础，国家不进行直接干预和约束。不能人为地让国有企业完全退出竞争领域，而要坚持有进有退，有所为有所不为，集中力量，加强重点，充分发挥国有经济对其他经济成分的影响和带动作用，使之成为实现国家发展战略的有力杠杆。

3. 建立健全国有企业的监管体制。中央、省、市（地）三级国有资产监管机构建立和运行，一定程度上解决了以往国有资产监督管理职能分散在多个部门，对企业干预过多，但无人对国有资产的保值增值真正负责的局面，使得国有资产保值增值责任层层落实，国有资产监管进一步加强。但是，目前还存在关于国有资产管理的组织和政策不统一，中央和地方以及不同地区、不同行业协调配合不够的问题，对金融产业、文化产业等重要部门的国有资产目前还缺乏像工业部门中国资委那样的管理体系。因此，需要创新国有资产管理体系，在统一政策、统一规划、统一制度和加强协调的前提下，对国企实行中央、地方和行业分工管理。

4. 完善国有资本经营预算制度。国有资本经营预算制度是国有资产监督管理机构依据政府授权，以国有资产出资人身份依法取得国有资本经营收入、安排国有资本支出的专门预算，是政府预算的重要组成部分。实行国有资本经营预算是国有资产监督管理机构履行出资人职责的重要方式，是调整国有经济布局和结构的重要手段，是对国有资本管理和运营进行评价考核的重要方面。要进一步改革和规范国有企业利润自留、上缴和使用的决策方式。应由各级政府或履行出资人权利的机构向同级人民代表大会提交国有企业利润分配的方案，由各级人大审议，行使利润分配的最终决策权。同时，也要警惕国内外某些别有用心之人，以提高国有企业分红比重、实行全民分享国企利润为口实，达到限制国有企业通过积累做大做强的目的。2012 年中美战略与经济对话，美方对中国人民的福利表现出令人生疑的热心，要求中方提高国有企业红利上缴比例，其最终图谋就在于限制国企，从而遏制我国的经济增长。国有企业利润上交和资本分红制度既要体现社会利益和社会公平的要求，同时要充分考虑企业积累和长远发展的需要。

5. 完善企业经营业绩考核体系和企业经营者的激励和约束机制。企业经营业绩考核体系是国有资产监督机构依法对所出资企业经营业绩进行考核的一系列指标所构成的综合体系，是年度考核与任期考核相结合、结果考核与过程评价相统一、业绩考核与奖惩和分配紧密挂钩的国有资产业绩考核制度。实行企业经营业绩考核是实行国有资产经营目标管理和落实国有资产经营责任制度的重要手段，有利于提高国有资产的经营效率和竞争能力。长远来看，对于大多数竞争性领域应该将全社会的平均利润率作为评价国有企业经营绩效的一般标准。作为过渡，目前可用分类、分行业的平均利润率对国有企业经营进行绩效考核。

另外，要通过试行规范的年薪制、奖励红股或期股期权等多种薪酬方式，形成有利于最大限度实现国有资产保值增值目标的激励体系。要根据绩效考核和评价结果对企业负责人进行奖惩。强化企业内部约束，完善法人治理结构，形成股东大会、董事会、监事会、总经理之间分权制衡机制和企业内部财务预算硬约束机制；严格实行企业重大决策失误责任追究制度，建立健全企业风险内控机制。

6. 进一步加强国有经济内部的民主管理。社会主义公有制是全体人民共同占有生产资料的一种所有制形式，公有制的性质要求其管理过程必须充分体现全体人民的共同利益和共同意志。当前，国有经济管理中存在一些薄弱环节和不足之处，如权力缺乏约束、管理者以权谋私、垄断企业收入过高、重大决策不够规范等，引起了群众的不满。这些问题的产生与国有资产管理中的民主监督机制不健全有关。因此，要创新和加强对国有资产管理过程的民主监督，创新和完善人民群众参与国有资产管理的体制机制。

首先，要加强各级人民代表大会对国有资产的监督管理。从根本上说国有资产属于全体人民，各级政府行使对国有资产的管理权，从本质上说是来源于全体人民的授权。因此，要加强各级人民代表大会对国有资产改革和管理过程的监督，比如，应当尽快出台《国有资产法》，明确国有资产的全民所有的属性以及全国人民代表大会的资产委托权利；明确各级国有资产管理机构与同级人民代表大会之间的关系；各级人大应当成立专门国有资产审核机构，审议各级政府在处理国有资产中的合规性，以保证国有资产正常运转以及处置的公平、公开。在此基础上，事关国有资产监管的重大事项，如国有资本经营预算的审定批准、国有资产监督管理报告的审议批准、国有企业利润的分配和红利上缴、国有资产的"进退"问题的决策，都应由同级人民代表大会实行民主决策。

其次，要加强国有企业内部劳动者对企业经营管理的民主监督。首先要充分发挥职工民主管理作用，构建和谐的劳动关系。不仅要实践我国《公司法》中规定的职工的民主参与权利，还要体现公有制的特点，使职工能够通过职代会参与管理，避免企业与职工关系的雇佣劳动化或私营企业化。此外，还应当充分发挥国有企业党组织在民主管理中的积极作用，保证监督党和国家的方针、政策在企业的贯彻执行，协调维护各方的合法权益。

7. 完善与社会主义国有经济的性质相适应的收入分配制度。与社会主义国有经济的性质相适应的收入分配制度，是以按劳分配为主多种分配为主的收入分配体制，这种体制要体现以劳动为基本尺度的社会公平。特别是要加强对垄断行业和金融部门等领域收入分配的监管，防止企业领导人和内部职工的利益过度膨胀，损害社会的利益。这些行业因垄断形成的租金或级差收益，应上缴国家，或用于生产性积累，不能用于企业的个人收入分配。

参考文献：

张宇、张晨：《"国有企业垄断论"的谬误》，载于《政治经济学评论》2010年第1期。

张晨、张宇：《国有企业是低效率的吗》，载于《经济学家》2011年第3期。

李钟瑾等：《生存工资、超时劳动与中国经济的可持续发展》，载于《政治经济学评论》2012年第3期。

戚聿东：《中国经济运行中的垄断与竞争》，人民出版社2004年版。

刘小玄：《中国转轨市场过程中的产权和市场》，上海三联出版社2003年版。

李培林、张翼：《国有企业社会成本分析》，载于《中国社会科学》1999年第5期。

（本文原载于《经济理论与经济管理》2013年第2期）

电力市场原理与我国电力市场化之路

刘树杰　杨　娟*

电力市场有狭义和广义之分。狭义的电力市场，是指电力交易的场所或范围。广义的电力市场，则是指电力交易关系的总和，是一种经济制度。电力批发市场构建是电力市场化改革最核心的制度安排，我国新一轮的电力体制改革要真正向前推进，必须准确把握电力市场的设计原理，并以此为基础设计适合国情的电力市场化之路。

一、电力市场的基本模式

电力是系统集成的产品，其大宗交易的方式与电力系统供需实时平衡特性相兼容，是电力市场区别于萝卜、白菜等普通商品市场的本质特征。根据国际能源署、各国能源监管当局等公共政策机构对电力市场的总结或介绍，所谓电力市场模式，就是电力的交易方式，亦即实现电力系统供需平衡的基本方式[1]。进一步说，就是在电力供、需匹配的主体市场中，谁和谁交易，怎样交易。所以，尽管各国在运行的电力市场之间多有不同，但从系统供需平衡的基本方式看，只有"单边交易"（强制性电力库）和"双边交易"两种模式。

（一）"单边交易"（强制性电力库）模式

"单边交易"模式也称"强制性电力库"（Mandatory Power Pool），是一

---

* 刘树杰，国家发展和改革委员会经济研究所所长、宏观经济研究院研究员、中国人民大学中国经济改革与发展研究院兼职教授、博士生导师；杨娟，国家发改委经济研究所副研究员。
① 电力市场化后，电力产品也被细分，一般分为能量和辅助服务两大类并分别交易。此外，也有市场将备用容量作为单独的产品进行交易（如美国的 PJM 市场）。辅助服务为保障系统安全和供电质量所必须，属电力系统的公共物品，虽主要由发电机组提供，但单个用户不会直接购买也无法购买。因此，无论是在何种类型的电力市场中，辅助服务的交易方式都一样——由系统运行者统一采购，费用由所有用户共同负担。此外，在"双边交易"模式中还有"平衡电量"交易，用于解决实时运行时的少量电量偏差，这部分能量交易的方式并非系统能量平衡的基本交易方式。

种由市场组织者代用户向发电商招标采购来实现能量平衡的交易方式（见图
1）。在"单边交易"模式中，系统内每台发电机组都必须向市场组织者
（通常由系统运行机构代行职能）投标，并按系统运行机构统一安排的发电
计划上网运行。一般的组织方式是：发电商前一天或更短时期内向市场组织
者提交实时运行时每台机组的供给曲线（价格与机组出力的对应关系），市
场组织者基于对系统负荷的预测，按报价从低到高的原则对各投标发电机组
进行排序，在满足输电容量限制等技术条件前提下，统一安排各台机组的发
电计划，并将满足系统需求的最后一台机组报价定为市场出清价格。市场组
织者按该市场出清价格对发电商进行支付，并按照非盈利原则将电力转售给
售电商（包括配电公司、独立的售电公司）和大型终端用户。因此，所谓
"单边交易"模式，简单来说，就是"强制进场，单边交易"。或者说，是
"单边交易现货市场"模式。

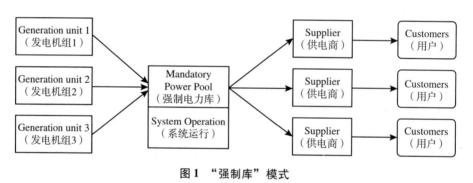

图1 "强制库"模式

资料来源：Konstantin Petrov & Daniel Grote, 2009。

"单边交易"模式的主要特征有三点：

1. 交易是单边的。不允许场外实物交易，所有发电商都必须到现货市场
（库）内向市场组织者投标售电，所有售电商、大用户也只能向市场组织者购电，
市场组织者是批发市场中唯一的买主和卖主。

2. 需方不参与批发市场定价。由于是由市场组织者强制代用户向发电商招
标采购，"单边交易"模式出清价格是基于发电商间的竞争决定，需方对批发电
价没有直接影响（参见图5）。

3. 系统能量平衡靠集中控制，平衡成本由市场成员共担。市场组织者代用
户招标采购的依据是系统负荷预测，带有主观性。由此安排的发电计划，肯定与
客观的市场需求不相匹配，须继续统一安排发电计划以保障系统平衡。进而，这

种由集中控制产生的系统平衡成本就具有公共成本属性，应该由所有市场成员共同负担。

（二）"双边交易"模式

所谓"双边交易"模式（Bilateral Electricity Trade），简单说，就是"交易自由，责任自负"的电力交易制度（见图2）。在"双边交易"模式中，能量平衡的基本方式是双边交易，亦即在其能量供需平衡主体市场（场外双边合同及日前市场）交易中，供、需双方均可自愿参加，交易数量和价格由供、需双方共同决定。

"双边交易"模式的市场构架是：场外双边合同＋自愿参加的日前市场和日内市场＋（实时）平衡市场。

场外（即OTC合同）双边合同。也被称为"无组织的市场"，由供、需双方自由选择交易对象，以中远期或其他个性化合约交易为主（亦即国内的"长协"交易）。

日前市场和日内市场（场内双边交易）。也被称为"有组织的市场"或"自愿库（Voluntary Pool）"，以现货及其他标准化合约交易为主，由电力交易所等市场组织者对各个买者和卖者的交易要求进行集中撮合。

（实时）平衡市场。尽管（实时）平衡市场不是能量供需匹配的主体市场，但却是所有"双边交易"模式中的标准配置。因为电力的自由交易使系统运行机构不再有统一安排发电计划的能力，若供方或需方中任一成员未履行交易合同，就会使系统主能量的实时平衡遭到破坏。为此，"双边交易"必须配有"平衡机制"（Balancing Mechanism），以约束交易者履行承诺，并使系统运行机构具备消除不平衡的经济能力。这个平衡机制的市场化实现形式，就是（实时）平衡市场。具体来说，所有市场成员均须与系统运行机构签订平衡责任合同，承诺对不平衡电量承担财务责任。无论是"长协"交易还是日前现货交易，也无论是场外交易还是场内交易，实物交割（实时传输）必须以供方机组出力曲线和需方负荷曲线形式执行。一般是在交割前一天或前若干小时，市场成员将各自基于场内、外交易结果形成的发、用电计划送系统运行机构，并同时对该发、用电计划做出财务绑定的承诺（Financially Binding Commitment）。如因市场成员未履行合同而导致系统能量不能实时平衡，系统运行机构就要在平衡市场招标采购平衡电量，该平衡费用由不平衡责任者承担。

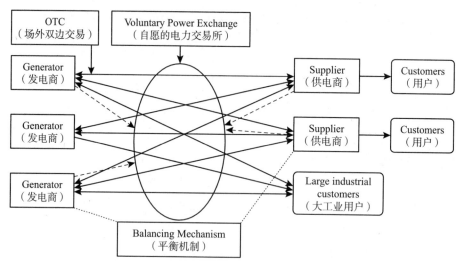

图 2 "双边交易"模式

资料来源：Konstantin Petrov & Daniel Grote，2009。

"双边"模式的主要特征也可概括为三点：

1. 交易自由。市场成员可自愿选择场外交易或场内交易（有些地区还可在多个交易场所间进行选择），按交易合同自行安排发电或用电计划。英国、北欧的有组织市场（电力交易所）与系统运行机构是分开运作的，市场成员可根据日前市场或场外的远期交易合约，自行安排次日发、用电计划。该计划可通过日内市场进行调整，在日内市场关闭后，将未来一小时或更短时间的发、用电计划提交给系统运行机构。在美国的 PJM、加州、德州、纽约等电力批发市场中，除一个集中组织的现货市场（主体是日前市场）外，也允许场外实物双边交易。与英国、北欧等地日前市场不同的是，美国的日前市场还引入了虚拟交易（但虚拟交易合同须在实时市场买回），用以提高日前市场的竞争强度，缩小日前市场价格与实时平衡市场价格的差距，抑制发电商在日前市场和实时平衡市场间的套利行为，保障现货市场价格作为期货市场交割依据的可靠性。根据美国联邦能源管制委员会对美国区域批发电力市场介绍（2015 *Energy Primer：A Handbook of Energy Market Basics*），"新英格兰、纽约、加州、PJM、中部（MISO）、西南（SPP）区域市场售电商的电量来自集中现货市场、双边合同或自己的发电厂"。德州行政法规（Texas Administrative CodeTitle 16 – Chapter 25 – Subchapter 5，2012 年）中关于系统运行机构（ERCOT）设计电力批发市场的原则规定："ERCOT 应运行一个自愿的日前主能量市场，在不影响可靠性的前提下，应允许市场成员自发自供或签订双边合同。"根据 PJM2014 年电力市场报告，该区域实际用电量来自现货市场、双边合同和自发电的比例分别为 26.7%、10.6% 和 62.7%（参见图 3）。

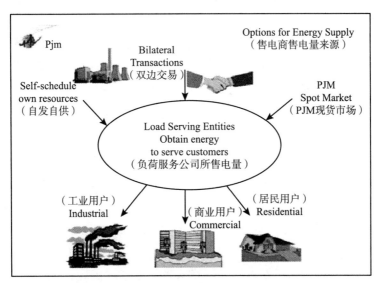

图 3　美国 PJM 地区售电商所售电量来源示意

资料来源：美国联邦能源管制委员会（FERC），2015 年。

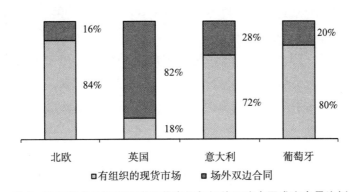

图 4　欧洲部分地区和国家现货市场与场外双边合同成交电量比例

资料来源：北欧现货市场运行机构；各国监管机构报告。葡萄牙为 2014 年数据，其他国家为 2013 年数据。

2. 供、需双方共同决定价格。"双边交易"作为一种交易制度，当然包括供、需双方直接见面或直接签订合同，但这并非"双边"的本质特性。"双边"的本质，是成交价格、成交数量等交易决策由交易者自主决定，而非市场组织者

"越俎代庖"。在"双边"模式中，无论是场外双边合同价格，还是场内集中撮合成交的统一出清价格，都是供、需双方博弈的结果（参见图6）。后者与前者的区别，不过是市场组织者对多个卖方申报的供给曲线和多个买方申报的需求曲线进行了整合，其依据仍是买、卖双方的交易要约，出清价格由供、需双方决定的本质并未改变。

3. 系统主能量平衡靠合同约束和自负其责。作为交易自由的代价或约束条件，"双边交易"中买、卖双方均须为自己的行为负责。即使是场内集中撮合的现货交易，买、卖双方也均要绑定财务承诺，承担违约导致的系统不平衡责任。在欧洲如英国、北欧的双边市场中，系统能量平衡所需的发电机增减出力或用户增减负荷，由系统运行机构在一个单边的平衡市场中招标采购，市场成员发、用电计划与实际执行的偏差，按该采购价格付费。美国的做法也是建立一个单边的实时平衡市场，市场成员未执行日前发、用电承诺须承担的电量不平衡责任，按实时平衡市场价格与执行的电量偏差计算。

（三）"单边交易"模式与"双边交易"模式的区别

"单边交易"模式与"双边交易"模式主要有以下五点不同：

1. 交易关系的性质不同：强制、单边/自愿、双边。"单边交易"模式的供方和需方（售电商和大用户）都必须且只能同市场运行者交易，这种交易关系是强制的、单边的；"双边交易"再无市场组织者代购代销，供、需双方均可自主决策，其交易关系是自愿的、双边的。

2. 市场构架不同。"单边交易"模式的市场构架为单一现货市场。所谓同时存在的中长期交易，是"差价和约"一类的金融交易，为市场成员规避风险之用，与电力系统的供需平衡无关。"双边交易"的市场构架是场外双边合同＋自愿参加的日前市场和日内市场＋（实时）平衡市场，允许场外的实物交易。

3. 价格形成机理不同：卖方决定/买、卖双方决定。在"单边交易"模式中，市场出清价格由市场组织者基于发电商的竞争确定，需方是批发价格的被动接受者（参见图5）。而在"双边交易"中，需方也参与批发市场竞价，无论是场外的供、需直接交易，还是场内的集中撮合交易，市场价格都是由买、卖双方共同决定的（参见图6）。

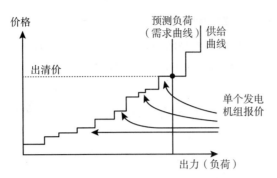

图5 "强制库"价格形成机理示意图

资料来源：Konstantin Petrov & Daniel Grote，2009。

　　图5中的需求曲线是一条垂直的直线，表明需方是市场价格的被动接受者。因为"强制库"中的需方由系统运行者代其招标采购，后者采购的依据是其对系统负荷的主观预测，不能反映需方对价格变化的响应程度。

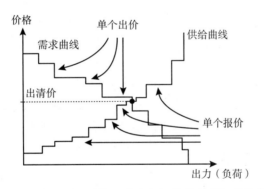

图6 自愿库（"双边"现货市场）价格形成机理示意图

资料来源：Konstantin Petrov & Daniel Grote，2009。

　　图6中的需求曲线向右下方倾斜，表明价格由供、需双方共同决定。因为"双边"现货市场（自愿库）中的需求曲线并非基于市场组织者的负荷预测，而是由多个买者的购买要约集合而成的，反映了需方对价格变化的响应程度。

　　4. 系统能量平衡的手段和成本负担方式不同：集中调度、成本共担/合同约束、成本自担。"单边交易"系统能量平衡靠集中调度。由此而导致的平衡成本由市场成员共同负担。"双边交易"系统能量平衡靠合同约束，违约导致的系统能量平衡成本由违约者自担。

　　5. 市场设计理念不同：集中决策/分散决策。虽然"单边交易"和"双边交易"均力图用市场机制解决电力资源优化配置问题，但背后的理念仍有差别。"单边交易"模式更强调电力产品的特殊性，认为"交易基于系统需求预测"的集中决策体制，对电力系统的安全可靠仍然重要，制度"成本——收益"的关系较好；而"双边交易"更强调电力与其他大宗商品的共性，认为"自由交易、自负其责"的分散决策体制，也可与电力系统可靠性要求相兼容，而市场运行的效率更高。

两种基本模式的异同，如表1所示。

表1 电力市场两种基本模式的异同

	内容	单边交易（强制性电力库）模式	双边交易模式
不同之处	典型代表	澳大利亚（国家电力市场）加拿大阿省、新加坡等	英国、北欧、美国等
	市场构架	单一现货市场（日前或实时）	场外双边合同＋日前市场（＋日内调整市场）＋平衡市场
	能量供、需匹配主市场	单一现货市场（日前或实时）	场外双边合同＋日前市场
	能量供、需匹配主市场的交易关系	强制进场，单边交易	场外、场内自由选择，双边交易
	能量供、需匹配主市场组织者的作用	代需方买、代供方卖的批发电力专营者	场内供、需双边交易撮合者，不干涉场外交易
	能量供、需匹配主市场价格形成机制	供方决定	供、需双方决定
	需方（负荷方）的经济责任	无	有
	系统实时平衡方式	集中调度	主要靠合同约束（平衡机制）
	系统能量平衡成本分摊	平均分摊	责任者自担
	实时市场的功能	全电量交易，能量供、需匹配主市场	合约执行"偏差电量"交易，"平衡机制"的实现形式
	系统运行机构与交易机构的关系	必须合一	可合可分
相同之处	阻塞管理	分区或节点形成现货价格	分区或节点形成现货价格
	辅助服务采购与成本分摊	系统运行机构单边采购，平均分摊给需方（负荷）	系统运行机构单边采购，平均分摊给需方（负荷）
	金融交易	差价合约、期货、期权等，与系统供需平衡无关	差价合约、期货、期权等，与系统供需平衡无关

二、两种市场模式的国际分布及适用性分析

（一）"单边交易"与"双边交易"的国际分布

1. "双边交易"是国际主流。国际能源署在 2001 年的一份电力市场总结报告中①指出："关于电力批发市场组织的第一个争论，是选择强制的还是自愿的电力库。竞争的双边电力交易为一个高效率的现代电力市场中所必需，已获得越来越多的认可。自愿库或电力交易所正逐步成为主流，而强制库正在消退。"目前国外在运行的电力市场，大多实行"双边交易"模式。北欧电力市场开"双边交易"模式先河。其他欧洲国家如德、法等也大都效仿北欧建立了"双边交易"市场。美国的 PJM、德州、纽约、加州、新英格兰等主要竞争性电力市场也实行"双边交易"模式。英国作为电力市场化改革的先驱，于 20 世纪 90 年代初首创"单边交易"模式，但经过 10 年的实践后，也于 2001 年将"单边交易"改为"双边交易"模式。英国所以改"单边交易"为"双边交易"，主要原因是市场操控问题难以解决。英国电力市场化后新建电源均为天然气机组，而天然气机组因"照付不议"的购气合同而皆"不可调"，加之核电的"不可调"，大部分机组都采取了"0～0 报价"的跟从策略，导致市场出清价格为少数"可调"的燃煤机组所控制。

2. "单边交易"也有长期运行的实例。澳大利亚国家电力市场被认为是"单边交易"模式成功的范例。1998 年开始实施，至今一直平稳运行。除设计合理外，一个可能的原因，是该市场所在的东南部各州电源与负荷分布均衡，而且燃煤机组比重大，不易形成市场操纵。除澳大利亚外，加拿大安大略省和阿尔伯塔省、希腊、新加坡及一些欠发达国家，也存在"单边交易"模式的电力市场。

（二）两种市场模式在我国的适用性分析

从我国的国情出发，二者的适用性似可作如下结论：

1. "单边交易"模式较易控制但市场效率较低。由于"单边交易"模式是市场组织者代售电商向发电商招标采购，竞争的范围、强度具有可控性。由此，"单边交易"模式与"输配一体化"体制的相容度也较高，对于重视所谓"最大

---

① OECD/IEA, *Competition in Electricity Markets*, 2001, http：//www.iea.org/.

公约数""平稳过渡"的我国决策当局,较易接受。但"单边交易"市场出清价格的形成缺乏需求侧响应,一般认为其市场效率会低于"双边交易"模式。此外,"单边交易"模式对市场结构的竞争度要求较高,而目前我国发电侧以"五大集团"为主体,其市场布局基于2002年提出的跨省区域电力市场规划,这一区域市场布局在过去的十多年并未得到电网建设的支持。加之无跨省的区域政府,"单边交易"模式的跨省区域电力市场也缺少政治依托。如"单边交易"模式建于省内,电网构架和政治依托方面的条件大多具备,但须改变目前普遍存在的"一家独大"局面,否则市场操纵问题很难解决。

2. "双边交易"模式较先进但也较难控制。如前所述,"双边交易"模式被认为更接近普通商品市场属性,市场出清有需求约束,价格不易扭曲,加之有中长期交易与现货交易的配合,可有效地提高市场的流动性和资源配置效率。但这需要复杂的规则设计,而且对诚信和法治的条件要求较高。此外,国际经验证明,"双边交易"模式中的买方主要是售电商及其代理机构而非终端用户,初期的售电商又以配电企业为主,而目前我国独立配电公司极少,未来电网企业输、配关系也不明晰,"双边交易"模式或可在"网对网""点对网"交易中试行,但若普遍推行,则要有配售侧产业组织的深度改革相配合,而后者的可控性就更为困难。

三、我国电力批发市场构建的路径选择

如前所述,没有电力批发市场的构建,新一轮电力市场化改革仍将沦为空谈。因此,必须在遵循电力市场基本原理的基础上,探索中国特有约束条件下的电力市场建设之路。

(一)长期目标应是"双边交易"的跨省区域市场

如前所述,"双边交易"市场效率较高,也不易形成市场操纵,因而从长期看,我国电力市场的主流模式也应是"双边交易"。我国地域辽阔、地区间资源禀赋和产业结构差异大,能源供需格局呈逆向分布,加之"三峡"、"西电"等大容量、远距离的跨区送电,已经形成电力资源跨省配置的格局,市场布局显然应突破省级行政区划。因此,我国电力市场建设的长期目标,应是"双边交易"的跨省区域市场(可简称"双边区域市场")。

（二）初期过渡模式应以"单边交易"模式为主

尽管"单边交易"模式与"双边交易"不能兼容，但只要"单边交易"的实践足够，随着经验的积累及其他相关改革的推进，也可顺利地改"单边交易"模式为"双边交易"模式。21世纪初英国成功地将"单边交易"改为"双边交易"，已为此在实践上提供了有力的佐证。因此，我国的电力批发市场的建设，应先易后难，稳步推进，不仅要有阶段性目标，还应有阶段性模式。

目前各地普遍推行"直接交易"，以降电价为预期目标，在发电能力严重供大于求的背景下，短期内容易操作。而若以促进电源结构优化，提高系统效率为目标，则必须配套建立现货市场和"平衡机制"，否则不可持续。但如前所述，"双边交易"模式以市场成员履行合同为依托，对诚信、法治及配售侧改革配套的条件要求较高，以我国现有的制度基础，初期的可控性不容乐观。而"单边交易"模式这种市场组织者代售电商向发电商招标采购的方式，与现行调度体制较易衔接，市场范围、竞争强度均具有可控性。如再考虑到可再生能源发电政策尚未调整、电力的政府间合同及所谓的国家指令性计划未相应取消、配售侧改革（电网组织结构、用户电价交叉补贴）无法配套等如此多的限制条件，近期选择"单边交易"模式较为稳妥。20世纪90年代末，澳大利亚专家帮浙江设计的"全电量竞争、部分电量按市场价结算"单边现货市场模式，非常适用于当下的国情，"进可攻，退可守"，应该作为过渡阶段的主流模式之一。

（三）区域电力市场建设走"由点及面"的渐进之路

我国幅员广阔且各地区网架结构、电源结构及负荷结构各异，加之无跨省政权支撑，多数地区先建省级市场可能是较为现实的选择。但也不应排斥构建跨省区域市场的努力。对于省级市场和区域市场的关系，应破除"非此即彼"思维模式。从国际经验看，被广为效仿的北欧电力市场，就不是北欧诸国同时行动的结果，而是先从挪威、瑞典开始，一个国家一个国家扩展开来的。因此，我国的区域电力市场建设，也应走"由点及面"的渐进式发展之路。如在南方电网区域内，区域市场可先从广东做起，再逐步将广西、贵州、云南纳入，再后也可考虑接纳湖南和江西。在华北电网区域内，区域市场可先从京津唐电网覆盖区做起。其他如华中、西北区域，初期也可先建省级市场和基于省级市场的区域联合市场，待条件成熟后，再将省内交易统一到区域的交易平台。

（四）"西电东送电市场化"可作为"双边交易"模式的突破口

目前，"西电东送"市场化的有利条件较多：一是改革需求强烈。"西电东送"中的经济纠纷及由此导致的资源错配问题由来已久，并随经济下行趋势而愈演愈烈，东、西两端都有"长治久安"的强烈诉求；二是体制基础好。国家发展改革委关于"西电东送"的政策口径早就确定为"自主协商"，加之广东的电网公司已一分为三，因而在交易主体条件方面，初步具备了"双边交易"模式的基础要件；三是技术约束小。"西电东送"多为直流专线输送，且一直有负荷曲线考核，"平衡机制"较易执行。因此，只要改变由东、西两端地方政府"越俎代庖"的交易体制，"西电东送"就可以"双边交易"模式实现市场化运行，并将对整个南网区域的电力市场构建产生巨大的"辐射效应"。

参考文献：

原国家经贸委电力司：《英国新电力交易制度》，2001 年，OECD/IEA，*Competition in Electricity Markets*，2001，http：//www. iea. org/。

OECD/IEA，*Lessons From Liberalized Electricity Markets*，2005，http：//www. iea. org/.

OECD/IEA，*Liberalized Electricity Market Experience in OECD countries*，2008，http：//www. iea. org/.

Konstantin Petrov & Daniel Grote，*Market Design*，2009，KEMA Consulting GmbH. http：//www. leonardo-energy. org/training-module-electricity-market-regulation-session－2/.

Konstantin Petrov，*Electricity Markets and Principle Market Design Models*，2010，KEMA Consulting GmbH.

FERC，2015 *Energy Primer：A Handbook of Energy Market Basics*，www. ferc. com.

Independent Market Monitor for PJM，*State of the Market Report for PJM*（2014），www. monitoringanalytics. com.

Public Utility Commission of Texas，*Electric Substantive Rules － Chapter 25 Rules － Subchapter S － Wholesale Markets*，www. puc. texas. gov.

（本文原载于《价格理论与实践》2006 年第 3 期）

建立"医保支付价管理"为核心的药价新体制[*]

刘树杰[**]

以零售最高限价为主的药价管理体系，在我国运行已过十年。十多年来，在医疗体制改革滞后的条件下，面对"药价越高越好卖"的扭曲市场格局，零售最高限价对抑制药价快速上涨势头起到了重要的作用，是当时历史条件下无可替代的药价管理模式。但就其自身特性而言，最高限价适用于对垄断性行业的激励性管制，用于企业众多且素质参差不齐的我国药品行业，则有先天的缺陷：如果市场是正常的，价格自然受到限制，合理的质量和品牌差价体系也可自然形成，规定最高限价没有意义；如果市场是不正常的，最高限价就应"量身定做"，针对不同企业限定不同的价格，而这又为政府所力不能及。所以，那些饱受诟病的药价不合理现象，均无法避免。近三年来，随着以全民"医保"体系建立为核心的"新医改"的快速推进，影响我国药价形成的基础性条件正在发生质的变化，改变零售最高限价为核心的药价管理体系时机基本成熟。为此，本报告研究"新医改"条件下的药价形成机制改革，重点是"医保支付价管理"的引入及相关配套体制的改革。

一、当前药价管理面临的主要问题

（一）如何改变零售价格水平总体偏高的局面

"药价虚高"作为一种流行的说法，其本意是指政府"虚高定价"并导致

---

[*] 本文为国家发展和改革委员会价格司委托课题研究成果。刘树杰为课题负责人和本文执笔人。
[**] 刘树杰，中国人民大学中国改革发展研究院兼职教授，国家发展和改革委员会市场与价格研究所研究员。

"药价实高"。近年来我国政府已多次出台降低药价措施，初步抑制了药价快速上涨的势头，但零售价格水平总体偏高的问题仍然存在。

1. 调查结果显示药品零售价格水平总体偏高。较具公信力的政府部门及主流媒体调查结果显示，我国"药价虚高"问题依然存在。例如财政部给国务院的报告《我国药价虚高的原因及对策》中，以2010年北京市非基药集中采购结果为根据，列出了上百个医院售价高于药店售价6倍以上的非基药品种。最极端的是央视曝光的湘雅医院"天价芦笋片"案例，该产品实际出厂价为15.5元，招标采购价为185元，实际零售价为213元，流通环节毛利达197.5元，是出厂价的12.7倍。

2. 若干反常现象表明药品零售价格水平总体偏高。一是药能养"医"。据调查，公立医院运行和医生维持"体面生活"的费用，大部分来自药品的销售。如"天价芦笋片"的197.5元流通环节毛利中，就有100元是给医生的回扣，50元是给医院的返利。原本医生和医院的职责是提供诊疗服务，应该靠诊疗服务获取收入，而现在却为"药"所养，说明药价确实偏高。二是小药厂如此众多且能长期维持。当今的美、日等世界制药强国，药品企业不过百余家，且排位前几名的龙头企业市场份额占比达2/3以上。而我国现有5 000余家在运行的药品生产企业，1.3万家药品流通企业，行业集中度如此之低且"散、乱、差"局面能够维持至今，说明目前的药价水平仍有低效率企业获利的空间。

（二）如何形成合理的质量差价

所谓质量差价，是指同种药品间因质量和品牌不同导致的价格差距。这个问题在发达市场经济国家并不突出，但因我国药品企业众多且素质参差不齐，成为政府药价管理的难点，具体表现为：

1. 原研药与仿制药的关系。目前我国市场原研药与同种仿制药的价差多在1~2倍，少数品种达10倍左右。对此，国内仿制药企业普遍反对。有人提出，国内有些仿制药企业的产品质量与原研药没有差距，甚至工艺控制比原研标准还要严格，原研药价格却高出数倍，很不合理。而外资或合资企业却经常抱怨原研药（或未真正受到专利保护的专利药）定价过低，不能体现质量差别，甚至导致其无利可图。

2. 仿制药不同品牌间的关系。品牌与质量密切相关，形成合理的品牌差价，对促进我国药品质量提高具有重要意义。但品牌的价值如何认定？有人建议"以是否通过新版GMP认证做判断标准"。但且不说相关监管能否到位，即便新版

GMP认证通过，也只能说明质量可靠，而不能对价差做出定量的结论。也有人提出"获得省部级奖励的可适当加价"。但现在的省部级奖励争议较多，此外加价多少合适也没有客观标准。其他的办法如"是否通过国外质量标准认证"等，也大多面临相同的问题。

（三）如何处理政府药价管理与招标采购的关系

目前我国存在并行的两套政府管理系统，一套是物价部门规定零售最高限价，另一套是卫生行政主管部门招标采购并以此为基础管制公立医院售药价格。由此也就存在两种药价形成机制，同种药品在药店和医院销售，各循不同的规则，有不同的成本结构，按不同的价格销售。

如果招标定价可行，零售限价管理模式就该调整。如果零售限价模式仍然可用，则招标定价就不应成为主流。如果二者都有缺陷，就应对二者同时调整。总之，目前的二元药价管理格局不仅给市场提供了混乱的价格信号，也给企业提供了混乱的政策信号，不利于企业做出合理的市场预期和投资决策，阻碍医药产业的健康发展，必须尽早改变。

二、药价管理的国际实践

药价管理是一个系统，包括政策目标、管理内容、决策机制、定价方法、执行机构等一系列的制度安排及其相互关系。总体上看，各国的药价制度及管理模式，是其经济、社会发展水平与政治传统等多方面因素综合作用的结果。国家干预药价的强度没有定式，管理模式也不尽相同。这里着重介绍国家管理药价的原因、内容、决策机制、基本方法和相关背景条件。

（一）国家管理药价的原因："公共医保"体系的建立

"医"和"药"都是可竞争行业，既要保持产业的活力，又要控制医药费用支出，如何取得两个目标之间的平衡，至今仍是世界性难题。据统计，包括药价在内的医疗体制改革，发达市场经济国家平均10年进行一次，可见理想模式远未形成。目前在欧盟及日、韩、澳洲等多数地区，国家均主动对药价进行干预，而在美国，则并不存在国家对药价的管理。我们分析，其主要原因是"医保"体系的性质不同所致。

以"公共医保"为主体的医疗社会保障体系，导致了药品买方及市场结构的变化：一是"公共医保"资金源于公民的强制缴费和国家财政，使药价不再只影响买卖双方的利益关系，还成为影响宏观税负的重要因素，进而关乎公共利益。二是"公共医保"的组织程度较高，具有影响药价的市场支配力，加之患者的用药行为受制于"医保"报销政策而较少受市场价格影响，药价形成存在市场失灵。由此，药价成了既关系公共利益又存在市场失灵的领域，因而国家必须进行干预。

而美国的"医保"体系以私人为主体，"公共医保"只覆盖特定人群如老年人和退伍军人等，其药费支付在市场中所占份额很小，绝大多数人靠购买私人"医保"获取医疗保障。而私人"医保"自主经营，自负盈亏，不需要国家保护，也不允许国家干预。所以在美国，不仅没有对药品市场的价格管制，也没有对"医保"药费支付标准的限制。

"医保"制度差异的背后，是公众的政治理念不同。美国人的主流政治理念，是尽可能地限制公权力的影响，即使是社会保障问题，也要讲求效率，如果市场能够解决，就不要国家参与。而以欧洲为代表的福利型国家，则更重视医疗体制的公平性，追求所有人（不论经济状况差别多大）都能享受大致相同的基本医疗保障，而这一目标在私人保险体系下难以实现。从实际的效果看，美国的私人保险体系及以此为基础的药价不干预制度，利弊皆有。利在美国成为全世界的药品创新中心，患者获得新药的速度和药品产业的发展优于所有国家；弊在药价水平较高，公众的药费支出名列前茅。其他国家的"公共医保"体系及以此为基础的政府药价管理，其利弊之处则与美国相反。如何权衡，取决于公众政策偏好下的政治选择。

（二）药价管理的核心："医保"支付价格

在法律层面上，"医保"制度属于"医保"承办机构与签约医药机构间的委托合同关系，"医保"支付的价格作为合同中最重要的条款，双方必须遵守。因此，就其一般属性而言，"医保"支付价具有合约性质，即"医保"与其签约机构（医院、药店等）间关于被保险人就医或用药的价格合同。我国台湾地区的"医保"支付价更为典型，由"中央健保局"与药品企业谈判确定，如果双方不能达成一致，该药品不能进入"医保"目录。所谓"医保"支付价格管理，就是政府对"医保"与其签约机构间的价格合同的管理。尽管各国药价管理方法多种多样，但据我们的资料分析和实地考察，所有以"公共医保"体系为主体的国家和地区，药价管理均以保证"公共医保"有效运行为目标，因而都以"医保"

支付价格管理为核心。无论是日本的"公定价格基准",还是德国的"参考价格",都是用作"医保"机构药费报销的依据。在"医保"支付价格管理制度下,药品的市场价格并不必须与"医保"支付价格相同,有的国家(如日本)"医保"允许药商低于"医保"支付价水平卖药,"医保"按此较低的实际售价支付;有的国家(如德国)"医保"既允许低价售卖也允许价格高出,但高出部分"医保"不予支付。此外,为便于"医保"支付价格的有效管理,有些国家还对流通环节进行差率管制,如德国药品零售的毛利率是法定的,法国不仅管零售毛利,还对批发毛利进行限制。但无论有无流通毛利管制,药品的出厂价格并不受"医保"支付价管理的限制,完全由买、卖双方自行决定。

上述国家和地区将"医保"支付价作为药价管理的核心,合乎其医疗体制的内在逻辑:既然"公共医保"体系导致药品需方性质和行为发生变化,药价管理就应以"医保"支付价格为核心,通过"医保"报销政策来约束药品价格的形成,使之既保障"公共医保"体系的有效运行,又不过度抑制产业的活力。

(三)药价决策机制:基于公众参与

"医保"支付价格虽并非市场实际交易价格,但由于"医保"报销政策对患者用药选择有决定性的影响,因而实际上主导市场药价的走向,进而影响"医保"机构、药品企业、医疗机构、消费者和政府财政等多方利益。而只有各方利益关系平衡,药价决策才可执行。为此,各国涉及药价决策的各环节均有利益相关代表及其委派的专家参与,并大多依法成立了各利益相关代表组成的自治机构,这些自治机构的决定,有投票表决的,也有协商形成的。如在日本,虽然药价最终由厚劳大臣发布,但此前要经各利益相关方充分协商,报给厚劳大臣的药价建议,则由"中央社会保险医疗协议会"这样的专家机构做出,而厚劳大臣从未否定过该协议会的建议。德国的药价管理更具公民自治性质,拥有决定药品收录、药品参考价组别分配等重要职能的"联邦共同委员会"(G-BA),是独立于政府的德国最高医疗卫生专业决策机构,其成员由专业人士、"医保"机构、医疗机构和患者的代表组成。在法国,"法国卫生最高委员会"(HAS)下属的"透明委员会"(CT)负责对药品的"临床效果"(SMR)和"疗效改善程度"(ASME)进行评估,卫生部和法国"卫生产品经济委员会"(CEPS)依据该评估结果决定药品是否纳入医保目录和制订药品价格。透明委员会的成员分别来自于政府部门、医保基金和医药产业。

（四）药价管理方法：主要基于市场和"成本—收益关系"

由于国家并不直接规定市场成交价格，因而供求关系和竞争决定价格的机能仍起作用。所以，各国制定和调整"医保"支付价格，最主要的依据是市场药价。如德国在制定药品参考价时，主要根据同药品组市场药价分布情况，把参考价定在使同组1/3的药品价格处于参考价之下的价格水平上。再如日本，其"公定价格基准"的调整主要基于定期的市场药价调查，新"公定价格基准"以市场价格的加权平均值为依据。至于进口药价的确定，则无一例外地以国外参考地的市场成交价格为依据。

根据"成本—收益关系"判定物品所值，是一切物品价格形成的基础。对新上市亦即尚无市场价格可参照的药品，大部分国家要与现有的相似药品和疗法作对比分析，根据其对相似药品的效用提高程度确定价格。如日本制定了各种疗效改善价格加算法则，达到不同的改善程度，可获得不同程度的药价上调比例。法国也是根据新药的疗效改善程度来确定新药价格，原则上，疗效无明显改善的新药，其价格要低于现有的相似药品价格。近年来兴起的所谓基于药物经济学分析的药品定价，本质上也是基于"成本—收益关系"的原理。

综上所述，各国药价体制与管理模式与"医保"体系的性质密不可分。"公共医保"体系的建立是国家管理药价的主要原因，也决定了"医保"支付价格成为国家药价管理的核心内容。为使药价管理科学、公正，各国均以公民自治作为决策机制的基础。尽管政府或相关公权力机构主导药价的走势，但市场仍发挥着重要的价格决定功能。

三、建立我国"医保支付价"管理体制的基本思路

如前所述，药品的供给具有可竞争性，在发达的市场经济体中，有无"公共医疗保险"为主体的医疗社保体系，是国家管理药价与否的基本依据。我国已经选择了以"公共医疗保险"为主体的医疗社保模式，"医保"的药费支付及其方式将深刻影响药品的供需关系，加之我国已经步入中等收入国家行列，"医保"的公共保障程度逐步提高，公民强制缴费和国家财政支出的数量也会随之增大，药价对公共利益的影响将日趋明显。因此，随着全民医保体系的进一步发展和完善，我国药价体制也应改"市场价管制"为"医保支付价"管理。

（一）我国"医保支付价"管理的定义与作用

1. 我国"医保支付价"管理的定义。我国的"医保"支付价格管理，是指政府对"医保"支付药费所做的价格限制，即"医保"不能超过政府规定的药价基准支付药费。药品实际售价低于该价格基准的，按实际售价支付，实际售价高于该价格基准的，按该价格基准支付。我国尚未达到发达国家的富裕程度，加之药品企业过多且素质参差不齐，所以，我国的"医保支付价"必须更加突出其报销基准作用，以发挥其市场导向作用。与现行的零售最高限价相比，"医保支付价"管理有三点不同：一是管制的对象不同。零售最高限价管制对象是市场的供方——药品经营者，其药品售卖价格不得超过政府规定的标准。而"医保支付价"管理的对象是药品市场需方——"医保"机构，其药费支付不得超过价格基准；二是影响市场药价的作用机理不同。零售最高限价"管"市场交易价格水平，对市场药价的干预是直接的；而"医保支付价"管理的对象是"医保"报销药费的依据，对市场药价的干预是间接的。三是价格水平不同。零售最高限价以"品牌认可度最高产品的市场价值"为依据，而"医保支付价"管理的依据是"有质量保障且与经济社会发展水平相适应"，因而"医保支付价"水平可能低于零售最高限价。

2. "医保支付价"管理的积极效果。一是可使"保基本"的政策目标更为强化。在仿制药生产企业过多且素质参差不齐的条件下，比之零售最高限价，"医保支付价"的政策目标更加明确，即"医保"只认可一个有质量保障而又与现阶段社会发展水平相适应的价格，并非对不高于最高限价的任一市场成交价皆予支付。二是可增强对市场药价的有效约束。在"全民医保"的背景下，"医保支付价"与市场实际售价的差额，将全部由患者自己负担，比之零售最高限价下的全部药费均由"医保"与患者分担，患者的用药行为可能发生较大变化，由于患者对药价超出"医保支付价"部分敏感度明显增大，对品牌选择的意愿会随之增强，进而产生对市场药价的内在约束。三是有助于形成合理的质量差价和品牌差价。"医保支付价"对市场交易价格不具有强制性，只要"物有所值"，"原研"等质量和品牌认可度高的药品，市场售价可在"医保支付价"之上自主确定，这种通过市场机制形成的质量差价和品牌差价，更能鼓励药品行业的质量提高和科技创新。

（二）相关药价制度的配套调整

1. 实行有利于"医保支付价"管理的批零价格差率管制。与前述实行"医保支付价"的国家不同，我国目前80％以上的药品在医院销售，未来五年之内，药品零售的主市场可能仍在医院，从而医院仍有很大的药品市场支配力。为避免形成医院售价高于"医保支付价"的趋势，应对医院药品售卖建立相应的约束和激励机制：如果医院实际售价不高于"医保支付价"，其售药毛利率不受限制，以鼓励医院降低采购成本，并从医疗机构内部形成约束医生处方行为的机制；如果实际售价高于"医保支付"价，其售药毛利率不准高于政府规定的标准，且须以"医保支付价"为基数核定单位毛利，使医院不能通过抬高价格获利。在此基础上，药品批发环节的差率可完全放开，以鼓励产业的竞争和整合，提高整个药品供应系统的可靠性。

2. 将药品招标采购融入"医保支付价"格管理系统。公立医院招标采购药品，可促进药品企业间的竞争，切断"医"与"药"的利益链条，但应改变目前两套政府管理系统的局面，建议通过以下方式加强二者间的有效协同：一是公立医院招标采购导致的药品出厂价格下降，可按前述激励其执行"医保支付价格"的方法处理，以避免两套价格形成机制并行的局面，并可使招标采购起到巩固、完善"医保支付价格"管理的作用。二是药品招标还其商业属性。招标本属商业行为，即使政府招标，也须受《合同法》等有关商法的约束。目前的药品招标无法做到"招采合一、量价挂钩"，是因为招标由行政机构主导，服从于行政绩效目标，招标制度异化。近期可考虑按医疗机构产权关系或财政隶属关系确定招标主体，省属公立医院招标采购由省级医院资产管理机构负责，地市县属公立医院采购规模足够大的，招标可由同级医院资产管理机构负责，采购规模小的，招标可联合进行或委托给专业的招标机构。

3. 停止医院药品零差率销售。药品零差率销售意在鼓励患者就近医疗，切断医院与药商的利益链条。在"新医改"初期，作为改变旧体制的破冰之举，对推动我国基层医疗机构发展、促进"医、药分开"理念的传播，起到了重要作用。但其历史局限性显而易见：一是不能从根本上破除"药价驱高"的动力机制。众所周知，"驱高药价"的核心机制是"以药养医生"而非"以药养医院"，在现有体制下，药品企业给医生的"回扣"是其产品销售的必要成本，零差率销售对此无能为力。二是依赖于财政补贴。从宏观税负的角度看，公众的药费负担并未减少，长此以往还会导致地方财政不堪重负，进而成为基药招标中唯低价论盛行的根源。三是导致药品的医院价格低于药店价格。改变药品销售80％集中于医院的市场格局，是破除"以药养医"的必要条件，但医院零差率售药使药品的医院价格低于药店价格，反而进一步巩固了医院在药品零售市场中的地位，其结果必然是抑制社会零售药店的发展，与破除"以药养医"的改革方向南辕北辙。因此，在药价管理转为以"医保支付价"为核心后，药品零差率销售不宜继续实行。

（三）"医保支付价"管理的方法

1. "医保支付价"的核定。长期来看，我国的"医保"支付价格基准也应基于市场并使用药物经济学评价方法。中近期的初始定价，较为合理的方法是基于标准成本核定。其中，国内多家生产的药品，标准成本以质量管理处于中上水平的标杆企业合理成本为基础。之后的价格调整，则可根据药品零售业的竞争性采购结果确定。进口原研药和专利药的标准成本，以国外参考地的"医保"支付价为基础核定。

2. "医保支付价"的调整。药价调整应该规范化。一是必须定时。现行"适时调整"制度的实质是"随机调整"，政府自由裁量权过大，业者难以预期，应该摒弃。所有政府管理的药价都应定时调整，一般性调整时间最迟不应超过两年。二是建立市场药价调查制度，目录药价更新应以调查结果为依据。确因市场需求、原材料价格变动等不可控因素导致的成本变化，在企业提出申请后，应在规定的时间（如两个月）内对价格及时进行调整。

（四）"医保支付价"管理的决策机制

1. 引入专家审议机制。"标杆企业""药价国外参考地""高认可度品牌"等专业性指标，应由业内专家（药师、医师、经济学家等）组成的专家委员会投票决定。专家委员会成员应由行业协会等利益相关方派出并定期更换。对新药所做的药物经济学评价，也应由类似的专家委员会进行预审。

2. 引入利益相关方协商机制。药品定价规则的确定，应与"医保"机构、药品经营者、医药行业、消费者代表等利益相关方进行充分的讨论。每一品种的药品价格，无论"医保"支付价格基准还是零售最高限价，政府核定过程中都应由药品经营者申诉的程序设定。

3. 决策过程公开。药价涉及多方利益关系，决策过程公开、透明，不仅有利于决策科学性的提高，也可提高公众对药价政策的理解和市场选择能力，进而使新的药价制度更具可行性。为此，"医保"支付价格基准、零售最高限价、医院售药毛利率的确定等重要的规则必须公开讨论，专家委员会的各项决议须向社会公示，"标杆企业"及其合理成本（含正常利润）、质量分档等关键性指标，

新常态下的经济增长与发展

也应向社会公布。

四、相关配套体制改革

（一）改革处方制度

1. 处方通用名开具并允许外送，由患者自主选择药品品牌。处方制度改革是药价改革最直接的配套条件，不仅为破除"以药养医"所必需，对支付价格基准的执行也有重要影响。因为无论是按标准成本还是分质量等级核定支付价格基准，都以引导市场需求、促进"优胜劣汰"为重要目标，这就要求药品购买者知晓该药品生产的标杆企业或所处的质量层级，以增强其用药的自主选择能力。为此，必须强制所有医院执行通用名开具药品处方制度，并允许处方外送。同时，所有的药品零售机构都须明示各品、规药品的"医保"支付价格，以进一步降低药品买卖中的信息不对称程度。

2. "医保"自建或委托相关专业机构对医生处方进行审查。为避免不合理处方对药品价格体系的干扰，"医保"机构应自建处方审查机构或委托相关机构对医生处方进行审查，发现不合规范的用药处方，费用由开方医院或医生自己承担。对多次违规开方的医院和医生，应提请相关执法机构给予处罚。为此，必须配套建立相应医疗技术规范体系。可在处方点评的基础上编制处方集和用药指南，近期的用药指南可以负面列表为主，主要针对本地区在用药方面存在的问题，列出应避免的情况和事项。从国外实践经验看，由本地医生共同参与制定的用药指南，实用效果更好。还可应用现代信息技术，建立计算机监督合理用药的辅助系统，促进处方审查的客观性和效率提升。

（二）大力发展零售药店

零售药店发展到必要的层次和规模，不仅关系药价改革的成效，也是整个"医改"成功的关键环节，必须下决心予以推动。

1. 破除阻滞零售药店发展的体制与政策障碍。除前述的处方制度改革外，还应推进相关监管制度的改革，在资质审批、商业网点布局等方面放松对零售药店和网上药店的限制。此外，还可借鉴英国鼓励社区药房的做法，在按服务人口规模合理规划布局的基础上，由政府对社区药店提供定额财政补贴。

2. 鼓励国企、外资进入药品流通领域特别是药品零售业。为克服药品流通

386

业"小、散、乱"的格局,应加快发展大型药品批发企业和连锁经营零售药店,促进药品流通业的调整重组,提高药品流通的效率和服务质量。应进一步提高药品流通业的对外开放程度,鼓励外资进入药品流通领域特别是药品零售业,把国外先进的管理经验和服务理念带入我国,使药店在售药的同时提供用药咨询和指导、药物不良反应监测报告、会员健康管理等附加服务,以促进我国的药店管理早日与国际接轨。

(三) 改革诊疗价格

在强化外部约束的同时,近期还应改革诊疗价格形成机制,为医、药分开建立必要的费用补偿机制。

1. 公立医院诊疗价格分等级核定,诊疗费、护理费、手术费等应体现其服务的价值,必须在补偿合理成本的基础上实行按质论价。长期来看,医疗服务价格应由"医保"与医疗机构协商确定。近期,公立医院诊疗价格可考虑按等级和医生技术级别确定,激励医院和医生专注于提高医疗服务水平而不是协助药商卖药。

2. 非公立医院诊疗价格由市场调节。近期内非公立医院尚难成为我国诊疗市场的主流,其诊疗价格由市场调节,有利于其自身的发展,对公立医院诊疗价格合理确定也有重要的参考意义。因此,在实施分等级核定公立医院诊疗价格的同时,应明确非公立医院的诊疗价格权不受限制。

(四) 完善"医保"体系

1. 建立基于公民自治的"联合医保"体系。"医保"机构预算约束的软硬程度,也对市场药价有重要的影响。我国是一个大国,官办"医保"不利于承办机构的预算约束,也难真正实现全国统筹。可借鉴日本的做法,建立基于公民自治的联合保险体系。即在提高风险统筹层次的同时,重在建立对"医保"机构的激励和约束机制,提高"医保"资金的使用效率。

2. "医保"药品目录须及时更新。如前所述,我国药价管理的范围原则上限于"医保"药品,为使"医保"支付价格基准制度有效运转,"医保"药品目录更新过于迟缓的状况必须改变。一是必须按规定的期限更新,使企业经营决策有所预期;二是在定期更新的基础上,应有特殊情况的补救措施,以确保性价比高的新药能及时进入"医保"范围。三是要适度扩大"医保"用药范围,"医保"药品的选择原则上应以疗效为主要取向,价格高低仅为类似药间选择的依据。

3. "公共医保"药费支出应突出重点。为进一步形成市场药价的有效约束,也为提高"公共医保"的效率，对公共健康有重大影响及对个人或家庭财务带来重大冲击的大病重病药费支出，"公共医保"须重点保障，药费报销比率可相对较高。对一般性非严重疾病治疗的药费支出，药费报销比率可相对较低。

（五）改革医院体制

1. 真正鼓励医院民营和外资进入。既然我国已经确立了全民"医保"的改革方向，亦即走"购买公共服务"道路，医疗服务也就应实行竞争性体制。要破除民间资本和外资进入医疗行业的体制性障碍，放宽社会资本举办医疗机构的准入范围，支持社会慈善组织、境外医疗机构开办医院。在价格、税收、医保定点、土地供应、重点学科建设、人才流动、专业技术职称评定、政府科研投入等方面，也要切实消除所有制歧视。

2. 真正推进公立医院改革。既然全民公共"医保"不需要如此众多的公立医院，我国多数公立医院的改革方向就不应是"回归公益性"，而应走"国企"改革的道路，即采取转制、出售、托管、合资合作等方式实行民营化或国有民营。对少数承担公共卫生服务或医疗普遍服务职能的医院，应纳入政府预算管理，使之成为真正的公立医院。

（本文原载于《宏观经济研究》2014 年第 4 期）

促进竞争　完善监管

——深化价格形成机制改革的基本思路

刘树杰*

目前我国绝大多数商品和服务的价格已由市场决定，但价格形成中的政府"越位"与"缺位"并存局面依然存在，必须深化价格形成机制改革，使市场机制在价格形成中起决定性作用，实现政府价格监管的体系与能力现代化。

一、促进竞争，使市场机制在价格形成中起决定性作用

竞争是市场经济的灵魂，现代国家的繁荣无一不得自于竞争。我国有今天的发展奇迹，根本原因在于市场化改革的推动。而市场化改革的核心，就是取消政府对价格的不当干预，使之由市场竞争形成。

政府干预价格的基本条件是市场失灵。但市场失灵是多方面的，如自然垄断、外部性、公平分配、经济整体的稳定性等，适用于价格干预的，主要是自然垄断和外部性。自然垄断行业的竞争会导致高额的资产废弃（也称为"资产沉淀"或"资产沉没"），造成巨大的社会成本支出，因而适于独家经营。但独家经营会导致卖者对买者的市场控制能力，使卖者有能力通过提高价格而不是效率获取利益，进而导致对消费者正当权益的侵犯，并降低资源配置的效率。价格监管可直接规定垄断行业经营者的产品或服务的价格水平，使其通过垄断高价获取利益的空间受到限制，并在一定程度上可改变卖者由信息优势所形成的市场支配能力，改善消费者在市场交易中的地位，进而平衡卖者与买者间的利益关系。基于外部性的价格干预，主要存在于既要政府负责，又不宜免费供应公益性服务领域。就我国现阶段而言，因市场失灵而需要政府干预价格的，主要是电力的输

* 刘树杰，中国人民大学中国改革发展研究院兼职教授，国家发展和改革委员会市场与价格研究所研究员。

配、铁路运输、供水、供暖、公交、"医保"药品及其他不宜免费供应的公益性产品和服务的价格。

基于上述标准，我国仍在管制价格的行业或产品，许多都有进一步引入竞争机制的空间。如电信资费，由于信息技术的飞速发展导致传统电信产品可替代性的大幅提高，该行业自然垄断的范围大幅缩小，手机、固话等绝大多数传统电信产品价格均已无继续管制的必要。再如成品油的生产和流通，本来就属竞争性行业，只要适度进行市场结构的调整，如放松成品油进出口从业者的资质管制，价格就可放开。此外，一些传统的自然垄断行业如电力、陆上天然气等，由于相关科技进步所导致的行业技术经济特性的变化，非管网输配环节的经营活动已不再具有自然垄断性，因而也可通过产业组织的重新构造而引入市场机制，进而取消价格管制。因此，在现有条件下，必须最大限度缩小政府定价范围，凡是已经形成有效竞争的行业，都要坚决放开价格。暂不具备条件的，也要积极推动相关体制改革，并模拟市场化情景确定价格监管规则和方法，为价格放开创造条件。

二、完善监管，实现政府价格监管的体系与能力现代化

发挥市场对价格形成的决定性作用，是价格改革的核心任务，但并非全部。那些市场失灵进而关系公众利益的产品或服务价格，尽管数量或占比不大，但对整个社会的资源配置效率与公平公正作用极为重要。因此，摒弃计划经济的传统理念和方法，确立基于市场经济的政府监管价格的指导思想及规则、方法和组织体系，也是深化价格形成机制改革的重要内容。

一是要合理定位价格监管的目标。监管是指政府或法律授权的公共机构依据规则对被监管者的限制。在现代市场经济国家，监管政府的基本职能之一。监管又分为经济性监管和社会性监管价格监管，而价格监管是经济性监管的核心内容，其目标是平衡买、卖双方的利益关系，进而促进社会的公平公正和资源的优化配置。因为市场经济的本质特征是利益多元，垄断性行业产品的买者与卖者间存在此消彼长的利益冲突，必须要有公权力来平衡双方的利益关系。因而价格监管既不能任由消费者正当利益受到侵犯，也不能无理侵犯被监管企业的正当利益。这与计划经济中执行国家价格计划有本质区别。计划经济以"大锅饭"和集中决策为特征，利益关系由政府指令性计划安排，不存在垄断性企业与消费者间的利益冲突，因而计划经济的物价工作，不过是国家计划的执行而非价格监管。

二是要完善价格监管的规则。明晰的规则既是监管本质的体现，也是监管绩

效的基础。公用事业价格监管中合理价格的标准（其中又有"合理成本"、"合理投资回报"以及"有效资产"等更为具体的标准）是什么，价格何时调整，怎样调整，所有的相关事宜都应规定清楚，被监管企业与消费者的利益冲突才会处于可控状态，监管者的居间调解及其监管决定，也才能为利益冲突双方所接受。总之，当事各方才能依规而为。因此，在准确定位价格监管职能的基础上，我国的监管现代化必须从完善规则做起。一是要有分层的系统的规则设计。二是规则设计须有实质性的公众参与。无论哪个层次的监管规则设计，都不能只有政府部门内部的讨论或依靠部门间的会签，而必须有实质性的公众参与。

三是要建立职能完备、分工合理的监管组织体系。首先要对价格监管与财务、项目审批等关系密切的职能之间关系应进行整合。以公用事业价格监管为例，市场准入及对投资、财务的监管等均属价格监管的基础，职能应适当集中。其次是应以市场影响范围和财政责任为主要依据配置监管权力。对于那些供给网络跨区的行业，监管权集中于中央政府的模式可能较为合适。而供给网络限于省（市）的，价格由省市政府监管可能更为合理。供水、供暖、公共交通等由市及市以下层级政府承担财政责任的市政公用事业，监管权则应由同级地方政府（包括市镇政府）行使。

四是引入先进的监管方法。例如基于绩效的监管方式在许多成熟市场经济国家都有成功的实践，我国可考虑逐步改"成本加成"定价为"价格上限制"，以激励被管制企业提高效率，降低成本，进而实现价格的有效控制。间接竞争的方法也可应用，如特许权招标制度和"标尺竞争"，都可作为提高监管绩效的重要的手段。此外，虽然自然垄断性产业本身不能竞争经营，但其产品与替代品间仍然存在一定程度的竞争关系，根据其替代品的市场价格确定管制价格，可间接地将市场机制引入了被监管的行业之中，从而不仅有利于促进生产者提高效率，而且也在更大范围内实现了资源的优化配置，并可减少买卖双方的争议，降低监管成本。依现有条件看，我国管输天然气、铁路运输的价格监管，都可以可替代品的市场价格为参照标准。

参考文献：

刘树杰：《现代监管理念与我国监管现代化》，载于《经济纵横》2011 年第 6 期。

（本文原载于《人民日报》2015 年 10 月 19 日）

第四部分
收入分配与反贫困战略

扩大中等收入群体是转方式调结构的必然要求

王一鸣[*]

习近平总书记在中央财经领导小组第十三次会议强调，"扩大中等收入群体，关系全面建成小康社会目标的实现，是转方式调结构的必然要求"。中等收入人群是社会和谐稳定的基石，是构筑可持续发展的"橄榄型"社会结构的基础。我们要充分认识扩大中等收入群体对实现全面建成小康社会目标的重大意义，将扩大中等收入群体作为转方式调结构的重要途径，通过深化改革为扩大中等收入群体提供制度保障。

一、我国中等收入群体比重偏低有多方面原因

中等收入群体通常是指一个经济体中收入达到中等水平、生活较为宽裕的群体。这个群体具有较为稳定的收入，较强的消费能力，受过良好的教育，多从事专业性较强的工作，是经济社会发展的主要依托力量。国际上对中等收入群体缺乏统一的衡量标准，用得比较多的是世界银行"家庭人均每天支出 10 ~ 100 美元"的标准。按此计算，我国中等收入群体占总人口比重约为1/5，不仅大幅低于发达国家水平，也明显低于这些国家与我国处在相同发展阶段时的水平。我国中等收入者比重偏低，有所处发展阶段的原因，更主要的是受到发展方式和体制机制的影响。

从发展阶段看，我国刚迈入工业化中后期，生产活动以低附加值劳动密集型制造业为主，服务业刚刚超过第二产业，但知识和技术含量高的专业服务业比重偏低，导致劳动收入相对于资本报酬偏低。同时，高质量人力资本比重偏低，也

---

   * 王一鸣：国务院发展研究中心副主任，国家发展和改革委员会宏观经济研究院原常务副院长、中国社会科学院博士生导师、中国人民大学兼职教授、中国城市金融学会副会长。

影响到中等收入群体的扩大。虽然我国高等教育招生规模逐年扩大，现在每年已超过 750 万人，但由于人口基数大，总人口中接受过高等教育者的比重仍然很低，2014 年我国具有大专及以上学历人口比重仅为 11.5%，远低于 OECD 成员国的平均水平。

从发展方式看，长期以来依靠要素驱动的粗放型增长，重投资轻消费、重物质资本轻人力资本，初次收入分配中劳动者份额和居民最终消费占 GDP 比重仍然偏低。近年来，随着农村劳动力转移跨过刘易斯拐点，劳动年龄人口下降，劳动力供求关系发生转折性变化，初次分配中的劳动者份额有所提高，但仍处于较低水平，影响了中等收入人群的壮大。

从体制政策看，我国要素市场发育仍然滞后，要素流动和优化配置受到制约。劳动力在城乡、区域、行业间流动还存在各种显性和隐性障碍，特别是农业转移人口市民化进程缓慢，难以获得与户籍人口均等的公共服务及教育、就业和升迁机会，抑制了这部分人的收入增长。农村土地改革滞后使得土地缺乏流动性，导致农民的土地权益难以有效转化为实际收入。资本市场仍不完善，实际利率水平长期受到压制，导致大量中低收入居民的储蓄通过低利率间接补贴给了低效率企业和部分高收入人群，形成逆向转移支付。

今后一个时期是我国全面建成小康社会的决胜时期。扩大中等收入群体，关系到能否完成全面建成小康社会的任务，顺利实现第一个百年目标；关系到能否转方式调结构，切实提高经济发展质量和效益。我们应站在经济社会发展战略的高度，着力扩大中等收入群体，提高居民收入和消费能力，推动国内市场规模扩大和层次提升；着力提升人力资本水平和劳动生产率，促进结构调整和动力转换，形成经济持续发展新动力。

二、扩大中等收入群体与转方式调结构互为促进

改革开放 30 多年来，我国经济保持年均 10% 左右的高速增长，成功实现了从低收入国家向中等收入国家的跨越，2015 年人均 GDP 已接近 8 000 美元，位居中等偏上收入国家行列。与进入这一阶段的大多数经济体一样，伴随人均 GDP 水平的提高，我国进入了经济增速换挡期、结构调整阵痛期和发展动力转换期，经济增速从高速进入中高速，经济结构矛盾凸显，主要依靠要素驱动的发展方式动力减弱。扩大中等收入群体有利于转方式调结构，转方式调结构则是扩大中等收入群体的重要途径。

第一，进入经济新常态，我国产业结构层次低、主要依靠低成本优势参与国际竞争的矛盾逐步显现。扩大中等收入群体，有利于提高劳动者受教育水平，提升劳动者素质，促进产业转型升级，提高国际竞争力。

近年来，我国劳动年龄人口逐年减少，传统的人口红利逐步消失。2012年16～59岁劳动年龄人口数量首次出现下降，当年净减少205万人，2013年、2014年和2015年分别减少244万人、371万人和487万人，累计已减少1 000万人左右。劳动力供需形势变化推动劳动力成本大幅上升。国际金融危机以来，我国城镇单位就业人员平均货币工资年均增长13.2%，农民工工资年均增长13.5%，高于同期劳动生产率（按现价计算）年均增长11.1%的水平。

今后一个时期，我国劳动力低成本要素比较优势将明显弱化，这就要求通过教育培训和人力资本投资，使劳动力素质提升抵消劳动力数量增速放缓，大幅提高劳动生产率。中等收入群体更加重视人力资本投资，从近年来的情况看，我国适龄人口接受高等教育的比重大幅提升，出国留学人数快速增长，这与中等收入群体规模的扩大是分不开的。从调查数据看，中等收入家庭教育支出往往是最大支出项。扩大中等收入群体，有利于增加全社会的教育支出和人力资本投资，提升劳动者素质，从而为转方式调结构创造条件。

第二，进入经济新常态，我国发展方式粗放，依靠要素驱动发展的矛盾逐步暴露出来。转变发展方式，提高创新对经济增长的驱动力，要求激励人们通过创新性劳动实现价值，提高收入，这是有效扩大中等收入群体的重要途径。

传统经济发展方式的基本特征，就是经济增长过多依靠投资拉动，依靠生产要素大规模高强度投入，科技创新对经济增长的贡献不足。国际金融危机后，随着投资规模大幅扩张，投资边际产出效率趋于下降。从2008年到现在，每新增1元GDP需要增加的投资已显著上升。过去一个时期，我国全要素生产率对经济增长的贡献也呈现下降趋势。

今后一个时期，创新能力不足成为制约经济发展的最大瓶颈，必须把发展基点放在创新上，通过创新培育发展新动力。各类专业性人员是中等收入群体的重要组成部分，鼓励创业创新是有效扩大中等收入群体的重要途径。这就要实行以增加知识价值为导向的分配政策，加强对创新人才的股权、期权分红力度，促进科技成果转化，提高科研人员成果转化收益分享比例，提高科研人员收入。

第三，进入经济新常态，部分行业产能过剩严重，主要依靠生产能力大规模扩张支撑经济发展的问题逐步显现。推进供给侧结构性改革，去除过剩产能和僵尸企业，有利于提高劳动力等生产要素的流动性和资源再配置效率，提高全要素生产率，进而为提高职工收入和扩大中等收入群体创造条件。

进入经济新常态，伴随经济增长的阶段性转换，钢铁、煤炭、石化、有色、建材等传统产业的产能已达到或接近上限，在国内外市场需求变化的作用下，传统产业面临严重的过剩压力。从供需发展趋势判断，传统产业大规模扩张的阶段将要结束。过剩产能和僵尸企业事实上阻碍了企业劳动生产率提升和技术进步，使企业过度依靠生产要素的投入，长期停留在产业价值链低端，进而影响劳动力素质提高，也影响到职工工资的稳定增长。要通过产业升级和价值链提升，提高职工收入水平和福利待遇，通过自身人力资本投资获得更高的收入回报。

三、深化改革为扩大中等收入群体提供制度保障

扩大中等收入群体，需要解放和发展生产力，最根本的是要深化改革，推动经济发展从要素驱动转向创新驱动，培育发展新动力，提高全要素生产率，为扩大中等收入群体提供制度保障。

加快教育制度改革，加大人力资本投资。继续加大基础教育投入，巩固提高义务教育，加快普及学前教育和高中阶段教育，提升基础教育质量，缩小城乡教育差距。加快现代职业教育建设，增强职业教育的实用性，培养大批技术技能人才，加大农民工职业技能培训和岗位技能培训，建立健全与受职业教育的劳动人才相适应的专业技术职称评定制度。推进高等教育招生考试制度改革，推行初高中学业水平考试和综合素质评价，扭转应试教育倾向，建立健全多元招生录取机制。在各类学校招生和国有企事业单位招聘中，对弱势群体给予更多定向名额，使他们获得更多发展机会。

加快户籍制度改革，促进社会流动。对农民工数量占比高的特大城市，建立"积分落户"制度，促进有稳定就业和住所的农民工有序落户。提高劳动力的流动性，促进农业人口转入非农部门，提高劳动生产率。增强劳动力市场灵活性，促进劳动力在地区、行业、企业之间自由流动。降低就业的隐形门槛，提升选人用人的透明度和公平性，鼓励社会成员通过努力奋斗实现人生目标。鼓励大众创业、万众创新，激发社会活力，为有志向有能力的社会青年提供更为广阔的发展空间和更加顺畅的流动渠道。

加快科技体制改革，建立新的激励机制，提高科研人员收入。深化科技成果使用、处置和收益管理改革，实行以增加知识价值为导向的分配政策，加强对创新人才的股权、期权分红力度。鼓励科技人才和科研成果直接进入市场，按科技

要素实现价值回报。创新科研经费管理体制，激发科研人员的积极性和创造性。提高技术工人福利待遇和社会地位。

加快土地制度改革，提高农民财产性收益。支持引导进城落户农民依法自愿有偿转让土地承包权，扩大农业适度规模经营，培育新型职业农民。在符合规划和用途管制的前提下，鼓励农村集体经营性建设用地出让、租赁、入股。在具备条件的地方实行地票制，农民宅基地还耕后，集体建设用地指标变为资本，可携带入城投资创业。

参考文献：

刘鹤：《"十二五"规划〈建议〉的基本逻辑》，载于《中国经济时报》2011 年 3 月 20 日。

郑功成：《扩大中等收入群体的要点与路径》，载于《光明日报》2016 年 6 月 29 日。

王一鸣：《跨越"中等收入陷阱"的战略选择》，载于《中国投资》2011 年第 3、第 4、第 5 期。

（本文原载于《光明日报》2016 年 7 月 14 日第一版）

我国居民收入占比合理性的判断标准

张培丽　姜　伟*

一、引言

近年来，在收入差距不断扩大和消费持续低迷的大背景下，学者们将研究视野投向国民收入分配格局，重点关注了资本收入份额上升、居民收入份额下降现象，着重对居民收入占比变化的真实幅度和降低原因进行了深入考察，试图以此回答国民收入分配格局中是否存在资本侵占劳动或政府收入侵占劳动的情况，并对其作出科学解释。然而，对于我国居民收入占比是否过低，是否应该及时扭转当前趋势，学者们并未给出坚定、明确的回答，从而就更不可能得出当前我国居民收入占比的合理区间，使得提高居民收入占比政策缺乏理论和操作依据。之所以出现这种情况，主要原因在于学界始终没有构建起判断我国居民收入占比的科学标准。

在已有研究中，对我国居民收入占比是否过低的判断主要基于以下考虑：第一，基于对居民收入占比下降带来负面影响的担忧，认为应该扭转该趋势。例如，蔡昉（2005，2006）指出，1998～2003年间资本收入份额逐年上升，势必导致收入分配不均。世界银行的库伊斯（Kujis，2006）和汪同三（2007）都认为，劳动收入份额及居民收入占比降低影响了消费增长。白重恩（2013）则认为，如果居民收入太少，投资率就会太高，影响效率。第二，基于与其他国家居民收入占比的比较，认为我国劳动报酬占比过低。例如，罗长远等（2009）指出，与世界大多数国家55%～65%的劳动收入占比相比，我国居民收入占GDP的份额太低。肖红叶等（2009）通过与戈林（Gollin，2002）调整后的跨国数据

---

* 张培丽，中国人民大学中国经济改革与发展研究院副教授；姜伟，中国人民大学经济学院博士。

比较也指出，中国居民收入份额不仅明显低于发达国家，也低于发展中国家平均水平。然而，对此判断，白重恩等（2009）则指出，在作出这一论断前，必须要解决要素分配份额跨国比较时的可比性问题，从而对简单采用国际比较的判断提出了质疑。除了要素份额的可比性之外，发展阶段的可比性更为重要。第三，基于理论和实证得出的劳动收入占比与经济发展水平关系的结论。关于居民收入占比与经济发展水平的关系，学界存在多种不同观点：一是早期的卡尔多（Kaldor）典型事实认为要素收入占比是稳定的。然而，20世纪80年代前后西方国家劳动收入占比下降的事实，对卡尔多典型事实提出了挑战，迫使学者们沿着劳动报酬占比决定的方向寻求对现实的理论解释。二是认为劳动份额与经济发展水平同向变动。这与李稻葵（2007）的研究发现基本一致。他指出，美国和英国1935~1985年间，劳动份额是缓慢上升的，基本上保持在65%~80%。联合国的数据也表明，随着人均国民收入的增加，大多国家的劳动份额都会保持在70%~80%。以此为依据，认为我国的劳动份额过低。三是认为劳动份额在经济发展中呈"U"型变动规律。李稻葵等（2009）指出，在经济发展中，劳动份额先下降后上升，呈现"U"型变动规律，转折点约为人均GDP 6 000美元（2000年购买力平价），肯定了先前我国劳动份额下降的合理性。

可见，由于标准的缺失，导致了学者们在我国居民收入占比是否合适问题的判断上出现矛盾或者不置可否，从而使得通过提高国民收入分配格局中的居民收入占比，缩小收入差距和提高居民消费的政策措施，缺乏理论依据和数量标准。

本文将国民收入分配格局与经济发展阶段，尤其是与工业化进行关联研究，试图运用日本、韩国和我国台湾地区工业化进程中居民收入占比的变动经验，总结出工业化不同发展阶段居民收入变动的一般规律，从而判断我国工业化进程中居民收入占比变动的合理性和存在的问题，为完善国民收入分配格局提供依据和时空数量标准。

二、参照系及数据的选取与依据

我们探究工业化进程中居民收入占比中国标准的基本思路是，选用日本、韩国和我国台湾地区工业化进程中居民收入占比变动的经验数据，总结出工业化不同阶段居民收入占比变动的一般规律。通过与这些国家和地区工业化发展对等阶段的对照，得出我国工业化进程不同发展阶段居民收入占比的数量区间。

这里的关键是，为什么选取日本、韩国和我国台湾地区工业化进程中居民收入占比变化数据来得出我国工业化进程中居民收入占比的评判标准？对此，我们主要基于以下考虑：

1. 日本、韩国和我国台湾地区都是完成了工业化的后发国家和地区。作为后发工业化国家和地区都有加快推动工业化发展，实现赶超的历史任务，其工业化进程表现出不同于先发国家的规律和路径。日本、韩国和我国台湾地区在追赶的过程中，都顺利完成了工业化，先后成为发达经济体。我国目前处于工业化中期的后期阶段，并将于2020年左右完成工业化，作为后发国家，我国与日本、韩国和我国台湾地区的工业化进程具有相似性。

2. 在工业化过程中，日本、韩国和我国台湾地区都经历了经济转型。日本、韩国和我国台湾地区在工业化过程中都曾经面临经济转型的压力和要求。具体表现在：第一，这些国家和地区都曾经表现出明显的投资主导特征。这些国家和地区在工业化过程尤其是重化工业化阶段，具有很高的投资率，带动了经济快速增长，在工业化后期阶段，才逐步转向消费拉动为主的经济增长模式。比如日本自战后恢复至1973年工业化结束，其固定资产投资增长率远远高于其他时期，进入20世纪60年代以后，日本才通过实施国民收入倍增计划等加快经济转型。第二，这些国家和地区都在工业化过程中经历了能源等原材料价格上涨等外部环境变化。这些国家和地区工业化过程中，先后爆发了1973年和1978年两次"石油危机"，石油价格大幅上升，并因此带来了生产成本和劳动力成本的不断上升，迫使经济逐渐转向创新型和知识密集型经济。我国当前也处于加快经济发展方式转变的经济转型期，工业化的路径和外部条件变化有很多相似之处。

3. 日本、韩国和我国台湾地区工业化时期都经历了20~30年的高速增长。日本、韩国和我国台湾地区工业化进程与其高速经济增长时期非常吻合，日本1956~1973年的18年间，年均增长率超过9.2%，韩国1963~1991年近30年间，年均经济增长率达到9.6%，中国台湾地区1961~1989年近30年间，实际经济增长率平均达到9%，而该时段也恰恰是这几个国家和地区的工业化时期。我国改革开放以来也经历了长达30多年的高速经济增长，而且从目前的发展基础和空间来看，也很有可能在工业化完成前持续保持较高速增长，体现出与日本、韩国和中国台湾地区类似的增长特征。

4. 日本、韩国和中国台湾地区同属亚洲经济体，具有文化上的相似性。文化作为非正式制度，对一国经济发展和生活方式具有约束性。我国与日本、韩国同属儒家文化，与台湾地区更是属于同一文化，文化上的同一性就决定了价值判断的相似性，从而导致工业化路径和社会习惯的趋同性。

在数据的选取上，我们使用了日本1955～2000年、韩国1972～2010年，我国台湾地区1965～2004年的相关数据，这些数据主要来源于世界银行数据库、各国（地区）统计年鉴和各国（地区）银行数据，时间跨度涵盖了他们工业化的全过程或者大部分过程，以及后工业化阶段。该时间段可以清晰刻画日本、韩国和我国台湾地区工业化不同阶段居民收入占比的变动规律。

为了增强工业化发展阶段的可比性，我们采用陈佳贵等在《中国工业化进程报告》中的方法，运用人均GDP、三次产业比重、制造业增加值在总商品生产部门增加值中的比重、城市化率与第一产业的就业比重五个指标，测算工业化指数，划分工业化发展阶段。在比较研究中，考虑到日本、韩国和我国台湾地区的工业化进程相对较早，在比较中时间跨度较大，为便于比较，我们将陈佳贵等在测算我国人均GDP水平时采用的汇率—购买力平价平均方法修改为汇率换算，并使用2005年不变价美元计算①。

三、后发经济体居民收入占比的变动特征

（一）日本居民收入占比的变动特征

日本经过短暂的战后恢复，1955年左右重新开始工业化进程，当时工业化指数为41，1974年工业化指数达到99，完成工业化，此后进入后工业化时期。与之相对应，日本居民收入占比变动主要可以分为四个阶段（见图1）：

第一个阶段：1955～1961年，工业化指数为41～69，居民收入占比在波动中缓慢下降，从最初的46.2%下降到44.9%，工业化指数超过50后，有过短暂上升，但很快下降。

第二个阶段：1962～1970年，工业化指数为71～92，居民收入占比上升较快，从44.9%上升至50.3%，上涨约5个百分点，稳定在50%左右。

第三个阶段：1971～1975年，工业化指数为93～100，工业化基本完成，居民收入占比快速上升，从50.3%上升至63.5%，上涨幅度超过10个百分点。

第四个阶段：1975年以后，进入后工业化时期，居民收入占比再次稳定在60%～65%，虽然有个别年份突破65%，总体上来看基本徘徊在65%上下。

日本居民收入占比的这种变化表明：工业化中期，居民收入占比在波动中缓

---

① 参见陈佳贵等：《工业化蓝皮书：中国工业化进程报告（1995～2005）》，社会科学文献出版社2007年版。

慢下降，基本低于 50%；工业化中期后半阶段，居民收入占比较快上升约 5 个点，保持在 50% 左右；工业化进程基本结束时（工业化指数 93 以后），居民收入占比才出现较大幅度上升，上升幅度约 10 个百分点；后工业化阶段，居民收入占比进一步上升约 5 个百分点。

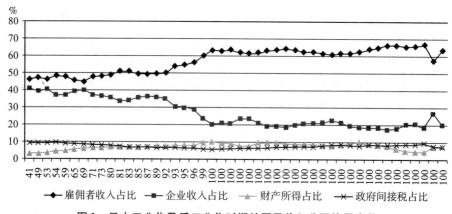

图 1　日本工业化及后工业化时期的国民收入分配格局变化

资料来源：根据日本统计局网站数据计算所得。

（二）韩国居民收入占比的变动特征

韩国 1963 年左右开始工业化进程，1972 年韩国工业化指数为 12，到 1998 年韩国工业化指数达到 99，完成工业化，此后进入后工业化阶段。韩国居民收入占比变动主要经历了五个阶段（见图 2）：

第一个阶段：1972～1980 年，工业化指数为 12～49，居民收入占比表现为较快上升，居民收入占比从 32.9% 上升到 39.9%，该阶段增长幅度最高超过 8 个百分点。

第二个阶段：1981～1987 年，工业化指数为 49～77，居民收入占比小幅波动并稳定在 40% 左右，波动幅度很小。

第三个阶段：1988～1991 年，工业化指数为 80～88，居民收入占比再次较快速增长，突破 40%，并稳定在 46% 左右，上涨约 6 个百分点。

第四个阶段：1992～1996 年，工业化指数为 93～97，进入工业化尾声，基本完成工业化，居民收入占比小幅上涨，从 45.8% 上升至 47.6%，上升不足两个点。

第五个阶段：1997 年至今，进入后工业化阶段，居民收入占比略有下降，并稳定在 42% ~47% 区间内。

相对而言，韩国居民收入占比的整体水平较日本偏低。韩国居民收入占比变动表明：由于韩国居民收入占比的初始水平较低，工业化早期韩国居民收入占比以较快速度上升至 40% 左右；工业化中期阶段，韩国居民收入占比保持在 40% 左右；工业化后期（工业化指数 80 以后），韩国居民收入占比再次较快上涨，稳定在 46% 左右；后工业化阶段，居民收入占比稳定在 42% ~47% 的区间。

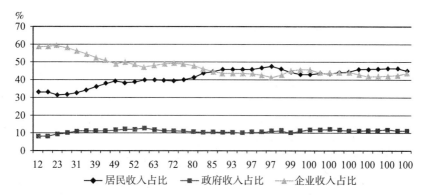

图 2　韩国工业化及后工业化时期的国民收入分配格局变化

资料来源：根据韩国银行统计数据计算所得。

（三）台湾地区居民收入占比的变动特征

我国台湾地区 1961 年左右开始工业化进程，1966 年台湾地区的工业化指数为 12，处于工业化初级阶段，1997 年工业化指数达到 97，基本完成了工业化[①]。台湾地区居民收入占比变动主要分为五个阶段（见图 3）：

第一个阶段：1966 ~1972 年，工业化指数为 12 ~39，居民收入占比缓慢增长，从 37.4% 增长到 42.1%，增长幅度不足 5 个点。

第二个阶段：1972 ~1982 年，工业化指数为 39 ~64，居民收入占比较快增长，从 42.1% 快速增长到 50.9%，增长约 9 个百分点。

第三个阶段：1983 ~1986 年，工业化指数为 66 ~76，居民收入占比保持平稳甚至略有下降，基本保持在 50% 左右，1986 年下降至 48.2%。

第四个阶段：1987 ~1995 年，工业化指数为 78 ~94，居民收入占比较快速上升，从 1986 年的 48.2% 上升到 1995 年的 58.7%，上升 10 个点左右。

---

① 但由于城市化率的影响，台湾地区的工业化指数处于徘徊状态，到 2004 年时仍未能达到 100。

　　第五个阶段：1995~2004 年，工业化指数为 94~99，工业化基本完成，居民收入占比有所下降，从 58.7% 的高点下降至 2004 年的 52.1%。

　　我国台湾地区的居民收入占比变动表明：由于工业化早期居民收入占比初始状态较低，台湾地区居民收入占比较快增长，上升至 50% 左右，并在工业化中期保持在该水平；工业后期（工业化指数 76 以后），居民收入占比较快速上升约 10 个百分点。

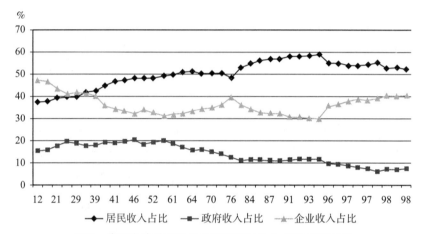

图3　我国台湾地区工业化时期国民收入分配格局变化

资料来源：根据中国台湾经济年鉴数据计算所得。

四、工业化进程中居民收入占比变动的一般规律

（一）工业化进程中居民收入占比的一般规律

　　在工业化进程中，韩国和我国台湾地区由于居民收入占比初始水平较低，工业化早期均表现为缓慢或较快上升。由于数据的可得性，我们重点考察工业化中期阶段以来的居民收入占比的变动规律。工业化中期以来，日本、韩国和我国台湾地区居民收入占比变动表现出明显的规律性，具体表现在（见图4）：

　　第一，工业化中期居民收入占比缓慢上升后有所下降，加速之前均低于50%。

　　第二，工业化后期，即工业化指数位于 70~80 区间时，居民收入占比加速上升，上升幅度约为 5 个百分点，并维持在 50% 左右。日本居民收入占比自工业化指数 71 时加速上升，从 45% 上升至 50% 左右，直到工业化指数为 92 时，均保持在 50% 左右。韩国居民收入占比自工业化指数 80 时加速上升，从 40% 上升至 45% 左

右，直到工业化指数97，均保持在45%左右。我国台湾地区居民收入占比自工业化指数78时加速上升，从48.2%最高上升至58.7%，上涨幅度较大，但是与日本和韩国相比，工业化后期以后台湾地区工业化进程最为缓慢，在工业化指数94以后，居民收入占比持续下降至52%，表现出向50%回归趋势。回顾美国的工业化进程，1929～1951年美国居民收入占比也基本稳定在50%左右，1951～1970年才快速上升，也表现与日本、韩国和我国台湾地区非常类似的变动趋势。

第三，工业化尾声（工业化指数90以后），居民收入占比出现分化。日本居民收入占比上升速度较快，工业化完成时达到63.5%，上升幅度超过10%；韩国居民收入小幅上升后下降，最高达到47.6%，上升幅度不足3%。

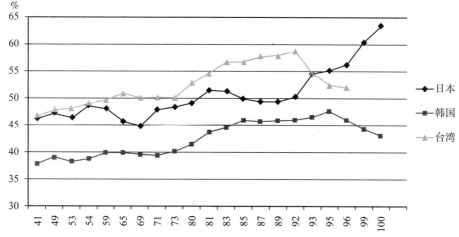

图4　工业化中期以来日本、韩国和我国台湾地区居民收入占比变化

资料来源：根据日本统计局网站数据、韩国银行统计数据和中国台湾经济年鉴数据计算整理。

（二）工业化进程中居民收入占比变动规律的原因

居民收入占比之所以表现出在工业化早期和中期，居民收入占比较低，进入工业化后期，居民收入占比加速上升的规律，可能的原因在于：

第一，工业化早期和中期，资本积累是经济发展的核心问题。根据刘易斯二元经济理论，工业化早期和中期，农村中存在大量剩余劳动力，资本相对短缺，因此，在收入分配中倾向于资本的分配方式有利于经济增长，而如果工资收入增长过快，将会影响工业化进程。各经济体工业化早期和中期收入分配格局中的企业偏向，与该理论十分吻合。而我国台湾地区工业化长时间徘徊在尾声，很有可能与其在工业化后期居民收入占比过快上涨有关，从而迫使居民收入占比下降，回归至50%附近。随着城市化率不断提高，资本和劳动的相对短缺程度发生改变，收入分配格局也随之变化。

第二，劳动力短缺状况的影响。随着工业化不断推进，大部分经济体都出现了劳动力短缺，从而使得工业化后期工资增长迅速，带动了居民收入占比快速上涨。日本和韩国居民收入占比加速上升时期，其城市化率分别高达77%和89%，城市化进程基本完成。与日本、韩国相比，台湾地区城市化进程相对缓慢，然而到其居民收入占比加速上升时期，其城市化率也已经达到65%。剩余劳动力吸收殆尽，很有可能是工业化后期居民收入占比上升的主要原因。

第三，经济转型的影响。日本、韩国和台湾地区的工业化均采取了外贸导向型发展战略，依靠廉价劳动力支撑外贸快速发展，从而带动经济快速发展，但随着贸易摩擦不断增多，劳动力和原材料成本不断上涨，三个经济体无一例外地都进行了经济转型。日本于20世纪60年代提出《国民收入倍增计划》，韩国于20世纪80年代中期提出"调整产业结构、实现技术立国"的总目标，我国台湾地区则通过推动产业升级和扶持中小企业发展等进行经济转型，这些政策的实施均带来了居民收入占比上升。

第四，人力资本不断提高的影响。日本"二战"后通过一系列措施迅速恢复了教育发展，到1970年高等教育入学率达到18.7%，1980年高中阶段入学率超过90%。韩国通过加大教育投入等也取得了快速发展，到1980年，高中入学率达到63.3%，1970～1990年，高等学校人数增长了6.4倍。同样，我国台湾地区教育发展也非常迅速。1984年，台湾地区高等教育毛入学率不足15%，到1991年上升至32.4%，90年代中期进一步上升至50%以上。教育的快速发展大大提高了人力资本水平和劳动生产率，使得居民收入提高成为可能。根据联合国教科文组织研究，劳动生产率与劳动者文化程度呈正相关关系，与文盲相比，小学毕业生可提高劳动生产率43%，初中毕业可提高108%，大学毕业可提高300%。

五、工业化进程中居民收入占比规律在我国的应用

(一) 我国居民收入占比变动的合理性判断

工业化进程中，我国居民收入占比变动主要经历了两个阶段[①] (见图5)：

---

① 由于我国以前工业化程度较低，我们从1984年城市经济体制改革之后开始考察我国居民收入占比变动情况。

第一个阶段：1985～2007 年，工业化指数为 16～45，居民收入占比持续下降，尤其是 2004 年（工业化指数为 35）之后，居民收入下降幅度较大[①]，从 1985 年的 53% 下降至 2007 年的 39.7%，下降幅度超过 10 个百分点。

第二个阶段：2007 年至今，工业化指数为 45 以来，居民收入占比短暂快速上升后，稳定在 45% 左右，2012 年工业化指数达到 58 时，居民收入占比为 45.6%。

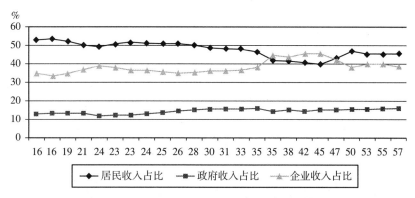

图 5　工业化进程中我国国民收入分配格局变化

资料来源：根据中国统计年鉴数据计算所得。

我国居民收入占比变动与日本、韩国和我国台湾地区最大的不同在于，我国居民收入占比的初始水平较高。比如，我国工业化指数为 16 时，居民收入占比高达 53%～53.4%，而韩国和台湾地区工业化指数分别为 20 和 17 时，居民收入占比仅分别为 33.2% 和 37.7%，远低于我国水平。这就决定了我国居民收入占比在工业化过程中，出现了与日本、韩国和我国台湾地区不断上升趋势相反的变动特征。根据上述得出的工业化进程中居民收入占比的变动规律，我国居民收入占比的阶段性下降，属于回归合理区间，一定程度上与工业化早期和中期收入分配的资本倾向相一致，具有一定的合理性。

然而，随着我国居民收入占比不断下降，到工业指数为 42 左右（2006 年）时，除了比韩国同等工业化水平时稍高外，均远远低于日本和我国台湾地区，到工业化指数为 45 时，甚至降至与韩国同等发展阶段的水平（见表 1）。可见，与其他后发国家和地区相比，我国接近工业化中期时的居民收入占比的确过低，应

---

① 根据学者们的考察，之所以 2004 年以后居民收入占比出现较大幅度的下降，主要原因在于统计口径的调整。具体参见白重恩等（2009）、罗长远等（2009）和肖红叶等（2009）相关研究。

该有所提高，因此在工业化进入到中期阶段之前，我国居民收入占比有较大幅度提升，是符合工业化进程中居民收入占比变动规律的。

表1　　我国与日本、韩国和台湾地区工业化进程中居民收入占比的比较

日本		韩国		中国台湾地区		中国	
工业化指数	居民收入占比	工业化指数	居民收入占比	工业化指数	居民收入占比	工业化指数	居民收入占比
41	46.2%	43	37.8%	41	46.7%	42	40.6%
49	47.4%	49	39.0%	42	46.9%	45	39.7%
53	46.3%	49	38.3%	46	47.9%	47	43.2%
54	48.7%	52	38.8%	48	47.8%	50	46.6%
59	48.1%	58	39.9%	52	48.2%	53	45.0%
65	45.7%	63	40.0%	55	49.0%	55	44.9%
69	44.9%	65	39.6%	61	49.6%	57	45.6%

资料来源：根据日本统计局网站数据、韩国银行统计数据、中国台湾经济年鉴和中国统计年鉴数据计算整理。

（二）未来我国居民收入占比变动的时间和空间标准

2009年，我国工业化指数达到50，进入工业化中期阶段，2013年工业化指数增长到57，相当于日本1959年（工业化指数为59）、韩国1983年（工业化指数为58）和我国台湾地区1979年（工业化指数为55）的工业化发展水平，正处于工业化中期的后半阶段。此时，我国的居民收入占比为45.6%，日本、韩国和我国台湾地区分别为48.1%、39.9%和49%，我国居民收入占比仍相对偏低约3个百分点。

在该工业化发展阶段之后，直到工业化指数达到80，日本和我国台湾地区居民收入占比基本保持在50%左右，日本最高达到49.1%，台湾地区最高达到52.9%，韩国居民收入占比一直偏低，最高达到41.5%。从我国当前居民收入占比变动趋势来看，更有可能与日本和我国台湾地区变动趋势相一致，根据这些国家和地区居民收入占比变动的一般规律，我国居民收入占比在工业化指数达到80（根据当前工业化进程估算，约为2020年）时，可能会稳步上升至50%左右，并稳定在该比值上下，上升空间约为5个百分点。

即使考虑到当前原材料成本、能源成本、环境成本等上升的国际环境，以及经济转型的需要，由于2013年我国的城市化率仅为53.7%，远未达到引起劳动力成本大幅上涨的城镇化率65%～70%的劳动力短缺临界点。从这个意义来看，

我国居民收入占比在工业化中期至末期之间稳定在50%左右是合理的。

从工业化指数80到工业化完成，日本、韩国和台湾地区都用了10年左右的时间，当工业化指数达到95，接近完成工业化时，其居民收入占比基本都增长了5个百分点左右，日本达到55.1%，韩国达到45.9%，台湾地区经过较高速上涨后也回归至54.7%，此后他们的居民收入占比变动出现分化。按照该变动规律，我国2030年接近完成工业化，居民收入占比较2020年将进一步有5个百分点左右的上涨空间，达到55%。

（三）提高我国居民收入占比的政策建议

根据我国未来居民收入占比变化的时空标准，在工业化中期的后期阶段和工业化后期，居民收入占比虽然有所上升，但上升幅度有限，既要确保居民享受到经济增长的福利，也要确保工业化顺利推进。要实现这种均衡，这就需要做到：

第一，完善工资形成机制，促进工资合理上涨。长期以来，我国农民工工资基本按照生存工资法则确定，从而导致农民工工资在20世纪90年代到21世纪初的10余年时间内几乎保持不变，如果考虑物价因素，甚至有所下降，影响了农民工就业的积极性。随着经济增长和劳动力结构变化，农民工工资形成机制逐渐转向市场议价，工资水平有所上升，但当前的工资形成机制仍然很不完善，急需建立反映劳动力市场供求变化和纳入农民工保障等的工资形成机制，确保工资合理上涨。

第二，加快政府职能转变和税制改革，减轻企业负担。在工业化进程中，日本、韩国和我国台湾地区政府收入比重均表现为相对稳定，并有小幅下降，居民和企业收入此消彼长，而我国却表现为小幅上涨，如果将各种行政性收费等也计算在内，政府收入比重上涨更为明显。在这样的背景下，提高居民收入占比，将进一步压缩企业利润空间，阻碍资本积累从而工业化顺利推进。这就需要加快政府职能转变，并通过进一步扩大"营改增"范围等税制改革，减轻企业负担，向企业让利。

第三，提高城市化质量，提升劳动力供给意愿。2013年我国按照户籍人口的城市化率仅仅为36%，远远低于按常住人口测算的城市化率，城市化质量不高。农民工无法享受城镇居民的同等公共服务，城市融入度低，并带来留守儿童、留守老人等一系列问题，极大影响了农村劳动力的供给意愿，在当前劳动力年龄结构等发生变化的情况下，导致过早表现出"刘易斯拐点"迹象，产生工资上涨压力，增加了工业化推进难度。这就要求有针对性地解决压抑劳动力供给意愿的问题，提高城市化质量。

第四，提升人力资本水平，提高劳动生产率。通过教育的快速发展，我国人力资本水平有了较大幅度提升。但在知识经济时代，我们已经无法复制工业经济时代后发国家的技术进步和创新路径，而必须在与发达国家竞争的情况下推进工业化，这对人力资本提出了更高要求。目前我们与发达国家人力资本状况仍然存在较大差距，2010 年美国 25 岁以上人均受教育程度为 12.4 年，日本为 11.6 年，分别比我国高出 3.8 和 3 年。因此，加快教育发展，提升人力资本质量和水平，提高企业劳动生产率，为企业留出工资上升空间非常必要。

第五，推进产业结构升级，加快经济转型。随着工业化推进，我国出现了严重的产能过剩和生态环境压力，原有的发展模式不可持续，这就要求我们高度重视创新驱动发展，积极推动产业结构升级，提升制造业附加价值，使得工资上涨和工业化持续推进得以同时进行。

参考文献：

白重恩、钱震杰：《我国资本收入份额影响因素及变化原因分析——基于省际面板数据的研究》，载于《清华大学学报（哲学社会科学版)》2009 年第 4 期。

白重恩、钱震杰：《国民收入的要素分配：统计数据背后的故事》，载于《经济研究》2009 年第 3 期。

蔡昉：《探索适应经济发展的公平分配机制》，载于《人民论坛》2005 年第 10 期。

蔡昉：《实现最大化就业是社会和谐的经济基础》，载于《文汇报》2006 年 10 月 24 日。

李稻葵：《中国 GDP 中劳动份额正逐步下降》，财经网，2007 年 7 月 2 日，http：//www. caijing. com. cn/2007 - 07 - 02/100023720. html。

李稻葵、刘霖林、王红领：《GDP 中劳动份额演变的 U 型规律》，载于《经济研究》2009 年第 1 期。

罗长远、张军：《经济发展中的劳动收入占比：基于中国产业数据的实证研究》，载于《中国社会科学》2009 年第 4 期。

汪同三：《改革收入分配体系解决投资消费失调》，载于《中国证券报》2007 年 10 月 29 日。

肖红叶、都枫：《中国收入初次分配结构及其国际比较》，载于《财贸经济》2009 年第 2 期。

Acemoglu, D. , 2000, *Labor-and Capital-augmenting Technical Change*, NBER Working Paper No. 7544.

Bentolina, Sand Saint-pual, G. , 2003, Explaining Movements in the Labor Share, *Contributions to Macroeconomics*, 3 (1), P. 9.

Elias, Victor, J. , 1992, *Sources of Growth*: *A Study of Seven Latin American Economies*, San Francisco: ICS Press.

Gollin, D. , 2002, Getting Income Shares Right, *Journal of Political Economy*, 2, pp. 458 – 474.

Kaldor, N. , 1961, *Capital Accumulation and Economic Growth*, MacMillan.

Kuijis, Louis, 2006, *How Will China's Saving-investment Balance Evolve?*, Wolrd Bank China Office Research Working Paper 5.

Young, Alwyn, 1995, The Tyranny of Numbers: Confronting the Statistical Realities of the East Asian Growth Experience, *Quarterly Journal of Economics*, 110 (3), pp. 641 – 680.

（本文原载于《教学与研究》2015 年第 6 期）

智慧经济全球化下的劳资关系研究

夏晓华　江　瀚*

　　进入 2015 年以来，随着中国经济步入新常态，互联网经济与移动互联网的快速崛起，让大批的互联网企业开启了 O2O 的征程，这些企业通过跨界的形式对于传统企业形成巨大的冲击，在生产、融资、用工等各个方面影响着传统市场。在互联网的冲击下，制造业企业的劳动力供给也出现了问题，一方面制造业企业面临用工荒与结构性用工短缺的影响；另一方面，却是劳资矛盾加剧，劳动者社会保障不足，用工条件低劣，工人工作压力过大的矛盾。可以说，工业时代的工业文明与互联网时代的信息经济正在激烈冲突，互联网正在改变劳动者的观念，让整个用工市场发生着深刻的变化。

　　在信息经济全球化，特别互联网经济崛起之后，互联网经济在制造业领域的代表智慧经济正通过工业化 4.0 与智能制造让处于产业链低端的中国倍感压力，而这种压力的集中体现就会在劳资问题上显示出来。因此，研究在智慧经济全球化下的中国劳资关系将会有着现实的指导意义。而能否构建一个成功适应智慧经济、信息经济的和谐劳资关系体系，直接关系着中国经济转型升级的成败。

一、智慧经济全球化的产生与发展

　　伴随着第三次科技革命的发展，世界产业与经济结构经历了多次深刻的变革，除了传统意义上所谓的农业经济与工业经济之外，新的经济模式不断地发展与产生。科技革命促使了大型集成电路计算机和互联网在世界上的普及，世界因此进入信息经济时代，而互联网革命则促进了信息技术产业的发展，信息经济帮助世界经济在 20 世纪 90 年代西方发达国家普遍的经济快速持续增长，美国更是

---

　　* 夏晓华，中国人民大学中国经济改革与发展研究院副教授。江瀚，战略研究员。

以克林顿政府执政时期的持续 123 个月的经济增长，创造了美国经济史的新纪录。

进入 21 世纪以来，以知识经济为代表的新经济增长点，通过对科学技术知识的不断积累，由知识积累的量变所产生的知识质变，直接导致了 21 世纪最初 10 年以信息产业、教育产业、通讯产业等代表的知识密集型产业高新科技产业的快速发展，成为新世纪最初 10 年的经济增长点。但是，2008 年金融海啸的袭击让各国政府逐渐认识到知识经济所带来的经济增长点的增长潜能已经逐渐消耗殆尽，世界经济缺乏新的经济增长点。因此，由 IBM 总结提出的智慧经济作为集合信息经济的信息传播，知识经济的知识积累，互联网经济的革新，大数据经济的发展等基础上的更高层次的经济模式（严翅君、马宗利，2010），智慧经济现在学界缺乏统一的定义，但是结合 IBM 给出的论述，以及众多学者的论述，智慧经济可以概括为：以科学技术为开端，以信息产业为纽带，以知识积累为前提，以改革创新为特征的集合互联网、大数据、云计算、知识、环保、文化、伦理、道德为一体的战略性创新型经济发展模式。

而智慧经济从其发展之初就与经济全球化密不可分，伴随着互联网产业的不断发展，全球逐渐成为一个整体，地球村的概念逐渐深入人心。一个地区产生的创新与创造将会由互联网、移动互联网在最短的时间内传播到地球的每一个角落。因此，智慧经济的可传递性也成为其最主要的特征。伴随着智慧经济全球化，对发展中国家而言既是机遇又是挑战，一方面在于发达国家的经济优势，很难再被垄断保存，知识无国界思想被普遍性接受，发展中国家可以利用知识的迅速传播以建立起自己的后发优势，从而实现经济的赶超；另一方面，发展中国家所面临的挑战也难以忽视，因为智慧经济对于产业的要求不再是对现有产品的简单的复制与模仿，而是在现有知识基础上的有机整合，需要综合现有资源，在现行知识技术的基础上进行有效的利用与创新，创造性的整合现有知识，从而实现从知识到产能的有效智慧转化，这无疑会对一国的创造力提出巨大的挑战，并且在智慧经济全球化的条件下，将会加剧原先劳资关系的矛盾。因为，先进国家将会利用其先进的科学研发能力与人力资本，加速对科学技术的创新与产业化过程，而发展中国家因为科研能力落后，人力资本不足，从而会逐渐沦为产业链的底端，并且因为技术提升其产业链分享的份额不断被压缩，从而落入一步差步步差的"马太效应"陷阱，在低利润率的情况下，原先被掩盖的劳资矛盾将会凸显出来，因此落后的技术与产业将会受到比原先更加猛烈的劳资冲突的挑战。

二、智慧经济全球化所带来的劳资问题新特征

根据马克思的劳资关系理论，劳资关系是生产过程中直接从事生产性劳动的个人与雇佣劳动力生产的资本之间关系的总称（胡靖春，2010）。马克思认为劳资关系是资本主义生产的基础，而资本与劳动的对抗是资本主义私有制与社会化大生产阶级矛盾的基础。在《1844 年经济学哲学手稿》中，马克思就敏锐地发现资本与劳动的矛盾，并认为资本就是对"他人劳动产品的私有权"①。资本主义扩大再生产必然出现使的工资降低的因素，而资本家之间的竞争日趋激烈，机器的使用越来越广泛，分工日益细化，许多复杂的技术被分解成为简单的操作。因此，机器排挤工人，非熟练的技工替代熟练工人，产业后备军争夺工人工作机会，原先的产业工人破产成为无产者，将会加剧劳动与资本的矛盾②。而引入舒尔茨的人力资本理论之后，对于人力资本的使用将会加大这种劳动与资本的冲突，因为在一个劳动者身上人力资本的投资是由一个人的社会财富所决定的③，而这种资本的投入使得拥有更多人力资本的人将会与无产者在根本上产生差别，从而加大劳动与资本的矛盾。

在智慧经济全球化的背景之下，与马克思、舒尔茨等学者所在的年代又有了新的不同，从而产生了新的特征，具体特征如下：

（一）资本的全球化流动与智慧知识要素的垄断之间的矛盾加剧

伴随着智慧经济全球化的发展，生产要素的自由化流动是其主要特征，但是这种流动是不对称的。相对而言，资本的自由化流动性最强，因为，这不仅仅是各国政府欢迎国外投资，并且，智慧经济全球化加剧了各个企业之间的竞争，资本通过跨国兼并与国外热钱转移等手段进入了经济系统的各个角落。但是，资本的逐利性会逐渐地加大各国企业间的竞争，各国企业不得不通过各种手段压缩生产成本，从而获得更大的竞争优势来吸引资本的进入。

与资本自由流动相对应的是智慧知识要素的跨国流动非自由性，虽然智慧知识要素在纯粹的知识层面，是可以通过互联网迅速传播的，但是，一旦知识被智慧产业改造成为智慧成果之后，其作为"死的劳动"大部分都成了专利等知识产

---

① 《马克思恩格斯全集》第 3 卷，人民出版社 2002 年版，第 238 页。
② 《资本论》第 1 卷，人民出版社 2004 年版，第 453～470 页。
③ 西奥多·W·舒尔茨：《人力资本投资》，蒋斌、张蘅译，商务印书馆 1990 年版，第 40 页。

权的组成部分，这样的被固化的智慧经济创造，往往是受法律所保护的对象，一方面因为国际政治博弈的原因，这种知识产权专利会作为政治谈判的筹码被抬高价格，或者作为一国保密的知识产权，不允许轻易交易；另一方面，即使可以通过购买等方式获得，也需要支付非常高昂的专利使用费，让企业的生产成本被迅速抬高。而作为"活劳动"——拥有丰富人力资本与先进生产能力的劳动者因为国籍等原因，其跨国流动往往是不自由并且多是单向的即从发展中国家向发达国家流动。智慧经济全球化扩大了世界全体人民的眼界，让各国的资讯交流变得方便，但是也使得发展中国家的高素质人才向发达国家的转移速度加快，南北差异迅速扩大，这也不断加剧着资本自由流动与智慧知识生产要素垄断之间的矛盾。

（二）现代智慧经济改造的新型生产方式削弱了工会能力

在智慧经济的改造下，越来越多的企业生产模式与产业组织模式发生了根本性的改变，最主要的特征是企业组织扁平化、产业结构小型化与分散化，劳动力的就业不再像从前在一个企业从一而终，而是变得更为灵活，终身制的就业模式逐渐被阶段性就业所取代。全日制的工作模式也遭遇挑战，越来越多的企业采用小时制的生产模式。最为显著的是：

第一、智慧经济改造后的生产模式，通过持续投入所产生的人力资本的作用越来越大，技术工人与非熟练工人的差距越来越明显，而分工的细化导致劳动力的人力资本投入的沉没成本逐渐上升，而随着智慧经济对产业的改造，技术在生产中发挥的作用越来越大，劳动力流动的"技术门槛"逐渐被"创新门槛"所取代，技术进步对于创新的依赖逐渐加大，而创新更是要源于对于某项技术知识持续不断的积累，因此，劳动力特别是高端劳动力在行业间的流动难度更大。

第二、智慧经济通过对于管理方式的改造，对于技术的革新进一步降低了通讯成本与物流成本，通过互联网的不断完善以及物联网的不断建设，更多的服务业与信息技术产业可以通过互联网远距离的进行，而低技术附加值的低端产业则被更多的"外包"给了劳动力成本更低的不发达国家。

智慧经济改变了传统的生产模式，更加弹性的生产时间，更加多样化的生产方式，使得工会的生产基础被削弱，因为组织的分散性，更少的工人加入工会，工会在与资本的博弈中的谈判能力逐渐被削弱。失去了工人基础的工会更加容易被政府或资本所有者所控制，成为资本委托代理的代理人而不是工人阶级利益的代表者。

（三）国际分工细化让智慧产业链低端国家遭到更多的剥削

智慧经济全球化的不断发展，让已经建成的国际劳动分工市场更加的等级鲜明。智慧经济改造过后的产业链比传统产业链的等级关系更加明显，下级产业链对于上级产业链的依附程度更高，因为技术创新，产品研发等智慧产业高端往往集中于发达国家，因此，产业分工中下游产业所获得产业利润更低，发展中国家的受到国际产业剥削更为明显，具体分析如下：

第一，发达国家逐渐地把智慧产业链高端产品（如产品的研发，外观的设计，技术的创新等）向本国转移，把产业链低端部分（如产品的组装，零部件的加工等）向发展中国家下放，最为典型的案例是：发达国家在金融危机之后把原先交给发展中国家的少部分研发也全部以缩减成本的理由收归母公司所有，而把最为低技术附加值的加工产业部分如产品组装，服装生产，玩具与鞋类的生产等往发展中国家里的更低成本地区转移，如将服装生产由原先的中国往东南亚国家或非洲国家等劳动力成本更低的国家转移。

第二，在横向上发达国家通过加多供应链供应商，增加利用其在智慧产业链的高端优势，引入更多的低端产业链承接者，通过加大竞争，更加压低供应成本，来压缩产业链低端利益，例如，在手机芯片生产上，高通公司拥有高端设计与知识产权等高端智慧产业链部分，而在为其组装代工等企业等智慧产业链低端企业上扶持富士康、比亚迪、台积电、中芯国际等多个厂商生产，这些生产厂商都拥有近乎完全消化高通需求的产能，但是，通过加大沉没成本的优势，高通拥有更大的话语权，从而更大地压缩了代工成本，让代工厂商的利润被进一步挤占。

（四）智慧经济全球化加速了世界资本主义的发展

著名西方马克思主义学者沃勒斯坦对于"世界资本主义体系"进行了深刻的批判①。依据沃勒斯坦的观点分析智慧经济全球化可以发现，智慧经济全球化的发展会进一步加速"现代社会资本主义体系"的建立。由于资本主义对于资本扩张的无限逐利性，对于资本的积累也有着无比的热忱，因此，为了追逐利润的最大化资本主义拥有将一切商品化的倾向。而资本主义会力图将一切国家和地区都纳入其世界市场范畴，成为其销售市场，低端制造代工地或者原材料供应地。

---

① Wallerstein I. *The decline of American Power: The US in a Chaotic World* [M]. The New Press, 2013.

　　根据沃勒斯坦的观点，当今的全球化步伐都是世界五百年资本主义经济发展的必然阶段①②。智慧经济的发展对于全球化而言具有非常大的助推作用，在智慧经济的发展氛围下，资本主义的资本逐利本质会被更加扩大，通过智慧经济的发展将人性中逐利的本性激发出来，并且通过智慧经济的创新将追逐财富的愿望合法化。对财富和利润最大化的追求是智慧经济全球化的根本目标，并且在这个目标的驱动下带动了全世界跨国企业对于世界各地的投资，另一方面，通过投资和科技研发所带动的科技发展又通过通信、计算机技术的发展为世界资本主义的扩张铺平道路。

　　综上所述，发展中国家作为智慧经济全球化的弱势一方，虽然缺少科学技术的积累，并且在人力资本的竞争中难以吸引足够的高素质人才，但是这是一场不得不参加的博弈，为了应对这场博弈，发展中国家必须根据博弈规则早做准备，顺势而为，利用一切可能的有利资源转化为自身的竞争优势，从而化被动为主动，从而实现后发的超越。

三、智慧经济全球化导致中国劳资矛盾加剧的原因

　　随着改革开放三十多年的发展，中国成为了名副其实的"世界工厂"，早在2014年，中国工业制造业净出口就已经达到世界第一位，按照国际标准工业分类，在22个大类中，中国在7个大类中名列第一，钢铁、水泥、汽车等220多种工业品产量居世界第一位。但是，中国制造大而不强，大部分产业没有拥有核心知识产权，不少领域严重产能过剩，在智慧经济全球化的背景下中国制造中的劳资矛盾问题更加凸显。

　　中国自改革开放以来，民营经济得到了迅猛发展，但是民营经济的模式却日益遭到挑战，早在20世纪80年代初期，为了承接世界产业链转移，中国东南沿海地区逐渐形成了以"三来一补"③的产业形式，在改革开放初期的中国资本严重不足，但劳动力供给过剩的情况下，"三来一补"的企业模式得到了迅速的推

　　① Wallerstein I. *The Modern World - System I*：*Capitalist Agriculture and the Origins of the European World - Economy in the Sixteenth Century*，*With a New Prologue* [M]. Univ of California Press，2011.
　　② Wallerstein I. The Rise and Future Demise of the World Capitalist System：Concepts for Comparative Analysis [J]. *Comparative Studies in Society and History*，1974，16（04）：pp. 387 -415.
　　③ 三来一补：三来一补指来料加工、来样加工、来件装配和补偿贸易，是中国大陆在改革开放初期尝试性地创立的一种企业贸易形式。"三来一补"企业主要的结构是：由外商提供设备（包括由外商投资建厂房）、原材料、来样，并负责全部产品的外销，由中国企业提供土地、厂房、劳力。中外双方对各自不作价以提供条件组成一个新的"三来一补"企业；中外双方不以"三来一补"企业名义核算，各自记账，以工缴费结算，对"三来一补"企业各负连带责任的。

广，但是，随着智慧经济全球化的发展，"三来一补"的企业粗放型经营模式，特别是对廉价劳动力的利用模式，逐渐引发了严重的社会问题，进入 21 世纪新生代农民工正式进入劳动力市场并成为市场的主体部分，新生代农民工对于劳动条件的要求逐渐提升，更加加重了劳资关系的冲突。另一方面，随着智慧经济全球化推行，中国劳动者遭受的是国际资本与国内企业的双重压迫，在这样的情况下，作为劳资冲突的外因，智慧经济全球化将会促使劳动与资本的矛盾更加凸显出来。

（一）制造业利润率逐年下降，工人薪资的购买力难以保证

2008 年以来，智慧经济在全世界开始崭露头角，但是根据上文的分析可以发现，智慧经济产业链的低端部分，即中国的代工企业（"三来一补"企业）部分，所获得的利润会越来越少，根据 wind 数据库数据显示，2002 年以来，中国工业平均利润率在 6% ~7% 附近波动，最近几年更是出现了严重下滑，从 2010 年最高的 8.31% 下降到 2014 年底的 6.52%，并且还呈现着持续下滑的态势①（见图 1）。

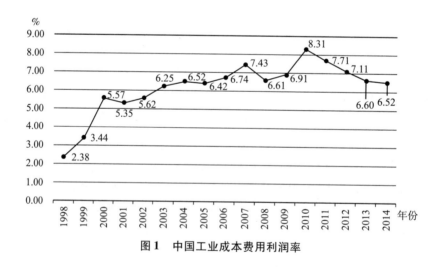

图1　中国工业成本费用利润率

这一方面是因为世界经济不景气，全世界市场消费需求不足，世界工业各行业利润率下滑；另一方面，伴随着智慧经济全球化的不断推进，世界各个传统产业被智慧经济不断改造，智慧经济的产业链下游利润率不断下降，中国工业平均

① 《工业平均利润率持续下降上半年仅为 5.4%》，载于《证券时报》2013 年 11 月 27 日。

利润率的下降与世界产业链转型的趋势相吻合。

在智慧经济全球化的大背景下，中国制造业的工业平均利润率不断下降，导致企业难以通过经营改善工人的薪资水平，在国内物价水平持续上涨的情况下，工人薪资水平的涨幅在低利润率的情况下难以得到保证，这样必然会导致劳动者的工资购买力水平不断降低，劳动者与企业之间的矛盾必然会逐渐加大。

（二）企业研发创新能力不足，导致国际智慧产业链谈判能力丧失

智慧经济的发展要求企业要在现有的知识基础上，融会贯通现有的知识与技术，以逐步实现自我创新来不断发展企业生产力水平。但是中国企业在 30 多年的发展过程中，一直习惯性使用拿来主义，对于新技术只会一味地模仿，缺乏自我的创新能力。特别是占企业数量中占比巨大的中小型民营企业，因为，资本积累有限，科技创新能力与产品研发能力严重落后，只能盲目的仿造现有的技术，很难进行技术的创新与知识的整合。根据 wind 数据库数据显示，2014 年全社会研发投入占 GDP 比重首次超过 2%，但是，同比 2013 年数据仅仅微增 0.03%。根据创新投入度指数可以发现，中国创新投入度从 2011 年开始就一直在 120 ~ 140 之间徘徊，近几年还有下降的趋势（见图 2）。

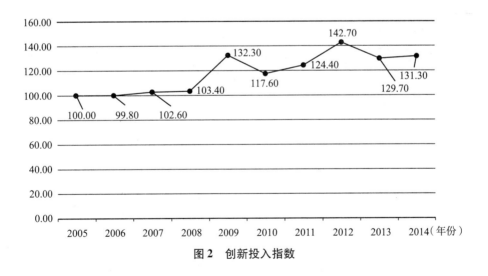

图 2　创新投入指数

由图 2 可见，中国企业依然处于"微笑曲线"底端，而因为研发投入不足，中国企业制造的产品缺乏核心竞争力。

因为中国企业的产业链底端现状，使得中国企业难以在产业链中突出重围，

因此，出现了中国是世界最大的制造业大国之一，但中国企业在国际智慧产业链谈判中屡屡受挫，随着智慧经济的不断发展，制造业产业中的产品技术含量越来越高，而因为技术研发所分得的利润也越来越多，而中国企业却无力谈判获得更多的收益，只得在内部压低工人福利，通过增加绝对劳动时间，减少对工人福利的投入，甚至以降低工人工资等手段，降低劳动力成本，而新生代工人对工资的预期却在不断攀升。当工资增加预期与企业成本控制产生冲突时，劳资矛盾的升级也就不可避免了。

（三）智慧产业管理水平低下，导致泰罗制等非人性化管理模式盛行

在智慧经济的条件下，智慧产业生产部门往往会使用新的工作场所，利用强调工人的主体性意识，注重培养工人的自我价值的实现。通过在工人的自我价值实现与雇主利益最大化的前提下，寻找管理的平衡点，从而实现有效的管理。并且利用大规模计算机的使用，削弱层级制管理模式在管理中的作用，从而实现生产组织的水平化。通过管理信息系统的有效运用，通过扁平化的管理模式，让更多人性化的管理方式进入生产过程中，从而降低工人对生产的抵触情绪，并且利用信息传递系统，使工人之间可以进行有效的沟通，在对生产进行整合以增加效率的同时，让工人获得更多的交流，从而实现人性化智能化的管理。但是，这要求的是完善的管理信息系统与高素质的劳动就业者。

在中国现实条件下，生产企业难以负担高昂的管理信息系统的费用，并且由于劳动就业素质的参差不齐，难以让所有就业的劳动者都能够胜任信息化的劳动条件。因此，在缺乏对于智慧产业链有效管理整合的情况下，面对国际竞争，大部分的中国企业依然采用的是传统泰罗制的生产模式。这种生产模式犹如卓别林著名喜剧摩登时代所描绘的场景，工人在生产中做着机械重复的劳动。在这种劳动条件下，虽然也可以通过强制的机械式劳动来迫使工人完成必需的工作，但是长时间的无休劳动会让工人完全成为机械的附庸，按照马克思的理论，机器劳动季度损害了神经系统，同时它又压抑肌肉的多方面运动，夺取身体上和精神上的一切自由活动。甚至减轻劳动也成为了折磨人的手段，因为机器不是使工人摆脱劳动，而是使工人的劳动毫无内容[1]。在这样的生产条件下工人极易产生心理疾病，从而出现各种心理障碍，并且一个人心理问题的非正常爆发，往往会导致羊群效应。

---

① 《资本论》第1卷，人民出版社2004年版，第487页。

（四）技术素养要求的不断提升，压低工人的就业选择

智慧经济全球化的发展使得拥有高技术素养的工人拥有了更多的选择余地，智慧经济的发展强调更多的年轻劳动者拥有更高的技术素养，而技术素养的提升会刺激资本雇佣更多的工人进行生产，从而促进生产率，提高企业竞争力。技术素养的提升需要更多的工人接受高等教育或职业技能教育，只有这种教育的投资才能不断增加劳动者的人力资本，但是，在中国这种高等教育或者职业技术教育并不是由政府或者社会慈善机构提供的免费公共品，需要劳动者自身或者家庭负担人力资本投资的成本，而这个就不是大多数劳动者所能够负担的。并且对技术素养的要求的提升，一方面，迫使劳动者主动提升自我能力，以满足工作的需要，并同时也压低了不具备此类技术素养的工人的工资水平；另一方面，高技能工种在生产中本来就不是工作岗位增加的主体，对于增加就业并没有显著的作用，与此同时，技术素养提升的投入与产出比并不对等，提升技术素养对收入的改善也是有限的。

而智慧经济全球化不断要求着其运用者拥有高水平的技术能力，可以在对知识进行积累的同时不断的在知识的基础上进行创新，这种创新会不断提升劳动者的生产率，但是，从另一个角度来看，一个具备智慧产业要求的高素质技术能力劳动者会往往替代掉不止一个低素质劳动者，而生产率的提升的同时，则是完成相同的工作量只需要雇佣更少的工人，因此，高素质的劳动者会更加迅速的排挤掉低素质劳动者，从而，形成更加庞大的产业后备军。这些产业后备军的存在则会进一步拉低工资水平，使得劳动者竞争压力不断增大，劳资矛盾更加突出。

因此，在发达资本主义国家，对于技术素养要求的不断提升，在技术的外衣后面依然是新型生产方式对于剩余价值的生产的进一步占有与剥夺，就业岗位素质要求的不断提升，则进一步扩大了产业后备军的数量，从而加大竞争，让资本可以以更低的价格雇佣工人。在中国，多达727万的大学生就业难题，一方面是因为结构性供给与需求不对称，另一方面则是智慧经济发展方式下对于劳动力剩余价值的一种新的占有形式的产生。这种新型的占有形式，则会无形中加剧劳动力与资本的矛盾。

四、结论

通过上文的分析可以发现，智慧经济全球化的发展可以促进经济的进一步发

展，成为新的经济增长点，从而使经济摆脱下行压力，让经济体从金融海啸之中恢复活力。但不可忽视的是，智慧经济全球化也导致了劳资关系的新问题出现：资本全球化的自由流动与智慧知识要素垄断性壁垒的矛盾，会逐渐加大各国之间的差距；而智慧经济的发展在激发创新活力的同时，也会通过技术的进步，削弱工会的博弈能力，并通过国际分工的细化，进一步扩大对产业链低端国家的剥削；最终则会进一步促进现代世界资本主义体系的形成与完善。对中国而言，在现实国情的条件下智慧经济的全球化也会加剧已有的劳资矛盾：在压缩制造业利润的同时，引发国内工资购买力的下降；在中国研发创新能力存在短板的情况下，进一步剥夺中国企业在产业链中的谈判能力；而智慧经济对于资本和劳动者素质的要求，则不可避免的让泰罗制的非人性化管理在中国低端制造业企业中盛行，从而造成严重的社会问题，并且通过对劳动者素质要求的提升，进一步挤压现有劳动力，以形成更为庞大的产业后备军，从而实现新的生产形式下对于剩余价值的进一步占有。

智慧经济全球化的发展进一步提示我们，经济的发展，科技的进步，新的经济增长点的出现都是一把"双刃剑"，它在促进经济增长的同时，对于劳动者的压迫也会随之而来。如何在适应智慧经济发展，寻找新经济增长点的同时，协调处理好劳资关系问题将会是亟待政府应对的关键性问题。

参考文献：

严翅君、马宗利：《智慧经济：转型升级的强劲动力——江苏省江阴建设创新型开发区调查》，载于《求是》2010 年第 22 期。

胡靖春：《论劳资分配失衡——经济危机形成的一个重要原因》，载于《马克思主义研究》2010 年第 11 期。

潘连乡、叶传财、韦凯华：《新经济时代知识经济管理的发展趋势研究》，载于《企业经济》2013 年第 2 期。

陈继、胡艺：《知识经济时代与世界经济失衡问题的再认识》，载于《世界经济》2007 年第 7 期。

钱书法、周绍东：《分享型劳资关系与增长方式转变——基于江苏省私营经济的分析》，载于《马克思主义研究》2007 年第 10 期。

齐平：《私营企业劳资利益博弈与和谐关系构建》，载于《马克思主义研究》2007 年第 12 期。

吴宏洛：《论我国私营企业和谐劳资关系的构建——基于马克思资本与雇佣

劳动关系的论述》，载于《马克思主义研究》2008 年第 10 期。

叶险明：《马克思的"时代观"与知识经济——对"知识经济"的一种时代观梳理》，载于《马克思主义研究》2003 年第 2 期。

刘茂松、陈素琼：《知识经济条件下企业治理结构中权威关系的变化》，载于《中国工业经济》2005 年第 3 期。

李燕萍：《知识经济条件下企业员工培训与开发体系的创新》，载于《武汉大学学报（社会科学版）》2002 年第 6 期。

江瀚、王春超：《影响外来务工人员就业偏好选择的作用机理》，载于《学术界》2012 年第 3 期。

江瀚：《下游知识溢出对供应商创新绩效的影响分析——基于珠三角272家企业的调查问卷》，载于《江淮论坛》2012 年第 2 期。

李晓宁、马启民：《中国劳资收入分配差距与关系失衡研究》，载于《马克思主义研究》2012 年第 6 期。

江瀚：《外来务工人员就业流动性的影响因素分析——基于广州市外来务工人员的抽样调查》，载于《华东经济管理》2013 年第 12 期。

（本文为工作论文，未出版）

我国农民工福利贫困测度及
精准扶贫策略研究

孙咏梅*

贫困问题一直是世界各国特别是发展中国家共同关注的主题，然而长期以来，人们衡量贫困往往采用收入、消费水平、财富增量等物质指标，很少意识到除物质之外，还存在着福利、能力、精神方面的影响因素。更有"涓滴效应"理论认为，收入的提高会自然消化掉福利、能力等方面的贫困——财富的增加具有自动减贫的机能，因而，减贫工作应依靠经济增长和财富的创造。这种"涓滴效应"理论简单地将贫困归结于物质匮乏层面上，难以触及贫困的本质，其结果就是单纯地追求物质脱贫，使得精准扶贫无的放矢。近年来的"脱贫又返贫"的扶贫困境表明，单一的物质扶贫是不能从根本上解决贫困问题的，福利保障的极大缺失，阻碍了我们扶贫减贫政策的真正落实。福利贫困本质上是人们从商品中获得不足的一种贫困，从福利角度测度农民工贫困，将为更好的贯彻"十三五"规划提出的"精确扶贫"策略，提供理论参照。

一、福利贫困的理论研究基础及其测度方法

以往人们对福利贫困的研究，基本停留在经济层面上，早期的贫困识别与测度，是基于收入标准，其隐含的假设是：凡是贫困线以上的个体都能够通过市场购买而达到最低功能性的福利水平。在这样一维概念框定下，贫困仅指经济上的贫困，依据一个人维持生计所需的最低收入/消费水平即贫困线（阈值）作为是否贫困的标准（Mollie Orshansky，1963）。诺贝尔经济学奖获得者阿马蒂亚·森发现了这种贫困测度的缺陷，认为贫困是对人的基本可行能力的剥夺，而不仅仅

　＊　孙咏梅，中国人民大学中国经济改革与发展研究院副教授。

是收入低下。森进而提出了多维贫困（Multidimensional Poverty）理论，即穷人遭受的剥夺是多方面的，包括健康较差，缺乏教育，不充足的生活标准，缺乏收入，缺乏赋权，恶劣的工作条件以及来自暴力的侵害等。其中福利的受剥夺程度，是形成贫困的一个重要原因，更进一步地，森将贫困的界定作了进一步的延伸，即"贫困—福祉被剥夺—基本需要—能力"。多维贫困理论的核心观点是：人的贫困除收入贫困外，还包括多重的其他客观指标的贫困和对福利的主观感受的贫困——贫困是与高额的医疗、养老、教育、住房等民生支出，对应的公民获的健康权、养老权、教育权、居住权的能力的缺失。

多维贫困理论的提出，在现实中首先遇到了如何测度的障碍。有人认为，相比较经济层面上的贫困的可测度性，福利贫困因其存在的隐蔽性及复杂性，以及数据的不可获得性，难以识别与测度。甚至有人据此认为，真正的福利贫困并不存在，它只能以经济贫困的方式表现出来。

我国理论界在多维贫困理论研究的基础上，结合农民工贫困的现实，对福利贫困问题作了较好的探索。在福利范畴的界定上，广义论认为，福利是支付工资、奖金之外的所有待遇，包括社会保险在内。狭义论的福利企业根据劳动者的劳动在工资、奖金，以及社会保险之外的其他待遇。本文采用的是广义的福利概念，包括以下几个方面：（1）农民工社会福利主要是为了满足农民工的社会需求，既包括基本的生存性需求，也应包括发展性需求；（2）农民工社会福利的提供者是政府和社会，包括政府部门、企业、民间组织在内的社会力量应在农民工社会福利服务中共同发挥作用，但不包括家庭、亲戚所提供的服务；（3）农民工的社会福利应有相关的政策设计和制度安排，以保证农民工社会福利服务的连续性和一致性[1]。刘家鑫（2002）在研究中指出：进城农民工面临着"经济接纳，社会拒入"的社会问题，一个表现方面就是农民工群体社会福利保障的缺失；这种缺失尤其表现在失业保障、医疗保障、劳动时间、住房等维度，展现出农民工群体面临的与城市居民不平等的福利待遇[2]。其他学者对农民工福利问题的关注，主要通过相关实地调研，对农民工群体所面临的福利缺失进行了实证研究[3]。在这些研究中，袁方（2014）借助 2009 年和 2012 年上海农民工的数据，对农民工福利贫困进行按功能性活动的水平分解和变动分解，计算各功能性活动对福利贫困的

---

① 侯为民：《城镇化进程中农民工的多维贫困问题分析》，载于《河北经贸大学学报》2015 年第 5 期，第 15 页。
② 刘家鑫：《城市农民工权益保障问题初探》，载于《长江论坛》2002 年第 4 期，第 28～31 页。
③ 陈辉、张全红：《基于 Alkire - Foster 模型的粤北山区农村家庭多维贫困统计测度》，载于《数学的实践与认识》2015 年第 5 期，第 124～130 页。

贡献度，并揭示福利贫困的构成与类型，指出农民工群体面临着严峻的福利贫困问题，并且可支配收入、歧视和保险三个指标对于福利贫困有着较大的贡献度①。

尽管如此，农民工福利贫困研究仍然面临这一些缺陷：对于早期的分析来说，研究者往往着重于福利贫困的某一个特定问题（比如社会保险、医疗条件等）展开论证，并且经常借助社会调查对农民工群体进行简单的统计分析，而这相比于量化研究而言显得论证较为薄弱，也没有考虑到福利贫困存在多维影响因素。在界定"福利贫困"这个词时，一些学者更强调在社会福利方面所受的剥夺，并将福利贫困等同于整体贫困，因而在福利贫困的测算中纳入了收入、社会歧视等其他非福利指标。如此对福利贫困的分析，实际上与其他维度的贫困混淆在了一起，影响了福利贫困研究的客观性。

为了证实阿马蒂亚·森所在多维贫困理论中提出的福利贫困的存在，本文以农民工为样本，借助 Alkire – Foster 方法（即 AF 法）来衡量由多个指标构成的福利贫困，以及福利贫困对于整体多维贫困的影响程度②，为精准扶贫提供科学依据。

AF 法自从 2007 年被阿尔凯尔（Alkire）和福斯特（Foster）两位学者正式提出后，得到联合国开发计划署的认可，并对其在计算多维贫困指数的应用上起到了推动作用。概括来说，AF 方法包括了以下五个主要步骤③，这些步骤是福利对贫困贡献度计算的重要工具：

1. 各维度的福利取值。构建一个 $n \times d$ 维矩阵，其中的元素表示个体 i 在维度 j 上的取值。得到的矩阵如下：

$$Y = \begin{pmatrix} y_{11} & y_{12} & \cdots & y_{1d} \\ y_{21} & y_{22} & \cdots & y_{2d} \\ \vdots & \vdots & \vdots & \vdots \\ y_{n1} & y_{n2} & \cdots & y_{nd} \end{pmatrix}$$

2. 福利贫困的识别。各个维度贫困线标准的设定直接决定了样本家庭在相应维度是否贫困（赋值为 1 还是 0），以及贫困的深度。为获得贫困剥夺矩阵，令 z_j 代表第 j 个维度被剥夺的阈值或者贫困线，并且当 $y_{ij} < z_j$ 时，$g_{ij}^0 = 1$；当 $y_{ij} \geq z_j$ 时，$g_{ij}^0 = 0$。借助这一标准对样本矩阵进行赋值，识别每个样本在该维度上是否贫困，

① 袁方、史清华、卓建伟：《农民工福利贫困按功能性活动的变动分解：以上海为例》，载于《中国软科学》2014 年第 7 期，第 40～59 页。
② Fisher, G. M.: The Development of the Orshansky Poverty Thresholds and Their Subsequent History as the Official U. S. Poverty Measure, Social Security Bulletin, 55 (3): 1992, pp. 3–14.
③ Alkire, S. and Foster J.: Counting and Multidimensional Poverty Measurement, OPHI Working Paper Series, 2008, p. 16.

得到如下的贫困剥夺矩阵 G。

$$G = \begin{pmatrix} g_{11}^0 & g_{12}^0 & \cdots & g_{1d}^0 \\ g_{21}^0 & g_{22}^0 & \cdots & g_{2d}^0 \\ \vdots & \vdots & \vdots & \vdots \\ g_{n1}^0 & g_{n2}^0 & \cdots & g_{nd}^0 \end{pmatrix}$$

定义：$c_i = \sum_{j=1}^{d} g_{ij}^0$，则 c_i 表示个体 i 忍受的总的贫困维度数。在同时考虑 k 个维度该个体是否贫困时，记 ρ_k 为识别贫困的函数。当 $c_i \geq k$ 时，$\rho_k(y_i; z) = 1$，个体 i 贫困；当 $c_i < k$ 时，$\rho_k(y_i; z) = 0$，个体 i 非贫困。

3. 贫困加总。在识别贫困之后，最简单的加总方法自然是按人头计算多维贫困发生率（H）：$H = H(y, z)$；$H = \dfrac{q}{n}$。其中，q 是在 z_k 之下的贫困个体数（即同时存在至少 k 个维度贫困的个体数）。而为了克服"数人头"方法的不足（对贫困的程度变化敏感度较低），AF 方法提出了一种修正性的多维贫困测量方法：$M_0(y, z) = \mu[g^0(k)] = HA$。$M_0$ 为调整得到的多维贫困指数。它由两部分构成：一部分为 H（贫困发生率）；另一部分为 A（平均剥夺份额），$A = |c(k)|/(qd)$。平均剥夺份额的计算和加入分析正是在贫困发生率的基础上对贫困程度的补充考量，从而使得贫困加总过程及其结果更加全面。

在 Alkire – Foster 方法的论述中，还有对贫困指数 M_0 的进一步补充和修正。不过由于修正后得到的指数更多是为了比较不同时间同一群体贫困程度的变化，而本文对于这种比较并不关注，因而本次研究没有将这些内容纳入到计算中。

4. 权重设置。进行维度加总时，需要考虑的另一个问题是各维度的权重，本次分析采用相等权重。

5. 分解。在 AF 方法中，多维贫困指数可以按照维度、地区、省份等不同的组进行分解。以维度为例（假设只有 2 个维度），令 u 表示维度 1 数据矩阵，r 表示维度 2 数据矩阵，则：

$$M(u, r; z) = \frac{n(u)}{n(u, r)} M(u; z) + \frac{n(r)}{n(u, r)} M(r; z)$$

二、我国农民工福利贫困量化分析：以建筑业为例

通过对 Alkire – Foster 方法的总结我们可以发现，对于农民工群体福利贫困的分析，只有先进行指标的划分，才能利用多维思路对福利贫困进行衡量和研

究。鉴于我国农民工总数已高达 2.74 亿人,其中,建筑业集中了全国 2/3 的农民工,因此,我们选取建筑业作为样本来源,对全国五个不同地区的农民工进行问卷调查,共回收问卷 3 000 份,其中有效问卷 2 200 份。

(一) 指标划分和各维度贫困标准

由于农民工常常是整个家庭开支的主要承担者,因而在测度他们的福利情况时,既要考虑他们个人福利情况是否得到保障,也要分析他们的家人是否享受了充分的福利保障。对于没有福利保障的家庭来说,家庭福利开支需要农民工来承担,从而会加重他们的经济压力、社会压力甚至是贫困程度。

就个人而言,我们选取了两项指标用于测度福利状况:第一项是社会保险的拥有情况。作为社会保障的重要工具,各类社会保险是个人生活的"安全网",是面临突发情况时保障基本生活的关键性力量。同时,由于目前各类社会保险往往与工作挂钩,因而有无保险、保险数量和质量已经成为农民工福利的重要衡量标准。由于建筑业农民工流动性大、就业合同常常得不到稳定保障,因而他们经常陷入没有足够社会保险的困境。这也就促使我们将相关指标纳入到测度之中。另一项福利指标是医疗体检的情况。由于建筑业农民工所从事的工作往往是高强度、高时长要求的,并且他们经常为了更大程度地提升个人工资而选择加班工作、缩减开支,因而其健康状况常常会在特殊的劳动压力下受到影响。为了节省费用,农民工很多不愿意自费去接受身体健康的检查,但是健康问题的预防对于农民工而言又是长期可持续发展的重要前提。故而,能够在单位安排下进行医疗体检,就成了他们工作生活中的一项重要福利。

就家庭而言,本文的研究包括了三个分指标。其一是老家的医疗条件,即在老家去医院(包括诊所、卫生室等)看病是否方便。同时,由于农村相对于城市的医疗资源分配不均,能否获得足够便利的看病途径,也就成为了生存相关福利中比较突出的一个问题。因此,本文将这一维度纳入了综合测度的范畴;其二是研究受访者家里所有成员是否都参加了新型农村合作医疗。新农合是农村医疗保障体制中的最重要一环,盖因对于农民群体而言,这是唯一能够获得长期医疗保障的平台,而且新农合也填补了赤脚医生之后农村医疗覆盖的空白。就贫困问题来说,由于广大农村人口缺乏在城市工作人员所拥有的其他社会保障,因而新农合对于避免他们因病致贫或是因病返贫有着很大的作用。因此,考察这一指标有助于我们以医疗为切入点,衡量农民工群体的家庭受到社会保障的程度;最后一点是分析农民工家中的老人参加新型农村养老保险(新农保)的情况。近年来,农村的空心化程度比较严重，新农保的存在，一方面缓解了有劳动能力的老年人的生存压力；另一方面则为需要供养老人的家庭减轻了养老负担。故而，家中老人有无参加新农保应当被视为农村家庭福利的一个重要组成部分。

（二）多维福利贫困量化分析

在确定了贫困指标与衡量标准之后，我们将借助调研的数据来分析受访农民工群体在福利贫困方面的问题。我们首先研究 k 维福利贫困在 k 取不同值时的整体表现，然后分别研究各个指标的贫困发生率，在此基础上，分析 k 取不同值时各指标贡献度的变化情况。

1. k 维福利贫困在 k 不同取值下的综合情况。

对于多维福利贫困的研究，我们遵循从整体到各个维度的研究思路。从 k 维福利贫困在不同 k 值下的整体情况开始分析。在对调研获得的数据进行计算后，得到不同维度数的贫困比例、剥夺强度和多维贫困指数如表 1 所示。

表 1　　　　　　K 维状态下福利贫困人口发生率的测算

k	k 维福利贫困比例	剥夺强度	多维贫困指数
1	74.4%	34.3%	0.26
2	40.0%	46.6%	0.19
3	10.7%	64.7%	0.07
4	1.8%	87.5%	0.02
5	0.7%	100.0%	0.01

通过表 1K 维状态下贫困人口发生率的测算，我们可以看出：其一，一维福利贫困的比例为 74.4%，意味着至少有一个指标处于贫困线以下的个体，占据了所有被调查者的 3/4。这表明福利贫困现象在建筑业农民工中具有较高的普遍性的；其二，根据 AF 方法定义可知，一维贫困的剥夺强度乘上指标数就是所有贫困个体的平均贫困指标数。通过测算可知，出现福利贫困现象的所有被调查者平均在 1.715 个维度上面临着福利受损失的现象，即整个贫困群体的平均贫困程度处于一个中低水平，说明福利贫困问题从整体上来说还没有发展到一个过于严重的态势。

这种较低水平的贫困现象也被其他数据的分析所验证：在单个维度的指标中，有且仅有 1 个指标出现贫困的个体比例为 34.4%，紧随其后的则是有且仅有 2 个指标不合格的个体（29.3%），二者合在一起占据总调查样本量的六成，也

就自然体现出福利贫困平均维度数在 1 维与 2 维之间。进一步来看，极端贫困
（k = 4，即至少有 4 个指标在贫困线之下）的个体在总的被调查者中所占有的比
重仅为 1.8%，说明在全部个体中，仅有极少数处于严重福利贫困状态，这也从
侧面印证了整体福利贫困水平处于中低层次的论断。不过，考虑到建筑业农民工
群体基数之大，即便是小比例的样本，计算结果也是数以十万计的个体所处情况
的反映，如果将这个结果忽略不计，很可能由于特定个体的不满而加剧社会冲
突，进而影响整个社会的稳定发展。

2. 福利贫困分指标情况研究。

在对福利贫困不同水平的分布情况和整体的发展水平进行分析后，我们再对
各个分指标的贫困比例进行研究，以期通过各个指标本身发生率的分析，以及对
不同指标所处情况的对比，对组成福利贫困的各要素的状态有一个宏观的认识。

由表 2 可知，从看病条件来考察，只有 7.5% 的受访者认为在其农村老家看
病不方便或是很不方便。这个数据相对来说很低，反映出农民工家庭成员在老家
可以得到比较便利的看病条件。这得益于近几年推进的乡村医疗设施建设，使得
基层乡村能够更便捷的接受医疗服务。虽然受调查的农民工来自相对开放的农村
地区，故而，他们的答案并不能包括相对更为贫困、封闭的村镇，这个结果的代
表性也许并不充分，但本次调查的信息也反映出乡村看病条件对他们福利水平并
不构成主要影响。

表 2　　　　　　　　　　福利贫困影响因素对贫困的影响

指标	社会保险	体检情况	看病条件	新农合	新农保
贫困发生数	57	194	33	87	188
贫困发生率	13.0%	44.3%	7.5%	19.9%	42.9%

从社会保险情况来看，没有任何社会保险的个体占到了受访者的 13%，这
说明随着政府相关部门近几年对于农民工合同、权益等问题的关注，越来越多的
农民工意识到了自己在工作中应当享有的社会保障权益，并且越来越多的企业也
在利用社会保险等工作相关福利吸引农民工。不过，问题也是不容忽视的：一方
面，13% 仍然不是一个很小的数字，它所折射的很可能是广大建筑业农民工中数
以千万计的缺少社会保险的群体——他们的福利缺失不能用整体成就所掩盖，必
须得到相关部门的重视和解决；另一方面，对于有社会保险的农民工来说，他们
能够拥有与城市户口工作者相近的保险数量吗？据各类调查、报道来看，在保险

数量上，农民工还是处于不利地位。如何推进进城务工人员社会保险从"有"到"全"的变革，这是研究者和决策者都需要关注的话题。

从参加新农合的比例来看，未参加的人数大约占20%，原因是多方面的，比如，"大病统筹"使得农民仍然要自我承担小病开支，那么如果某一家庭自认为不会面临大病的威胁，自然就不愿意每月交钱参加到新农合中来。又比如，对于在外地打工的农民工来说，除了生小病不能报销外，一旦面临大病就必须回到定点的医院就诊才能报销，甚至急性病的情况下在城市就诊都无法享受新农合补贴，这给远离家乡的农民工带来很大的不便利，也使得他们不愿意加入新农合。新农合本身的缺陷和不方便则是阻碍其吸引基层群众、吸引外出务工人员的重要因素。

从新农保的比例来看，未参加新农保的比例高达42.9%。造成如此高比例的原因在于，新农保要求参保人至少缴满15年、每年100元的个人费用部分，才能在60岁之后享受养老补贴，对于很多农村家庭来说，这样一笔费用是个不小的开支，如果家中还有其他的重大开支（比如子，女上学、家庭建房、有大病病人等），可能有些家庭就难以担负这样的费用。同时，目前农村频繁出现的老人自杀现象，也从另一个侧面证明了乡村老人养老问题所面临的困境。此外，有些家庭有养老的条件，但是却缺乏养老的意识，很多家庭不愿意将钱投入到未来才能见效的新农保上。

所有指标中贫困发生率最高的则是未参加过体检这一指标，达到了44.3%。农民工没有参加过体检的原因可以归结于三点：其一，一部分农民工群体缺少合同保障。按照劳动法的规定，从事重体力劳动的建筑业农民工应当享有体检的福利，这是健康保障的必然要求，但是，由于很多工人没有与企业签订合同，或不知道自己应该享受相关的权利，或即便知道也无法借助合同相关条文来用法律手段维护自身的权益；其二，即便有合同保障，其中也可能没有包括体检等健康相关的内容。企业为了节约成本，可能在条约中闪烁其词或是省略掉相关的内容；而由于农民工个人的原因，务工人员往往重视工资相关的问题而忽视自己身体健康问题；对于管理部门来说，多一事不如少一事，因而相关部门在保障工人权利时便只满足于保护他们签了合同、拿到工资，让务工人员能够获得他们最期望的经济收入，从而维护社会稳定，至于其他不影响社会安定的福利性指标就很难受到各方的重视。

3. 各指标对福利贫困的贡献度分析。

在对单个指标的福利贫困发生情况进行了分析之后，我们需要对k不同取值

下的 k 维福利贫困下各项指标的贡献度进行测算。这种分析与单纯的指标研究相
比，它可以反映出不同程度福利贫困下各个指标的影响力究竟如何；由于进一步
的贫困研究和扶贫设计需要对不同贫困水平的群体进行分别的考量和制度设计，
因而这种贡献度的计算是有其合理性和必要性的。通过对调研数据的测算，得到
结果如表3所示。

表3　　　　　　　　k 维福利贫困中各项指标对福利贫困的贡献度

k	社会保险	体检情况	看病条件	新农合	新农保
1	10.2%	34.7%	5.9%	15.6%	33.6%
2	10.0%	31.1%	5.9%	18.1%	34.8%
3	14.5%	17.8%	9.9%	28.9%	28.9%
4	20.0%	17.1%	17.1%	22.9%	22.9%
5	20.0%	20.0%	20.0%	20.0%	20.0%

将以上数据用折线图表示，如图1所示。

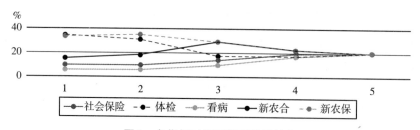

图1　各指标对福利贫困的贡献度

与贫困发生率的结果相比，贫困贡献度的数据和图表要显得复杂的多。我们
以贫困水平作为划分标准，对指标贡献度进行分类衡量。对于 k = 1 和 2 （也就
是整体处于中低水平的福利贫困）时，可以看到影响力最大的两个是体检情况和
新农保，而后三位分别是新农合、社会保险和看病情况；虽然前两位的顺位交换
了一次，但是平均起来差距不大。换句话说，对于中低程度的福利贫困，五项指
标的贡献度高低与它们发生率的高低是比较一致的。因而，对于各个指标发生率
的测量可以对它们在贡献度中占据的地位有一个比较准确的反映。

相比于1维和2维福利贫困，k = 3 和 4 的情况下贡献度的排名发生了很大变
化。体检情况的影响力直线下滑，分别只能占有第三和并列第四的位置；新农保
的贡献度也在不断下降，但是一直保有第一位的影响度。新农合指标是先上升后

下降，与新农保影响力的数值并驾齐驱；另外两项指标的贡献度则是稳步上升，不断缩小与其他指标的差距，在 k = 4 时五个维度的差距已经缩小到了不到 6 个百分点。可以看出，对于中高水平的福利贫困，新农合和新农保的贡献度则保持领先，意味着这个水平下基层合作的福利项目面临着比较大的缺失，导致进城务工人员的家庭缺少相关的保障。在较高程度的贫困下，社会保险和看病问题较突出，表现出农民工在一个愈发严重的福利贫困背景下，必须面临各种情况的福利剥夺。

由此可见，更高维度的福利贫困所反映的问题与较低维度反映的情况是不完全一致的，这也被比起贫困发生率而言更为复杂的贡献度折线所反映。而这些正好证明了分析不同维度数福利贫困下的指标影响力的必要性——对不同贫困群体的不同问题精确瞄准、给予不同的政策关切和政策照顾，才能将各个贫困程度的个体都覆盖到社会福利的保障中，推动整体贫困问题的解决。

（三）农民工福利贫困与整体贫困的关系

在分析完福利贫困本身之后，对于福利贫困与整体贫困的关系自然成为了本文的下一个重要话题：福利贫困究竟在多大程度上影响了农民工群体的整体贫困现象？不同程度的整体多维贫困下，福利贫困有多大的贡献度？这些都需要将福利贫困纳入到一个更大的贫困研究背景中，利用调研数据进行量化分析。而由于 Alkire – Foster 方法的本质要求，我们应当先考虑有哪些维度、哪些指标需要被纳入到衡量之中。借鉴其他研究所设定的指标，本文选定了物质、权利、精神、能力和福利五个维度共 32 个指标作为整体多维贫困的衡量标准，具体指标如表 4 所示。

表 4　　　　　　　　　　　　　多维贫困的测度指标

维度	子维度	指标
物质贫困	收入和消费	（1）家庭月均收入不低于该地低保水平
		（2）家庭日均消费不低于 1 美元/天
	工作地生活标准	（3）有专门供自己及同事使用的冲水厕所
		（4）有专门供自己及同事使用的自来水
		（5）生活用电供给充足
		（6）有主要的生活电器或设备

维度	子维度	指标
物质贫困	老家生活标准	（7）住房墙体属于砖石或混凝土
		（8）有专门的厕所设施
		（9）生活用水来自干净水源
		（10）生活用电供给充足
		（11）有主要的生活电器或设备
权利贫困		（12）与用工企业签订用工合同
		（13）最近一年没有遇到拖欠工资的情况
		（14）加班情况正常
		（15）工作时有劳动防护品
精神贫困	社会关系和参与	（16）与班组长、劳务公司经理关系正常
		（17）工地上工人之间的关系正常
		（18）参加过当地举办的文化体育活动
		（19）与城里人（例如同事、邻居）有来往
	精神状态和态度	（20）有业余活动
		（21）对打工生活条件的满意程度
		（22）对老家生活的满意程度
		（23）对当前工作的满意程度
能力贫困		（24）有一定的教育基础（初中及以上）
		（25）参加过与建筑业相关的技能/知识培训
		（26）身体健康状况较打工前未见恶化
		（27）打工期间得到过较广泛的帮助
福利贫困		（28）个人有社会保险
		（29）参加过体检
		（30）老家有便利的看病方式
		（31）相关家庭成员享受新农合
		（32）相关家庭成员享受新农保

在确定了各个维度相应的指标之后，如何界定某一维度达到贫困是整体贫困分析的重要前提。传统的 AF 方法中给出了"并"和"交"两种方案，前者要求至少一个指标不合格，而后者则要求全部指标不合格。后一种界定的贫困太过极端，很难反映现实情况。虽然第一种方法衡量标准相对宽松，但是对于考量福利贫困与整体贫困的关系来说，是一个比较简便易行的量化方案。因此，此处的分析将利用前一种方法，也就是各维度有一个指标不达标即记为贫困的方法进行分析。

1. 多维贫困的整体情况测度。

与分析多维福利贫困相类似的，本文首先对受调查的农民工群体整体多维贫困情况进行一个数据分析，作为对福利贫困与多维贫困联系的铺垫。经过测算，得到结果如表5所示。

表5 整体多维贫困的测度

k	贫困人口发生率（%）	剥夺强度（%）	多维贫困指数
1	99.1	73.6	0.73
2	95.9	75.4	0.72
3	86.8	79.2	0.69
4	66.2	85.1	0.56
5	16.9	100.0	0.17

这一组数据反映了整体多维贫困的几个特点：第一个是普遍性。从一维贫困的数据来看，几乎全部受访对象都在至少一个维度出现了贫困现象；相比于福利贫困的情况（k=1的比例只有75%左右）可以发现，整体贫困的发生情况远远严重于福利贫困，进一步凸显了贫困问题的高度普遍性。第二个则是程度的严重性。对数据的分析可以知道，有贫困现象的群体的平均贫困维度数是3.41（k=1时的剥夺强度乘上维度数5），而福利贫困的平均维度数是1.715；同时只有一个维度贫困的群体比例只有4.7%，而有且仅有4个维度贫困的人群占到了42.9%，远远高出第二位的3个维度贫困比例（29.3%）。相比之下，福利贫困则是集中于有且仅有1个和2个维度数的贫困，并且无论是剥夺强度还是多维贫困指数，整体多维贫困的相关数据都明显高于福利贫困的对应数值。这样的一系列对比很好的显示出，不同于福利贫困的较轻水平，整体多维贫困主要集中于中高程度。

最后一个特点则是极端个体的贫困高发性。对于福利贫困而言，k=4的比例只有1.8%，而k=5更是只有0.7%，在总体中所占有的比重是很低的；而就整体贫困而言，k=5（也就是所有五个大维度都出现贫困现象）的个体比例占到了16.9%，超过了所有个体的1/6。注意到这样的个体是处于所有维度都面临被剥夺的问题的情况之下，因而他们是贫困问题最直接的受损伤对象，推动着整体多维贫困问题的日益严峻。在扶贫工作愈发被重视的背景下，只有对作为扶贫重要瞄准对象的农民工群体面临的多维贫困问题给予足够关注，才能将扶贫工作落到实处，进而实现对贫困个体的精准识别，推动精准扶贫工作不断前进。

2. 福利贫困与整体多维贫困的联系。

在测算了整体多维贫困的情况之后，剩下的最后一个量化部分自然是福利贫困与整体贫困的联系。而对这种联系最为直观的分析就是贡献度的测量。借助上面所构建的指标体系，我们测算得到的结果如表 6 和图 2 所示。

表6　　　　　　　　　　　　福利贫困对整体贫困的贡献度　　　　　　　　　　单位：%

k	物质	权利	精神	能力	福利
1	14.8	18.7	25.5	20.7	20.4
2	14.7	18.8	25.3	20.7	20.5
3	15.3	19.1	24.4	20.3	20.8
4	15.5	20.3	22.9	19.5	21.7
5	20.0	20.0	20.0	20.0	20.0

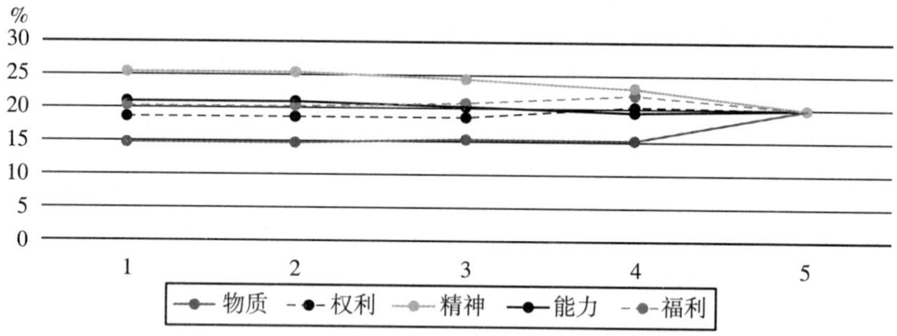

图2　各维度对整体多维贫困的贡献度

通过以上数据可以看出福利贫困与整体贫困的关系：对于 k=1 和 2，也就是相对较低维度的整体多维贫困，福利贫困的贡献度指标排名都是第三，并且仅仅微弱落后于能力贫困的影响力，即福利贫困对于较低水平的贫困有着比较稳定的贡献度。而对于 k=3 时的中度整体贫困，福利贫困的影响力超过了能力贫困，排到了第二位，并且与精神贫困的差距有所减少。在 k=4 时，福利贫困的贡献度进一步上升，与精神贫困的贡献度差距缩小到了 1.2 个百分点。故而，福利贫困在中高维度的整体贫困中的影响力相当之大。

考虑到上文分析中指出的，有且仅有 3 个和 4 个维度贫困的人群在总受访者中占据了超过 7 成的比例，故而综合考虑贡献度的排名和不同维度数贫困的发生比例，福利贫困的影响力在五个指标中排位第二是比较合适的。这样一个高排名很好地展现出，福利贫困对于建筑业农民工的影响力是研究者和决策者所必须关注的一个维度：不能处理好农民工群体在福利相关指标上面临的被剥夺问题，是不可能较为全面的减轻受调查者的贫困程度的。故而，对福利贫困的研究在多维化的贫困测量中必定占据一个重要的地位。

三、消除福利贫困以实现精准扶贫目标

社会福利是社会政策的具体化，针对农民工群体提供的社会保护和针对农民工群体制定的社会政策可以反映出农民工社会福利服务的现状。农民工作为农村转移人口，他们是福利贫困最直接的受损对象。在扶贫工作愈发被重视的背景下，只有对农民工福利贫困给予足够关注，才能将扶贫工作落到实处，进而实现对福利贫困个体的精准识别，推动精准扶贫工作不断前进。对此，今后的扶贫工作应从以下几个方面入手：

第一，加强福利保障体系的全面性。从某种程度上来说，我国的福利制度最初考虑的是改革可能出现的社会风险，基于原有的城乡结构、户籍制度，因此，我国的福利体系基本上属于查漏补缺的被动弥补型，距国外那种积极主动的提供型以及全面覆盖型还有很大差距。这种碎片化的不健全的社会福利体制，缺少可持续发展的动力，长此以往，只会加重经济社会的"贫富差距"，使贫者愈贫，富者愈富。因此，今后的福利扶贫应重点推进现有的农民工"五险一金"参保率，完善社会保险制度，落实诸如公租房、廉租房等住房福利政策，同时，也应关注农民工的精神贫困、能力贫困等，缩小身份、权利和待遇的差异，提高农民工的幸福感和自我认同感。福利扶贫工作既要在数量上进行社会福利政策的全面覆盖，又要在质量上提供优质的福利支持，全面改善农民工的福利待遇。

第二，促进福利提供渠道的多元化。福利多元主义理论认为，社会福利可以由公共部门、盈利组织、非盈利组织、家庭和社区共同负担，政府角色转变为福利服务的规范者、福利服务的购买者、物品管理的仲裁者以及促进其他部门从事服务供给的角色，其中两个最主要的方面是参与和分权。福利多元主义理论是在西方经济、政治和社会框架下共同作用形成的，在西方发达国家福利支助方面做出了效果良好的尝试。福利多元主义在我国也有借鉴：首先，2015年9月，国务院颁布了《关于深化国有企业改革的指导意见》，提出将国企分为商业类和公益类，公益类以保障民生、服务社会、提供公共产品和服务为主要目标。在国有企业改革的推动下，地方政府也能够更有效地满足公民的福利需要。其次，近年来，民营企业、非营利组织和社区基层组织在公益领域的贡献愈加突出。这种势头应该得到政策的更大支持。只有多管齐下，当福利提供渠道增加，公益服务的效率提高时，农民工的福利保障工作才能有质的飞跃。

第三，加强农民工群体的福利意识，拓宽农民工表达利益诉求的渠道。尽管近年来农民工整体文化水平及职业技能都在不断提高，但其整体素质还处于较低的水平。部分农民工由于缺乏社会福利的常识、意识及对福利内容的关注，加上信息渠道不畅，无法及时获取福利政策信息，或申请合法福利的条件或渠道，如果某些企业为躲避社会责任而回避应有的福利供给，农民工一方面会失去争取合法福利的机会，另一方面也会出现社会资源的浪费。因此，加强农民工群体的福利意识，简化农民工申请、享受社会福利的程序，拓宽农民工表达利益诉求、争取合法福利的渠道，则是维护社会福利政策有效推荐不可或缺的一环。

总之，福利贫困受到多个现实性的、个人或家庭的因素影响，并因此而具有一定的普遍性。福利贫困在整体贫困中有着比较大的影响，会成为全面扶贫工作的一个制约因素。在 2020 年全面消除贫困的目标要求下，解决农民工群体的贫困问题成为社会关注的一个重点。在一系列消除进城务工人员贫困的政策中，需要有配套方案来提升农民工的社会福利程度，以减少福利缺失而导致的整体贫困，为精准扶贫目标的实现做出努力。

参考文献：

阿玛蒂亚·森：《贫困与饥荒》，商务印书馆 2001 年版。

侯为民：《城镇化进程中农民工的多维贫困问题分析》，载于《河北经贸大学学报》2015 年第 5 期。

刘家鑫：《城市农民工权益保障问题初探》，载于《长江论坛》2002 年第 4 期。

陈辉、张全红：《基于 Alkire – Foster 模型的粤北山区农村家庭多维贫困统计测度》，载于《数学的实践与认识》2015 年第 5 期。

袁方、史清华、卓建伟：《农民工福利贫困按功能性活动的变动分解：以上海为例》，载于《中国软科学》2014 年第 7 期。

Fisher, G. M.: The Development of the Orshansky Poverty Thresholds and Their Subsequent History as the Official U. S. Poverty Measure, Social Security Bulletin, 55 (3), 1992: pp. 3 – 14.

Alkire, S. and Foster J.: Counting and Multidimensional Poverty Measurement, OPHI Working Paper Series, 2008, p. 16.

（本文原载于《当代经济研究》2016 年第 5 期）

我国农民工多维物质贫困
测度及减贫策略研究

孙咏梅*

消减贫困是当今世界共同关注的主题。减轻、消除农民工多维贫困，对于实现党的十八大提出的全面建成小康社会的目标具有重大意义。农民工作为贫困特征较为典型的特殊群体，近几年逐渐引起了学术研究者的关注，但现有研究，常常集中于他们在收入或是消费水平上的弱势地位，实质上是在物质层面上对农民工贫困作的一种研究。然而，随着贫困研究开始走向多维，仅有的以收入或消费水平来衡量贫困的一维方法，已远远不能达到测试贫困的要求。我们通过大量农民工贫困状况的实地调研，试图利用多维贫困的 Alkire – Foster 方法对农民工的物质贫困进行多维测度与分析，以便于将农民工物质层面的贫乏纳入多维贫困研究体系中，从而更为全面地评估这一群体物质贫困情况及多维贫困的程度，做科学的度量，为我国精准扶贫策略的制定，以及在 2020 年全面实现脱贫目标，作出有益的理论探索。

一、物质贫困测度：从一维走向多维

物质贫困是一定时间内特定群体在物质生活水平上的缺乏，是多维贫困研究中最基本的贫困，它的存在影响着其他贫困的产生及存在状态。长期以来，国内外对于贫困的测量实际上都着重于物质贫困的研究（只不过很多研究没有明确提出"物质贫困"这个名词），而现有的研究，更多的是将衡量指标投射在物质贫困中的收入和消费这样的一维指标上。随着贫困问题研究的不断深化，以及经济社会发展的多元化，将贫困问题的分析仅局限于某些特定指标，显然是不够的。

---

* 孙咏梅，中国人民大学中国经济改革与发展研究院副教授。

将贫困的研究及测度置于多维指标体系中，更加注重将物质贫困作为多维贫困的一个组成部分，而不是贫困的全部，才能客观评估物质贫困。同时，物质贫困自身的多维性，并不完全等同于收入和消费两方面的贫困水平。只有进一步考量其他指标的情况才能全面衡量物质贫困，才能为政策上的精准扶贫提供科学的理论依据。

(一) 贫困测量思路的变迁：一维向多维的演变

长期以来，贫困问题研究的思路与测试，采用的基本都是物质层面上的一维方法，即将单一指标作为贫困的测度指标，并且将物质贫困等同于整体贫困。国内对贫困人口的调查和分析早期主要是基于收入水平进行的，例如，在 1998 年之前，中国国家统计局对农村贫困人口的估计依据的就是农民人均纯收入指标①。国际上对于贫困的分析则更多关注消费水平。世界银行对于贫困人口的认定就是基于他们的消费水平：每天每人的生活消费少于 1 美元的，称为极端贫困（也就是连基本生计都难以维持的状态），而少于 2 美元的则被称为中等贫困。可以看出，无论是国内还是国外，早期对贫困的测量，都是基于一个指标进行分析的一维分析法，并且都是在一定程度上将物质贫困与整体贫困等同起来。

随着经济的发展和社会情况的愈发复杂化，单纯以收入或是消费指标衡量贫困的一维法，已经不能充分反映贫困的真实状态，从 1998 年开始，中国国家统计局对农村贫困人口的评估，开始依据收入和消费双重指标。对贫困的测度需要满足两个条件中的一个，即：收入低于贫困线同时消费支出要低于 1.5 倍贫困线；或者消费低于贫困线同时收入低于 1.5 倍贫困线②。不过，虽然在理论上采用了贫困的双重测度指标，且比以往仅以收入单一测度方法向前迈进了一步，但是这种划线达标式的贫困识别方法，从本质而言还是局限于一维性考量方法，并没有将影响物质贫困的多种维度（如权利、能力等）纳入到量化研究的范围中去，因而其研究的客观性及科学性存在着较大的缺陷。

由于一维贫困测度法存在着严重的不足，阿玛蒂亚·森于 20 世纪 80 年代最早提出了多维贫困理论。在最初的多维贫困理论体系研究中，贫困的定义采用的是"能力方法"，即贫困是对人的基本可行能力的剥夺，而不仅仅是收入低下所能衡量的；在这样的定义下，人的贫困不仅仅是收入的贫困，也包括受教育的程度、求职

---

①② 汪三贵：《在发展中战胜贫困——对中国 30 年大规模减贫经验的总结与评价》，载于《管理世界》2008 年第 11 期，第 87 页。

的能力、晋升的能力等，后来发展为对福利的主观感受①。只有综合考虑各项可能导致贫困的因素，才能全面的考量社会中贫困的发生状况和普遍程度。

贫困理论研究由一维向多维的演变，主要是考虑贫困的多维性对于实际问题中贫困的测量有着很大的作用。一方面，多维贫困分析可以减少单一指标衡量造成的贫困识别错误。例如，一些学者通过对乌蒙山片区的贵州、云南和四川的抽样调查，发现2013年建档立卡贫困户中有40%的农户人均收入超过贫困线，而在非建档立卡户中有58%的农户收入低于贫困线②。这表明从收入一维标准判断，贫困识别的错误率非常高。造成这样的错误，不仅是由于贫困测度指标不全面，更是由于基层（乡和村两级）政府无法获得农户收入的准确数据，因而在识别贫困人口时只能依赖民主评议等手段，具有很大的不可靠性。只有打破将收入作为唯一的贫困标准的惯例，采用多维贫困标准建档立卡，才能避免国家制定的标准与基层采用的标准完全脱节的现象发生③；另一方面，多维贫困分析可以减少单一指标衡量导致的贫困识别不一致性。比如，由于数据基础和估计方法不同，国家统计局估计的贫困人口和民政部门确定的低保贫困人口在很大程度上是两个不同的群体；统计局估计的是经济上的贫困人口，而民政部门确定的农村低保人口主要是一些特殊的、没有劳动能力的人群，但是这些人口中相当部分的收入并不低于贫困线④。要肯定的是，二者所确定的贫困人群在很大程度上都是扶贫所需要关注的对象，但是各自不同的一维标准往往会将这两批人区隔开来。因而，只有建立一套统一的、考量多个致贫因素的衡量标准，才能将贫困人口更为全面的识别出来，进而为精准扶贫打下扎实的基础。

（二）多维贫困测量和分析的重要手段：Alkire – Foster 方法

阿玛蒂亚·森（San, 1999）多维贫困理论提出后，为了适应逐渐走向多维的贫困测量思路，一大批学者开始探索更先进的、并不单纯关注收入或是消费的指标分析方法，为多维贫困研究探寻具有可操作性的测度工具。在各种新的研究方法中，Alkire – Foster 方法以其在多维贫困的量化分析上取得的进步而逐渐为人所知。通过联合国开发计划署对其在计算多维贫困指数上的应用，这一方法在计量分析上逐渐走向成熟，其可行性也逐步得到验证。在这样的发展下，AF 方法

---

① 王小林、Sabina Alkire：《中国多维贫困测量：估计和政策含义》，载于《中国农村经济》2009 年第 12 期，第 5 页。

②③ 汪三贵、郭子豪：《论中国的精准扶贫》，载于《贵州社会科学》2015 年第 5 期，第 149 页。

④ 汪三贵、Albert Park：《中国农村贫困人口的估计与瞄准问题》，载于《贵州社会科学》2010 年第 2 期，第 68 页。

已经成为多维贫困测量和研究的重要工具。

正是由于 AF 方法在多维贫困测量中的突出表现，本文选取 AF 法作为研究物质贫困的工具。一方面，利用指标和维度的划分，借助调研所得到的数据来分析农民工群体面临的物质贫困的整体情况，并测算各个维度对于物质贫困的贡献。另一方面，在分析物质贫困本身之后，将物质贫困作为整体多维贫困的一个组成部分，对其在多大程度上影响农民工群体的贫困现象进行测量和分析。

Alkire – Foster 方法包括福利取值（各个维度的成就）、每个维度的贫困识别、多个维度的贫困加总、加总的权重设置和分解这五个主要步骤。

1. 各维度的福利取值。让 $M^{n,d}$ 代表 $n \times d$ 维矩阵，并且令矩阵的元素 $y \in M^{n,d}$，代表 n 个人在 d 个不同维度上的取值。y 中的任一元素，表示个体 i 在维度 j 上的取值，$i = 1, 2, \cdots, n$；$j = 1, 2, \cdots, d$。

2. 贫困识别。

（1）每一个维度贫困的识别。令 z_j 代表第 j 个维度被剥夺的阈值或者贫困线。定义一个剥夺矩阵：$g^0 = [g_{ij}^0]$，其典型元素 g_{ij}^0 的定义是：当 $y_{ij} < z_j$，$g_{ij}^0 = 1$；当 $y_{ij} \geq z_j$ 时，$g_{ij}^0 = 0$。对于剥夺矩阵 g^0，可以定义一个列向量 $c_i = |g_i^0|$ 代表个体 i 忍受的总的贫困维度数。

（2）多个维度被剥夺的识别。上述剥夺矩阵的每个元素代表了每个个体在各维度是否存在贫困。下面同时考虑 k 个维度该个体是否贫困。令 $k = 1, 2, \cdots, d$，ρ_k 为考虑 k 个维度时识别贫困的函数。当 $c_i \geq k$ 时，$\rho_k(y_i; z) = 1$，个体 i 贫困；当 $c_i < k$ 时，$\rho_k(y_i; z) = 0$，个体 i 非贫困。也就是说 ρ_k 既受 z_j 影响，又受被剥夺维度数目的影响，故称之为双重阈值方法。

3. 贫困加总。在识别贫困之后，最简单的加总方法自然是按人头计算多维贫困发生率（H）：$H = H(y, z)$；$H = \frac{q}{n}$。其中，q 是在 z_k 之下的贫困个体数（即同时存在至少 k 个维度贫困的个体数）。不过这种"数人头"的方法有其天然不足：它对贫困的程度变化敏感度较低，也就是当已处于贫困的个体面临更深程度的贫乏时，H 无法对这样的变化作出反应的调整。

因而，为了克服"数人头"方法的不足，AF 方法提出了一种修正性的多维贫困测量方法。其公式为：$M_0(y, z) = \mu[g^0(k)] = HA$。$M_0$ 即为调整后的多维贫困指数。它由两部分构成：一部分为 H（贫困发生率）；另一部分为 A（平均剥夺份额），$A = |c(k)|/(qd)$。平均剥夺份额的计算和加入分析正是在贫困发生率的基础上对贫困程度的补充考量，从而使得贫困加总过程及其结果更加全面。

在 Alkire – Foster 方法的论述中，还有对贫困指数 M_0 的进一步补充和修正。例如，利用 $M_1 = \mu[g^1(k)] = HAG$ 可以用平均贫困距（G）进一步对 M_0 进行调整。其中，$G = |g^1(k)|/|g^0(k)|$，$g^1_{ij} = (z_j - y_{ij})/z_j$。若对 M_0 用平均贫困深度（S）进行调整，可以得到：$M_2 = \mu[g^2(k)] = HAS$。其中，$S = |g^2(k)|/|g^0(k)|$，$g^2_{ij} = (g^1_{ij})^2$。

故而由上可知，多维贫困指数有 M_0、M_1 和 M_2 等不同的形式。不过由于后两个指数最初的设计目的更多是为了纵向比较不同时间段内同一群体贫困程度的变化，而本文对于这种比较并不侧重，因而本次研究没有对这些指数进行深入分析。而在下文的贫困加总中，本次研究保留了 M_0 的计算，以期借助这一指数反映在不同贫困维度数下，农民工群体多维贫困的程度变化情况。

4. 权重设置。进行维度加总时，需要考虑的另一个问题是各维度的权重，本次分析采用相等权重。

5. 分解。在 AF 方法中，多维贫困指数可以按照维度、地区、省份等不同的组进行分解。以地区（城市和农村）为例，令 u 表示城市数据矩阵，r 表示农村数据矩阵，则：

$$M(u, r; z) = \frac{n(u)}{n(u, r)}M(u; z) + \frac{n(r)}{n(u, r)}M(r; z)$$

这样的分解是下文各项指标贡献度计算的重要工具。

二、农民工多维物质贫困识别及测度：以建筑业为例

对于物质贫困进行多维测度的一个前提，是要对所衡量的贫困有一些分类的、具体的判断指标，并且通过划定各个指标的贫困线实现对所有指标的量化，进而为物质贫困的衡量乃至于整体多维贫困的测量服务。目前，我国农民工总数达到了 2.74 亿人，建筑业农民工占农民工总数的 1/3，考虑到调研数据的可得性，我们将建筑业作为样本来源加以研究。

（一）指标划分和各指标贫困线划定

农民工物质贫困的多维性既包含了最基本的收入和消费指标，也包含了物质生活中的其他方面。比如，农民工在城市中的生活条件就是对他们生活状况刻画的一个重要变量，而他们老家的生活水平则也是物质生活的一个关键性量度（由于农民工群体很多都承担着支撑农村家庭生活的任务，因而单纯分析他们个人生

活，并不能全面的反映其全部生活水平）。只有在划分指标时将物质贫困的各个方面都纳入考量中，才能真正摆脱用单一指标（收入或消费）衡量物质生活水平的一维思路，实现对物质贫困的精准测度。

基于前期对于建筑业农民工的问卷调查，本文将 16 个项目纳入量化范围，分门别类与上述四个方面进行对应，从而尝试利用这些指标对物质贫困的不同维度加以评判。其中，家庭收入和家庭消费各自对应一个指标，并且由于它们在贫困问题中的突出地位而得以分别构成物质贫困的一个维度。另外两个维度，即个人和老家的生活水平，则包含了多个小的指标，盖因生活状况所包含的内容不可能像收入或者消费情况那样用一个数字概括。同时，在考虑各个指标并且与问卷进行对应的过程中，本文的分析将每个指标所涉及的问卷问题数量控制为一个，从而避免因某些维度涉及的问题太多而导致指标贡献度与实际发生比较大的偏离。在这样的思路下，本文选取了如下四个维度和相应的衡量标准：

（1）家庭人均收入。这一指标对应问卷的问题 A11。在衡量家庭人均收入水平时，常用的参照量是民政部门制定的低保标准和低收入家庭标准。一般认为，人均收入低于低保标准属于较严重的贫困，而收入介于低保和低收入标准之间则主要被视作一般程度的贫困。本次调查始于 2013 年，所测得的人均收入数据则为 2012 年的整体水平；同时，由于所调查的农民工来自不同地区的工地，包括北京、西安和深圳，因而在选择参考量时需要考虑到时间和地点因素。查阅资料可知，2012 年，北京、西安、深圳三地制定的低保标准分别为 520 元、410 元和 560 元（这里指家庭人均月收入），而低收入家庭的人均月收入标准则分别要求不超过 740 元、615 元和 840 元。因此，在衡量收入水平时，首先将受访者按照工地所在区域分类，之后分别测算其家庭人均月收入。如果收入低于该地低保水平，则认为其在收入上属于较严重贫困的范畴，该指标记为 2；如果收入水平介于低保和低收入水平之间，则属于一般贫困，收入指标记作 1；收入高于低收入家庭水平，则认为该维度上不贫困，记为 0。

（2）家庭人均消费。这一指标的分析是基于问卷 A13 所获得的家庭月基本生活费数据。根据世界银行制定的标准，家庭人均消费低于 1 美元/天被认为属于绝对贫困的范围，而消费介于 1~2 美元/天的水平则被认为是一般程度的贫困。查阅资料可知，2012 年美元与人民币汇率的平均值为 6.3124，在本文的分析中这一汇率近似取为 6.31。故而，如果被调查农民工家庭日均消费低于 6.31 元，则认为其在消费上属于严重贫困，该项指标记作 2。消费水平介于 6.31 元和 12.62 元的受访者归类于中等贫困群体中，指标记作 1，其余被调查者（即没有某项指标达到贫困标准的群体）记为 0。

（3）个人生活条件。由于生活条件所包含的范围很广，因而无论是调查问卷还是本篇文章都不可能覆盖全部角度。以联合国关于贫困问题的问卷作为参考，本次调查选择了如下 7 个指标作为个人生活条件在特定维度是否贫困的衡量标准：住房（对居住条件是否满意）、伙食（对伙食情况是否满意）、厕所（有无固定的卫生设施）、用水（用水是否受到保护）、用电（是否能保证正常用电）、主要电器（是否有主要电器）以及对当时生活条件的满意度。综合考虑这些变量之后，对于个人生活条件这一维度我们作出如下规定：如果某个受访者在 7 个指标中的一半以上（即至少 4 个）是被认定为贫困状态的，那么这一个体在个人生活条件上属于绝对贫困，指标记作 2；如果有 1~3 个指标是被认定为贫困的，则该个体属于一般贫困，指标记作 1；如果没有指标属于贫困范畴，则记作 0。

（4）老家生活条件。与个人生活条件相类似的，由于不可能覆盖所有角度，故而本次研究选择了 7 个指标加以调查，包括住房墙面类型（是否为砖石或是混凝土结构）、看病条件（是否方便）、厕所、自来水、用电、主要电器以及对老家生活的满意程度。与上一点相同的是，如果贫困指标数过半为绝对贫困，记为 2；指标数在 1~3 之间则为相对贫困，记为 1，指标数为零则这一维度记作 0。

（二）多维物质贫困的量化分析

在划分完各项指标后，剩下的关键便是将方法与实际数据相结合。这样的结合实际上可以分为两个部分：一是对物质贫困本身进行多维思路的研究，二是对物质贫困与整体多维贫困之间的联系进行分析。这一部分首先对物质贫困自身进行一些分析，包括其在不同 k 值下的总体情况、各项指标的程度分析和各项指标在不同 k 值下的贡献度研究。在对初始数据样本中无效答卷进行排除后，一共还留有 625 个有效样本。由于这样的数据容量对量化分析已经比较充分，故以下的应用和分析将基于这 625 份数据展开。

1. k 维物质贫困在不同 k 值下的情况。

首先，在利用指定的标准去衡量各个小维度的贫困后，可以基于此去计算 k 维物质贫困（是指指标之和至少达到 k 的物质贫困）的整体情况，来对物质贫困群体进行一个初步分析。而考虑 k 维物质贫困的整体情况，就是要分析在 k 不同取值下（从 1~8）物质贫困的发生率、剥夺强度和多维物质贫困指数。经过计算得到的结果如表 1 所示。

表1 　　　　　　　　　 K 维状态下贫困人口发生率的测算

k	k 维物质贫困比例（%）	剥夺强度（%）	多维物质贫困指数
1	81.1	29.9	0.242
2	54.2	38.5	0.209
3	31.0	48.5	0.151
4	16.3	58.5	0.095
5	7.8	67.6	0.053
6	2.6	78.1	0.020
7	0.5	91.7	0.004
8	0.2	100.0	0.002

　　如表1所示，就物质贫困的发生比例而言，1维的物质贫困（也就是至少有一个指标出现贫困的情况）达到了81.1%，说明物质贫困现象在受访的农民工中是比较贫困的。这种现象是对城市务工人员进城动机的印证：这一批农民工离开家乡的最初目的就是提高收入，以改变家庭的贫困现象。事实上，农民工虽然他们努力工作、取得了高于农业生产的收入，但是他们在物质水平上的提升相比于城市居民而言仍然有限。

　　不过对于这组数据的分析并不应停留于农民工群体物质生活贫困这一简单结论。一方面，要注意到所有受访者中，只有一维贫困的比例最高，而且物质贫困人群集中于k值较低的几组中，k大于4的比例甚至不到8%。同时，与下文中整体多维贫困的剥夺强度和多维物质贫困指数相比较，也可以看出物质贫困群体所面临的相对更轻的剥夺程度。因而，这一组数据反映出被调查的务工人员的物质生活水平总体并没有达到一个非常严重的态势，而是更多的处于一个轻度贫困的状态。另一方面，虽然总体贫困情况不算严重，但是极端贫困的个体还是需要引起注意。可以看到，k值取到5及以上的个体仍然占据了一定的比例，而这样的贫困维度数是较为严重的物质贫乏的一种体现。尽管这种受访者并不占据多数，但是相对严重的贫困有存在，说明仍然有一批农民工没有实现借进城务工提升个人和家庭生活水平的目标。考虑到农民工群体的巨大基数，如果不对这类贫困个体给予充分关注和及时的贫困干预，就很可能导致一个数量可观的、因物质生活受限而对社会产生不良情绪的群体，进而可能影响到社会的稳定与和谐。

　　2. 物质贫困各项指标的程度分析。

　　在总结了物质贫困总体状况后，自然要对各项指标的情况进行分析。经过测算，物质贫困四个维度的发生情况如表2所示。

表2 物质贫困四个维度的发生情况 单位: %

维度	收入	消费	个人条件	家庭条件
相对贫困比例	21.0	32.3	37.9	26.1
绝对贫困比例	21.1	11.2	3.5	2.4
总贫困比例	42.1	43.5	41.4	28.5

由表2可见，首先，以个人生活条件这一角度衡量的贫困接近4成，明显高于其他指标，直观地反映了农民工群体在个人的日常生活中面临的较为普遍的艰苦条件。他们中很多人不仅需要支撑家庭常规开销，还常常需要承担子女教育、赡养老人、家庭住房等多项责任，因而他们相当比例的人数因沉重的家庭负担选择省吃俭用，表现出相对贫困。然而，作为重体力劳动者，他们必然要有一定的生活投入避免身体情况的恶化，加上监管部门对工地条件的监督，农民工也不太可能处于很差的生活环境，而这也被个人条件指标上较低的绝对贫困比例所印证。

其次，消费维度的相对贫困和绝对贫困比例都在4个指标中位列第2，整体最高，也正是对农民工群体在消费上较为普遍的贫乏现象的注解。这种消费贫困有两个原因。一方面，农村家庭在食品和日常用品上更多是生产而非向他人购买，因此有相对较低的消费水平。另一方面，在城市中的农民工常常省吃俭用，加上工地会提供食宿费用，因而他们的消费水平较低。消费上的贫困也折射出农民工群体不敢花钱的心理：由于缺乏足够的社会保障（比如保险、养老金等），农民工必须为可能的紧急事态做好准备，这种心态抑制了他们的消费欲望，推动了这一维度贫困的提升。

再次，从收入指标的贫困数据来看，收入贫困仅次于消费贫困，并且发生率上差距不大，体现出收入贫困问题的一种均匀分布：各个收入水平段都有一定量的农民工存在，而不是如其他三个维度那样集中于较低水平的贫困，而这给相关维度的扶贫工作增加了复杂性。两个指标的接近也同时意味着非常高的绝对贫困发生率，21%的数值甚至高于其他三项绝对贫困比例之和。考虑到收入指标的绝对贫困标准是基于当地低保水平而设定的，这样高的绝对贫困比例说明虽然受访农民工努力工作以承担起家庭开销，而且个人工资水平并不低，但是由于需要抚养的家人很多、开支多样化，导致其中很大一部分还没有实现帮助家庭提升生活水平、摆脱贫困状态的目标，这也对今后的扶贫工作提出了挑战。

最后，家庭生活水平上的贫困问题也不容忽视。由于在外打工的工资往往高于农业生产收入，并且他们工资的很大一部分都补贴给家中，因而他们的家庭条件在农村总体是较好的，这一点从总贫困比例在四者中最低就可以得到体现，也可以通过绝对贫困比例的低下反映出来。而之所以其相对贫困比例仍然较高，一方面是因为贫困标准的制定并不只是与农村其他家庭相比较，还需要考虑整个社会的情况与需求，因而导致在一些方面农村家庭的条件显得比较贫乏（比如卫生和医疗）；另一方面是因为很多进城务工人员已经将正在受教育的子女和年轻的家人带入城市，留守农村的往往是老人和年幼儿童，甚至已经没有人留在老家生活了。在这种情况下，农民工家庭对于老家生活条件的改造要么意愿不强，要么能力不足，从而进一步推动了家庭生活条件的不充分。

3. 各项指标在不同 k 值下的贡献度分析。

在对各项指标进行单独分析之后，自然是要将指标分析与整体的 k 维物质贫困分析相结合，而这个交接点就是对各个指标在 k 不同取值时的贡献度的研究。除了与上文类似的表格之外，此处还加入了折线图，来更清晰地反映各指标贡献度随 k 变化的情况，如表 3、图 1 所示。

表3　　　　　　　　　　各指标贡献度随 k 变化的情况　　　　　　　　单位：%

k	收入	消费	个人条件	家庭条件
1	32.6	28.2	23.2	15.9
2	35.4	27.7	20.2	16.7
3	36.3	28.3	19.4	16.1
4	36.5	30.0	17.8	15.7
5	32.8	28.3	20.0	18.9
6	30.0	30.0	21.0	19.0
7	27.3	27.3	22.7	22.7
8	25.0	25.0	25.0	25.0

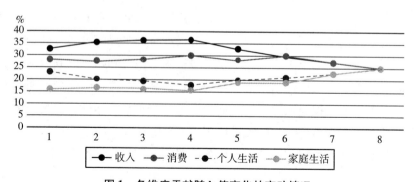

图 1　各维度贡献随 k 值变化的变动情况

如图 1 所示，四个维度对于物质贫困的贡献度排位一直十分稳定：收入位居首位，消费其次，个人条件再次，家庭条件最后（考虑并列情况）；同时，收入和消费的贡献度一直不低于 25%，而后两者从未超过这一比例。一方面，这是对四个指标影响力的直接刻画，反映出收入和消费这两项指标是物质贫困更为重要的组成部分，而个人与家庭生活条件则处于相对次要的地位。另一方面，将这份数据与上文各指标贫困发生率的大小排序相比较可以发现，贡献度的排序与绝对贫困比例而非总的贫困比例的排序是一致的。考虑到收入、消费和个人生活条件的单项指标贫困发生率十分接近，而绝对贫困比例差别很大，而且三个维度的贡献度差异非常明显，我们可以得出结论：在分析指标贡献度的高低时，绝对贫困比例的影响相对更为明显。进一步的，对于解决物质贫困而言，这样的情况说明扶贫政策应当优先关注各个维度处于绝对贫困的人群，从而能以比较快的速度降低多维物质贫困的发生频率和严重程度。

另外一个信息就是，四个指标贡献度的差距变化有比较明显的规律。在 k 从 1 上升到 4 的过程中，贡献度的差距总体保持稳定增长的态势。而随着 k 进一步增长，这种差距显著收窄，直到 k = 8 时达到一致。这意味着，在低维度和中等程度的物质贫困中，收入和消费的影响力要明显比另外两个指标更为显著；而在较为严重的物质贫困中，影响力的差距会相对缩小。这对于贫困帮扶有一定的启示意义：针对程度相对较轻的物质贫困群体，可以以对收入和消费的干预为支点，减少收入或是消费贫乏对贫困的影响。而对于程度比较严重的物质贫困现象，必须多管齐下，尽量全面的覆盖这些个体所面临的难题而非只关注某个特定指标，从而在根本上缓解他们所处的多维贫困状态。

（三）物质贫困对整体多维贫困的影响

在对物质贫困本身的分析之后，量化分析的最后一个部分就是对其与整体多维贫困联系的研究。由于上文主要以物质贫困为关注点，因而在该维度下所设置的划分标准相对较细；但如果要从整体贫困去加以分析，过多的小指标容易削弱核心指标的影响力。因此，在分析精神贫困作为一个维度的整体贡献度时，基于上文对指标贡献度的分析，此处保留了物质维度中相对核心的因素，将其他一些指标与放入其他维度以便于分析和叙述。之后，本文选取了 5 个维度 29 个指标，基于 Alkire – Foster 方法展开对整体多维贫困的分析，具体维度和指标如表 4 所示（此处不再对各项指标的贫困标准进行详细阐述）。

表4   多维贫困的测度指标

维度	子维度	指标
物质贫困	收入和消费	(1) 家庭月均收入不低于该地低保水平 A11
		(2) 家庭日均消费不低于 1 美元/天 A13
	工作地生活标准	(3) 有专门供自己及同事使用的冲水厕所 D4
		(4) 有专门供自己及同事使用的自来水 D6
		(5) 生活用电供给充足 D7
		(6) 有主要的生活电器或设备 D8
	老家生活标准	(7) 住房墙体属于砖石或混凝土 F3
		(8) 有专门的厕所设施 F13
		(9) 生活用水来自干净水源 F11
		(10) 生活用电供给充足 F12
		(11) 有主要的生活电器或设备 F9
权利贫困		(12) 与用工企业签订用工合同 B6
		(13) 最近一年没有遇到拖欠工资的情况 B9
		(14) 加班情况正常 B13
		(15) 工作时有劳动防护品 B15
精神贫困	社会关系和参与	(16) 与班组长、劳务公司经理关系正常 E1
		(17) 工地上工人之间的关系正常 E2
		(18) 参加过当地举办的文化体育活动 E7
		(19) 与城里人（例如同事、邻居）有来往 E3
	精神状态和态度	(20) 有业余活动 E5
		(21) 对打工生活条件的满意程度 D13
		(22) 对老家生活的满意程度 F19
		(23) 对当前工作的满意程度 B17
能力贫困		(24) 有一定的教育基础（初中及以上）A4
		(25) 参加过与建筑业相关的技能/知识培训 C1
福利贫困		(26) 身体健康状况较打工前未见恶化 D14
		(27) 有社会保险 C8
		(28) 老家有便利的看病方式 F14
		(29) 参加过体检 D15

在指标确定之后，如何界定某一维度达到贫困是整体贫困分析的一个重要前提。AF 方法中界定了"并"和"交"两种方案，分别将至少一个指标不合格和全部指标不合格定义为任一维度贫困的标准线。然而经过实际数据分析后可以发现，后一种方案界定的贫困太过极端，很难反映实际情况。因此，此处的分析将围绕前一种方法，也就是每一个维度有一个指标不达标即记为贫困的方法进行分析。

1. 整体多维贫困情况概览。

与多维物质贫困分析相类似的，对于农民工群体整体多维贫困的分析自然要放在这一部分进行论述。虽然与物质贫困没有直接联系，但是分析整体贫困对农民工群体面临的整体情况是一个很好的反映，也是为接下来分析物质贫困与整体贫困的联系做一个铺垫。在与上文类似的计算后，得到的结果如表5所示。

表5   整体多维贫困的测度

k	k维贫困人口比例（%）	剥夺强度（%）	多维贫困指数
1	98.6	68.1	0.67
2	93.9	70.6	0.66
3	81.7	75.1	0.61
4	52.4	83.6	0.44
5	9.5	100.0	0.09

由表5可知，一方面，从一维贫困的数据来看，几乎全部受访对象都在至少一个维度出现了贫困现象；这样的数据跳出了单纯的物质贫困研究，反映了贫困现象在农民工群体中的高度普遍。对数据的进一步分析可以知道，有贫困现象的群体的平均贫困维度数是3.41，并且只有一个维度贫困的群体比例只有4.7%；同时，有且仅有4个维度贫困的人群占到了42.9%，远远高出第二位的3个维度贫困比例（29.3%）。同时，无论是剥夺强度还是多维贫困指数，整体多维贫困的相关数据都明显高于物质贫困的对应数值，尤其是在较低维度的数据中。这样的一系列对比很好的显示出，不同于物质贫困的较轻水平，整体多维贫困主要集中于中高程度，推动着整体多维贫困问题的日益严峻。在扶贫工作重要性日益凸显、扶贫任务不可小觑的今天，只有对农民工群体——这一扶贫的重要瞄准对象——面临的多维贫困问题给予足够关注，才能帮助他们解决现实困难，实现精准识别、精准扶贫。

2. 物质贫困对多维贫困的贡献度。

在多维贫困的整体分析后，最后一个量化研究就是对物质贫困与多维贫困之间联系的分析，而这种联系的关键指标就是物质贫困的贡献度。利用调研所得到的数据代入AF方法中，得到的贡献度结果如表6所示。

表6 物质贫困对整体贫困的贡献度 单位：%

k	物质	权利	精神	能力	福利
1	16.1	20.4	27.7	18.8	17.0
2	16.1	20.6	27.0	19.0	17.2
3	16.7	20.7	25.8	18.9	17.9
4	14.7	20.9	23.3	20.3	20.7
5	20.0	20.0	20.0	20.0	20.0

正如上文所述，多维贫困的理念正是因为人们意识到贫困不应局限于物质层面而提出的，而这一部分的数据分析也正是对这种变化的注解：物质贫困在整体多维贫困中的贡献度是处于较低水平的；相比于其他几个维度贫困，物质贫困的影响力水平在 k 不同取值时的表现一直处于低位。这也就说明了单纯对物质贫困的分析远远不能充分研究和解释个体的多维贫困现象。只有将物质贫困看作多维贫困的一个组成部分，从多样化的视角来对待贫困问题，才能摆脱局限性的思维，才能对贫困进行科学的认识和评估。

值得注意的是，虽然我们指出物质贫困贡献度的相对低下，但是它仍然保有不可忽视的影响力。换句话说，尽管将其作为多维贫困的一部分意味着物质贫困地位的降低，但如果就此忽略了物质贫困的影响是不合理的。物质贫困的导致多维贫困的"原罪"，研究多维贫困就是应当将各个主要致贫因素都纳入到考量范围中，不忽视任何一个关键变量。故而，对物质贫困的研究在未来走向多维化的贫困度量中，仍将占据着重要的地位。

三、我国精准扶贫策略选择

通过对物质贫困研究由一维走向多维的研究思路的分析、Alkire - Foster 方法可操作性的探讨、基于调研数据的农民工多维物质贫困分析，以及对物质贫困与建筑业农民工整体多维贫困联系的研究，我们可以看到物质贫困与其他贫困的相互影响：

第一，物质贫困受到多重因素的共同影响。其中，收入和消费这两个传统衡量因素仍然是物质贫困的关键性组成部分，消费上的贫困发生比例更胜一筹，但是收入贫困分布更为均匀、有更高比例的严重贫困、并且对于物质贫困的贡献度更高。在较低维度的贫困中，二者的贡献度更是占有比较突出的位置，显现出对于物质贫困的更大影响。然而，个人与家庭生活条件的贫乏也同样是物质贫困不可忽略的因素。由于长期的生活窘迫，农民工群体常常省吃俭用以保障家庭花费，这也使得他们常常牺牲自己的生活而提升了家庭生活水平（这一点从数据上可以得到印证）。因而，对于农民工群体未来的贫困帮扶不应仅仅关注收入或是消费，而应当从多个维度入手，综合分析、对症下药。

第二，物质贫困在整体多维贫困中占据一定比例，但是并非主要。物质贫困在不同维度的多维贫困中都占有16%左右的贡献度，确实体现出其在贫困问题中的地位。但是，从数据来看，这样的贡献度在k的各个取值下都是位列倒数，与最高的贡献度差值甚至能达到11.6%，说明物质贫困在整体贫困中远非主要贡献因素。传统贫困研究常常注重对物质贫困的收入或者消费指标的考量，然而通过本文对物质贫困与多维贫困关系的研究就可以发现，这种将物质贫困与整体贫困相等同的计量和研究思路是明显不够充分的；只有将其作为一个指标，并且对其他维度测量进行补充，才能对农民工群体乃至其他群体的贫困进行更全面的分析。

最后，多维贫困研究是比一维研究更为合理的选择。以物质贫困为例，虽然个人生活条件和家庭条件并不如收入和消费那样有较大的影响程度，但是从数据中可以看出，这两个指标贡献度主要稳定在30%~40%，说明如果不考虑这两个维度，那么对于农民工群体物质贫困研究就必然是不全面、不完整的。同样的，就整体多维贫困而言，本文给出的计算结果已经反映出物质贫困对于整体贡献度的低下，因而单纯研究物质贫困对个体贫困的评估和测量是远远不够的，很可能导致对于贫困比例的低估。故而，将多维贫困思路纳入到分析中成为贫困研究的合理趋势，也必将为未来的研究所进一步证实。

解决贫困问题首先应该建立对贫困的正确认识。对物质贫困进行的多维的测度后，为我们今后的精准扶贫提出了新的要求，扶贫策略的制定应作出客观的、科学的选择：

第一，建立全国城乡统一的劳动力市场。政府应提供用人单位需求信息，同时承担起劳动力资源信息登记、就业咨询、职业能力评估和职业介绍、农民工岗前培训、风险担保等社会化的就业服务。同时适当弱化公权力对用人单位的干涉。因为一旦公权力干涉用人单位的自主选择权，就没有办法保证城乡平等，建立城乡统一的劳动力市场。建立健全《非正规就业保护法》，由于农民工属于弱势群体，这决定了农民即使进城也将长期处于社会边缘状态，因此他们很大一部分通过非正规渠道就业，这就要求国家对非正规就业进行制度上的特殊保护。现实中，很多农民工并没有和用人单位签订劳动合同，但他们之间确实存在劳动关系，这样的大量现象急需引起政府部门的重视，加强对农民工合法权益的保护。

第二，构建多层次的社会保障体系，改善农民工生活条件。政府应积极为农民工搭建社会安全网络，建立完整科学的社会保障制度。在中国现代化进程中，农民工作为贫困人群，时时会担忧市场波动、政府管制以及科技进步、产业升级给自己的收入和生活带来的直接或潜在的影响。脆弱的农民工无力为自己构筑安全平台，政府理应负责，而这一平台的最重要的一部分就是一套完整、科学、人性化的社会保障制度，让农民工群体免于疾病危害、经济灾难、自然灾害和社会暴力。

第三，制定生活保障措施，改善农民工生存条件。在衣食住行中，农民工最迫切需要改善的是住房等生活条件，为此，政府应该切实采取各种有效措施，利用各种优惠政策，多渠道为农民工提供廉租房等保障措施，积极改善农民工居住和生活环境条件。在这方面，杭州以树立农民工"新杭州人"的形象，为解决农民工生活条件等，做了切实的有益的探索。有条件的地方可将进城务工的农民工住房纳入所在城市经济适用房供应范围，在逐步改善农民工居住条件的同时，加强农民工住房安全管理，提供符合国家建筑设计规范、消防标准、基本卫生条件、远离危险源和污染源的居住场所。

第四，确保农民工收入稳步增长，消除拖欠工资现象。政府应加大对农民工收入的干预力度，加强国家对企业工资的调控和指导，健全劳动力市场价格、计划工资指导线、行业劳动力成本信息等对工资的引导作用，督促企业承担社会责任，劳动力价格的制定适当向农民工倾斜，使劳动报酬增长与我国经济增长同步，与企业效益增长同步。杜绝克扣、拖欠农民工工资行为。此外，政府部门要规范劳动力市场的雇佣关系，监督雇佣双方是否签约有效正规的劳动合同，并且接受农民工投诉和维权要求，以保障农民工的合法收益权益，在削减农民工的权利贫困中发挥作用。

参考文献：

汪三贵：《在发展中战胜贫困——对中国 30 年大规模减贫经验的总结与评价》，载于《管理世界》2008 年第 11 期。

王小林、Sabina Alkire：《中国多维贫困测量：估计和政策含义》，载于《中国农村经济》2009 年第 12 期。

汪三贵、郭子豪：《论中国的精准扶贫》，载于《贵州社会科学》2015 年第

5 期。

　　汪三贵、Albert Park：《中国农村贫困人口的估计与瞄准问题》，载于《贵州社会科学》2010 年第 2 期。

（本文原载于《学习与探索》2016 年第 7 期）

消费视角下的贫困测度及精准扶贫探索

——基于我国农村地区消费贫困的调研

孙咏梅　方　庆*

商品和服务的消费是人类福利的基本决定因素。消费在个体间的分布存在着很大的差异，消费失衡往往会引起经济、政治和社会领域的不公平和贫困，这一点在发展中国家尤为明显。消费贫困指的是消费水平长期低于贫困标准的窘迫生活状态，这种状态不仅表现在消费的数量上，而且表现在消费的品质上。例如，人在通过自己的劳动、技能和投资获取收入之后，还需要自主对"多少用于消费，多少用于储蓄"等问题做出具体的个人决策，以便使自己得到最优的物质享受和多重福利。在大多数国家，总消费是社会总需求最大的组成部分，因此，消费也成为了解释跨期经济活动变动的重要变量。在既定的收入水平下，消费决定了储蓄，进而通过资金的供给决定投资。可见，消费的研究是如此重要，自然而然地成了 20 世纪经济研究的中心。本文借鉴 2015 年诺贝尔经济学获奖者、美国经济学家安格斯·迪顿对消费、贫困及福利制度相关性的研究，打破以收入度量贫困的传统思维，从消费贫困的角度分析中国农村的现实贫困状况，对消费贫困和收入贫困等进行量化比较，为我国精准扶贫工作提出科学的政策建议。

一、安格斯·迪顿对消费贫困测度的理论探索

美国著名经济学家、2015 年诺贝尔经济学奖获得者安格斯·迪顿在他所提出的贫困理论中，对消费、贫困及福利的相关问题进行了细致的分析，他在研究中认为，想要制定减少贫困、提高福利水平的经济政策，人们首先必须理解个体的消费选择。迪顿的理论成果对研究不同时间和国别福利比较的最佳途径做出了

孙咏梅，中国人民大学中国经济改革与发展研究院副教授。方庆，中国人民大学经济学院博士生。

重要贡献，有助于我们更好地理解消费以及人类福祉的决定性因素。迪顿的消费贫困理论，主要包括以下三个核心内容：第一，通过建立定量模型分析需求系统，分析家庭在不同消费品上的预算决策；第二，研究总消费量在较长一段时间内的决定问题；第三，通过对发展中国家的家庭调查，研究这些家庭的贫困问题。这三个核心内容，主要解答了三个方面的问题：人们会买什么？赚的钱是用来消费还是储蓄？如何判断发展中国家的生活水平？① 迪顿通过对消费贫困的综合分析，探索了消费贫困的影响因素、消费贫困的识别与测度，以及消费对贫困与福利的关系②。迪顿的贫困理论对我们研究中国广大农村地区的消费贫困，提供了较大的启迪。

（一）对消费贫困的研究需要考虑多重因素

迪顿在需求系统的理论研究中，首先建构了"消费者理性"的概念，即在给定经济资源、需求和其他因素的条件下，每个家庭的消费都是为了实现最优结果，迪顿在研究中意识到，消费者理性会形成约束。这种"消费者理性"的诸多影响因素可以组合成一个消费系统。这方面有一个特殊的例子：如果家庭获得足够的额外收入能抵销涨价引发的福利下降，那么牛奶价格上涨对于大米消费的影响，或者大米价格上涨对于牛奶消费的影响，这二者的效果应该是相同的。这样的一种约束，也被称为需求补偿的对称性，可以用收入、价格和消费的相关数据来加以检验。③

在迪顿看来，消费者的行为是多变的，有多种原因影响着消费者的消费选择，在这方面，测度整体消费者消费倾向和消费结构，将变得尤其重要。例如，消费者对某一类商品的需求，和商品价格、消费者的收入及所属的人群有密切关系。假如政府想给某个群体减税以增加福利，首先需要明白他们收入增加之后消费行为的变化，同时会影响到哪些产业的增长，以避免使一个群体福利增加而使另一个群体福利受损。

迪顿的消费贫困分析表明，影响消费的因素是复杂的，不仅仅包括普通的消费支出，而且还包括地域、时期、气候、文化、政治局势、现有收入等因素。然而，在现实生活中，由于消费贫困识别与测度存在着取值的困难性，因此，世界

① 安格斯·迪顿：《消费、贫困与福利》，载于《比较》2015年第6期，第59页。
② 安格斯·迪顿：《逃离不平等：健康、财富及不平等的起源》，中信出版社2014年版，第98~99页。
③ 约翰·哈斯勒（JohnHassler）、安格斯·迪顿：《关心消费、贫困和福利的经济学家》，载于《中国经济报告》2015年第12期，第68页。

银行在衡量国际贫困的现行标准时，只有"每天消费 1.9 美元"这个单一的消费货币量标准。这种基于部分贫困国家现有消费情况而抽象出的单一基准，显然未能考虑包括消费结构、消费偏好和消费理性决策等诸多因素在内的复杂性和多变性。因此，在消费贫困识别与测度中，我们还需要一个日常消费支出的"篮子"来衡量消费贫困的多个维度，如果某人缺少获取和购买这一"篮子"中物品的消费能力，那么，我们就可以将之定义为"消费贫困"。

（二）衡量消费贫困更要注重个体效应

在研究跨期消费问题时，迪顿强调在研究中更应该注重个体的消费，通过个体消费偏好，进而反映一定的持续的消费理性决策。消费的复杂性告诉我们，消费问题需要通过多元、大量的微观数据来加以反映，仅以日均消费的货币支出来衡量消费贫困，是远远不够的。使用传统的来源单一的数据并直接进行数据分析乃至运算的方法，可能并不能反映出真实的消费贫困。在具体的消费贫困研究及消费贫困标准划定时，需要考虑到具体的消费个体的情况，观察其长期的理性决策，做到精准划定、科学衡量[①]。

迪顿通过"近完美需求体系"假定，提出一家人的总开销是已知的，但实际上总开销并不固定，在这样的前提下，收入与储蓄可能是会变动的。这个假设打破了以往消费贫困衡量中收入与储蓄一成不变的前提假设，因为消费和储蓄是一个硬币的两面，总储蓄可能会影响一个国家的整体经济形势。迪顿通过调查发现，在 20 世纪 50 年代，人们常常认为，所有的消费者似乎都没有太大差异：假如消费者预感到赚的钱变少了，他们就会少花多存；假如消费者预感到赚的钱变多了，他们就会多花少存。到了 90 年代，随着经济形势的向好，消费应该比收入波动更大，因为超前消费特征将日益显著，而事实却是：消费的波动比收入小——这个问题被称为"迪顿悖论"。

消费贫困的理性分析告诉我们，解决"迪顿悖论"的最佳途径是，消费者行为正在走向个性化和多元化，以往那种忽视消费的个体效应、以为所有的消费者都千篇一律的思维，已难以解释当今特殊的消费状态。在研究中，我们不但要通过调查数据的考察消费的整体性，还要将注意力转向消费个体的消费行为研究。

（三）发展中国家消费贫困测度：由量的标准走向质的标准

在 20 世纪 80 年代，迪顿率先以发展中国家为研究对象，以家庭为单位来衡

---

① 安格斯·迪顿：《理解消费》，上海财经大学出版社 2003 年版，第 45~46 页。

量消费贫困与生活标准，将研究视角放在了人们消费什么，以及如何消费上，这一研究思路的改变，表明消费贫困研究从传统的注重量化考察，走向了质的标准考察。在迪顿看来，从消费的量上考虑，贫困与人们能否能获取足够的食物具有较大的相关性，从消费的质上考虑，记录穷人的生活标准还包括了一个营养是否充分、消费结构是否合理等的问题，这表明以消费角度测度贫困，开始由量的标准走向了质的标准。

另外，有关消费的相关数据通常是在家庭层面上收集的，样本的获取更加偏重于家庭消费量，但贫困理所当然应该是在个体层面上度量的，单纯用基于家庭调查的加总消费来度量贫困，贫困的增长速度会低于利用国民账户度量的总消费，由此可见，不同的贫困测度标准，往往会产生不同的结果。例如，以家庭为单位获取的调查的数据，一直给我们造成了贫困并没有显著下降的印象，这种从消费角度衡量贫困的结果会低估全球的减贫率，同时高估了经济的增长率，为减贫工作带来了困扰。因而，一贯实行的、对消费贫困的量的方面的数据归纳，结果会高估贫困水平。客观的对消费贫困的测量，应转向对具体生活用品的消费服务等的购买，这样对待消费贫困的态度与方法，既立足于家庭也是消费主体和统计主体的客观事实，又满足了对消费贫困衡量的客观和真实性，真正能够做到消费贫困测度的有效、准确。

二、中国农村消费型贫困测度标准及贫困识别

长期以来，围绕贫困标准该如何确立以及如何测度贫困的问题，学术界一直存在着不小的争论。目前，国际上并没有统一的贫困衡量标准，不同的组织机构、各国政府及贫困研究者往往从各自的角度出发，制定或选择不同的贫困标准，贫困标准的多样性给我国贫困的测度及扶贫策略的出台，带来了难度。我国现行的农村扶贫标准是 2011 年确定的农村居民家庭人均纯收入 2 300 元/年。这种从收入角度衡量贫困的方法，只是看到了贫困形成的"前因"，并未看到贫困的内在过程和实际表现的"后果"。而关于我国现行农村贫困标准与世界银行的国际贫困标准的高低比较，也使得我们的扶贫工作难以吸取国外先进经验。基于不同的贫困标准，我国农村贫困规模和贫困程度的估计非常不一致，我国官方测度的贫困规模和贫困发生率也因此经常受到理论上的质疑。

（一）消费贫困标准的差异性及对贫困人口识别的异同

按照迪顿的研究，若收入低于贫困标准，则无法获取福利的来源，进而生活

窘迫、身处贫困；若消费低于贫困标准，则无获取福利的方式，也会因而陷入贫困。目前关于度量消费贫困的方法，国际上流行不同的方法，其中，世界银行的国际贫困标准应用范围最为广泛：

1. 世界银行国际贫困的消费线标准。

1990 年世界银行通过对 33 个国家贫困线和平均消费水平的关系进行研究，发现最贫困的 6 个亚洲、非洲贫困国家和地区的贫困线大多数集中在每人每天 1 美元附近。据此，世界银行将每人每天消费 1 美元确定为国际贫困标准；2008 年世界银行根据对 75 个国家的贫困线数据进行研究发现，15 个最不发达国家贫困线的平均数为 1.25 美元/天，为此，2008 年世界银行将每人每天消费 1.25 美元设置为国际贫困线。2015 年 10 月 4 日，世界银行又宣布，按照购买力平价计算，将国际贫困线上调至 1.9 美元。世行消费贫困标准主要是针对发展中国家的绝对贫困人口而设置的。

2. 国际经济合作与发展组织国际贫困收入线标准。

1976 年经济合作与发展组织在对其成员国的一次大规模调查后，提出了一个以收入作为衡量标准的相对贫困标准，即将一个国家或地区社会中位收入或平均收入的 50% 作为这个国家或地区的贫困线，后来被广泛用作国际贫困标准。因为该贫困标准是随着社会收入一般水平的变动而变动的相对贫困标准，所以不需要像绝对贫困标准那样定期进行调整，具有一定的可操作性。

3. 中国农村地区的收入贫困线标准。

我国贫困人口主要集中于农村地区，政府对农村地区贫困的定义基本上建立在物质生活层面上："农村贫困是指物质生活困难，一个人或一个家庭的生活水平达不到一种社会可以接受的最低标准"。1984 年国家统计局根据确定了农村贫困线为"在一定的时间、空间和社会发展阶段的条件下，维持人们的基本生存所必须消费的物品和服务的最低费用"，并用最低食品消费金额除以确定的食品支出比重计算，其中，贫困人口食品支出比重按照国际上一般认可的恩格尔定律方法确定为 60%，并选择农村居民人均纯收入作为贫困线的标识指标。以 1984 年确定的农村贫困线为基础，我国 1985 年、1990 年、1994 年和 1997 年的农村贫困线分别由国家统计局根据全国农村住户调查分户资料测算制定；1998 年我国改用马丁法，计算并制定了高、低两条农村贫困线；2009 年我国取消了将农村绝对贫困人口和低收入人口区别对待的政策，绝对贫困线和低收入线两线合一，在 2007 年 1 067 元低收入标准的基础上，根据 2008 年物价指数进行调整，并将贫困线标准提高到年人均 1 196 元，经国家统计局测算、国务院确定，2011~2020

表1 中国农村地区贫困线与两种国际贫困标准对比

年份	我国农村贫困线：元	2011年PPP折算的我国农村实际贫困线：美元	2005年PPP折算的我国农村实际贫困线：美元	汇率转换后的我国农村贫困线：美元	我国农民人均纯收入50%：元	我国农村贫困线/我国农民人均纯收入50%：元
1978	100	0.43	0.30	—	67	149.7
1980	130	0.51	0.35	0.24	96	135.9
1981	142	0.54	0.38	0.23	112	127.1
1982	164	0.62	0.43	0.24	135	121.4
1983	179	0.66	0.46	0.25	155	115.6
1984	200	0.72	0.49	0.24	178	112.6
1985	206	0.69	0.47	0.19	199	103.6
1986	213	0.67	0.46	0.17	212	100.5
1987	227	0.67	0.46	0.17	231	98.1
1988	236	0.59	0.41	0.17	272	86.6
1989	259	0.55	0.38	0.19	301	86.1
1990	300	0.61	0.42	0.17	343	87.4
1991	304	0.60	0.41	0.16	354	85.8
1992	317	0.60	0.41	0.16	392	80.9
1993	350	0.58	0.40	0.17	461	76.0
1994	440	0.59	0.41	0.14	611	72.1
1995	530	0.61	0.42	0.17	789	67.2
1997	940	0.66	0.46	0.21	1 045	61.2
1998	635	0.66	0.46	0.21	1 081	58.7
1999	625	0.66	0.46	0.21	1 105	56.6
2000	625	0.66	0.46	0.21	1 127	55.5
2001	630	0.66	0.46	0.21	1 183	53.2
2002	627	0.66	0.46	0.21	1 238	50.7
2003	637	0.66	0.46	0.21	1 311	48.6
2004	668	0.66	0.46	0.22	1 468	45.5
2005	683	0.66	0.46	0.23	1 627	42.0
2006	693	0.66	0.46	0.24	1 794	38.6
2007	785	0.71	0.49	0.28	2 070	37.9
2008	1 196	1.02	0.70	0.47	2 380	50.2
2009	1 196	1.02	0.71	0.48	2 577	46.4
2010	1 274	1.05	0.73	0.52	2 960	43.0
2011	2 433	1.90	1.31	1.03	3 489	69.7
2012	2 494	1.90	1.31	1.08	3 958	63.0
2013	2 564	1.90	1.31	1.13	4 448	57.6
2014	2 610	1.90	1.31	1.16	4 946	52.8

资料来源：根据国家统计局发布的相关资料整理。

年我国的农村贫困标准为农民人均纯收入 "以 2010 年不变价格计算的每人每年 2 300 元"。我国国家统计局将贫困线标准与物价上涨挂钩，在不测定贫困线的年份，采用农村居民消费价格指数进行调整。

从贫困的性质上看，世界银行的国际贫困标准衡量的贫困，属于绝对贫困范畴，而经济合作与发展组织的国际贫困标准则属于相对贫困。由于我国尚属于发展中国家行列，无论是哪种贫困标准，也无论是依照购买力平价算法还是当期汇率算法，我国的农村贫困线在绝大多数时间内都低于世界标准。

由图 1 可知，对描述贫困标准而言，基于收入视角和消费视角不同，测度的贫困发生率在数值上存在很大差异。根据世界银行的有关数据，按消费视角国际贫困标准下所测度的贫困发生率和按收入视角测度的相对贫困发生率，均明显高于我国农村贫困标准下的贫困发生率，而在世行的标准下，中国的贫困发生率甚至长期高于 70%。这不仅说明了我国的农村以收入作为贫困度量的贫困标准，比世行的以消费作为贫困度量的国际贫困标准 "实际" 要低，同时也说明了在社会保障没有实质性改善的前提下，迅速提高我国农村贫困人口的平均边际消费倾向也存在一定的困难，减少消费贫困任重道远[1]。

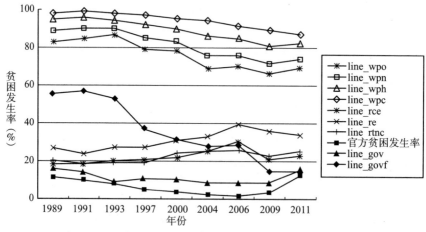

图 1　不同贫困标准下中国农村地区贫困发性率变动情况

（二）我国农村地区消费贫困的测度及识别

受迪顿消费贫困研究的启发，我们采用多维贫困测度方法，将农村地区个人

---

[1]　程丽雯等：《要素误置给中国农业带来多大损失？——基于超越对数生产函数的随机前沿模型》，载于《管理学刊》2016 年第 1 期，第 24 页。

及家庭因素考虑进来，更加注重个体消费的考量，进而，我们将影响消费贫困的
影响因素分为四个维度：家庭人均收入、家庭人均消费、个人生活水平和家庭生
活水平，每个维度则包含了不同的多个指标，构建消费贫困衡量指标体系①。为
了从消费的视角考察我国农村地区贫困状况，本文基于对北京、西安、深圳等地
的前期调查研究，将影响消费贫困的若干个项目纳入量化范围，尝试利用联合国
公布的贫困测度指标，对农村地区消费贫困进行识别与评判。同时，本文的分析
将每个指标所涉及的问卷问题数量控制为一个，以避免因某些维度涉及的问题太
多而导致指标贡献度与实际发生比较大的偏离。在这样的思路下，本文选取的四
个维度以探索消费贫困的发生情况。与消费贫困相关的因素如表 2 所示②。

表 2　　　　　　　　　　与消费贫困相关的因素

维度	指标
收入	（1）家庭月均收入不低于该地低保水平
消费	（2）家庭日均消费不低于 1 美元/天
个人生活水平	（3）有专门供自己及同事使用的冲水厕所
	（4）有专门供自己及同事使用的自来水
	（5）生活用电供给充足
	（6）有主要的生活电器或设备
家庭生活水平	（7）住房墙体属于砖石或混凝土
	（8）有专门的厕所设施
	（9）生活用水来自干净水源
	（10）生活用电供给充足
	（11）有主要的生活电器或设备

（1）家庭人均收入。这一指标最常用的参照量是民政部门制定的低保标准和
低收入家庭标准。一般认为，人均收入低于低保标准属于较严重的贫困，而收入
介于低保和低收入标准之间则主要被视作一般程度的贫困。本次调查开展于 2013
年，所测得的人均收入数据则为 2012 年的整体水平；由于所调查的农村地区存
在差异性，所以我们在选择参考量时需要考虑到时间和地点因素。查阅资料可
知，2012 年，北京、西安、深圳三地制定的低保标准分别为 520 元、410 元和

---

① 侯为民：《城镇化进程中农民工的多维贫困问题分析》，载于《河北经贸大学学报》2015 年第 3
期，第 99 页。
② 孙咏梅：《我国农民工福利贫困测度及精准扶贫策略研究》，载于《当代经济研究》2016 年第 5
期，第 71 ~ 80 页。

560 元（这里指家庭人均月收入），而低收入家庭的人均月收入标准则分别要求不超过 740 元、615 元和 840 元。因此，在衡量收入水平时，首先将受访者按照工地所在区域分类，之后分别测算其家庭人均月收入。如果收入低于该地低保水平，则认为其在收入上属于较严重贫困的范畴，该指标记为 2；如果收入水平介于低保和低收入水平之间，则属于一般贫困，收入指标记作 1；收入高于低收入家庭水平，则认为该维度上不贫困，记为 0。

（2）家庭人均消费。这一指标的分析是基于调研所获得的家庭月基本生活费数据。根据世界银行制定的标准，家庭人均消费低于 1 美元/天被认为属于绝对贫困的范围，而消费介于 1~2 美元/天的水平则被认为是一般程度的贫困。查阅资料可知，2012 年美元与人民币汇率的平均值为 6.3124，在本文的分析中这一汇率近似取为 6.31。故而，如果被调查农民工家庭日均消费低于 6.31 元，则认为其在消费上属于严重贫困，该项指标记作 2。消费水平介于 6.31 元和 12.62 元的受访者归类于中等贫困群体中，指标记作 1，其余被调查者（即没有某项指标达到贫困标准的群体）记为 0。

（3）个人生活水平。以联合国关于贫困的衡量指标作为参考，本次调查选择了如下 7 个指标作为个人生活条件在特定维度是否存在消费贫困的衡量标准：住房（对居住条件是否满意）、伙食（对伙食情况是否满意）、厕所（有无固定的卫生设施）、用水（用水是否受到保护）、用电（是否能保证正常用电）、主要电器（是否有主要电器）以及对当时生活条件的满意度。综合考虑这些变量之后，对于个人生活条件这一维度我们作出如下规定：如果某个受访者在 7 个指标中的一半以上（即至少 4 个）是被认定为贫困状态的，那么这一个体在个人生活条件上属于绝对贫困，指标记作 2；如果有 1~3 个指标是被认定为贫困的，则该个体属于一般贫困，指标记作 1；如果没有指标属于贫困范畴，则记作 0。

（4）家庭生活水平。考虑到农村地区外出务工群体的实际情况，我们把农村老家的生活支出，作为消费贫困的一个衡量指标。与个人生活支出相类似的，本次研究选择了 7 个指标加以调查，包括住房墙面类型（是否为砖石或是混凝土结构）、看病条件（是否方便）、厕所、自来水、用电、主要电器以及对老家生活的满意程度。与上一点相同的是，如果贫困指标数过半为绝对贫困，记为 2；指标数在 1~3 之间则为相对贫困，记为 1，指标数为零则这一维度记作 0。

在确定了影响消费贫困的几个因素后，我们对影响消费贫困的各个指标进行测度分析，经过测算，消费分析与其他影响因素的对比情况如表 2 所示。

表 2 消费贫困与其他贫困的对比分析 单位：%

维度	收入	消费	个人生活水平	家庭生活水平
相对贫困比例	21.0	32.3	37.9	26.1
绝对贫困比例	21.1	11.2	3.5	2.4
总贫困比例	42.1	43.5	41.4	28.5

由表 2 相关数据可知，与收入、个人生活水平、家庭生活水平相比，消费层面的相对贫困和绝对贫困度在四个指标中均位列第二，而消费总体贫困的水平是最高的，表明我国农村地区居民在消费上存在着较为普遍的贫乏现象。在这里，导致消费贫困的原因大致上有两方面：一方面，农村家庭在食品和日常用品上更多是生产而非向他人购买，因而不需要如城市居民那样在一些生活必需品上有较大开销，也因此使得消费水平较低。另一方面，农村外出务工人员常常省吃俭用以维持整个家庭的日常开销和大宗花费，而且很多打工地会承担务工人员的食宿费用，因而他们在打工地的消费水平也是比较低下的。由此可见，消费上的贫困也折射出农村居民不敢花钱的心理状态：由于社会保障和福利的缺失（比如保险、养老金等），农村居民必须为可能的紧急事态做好准备，也需要对他们未来的生活进行积蓄，这种考虑在很大程度上抑制了他们的消费欲望，推动了消费贫困度的上升。

在对于各项指标的单独分析之后，我们将四个指标与整体的 k 维贫困（是指指标之和至少达到 k 的物质贫困）分析相结合，即对四个指标在 k 不同取值时的贡献度进行研究，以便更清晰地了解消费贫困贡献度随 k 变化的情况。经过计算得到的结果如表 3、图 2 所示。

表 3 四个指标在 K 维不同取值时对贫困的贡献度分析 单位：%

k	收入	消费	个人生活水平	家庭生活水平
1	32.6	28.2	23.2	15.9
2	35.4	27.7	20.2	16.7
3	36.3	28.3	19.4	16.1
4	36.5	30.0	17.8	15.7
5	32.8	28.3	20.0	18.9
6	30.0	30.0	21.0	19.0
7	27.3	27.3	22.7	22.7
8	25.0	25.0	25.0	25.0

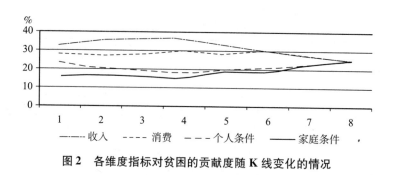

图2　各维度指标对贫困的贡献度随 K 线变化的情况

　　从图 2 可知，四个维度对于物质贫困的贡献度排位一直十分稳定：收入位居首位，消费其次，收入和消费对贫困的贡献度一直高于 25%，这反映了收入和消费这两项指标是物质贫困最重要的组成部分；另外，考虑到收入、消费等单项指标贫困发生率十分接近而绝对贫困比例差别很大，我们可以得出结论：绝对贫困比例的影响更为明显，收入和消费贫困对总贫困的影响力要明显比另外两个指标更为显著。

三、基于消费视角下的我国农村地区精准扶贫策略

　　世行中国局局长郝福满在"2015 国际减贫与发展高层论坛"上曾充分肯定了中国在扶贫减贫工作方面的成就。他指出，世界银行使用按照 2011 年购买力平价（PPP）每天 1.9 美元的国际贫困线对全球贫困所做的最新估算显示，中国低于这一国际贫困线的人口比例从 1988 年的 88% 下降到 2012 年的 6.5%。在过去 30 年里，中国的贫困人口减少了 7.9 亿人，占整个发展中世界减贫人数的 70% 以上。尽管中国在减贫方面成就斐然，但中国在减少剩余贫困方面仍面临严峻挑战。"按照每天 1.9 美元的贫困线（按消费测度贫困标准），世界银行估计中国的贫困人口人数在世界上仍排名第三，预测显示 2015 年世界贫困人口中约有 7% 居住在中国。"郝福满说，随着全国各地贫困下降，剩余的贫困人口更难以触及，因为他们不是集中在一个特定的地区，而是更加分散，居住在偏远、交通不便的地区。中国的剩余赤贫人口大部分是农村居民，这些贫困人口中的 80% 左右居住在中西部省份。大规模的农村人口向城市转移，帮助减少了贫困，特别是农村贫困。但许多剩余贫困人口缺少迁移的能力，因此农村地区的扶贫仍很重要。从消费角度来看，农村地区的精准扶贫策略，更应着重从以下几个方面入手：

第一，通过贫困多维测度我们发现，收入和消费是影响广大农村地区贫困的关键性因素，消费上的贫困发生比例更胜一筹，但是收入贫困分布更为均匀、有更高比例的严重贫困、并且对于贫困的贡献度更高。因此，从收入和消费两个角度测量贫困，建立更科学的贫困测度体系，防止高估或低估，是精准扶贫的重中之重。过去，由于中国生产力欠发达的特殊的国情，我们测度贫困往往以货币性收入作为衡量指标，从而忽略了消费指标度量贫困的国际通用做法，这种传统的贫困测度往往将扶贫的视野放在了收入较低的贫困群体，从而使扶贫政策难以覆盖到消费贫困人群。为弥补这一不足，精准扶贫更应以科学的贫困测度为参照，做到收入与消费减贫双管齐下。

第二，精准扶贫更应注重贫困个体的具体消费状况。复旦大学王永钦认为，政府设计一个促进福利并减少贫困的经济政策，取决于消费市场的变化。迪顿认为，不能看整体收入与消费数据，因为它往往带来错误的结论。应从个体消费判断人们的消费倾向，分析个体数据才是理解整体数据的关键①。在我国城镇化进程中，大量农村转移人口对消费的贡献并不高，以消费拉动经济增长并没有达到预计目标，原因就在于农村消费个体的消费能力偏低，消费动力不足，消费意愿与消费质量的提升，受到了来自于收入过低、福利缺失等诸多方面的障碍。今后精准扶贫的重点，应有所侧重地从收入、福利等角度适当向消费领域倾斜，使剩余贫困人口全部纳入国家扶贫范畴。

第三，增强对广大农村地区消费品质的关注，增强对农村地区的供给水平，提升有效供给量。消除消费贫困，首先要重视消费主体、消费客体和消费环境之间相互联系，减少消费贫困，不仅要从消费数量入手，更要从消费质量下功夫，不仅要考察消费某种物质后所获得的效益，更要考察精神消费、福利消费等，以提高消费质量达到农村地区生活质量的全面提升，为广大农村全面建设小康社会，做出切实可行的贡献。

第四，积极增加广大农民收入，提高政府对农民的福利支持，减轻农民负担，间接影响农民的消费行为。农民外出打工及种地是家庭收入的主要来源，农民外出打工最主要的目的就是挣钱养家，这导致农民工个人过度节俭的倾向严重，加上绝大部分人上有老下有小，承担的家庭负担非常重，包括家人的生活费用，老人的医疗费用，子女的教育费用。沉重的家庭责任使得农民的消费行为极其谨慎，几乎没有衣着、娱乐等消费，劳动收益等物质方面的贫困是引发消费贫

---

① 王永软：《迪顿找到了一把尺，测量人们消费偏好》，载于《新民晚报》2015年10月13日。

困的重要因素。因此，政府应通过二次分配调节、增加惠农政策、设置各种扶贫基金等方式，努力增加农民收入，多渠道、多途径消减农村地区消费贫困。

参考文献：

安格斯·迪顿：《经济学与消费者行为》，中国人民大学出版社 2005 年版。

安格斯·迪顿：《消费、贫困与福利》，载于《经济学动态》2015 年第 6 期。

安格斯·迪顿：《逃离不平等：健康、财富及不平等的起源》，中信出版社 2014 年版。

安格斯·迪顿：《理解消费》，上海财经大学出版社 2003 年版。

程丽雯、徐晔、陶首琪等：《要素误置给中国农业带来多大损失？——基于超越对数生产函数的随机前沿模型》，载于《管理学刊》2016 年第 1 期。

孙咏梅：《我国农民工福利贫困测度及精准扶贫策略研究》，载于《当代经济研究》2016 年第 5 期。

（本文原载于《教学与研究》2017 年第 3 期）

第五部分
对外开放与"一带一路"战略

中国是世界经济的稳定之源

毕吉耀　张哲人[*]

2015 年，中国经济增长 6.9%，增速虽比上年有所回落，但仍保持中高速增长，经济运行总体平稳，稳中有进、稳中有好。在全球经济普遍低迷、复苏乏力的背景下，稳健的中国经济始终是世界经济的稳定之源。但是，近来国际上一些舆论刻意唱空中国，妄言中国经济将出现"硬着陆"，拖累世界经济增长，导致石油等国际大宗商品价格大幅下降，加剧部分新兴经济体的困难。这种"中国拖累论"与以往的"中国威胁论"一样，都是不符合事实和别有用心的主观臆断，目的无外乎"棒杀"或"抹黑"中国，对此我们要高度警惕。

一、中国拖累世界经济增长缺乏事实依据

国际金融危机爆发至今已经 7 年多，但世界经济迟迟难以显著复苏。据国际货币基金组织数据，2015 年世界经济仅增长 3.1%，全球贸易量仅增长 2.6%，均为 2010 年以来的最低增速。从主要经济体的情况看，发达经济体增长 1.9%，其中美国、欧元区和日本经济分别增长 2.5%、1.5% 和 0.6%；新兴经济体增长 4.0%，增速连续 4 年下滑，其中俄罗斯和巴西经济分别下降 3.7% 和 3.8%。真的是中国拖累了世界经济增长吗？

中国对世界经济稳定和增长的贡献一枝独秀。国际金融危机爆发之初，中国为世界经济稳定与增长发挥了极为重要的作用，对世界经济增长的贡献率超过了50%，成为全球经济的定海神针。这是非常时期，不是也不应该成为常态。当前，中国主动适应自身经济发展的新常态，在适度扩大总需求的同时，着力加强供给侧结构性改革，全面落实创新、协调、绿色、开放、共享发展新理念，大力

*　毕吉耀：国家发展和改革委员会宏观经济研究院副院长，研究员，中国经济改革与发展研究院博士生导师；国家发改委对外经济研究所研究室主任，副研究员

推进经济结构调整，加快培育经济发展新动能，不断提高经济发展的质量和效益，增强经济持续增长动力，为实现 7% 左右的中高速增长提供充分保障。中国经济总量超过 10 万亿美元，占全球经济总量的 15%，增速是世界经济的 2 倍以上，对世界经济增长的贡献率超过 25%，可以称得上是一枝独秀。不难看出，中国不仅没有拖累世界经济增长，反而是世界经济稳定和增长之源。

中国高水平双向开放有力带动了相关国家的经济发展。近年来，中国对外投资快速增长，保持全球第二大进口国地位，有力地带动了其他国家经济发展。2015 年，中国对外直接投资达到 1 276 亿美元，较上年增长 10%；进口额虽然由于大宗商品价格大幅回落出现下降，但仍高达 1.68 万亿美元，主要产品特别是石油、铁矿石等能源资源产品进口量保持稳定增长。中国还大力推进"一带一路"建设和国际产能合作，并且提供大量融资支持，为众多新兴市场和发展中国家的工业化、基础设施建设和经济发展做出巨大贡献，受到国际社会的广泛欢迎。

因此，无论从哪个角度看，指责中国拖累世界经济增长都是缺乏事实依据、站不住脚且别有用心的刻意歪曲。

二、发达经济体应为全球经济低增长承担更多责任

世界经济复苏乏力，追根溯源，主要是美欧等发达经济体过分依赖量化宽松货币政策刺激经济复苏，经济发展方式转变和结构性改革进展迟缓。随着经济刺激政策效应减弱和结构性矛盾日益凸显，主要经济体都面临内生增长动力不足、结构性改革压力加大的局面。世界经济复苏的基础也因此格外脆弱，经济增速长期低位徘徊。

从经济总量情况看，根据国际货币基金组织按照购买力平价测算，美、欧、日三大经济体占全球经济总量的 32.5%，是中国占比的 2 倍多，理应对世界经济增长做出更大贡献。但现实情况是，发达经济体不仅是国际金融危机、欧洲债务危机的策源地，而且在危机后经济复苏步履蹒跚、增长滞缓，对世界经济增长的贡献率远低于中国，恰恰是他们拖累了世界经济增长。中国作为发展中国家已经对世界经济增长做出了力所能及的积极贡献，发达经济体应为世界经济低增长承担更多的责任。

从宏观政策方面看，发达经济体国内宏观政策特别是货币政策往往会在国际上产生很强的"溢出效应"，理应为促进世界经济复苏做出积极贡献。然而，危

机之初，美国等发达国家只顾自身利益，实施大规模的量化宽松货币政策和零利率政策刺激经济复苏，导致大量廉价资本涌入新兴市场和发展中国家，造成股市、房市等在内的虚假繁荣，延缓了这些经济体推进结构性改革的步伐。此后，随着美联储货币政策逐步转向并开始加息，美元汇率持续大幅走强，国际资本大量回流美国，石油等大宗商品价格也承受更大的下降压力，许多新兴市场和发展中国家都面临资本外流、本币贬值、国际收支和财政收支恶化的巨大压力。发达经济体不负责任的货币政策加剧了新兴市场和发展中国家经济面临的困难，导致这些国家经济减速甚至出现衰退。此外，在美联储开始加息后，日本却开始实施负利率政策，欧洲央行也在酝酿扩大量化宽松货币政策规模，主要发达经济体货币政策分化再度引发国际金融市场动荡，全球股市、汇市、债市和大宗商品市场波动加剧，严重影响世界经济的稳定和复苏。

三、国际油价等大宗商品价格大幅走低另有其因

2014 年 7 月，原油、铁矿石等大宗商品价格出现"断崖式"下降，至 2016 年初已跌至 10 年多前的水平，国际大宗商品市场结束了于 21 世纪初开始的超级大牛市。国际上的一些舆论认为，中国经济放缓导致的需求减弱，是大宗商品价格持续下降的主要原因。事实上，这也是不符合事实的。

供大于求和供给过剩是大宗商品价格大幅回落的根本原因。在超级大牛市期间，不断高涨的价格刺激能源资源类产能大规模扩张。特别是美国页岩气、页岩油等油气资源产量持续较快增长，使得美国作为全球最大的能源消费国的能源自给率不断提高。国际金融危机爆发后，全球经济增速持续低位徘徊，而能源资源出口大国不愿减产，国际大宗商品市场逐步形成了供大于求、供给过剩格局，导致大宗商品价格大幅下降。

在这个过程中，我国大宗商品进口量一直保持稳定增长态势。2015 年，我国原油、铁矿石和精矿、矿物肥料和化肥、天然和合成橡胶进口量分别增长8.8%、2.2%、16.6%、15.3%，主要农产品进口量也都有不同程度增长，有的甚至大幅度增长。但是，由于进口价格也就是国际大宗商品价格大幅下降，导致我国进口额出现下降。中国不是大宗商品的"救世主"，面对供给明显过剩，没有中国稳定增长的进口量，大宗商品的价格会下跌更多、更深。

美元升值是大宗商品价格持续下降的重要原因。大量研究显示，美元汇率和大宗商品价格间存在很强的负相关关系。根据国际清算银行统计，2016 年 1 月，

美元实际有效汇率相对于 2014 年 6 月，累计升值达 17.7%。美元升值促使国际资本由发展中经济体回流美国，在一定程度上导致发展中经济体增长下滑、对大宗商品需求减弱。美元升值对大宗商品价格的打压作用比想象的要大。

地缘政治因素是拉低大宗商品价格的另一诱因。俄罗斯、美国以及以沙特为首的海合会国家是国际原油市场的重要供应方，目前正围绕乌克兰、叙利亚等问题进行激烈博弈竞争。近期国际油价的大幅下降，也不排除这些国家围绕地缘政治进行激烈博弈的因素在发挥作用。

综上所述，国际大宗商品价格大幅下降的各个原因，基本上都与我国经济增长放缓无关，硬将二者相联系显然是为了转嫁责任和转移视线，值得警惕。

四、中国经济有能力为全球经济做出新的更大贡献

从国内看，我国物质基础雄厚、人力资源丰富、市场空间广阔、发展潜力巨大，新的增长动力正在孕育形成，经济发展方式加快转变，经济长期向好基本面没有改变，完全有条件和能力继续保持中高速增长，为全球经济复苏作出更多贡献。

一是我国经济发展空间巨大。我国有 13 亿多人口、9 亿多劳动力、7 000 多万市场主体，市场潜力巨大。随着高铁、高速公路、机场、港口和信息基础设施加快向落后地区延伸，城乡区域间要素流通将更加便捷，有利于落后地区更好地发挥比较优势，形成一批新的增长点和增长极。同时，未来城镇化进程的推进和质量的提升，将为经济增长提供重要动力来源。

二是新的增长动力正在培育形成。"互联网＋"新业态发展迅速，信息化和工业化深度融合。大众创业、万众创新加快推进，各种孵化器、创新基地发展迅速，有利于形成创新创业增长的新动能。产业转型升级提速，新能源汽车、机器人、移动互联网等新兴行业快速发展，集成电路、海洋工程装备、医疗器械等战略性行业向高端迈进，有利于拓展技术更新、产业升级、提高附加值等方面的新需求，为经济增长注入新动力。

三是新的改革红利将持续释放。全面深化改革不断提速，21 项工商登记前置审批事项改为后置审批，"三证合一、一照一码"加快实施，2015 年平均每天新登记企业超过 1.2 万家，市场配置资源决定性作用的增强、政府作用的更好发挥，将释放更多的改革红利。全面依法治国扎实推进，法治环境进一步优化，有利于激发各类市场主体的活力与创造力。中央经济工作会议提出要在适度扩大总需求的同时，着力加强供给侧结构性改革。"三去一降一补"的持续深入推进，

有利于扩大有效供给，矫正要素配置扭曲，提高发展的质量效益，促进经济持续健康发展。

四是宏观调控的理念和方式不断创新完善。近年来，宏观调控坚持区间调控、定向调控、精准调控、相机调控，成为妥善应对各种风险挑战的重要保障。宏观调控方式不断创新，比如地方政府新增债券和置换债券发行额度、实施七大类重大投资工程包等。相信随着各类政策措施的逐步落实，我国经济增长将获得更加有力的支撑。

从国际看，根据目前数据保守估计，未来五年，我国对外直接投资累计将超过 5 000 亿美元，进口累计将超过 7 万亿美元，对其他国家经济增长的拉动作用是巨大的。在"一带一路"框架下，我国的资金、技术、人才优势，将与沿线广大发展中国家的后发优势紧密结合，从而激发这些国家的发展潜力，为全球经济复苏塑造新的增长极。同时，随着收入水平的提高，我国出境游人数将继续稳步增长，促进旅游目的地国家财政收入增长和就业增加。

未来，我国将在经济新常态下继续保持中高速增长，开放型经济发展水平将进一步提升，开放型经济新体制将更加完善。我国将进一步增强与其他国家的经济联系，带动其他国家经济增长的渠道更加多元、带动力更加强劲，为全球经济复苏做出新的更大贡献。

参考文献：

毕吉耀：《2016 年国际经济形势及对我国的影响》，载于《中国投资》2016年第 2 期。

毕吉耀：《中国仍是世界经济增长的重要引擎》，载于《中国改革报》2015年 8 月 10 日。

毕吉耀：《推动新一轮高水平对外开放》，载于《人民日报》2015 年 5 月10 日。

毕吉耀、张哲人：《中国与世界经济互动加深》，载于《中国金融》2014 年第 10 期。

（本文原载于《求是》2016 年第 6 期）

经济全球化前景与中国抉择

张燕生*

一、现代经济全球化趋势正在发生变化

（一）经济全球化发展的特点

经济全球化发展的特点之一，是开放驱动、市场化驱动、创新驱动。开放驱动是经济全球化的基本特征。20 世纪 90 年代以来，在双边、多边开放协议和开放政策推动下，世界各国普遍采取了降低关税、取消非关税措施、扩大服务业准入，促进贸易投资便利化的措施，推动了国际交换、合作与竞争的蓬勃发展，积极参与经济全球化的国家和地区经济福利显著改善。市场化驱动是经济全球化的运行准则。90 年代以来，无论是西方发达国家、转轨国家还是发展中国家都普遍推进并不断深化市场化改革。由主张国家干预的凯恩斯主义转向新自由主义；由推行高度集中的计划经济转向市场化改革；由实施进口替代工业化发展战略转向出口导向，推动了世界经济快速增长。创新驱动是经济全球化前进动力。90 年代以来，开放和市场化改革释放的全球化红利，大大加快了全球知识积累、技术创新和人力资本投资成果的全球模仿和扩散，显著缩小了发展绩效的国际差距，提升了科技进步和生产率增长对经济增长的贡献。

经济全球化发展的特点之二，是"双刃剑"效应。在历史上，经济全球化总是伴随着国际政治经济军事的矛盾冲突和银行货币危机。第一次经济全球化（1870 ~ 1913 年）就是由于守成大国与新兴大国之间矛盾激化，最后引发了两次世界大战。虽然国际社会从第一次经济全球化终结的教训中，学到如何经营好世

---

* 张燕生，国家发展和改革委员会学术委员会秘书长。

界和平和发展，避免了第三次世界大战的爆发。但经济全球化仍伴随着高频率爆发的世界经济危机、银行危机和货币危机。如60年代后期的越南战争以及70年代初期引发的美元危机、滞胀和石油危机，直接导致布雷顿森林体系破产和世界开放进程被迫中断。在1990年，在全球市场化改革和开放浪潮的推动下，世界经济再次进入经济全球化发展时期。然而，2008年爆发的国际金融危机把经济全球化推到一个发展的十字路口。

经济全球化发展的特点之三，是推动者不一定是最大受益者。如英国凭借第一次工业革命的技术和产业优势，推动了第一次经济全球化。然而，由于英国当时过度注重海外投资和扩张，忽视了对第二次产业革命的新型技术和产业投资，从而出现产业空心化和由盛而衰。而美国和德国把握住经济全球化这个世界经济增长的黄金期而迅速崛起。

（二）现代经济全球化发展的阶段

现代经济全球化发展的第一个阶段是1990～2001年。多数国家和地区通过积极参与经济全球化、融入世界，赢得了各自的全球化红利。其中，美国等发达经济体获得了最大的全球化红利。如1990年美国GDP占全球的比重约为26.1%，到了2001年，这个比重上升到32%，平均每年上升0.5个百分点左右。同期，中国等新兴经济体经济也获得快速发展。据OECD学者安格斯·麦迪森《中国经济的长期表现》，中国人均GDP增长率在这个时期高于世界主要国家和地区。

现代经济全球化发展的第二个阶段是2002～2008年，这是金融和楼市泡沫推动全球性非理性繁荣的时期。美国GDP占全球的比重从2001年的32%降到2012年的23.8%。2001年发生了三件大事：一是世界IT泡沫破灭，标志着1990年以来美国新经济繁荣周期结束。美国进入新一轮金融和楼市泡沫带动全球非理性繁荣阶段，加剧了美国产业空心化和虚拟化。二是爆发了"911"事件，加剧了世界文明冲突，美国转向反恐战争。三是中国加入WTO，参与经济全球化并融入世界，加快体制与国际通行规则接轨，做了应对"狼来了"的长期准备，从而把中国经济带入发展的黄金时期。根据表1和表2的数据，按照市场汇率计算，中国2003～2012年GDP从1.64万亿美元增加到8.23万亿美元；按照购买力平价计算，中国同期GDP从4.12万亿国际元增加到12.47万亿国际元。

现代经济全球化发展的第三个阶段是2009年以来，经济全球化站在了一个发展的十字路口上。是继续推进开放驱动、市场化驱动、创新驱动，还是转向排他性区域化、保护主义本地化、政治经济军事结盟集团化，前景很难预见。

（三）经济全球化发展的前景

当经济全球化发展进入金融自由化阶段，与贸易自由化阶段有着完全不同的性质。全球治理和金融监管体系的缺失，全球金融系统性风险上升，已危及经济全球化发展的前景。这次金融危机沉重打击的恰恰是市场经济体制最完善、治理结构最成熟、全球风险控制力和转嫁能力最强的美、日、欧大三角地区。

然而，危机发生后美国把其全球地位下降、产业空心化、经济虚拟化等问题归结为经济全球化失控和中国不公平竞争"搭便车"。进而把全球博弈策略的重点转向解决全球化失控的调整和变局。

在短期，美国采用了量化宽松和扩大出口的经济复苏策略；在中期，美国启动再工业化、再创新、再就业的结构调整；在长期，美国谋划与其他发达经济体构建高标准自由贸易区、高标准投资和服务贸易自由化、竞争中性、高水平劳工标准、环境标准、知识产权保护标准等。这将改变经济全球化多边协议开放和市场化的性质，转向区域化、本地化、集团化。在这种情况下，经济全球化的多边规则体系面临被肢解的风险，发展中国家面临被边缘化的困境，全球经济一体化趋势面临四分五裂的危险。

表1　　　　　　　　　　2003～2012年按美元汇率计算的GDP　　　单位：万亿美元，%

年份 国别	2003	2004	2005	2006	2007	2008	2009	2010	2011	2012
世界	37.59	42.29	45.73	49.54	55.88	61.34	58.08	63.41	70.37	71.67
美国	11.09	11.80	12.56	13.31	13.96	14.22	13.90	14.42	14.99	15.68
中国	1.64	1.93	2.26	2.71	3.49	4.52	4.99	5.93	7.32	8.23
巴西	0.55	0.66	0.88	1.09	1.37	1.65	1.62	2.14	2.48	2.25
印度	0.62	0.72	0.83	0.95	1.24	1.22	1.37	1.71	1.87	1.84
俄罗斯	0.43	0.59	0.76	0.99	1.30	1.66	1.22	1.52	1.90	2.01

资料来源：世界银行WDI数据库。

表2　　　　　　　　　　2003～2012年按购买力计算的GDP　　　单位：万亿国际元，%

年份 国别	2003	2004	2005	2006	2007	2008	2009	2010	2011	2012
世界	49.28	53.12	57.31	62.72	67.94	71.84	72.10	76.64	81.35	85.89
美国	11.09	11.80	12.56	13.31	13.96	14.22	13.90	14.42	14.99	15.68
中国	4.12	4.66	5.36	6.24	7.33	8.22	9.05	10.12	11.30	12.47

年份 国别	2003	2004	2005	2006	2007	2008	2009	2010	2011	2012
巴西	1.37	1.48	1.58	1.70	1.85	1.99	2.00	2.18	2.29	2.37
印度	2.01	2.23	2.52	2.84	3.21	3.41	3.73	4.18	4.54	4.79
俄罗斯	1.34	1.47	1.70	2.13	2.38	2.88	2.73	2.96	3.20	3.37

资料来源：世界银行 WDI 数据库。

二、危机后的全球经济规则变局

（一）世界经济正处于规则、秩序、格局大变局阶段

危机后，世界经济出现了一些新变化。如 TPP（跨太平洋伙伴关系协定）、TTIP（跨大西洋贸易与投资伙伴协议）、BIT2012（双边投资协定 2012 年范本）、TISA（服务贸易协定）、欧日"经济合作协定"、竞争中性等。这些变化的共同特点之一，是发达国家通过主导新一轮高标准规则变局，重塑未来全球经济格局。美国副总统拜登认为，TPP 和 TTIP 从规模上看都是具有历史意义的，它为美国提供了一个塑造全球经济的机会，从中加强美国在全球的领导力。特点之二，是这次全球规则变局主要以美国意愿规则作为标准来划线。接受者，可继续享受开放利益；不接受者，将面临被边缘化的风险。特点之三，美国治理将成为全球治理规则的范本，其风险是有可能把国际经济秩序引向以邻为壑、各自为政、四分五裂。由此可见，当今世界出现的本地化、集团化和区域化趋势，将加剧发达国家与新兴经济体之间矛盾和分歧，将可能进一步恶化而不是改善世界增长的长期前景。

对于全球经济规则变局，十八届三中全会决定提出，要适应经济全球化新形势；加快培育参与和引领国际经济合作竞争新优势；坚持世界贸易体制规则；以周边为基础扩大实施自由贸易区战略；形成面向全球高标准自由贸易区网络；扩大内陆沿边开放；形成全方位开放新格局。经过我国推动和国际社会共同努力，2013 年 12 月 7 日达成巴厘一揽子协议，是 WTO 成立以来首个多边贸易协定，包括在贸易便利化、农业、棉花、发展等领域取得积极进展。

（二）美国主导全球经济规则变局

一是推动跨太平洋伙伴关系协定（TPP）、跨大西洋贸易与投资伙伴协议

（TTIP）。名义上是要打造世界高标准自由贸易区（FTA）范本，在全球倡导公平竞争原则，实质是美国要将本国规则转化为全球标准，为未来全球治理改革建章立制。

二是推动双边投资协定 2012 年范本（BIT2012）、服务贸易协定（TISA）。前者纳入负面清单管理和准入前国民待遇等条款。后者要求所有服务部门，包括未来可能出现的新型服务业，对外资都要一视同仁。要求取消设立合资企业的各种要求，不得限制外资控股比例和经营范围，新的开放措施一旦实施不得收回等。名义上是要打造高标准投资自由化和服务贸易自由化范本，实质是打造不对称规则优势，为美国投资和服务业进入全球市场打开大门。

三是制定"竞争中性"等国际新规则，限制政府利用优惠政策扶助国有企业战胜民营企业的能力。同时，大力推进更高标准的劳工与就业、环境治理、知识产权保护，政府采购、竞争政策、国有企业、产业政策等新规则。其特点是从以前推动贸易投资自由化转向边境后竞争政策约束为主的公平竞争规则。

四是推动全球再平衡调整。美中经济安全与评估委员会（USCC）2009 年度报告提出，这场危机的根源在于全球经济失衡。中美各自应为失衡承担一半责任。为此，美国要求中国通过扩大内需和消费、扩大进口和开放、扩大人民币升幅和非贸易部门改革，更多地承担全球再平衡责任，为世界经济摆脱衰退困境做贡献。从而产生这样一个可能性前景，即发达国家走出危机困境之时，则是新兴经济体陷入调整困境之时，2014 年将可能是这种情景的一个拐点。

（三）全球规则变局对我国发展的影响

1. 我国发展仍处于重要战略机遇期还是机遇已不在。

在全球最大的四个经济体中，TPP 包括美日，其 12 个成员 GDP 和贸易额约占全球比重40% 以上；TTIP 包括美欧，其成员 GDP 和贸易额占全球比重分别约1/2 和 1/3；正在谈判中的欧日"经济合作协定"也涉及全球 GDP 约 1/3 的经济体。上述自由贸易区协议唯缺中国。

史蒂芬斯认为，美国正将战后多边主义置换为与志同道合国家（盟国）间的特惠贸易和投资协定，让多边贸易协定靠边站。没有美国的支持，多边秩序将进一步陷入破损失修状况，而全球化也将会分崩离析。作为自由秩序的最大受益国，中国将成为全球化寿终正寝的最大输家。同时，中国也有人提出"去美国化"，要建立一个新世界秩序，所有国家无论大小、贫富、其重要利益在平等基础上得到尊重和保护。

那么，中美关系是否只有守成大国与新兴大国之间冲突和对抗的传统套路，中美走向全面对抗把全球化带入四分五裂是否符合中美和世界利益，中美是否可以走向互信合作？习近平总书记提出，"中美需要在加强对话、增加互信、发展合作、管控分歧的过程中，不断推进新型大国关系"。因此，中美建立超越零和博弈的新型大国关系，合作推进经济全球化发展，是赢得战略机遇期的关键。

2. 我国是否有机会加入TPP。

通常认为，TPP是美国主导用来遏制中国的工具，只有在TPP建章立制的任务完成后，中国才有可能加入。那时，美国会提出很高要价并对中国体制、产业、就业带来全面冲击。另一种观点则认为，及早加入TPP并参与规则制定，可倒逼中国改革。北京大学国家发展研究院课题组运用CGE模型，以2013年作为基期，进行了加入与不加入TPP的利弊影响测算。研究发现，如果现有的谈判成员国都加入TPP，而我国不加入，则我国的出口增速将比2013年的预期增速下降1.02个百分点，GDP增速将下降0.14个百分点。但是，与不加入相比，中国加入TPP之后，出口增速将提高3.44个百分点，进口增速将提高5.58个百分点，GDP增长速度将提高0.68个百分点。美国NBER的一份研究报告也认为，在不同的成本下，中国加入TPP将带来产出增加3.816%，1.967%和0.59%。当贸易成本完全消失时，中国的产出将增加1.125%。同时，中国加入TPP也有利于其他成员国的经济福利增加。

TPP对我国经济和贸易发展已经产生越来越显著的排他性利益损失。如美国提出的"纺纱前沿"原产地规则，要求进入美国市场的纺织品，从纺纱、织布、裁剪至加工为成衣都必须在TPP境内完成。一些中国纺织服装企业已被迫将一些增值活动转移到越南等TPP谈判成员国。另一方面，加入TPP的真正障碍是美国会针对中国提出苛刻的特殊标准和条件，就像当年中国加入WTO议定书的15条一样。可以预见，中国加入TPP谈判的难度将高于当年WTO谈判。

3. 2014年有可能是全球再平衡的一个拐点。

2014年将是全球经济从"双速"增长转向"倒双速"增长的一个拐点。对此，有人把新兴经济体增长减速归因于其内部结构和体制问题，也有人把问题归结为外部因素，如美国QE退出导致资本外流形成外部冲击。事实上，美、日、欧经济复苏是以新兴经济体经济泡沫为代价的。

首先，全球失衡主要源于全球化的内在矛盾，即全球化带来红利却缺少有效监管和治理。为此，拥有全球霸权和金融货币特权的美国更希望独占全球化红利而不惜制造泡沫。一次是1990~2001年的IT泡沫，另一次是2002~2008年的金融和楼市泡沫。既加剧了全球失衡，也带来美国产业空心化和经济虚拟化。然而，美国却把危机起因归结为全球化失控和来自中国、印度等不公平竞争，要求中国等新兴经济体承担危机部分责任和再平衡调整代价。

其次，美、日、欧等发达经济的复苏手段之一是量化宽松和扩大出口。催生了新一轮全球通胀、资产泡沫和保护主义浪潮，引致新兴经济体资本流入增加、资产价格飙升、货币升值和进口增加。美国量化宽松政策一旦退出，泡沫平衡被再次打破，就会直接影响新兴经济体的宏观稳定。

再次，美国为摆脱经济和产业空心化而实施的再工业化、再创新、再就业调整方案，是通过贸易保护主义和对外转嫁矛盾实现的，进而加剧新兴经济体外需萎缩、成本上升、生态环境压力加大、政治社会矛盾激化的困境。

总之，新兴经济体的内因并没有发生根本变化，但外因发生变化，如全球增长减速、资本回流、资产泡沫破灭、赤字和失业增加、货币贬值等冲击，与本国结构和发展方式矛盾和问题交织叠加，就可能导致另一轮全球经济调整。新兴经济体在新一轮调整中产生分化，不改革则将陷入新的发展困境。

三、我国应对全球化规则变局的策略选择

（一）我国作为负责任大国在推动全球化进程中发挥重要作用

一是促进全球共赢性发展是增进国际合作的坚实基础。十八届三中全会决定提出，形成面向全球高标准自由贸易区网络。其中关键词是高标准 FTA 和网络。高标准 FTA 是建立更规范透明公平的市场经济原则为基础的开放型经济新体制，同时与本国发展阶段和国情相适宜的制度标准。FTA 网络是建立全方位合作体系，包括推进两岸四地 CEPA/ECFA 升级版；APEC＼RCEP；中韩 FTA、中日韩 FTA；南南 FTA 以及与中美、中欧、中印、中俄等大国建立 FTA，形成全方位开放新格局。

二是实现全球包容性发展是维护世界公平正义的重要条件。从世界史看，发展中国家是否有机会平等参与发展进程，而不是少数国家独占发展机会；发展中国家是否可以公平享有发展成果，而还是少数国家独占发展成果，是判断国际秩序是包容性发展还是排他性发展的依据之一。在主要发达国家不愿承担更多责任，发展中国家又缺少话语权和治理能力的情况下，中国所扮演的角色就很重要。中国应承担与本国实力相匹配的全球公共产品供给的责任，促进全球包容性

发展。

三是推动全球平衡性发展是实现世界和平与发展的根本保障。现在有两种平衡发展观，一种是以开放经济衡量的全球失衡与再平衡。2011 年 2 月和 4 月，G20 财政部长和中央银行行长会议提出衡量全球经济失衡的一揽子指标，涉及私人部门、公共部门和对外部门这三大层面。这种衡量方法的缺陷之一，是难以度量经济全球化环境中产品内分工或工序分工问题。因此出现发达国家整体是经常项目逆差，发展中国家整体上是顺差，发展中国家成为全球失衡源头的错误判断。另一种衡量是从发展角度来观察。会发现在全球化环境中，发达与不发达、贫富、城乡的发展差距在继续扩大。对此，中国作为负责任大国，帮助最不发达国家和地区摆脱贫困；尊重不同文化和制度条件下保护人权、财产权和发展权；在保护知识产权基础上提供更多公共创新和公共技术转让服务等。

四是推动全球可持续发展。当前，发达国家已进入服务经济和知识经济时代。他们享有高碳、高能源资源消耗的高品质生活，拥有低碳发展技术和专业人才，却要求发展中国家承担更多低碳发展责任，并为低碳技术付出更高价格。对此，我国应大力推动以发展为基础的节能减排、绿色转型、低碳发展，尤其是增强可持续发展的全面经济和技术国际合作。

（二）我国作为新兴大国在推进超越零和博弈的大国互信中发挥重要作用

目前，中美关系用利益攸关方，守成大国与新兴大国，敌人、对手或伙伴等都很难准确界定，这是历史上从未出现过的两个差异最大的新型大国关系。

美国学者吉尔平（Gilpin）曾分析历史上守成大国对新兴大国的经典对策：一是采用各种手段削弱甚至彻底压制新兴大国实现崛起的可能性；二是降低本国国际事务中各种承诺和义务的成本；三是如同罗马帝国后期，借扩张来占据防守型低成本地位。在当今的国际格局中，作为守成大国的美国面对新兴之中国，主要采用了前两种对策。一方面采取各种手段遏制中国；另一方面降低本国所承担的国际事务成本。这在一定程度上将会减少全球公共产品供给。对此，中国的回应是构建中美新型大国关系，积极提供全球公共产品供给。当今中美利益关系已不可阻挡地交织在一起，你离不开我，我离不开你。中国希望全面深化改革和扩大对外开放，通过推动负面清单管理、准入前国民待遇、服务贸易开放，来适应经济全球化新形势，这符合中美双方的共同利益。但在制度层面上，中美之间缺乏战略互信。美国希望永远当老大，而最可能取其代之的是中国。中国的文化、价值观和制度上又与美国有着巨大差异，在西方人看来，中国对世界发展的影响是不确定的。因此，增进战略互信，减少共同利益重大决策的不可预见性，是两国合作努力的方向之一。

首先，中国保证国家实力和国际地位是建立中美新型大国关系的基础。美国学者埃尔温（Elvin）指出，在历史上，中国作为大国能够长期生存并成长壮大之道，就在于保持较高的经济增长速度和科技创新能力，足以抵御外来侵略危险，保证本国在世界中的地位。古为今用，经济增长和科技创新依然是当今中国保证国家实力地位的最佳策略。另一方面，美国也将保证其现有地位，遏制中国取其代之的一切可能性。按照南森（Nathan）和斯科贝尔（Scobell）的观点，美国应当不断压制中国获得国际事务上合法领导力的努力，不断增强军事实力，保持高精尖人才优势，保护美国知识产权，赢得世界人心。

其次，中国要求建立尊重本国利益诉求的国际新秩序。中国要挑战旧有世界秩序的一个重要原因，是因为这个秩序前期中国既无参与制定，后期加入后又没有充分尊重中国的利益诉求。因此，中国理应质疑美国维护现有国际秩序的合法性和合理性。但是面对这一质疑，西方社会将难以让步。按照伊肯伯里（Ikenberry）的观点，因为全球公共产品需要供给，将存在大国来合法充当世界领导力，供给全球公共产品的同时也实施治理。这一责任最好由民主政体的国家来担任，以保证更好的公正透明。伊肯伯里进一步论述道，一国的国内政治体制会影响其处理国际事务的方式。由于美国是民主法治国家，所以，国际社会比较容易接受美国治理规则。而按照西方标准，中国在国内不是民主政体，在国外不会遵循西方规则，国际社会将难以想象中国会民主、透明、规范地实行全球治理，提供公共产品。这即是说，中国要求的国际社会新秩序将难以被接受。对此，中国必须向世界证明，中国有意愿并有能力提供公平透明、规范专业的国际社会新秩序。这意味着，实现符合中国利益的国际秩序将需要时间、大量专业化人才、取得和美国未来而非当下之 G2 关系的共识。

再次，中国应当承担大国责任。伦纳德（Leonard）认为，中美关系与美苏关系不同，美苏是意识形态之争，而中美是实力和利益之争。中美之间曾建立了经济互补性合作的蜜月关系，但随着中美经济结构相似度越高，竞争和冲突越激烈，中美之间的蜜月期宣告结束。他还指出，奥巴马总统在 2009 年就职后，曾希望动员中国加入现有世界秩序，建立中美 G2 关系，确定中国在现有秩序中的利益和责任，以保持"冷战"后西方主导的国际秩序。但最后他失望了。尽管竞争加剧，中美之间仍有大量共同利益，如美国希望中国增加对美投资，中国希望获得美国建立知识经济社会的经验。

目前，中美在刻意回避正面摩擦。美国希望与盟国一道建立没有中国的高标准规则，如 TPP。同样，中国也希望建立没有西方的统一战线，如金砖国家。美国会继续打压中国违背美国利益建立国际新秩序的努力，中国该如何应对呢？中国应对策略是超越零和博弈，开放合作、避免对抗、寻求两国长期共同利益最大化的交汇点，通过构建新型大国关系为推动经济全球化作出实质性贡献，真正承担大国责任。对此，美国工商领袖曾建议中美合作研究中美机制性合作的前景。美国彼得森国际经济研究所提供的一份研究报告认为，如果中美签订 FTA，将给美国国民收入带来 1% 的净增长，给中国带来 2% 的净增长。同样，欧盟安全研究所（EU Institute for Security Studies）的尼古拉·卡萨里尼（Nicola Casarini）也认为，在未来的 10 年中，经济因素将依然是中欧关系的支柱，将很可能达成中欧双边自由贸易协定，这将进一步促进中欧经济和就业增长，同时增进双方之间的战略互信。

（三）我国作为开放大国在构建全方位开放体系建设中发挥重要作用

在 30 多年前，改革开放总设计师邓小平同志就提出过"三个方面开放"、"顾全两个大局"、"对内对外开放"的重要理论。30 多年过去，国内国际形势都发生巨大变化，我国对外开放的重点也应当适时调整，转向构建全方位开放经济体系的新阶段。党的十八届三中全会提出，"适应经济全球化新形势，必须推动对内对外开放相互促进、引进来和走出去更好结合，促进国际国内要素有序自由流动、资源高效配置、市场深度融合，加快培育参与和引领国际经济合作竞争新优势，以开放促改革"。同时提出"抓住全球产业重新布局机遇，推动内陆贸易、投资、技术创新协调发展"；"加快同周边国家和区域基础设施互联互通建设，推进丝绸之路经济带、海上丝绸之路建设，形成全方位开放新格局"。

形成全方位开放经济体系。首先，构建海陆空综合运输网络体系，加快畅通我国与周边中亚、西亚北非、南亚、东南亚、东北亚之间的通道建设和跨境基础设施互联互通；畅通我国与非洲、拉丁美洲、大洋洲、北极洲之间通道建设和基础设施互联互通；畅通我国与美日欧大三角地区之间的通道建设和基础设施互联互通，形成全方位开放新格局。其次，构建全球投资、全球生产、全球出口、全球分销、全球服务与全球合作的国际化网络和生产体系，提升我国境内、跨境、境外商流、物流、资金流、人流、信息流的一体化效率，形成我国跨境生产和贸易供应链体系。再次，构建金融深化和开放、人民币国际化、资本项目开放、汇率和国际收支改革为基础的开放型经济新体制，形成我国跨境金融供应链体系。

三中全会决定提出，"建立中国上海自由贸易试验区是党中央在新形势下推进改革开放的重大举措，要切实建设好、管理好，为全面深化改革和扩大开放探索新途径、积累新经验"。商务部高虎城部长说，在试点政策中，推进外商投资管理体制改革、试行负面清单管理模式，只要在负面清单以外的领域，按照内外资一致的原则，由核准制改为备案制，这是行政管理体制改革中的一项重大突破。在有关服务领域先行开放，在人民币资本项目可兑换、金融市场利率市场化、人民币跨境使用等方面先行先试，都将为今后积累重要经验。可见，上海试验区作为适应国内新一轮高标准改革开放的内在要求，应对 TPP、TTIP 等全球变局，形成面向全球高标准 FTA 网络的试点，将在更高层次、更大范围、更宽领域推动我国经济国际化、现代化、知识化发展，对我国发展成为全球负责任大国、高收入大国、法治大国、创新大国和开放大国，具有重要意义。

上海试点经验能否在我国西部地区成功复制和推广，事关全方位开放经济体系建设大局。一是在引资引智引技的基础上，更加重视引制，全面深化中西部地区的体制改革、能力建设和人才交流。二是建立上海试验区试点与中西部试验区试点之间的合作机制，如加强上海自由贸易试验区与宁夏内陆开放型经济试验区之间的合作。上海国际贸易中心建设进程中，可以把宁夏内陆开放型经济试验区作为平台，两地合作发展对阿拉伯国家的在岸贸易、离岸贸易、保税贸易、线上贸易以及贸易融资、保险、运输、物流等服务贸易项目。三是上海国际金融中心、国际贸易中心、国际航运中心建设，应优先试点扩大对新兴经济体贸易、投资和产业合作。如增强上海、深圳、天津等东部沿海地区通过我国西部地区的平台，发展与西亚、中亚、南亚、非洲、拉美之间的全方位合作，建立"共享发展"、绿色转型、互利共赢的南南合作新模式，同时带动我国西部地区对外开放。

参考文献：

Andrew Nathan and Andrew Scobell, "The Sum of Beijing's Fears: How China sees America," Foreign Affairs, September/October 2012.

Chunding Li, John Whalley, 美国 NBER 工作论文 18090, 2012 年 5 月。

G. John Ikenberry, "Getting Hegemony Right," The National Interest, Spring 2001.

Mark Leonard, "Why Convergence Breeds Conflict," Foreign Affairs, September/October 2013.

Robert Gilpin, "Hegemonic War and International Change," in Richard K. Betts, ed. *Conflict After the Cold War*：*Arguments on Causes of War and Peace*，*Third Edition*，New York：Pearson – Longman 2008.

Elvin，Mark. *The Pattern of the Chinese Past.* Stanford University Press，1973.

安格斯·麦迪森：《中国经济的长期表现》，上海人民出版社 2008 年版。

马丁·沃尔夫：《失败的精英威胁我们的未来》，载于《英国金融时报》2014 年 1 月 14 日。

习近平：《与奥巴马共同接见记者时的讲话》，载于《人民日报》2013 年 6 月 9 日。

（本文原载于《宏观经济研究》2014 年第 12 期）

推动新一轮高水平对外开放

毕吉耀[*]

改革开放以来，我国始终坚持对外开放基本国策，不断拓展对外开放的广度和深度，以开放促改革促发展，为经济社会发展注入了强大动力。经过 30 多年的持续快速发展，我国已成为全球第二大经济体、第一大出口国和引资国、第二大进口国和第三大对外投资国，以及第一大外汇储备国，在全球经济和治理体系中的地位和影响力不断提升，创造了战后发展中大国快速崛起的奇迹。其中一条重要的经验是，顺应世界经济发展大势，抓住经济全球化带来的历史性机遇，主动融入全球分工体系，在不断扩大对外开放的过程中促进中国与世界各国的共同发展。

当前，全球政治经济格局深刻调整，世界经济仍处在国际金融危机后的深度调整期，复苏动力不足，不稳定不确定因素增多；我国经济发展进入新常态，正处在爬坡过坎的关口，发展中深层次矛盾凸显，稳增长、调结构、转方式、促改革任务艰巨繁重。面对发展环境变化和阶段转换，必须坚持以开放促改革促发展，着力推动新一轮高水平对外开放，以开放的主动赢得发展的主动、国际竞争的主动。

一是推进"一带一路"建设，构建全方位对外开放新格局。建设"丝绸之路经济带"和"21 世纪海上丝绸之路"，是党中央、国务院根据全球形势深刻变化，统筹国内国际两个大局作出的重大战略决策，对构建全方位对外开放新格局，拓展我国发展的外部空间，促进世界和平发展，都具有深远的历史影响，得到沿线国家和国际社会的广泛响应。以政策沟通、道路联通、贸易畅通、货币流通、民心相通为核心推进"一带一路"建设，将促进我国与沿线国家的全方位合作，实现共同发展、共同繁荣，同时也为我国更充分地利用国际市场和国际资

---

* 毕吉耀，国家发展和改革委员会宏观经济研究院副院长，研究员，中国经济改革与发展研究院博士生导师。

490

源、加快中西部和沿边地区开放型经济发展、带动国内资本和过剩产能"走出去"、助推人民币国际化进程等带来新的机遇，对于拓展发展空间、巩固延长重要战略机遇期意义重大。

二是加快实施"走出去"战略，培育参与国际合作竞争新优势。随着我国产业技术水平的提高和传统成本竞争优势的弱化，企业"走出去"步伐明显加快，对外投资正处于加速发展期。目前，我国在电力、通信、石化、铁路、汽车、航空、工程机械等众多行业都形成了很强的生产制造能力和国际竞争力，一些行业龙头企业已逐步转向研发、设计、营销、品牌建设等国际分工高端环节，初步具备"走出去"在全球范围构建以我为主的产业链和国际分工体系的能力。采取必要的综合措施鼓励支持有实力的企业"走出去"，在海外设立研发中心、生产基地和营销网络，扶持发展有世界影响力的中国跨国公司，将提升我国在全球分工中的地位和国际竞争力，培育参与国际经济合作竞争新优势。

三是加快构建开放型经济新体制，适应经济全球化新形势。经济全球化趋势仍在深入发展，并且随着科学技术的不断进步以及产业内、产品内和产业链分工的不断细化，企业的研发、设计、生产制造、加工组装、物流配送、售后服务等生产经营活动日趋全球化，对商品、资金、技术、要素、人员等跨境流动的自由化和便利化要求越来越高。要适应经济全球化新形势，必须进一步放宽外商投资市场准入，创新利用外资管理体制，改革对外投资管理体制，加快自由贸易区建设，简化通关程序，提高口岸通行效率，加快构建高效便捷、监管有力的开放型经济新体制。

四是创新对外经济合作模式，引领国际经贸规则体系变革。当前，多边贸易体制下的多哈回合谈判徘徊不前，国际货币金融体系改革进展缓慢，各类自由贸易协定大量涌现。特别是美国主导推动跨太平洋伙伴关系协定和跨大西洋贸易与投资伙伴关系协定，试图重塑国际经贸规则体系，抬高发展中国家参与经济全球化的门槛。我们既要深化改革开放，逐步适应更高水平、更高标准贸易投资规则的要求，更要创新对外经济合作模式，运用我国不断增强的经济实力和对外投资能力，以互利共赢、共同发展为原则推进双多边和区域经贸投资合作，以"金砖"国家银行和亚洲基础设施投资银行为抓手推进国际金融体系改革，提升在全球治理结构中的话语权和影响力，引领国际经贸规则体系变革朝与我有利的方向发展。

参考文献：

项本武：《中国对外开放战略：成就、挑战与调整》，载于《宏观经济研究》

2009 年第 3 期。

刘瑞:《从"三步走"到"一带一路":习近平的国家经济战略创新》,载于《企业经济》2015 年第 9 期。

（本文原载于《人民日报》2015 年 5 月 10 日）

2016 年国际经济形势及对我国的影响

毕吉耀[*]

2016 年世界经济仍将延续疲弱复苏态势，主要经济体走势和政策分化将带来新的不确定性影响。我国发展的外部经济环境依然错综复杂，特别是外需不振、美元汇率走强、大宗商品价格下跌等将对我国外贸出口、人民币汇率、跨境资本流动等产生直接影响，并进而影响到国内经济运行和结构调整。

从目前形势和发展态势看，今年世界经济运行将呈现以下特征和趋势：

一是世界经济贸易仍将维持低速增长态势。国际金融危机爆发后，世界经济虽然在各国大规模刺激政策作用下一度快速回升，但随着刺激政策的退出和作用衰减，世界经济贸易自 2012 年以来重新回落至 4% 以下的低增长，复苏动力明显不足。据国际货币基金组织去年 10 月发表的《世界经济展望》报告，2015 年全球经济和贸易量分别增长 3.1% 和 3.2%，预计 2016 年将分别增长 3.6% 和 4.1%。但从去年四季度以来各主要经济体的主要经济指标情况看，今年全球经济贸易增速难以明显回升，多数研究机构和国际投行预计今年仅有 0.1~0.2 个百分点的微弱回升。总体来看，世界经济仍处在危机后的深度调整期，各国都在大力推进结构性改革，为未来的经济增长积蓄动能，世界经济在短期内仍难以摆脱低速增长状态。据国际货币基金组织的中期展望，2020 年前世界经济贸易的年均增速分别难以超过 4% 和 5%，明显低于金融危机前 5 年 5% 和 8% 左右的年均增速。

二是主要经济体走势将进一步分化。自去年以来，发达经济体总体回升向好，而新兴经济体增速继续回落。从发达经济体内部情况看，美国经济增长较快，消费、投资、出口和房地产形势明显好转，失业率已降至 5% 以下；欧元区和日本经济虽然有所好转，但增速缓慢，通缩压力较大，经济持续复苏仍面临不

---

 * 毕吉耀：国家发展和改革委员会宏观经济研究院副院长，研究员，中国经济改革与发展研究院教授，博士生导师。

少制约。虽然金融危机后三大经济体都采用大规模的财政货币刺激政策支持经济复苏，但欧元区和日本的结构性改革进展滞缓，而美国同时还实施重振制造业战略和出口倍增计划，加大对页岩气等新能源和新技术新产业的扶持力度，通过结构调整进一步巩固了经济复苏势头。从新兴经济体内部看，受石油等大宗商品价格大幅回落和地缘政治动荡等因素影响，俄罗斯和巴西经济出现衰退，同时还面临资本外流、货币大幅贬值、通胀上升压力，其他对资源出口依赖程度较高的新兴经济体也普遍面临不同程度的困难；亚洲新兴经济体虽然总体情况相对较好，但由于结构调整进展缓慢导致内生增长动力不足，而外需疲弱又使得传统的出口拉动型经济增长模式难以为继，经济增速普遍持续放缓，唯有印度继续保持7%以上的较快增长。

三是国际金融市场调整波动可能加大。由于全球经济走势分化、周期不同步，主要经济体的货币政策也出现分化甚至背离。美联储已经启动加息进程，预计今年仍有两到三次加息行动，而欧洲中央银行和日本中央银行仍在实行量宽政策支持经济复苏，由此导致的美元资产收益率上升和美元汇率走强将引发国际债市、汇市、股市和大宗商品市场的持续调整和波动，特别是国际资本加速回流美国和美元资产，将使得受到大宗商品价格大幅回落重创的资源出口经济体更加雪上加霜，资本外流和货币贬值有可能在债务过高的经济体诱发偿债危机，进而加大国际金融市场的动荡。金融市场稳定是经济稳定增长的重要前提，在全球经济复苏势头依然脆弱的情况下，国际金融市场调整波动加大会进一步制约世界经济复苏。

四是石油等大宗商品价格仍有可能进一步回落。在经历了10多年的超级大牛市后，国际大宗商品市场陷入供大于求、价格大幅回落的窘境。目前，国际油价已跌落至每桶30美元的低位，与金融危机前高点时的每桶145美元相比下跌幅度高达79%，铁矿砂、铜、铝、锌等的价格跌幅也都高达40%以上。由于以往大宗商品价格持续大幅攀升刺激能源资源类产品产能规模大幅扩张，而金融危机后全球经济增速持续低位徘徊，大宗商品供大于求的格局短期难以改观，能源资源出口大国为增加收入维持财政收支平衡又不愿减产，供大于求的市场格局将继续施压大宗商品价格，加之美元走强会进一步抑制主要以美元计价的大宗商品价格上涨，因此石油等大宗商品价格仍有一定的下跌空间。国际投行纷纷预测，今年石油价格很可能跌落至每桶20~30美元区间，其他大宗商品价格也有5%以上的跌幅。虽然地缘政治动荡和市场投机有可能在短期推高石油等大宗商品价格，但难以改变价格疲软下跌的基本走势。石油等大宗商品价格低位运行将加剧资源出口国的经济困难，对资源进口国虽有利于降低进口成本，但也会加大通缩压力，对全球经济的影响可以说是利弊兼有。

五是全球产业重组和产业链布局调整步伐加快。随着新技术发展和产业化进程加快，移动互联网、可再生能源、物联网、3D 打印、智能制造等新兴产业加速发展，而移动互联网、云计算、大数据等信息技术在金融、商贸、制造、教育、医疗等更多领域普及应用和融合发展将不断催生新业态、新模式和新产业，传统产业将全面转型升级。在全球产业加快重组的同时，依托信息化、智能化、小型化、分散化、个性化的新型生产组织方式将逐渐取代分工明确、规范严格的标准化大工厂生产组织方式而成为主流，国际分工方式也面临变革。另一方面，美国主导推进跨太平洋伙伴协定（TPP）和跨大西洋贸易投资伙伴协定（TTIP），以准入前国民待遇和负面清单管理为基础全面扩大市场准入，将劳工标准、环保标准、知识产权、政府采购、竞争中立等新议题纳入谈判范围，不仅为国际经贸规则标准提高设立了新标杆，抬高了发展中国家参与经济全球化门槛，而且会逐步改变全球产业链布局，对其他经济体产生贸易投资和产业转移的负面效应。

六是地缘政治等非经济因素影响上升。国际金融危机后，全球政治经济格局深刻调整，国际力量对比显著改变，世界多极化更趋明朗，全球治理体系和结构继续发生改变。面对新兴大国的加速崛起，美国等发达国家竭力维护其全球主导地位和既有利益，各国都在调整发展战略和对外关系，各种矛盾凸显，竞争摩擦加剧。由此引发的地缘政治冲突更加频繁，非经济因素对世界经济增长的影响也在上升。从目前的情况看，中东局势、美俄关系、极端势力的恐怖袭击、欧洲难民问题、朝核问题、伊朗导弹问题等，都有可能出现难以预见的新变化，世界经济复苏也因此会面临更多的不确定性。

总体来看，我国的外部发展环境依然复杂多变。虽然和平与发展的时代主题没有变，外部发展环境有望保持和平稳定，有利于我国继续发展。但是，由于国际金融危机深层次影响在相当长时期依然存在，世界经济仍处在危机后的深度调整期和变革期，地缘政治关系复杂变化带来不稳定不确定因素增多，全球经济贸易增长乏力的状况短期难以改观，外部环境变化对我国的挑战也在增多。

从目前的情况看，外部环境变化对我国经济发展的影响主要集中在以下几个方面：

一是世界经济贸易增长低迷既导致外需拉动作用减弱，也为我国深化结构性改革、加快培育新的增长动力带来新契机。国际金融危机后，我国外贸出口增速持续回落，去年甚至出现负增长，已连续 4 年未完成预期目标。在全球经济贸易增长乏力的情况下，今年外贸出口稳增长仍面临不少困难。随着国际经济环境的变化和我国经济发展进入新常态，我们不可能再像以往那样寄希望于扩大出口和投资来拉动经济增长，而是要在适度扩大总需求的同时，更加注重供给侧结构性改革，特别是要适应国际国内需求结构变化提高供给体系质量和效益，实施创新驱动发展战略培育经济增长新动力，以产业结构调整升级促进外贸优进优出，更好发挥外贸进出口对促进经济增长和产业结构优化升级的作用。

二是在科技产业大变革背景下，我国既面临迎头赶上的机遇，也不排除我与发达国家差距拉大、传统产业面临被技术性淘汰的风险。国际金融危机后，发达国家纷纷加大对新技术、新产品、新产业的研发投入力度，抢占未来产业发展和国际竞争的制高点；新兴经济体也在大力推进结构调整，积极承接国际产业转移，更加重视发展制造业。我国在科技创新和新兴产业发展领域与发达国家仍存在较大差距，在制造业领域的传统成本竞争优势逐渐弱化，产业发展进步前有堵截、后有追兵。若不能有效推进科技创新和产业结构调整，就有可能进一步拉大与发达国家的差距，在新一轮国际产业竞争中处于不利地位，在传统制造业领域也会面临来自其他新兴经济体的激烈竞争。

三是大宗商品供求格局变化和价格回落，既有利于我降低进口成本和增加能源资源进口，但也会加剧上游行业和企业经营困难。我国正处在全面建成小康社会的决胜阶段，无论是加快推进工业化和城镇化，还是保持经济持续健康发展，都会增加能源资源消耗总量。因此，石油等大宗商品供求关系宽松和价格低位运行，总体上有利于保障能源资源供应安全和降低发展成本。另一方面，在经济换档减速、需求扩张放缓、产能普遍过剩的情况下，国际市场供应增多和价格大幅下跌也对我国能源资源开采加工等上游行业带来更大的竞争压力，生产者价格的持续回落也会进一步加剧企业经营困难，去产能、降成本压力增大。

四是国际经贸规则主导权之争，既为我参与全球经济治理和规则制定带来难得机遇，也对我深化经济体制改革、扩大市场开放带来挑战。2015年10月，美国主导的有12个亚太经济体参加的TPP谈判最终达成协议，不仅在市场开放和贸易投资自由化便利化达到前所未有的高水平，而且在环境保护、劳工标准、竞争中立、电子商务、金融等服务业开放等领域设立了新标准，对未来国际经贸规则体系的演进具有引领示范作用。我国已深度融入世界经济，为维护我国和发展中国家的发展权益，就必须主动参与推动多边经贸规则制定和国际经济治理体系改革完善，积极引导全球经济议程，提升制度性话语权，促进国际经济秩序朝着平等公正、合作共赢的方向发展。同时，也要坚定不移地深化改革开放，加快形成对外开放新体制，更好地适应经济全球化和国际经贸体系变革的新形势，以开放促改革促发展。

五是地缘政治关系复杂多变和不稳定不确定因素增多，既对我国经济社会发展构成潜在威胁，也扩大了我在大国关系动态博弈中的回旋余地。随着国际金融危机的深层次影响不断从经济、金融、科技、产业等领域向社会、政治、军事、安全和国际治理等更广泛领域传导，全球利益格局的战略博弈更加激烈，地缘政治和大国关系深刻调整，全球恐怖主义出现新回潮，热点敏感问题频发。应对外部环境变化，既要坚持原则，妥善处理大国关系，有效应对和管控风险，主动营造有利的外部环境，更要实施新一轮高水平对外开放战略，推进"一带一路"建设，打造对外开放合作新格局，赢得发展主动，切实维护国家安全和经济安全，确保如期全面建成小康社会。

参考文献：

梁艳芬：《当前世界经济复苏面临的主要风险》，载于《国际贸易》2014 年第 5 期。

东艳：《全球贸易规则的发展趋势与中国的机遇》，载于《国际经济评论》2014 年第 1 期。

（本文原载于《中国投资》2016 年第 3 期）

"十三五"时期国家用好香港地区
优势的路径与选择

张燕生[*]

一、"十三五"期间国内外环境变化

2015 年被诺贝尔经济学奖获得者斯蒂格里茨称为"中国世纪元年"。从 2015 年到新中国成立 100 年正好 35 年。在这个时期,我国作为一个大国,需要有足够的战略耐心处理好大国觉醒进程中复杂的战略关系,维护好、利用好发展的战略机遇期。"十三五"则是新 35 年的第一个五年。在这个五年里,主动用好香港优势,把香港发展融入国家发展大势之中,具有重大意义。

(一)"十三五"时期国际经济环境的变化

一是欧美主导推进的新一轮全球贸易规则变局初见端倪。"十三五"时期,美国推动的"跨太平洋伙伴关系协定"(TPP)和"跨大西洋贸易与投资伙伴关系协定"(TTIP)将进入正式签署并实施的阶段。TPP 的 12 个成员国 GDP 和贸易占全球 40% 左右,TTIP 即美欧的 GDP、贸易占全球 50%、30% 左右。这轮规则变局将对经济全球化、世界经济增长前景和国际治理结构产生深远影响。

二是世界新一轮科技进步将改变世界产业和经济格局。"十三五"时期,新一代信息技术、新能源、新生态的技术进步将取得新突破。国际能源署报告称,新能源和可再生能源开发利用规模已接近世界能源需求总量的 20%,并预测 2035 年可再生能源和新能源占一次能源消费量的比重将达到 24.53%。麦肯锡所预测的 2020 年主导产业的 12 项新兴技术中有 6 项与信息技术有密切关系,如移

---

* 张燕生,国家发改委学术委员会秘书长。

498

动互联网、智能软件、物联网、云计算、新一代机器人和3D打印等。把握新科技革命的重大机遇将成为新一轮全球经济结构转型竞争的重点。

三是全球大宗商品价格波动将影响世界经济增长前景。"十三五"时期,世界能源资源价格将进入调整期。长期价格高企已导致全球能源资源的节约、替代、投资增加和技术进步,美国退出量宽和进入加息周期将抑制大宗商品价格上行。在这种背景下,亚洲经济体将分化为两大阵营,即降息经济体和加息经济体。中国、韩国等进入降息通道。同期,马来西亚、印度尼西亚等进入加息通道,以对冲全球大宗商品价格波动及货币贬值带来的冲击。

四是发达经济体与发展中国家经济增长前景出现明显分化。"十三五"时期,美国经济增长将呈现温和复苏态势,预计年均增速有望达到2.2%;欧元区经济将走出衰退,年均增速将保持1%左右;日本经济将摆脱长期停滞困境,年均增速1.5%左右。同期,新兴市场和发展中国家经济年均增速有望保持5.5%左右。2012~2014年新兴市场和发展中国家经济增速下滑了0.7个百分点,而同期发达经济体经济增速则上升了0.6个百分点。金融危机爆发以来,新兴市场和发展中国家与发达经济体经济增速的差距在2009~2014年间由6.5个百分点缩小至2.6个百分点。

五是东亚和欧洲、北美的经济增长呈现出不同走势。根据IMF预测数据,2013~2019年,东亚经济增速将由5.9%持续降至5.3%,而北美和欧洲地区的经济增速将分别由2.1%和0.4%上升为2.7%和2%。东亚、欧洲和北美是全球三大经济中心,但东亚对世界经济的驱动力会有所减弱,其中包括中国经济减速对东亚乃至世界经济的影响。

六是全球外需形势好转部分抵消了亚洲经济增长放缓的影响。据世界银行预测,2015年全球贸易量将增长4.5%,增速比上年加快0.5个百分点,说明全球外需形势在逐渐回暖。外需是我国台湾地区经济增长最大的推动力。目前,台湾地区在美国进口市场的占有率已经上升到第4位,领先日韩。预计台湾地区2015年经济增长率将达到3.7%,高于韩国、新加坡和中国香港,位列亚洲"四小龙"之首。不过要充分注意的是,在全球外需形势趋于好转的情况下,香港地区经济增长前景却受到结构单一、转型艰难、非经济因素干扰的影响。

七是亚洲乃至全球经济失衡格局正出现分化。亚洲与北美和欧洲地区之间的货物贸易失衡状况正在改善,但服务贸易失衡格局正在进一步扩大。以邻为壑和贸易保护主义在继续抬头。亚洲国家仍将是国际服务贸易的净输入国,欧洲和北美地区发达国家国际服务贸易净输出国的地位将得到进一步强化。

八是 2015 年亚洲有望成为资本净输出地区。基于 EIU 数据库的预测，欧洲有望于 2017 年成为资本净流入地区，北美也有望于 2019 年成为资本净流入地区。根据国家外汇管理局的最新数据，2014 年四季度我国资本和金融项目逆差912 亿美元，超过全球金融危机时 2008 年四季度的 468 亿美元逆差。2014 全年资本和金融项目逆差达到创纪录的 960 亿美元。

（二）"十三五"时期国家开放新战略

一是加快推进"一带一路"建设。习近平主席 2013 年 9 月 7 日在哈萨克斯坦纳扎尔巴耶夫大学演讲时，提出了共同建设丝绸之路经济带的倡议。同年 10月 3 日在印度尼西亚国会演讲时，提出了共同建设"21 世纪海上丝绸之路"的倡议。"一带一路"贯穿亚欧非大陆，两端联结最活跃的东亚经济圈和最发达的欧洲经济圈，中间广大腹地国家经济发展潜力巨大，包括了 65 个国家、44 亿人口 20 多万亿美元的 GDP 规模。作为一个包容性巨大的发展平台，国家将构建以"发展"为主题的新型合作模式、"包容"和而不同的新型合作理念、"共享"发展机会和成果的新型合作机制。其中，政策沟通、设施联通、贸易畅通、资金融通、民心相通是重点。研究表明，2014 ~ 2020 年间，中国累积向国外提供的进口商机将达到 15 万亿美元，对外直接投资存量将突破 1.2 万亿美元，为世界其他国家贡献 700 万个新增就业岗位。

二是积极实施自由贸易区战略。首先，立足周边是基础。2014 年，东盟、中国香港、日本、韩国和中国台湾合计约占大陆进出口总额的 38.5%；2013 年亚洲外商直接投资占中国内地实际利用外资的比重达 80.5%；内地"走出去"的重要目标市场也在周边；目前内地已签署和正在谈判或研究的自由贸易协定大多数都位于周边。其次，辐射"一带一路"是支撑。"一带一路"战略与自由贸易区战略相辅相成、双轮驱动，是新时期构建开放型经济的新举措。与"一带一路"沿线国家商签自由贸易协定，全面深化双边或区域贸易投资自由化和便利化联系，是最有利的政策沟通途径。再次，构建面向全球的高标准自由贸易网络是目标。预计 10 年内很可能达成中美、中欧、中俄、中日、中印等机制性合作安排。同时，中国内地在广东省率先与香港基本实现服务贸易自由化，签署了《内地与香港 CEPA 关于内地在广东与香港基本实现服务贸易自由化的协议》，涉及WTO 服务贸易 160 个部门的 95.6%。另外，设立中国（广东）自由贸易试验区进一步推动广东对香港的全方位开放，打造粤港深度合作的自由贸易试验区。

三是全面深化国际产能和装备制造合作。在 2002 ~ 2011 年经济高增长期间，内地在重化工业、装备制造业、建材等产业形成了巨大的过剩产能。政府采取了消化一批、转移一批、整合和淘汰一批的调整措施。2015 年，国务院发布了关于推进国际产能和装备制造合作的指导意见，重点带动钢铁、有色、建材、铁路、电力、化工、轻纺、汽车通信、工程机械、航空航天、船舶和海洋工程等12 个行业优质优势产能"走出去"。鼓励这些行业积极拓展对外合作方式，开展"工程承包 + 融资""工程承包 + 融资 + 运营"等合作，有条件的项目鼓励采用BOT、PPP 等方式，开展装备制造合作。与具备条件的国家合作共同开发第三方市场。大力推进境外平台建设，引导企业抱团出海、集群"走出去"。

（三）"十三五"期间国家需求与香港优势

一是发挥好香港区位优势。香港地处亚太中心位置，历史上就是亚洲各国连接世界的重要枢纽。充分发挥香港"东南亚之都"的传统优势，拓展香港金融、航运、贸易、专业服务、商业服务等优势产业的国际空间，有利于国家建设"一带一路"和构建开放型经济体系，也有利于形成香港转型发展的新动力。

二是发挥好香港国际化优势。"十三五"期间，国家将加快推进资本国际化、产业国际化、市场国际化、人才国际化、城市国际化进程，吸引和集聚全球最优秀的人才、跨国企业和优质要素，从中国视野转向全球视野。香港国际化优势不仅有利于提升国家整体国际化程度，也有利于扩展香港国际化的深度和广度。

三是发挥好香港百年海外商业存在优势。国家加快推动原产地多元化、进口市场多元化和资产组合多元化，实施"走出去"战略，离不开香港在东南亚等地持续百年以上的商业联系和人脉资源。用好香港这些宝贵的独特优势，有利于提升国家对外投资效率和风险抵御能力，也有利于提升香港地位和国际竞争力。

四是发挥好香港拥有各类精通国际经贸规则专业人才的优势。"十三五"时期，国家发展一方面需要一大批精通国际经贸规则及变化的专业人才，同时又迫切需要一大批有能力研究制定适应国际规范又符合中国国情的国内经贸新规范的专业人才，这就需要用好香港专业人才优势的同时，增强两地人才合作交流。

五是发挥好香港自由港优势。目前，内地和港澳签订的《更紧密经贸关系安排》，大陆与台湾签订的《海峡两岸经济合作框架协议》已成为国家自由贸易区战略的关键环节。发挥好香港自由港优势，与上海、广东、福建、天津等自由贸易试验区境内关外功能相互补充和整合将有利于形成国家全方位开放新格局。

六是发挥好香港作为国家内陆开放窗口的优势。国家"一带一路"建设过程中，内陆沿边地区开放开发能力建设是一个需要下大气力解决好的问题。在这方面，香港具有独特的开放优势，如伊斯兰金融中心建设、跨境贸易投资便利化、离岸金融市场、离岸贸易网络和国际物流大通道贯通等，应发挥好香港独特作用。

七是发挥好粤港合作的综合优势。"十三五"期间，粤港经济深度融合和深港湾区创新发展将成为一大亮点。这将影响粤港经济在全球格局中的新定位，从而带动珠东装备工业带转型和临港产业集群升级如航运业、先进制造业、现代服务业以及创新科技转型升级，进而推动大珠三角地区创新驱动发展。

八是发挥好香港国际合作平台的优势。"十三五"期间，香港国际合作的平台优势将由"引资"中介进一步转化为"引智"中介、"引技"中介和"引制"中介。引进现代经济治理、社会治理、生态治理的高标准体制规范，与现阶段国情相结合，形成中国特色的新制度规范，增强国家治理体系和治理能力现代化。

二、"十三五"期间国家的发展需求

从 2015 年开始，国家发展进入到新 35 年新常态的快车道。"四个全面"将实现国家治理体系和治理能力现代化；"中国制造 2025"将分"三步走"实现世界制造强国战略目标；"一带一路"将形成全方位开放新格局；"迈向中高端水平"将形成创新驱动发展的新动力机制。香港的转型发展亦再次站在了历史新起点，需要主动适应全球和国家经济发展新常态。对此，国家应主动用好香港优势，为国家发展大局服务，同时促进香港转型，共同融入世界发展大势。

（一）国家新一轮改革开放拉开序幕（2014~2049 年）

一是建立与新一轮高标准改革相一致的新制度结构。新时期要建立现代市场经济制度规范，逐步形成有中国特色的现代社会主义秩序和规范。包括构建市场经济、民主政治、先进文化和谐社会、生态文明五位一体的新体制框架；全面深化和完善让市场起决定性作用和更好发挥政府作用的现代经济管理体制；形成依法治国、从严治党、公平透明的现代国家治理结构。

二是建立与新一轮高水平开放相一致的新开放格局。新时期要在出口与进口并重，"引进来"与"走出去"并重，工业与服务业、农业发展并重的基础上，处理好"三个方面开放"、"两个大局"、"对内对外开放"之间的统筹协调关系。重点构建开放型经济新体制，形成全方位开放新格局，培育国际合作竞争新优势。

三是建立与新一轮高质量发展相一致的新发展模式。新时期要始终坚持遵循经济规律实现智慧发展，遵循自然规律实现可持续发展，遵循社会规律实现包容性发展的原则愚，从追求增长速度和规模转向提升增长质量和保障民生；从经济优先转向经济、社会、生态文明统筹发展；从鼓励出口和招商引资转向扩大内需和"走出去"，充分释放长期经济增长潜力和改革红利。

（二）"十三五"期间国家的发展需求

一是国家发展进入转型升级的重要时期。首先，经济结构调整步伐明显加快。内地服务业增加值占 GDP 的比重已突破 50% 的大关；全社会研究与试验经费支出占 GDP 的比重已超过 2%，深圳则超过了 4%；要素组合方式已由劳动资源密集型转为资本或技术密集型；投资主导型经济已转向消费主导型经济。其次，城镇化深度发展。目前，城镇化仍是扩大消费需求和有效投资的最大潜力因素之一。城市群作为推进国家城镇化的主体空间形态，则是助推经济发展方式从投资驱动、规模驱动、低端驱动转向创新驱动、人才驱动、服务驱动的主要动力之一。再次，开放型经济新格局正在形成，从"商品输出"和"引进来"转向"资本输出"和全球综合运作阶段。

二是国家发展进入创新驱动的重要时期。国家为培育和催生经济社会发展新动力，实施了"中国制造 2025"和"互联网＋"战略。其中包括"三步走"的制造强国战略第一步，力争用 10 年时间，迈入制造强国行列。到 2020 年，基本实现工业化。到 2025 年，制造业整体素质大幅提升。第二步，到 2035 年，我国制造业整体达到世界制造强国阵营中等水平，全面实现工业化。第三步，新中国成立一百年（2049 年）时，综合实力进入世界制造强国前列，建成全球领先的技术体系和产业体系。同时还提出把智能制造作为工业化与信息化深度融合的主攻方向；把提升基础零部件、基础工艺、基础材料和基础产业技术作为强化工业基础能力的重点；把质量和品牌建设作为提升企业品牌价值和中国制造整体形象的突破口；把绿色制造作为构建高效、清洁、低碳、循环的绿色制造体系的重要抓手。

三是国家发展进入实现"四个全面"的重要时期。2014 年 12 月，习近平总书记在江苏调研时提出，要协调推进全面建成小康社会、全面深化改革、全面推进依法治国、全面从严治党，推动改革开放和社会主义现代化建设迈上新台阶。"十三五"是国家现代化建设中非常关键的五年。要确保全面建成小康社会目标胜利实现，确保全面深化改革在重要领域和关键环节取得决定性成果，确保经济发展方式转变取得实质性进展。把提质、增效、升级作为引领经济新常态的发展导向，把改革创新作为一条主线贯穿于发展的全过程，以深化改革来不断释放发展的活力，以创新驱动来不断增强发展的内生动力，以全面开放来提升国家的国际竞争力，以包容发展来增进社会的凝聚力，以绿色低碳来提高国家的可持续发展能力余。

（三）"十三五"期间国家发展重点

一是实施创新驱动的发展战略，促进科技创新、人力资本培育和使用、多元化教育体系发展等举措，增强经济发展的新动力。

二是促进"新四化"同步发展，构建"十三五"转型升级的新路径。

三是全面融入全球经济，培育国际竞争新优势。以全球视野配置资源和资产，更积极参与国际治理和国际规则的制定。

四是促进集约均衡发展，形成区域和城乡协调发展新格局。

五是促进文化强国建设，弘扬民族精神成为新风尚。同时进一步建设和强化中国文化软实力。

六是要全面保障和改善民生，形成包容和谐发展的新局面。关键是进一步扩大就业，改善收入分配结构，强化社会保障机制建设，同时积极应对老龄社会的到来，调整人口战略和政策。

七是促进绿色低碳发展，建设生态文明的新家园。

（四）"十三五"期间利用香港地区优势的重点领域

1. 香港服务贸易优势。

从世界主要经济体服务贸易差额状况看，美国、英国、中国香港是全球服务贸易的净提供者，保持着世界服务贸易顺差的前三位；而德国、日本和中国内地则是全球服务贸易的净购买者，保持着世界服务贸易逆差的前三位。2000～2013年间，中国内地服务贸易逆差额由56亿美元增至1 246.6亿美元。同期，中国香港服务贸易顺差额则从157.3亿美元增至737.3亿美元。"十三五"时期，内地服务贸易逆差额将进一步扩大主要逆差行业包括运输、旅游、保险等，香港服务贸易顺差也将继续增长。因此，国家应从全局转型发展的需要出发，主动用好香港现代服务优势。这既有利于维护国家整体利益，亦有利于促进香港转型。

2. 香港金融服务优势。

从伦敦金融城国际金融中心指数（GFCI）排名来看，纽约、伦敦、香港位于国际金融中心前三位。香港被界定为在深度和广度上具有领袖地位的金融中

心。香港地区的人力资本、商业环境、金融发展、基础设施与声誉均列全球第
三。但同时,香港金融业在债券市场规模、金融衍生工具、大宗商品交易等方面
发展明显滞后。"十三五"期间,预期中小企业融资、贸易融资和基础设施融投
资是亚洲经济发展的三大推动力。国家主动利用香港金融优势,有助于解决中小
企业融资难、贸易融资难和基础设施融资难问题。同时,支持香港大力发展债券
市场、金融衍生工具和大宗商品交易市场,可以更好地为国家推进"一带一路"
建设服务,为国家加强优势产能国际合作服务,为国家发展方式转向创新驱动
服务。

3. 香港航运中心优势。

从全球航运中心看,伦敦港虽然货物吞吐量排在世界 30 位以后,但始终保
持着交易市场保险服务、航运信息服务、海事服务、海事教育、研究与交流、海
事监管等优势。目前世界 20% 的船级管理机构常驻伦敦,世界 50% 的油轮租船
业务、40% 的散货船业务、18% 的船舶融资规模和 20% 的航运保险总额都集中于
伦敦。纽约的优势则是吸引了航运业发展所必需的银行、律师、保险、仲裁机
构、经纪等高端要素。此外,纽约港还是全球最大的精炼石油产品与美国最大的
汽车进出口港。其航运交易市场仅次于伦敦,是全球三大船舶融资业务中心之
一。目前,内地航运经济仍停留在货物运输阶段,而香港航运中心则是在朝多功
能综合性方向发展,如兼顾综合物流中心功能(中转、装卸和仓储)、贸易与商
务中心功能(代理、保险、银行、货代、船代、通关等)、信息与通信中心功能
以及后援服务中心功能等。国家应主动利用香港航运服务优势,为国家航运物流
业转型发展服务,同时鼓励香港进一步向更高端的多功能综合性航运中心升级。

4. 内地与香港合作培育创新科技优势。

美国康奈尔大学欧洲工商管理学院和世界知识产权组织联合发布的《2014
全球创新指数(GII)报告》显示,瑞士、英国、瑞典、芬兰、荷兰依次位居
"最具创新力经济体"前 5 位,美国位居第 6 位,中国香港排在第 10 位,内地排
在第 29 位(2013 年排在第 35 位)。在中等收入经济体中,中国内地、巴西、印
度是创新领域的"领头羊"。报告认为,中国内地的创新能力正在快速提高,未
来几年排名有望进入前 10 位。目前,深圳全社会研发投入占 GDP 比重已经从
2009 年的 3.6% 增长到 2013 年的 4% 。生物技术、互联网等六大战略性新兴产业
总规模达 1.63 万亿元,占 GDP 比重超过 1/3,对 GDP 增长的贡献超过 50% 。事
实上,深圳已成为国内战略性新兴产业规模最大、集聚性最强、技术创新最活跃
的城市。目前,深圳高科技企业超过 3 万家。其中,华为公司是我国首个跻身全

球研发支出 50 强的企业；华大基因、腾讯入选美国麻省理工学院《科技创业》杂志 2013 年全球最具创新力技术企业 50 强。此外，深圳还建成了国家超级计算深圳中心和国家基因库等重大科技基础设施。因此，加强两地创新科技领域的合作，尤其是促进深港创新科技合作，是两地培育国际合作竞争新优势，推动两地经济共同转型的重点领域之一。

三、"十三五"期间国家利用香港优势的路径

"十三五"期间，国家主动利用香港优势，主要集中在现代市场制度规范和法治精神，高度国际化和开放，全球化人才跨国公司总部以及高端要素集聚，现代服务业的国际竞争能力等领域。为国服务主要体现在用好香港优势为国家"四个全面""一带一路""中国制造 2025"等重大战略服务，同时促进香港转型。路径选择主要是发挥"两制"优势，做好"一国"文章，在高度开放条件下实现优势互补、合作互动、错位竞争、共同繁荣发展的目的。

（一）香港是国家建立和完善现代市场经济制度的重要参照系

香港长期形成的现代市场经济制度规范和治理体系已较为成熟，这是国家发展最宝贵的制度财富，也是"一国两制"创新发展的最大优势。香港的制度优势为国家全面深化改革服务，重点应在：

一是国家建立经济、社会、生态规范和秩序的参照物。香港经济自由化、体制规范化以及公共治理能力在世界上均是高效率的。而这正是国家全面深化改革攻坚克难最迫切需要解决的重要问题。同样，国家发展的长期谋划、总体掌控、大国博弈以及多样选择等优势，也可有力支持香港经济社会转型。因此，充分用好香港现代市场经济制度和法治优势，推动中国特色社会主义市场经济制度的现代化、规范化和法治化，是全面深化改革"干中学"代价最小的方法之一。

二是国家推进治理体系和治理能力现代化的助推器。香港有 400 多个法定机构或非营利公共组织，承担着廉政、政府监督、平等机会、学术及职业资历评审、贸易发展、生产力促进、机场管理、教育、医疗、旅游等公共服务和公共管理职能。香港现代微观治理的特点之一是政府高度简政放权。如香港贸易发展局就是从以前三个政府部门职能转化而来。特点之二是现代法治精神。如香港法定机构承担政府公共服务职能，从设立到执行、再到监管都获得了有效的法例授权、执法和监督权。特点之三是透明度。无论法定机构还是其他公共服务部门都

要接受公众监督。特点之四是有明确退出机制。如香港地铁公司一旦取得持久商业赢利能力，就由法定机构退出转为商业机构。特点之五是专业化和运行规范。如香港法定机构都由专业人员担当公共责任，保证了公共服务和公共产品供给的高标准、高质量、高水平。这对国家推动依法治国，实现"法定责任必须为""法无授权不可为""法无禁止皆可为"，有重要的参考借鉴意义。

三是国家实施"一带一路"战略的重要帮手。香港现代市场经济体制特征之一是国际化。其中，"短平快"是香港经济长期在夹缝中求生存所形成的独特优势和奋斗精神；"高增值"是香港在长期激烈的国际竞争中培育出来的价值定位和营商特色；"国际化"是香港长期在开放环境中孕育出来的自由港优势和高度开放优势。中国香港不仅在美、日、欧有良好人脉和商业联系，而且在亚、非、拉也积累了百年以上的商业存在和发展经验。这对国家实施"一带一路"战略，加快推进"走出去"，有其独特重要作用。同样，国家融入和引领全球发展大潮，也使得香港国际化优势可以在更高层次、更大范围、更多领域内得以进一步提升和升华。

（二）香港是国家现代服务业全面深化改革的窗口

香港现代服务业是亚太最强势的发展领域，可以为国家制造业转型升级提供多层次、宽领域、最有效的增值服务。同样，国家发展也支撑了香港国际金融、贸易、航运中心地位和全球影响力。

一是国家主动利用香港金融优势。"十三五"时期，香港将推动人民币资本项下可兑换，发展境外人民币债市、期市、汇市并开发人民币远期、期货和期权等衍生工具，形成全球最重要的人民币离岸金融中心。发挥好香港金融中心和离岸市场功能，有利于国家有序推进人民币汇率形成体制改革、利率市场化改革、投融资体制改革以及银行保险证券体制改革，现实意义重大。

二是国家主动利用香港贸易和航运优势。香港的传统贸易、保税贸易、离岸贸易、跨境电商以及国际转口转运贸易的功能是很强大的，香港国际航运中心地位及相关增值服务在亚太地区也是领先的。在"十三五"时期，国家用好香港国际贸易和国际航运中心优势，有利于国家构建开放型经济体系。首先，香港可积极参与国家推进的"一带一路"战略。两地合作构建境内、跨境、境外的生产和贸易供应链、基础设施供应链、金融供应链，合力取得海运、港口、空运及相关服务的定价权。其次，香港可积极参与国家推动的自由贸易区战略。两地合作构建以周边为基础，辐射"一带一路"，面向全球的高标准自由贸易区网络。包括香港配合国家参与 TISA（全球服务贸易协议）谈判，推动两岸四地服务贸易谈判，参与中国与东盟 FTA 升级版、中日韩 FTA、RCEP 等区域合作。再次，香港可积极参与国家扩大内陆沿边地区开放开发。如两地合作提升新疆对中亚、云南对南亚、广西对东南亚、宁夏对西亚北非等地开放的能力建设、平台建设和离岸体系建设。

三是国家主动利用香港工商支持服务和专业服务优势。香港综合工商支援服务具有很明显的优势，包括双语、财金专才云集、国际商业网络发达、中介服务经验丰富等。香港过去的商业模式是从境外接单并完成各项增值服务后，在内地完成生产和组装，产品行销全球市场。目前香港的中介作用开始转化为境内接单并在境外组织生产和组装，商品和服务在内地销售的同时，沿"一带一路"构造价值链的商业新模式。香港企业在全球供应链管理和综合物流等领域相对内地企业有较强优势，同时又比国外商业竞争者更了解内地消费行为和消费文化。在"十三五"时期，香港商业模式可与内地贸易、生产和金融企业一道结成产业策略联盟，加强全方位国际合作，共同开辟东南亚、中亚、南亚、西亚、北非、非洲、拉美市场。同时，合作进入美、日、欧高增值商品和服务市场。

（三）香港是国家制造业转型发展的高端服务器

一是香港在更高层次上为国家实体经济转型发展服务。改革开放以来，香港工业家、生产性服务企业以及各类服务专才北上，与内地企业家合作，为促进国家经济腾飞做出了重大贡献。"十三五"时期，香港企业家创新精神可以在更高层次、更多领域、更大范围内帮助内地制造业企业转型升级。如"十三五"期间，预期内地消费者将经历从价格敏感者向价值追求者的转型，中等收入人群将出现倍增效应。这不仅会带来国家需求结构的转型，而且会诱导供给结构升级从需求和供给两翼为香港企业创造发展的新机遇。香港和内地企业家合作，通过质量创新，提升内地产品品质，满足国内和出口市场的差异化需求。从长期看，香港某些高科技产业，如生物医药研发、中医药检验检疫等，在与内地合作过程中可以在研发、制造等环节培育起新的优势。这将抵补香港本地成本高昂的劣势，为部分高科技产业回迁香港提供可能性。如果内地部分高端制造业可以延伸扩展到香港，将改变香港产业结构过度依赖金融、房地产等服务业的情况，为香港经济转型提供新的机遇。

二是推进内地港资制造业由东部沿海地区向中西部地区转移，并进入"一带一路"更广阔的大市场港商目前在内地的制造业企业大多集中于珠三角地区，是

20世纪80、90年代通过"前店后厂"模式从香港转移到内地,基本上是从事加工贸易的中小企业。"十三五"时期,港资制造业企业转型升级和调整的任务将非常艰巨。不过,虽然港资制造企业在东部沿海地区的优势已明显下降,但它们在中西部和"一带一路"沿线地区仍具备较大的比较优势和竞争优势。港资制造业应充分把握国家实施长江经济带、丝绸之路经济带和海上丝绸之路战略所带来的重大机遇,加快把生产网络向内陆沿边地区和"一带一路"沿线地区转移,这不仅可以为内陆沿边地区和"一带一路"沿线地区带来新的资金、管理经验、技术、营销渠道、人才等生产要素,还可为这些地区承接制造业梯次转移提供机会,而且有利于港资制造业自身的转型升级。

三是香港生产性服务业,如香港金融、设计、物流服务也可以向内陆沿边地区和"一带一路"沿线地区延伸扩展服务。如宁夏内陆开放型经济试验区,肩负着推进中阿经济贸易合作的重任,包括推进中阿金融合作、能源合作、产业合作、旅游合作以及相关领域的合作,这是一个涉及国家金融安全、能源安全、产业安全的大战略。香港企业应把握住这个重大商机,为宁夏内陆开放型经济试验区提供开展金融、能源、产业、旅游、文化等方面全方位国际合作的能力建设、离岸服务和制度建设。

(四)香港是促进国家区域经济协调的重要平台

一是发挥香港区位优势为国家推进全方位国际合作服务。香港作为我国最重要的全球性国际都市,"十三五"期间应成为国家加强与美、日、欧在高增值制造知识型服务和现代农业领域合作的重要平台。在"引资""引智""引技"的基础上,进一步"引制"即引入现代创新经济的制度环境,为建设创新型国家服务建议把香港作为国家全球知识产权保护和知识管理中心。在"十三五"期间,把深港湾区合作建设成为亚太创新中心。

二是发挥香港国际都市功能优势为发展世界级城市群和世界增长极服务。在大珠江三角洲地区,香港、深圳和广州三地处于城市群的中心位置。香港聚集了大量全球资本、人才和高端要素,深圳集聚了大量创新资源、实体企业和改革基因,广州集聚了大量人力资本、社会资本和物质技术资本。全面深化粤港合作,以创新思维建立香港、深圳、广州都市功能的合作机制,在更高层次上参与国际分工、竞争与合作,融入世界,将打造国家乃至全球最具活力和长期增长潜力的新增长极。建议构建香港、广州、深圳城市功能跨境分工的合作机制。按照市场经济规律构建利益共同体,如就区域金融中心、航运中心、创新中心建设等做出机会和利益共享的制度安排；按照社会规律构建和谐共同体，如就社会保障、社会治理与社会安全网建设等达成跨境机制性合作；按照生态规律构建命运共同体，如就绿色低碳、气候变化、节能减排等签订区域合作协议。

三是发挥香港体制灵活优势促进珠江三角洲地区体制高地平台建设。加强港澳与前海、横琴、南沙等新一轮平台建设合作，形成优势互补、合作互动、错位竞争的新型平台网络，促进区域经济整合发展。如前海的定位应是为科技创新和实体经济转型发展提供金融和其他现代服务，同时与香港金融和其他现代服务业形成全方位合作和错位发展的新模式。横琴的定位应是发展澳门非博彩的其他相关产业，为推动澳门经济结构适度多元化发展创造条件。同时发展香港非金融和非房地产的其他相关产业，探索横琴与港澳共同转型发展的合作新模式。南沙的定位应是促进粤港澳全面合作发展知识经济新兴产业。一方面，粤港澳合作构建全方位国际合作平台，打造全球性科技创新和资讯创新中心；另一方面，粤港澳可以合作建设对外投资服务基地，为建设"21世纪海上丝绸之路"提供高端要素和资源支撑。建议进一步完善粤港澳地区新一轮改革平台建设的合作协调机制。首先，是建立港澳与三大平台之间的合作协调机制，解决"十三五"时期平台之间以及与港澳之间可能出现的竞争与合作问题。其次，是建立港澳与广东其他平台之间的合作协调机制，如港澳与佛山中德工业服务区、东莞松山湖科技产业园区之间的合作关系。再次，是建立两岸四地重大平台之间的合作协调机制。如建立广东自由贸易试验区、台湾自由经济示范区与港澳平台之间的合作关系，为两岸四地构建类似自由贸易区的制度安排奠定合作基础。第四，是两岸四地合作建设境外经贸合作区，为中小企业"走出去"创造更好的投资环境。最后，是建立全方位国际合作平台。尤其是与美、日、欧重大平台建立创新合作机制，真正做到两岸四地企业共享"引智""引技""引制"的机会和成果，共同繁荣发展。

参考文献：

宋立：《"十三五"时期世界经济走势与我国外部发展环境》，载于《北京市经济管理干部学院学报》2015年第1期。

张燕生、刘旭、陈长缨：《香港特别行政区在国家经济发展中的地位和作用》，中国商务出版社2008年版。

（本文原载于《港澳研究》2015年第3期）

"一带一路"战略的理论模型研究

陈甫军*

一、引言

在世界经济复苏乏力，发达经济体货币政策走向分化的背景下。很多国家的经济都面临困境，亟需新的经济增长点，亟需新的经济火车头来带动世界经济。中国审时度势，将有利于几乎所有国家的国家层面的战略和政策融入到"一带一路"和 APEC 当中，以实现共赢。

从国内经济来看，自 1978 年改革开放，尤其是 1992 年全面建设市场经济以来，中国经济总量呈现出经济史上罕见的持续、快速增长趋势，被克鲁格曼誉为"增长奇迹"。这背后"三驾马车"的拉动不言而喻，一方面投资促进资本积累，进而从供给侧推动了经济增长[1]；另一方面消费和净出口带动内外需，进而从需求侧拉动了经济增长。具体到"一带一路"建设，既将直接促进投资增长（尤其是基础设施部门[2]），也将间接促进贸易发展。

"一带一路"是"丝绸之路经济带"和"21世纪'海上丝绸之路'"的简称。"丝绸之路经济带"是指丝绸之路经济带重点畅通中国经中亚、俄罗斯至欧洲（波罗的海）；中国经中亚、西亚至波斯湾、地中海；中国至东南亚、南亚、印度洋。"21世纪'海上丝绸之路'"的重点方向是从中国沿海港口过南海到印

---

* 陈甫军，中国人民大学商学院教授，博士生导师，中国人民大学中国经济改革与发展研究院副院长。

[1] OECD（2013）测算 1996~2001 年资本对中国经济增长的贡献率为 59%，2001~2006 年为 59.1%，2006~2011 年攀升至 65%。董敏杰和梁泳梅（2013）测算 1978~2010 年中国的资本贡献率高达 85.4%，尽管数值有所不同，但都显示资本对中国经济增长的贡献在 50% 以上（Chow and Lin, 2002；王小鲁，2000）。

[2] 众多经济学研究表明，基础设施提供对发展中国家的经济增长和社会发展有显著促进作用（Duflo and Pande, 2007；Kremer et al., 2011；Duranton and Turner, 2012；McRae, 2015）。

度洋，延伸至欧洲；从中国沿海港口过南海到南太平洋①。

2013 年 4 月 7 日，国家主席习近平于博鳌亚洲论坛主旨演讲中提出"搭建地区性融资平台，促进区域内经济融合，提高地区竞争力"。这成为"一带一路"战略的初步构想②。随后，国家主席习近平，国务院总理李克强在多个不同场合相继提出"构建'丝绸之路经济带'"③，"共同建设 21 世纪'海上丝绸之路'"的设想④，并提出通过"筹建亚洲基础设施投资银行"等建设，"以推进丝绸之路经济带、海上丝绸之路建设"⑤。2015 年 3 月 28 日，中国国家发展和改革委员会、外交部、商务部共同发布《推动共建丝绸之路经济带和 21 世纪海上丝绸之路的愿景与行动》，"一带一路"战略正式确立成为国家战略。

较多的学者将"一带一路"作为研究背景，探究"一带一路"战略对我国对外投资（杨飞虎，晏朝飞，2015）、相关产业升级（董秀成，2015）、产业转移（苏杭，2015）等具体领域问题的影响和作用机制，但是对于一带一路本身的经济本质逻辑却研究较少（卢锋，2015）。本文分为五个部分：第二部分从宏观经济视角分析"一带一路"提出的国际、国内背景；第三部分通过建立理论模型的方法，将"一带一路"抽象为两个不同层次的模型进行分析，解释了"一带一路"战略的经济本质；第四部分预测了"一带一路"对中国贸易发展的影响。最后，探讨了实施"一带一路"的重大战略意义。

二、"一带一路"战略提出的背景

（一）世界经济复苏乏力，新兴市场成为重要增长动力

2008 年金融危机后，全球经济逐渐复苏。根据联合国发布的《2015 年世界经济形势与展望》⑥，2013 年美国 GWP 增速达 2.2%，2014 年、2015 年预计将分

---

① 中国国家发展改革委，外交部，商务部：《推动共建丝绸之路经济带和 21 世纪海上丝绸之路的愿景与行动》，载于《人民日报》2015 年 3 月 29 日第 4 版。
② 习近平：《共同创造亚洲和世界的美好未来——在博鳌亚洲论坛 2013 年年会上的主旨演讲》，新华网，2013 – 04 – 07，http：//news. xinhuanet. com/politics/2013 – 04/07/c_115296408. htm。
③ 习近平：《弘扬人民友谊共创美好未来——在纳扎尔巴耶夫大学的演讲》，新华网，2013 年 9 月 7日，http：//news. xinhuanet. com/world/2013 – 09/08/c_117273079. htm。
④ 习近平：《携手建设中国 – 东盟命运共同体——在印度尼西亚国会的演讲》，新华网，2013 年 10月 3 日，http：//news. xinhuanet. com/world/2013 – 10/03/c_117591652. htm。
⑤ 中国共产党中央委员会：《中共中央关于全面深化改革若干重大问题的决定》，新华网，2013 年11 月 16 日，http：//news. xinhuanet. com/2013 – 11/15/c_118164235. htm。
⑥ UN DESA，World Economic Situation and Prospects：Mid – 2015 Update，2015 – 07，http：//www. un. org/en/development/desa/policy/wesp/。

别实现 2.4%、2.8% 的增长，远高于发达国家平均水平（2013 年，发达国家整体 GWP 增速为 1.2%，2014 年、2015 年预计增速为 1.6%、2.2%）。欧元区国家 2013 年 GWP 增速为 0，预计 2014 年、2015 年将分别实现 1.3%、1.9% 的增长。总体而言，美、日经济有所复苏，增长趋势增强，欧元区受欧债危机的影响，经济温和衰退。相比之下，发展中国家整体保持 4.4% 以上的增长速度（2013 年发展中国家 GWP 增速为 4.7%，预计 2014 年、2015 年将实现 4.4%，4.4% 的增长）。金融危机后，发达经济体与新兴经济体"双速"发展的格局进一步深化。根据国际货币基金组织的预测，2050 年，"金砖五国"（中国，巴西，俄罗斯，印度，南非）国民生产总值将超过美国、英国、加拿大、法国、德国、意大利及日本等工业大国。以中国及中西亚国家为代表的新兴市场成为世界经济增长的重要动力。以中西亚为代表的亚洲发展中国家市场广阔。根据亚洲开发银行的测算①，未来 8～10 年，亚洲每年的基础设施资金需求将达到 7 300 亿美元；根据世界银行的测算，亚洲每年基础设计资金需求约为 8 000 亿美元。与此同时，亚洲开发银行和世界银行两个最大的金融机构每年在亚洲地区基础设施的投资总和只有 300 亿美元左右。因此，亚洲基础设施建设面临着巨大的融资缺口。资金欠缺制约了基础设施建设了，也制约了中西亚为代表的发展中国家和地区的经济增长。

（二）中国经济"新常态"催生"一带一路"战略出台

中国经济的"新常态"是指中国经济在经历 30 多年的快速增长之后，进入到"常态增长"阶段，经济增速将在 7% 左右运行②。广阔的内需市场、劳动力的比较优势、体制改革的空间及城市化进程的大力推进是过去 30 年促进中国经济长期平稳增长的重要因素。然而，由于劳动力成本上升、城市化进程进入稳定发展，投资和消费需求增长放缓，中国经济亟需寻找新的经济增长点。此外，进入 21 世纪以来，重复建设和产能过剩问题一直影响着中国经济的发展，特别是 2008 年金融危机以来，"4 万亿"投资计划、十大产业振兴规划和宽松的货币政策等刺激政策带来了盲目投资，加剧了产能过剩问题③。与此同时，必须看到的

---

① Bhattacharyay, Biswa N., Masahiro Kawai, and Rajat Nag, eds. Infrastructure for Asian Connectivity. Edward Elgar Publishing, 2012.
② 习近平：《谋求持久发展共筑亚太梦想——在亚太经合组织工商领导人峰会开幕式上的演讲》，载于《光明日报》2014 年 11 月 10 日，http://news.gmw.cn/2014－11/10/content_13797836.htm。
③ 韩国高、高铁梅、王立国、齐鹰飞和王晓姝：《中国制造业产能过剩的测度，波动及成因研究》，载于《经济研究》2011 年第 12 期，第 18～31 页。

是，新一轮的产业结构调整中，转型升级成为本轮产业结构调整中的主旋律，市场、资本、人才、产品等核心要素成为产业结构调整中的关注点。经过 30 多年的技术积累与升级，中国制造业，特别是中端制造业，已经达到国际中上游水平。中国经济增长需要利用制造业的比较优势，来扩展国外市场，解决产能过剩问题。另一方面，中国区域发展产生新格局：2014 年 2 月，东部及沿海发达地区率先进入京津冀协同发展、长江经济带等区域规划战略；截至 2014 年底，广西、湖南、四川等省份的 GDP 增长率已经连续 7 年超过东部发达地区。如何实现区域协同发展，促进区域贸易，带动经济增长，成为中国经济需要解决的又一个问题。同时，近年来中国为推动区域经济一体化已作出了很多战略规划。包括："21 世纪海上丝绸之路战略"、"丝绸之路经济带战略"、中印缅孟经济走廊战略、中巴经济走廊战略、东北亚经济整合战略等。这些战略中，每个都是以区域经济一体化为核心的，每个都是以中国的国家战略为基础的，每个都以符合亚太乃至亚欧几乎所有成员国的战略利益为出发点的。

以上这些都为中国在 2013 年提出"一带一路"倡议、2015 年正式实施这一战略提供了基本条件。

三、理论分析：理解"一带一路"本质的基本模型

（一）基本模型：中国－中西亚国家的互动双赢

鉴于中国经济结构转型、扩展市场的内在需求，拥有庞大的外汇储备、寻求稳健的投资项目与机会，以及中亚为代表的亚洲其他国家具有广阔市场、缺乏基础设施投资的供需经济态势，可以低息贷款作为"引子"，带动中国基础设施建设项目"走出去"，以及基础设施建设推动所建设国家的经济发展，以其收益归还建设贷款的这一经济循环路线，来构建理解"一带一路"战略经济本质的基本理论模型的核心回路（见图 1）。

具体而言，中国对亚洲其他国家提供低息贷款，并进行基础设施建设，一方面实现了为国内过剩产能有效扩展了国际市场，为我们外汇储备找到稳健投资渠道。中国资金主要源于巨额的外汇储备，沿线省份的地方版丝路基金以及以债权等形式吸收的社会资本。输出的基础设施建设包括公路、铁路、高铁、电力等产业，还将带动通信、工程机械等相关领域的产能输出。另一方面，通过基础设施建设获得经济发展的发展中国家政府和企业可以税收及项目收益作

为偿还中国低息贷款的保证。相较而言，发展中国家为我们提供了广阔市场，但其获得了发展所需要的资金及技术，基础设施建成后可以利用其"外溢"作用促进国家的经济发展，从而用其增加的收益来归还项目建设贷款。这样就获得了"双赢"。

图1 "一带一路"战略的基本模型：中国与亚洲其他国家在经济互动中实现"双赢"

（二）扩展模型：中、亚、欧、非各国的多边共赢

"一带一路"战略诞生于中国与其他亚洲国家的经济互动中，从双方市场基础供给与需求出发，满足中国与亚洲其他国家的双边利益。而事实上，"丝绸之路经济带"东牵着亚太经济圈，西系欧洲经济圈，被认为是"世界上最长、最具有发展潜力的经济大走廊"。经济面临着温和衰退压力的欧洲工业强国更是希望通过自身的技术优势参与到"一带一路"战略中的建设中，以获取中亚发展中国家广阔市场。作为"一带一路"战略的主导国，我国在"一带一路"的基本模型中占有重要地位。同时，与欧洲工业强国联合投资建设发展中国家，可以为我国率先"走出去"的企业，提供学习先进技术和营销经验的平台，有助于我国制造业技术的不断升级。于是欧洲国家作为第三方参与"一带一路"建设，实现国际产能合作就应运而生。非洲国家同样需要基础设施建设。这样，可以对上面"一带一路"战略的基本模型进行伸延和扩展（见图2）。

图 2 "一带一路"基本模型的延展：欧洲、非洲国家参与的多边共赢

随着"一带一路"战略的进一步推进，非洲各国将成为下一阶段受益国家。根据联合国发布的《2015 年世界经济形势与展望》，非洲国家 GWP 增速 2013 年高达 3.3%，2015 年、2016 年预计达 4.0%及 4.8%；其中非洲东部国家 2013 年 GWP 增长速度高达 6.5%，2015 年、2016 年增速预计达 6.6%，6.7%，远超过世界其他国家和地区。非洲各国从"一带一路"战略的受益应至少从两个方面来理解：一方面，随着基础设施建设的进一度推进，非洲一些国家将成为"资金—技术"的输入市场，直接受惠于基础设施建设；另一方面，下一阶段直接中亚等国家基础设施建设带动的区域经济发展将惠及非洲各发展中国家，通过区域要素流动带动区域协同发展。

近年来，欧洲主要国家在"一带一路"倡议提出后对中国态度的改善，在极大程度上证明了"一带一路"战略对欧洲国家的吸引力，也从另一个侧面证明了"一带一路"构想的逻辑自洽。欧洲国家和非洲国家的积极响应和参加，极大地拓展和丰富了"一带一路"战略的内涵。

把图 1 和图 2 结合起来，考虑今后有可能的北美国家的加入，也可以形成一个包括北美国家的进一步的扩展模型，最后得到"一带一路"战略的综合理论模型（见图 3）。

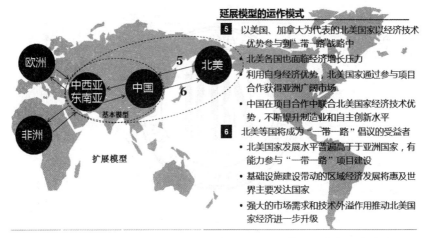

延展模型的运作模式

5 以美国、加拿大为代表的北美国家以经济技术
优势参与到"一带一路"战略中
- 北美各国也面临经济增长压力
- 利用自身经济优势，北美国家通过参与项目
合作获得亚洲广阔市场
- 中国在项目合作中联合北美国家经济技术优
势，不断提升制造业和自主创新水平

6 北美等国将成为"一带一路"倡议的受益者
- 北美国家发展水平普遍高于亚洲国家，有
能力参与"一带一路"项目建设
- 基础设施建设带动的区域经济发展将惠及世
界主要发达国家
- 强大的市场需求和技术外溢作用推动北美国
家经济进一步升级

图 3 "一带一路"基本理论模型的综合：包括北美等所有参与国家的共赢

"一带一路"的理论模型源于对中国及世界各国的经济发展现状和国际经济的宏观背景，它是在抽象的层次上将提出倡议的中国和参与合作的各国简化为市场主体，从供给和需求的视角出发，分析参与各方的行为和利益，旨在证明"一带一路"存在自洽的经济逻辑。应该指出，理论模型不可能也没有必要包括"一带一路"的全部内容，但确是我们理解"一带一路"经济本质的思想利器。

四、"一带一路"对中国贸易的影响

在以上的理论模型的基础上，我们进一步分析"一带一路"对中国贸易发展的影响。

（一）中国贸易发展历史回顾

图 4 给出了 1978～2014 年中国经济总量（GDP）、国内贸易和对外贸易的增长趋势。从图 4 可以看出改革以来国内贸易呈稳步上升趋势，对外贸易因 2008 年的金融危机出现短暂波动后增长速度放缓。2000 年以前，国内贸易和对外贸易大体持平；2010 年后对外贸易逐渐平缓，迫切需要寻找新的增长点，相对而言国内贸易发展趋势更好。

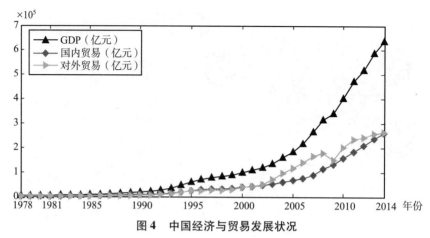

图 4 中国经济与贸易发展状况

注：国内贸易以社会消费品零售总额度量，对外贸易以进出口总额度量。
资料来源：国家统计局：《中国统计年鉴（2015）》，中国统计出版社 2015 年版。

此外，从贸易平衡的角度看，2000 年后中国一直保持贸易顺差，顺差额在 2008 年有所下降，但近年来略有扩大。从贸易结构看，进出口贸易中，以商品贸易为主，服务贸易相对较少但增长趋势相对平稳、增长空间较大。出口中工业制成品占比较大，尤其是机械和运输设备；进口中初级产品占比较高，尤其是矿物燃料。从贸易结合度看，中国与"一带一路"沿线国家的贸易结合度较高，且 21 世纪后有明显上升趋势（韩永辉等，2015）。

1."一带一路"对贸易总量的影响。

由表 1 可知，投资可以同时拉动进出口，且对出口的拉动力（1.11）略大于进口（1.06）。由表 2 和 3 可知，投资对不同产品进出口的拉动力不尽相同。从出口看：杂项制品 > 机械及运输设备 > 化学成品及有关产品 > 按原料分的制成品 > 饮料及烟类 > 食品和活动物 > 矿物燃料、润滑油及有关原料 > 非食用原料（燃料除外） > 动植物油、脂及蜡。从进口看：矿物燃料、润滑油及有关原料 > 杂项制品 > 机械及运输设备 > 动植物油、脂及蜡 > 非食用原料（燃料除外） > 化学成品及有关产品 > 按原料分的制成品 > 饮料及烟类 > 食品和活动物。

表 1   投资对贸易量的影响

项目	进出口总额	出口总额	进口总额	净出口
投资	1.08 ***	1.11 ***	1.06 ***	1.13 ***

表2　　　　　　　　　　　　投资对不同产品出口的影响

项目	SITC0	SITC1	SITC2	SITC3	SITC4	SITC5	SITC6	SITC7	SITC8	SITC9
投资	0.52 ***	0.61 ***	0.33 ***	0.35 ***	0.31 ***	0.86 ***	0.83 ***	1.37 ***	1.96 ***	− 0.23

表3　　　　　　　　　　　　投资对不同产品进口的影响

项目	SITC0	SITC1	SITC2	SITC3	SITC4	SITC5	SITC6	SITC7	SITC8	SITC9
投资	0.43 ***	0.59 ***	0.88 ***	1.46 ***	0.90 ***	0.78 ***	0.64 ***	0.92 ***	1.02 ***	0.33 **

注：* p<0.1，** p<0.05，*** p<0.01。
资料来自《中国统计年鉴》，《新中国六十年统计资料汇编》；因篇幅所限，控制变量没有列出；自变量和因变量均做对数处理；自变量为固定资产投资，并剔除了房地产行业；SITC0：食品和活动物，SITC1：饮料及烟类，SITC2：非食用原料（燃料除外），SITC3：矿物燃料、润滑油及有关原料，SITC4：动植物油、脂及蜡，SITC5：化学成品及有关产品，SITC6：按原料分的制成品，SITC7：机械及运输设备，SITC8：杂项制品，SITC9：未分类产品。

据世界银行测算，亚洲每年基础设施资金需求达8 000亿美元，而世界银行和亚洲银行每年在亚洲基础设施项目上的投资只有300亿美元，各国自筹资金也只有2 000亿~3 000亿美元，因此，亚洲每年基础设施建设的资金缺口约为5 200亿美元。随着"一带一路"建设，这部分资金缺口将部分被弥补，进一步由表1可知，杂项制品、机械及运输设备、化学成品的出口额将进一步加大，而矿物燃料、润滑油及有关原料、杂项制品、机械及运输设备的进口额也会因此而扩大。据测算，单位基建产出能拉动上游相关产业1.89个单位，推动下游相关产业3.05单位的供应扩张。因此，5 200亿美元的基建投资可以带动约25 688亿美元的产出。如果"一带一路"建设中中国只占到5%，则因此带动的总产出为1 284亿美元，可以使经济增长率提升约1个百分点。若以投资的1.5~2.2的乘数效应（许宪春等，2007）估算，则该部分基建投入可使经济增长率提升0.4~0.6个百分点。

2. "一带一路"对中国贸易结构的影响。

从表4和5可以看出，"一带一路"建设将使出口中机械及运输设备的比重提升，使进口中矿物燃料、润滑油及有关原料的比重提升。因此，随着"一带一路"战略的实施，机械和运输设备的出口比重可能进一步提升，这有助于国内相关行业的发展；从进口看，虽然矿物燃料等有关原料的进口比重倾向于增加，但随着交通运输的便捷和国际间经济交流的加深，不同产品进出口比重的变化将更能体现中国和周边国家的比较优势。

表4   投资对出口产品份额的影响

项目	ITC0	ITC1	ITC2	ITC3	ITC4	ITC5	ITC6	ITC7	ITC8	ITC9
投资	−0.011 ***	−0.000 ***	−0.008 ***	−0.019 ***	−0.000 ***	−0.004 ***	−0.014 ***	0.010 ***	−0.008 ***	−0.009 ***

表5   投资对进口产品份额的影响

项目	ITC0	ITC1	ITC2	ITC3	ITC4	ITC5	ITC6	ITC7	ITC8	ITC9
投资	−0.012 ***	−0.000 ***	−0.007 ***	0.004 ***	−0.000 ***	−0.009 ***	−0.019 ***	−0.012 ***	−0.001 *	−0.006 ***

注：*$p<0.1$，**$p<0.05$，***$p<0.01$；自变量做了对数处理，因变量为出口（进口）产品金额占出口（进口）总额的比重；投资中剔除了房地产行业的投资。
资料来源和产品分类参见表1注释。

（二）预测分析

1. 回归估计。

统计数据显示，2014年中国与"一带一路"沿线国家的货物贸易额达到1.12万亿美元，占中国货物贸易总额的26%。由表1可知，投资对贸易额的拉动系数为1.08。"一带一路"建设使固定资产投资提升7%（世界银行估算），则贸易额每年提升8%（即1.08×7%）。

在不考虑"一带一路"拉动的情况下，最近三年贸易额年均增长3.8%。故乐观估计以11.8%（即8%+3.8%）为增长率，悲观估计以8%为增长率。从图5可以看出，乐观估计下2025年中国与"一带一路"沿线国家的货物贸易额可达到3.8万亿美元，即便在保守（悲观）估计下，也将达到2.6万亿美元，相比2014年翻了一倍多。

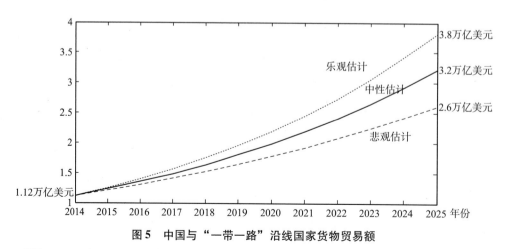

图5 中国与"一带一路"沿线国家货物贸易额

2. 经验估计。

名义 GDP 以 8% 的增长率估算，则 2025 年名义 GDP 总量约为 150 万亿元人民币。贸易额占 GDP 的比重以 40% 估计（中国目前为 42%，美国为 30%，日本为 35%），则 2025 年贸易额约 60 万亿元人民币。中国与"一带一路"涉及国家的贸易额占中国贸易总额的比重以 32% 估计（目前为 26%），并考虑到人民币汇率长期升值压力，对美元的汇率以 6.0 估计，则 2025 年中国与"一带一路"涉及国的贸易额将达到 3.2 万亿美元，即：$150 \times 40\% \times 32\% \div 6 = 3.2$（万亿美元），这与前文的计量估计结果比较接近。而商务部在 2015 年 5 月给出的估计结果 2.5 万亿就和与本文的保守（悲观）估计相差不多。

因此可以预测：到 2025 年，中国与"一带一路"沿线国家的货物贸易总额将达到 3.2 万亿美元，约 20 万亿人民币。这样大约可以增加中国 1 万亿美元以上的贸易额。这对于中国经济社会的发展有巨大的推动作用。但这也是一个十分艰巨的任务，需要艰苦的努力才能完成。

五、实施"一带一路"战略的重大意义

"一带一路"作为一项重要的中长期国家发展战略，主要是为解决好开创经济增长的新动力、开拓对外开放的新格局、拓展战略纵深和强化国家安全、以及掌握区域贸易的主导权，推动全球治理结构的改革等这几个关系未来发展的重要战略问题。这对于中国经济进入新常态后的稳定发展有重大意义和作用。

（一）开创经济增长的新动力

过剩产能对经济的运行造成了很大的问题，中国传统的出口国较为单一和狭窄，美欧日占据出口的核心国位置。传统的出口市场已经开拓得较为充分，且鉴于美欧日等国家自身经济增长乏力，增量空间已经不大，国内的过剩产能很难再通过原有出口核心国进行消化。在国内消费加速启动难以快速推进的情况下，通过"一带一路"来开辟新的出口市场是符合中国经济增长的现实选择。

除此之外，外汇资产的保值增值也是中国目前存在的一大主要问题。而新兴市场国家和欠发达国家的基础设施建设仍然有很大缺口，中国利用积累的外汇储备作为投资海外基础设施建设，拉动全球增长的资本金，通过资本输出进一步带动消化过剩产能。资本先行，因此，"一带一路"就可以开创中国经济增长新的动力来源。

（二）开拓中国对外开放的新格局

中国改革开放 35 年来取得了举世瞩目的伟大成就，但是是受地理区位、资源禀赋、发展基础等因素的影响，对外开放总体上呈现东快西慢、海强陆弱的格局。"一带一路"战略的实施将构筑新一轮对外开放的"一体二翼"，在提升向对开放水平的同时加快向西开放步伐，大力助推内陆沿边地区由对外开放的边缘迈向前沿。遵循和平合作、开放包容、互学互、互利共赢的丝路精神，中国通过实施"一带一路"战略，与沿线国家在交通基础设施建设、贸易与投资、能源合作、区域一体化和人民币国际化等方面开展合作，可以大大开拓中国对外开放的新格局。

（三）拓展战略纵深、强化国家安全

目前，我国的资源进入主要现还主要是通过沿海海路，而沿海直接暴露于外部威胁，在战时极为脆弱。我国的工业和基础设施也集中于沿海，如果遇到外部的打击，整个中国会瞬时失去核心设施。在战略纵深更高的中部和西部地区，特别是西部地区，地广人稀工业少，还有很大的工业和基础设施发展潜力，在战时受到的威胁也少。通过"一带一路"加大对西部的开发，将有利于战略纵深的开拓和国家安全的强化。

（四）获取区域经济主导权，推动治理结构改革

"一带一路"战略对中国而言，不仅能对冲美国主导的试图绕开和孤立中国而推进 TPP（跨太平洋伙伴关系协议）、TTIP（跨大西洋贸易伙伴谈判），还能有机会在"一带一路"经济贸易活动中抢占全球贸易新规则的制定权和话语权。如 21 世纪海上丝绸之路将以国内外的港口为支点建设，推动各种规格的自贸协定谈判，在国内，特别是上海自贸区试验成功后，就可以以上海（含宁波—舟山）和泉州湄洲湾港的超级深水港为依托，建设国际中转港，真正带动建设国际经济、金融、贸易、航运中心，掌控国际贸易主导权，定价权和资源配置权。这样，中国通过主动加速主导区域经济整合，能够大大地提升自己的区域经济影响能力。

实施"一带一路"战略既是中国全方位对外开放的必然逻辑、文明复兴的必然趋势，也是全球化的包容性发展的必然要求。它面临着全方位的开放、外交、合作以及全球发展的新机遇，也面临着地缘政治、安全，以及经济、市场等各种

风险。因此，对这个问题的研究必然不同于其他问题的研究，有如下几个特点：综合性、战略性、系统性、国际性、长期性。现在尤其需要对具体问题进行深入的分析研究，本文就是这个方面的一个尝试。

参考文献：

董敏杰、梁泳梅：《1978～2010年的中国经济增长来源：一个非参数分解框架》，载于《经济研究》2013年第5期。

韩永辉、罗晓斐、邹建华：《中国与西亚地区贸易合作的竞争性和互补性研究——以"一带一路"战略为背景》，载于《世界经济研究》2015年第3期。

王小鲁，2000：《中国经济增长的可持续性与制度变革》，载于《经济研究》2000年第7期。

"中国2007年投入产出表分析应用"课题组：《基于2007年投入产出表的我国投资乘数测算和变动分析》，载于《统计研究》2011年第3期。

Chow, G., Lin, A., 2002, "Accounting for economic growth in Taiwan and mainland China: A comparative analysis", *Journal of Comparative Economics*, 30 (3), pp. 507 – 530.

Duflo, E., Pande, R., 2007, "Dams", *Quarterly Journal of Economics*, 122 (2), pp. 601 – 646.

Duranton, G., Turner, M. A., 2012. "Urban growth and transportation", *Review of Economic Studies*, 79 (4), pp. 1407 – 1440.

Kremer, M., Leino, J., Miguel, E., Zwane, A. P., 2011. "Spring cleaning rural water impacts, valuation, and property rights institution", *Quarterly Journal of Economics*, 126 (1), pp. 145 – 205.

McRae, S., 2015. "Infrastructure quality and the subsidy trap", *American Economic Review*, 105 (1), pp. 35 – 66.

(本文原载于《中共贵州省委党校学报》2016年第1期)

"一带一路"战略：跨越历史时空的思考

高德步*

"一带一路"战略是依靠中国与有关国家既有的双多边机制，借助既有的、行之有效的区域合作平台，旨在借用古代"丝绸之路"的历史符号，高举和平发展的旗帜，主动地发展与沿线国家的经济合作伙伴关系，共同打造政治互信、经济融合、文化包容的利益共同体、命运共同体和责任共同体。"一带一路"战略是我国在新的历史时期实施的国际经济战略，通过两年来的大力推进已经初具雏形，社会各界已经进行了大量有意义的研究。但是，"一带一路"战略源自我国古代的陆海两条丝绸之路概念，做历史分析也许有一定意义。本文试图从历史角度对"一带一路"战略进行以下方面的思考。

一、东方丝路与西方丝路

一般认为，丝绸之路主要是中国开辟的，是中国人民对世界所做出的历史贡献。但事实上，丝绸之路是东西方人民共同开辟的。也就是说，历史上东西方都认识到了这条重要的贸易通道，并且为这条贸易通道的安全和畅通做出了努力和贡献。强调这个历史事实和强调这个认识，有助于消除世界各国对"一带一路"战略的误解，将"一带一路"的开发和建设作为相关国家和人民的共同福祉。

尽管东西方远隔千山万水，但在十分久远的历史上就互相知道对方的存在。也就是说，中西交通事实上很早就已开始。早在公元前十世纪，西周的周穆王就从中原出发，驱车西游到西北地区，抵达中亚的一些氏族部落。据《穆天子传》记载，周穆王带去的丝绸品种很多，而且都很珍贵，有帛、贝带、朱、锦、珠丹、朱丹等。其中帛为白色的绸，象征吉祥，取"化干戈为玉帛"之意；贝带为

---

* 高德步，中国人民大学经济学院教授，博士生导师，中国人民大学中国经济改革与发展研究院常务副院长。

有贝饰的红色丝带，作装饰之用；朱、朱丹、珠丹可能为同一类织物，属绛色绸；锦则为有多重经线的彩丝织品。在公元前八世纪希腊的"大移民"运动中，有一支殖民队伍一直向北曾深入整个黑海沿岸。这些希腊人与黑海北岸的斯基泰人贸易频繁，斯基泰人除以谷物、羊毛和奴隶为交易货物外，还转销来自遥远东方的货物。当时的希腊人已经知道东方有一个产丝的国家并称其为"赛来丝"。①在阿尔泰地区巴泽雷克一古墓葬出土文物中，曾发现既有公元前5～前3世纪的中国丝绸织物和漆器，又有公元前6～前4世纪波斯王阿赫门王朝风格的艺术品。《史记·货殖列传》记载：秦时"乌氏倮畜牧及众，斥卖，求奇缯物，间献遗戎王，戎王什倍其偿，与之畜，畜至用谷（山谷）量马牛，秦始皇帝令倮比封君，以时与列臣朝请"。秦朝的乌氏县就是今甘肃的平凉县，乌氏倮可以说是当时与西方民族进行丝绸贸易的商人，当时丝绸经由甘肃、新疆向西方输出。

公元前139年和前119年，张骞两次出使西域。此后，丝路基本开通，大致是从长安出发，经宝鸡、陇县、固原、武威、张掖、酒泉、安西、敦煌，出玉门关，进入新疆分赴各国。西方诸国来汉的使者和贩运商人也络绎不绝，最盛时"立屯田于膏腴之野，列邮置于要害之路。驰命走驿，不绝于时月；商胡贩客，日款于塞下。"② 当时我国输出的主要是丝绸，输入的有大宛的汗血马、明珠、文甲等殊文异物，相传菠菜、胡椒、葡萄、胡桃、西瓜等菜果，也是从这条路线上输入的。另据《汉书·张骞传》记载：张骞在大夏（阿富汗北部）时，"见邛竹杖、蜀布。……大夏人曰吾贾人往市之身毒国（印度）。"可知巴蜀贩运商人早在张骞出使之前就经过印度等地从事贸易活动。这就是南方丝绸之路，是我国古代通往东南亚和非洲大陆的一条民间私道，全长3 000多公里。东汉和帝永元九年（97年），都护班超派遣甘英出使罗马。甘英到达波斯湾头欲渡海去罗马，被安息人劝阻而返，中国与罗马的直接贸易关系也没能建立起来。但是，罗马的物品如夜光璧、琉璃、珊瑚、珍珠、海西布、火浣布、羊毛织品等，还是辗转传入中国。而从中国以丝织品为主的商品，包括肉桂、大黄和优质铁等，也辗转到达罗马。这条贸易通道的主线自中国西北部的长安（西安）开始，向西经河西走廊至塔里木盆地，分为两道，一条道沿盆地的北部边缘，一条道沿盆地的南部边缘，绕过盆地，然后越过帕米尔高原，穿过位于土耳其斯坦的撒马尔罕和梅尔夫，再绕过里海南端王位于现代伊拉克境内的塞琉西亚，由此继续西进，至地中海东部沿岸地区的罗马边境。

---

① 方豪：《中西交通史》（上），上海人民出版社，2008年，第45页。
② 《后汉书·西域传》。

另一方面，西方的罗马帝国也努力探索到达东方的贸易通道。当时，波斯的安息王朝处在中国与罗马之间，所以罗马帝国试图从红海地区探索通向东方的海上商路。公元二世纪初，罗马人到达孟加拉湾东岸，然后经由缅甸进入中国境内。据史书记载，东汉永元十二年（公元 100 年），罗马属内的马其顿商人即到过中国。① 公元 162~168 年罗马皇帝马可·奥勒留·安东尼（Marcus Aurelius Antoninus，161~180）发动对萨珊波斯的战争，占领两河流域和波斯湾头，打通了海上通往东方的道路。根据《后汉书·西域传》记载，"至桓帝延熹九年（166 年），大秦王安敦遣使自日南（今越南中部），缴献象牙、犀角、玳瑁，始乃一通焉"。公元 226 年，罗马商人秦论来到中国管辖的交趾（今越南北部），取道桂湘到武昌见了吴王孙权，表达罗马帝国与中国通商的愿望。《晋书·四夷传》记载："武帝太康中，其（大秦）王遣使贡献。"罗马帝国灭亡后，在东西方贸易中起关键作用的是拜占庭帝国。拜占庭处于欧亚陆路交接处，新的商道也发展起来，从前亚历山大港的国际贸易地位逐渐让位于拜占庭，丝绸成了拜占庭社会生活中的珍品。但是，拜占庭要购买来自中国的生丝必须经过波斯。为了争夺与中国的丝绸贸易，拜占庭帝国与波斯发生多次冲突直至战争。直到公元 552 年，两个曾经到过中国的僧侣将学到的养蚕抽丝技术带给了拜占庭皇帝，这才打破波斯人对丝绸贸易的垄断。② 此后，拜占庭逐渐发展了自己的养蚕业和丝绸工业。这一传统被意大利继承，所以，直到 19 世纪末意大利一直是最重要的丝绸生产和出口国。

可见，丝路是中国与西方包括中亚国家共同开辟和发展起来的，也是这些国家共同维护的。当然，各个国家也曾经为了控制这条丝路而展开过竞争和争夺，但共同利益还是把他们连在一起。所以，丝绸之路既是中国的也是世界的，"一带一路"战略符合中国人民的利益，也符合相关国家人民的利益。

二、大陆战略与海洋战略

一般认为，中国是传统的大陆国家，长期以来把眼光集中于大陆，并且一直将西域和西北方作为主要的关注方向。这也是历史事实。但在中国历史上存在一个重要的历史转折，即将关注方向从西方内陆转向东南海洋，并且在一定的历史

---

① 杨共乐：《中西交往史上的一件大事——罗马商人曾于公元一百至一百〇一年间到过中国》，载于《光明日报》1996 年 5 月 14 日。
② ［美］汤普逊：《中世纪经济社会史》上册，商务印书馆 1984 年版，第 209 页。

时期实行陆海并重战略。厘清这一历史事实，有助于消除中国传统的观念，协调大陆战略和海洋战略的关系，更好地对外开放，有效实施"一带一路"战略。

中华民族起源于黄河和长江流域，文明的核心地带基本上囿于内陆。事实上这并不是中华民族的缺陷，而是根据民族起源与发展所处的各种条件所作的自然选择。所以长期以来，中国基本上是"向西看"，注重西域地区的关系和发展，中西经济文化的交流主要是通过陆上丝绸之路。唐宋两朝是中国大陆战略和海洋战略的转折点。唐代中国国力强大，能够牢牢地控制西域，保证古丝路的畅通。但是当唐代国力衰落之时，就逐渐丧失了对这一区域的控制，丝路也就时断时续了。但另一方面，经历了长时期的发展，中国经济中心逐渐南移，到唐宋时期已经到达了东南沿海。所以，从唐朝开始中国就面向海洋了。例如，唐代中国的造船业和航海技术有了长足发展，唐代人已能熟练运用季风航行，天文、地理导航水平都有明显提高。唐贞观时将做大匠阎立德曾在洪州造"浮海大航五百艘"[1]。李皋（733～792）创造桨轮船，"扶二轮踏之，翔风破浪，疾若挂帆席。"[2] 唐代海船以体积大、载量多、结构坚固、抗风力强闻名于世。此前的海上贸易通路主要是沿山东半岛、朝鲜而至日本。而唐代发展起来的海上商道是从交、广出海，以斯里兰卡为枢纽，沿印度洋岸，可抵达亚、中亚、非洲东海岸港口、地中海沿岸各国。《新唐书·地理志》将这条海上航路称为"广州通海夷道"。唐朝中后期，中国的对外交通重心由西北陆路转向了东南海道，继之兴起了广州、扬州、泉州等三大港市，成为外商在沿海的云集之地。此外，泉、漳、福诸沿海城市，均是国内外贸易的重要枢纽，也是外人乐于涉足侨寓之区。

到了宋代，对外贸易和海关收入已经非常可观了，甚至成了国家重要的财政收入来源。所以宋朝十分重视对外贸易。宋朝政府对于发展海外贸易采取一系列积极措施。宋太祖开宝四年（公元963年）宋政府在广州首设市舶司，[3] 以后又先后设置了杭州、明州、泉州等八个市舶司。雍熙四年（公元987年），宋太宗"谴内侍八人持敕书、金帛、分四纲，各往海南诸蕃国"[4]，目的是博买货物和招徕进奉，促进贸易往来。对于各国来华使臣，宋朝也给予较高规格的接待，并赐以服饰、礼品，甚至授以官爵等。宋朝还指令各地方官和中国商人努力招诱番客，对招揽有方的官吏和商人论功行赏，加官进秩。如规定"能招诱（蕃商）

① 《新唐书·阎立德传》。
② 《旧唐书·李皋传》。
③ 《宋史》卷258，《潘美传》。
④ 《宋会要辑稿》卷86，《职官》四十四之二。

舶舟抽解物货累积五万贯、十万贯者补官有差。"① 为保证外商贸易的正常开展，宋政府在通商口岸建"蕃市"，以方便外商经营；还在通商口岸创办了专门的驿所，如杭州有怀远驿，明州温州有来远驿，招待来中国贸易的外商。这些政策和措施，都大大促进了海外贸易的发展。宋代与中国进行贸易的国家和地区多达数十个，进口货物以香料和药材为大宗，出口货物以瓷器和丝织品为主。宋英宗治平（公元 1064～1067 年）时，政府源自海外贸易方面的年收入达 63 万贯②，宋高宗绍兴（公元 1131～1161 年）初更达 200 万贯③，占当时全部收入的 1/20。宋代及其以后，海路已经取代陆路而成为中外经济交流的主要通道，被称为海上"丝绸之路"或"陶瓷之路"。

元明两朝，中国的对外战略也基本上是海陆并重。蒙古帝国的兴起，实现了短暂的"蒙古和平"，使陆上贸易发生了一场大变革。蒙古帝国出于游牧的历史传统，长于军事征伐并求助于商队供应。因此蒙古铁骑所到之处，打破了关卡和垒栅，贸易壁垒也随之扫除。蒙古帝国在辽阔的欧亚大陆上，广设驿站，把各地联结了起来，使东西方陆上交通畅行无阻，古老的丝绸之路重新恢复了繁荣。大食、波斯、欧洲和中亚的商旅，沿着古老的商道东行来到中国，中国的商人也驱赶着骆驼商队西往中亚。在古老的丝路上，人们交换着中国、印度、波斯、蒙古高原、南俄罗斯草原、阿拉伯半岛以及地中海的货物。在这些交换中，元代中国的手工业品仍是国际贸易中的大宗交易物品，其中最重要的还是丝绸。元代高度发展的蚕丝生产和丝织技术，直接为海外贸易的繁荣提供了雄厚的物质资源。与此同时，海上丝绸之路也繁盛起来，东起菲律宾及印尼各岛，西至印度的科泽科特、伊朗的霍尔木兹、伊拉克的巴士拉、也门的亚丁、沙特阿伯的麦加、埃及的杜米亚特，直到大西洋滨摩洛哥的丹吉尔，南面可远销至马里的摩加迪沙、坦桑尼亚的基尔瓦等地，都通过丝绸连接起来。到了明代，郑和七下西洋，选取的出航地点有 20 多处，重要航线有 42 条，访问过的亚非国家有 30 余个，航程共计 10 万余里，沟通了东起琉球、菲律宾和印度尼西亚，西至莫桑比克海峡和南非沿岸广大地区的贸易。

可见，中国历史上并不是单向的内陆战略，而是陆海并重，但在不同历史时期各有侧重。不过，总体来看，由于中国幅员辽阔，以农立国，经济发达，并不依赖对外贸易，这种经济结构决定中国历史上对贸易的忽视。到了清代，中国自

---

① 《宋史》卷 185，《食货（下）》七，香。
② 《宋史》卷 186，《食货（下）》八，互市舶法。
③ 李心传：《建炎以来朝野杂记》（《甲集》15，市舶本息），中华书局 1988 年。

给自足的经济结构进一步完善，加上特殊的历史原因，基本上关闭了对外的大门。例如清代中国将对外贸易垄断权完全交给了广州十三行，始终没有同意西方国家的开关要求，这就严重限制了外贸活动。但是，当西方列强用坚船利炮打开中国海关以后，中国才开始高度重视海洋。尽管如此，由于特殊的历史传统和具体原因，中国仍没有将主要战略重点转移到海洋。例如，即使在清晚期中国朝政仍发生过关于疆防和海防的争论。但是，近代以来中国沿海经济获得发展，而内地逐渐落后了。在计划经济时代，中国大力发展内地经济，对于偏重于沿海的经济结构的经济结构有所纠正。改革开放以来，中国的经济战略偏重于海洋。这是因为与发达国家交流和贸易，都要通过海上。这种面向海洋的开放政策，影响了中国的经济结构，即东南沿海经济比较发达，而广大内陆地区相对落后。这种状况也影响了中国西部的开放。实行"一带一路"战略，既是传统的战略延续，也是新的战略的开始，表明中国当下战略思维的双向特点。

三、政府主导与国家战略

"一带一路"战略是政府主导的，目的是推进民间投资，带动整体经济发展。这就是说，民间资本仍是"一带一路"战略的主体。但是，"一带一路"战略作为国家战略，是中华民族伟大复兴历史进程的重要部分。所以，政府的作用是非常重要的，可以说没有政府的主导，"一带一路"战略就不可能成功。这也是丝绸之路历史给我们提供的经验。

最早的丝路是冒险商人开辟的，但在丝路历史上每一个时期都离不开政府的作用，包括政府主导的探险活动和政府对丝路的保护。罗马商人带着皇帝的书信来到中国，希望建立联系并且通商。拜占庭帝国和奥斯曼帝国为了争夺丝路贸易的垄断权，断断续续的战争延续了几个世纪。所以，在这个过程中政府作用是不可或缺的。中国政府主导的探险始于周穆王，但真正产生经济社会影响的探险活动是汉武帝派遣张骞所进行的西域"凿空"。此后汉朝政府基本控制了西域。中原与西域的物质文化交流，使中原文化对西域产生了深远的影响，反过来，西域文化也对中原产生了很大影响。汉代政府在西域设立"西域都护府"，并驻军镇守，进行屯田戍边，设立烽燧、驿站维护交通畅达，推动了"丝绸之路"沿途的经济发展。唐代政府在西域设立安西都护府，下设16个都督府，88个州，110个县，管理着东起玉门关、阳关，西至咸海的广大地区。公元702年，唐朝设置北庭大都护府，管辖天山以北及巴尔喀什湖以东以南广大地区，而天山以南地区，仍由安西大都护府统辖。这样，北庭大都护府和安西大都护府就成了唐朝在西域的两大管理机构。这是控制丝路和保护丝路畅通的根本方式。

为了保证丝路的畅通，还必须发展沿线的经济。对此，汉唐中国曾大力在西域地区实行屯田。西汉前元十一年（前169），汉文帝曾以罪人、奴婢和招募的农民戍边屯田。汉武帝元狩四年（前119）击败匈奴后，汉朝政府也在西域进行大规模屯田，以给养边防军。唐朝在新疆的屯田，从公元630年开始到公元791年结束，前后历经161年。唐代在新疆的屯垦戍边主要有11大垦区，在北疆地区4处，在南疆地区6处；在中亚有碎叶1处。这些都是驻军千人至万人的军镇屯田。此外还有很多小规模的屯田。唐朝在新疆的屯田由安西、北庭两大都护府统一领导，以军屯为主，还有民屯和犯屯。每屯种地5 000亩，有兵500人左右，每兵种地10亩左右，实行供给制管理，产品全归官府。中国政府在西域地区的屯田活动一直延续到清代。准噶尔叛乱平定后，新疆人口稀少、土地荒芜、边防空虚。为加强边疆防御力量，保障边防军的物资供应充足，乾隆帝于1762年下旨在伊犁惠远设置伊犁将军府，屯垦戍边工作同时进行。1764年农历四月十八日，乾隆皇帝又下旨，从东北抽调了1 018名锡伯族战士，连同他们的家属共3 275人，西迁伊犁屯垦戍边。自1760～1768年，由喀什噶尔参赞大臣先后动员36 000多户维吾尔族农民组成农垦大军，到伊犁河两岸安家落户，屯垦种田。这个农垦大军实行准军事化管理，以"千户"、"百户"为单位，单位首长称"千户长"、"百户长"，分地驻屯，其任务是：平时垦荒种田，战时挥戈作战。

古代丝绸之路时断时续，但是从丝绸之路的历史上看，可以说基本上依靠两个战略支点，一个是西域，一个是南海。只要牢牢掌控住这两个地区，两条丝绸之路就能够保持畅通。汉唐两代，中国国力强大，基本上掌控着西域。但是在南北朝和两宋时期，由于北部游牧民族的崛起并占据了西北，致使陆上丝路中断。到15世纪，由于奥斯曼帝国的兴起和拜占庭帝国的灭亡，丝路再次受到影响，西方国家不得不大力开辟海路以到达中国。所以，海上丝路又进一步重新繁荣起来。在这种历史背景下，南海成为丝路发展的重要战略支点。此时明代中国正值兴盛时期，一度组织庞大的郑和船队进行大规模的海洋探险活动。郑和远航的成功，大大促进了海上丝路的繁荣，标志着海上丝路发展到了极盛时期。另一方面，郑和下西洋不仅仅是开辟了新的航线，更促进了中国人民对南海周边地区的移民和开发。清代中国实行海禁政策，谈不上海洋战略，南海作为中国向外发展的战略支点作用也自然丧失。但另一方面，西方国家的几个海洋大国，包括葡萄牙和荷兰等早已经到达南洋地区，并且直接进入中国南海。到了鸦片战争以后，英国等列强国家打开了中国海洋门户，中西贸易获得新的发展。但是，海上丝路已经变成了西方殖民主义者的侵略之路。新中国建立以后，中国收回海关权实行外贸管制，结束了帝国主义对中国的经济侵略。但是，长期以来中国对于海洋的重视不够，更忽视对南海的经略，所以导致南海问题日益严重。这也是一个重要的历史教训。

"一带一路"贯穿亚欧非大陆，一头是活跃的东亚经济圈，一头是发达的欧洲经济圈，中间广大腹地国家经济发展潜力巨大。丝绸之路经济带重点畅通中国经中亚、俄罗斯至欧洲；中国经中亚、西亚至波斯湾、地中海；中国至东南亚、南亚、印度洋；而"21世纪海上丝绸之路"重点方向是从中国沿海港口过南海到印度洋，延伸至欧洲；从中国沿海港口过南海到南太平洋。这些贸易通道正是2000多年前，亚欧大陆上勤劳勇敢的人民，探索出多条连接亚欧非几大文明的贸易和人文交流通路，也是中国人民走向世界的通道。所以，推进"一带一路"战略既是中国扩大和深化对外开放的需要，也是加强和亚欧非及世界各国互利合作的需要，更是中国伟大复兴战略的组成部分。"一带一路"战略提出以来，习近平主席、李克强总理等国家领导人先后出访20多个国家，出席加强互联互通伙伴关系对话会、中阿合作论坛第六届部长级会议，就双边关系和地区发展问题，多次与有关国家元首和政府首脑进行会晤，深入阐释"一带一路"的深刻内涵和积极意义，就共建"一带一路"达成广泛共识。更重要的是，中国政府通过加强与沿线国家的沟通磋商，推动与沿线国家的务实合作，实施了一系列政策措施，并且已经产生很大的国际影响和收到显著的效果。

四、天下主义与互利原则

"一带一路"是一条互尊互信之路，一条合作共赢之路，一条文明互鉴之路。只要沿线各国和衷共济、相向而行，就一定能够谱写"建设丝绸之路经济带"和"21世纪海上丝绸之路"的新篇章，让沿线各国人民共享"一带一路"的成果。"一带一路"战略提出后，中国进一步创建了丝路基金和亚投行，对"一带一路"国家和地区实施了一系列有利政策。但尽管如此，仍有不少国家怀有疑虑，认为这是中国崛起后对外扩张之举，更引起少数大国的高度警惕甚至以各种方式作梗。这是我们实施"一带一路"战略必须解决的问题，否则就会导致我们和相关大国之间的利益冲突和与其他利益相关国家和地区的矛盾和摩擦。事实上，在中国历史上同样存在类似的矛盾和冲突，使丝绸之路面临着同样的考验。两千多年丝绸之路时断时续的历史也告诉我们一些教训。

尽管中国历史上曾出现过几个庞大帝国，但长期占据主导地位的世界观，不是帝国主义而是天下主义，即"协和万邦"和"化成天下"。孔子说："近者悦，远者来"①，"远人不服，则修文德以来之"②，即通过提高自身吸引力的方式，把他国纳入相应的国际秩序安排。所以，中国历史上对待周边民族并没有一种强制性的约束，主要靠自由自愿，即"王者不治夷狄，来者不拒，去者不追"③。到了近代，一方面，西方列强拥有先进技术支持下的坚船利炮，实行弱肉强食的丛林法则；另一方面，文化上的差异使我们与西方不能进行道德层面上的平等对话。在这种历史背景下，中国不得不放弃自己的天下主义，并以民族国家的身份参与国际秩序。然而，当中国试图以与西方同样的民族国家身份参与国际秩序时，却遭到西方的抵制，并迫使中国承认他们强权之下的国际秩序。经过一个半世纪的现代化，中国国力得到了恢复和发展，到 20 世纪初，中国已经发展成为世界第二位的经济大国，各方面实力有了空前的提高。但中国的发展导致世界格局的变化，也引起其他国家一定程度的疑虑。在这种情况下，需要中国向全世界表明自己的价值观和政策理念：中国走的是和平发展道路，中国的发展不是自私自利、损人利己、我赢你输的发展，对他国、对世界决不是挑战和威胁，中国越发展，对世界和平与发展就越有利。所以，"一带一路"不仅是实现中华民族伟大复兴之战略构想，更是沿途国家共同繁荣之有益路径，是中国梦与世界梦的有机结合。

中国历史上由于长期居于大国地位，在对外经济关系中经常混淆朝贡与贸易的区别。这就是说，在处理对外贸易关系中，并不以经济利益为中心，而是实行朝贡原则。在这种关系中，只要对方承认自己为藩属，承诺朝贡即可以获得封赏。如明初厉行海禁，但事实上是禁止民间的海外贸易，鼓励海外国家的"朝贡"贸易。明朝政府规定"凡海外诸国入贡，有附私物者，悉蠲其税"④。据《皇明祖训》记载，郑和下西洋招徕海外国家派遣使者随船入明朝贡的国家和地区有十几个，尽管随后的民间贸易也是得到了发展，但国家所看重的仍是"朝贡"。这种观念和制度导致一系列问题。如明代时日本承认自己的藩属地位并频繁"朝贡"。在朝贡过程中，平等贸易的内容自然必不可少，但最大的收益还在于所获得的朝廷封赏。由于日本频繁"朝贡"致使明朝不堪重负，不得不限制这

---

① 《论语·为政》
② 《论语·季氏》
③ 苏轼：《王者不治夷狄论》
④ 《明太祖实录》卷一五九，洪武十七年正月丁巳。

种"朝贡"行为，结果招致走私贸易猖獗和海盗兴起。事实上，单方面优惠是一种不平等关系，不论对哪一方都是不适当的。单方面的优惠相当于赏赐，也是一种帝国主义思维。经过这些年来的高速发展，中国重新以大国强国面貌出现在世界上。在这种情况下，一方面要重建"天下主义"，既要有"化成天下"价值理想，又要有"协和万邦"的外交实践；另一方面，我们必须警惕传统的"天朝思维"，始终以平等的心态对待友邦国家和人民。所以，"一带一路"建设是沿线各国开放合作的宏大经济愿景，需各国携手努力，朝着互利互惠、共同安全的目标相向而行。

总之，"一带一路"战略是一个跨越时空的宏伟构想，承接古今、连接中外，赋予古老丝绸之路崭新的时代内涵，是一个高瞻远瞩的战略构想、一条和平发展的共赢之路、一项脚踏实地的伟大事业。中国经济和世界经济高度关联，中国将一以贯之地坚持对外开放的基本国策，构建全方位开放新格局，深度融入世界经济体系。所以，推进"一带一路"建设既是中国扩大和深化对外开放的需要，也是加强和亚欧非及世界各国互利合作的需要。我们必须秉持和平合作、开放包容、互学互鉴、互利共赢的理念，全方位推进务实合作，打造政治互信、经济融合、文化包容的利益共同体、命运共同体和责任共同体。

参考文献：

方豪：《中西交通史》，上海人民出版社 2008 年版。

杨共乐：《中西交往史上的一件大事——罗马商人曾于公元一百至一百〇一年间到过中国》，载于《光明日报》1996 年 5 月 14 日。

汤普逊：《中世纪经济社会史》上册，商务印书馆 1984 年版。

李心传：《建炎以来朝野杂记》（《甲集》15，市舶本息），中华书局 1988 年版。

（本文原载于《地方财政研究》2015 年第 11 期。）